Daniel Mandl

Wir wünschen eine anregende Lektüre!

Edition Digital Lifestyle

MANDL & SCHWARZ

Das Grundlagenbuch zu

Mac OS X 10.6 Snow Leopard

Das Betriebssystem von Apple in der Praxis

Impressum

Das Grundlagenbuch zu Mac OS X 1.6 Snow Leopard:
Das Betriebssystem von Apple in der Praxis
Der Klassiker – endlich vierfarbig!

ISBN 978-3-939685-17-3
1. Auflage 2010

MANDL & SCHWARZ

Mandl & Schwarz-Verlag
Edition Digital Lifestyle

Theodor-Storm-Straße 13
D-25813 Husum / Nordsee

Fax 04841 – 770 99 96
snowleo@mandl-schwarz.de

Bibliografische Information der
Deutschen Nationalbibliothek
Die Deutsche Nationalbibliothek verzeichnet diese Publikation in der Deutschen Nationalbibliografie; detaillierte bibliografische Daten sind im Internet über http://dnb.d-nb.de abrufbar.

Zu Ihrer ersten Orientierung

Inhaltsverzeichnis

Willkommen!

Liebe Leserinnen und Leser,

vielen Dank für Ihr Interesse an unserem »Grundlagenbuch zu Mac OS X 10.6 Snow Leopard«. Darüber freuen wir uns sehr. Auf den nachfolgenden Seiten werden wir Ihnen das fortschrittliche Betriebssystem von Apple vorstellen. Als Nachfolger von OS X Leopard gibt es wieder eine Fülle an Funktionen zu entdecken – z. B. die optimierte Benutzerführung, verbesserte Programme und eine wahre Flut an neuen Features.

Snow Leopard macht nicht alles neu, dafür aber besser und vor allem schneller. Das liegt zum einen am Wechsel zur *64 Bit-Technologie*, die die Gesamtleistung des Mac optimiert. Aber auch Techniken wie *Grand Central Dispatch*, die für die Arbeit mit mehreren Prozessorkernen entwickelt wurde, machen Snow Leopard für die Zukunft fit. Von vielen Hintergrund-Optimierungen bekommen Sie in erster Linie nichts mit – so können Sie sich einzig und allein auf Ihre Tätigkeiten konzentrieren: die Umsetzung Ihrer kreativen Ideen und auf die vielfältige Funktionswelt von OS X, die einfach Spaß macht.

Es ist unser Hauptanliegen, Ihnen den alltäglichen Umgang mit Snow Leopard nahe zu bringen, so dass Sie sich nach der Lektüre innerhalb kürzester Zeit auf Ihrem schicken Rechner wirklich zu Hause fühlen – und dies auf unterhaltsame wie kompetente Art und Weise.

Über dieses Grundlagenbuch

Im ersten Kapitel erwartet Sie die Installation von Mac OS X. Sie erfahren dabei, was es zu beachten gilt und welche Tricks Sie anwenden können, um viele Hundert Megabyte an unnötigem Daten-Volumen einzusparen. So bleibt Ihr Rechner schlank und wendig für die wirklich wichtigen Aufgaben. Anschließend lernen Sie die Finder-Oberfläche kennen, die nicht nur sympathisch wirkt, sondern auch eine Menge an Funktionen oder gar Raffinessen enthält, die manchmal erst auf den zweiten Blick erkennbar sind. Im dritten Kapitel befassen wir uns mit den *Systemeinstellungen;* diese steuern vielfach unbemerkt das Grundverhalten Ihres Rechners. Wir zeigen Ihnen in Wort und Bild die Vielzahl an Möglichkeiten, wie Sie Ihren Mac dabei noch besser an Ihre persönlichen Bedürfnisse anpassen.

Apple wartet zudem mit zahlreichen hauseigenen Programmen auf, die für die meisten Ansprüche vollauf genügen. Im Gegenteil: Sie werden sich wundern, was noch so alles in den Programmen steckt – wir stellen Ihnen im vierten Kapitel die Wichtigsten vor und erläutern ausführlich deren Bedienung. Wir legen dabei besonderen Wert auf die Erklärung der Funktionsvielfalt sowie der reibungslosen Zusammenarbeit zwischen den einzelnen Anwendungen. Die *Dienstprogramme* im fünften Kapitel durchleuchten den Mac, helfen tatkräftig bei Problemen oder stellen sich der Auseinandersetzung in Sachen Windows, Mathematik, Peripherie-Erkennung und mehr.

Die Konfiguration Ihrer Internet-Verbindung, das Surfen im World Wide Web mit *Safari*, das Empfangen und Versenden von E-Mails sowie die virtuelle Kommunikation über *iChat AV* sind die Themen im sechsten Kapitel. Danach geht es ans Netzwerken: Wie verbinde ich meine Mac-Rechner, um Daten auszutauschen? Wie gut kommen Macs in der Windows-Welt zurecht? Die Antworten auf diese Fragen finden Sie im siebten Kapitel. Dieses Grundlagenbuch schließt mit allerlei Tipps und Tricks für den Fall, wenn es denn mal nicht so gut klappt: Support und Prävention stehen im Vordergrund, damit Ihr Mac schnell wieder auf die Beine kommt.

Leicht zu lesen – Ihr Leitsystem

Auf den nachfolgenden Seiten haben wir wichtige Textstellen hervorgehoben und mit einem Icon (Symbol) versehen. Diese bedeuten im Einzelnen:

Dieses Symbol erscheint immer dann, wenn es um die Bedienung im Allgemeinen geht oder wenn Fachbegriffe auftauchen. Hier vermitteln wir auch grundsätzliche Details, die Ihnen den Umgang mit Ihrem Mac erleichtern.

Ob hilfreiche Tastenkombinationen oder bislang noch unentdeckte Features: Dieses Icon weist Sie auf Zusatz-Informationen und allerlei Tipps und Tricks rund um Mac OS X Snow Leopard hin.

Damit Sie »eher weniger als mehr« Arbeit haben: Das Symbol mit dem Ausrufezeichen warnt Sie vor typischen Fehlern, die der oftmals noch unbedarfte Software-Einsteiger gerne einmal macht.

Wir glauben fest daran, dass Ihnen aufregende Wochen und Monate bevorstehen, denn Mac OS X dient Ihnen nach der Lektüre als wunderbares Werkzeug im Apple-Alltag. Wie gut das Betriebssystem die multimedialen Fähigkeiten und innovativen Features umsetzt, wird Sie immer wieder bei der Lektüre der nachfolgenden Seiten überraschen. So wird der Mac zu Ihrem ständigen Begleiter, der Sie in all Ihren Tätigkeiten unterstützt und Ihnen Arbeit abnimmt.

Wir danken für Ihr Verständnis ...

Mit diesem Buch erhalten Sie einen leichten Einstieg in eine nicht immer sofort verständliche Materie. Nichtsdestotrotz mögen ab und an Probleme auftreten. Bitte haben Sie dafür Verständnis, dass wir über dieses Buch hinaus keinen persönlichen Support leisten können. Dazu gibt es einfach zu viele Rechner- und Software-Konfigurationen. Unsere Bitte: Wenden Sie sich in solchen Fällen doch an die – hier von uns zahlreich recherchierten – Foren und Support-Webseiten, auf denen sich Anwender-Gruppen sowie professionelle »Problemlöser« zum Austausch treffen. Die Wahrscheinlichkeit, dass Ihnen dort schnell und unbürokratisch geholfen werden kann, ist recht hoch. Vielen Dank.

Über den Horizont hinaus

Apple wie auch die im Folgenden erwähnten Drittanbieter von Software und Hardware bemühen sich stets um weitere Aktualisierungen und Verbesserungen. Sollten sich daher in Ergänzung zu diesem Grundlagenbuch wichtige Neuigkeiten ergeben, so werden wir Sie selbstverständlich weiterhin mit kompetenten Beiträgen versorgen. Diese finden Sie stets auf unserer Webseite unter der Adresse `www.mandl-schwarz.com`. Als besonderes Schmankerl treffen Sie dort auch ab und an auf weiterführende PDFs zum Herunterladen. Schauen Sie doch mal vorbei und lassen Sie sich überraschen!

Feedback willkommen!

Natürlich freuen wir uns, wenn Ihnen dieses Buch gefallen hat und Sie eine Menge daraus für Ihre ganz persönlichen Bedürfnisse und Aufgaben umsetzen können. Daher unsere Bitte: Teilen Sie uns Ihre Eindrücke mit und senden Sie uns auch Ihre Kritik – denn gerade als (immer noch) junger Verlag möchten wir dazulernen und uns konstant weiterentwickeln. Sie erreichen uns dazu über `snowleo@mandl-schwarz.de`. Wir freuen uns auf Ihre Eindrücke.

Wir wünschen Ihnen nun eine anregende Lektüre!

Daniel Mandl
Husum/Nordsee, im Januar 2010

Die Installation – Schritt für Schritt zum fehlerfreien Betriebssystem

Die meisten Anwender haben gewaltig Respekt vor einer Installation komplexer Betriebssysteme, denn das verspricht meist stundenlanges Sitzen vor dem Computer und das bange Warten, ob denn danach noch alles so funktioniert, wie man es sich vorstellt. Und manchen Benutzer erreicht in der Tat das blanke Entsetzen, wenn sich auf einmal der Rechner nicht mehr starten lässt, der Bildschirm grau bleibt oder die Software eine Neuinstallation mit dem Verlust aller bisherigen Daten einfordert.

Eine 100-prozentige Sicherheit, dass alles gelingt, können wir Ihnen mit diesem Buch leider auch nicht versprechen. Aber wie möchten Ihnen zumindest ein paar Sicherheitshinweise und Tipps vermitteln, dass selbst im Falle einer misslungenen Installation Ihre Daten wiederhergestellt werden können.

Und schon sind wir beim Thema dieses Kapitels: Wir möchten Ihnen die typische Installation von Mac OS X 10.6 »Snow Leopard« Schritt für Schritt aufzeigen und erläutern, was es zu beachten gilt und welche Anpassungen und Sicherheitsvorkehrungen Sie schon im Vorfeld treffen können. Dazu gehört als Erstes ein Blick auf die von Apple vorgegebenen Systemvoraussetzungen:

- Mac mit Intel Prozessor – daran gibt es leider nichts zu ändern.

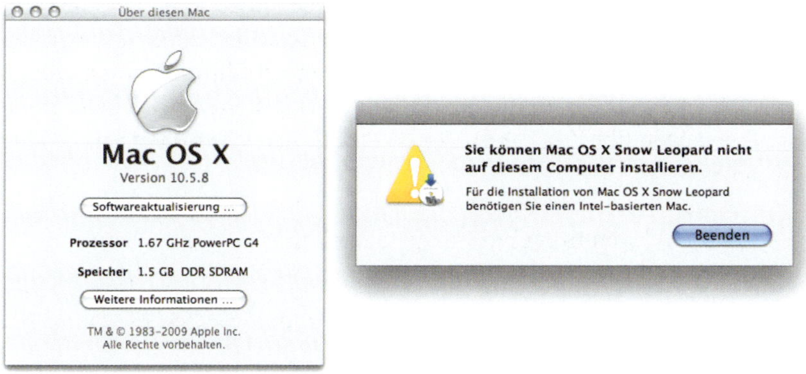

Wäre auch zu schön gewesen: Snow Leopard verweigert auf einem PowerPC-Rechner seinen Dienst.

- Mindestens 1 GB Arbeitsspeicher, wobei das ziemlich untertrieben ist: Rüsten Sie mindestens auf 2 Gigabyte oder mehr auf, da erst ab diesem Umfang ein flüssiges Arbeiten möglich ist. Gerade, wenn Sie Video- oder Bildbearbeitung betreiben, ist das Aufstocken des Arbeitsspeichers unerlässlich. Möchten Sie zudem noch Windows mit Hilfe von *Boot Camp* bzw. in einer Virtualisierung (sprich parallel zu Mac OS X) laufen lassen, dann sollten Sie ruhigen Gewissens auch mehr als zwei Gigabyte ins Auge fassen.

- DVD-Laufwerk für die Installation sowie 5 GB freier Speicherplatz auf der Festplatte. Auch hier gilt, dass es nicht verkehrt ist, mindestens 50 oder mehr Gigabyte an Festplatten-Platz frei zu halten, schließlich wollen Sie weitere Programme installieren bzw. Ihre Bilder- oder Musiksammlung unterbringen. Da kommen schnell etliche Gigabyte zusammen.

- Für manche Dienste und Funktionen benötigen Sie einen Internet-Account. Falls Sie sich noch keinem Internet-Dienstleister zugehörig fühlen, sollten Sie sich schleunigst schlau machen, denn der Internet-Zugang ist in der heutigen Zeit (fast) unerlässlich. Software-Aktualisierungen etc. laufen ausschließlich über diese Schiene.

- Einige Funktionen erfordern den Dienst *MobileMe* von Apple. Der Spaß kostet circa 80 Euro im Jahr und ist somit nicht ganz billig. Sie bekommen dafür aber 20 Gigabyte an Speicherplatz (jeweils 10 GB für E-Mail und *iDisk*) sowie eine Menge an Zusatznutzen. Mehr darüber erfahren Sie weiter hinten im Buch.

- Werkelt auf Ihrem Intel-Rechner noch ein Mac OS X 10.4 Tiger, so benötigen Sie laut Apple das *Mac Box Set*, das neben *Snow Leopard* auch das Paket *iLife '09* (beinhaltet *iPhoto, iMovie, GarageBand, iWeb* und *iDVD*) sowie *iWork '09* (bestehend aus *Pages, Numbers* und *Keynote*) mitbringt.

Betrachten Sie die von Apple vorgeschlagenen Werte wirklich nur als Minimal-Voraussetzung und gönnen Sie sich lieber den Luxus höheren Arbeits- und Festplatten-Speichers. Denn nichts ist ärgerlicher, als wenn Sie später ständig Daten auf externe Festplatten umschichten müssen, weil Ihnen der Festplatten-Platz ausgeht oder die Arbeitsgeschwindigkeit durch ständiges Auslagern auf virtuellen Arbeitspeicher die Nerven raubt.

Die Vorbereitungen zum gelungenen Snow Leopard-Auftritt

Kommen Sie das erste Mal nach einer Neuanschaffung mit einem Macintosh-Rechner in Berührung, so dürfen Sie sich erst einmal zurücklehnen und sich am Design erfreuen. Denn dank Apples Vorarbeit ist das Betriebssystem bereits auf die Festplatte kopiert und vorkonfiguriert – Sie müssen nur noch über Assistenten einige wichtige Daten eingeben. Nichtsdestotrotz sollten auch Sie sich die folgenden Seiten durchlesen, schließlich möchten oder müssen Sie vielleicht später selbst einmal das System neu installieren. Und überhaupt: Ein wenig Hintergrundwissen über diese Vorgänge hat noch niemandem geschadet. Ein paar Seiten weiter, sobald Sie auf die Überschrift »Mac OS X Snow Leopard heißt Sie Willkommen« stoßen, wird es mit Sicherheit für Sie wieder interessant.

Für alle anderen (also jene, die sich Mac OS X 10.6 nachträglich gekauft haben) lautet die Devise nun »Aufgepasst!«, denn das Kapitel ist für sie bestimmt und möchte den unbedarften Anwendern unter die Arme greifen.

Die wichtigste Grundregel bei vorhandenem, bereits fehlerfrei laufenden Systemen sollte stets lauten: Muss das sein? ;-) Verdienen Sie Ihr Geld mit dem Mac, so ist das problemlose Arbeiten mit Vorgängerversionen keine Schande, sondern erspart Ihnen eine Menge an Zeit und Ärger. Es ist schlicht Tatsache, dass nach jedem größeren Versionssprung (in unserem Fall eben von *Leopard* zu *Snow Leopard*) das ein oder andere liebgewordene Programm die Segel streicht. Möchten Sie dann Ihre Dokumente öffnen, so stürzt das Programm ab oder das System weigert sich beharrlich, diese Software zu akzeptieren. Dann heißt es mitunter auf ein Update des Herstellers zu warten bzw. mit Erschrecken festzustellen, dass dieser gar kein Update anbietet, sondern lieber (mit dem Dollarzeichen im Auge) auf die aktuellen, leider aber nur käuflich zu erwerbenden Versionen verweist. Ein neues System bedeutet also – gerade für die professionell arbeitende Gemeinde – immer auch Zusatzausgaben in Form neuer Software-Produkte.

Möchten oder müssen Sie dennoch das Allerneueste besitzen, so sollten Sie im Vorfeld alle wichtigen Daten in Sicherheit bringen. Dies bedeutet für Sie das Brennen mehrerer CDs/DVDs bzw. das Kopieren Ihrer Schätze auf eine externe Festplatte bzw. auf einen anderen Mac (entweder in akribischer Handarbeit oder besser über *Time Machine*). Beherzigen Sie bitte diesen Ratschlag, denn nichts ist ärgerlicher als im Nachhinein feststellen zu müssen, dass Daten verschwunden sind, einzelne Dokumente nicht mehr gelesen werden können oder sich gar das gesamte System nicht mehr starten lässt.

Benutzer des Vorgänger-Systems *OS X 10.5 Leopard* sollten auf jeden Fall das Programm *Time Machine* anwerfen. Und wenn Sie damit noch nicht gearbeitet haben, dann ist es spätestens jetzt an der Zeit, sich damit auseinanderzusetzen. Nach Anschluss einer externen Festplatte werden Sie automatisch gefragt, ob Sie diese für die Erstellung eines Backups mit Hilfe von *Time Machine* verwenden möchten. Nach einem positiven Bescheid macht sich *Time Machine* sogleich an die Arbeit und kopiert sämtliche Daten auf dieses externe Volume. Geht nun bei der bald folgenden Installation irgendetwas schief, so lässt sich Ihr bestehendes System damit vollständig wiederherstellen. Ausführlichere Informationen zu *Time Machine* geben wir Ihnen selbstverständlich in den entsprechenden Kapiteln zu den Systemeinstellungen und Programmen mit auf den Weg.

Bitte unbedingt beherzigen: Vor der Installation sollte zur Sicherheit ein Backup Ihrer vollständigen Daten erfolgen.

Sollten Sie noch mit *OS X Tiger* arbeiten, so können Sie auch mit Hilfe des *Festplatten-Dienstprogrammes* ein Backup auf einer externen Festplatte anlegen. Dazu starten Sie das *Festplatten-Dienstprogramm* und wählen in der linken Liste die Festplatte mit dem Startvolume. Rechter Hand klicken Sie dann auf den Reiter *Wiederherstellen*. Ziehen Sie dann per *Drag & Drop* das Festplatten-Symbol in das Textfeld bei *Quelle*. Ihre angeschlossene externe Festplatte wählen Sie nun als *Zielmedium*. Per Klick auf den Knopf *Wiederherstellen* wird nun Ihr aktuelles Volume geklont.

Über das »Festplatten-Dienstprogramm« legen Sie die »Quelle« (Macintosh HD/Ihr Startvolume) sowie das »Zielmedium« (also die externe Festplatte) fest. Über »Wiederherstellen« wird ein genaues Abbild davon geschrieben.

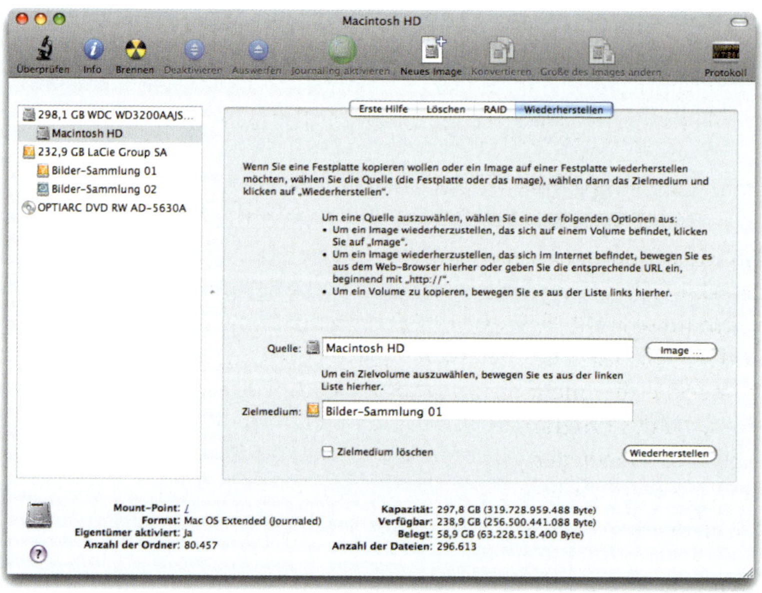

Arbeiten Sie noch unter OS X Tiger und besitzen eine externe Festplatte mit ausreichend freier Festplatten-Kapazität, so können Sie mit Programmen wie etwa *Carbon Copy Cloner* (`www.bombich.com/software/ccc.html`) ein genaues Abbild Ihrer vorliegenden Festplatte (inklusive Programme, Benutzer-Einstellungen und so weiter) erstellen. Vergessen Sie aber nicht, Ihr »altes« System zuvor über die *Softwareaktualisierung* auf den neuesten Stand (OS X Tiger: 10.4.11) zu bringen. Um zu überprüfen, ob dieses Backup auch hinreichend funktioniert, sollten Sie einmal probehalber diese externe Festplatte als Startvolume verwenden (unter Mac OS X Tiger: Systemerweiterung *Startvolume* öffnen und dann das »Clone«-System auswählen). Ein Neustart bringt Ihnen dann Gewissheit. Auch bei dieser Vorgehensweise lassen sich – sollte eine Installation fehlschlagen – später über den in *Snow Leopard* integrierten *Migrationsassistenten* (Ordner *Dienstprogramme*) die Daten wie beispielsweise Benutzer-Eintragungen, Programme, Netzwerk- und Computereinstellungen auf ein frisch installiertes Mac OS X Snow Leopard übertragen.

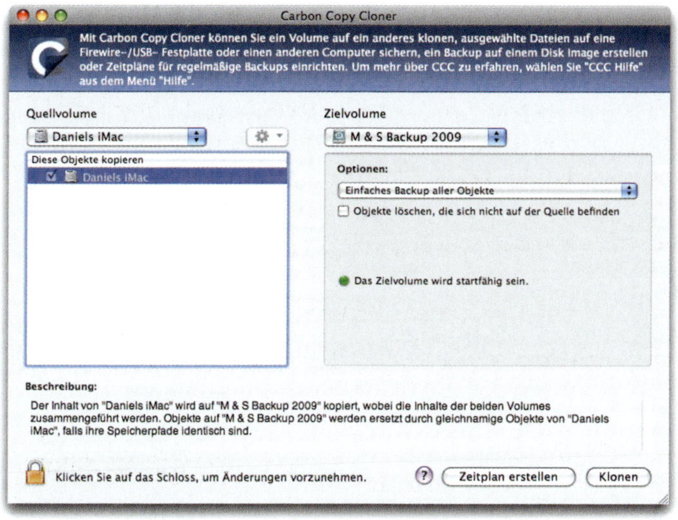

Der »Carbon Copy Cloner« von Mike Bombich ist Donationware – das heißt eigentlich kostenlos, doch freut sich der Programmierer um ein wenig Zuwendung in Form des Greenbacks (=> US-Dollarnoten) :-)

Wenn Sie schon dabei sind, auf Ihrem Rechner nach Wichtigem zu forschen, so machen Sie es wie der Hausmann/die Hausfrau bei aufkommenden Frühlingsgefühlen: Säubern Sie Ihre Festplatte und befreien Sie sie von unnötigem Ballast. Dazu gehören nicht mehr benötigte Programme, wiederentdeckte, aber nicht mehr aktuelle Daten oder auch Hunderte von alten E-Mails, die das Programm *Mail* (oder ein Alternativ-Programm) brav hortet, die aber nie wieder gelesen werden. Überlegen Sie sich vielleicht auch schon eine neue Ordnung oder vereinfachte Hierarchien, so dass Sie Ihre Daten später schneller und somit effektiver finden.

Wenn Sie sich eine externe Festplatte zulegen, sollten Sie sie im Vorfeld für die Macintosh-Plattform aufbereiten. Dies deshalb, da üblicherweise die Festplatten vom Fachhandel für die Windows-Welt eingerichtet sind. Der Fachmann spricht hier vom Formatieren, das heißt die Festplatte wird für die Aufnahme der vielen Tausend Dateien hergerichtet. Der Mac ist bei externen Festplatten jedoch ein wenig wählerisch. Während die »alten« Macs (PowerPC G4 oder G5) zum Hochfahren über ein dort installiertes, startfähiges System zwingend eine FireWire-Festplatte fordern, tut's ein Intel-Mac auch über USB.

Weiterhin müssen Sie sich auf ein so genanntes *Partitionsschema* festlegen. Dazu starten Sie das *Festplatten-Dienstprogramm* (Sie finden es im Ordner *Programme*, Unterordner *Dienstprogramme*), markieren in der linken Leiste die externe Festplatte, wählen den Reiter *Partitionieren* und klicken auf das Popup-Menü bei *Volume-Schema*. Dort legen Sie nun fest, in wie viele Partitionen (Abschnitte) Ihre Festplatte geteilt werden soll. Und – wichtig – klicken Sie bitte unbedingt auf den unten liegenden Knopf *Optionen*, über den Sie das *Partitionsschema* bestimmen. Für einen Intel-Mac sollten Sie die *GUID-Partitionstabelle* auswählen, für einen PowerPC-Mac die Option *Apple-Partitionstabelle*. Durch diese Einstellung lassen sich die darauf installierten Betriebssysteme (auch bei einer Spiegelung des alten Systems bspw. über den *Carbon Copy Cloner*) eben auch zum Mounten Ihres Rechners verwenden.

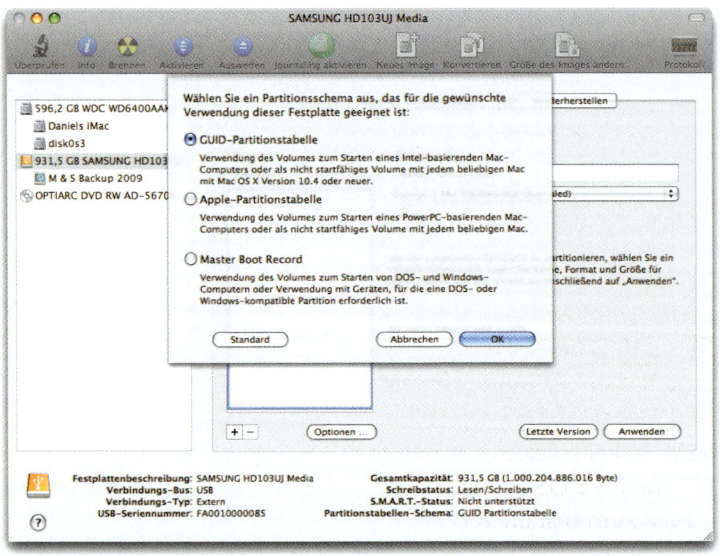

Gut versteckt und dennoch wichtig: Zum Einrichten des Partitionsschemas sollten Sie unbedingt den Knopf »Optionen« im Hinterkopf halten. Ansonsten legen Sie zwar ein Betriebssystem auf der externen Festplatte ab, das jedoch nicht startfähig ist.

Und bitte denken Sie noch an zwei weitere Dinge: Beim Formatieren werden alle auf der Festplatte liegenden Daten gelöscht. Bei neuen Platten können Sie dies unbedenklich vornehmen, bei schon in Verwendung befindlichen Festplatten müssen Sie jedoch zuvor Ihre Daten in Sicherheit bringen. Und die zweite Überlegung: Wenn Sie vorhaben, mit dem Programm *Boot Camp* eine Windows-Partition einzurichten, so dürfen Sie Ihre Mac-Festplatte nicht in mehrere Partitionen aufteilen, da *Boot Camp* ansonsten seine Mitarbeit verweigert.

Haben Sie dann fleißig kopiert und gelöscht und sich die Nächte um die Ohren geschlagen, so sollten Sie auch die Festplatte selbst einmal über das *Festplatten-Dienstprogramm* überprüfen. Über den Reiter *Erste Hilfe* gelangen Sie hierbei an die Funktionen zum Überprüfen und Reparieren.

Auf dem *Startvolume* (also jenes Laufwerk, auf dem sich das Betriebssystem befindet) lassen sich nur die *Volume-Zugriffsrechte* reparieren bzw. das *Volume überprüfen.* Das Reparieren klappt nur, indem Sie von der Installations-CD/DVD den Rechner starten und von dort aus das *Festplatten-Dienstprogramm* benutzen. Im Falle einer Partitionierung Ihrer Festplatte (indem Sie Ihre Festplatte in mehrere Volumes aufgeteilt haben) lassen sich die anderen Volumes jedoch kontrollieren und bei festgestellten Problemen gegebenenfalls gleich auf Vordermann bringen.

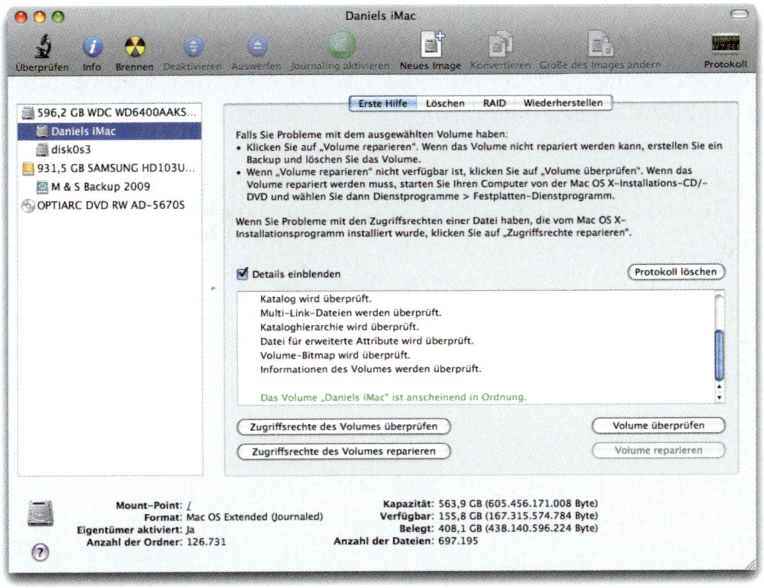

Das Programm bietet in der Tat erstklassige Unterstützung bei Problemen mit Festplatte & Co.

Sind die Vorarbeiten erledigt und die Spannung so groß, dass die Vorfreude auf das neue Mac OS X 10.6 nicht mehr zu halten ist, so erfolgt nun der Start-Schuss zum Installieren.

Mac OS X 10.6 Snow Leopard im Anmarsch – die Installation

Nach dem Einlegen der *Install*-DVD in das Laufwerk öffnet sich ein paar Sekunden später ein Fenster, in dem Sie das für uns wichtige Icon *Mac OS X Installation* finden. Dieses Symbol müssen Sie nur doppelklicken (zwei Mal mit der Maus darauf klicken), um die Installations-Routine anzuwerfen.

Das Icon »Mac OS X Installation« dient als Startknopf zum Loslegen ...

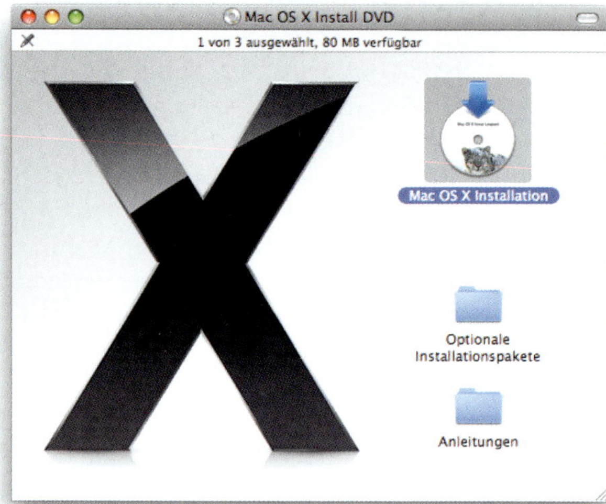

Wenn Sie nicht genug bekommen können an OS X-Informationen, so sollten Sie ruhig einen Blick in den Ordner *Anleitungen* werfen. Dort finden Sie die Texte *Einführung zu Snow Leopard* und eine *Installationsanleitung* (sozusagen zum Warmwerden). Letztere gibt Ihnen auf neun Seiten ausführliche Hinweise zur Vorgehensweise bei der Installation – etwa die Systemvorausetzungen, das Aktualisieren mithilfe des optischen Laufwerks eines anderen Computers, das Verwenden von *Time Machine* zum Sichern und Wiederherstellen Ihres Systems oder das Wiederherstellen der Originaleinstellungen Ihres Computers. Ganz nebenbei fließen noch einige Tipps und Lösungen bei Problemen ein, die Sie sich ruhig einmal durchlesen sollten.

Ein bestehendes System aktualisieren

Während bei den Vorgänger-Versionen ein Neustart unausweichlich war, heißt es nun ganz lapidar *Fortfahren*. Dies liegt unter anderem auch daran, dass es sich bei *Snow Leopard* in erster Linie um ein Update für OS X Leopard und weniger um ein vollständig neues Betriebssystem handelt (das werden Sie auch später noch sehen). Apple geht davon aus, dass der Großteil der Anwender sein bestehendes System nur aktualisiert und daher keine Änderungen wie zum Beispiel Formatierungen, Festplattenpartitionen oder ähnliches vornehmen möchte. Nachfolgend also die Kurzvariante der Installation – die Ausführliche folgt unter der Überschrift »Snow Leopard als Neuinstallation«.

Der Neustart bleibt aus – es sei denn, Sie klicken auf »Dienstprogramme«.

Nach der Bestätigung des Lizenzvertrages, der Ihnen seitenlang juristische Informationen auftischt, dass Ihnen allein vom Lesen schon ganz wirr zumute ist, erfahren Sie unter anderem auch, dass Sie Snow Leopard nicht für »die Entwicklung, Planung, Fertigung und Produktion von Nuklearwaffen, chemischen oder biologischen Waffen« verwenden dürfen. Gut zu wissen, dass wir davon eh keine Ahnung haben …

Je nach Anzahl der verfügbaren Volumes müssen Sie nun dasjenige angeben, welches Snow Leopard aktualisieren soll. Sind Sie mit der vom Installationsprogramm vorgeschlagenen Variante nicht einverstanden, so klicken Sie auf *Alle Volumes anzeigen* und suchen Sie sich das Richtige aus.

Über das ausgewählte Volume bestimmen Sie jenen Ort, auf dem das Betriebssystem installiert werden soll.

Nun heißt es entweder sofort loszulegen oder die individuelle Installationsroutine über den Button *Anpassen* auszuwählen. Letztere ermöglicht Ihnen das Einsparen Tausender von Dateien (die Sie eh nie brauchen werden) und somit ein deutliches Verringern an verbrauchter Festplatten-Kapazität.

Die angepasste Installation erspart Ihnen Hunderte von Megabyte an zusätzlichen, meist nie verwendeten Dateien.

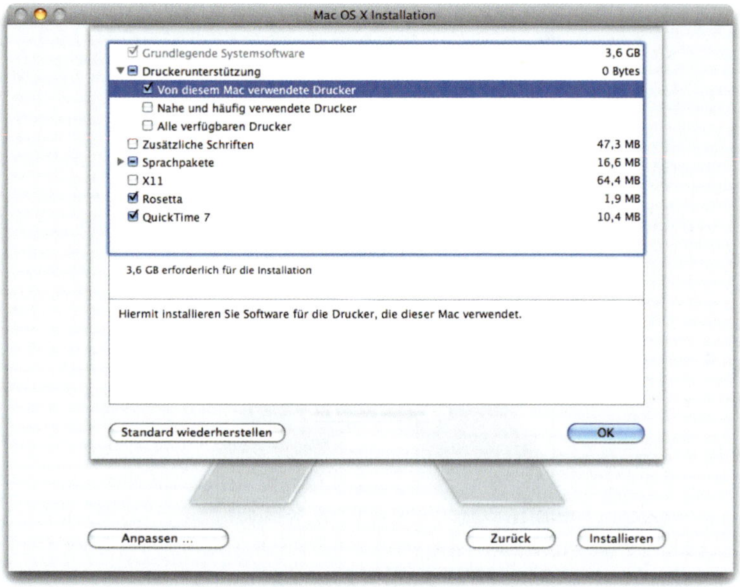

Neben der grundlegenden Systemsoftware, die nicht veränderbar ist, lassen sich etwa die meisten der verfügbaren Druckertreiber sowie eine Vielzahl an Sprachpaketen deaktivieren. Bei der Druckerunterstützung fahren Sie wahrscheinlich mit der Option *Von diesem Mac verwendete Drucker* am Besten, da zumindest für die bestehenden Geräte die neuesten Treiber geladen werden.

Rosetta als Umgebung sollten Sie aktivieren, wenn Sie noch ältere Software (etwa *Adobe Photoshop CS2*) verwenden möchten, die ursprünglich für Computer mit PowerPC-Prozessoren geschrieben waren und nur über *Rosetta* auch auf Intel-Macs laufen. Sofern Sie sich hier unsicher sind, können Sie dies ruhigen Gewissens aktivieren, denn knapp 2 Megabyte lassen sich verschmerzen und Sie gehen auf Nummer Sicher, dass Sie nicht im Nachhinein diese Software nachinstallieren müssen.

Das Gleiche gilt für *QuickTime 7*: Haben Sie die Registrierdaten für *QuickTime Pro* oder vielleicht noch ältere Filme auf dem Mac, so sollten Sie ebenso hier zuschlagen, denn der neue *QuickTime X-Player* beherrscht nicht alle Formate. Die Komponente *X11* sollten Sie installieren, wenn Sie später unter anderem auf *Open-Source*-Software zurückgreifen möchten. Das Programm selbst wird im *Programme*-Ordner, Unterordner *Dienstprogramme* abgelegt.

Bestätigen Sie Ihre Auswahl über *OK* und klicken Sie dann auf *Installieren*, so fragt der Schneeleopard noch einmal argwöhnisch nach, ob Sie denn wirklich das System installieren möchten. Bejahen Sie dies und klären Sie noch einmal über Ihr Administrator-Passwort Ihre Berechtigung dazu ab – und dann gibt es kein Halten mehr …

Ohne Ihr Einverständnis wird nichts installliert. Damit kein Fremder einfach Ihr System überschreibt, müssen Sie sich über Ihr Passwort als Administrator ausweisen.

Wenn Sie mit einem MacBook (Pro) arbeiten, so achten Sie bitte darauf, dass Sie vor der eigentlichen Installation Ihr Gerät an die Steckdose hängen. Dies einfach nur zur Sicherheit, damit Ihnen nicht »unterwegs« im Konfigurations-Dschungel der Strom durch einen leeren Akku ausgeht. Sollten Sie nicht daran denken, so hilft Ihnen der Mac auf die Sprünge, da es eine Fehlermeldung zu bewundern gibt.

Das Aktualisieren Ihres bestehenden Systems dauert eine Weile. Sie müssen jedoch nicht befürchten, dass der anfangs angezeigte Zeitrahmen (bei uns waren es immerhin 51 Minuten) eingehalten wird. Nach wenigen Minuten gibt es noch einen Neustart und es dauert noch einige Minuten, bis endlich der Dialog der erfolgreichen Installation erscheint.

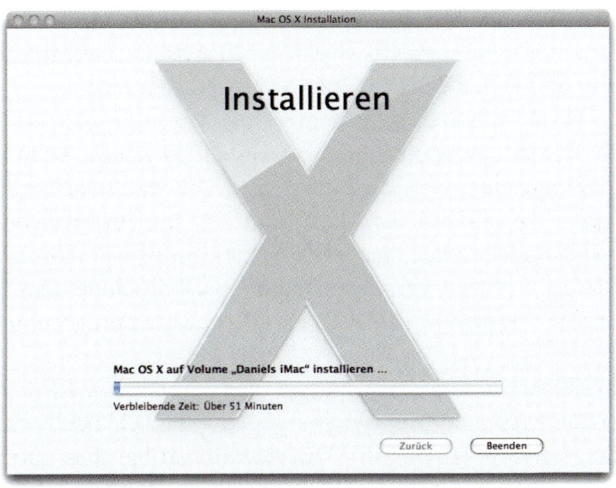

Aus anfänglichen 50 Minuten Zeitangabe wurden letztlich etwa 20 Minuten.

In manchen Fällen kann es durchaus vorkommen, dass Snow Leopard in Konflikt mit anderer Software gerät. Diese inkompatiblen Programme werden jedoch aufgeführt und in einen Ordner namens »Inkompatible Software« (Pfad: »Macintosh HD/Inkompatible Software«) gelegt. Damit es nicht zu weiteren Schwierigkeiten kommt, sollten Sie diese Software vorerst nicht benutzen. Wenden Sie sich daher bitte an die jeweiligen Hersteller oder besuchen Sie deren Webseiten, um dort nach Updates zu fahnden.

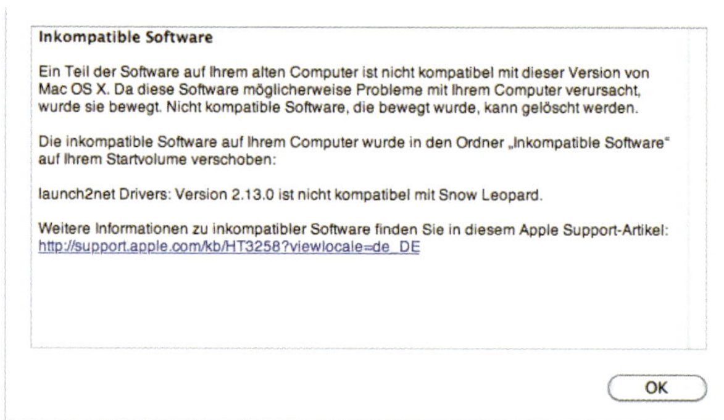

Snow Leopard als Neuinstallation

Eine Neuinstallation werden Sie wohl nur vornehmen, wenn sich Ihr altes System nicht mehr starten lässt oder Sie ständige Probleme plagen. Vielleicht haben Sie auch einen Gebrauchtrechner übernommen und möchten diesen nun unter Ihrem Namen einrichten. Oder Sie haben einen neuen Mac erworben und möchten statt der schon vorgegebenen Standardinstallation eine angepasste vornehmen, um sich die diversen Sprachpakete und Druckertreiber zu ersparen. Egal, aus welchen Gründen auch immer: Der erste Schritt ist wieder das Einlegen der Installation-DVD sowie der Doppelklick auf das *Mac OS X Installations-Icon*.

Bitte tun Sie sich selbst den Gefallen und bringen Sie alle wichtigen Daten zuvor wieder in Sicherheit – sei es per *Time Machine*, einem manuellen Backup oder einer Drittsoftware. Dies ist in diesem Fall besonders wichtig, da bei den nun folgenden Schritten die Festplatte wirklich gelöscht wird und Sie danach keinen Zugriff mehr auf Ihren alten Datenbestand haben.

Anstatt nun im ersten Dialog auf *Fortfahren* zu klicken, drücken Sie bitte auf *Dienstprogramme*. Das erscheinende Fenster klärt noch einmal die wichtigesten Details, ehe Sie bitte auf *Neustart* drücken. Ein letztes Eingeben des Administrator-Passwortes setzt dann die Maschinerie in Bewegung.

Los geht's per Neustart – neben dem Reparieren des Startvolumes, dem Zurücksetzen des Passwortes und weiteren Möglichkeiten (das erklären wir selbstverständlich auch noch) gilt dies auch für eine Neuinstallation von Snow Leopard.

Dann heißt es erst einmal die gewünschte Sprache – in unserem Falle wohl *Deutsch* – auszuwählen. Über den *Fortfahren*-Button ( ) gelangen Sie zum eigentlichen Dialog für die Installation.

Bevor Sie nun wieder auf »Fortfahren« klicken, sollten Sie über die Menüleiste den Punkt »Dienstprogramme« anwählen und daraus das »Festplatten-Dienstprogramm« starten.

Das Menü »Dienstprogramme« bietet Ihnen hilfreiche Features zum Überprüfen der Festplatte, zum Kennwörter zurücksetzen oder auch zum Wiederherstellen des Systems über ein Time Machine-Backup. Alle diese Punkte werden im Verlauf des Buches noch ausführlich dargestellt.

Partitionieren

Wenn Sie vorhaben, Ihre Festplatte in mehrere Volumes zu separieren, dann sollten Sie dies nun angehen. Über die Menüleiste (das ist die oben liegende Befehlsliste) wählen Sie den Punkt *Dienstprogramme* und dort das *Festplatten-Dienstprogramm*. In der linken Liste bestimmen Sie nun per Mausklick die Festplatte und danach die Rubrik *Partitionieren*. Über *Volume-Schema* bestimmen Sie dann die Anzahl der Partitionen, deren Größe Sie jederzeit auch manuell anpassen können, indem Sie den Mauszeiger zwischen die einzelnen Volumes bewegen und ihn mit gedrückter Maustaste nach oben oder unten ziehen. Per Klick in die verschiedenen Volumes können Sie dann *Name* und *Format* definieren sowie eine letzte Größenanpassung vornehmen. Als *Format* sollten Sie die von Apple vorgegebene *Einstellung Mac OS Extended (Journaled)* belassen. Durch das *Journaling* werden intern sämtliche Veränderungen Ihres Datenflusses protokolliert, so dass im Falle eines Computer-Ausfalls die Dateien wiederhergestellt werden können.

Das Aufteilen der Festplatte ist über das »Festplatten-Dienstprogramm« eine schnelle Angelegenheit.

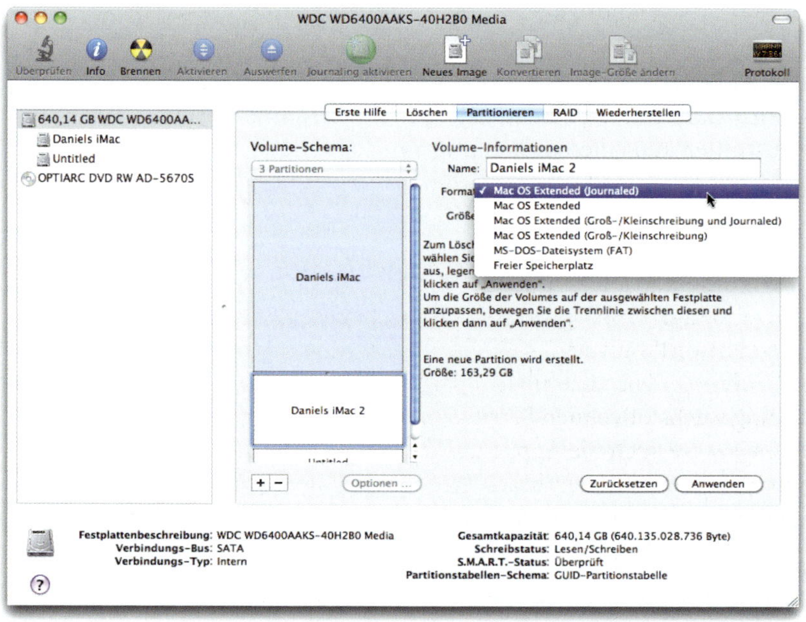

Durch eine Neu-Aufteilung der Festplatte gehen alle darauf befindlichen Daten verloren! Möchten Sie Ihren Rechner nur von einer Vorgänger-Version von Mac OS X auf die Snow Leopard-Version aktualisieren und Ihre sonstige Festplatten-Hierarchie beibehalten, so sollten Sie die Finger von einer Partitionierung lassen. Als Schutz vor einem unabsichtlichen Löschen aller Daten können Sie deshalb eine Partitionierung auch nur nach einem Neustart sowie dem Booten über die Installations-DVD vornehmen, da das *Startvolume* – also jener Teil der Festplatte, auf dem sich das Betriebssystem befindet – eine Veränderung nicht zulässt.

Es sei noch einmal daran erinnert, dass – sollten Sie später mit *Boot Camp* eine Windows-Partition einrichten wollen – Sie die Festplatte nicht vorher partitionieren dürfen. Weiterhin muss als *Format* die Einstellung *Mac OS Extended (Journaled)* gewählt sein.

Partitionieren bedeutet das Aufteilen der Festplatte in mehrere Abschnitte, die wiederum wie eigene Festplatten zu betrachten sind. Bei normalem Gebrauch Ihres Rechners ist es eigentlich nicht vonnöten, die Festplatte in mehrere Teilbereiche zu separieren. Als Relikt aus früheren Mac OS-Jahren, als ein Absturz des Betriebssystems den gesamten Rechner und somit alle auf dem Volume befindlichen Daten in Mitleidenschaft ziehen konnte, war das Aufteilen angebracht. Auf diese Weise wurden die auf anderen Partitionen verweilenden Daten aus der Risiko-Zone geschafft. Nach Erscheinen des ersten Mac OS X im März 2001 arbeiteten die meisten Anwender dann mit zwei Systemen (Mac OS X und Mac OS 9), wobei es auch in dieser Zeit üblich war, mit mindestens zwei Partitionen zu hantieren (so konnte man etwa sein Mac OS 9-Volume auswählen und darüber starten). Auch heutzutage wird noch fleißig partitioniert, da es der eigenen Übersichtlichkeit dient: So liegen auch unsere Arbeits-Daten auf einem separaten Volume, ein weiteres wird zum Archivieren und für allerlei Krimskrams genutzt. Nichtsdestotrotz werden auch diese Daten fast täglich auf eine externe Festplatte transferiert oder auf eine DVD gebrannt, denn so gehen wir auf Nummer Sicher und schützen uns vor Verlust bei einem Rechner-/Festplatten-Defekt.

Achten Sie auch darauf, dass Ihre Festplatte mindestens 80 Gigabyte (besser noch umfangreicher) groß ist, sofern Sie eine Aufteilung erwägen, da das Start-Laufwerk (auf dem sich auch der Ordner *Programme* befindet) doch im Laufe der Zeit viele neue Applikationen hinzubekommt und dadurch mächtig wächst. Rechnen Sie mit mindestens 30 GB (besser noch mehr), da beispielsweise auch die Apple-eigene Software *iTunes* und der Bildverwalter *iPhoto* bzw. auch *iMovie* ihre Daten standardmäßig im Benutzer-Ordner ablegen. Seien Sie lieber im Voraus großzügig, da ein nachträgliches Umändern zwar möglich ist, dieses jedoch immer die Gefahr eines Daten-Verlustes beinhaltet.

Vergessen Sie bitte auch nicht, einen letzten Blick auf das gewählte Partitionsschema zu werfen, das Sie über den Button *Optionen* erreichen. Hier sollte bei einem Intel-Mac auf jeden Fall *GUID-Partitionstabelle* markiert sein.

Ist alles erledigt und eingestellt, so klicken Sie auf *Partitionieren.* Ein letzter Hinweis warnt Sie noch einmal davor, dass auch wirklich alle Daten auf den vorhandenen Volumes durch die Aufteilung gelöscht werden – danach gibt es kein Zurück mehr. Nach ein paar Sekunden ist der Spuk vorbei und die Festplatte steht bereit für neue Taten.

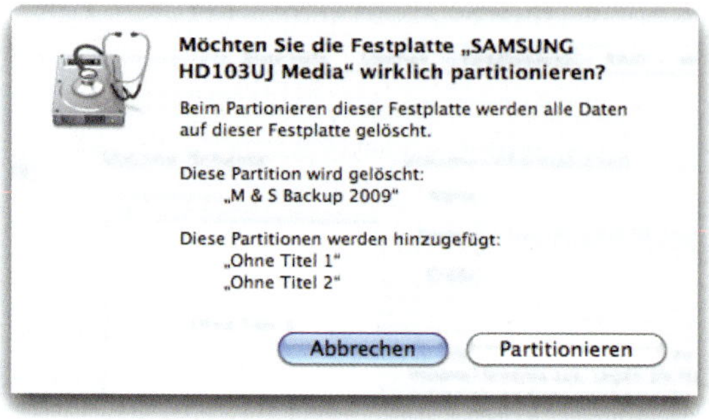

Apple sichert sich ab und warnt den Anwender vor nicht wieder rückgängig zu machenden Fehlern.

Als letzten Check vor den weiteren Installations-Schritten sollten Sie noch einmal in die Abteilung *Erste Hilfe* wechseln und Ihr Volume/Ihre Volumes überprüfen. Ist dabei alles in Ordnung, so kehren Sie über die Menüleiste *Festplatten-Dienstprogramm* und dem Befehl *Festplatten-Dienstprogramm beenden* (⌘-Q) zum Installations-Assistenten zurück.

Standard oder angepasste Installation

Sie können nun wieder direkt auf *Installieren* klicken und es geht sofort los. Hierbei werden automatisch die von Apple angedachten System-Komponenten – die System-Software, diverse Druckertreiber, weitere Schriften sowie Sprachpakete – auf den Rechner aufgespielt. Da die meisten Computer-Betreiber wohl niemals diese vielen Komponenten in Anspruch nehmen werden, befinden sich Tausende nutzloser Dateien auf dem Rechner. Wenn Sie also schon ein wenig Erfahrung mit Mac OS X haben oder zu den ganz Mutigen gehören, dann sollten Sie lieber auf den links unten stehenden Button *Anpassen* klicken.

Einzig die grundlegende System-Software können Sie nicht verändern – und das ist auch gut so. Werfen Sie jedoch einen Blick auf den Punkt *Druckerunterstützung* und klicken auf das kleine, links liegende Dreieck, so klappt eine Liste mit drei verschiedenen Optionen auf. Da wir mal annehmen, dass Sie keine Drucker-Sammlung zu Hause horten oder Ihr Wohnzimmer in eine Kopier-Station verwandeln möchten, sollten Sie *Alle verfügbaren Drucker* deaktivieren, da Sie ansonsten die volle Ladung an Druckertreibern von allen möglichen Herstellern erhalten. Die Option *Nahe und häufig verwendete Drucker* ist da schon besser, da hier exotische wie professionelle Druckertypen ausgeklammert werden und die Chance recht groß ist, dass auch Ihr Drucker-Modell mit dabei ist.

Wenn Sie einen älteren oder seltenen Drucker besitzen, für den keine geeigneten Druckertreiber zur Verfügung stehen, raten wir Ihnen zur Auswahl von *Gutenprint-Druckertreibern*, die Sie über die Webseite `http://gimp-print.sourceforge.net/MacOSX.php` **laden können. Dieses Paket enthält *Open-Source*-Treiber, also in weitestem Sinne**

Software mit freiem Quell-Code, die von Programmierern und Nutzern für die Gemeinschaft geschrieben wurden. Hierbei werden zwar oftmals nicht alle Funktionen wie bei professionellen Druckertreibern unterstützt, doch die Tinte/der Toner kommt so zumindest schon einmal auf's Papier.

Ein weiteres dickes Paket (1,2 GB) an Daten beinhalten die *Sprachpakete*. Haben Sie folglich mit Japanisch, Chinesisch oder Koreanisch etc. nichts am Hut, so entfernen Sie die daneben liegenden Häkchen per Mausklick. Einzig das englische Paket sowie jenes, das Sie ganz am Anfang als Sprache bestimmt haben (Deutsch), wird automatisch berücksichtigt.

Und wenn Sie schon dabei sind, so deaktivieren Sie auch gleich die Option *Zusätzliche Schriften*, denn Arabisch (ist zwar im Kommen), Thailändisch, Kyrillisch & Co. gehören in die Sparte »exotische Hobbys« und werden wohl nur in den seltensten Fällen gebraucht.

Weiterhin gibt es das kryptische *X11*, wobei es sich hier nicht um eine Marssonde oder ein U-Boot handelt, sondern als Standard für UNIX-Systeme läuft. Diese Komponente sollten Sie dann installieren, wenn Sie später unter anderem auf Open-Source-Software zurückgreifen möchten. Das Programm selbst wird im *Programme*-Ordner, Unterordner *Dienstprogramme* abgelegt. Interessiert Sie das Thema, so finden Sie weitere ausführliche Informationen darüber auf folgenden Webseiten:

- `http://developer.apple.com/opensource/tools/X11.html`
- `http://developer.apple.com/opensource/tools/runningX11.html`
- `www.xfree86.org`
- `www.x.org/wiki/`

Bei *Rosetta* handelt es sich um eine Software, die im Hintergrund läuft und von der Sie weder etwas sehen noch hören werden. Diese Technologie ist für ältere Programme gedacht, die eigentlich nur für PowerPC-Prozessoren gedacht waren. Damit diese nun auch auf den aktuellen Intel-Macs laufen, hat sich Apple diese »Übersetzungshilfe« einfallen lassen. Sie brauchen also wie gewohnt nur Ihre Programm zu starten und die Anwendung läuft. Um zu sehen, welche Art an Anwendungen Sie besitzen, brauchen Sie nur im *Programme*-Ordner diese zu markieren und den Informationen-Dialog (*Ablage* | *Informationen* bzw- ⌘-I) aufzurufen.

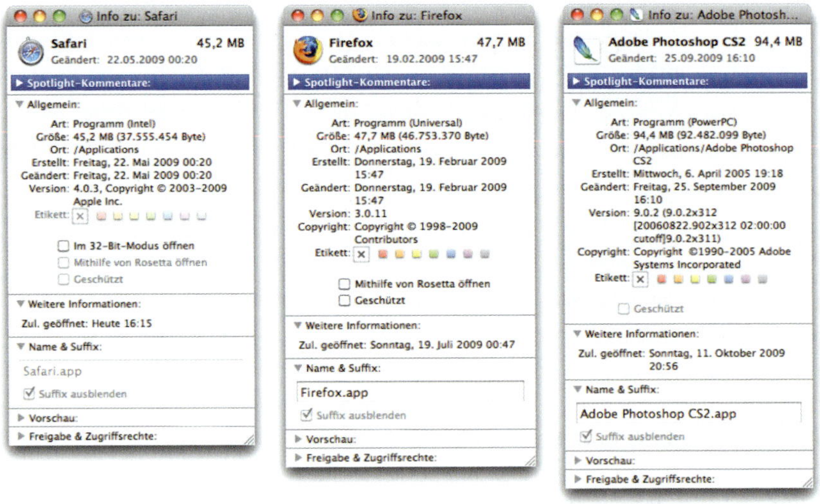

Apple unterscheidet zwischen PowerPC-, Universal- sowie Intel-Programmen (einzusehen bei »Art«). Installieren Sie die Technologie »Rosetta«, so lassen sich auch PowerPC-Anwendungen auf einem Intel-Mac betreiben.

Während Sie mit Snow Leopard den *QuickTime Player* mit der Versionsnummer 10 bekommen, lässt sich dennoch das ältere *QuickTime 7* zusätzlich installieren (wo nun die Versionen 8 und 9 geblieben sind, haben wir nicht eruieren können). Sofern Sie also über eine *QuickTime 7 Pro*-Lizenz verfügen oder ältere Filme besitzen, denen sich der aktuelle *QuickTime Player X* verweigert (wir selbst hatten jedoch noch nicht das Vergnügen, auf den alten Player zurückgreifen zu müssen), so können Sie hier gerne zugreifen. *QuickTime 7* lässt sich im Übrigen in seiner aktuellsten Form auch aus dem Internet herunterladen. Die Webseite hierzu: `www.apple.com/de/quicktime/download/`

Ob *Druckertreiber, Sprachpakete, X11, Zusätzliche Schriften* oder *Rosetta/QuickTime 7* – können oder möchten Sie sich jetzt noch nicht festlegen, was oder wie viel Sie installieren, so lassen sich eben genannte Komponenten auch nachträglich noch von der Install-DVD aufspielen. Wie das geht, verraten wir Ihnen weiter hinten im Buch.

Nachdem nun alle Eintragungen vorgenommen oder aus (Un-)Sicherheitsgründen nur die *Einfache Installation* gewählt wurde, kann die Installation beginnen. Wie soll es auch anders sein, so lautet der zugehörige Button *Installieren*, auf den Sie nun reinen Gewissens klicken sollten.

Und dann heißt es erst einmal den blauen Ladebalken zu bewundern und das Ende der Installation herbeizusehnen. Nach einigen Minuten ist der Spuk jedoch beendet und der Rechner startet neu (bzw. Sie klicken auf den *Neustart*-Button).

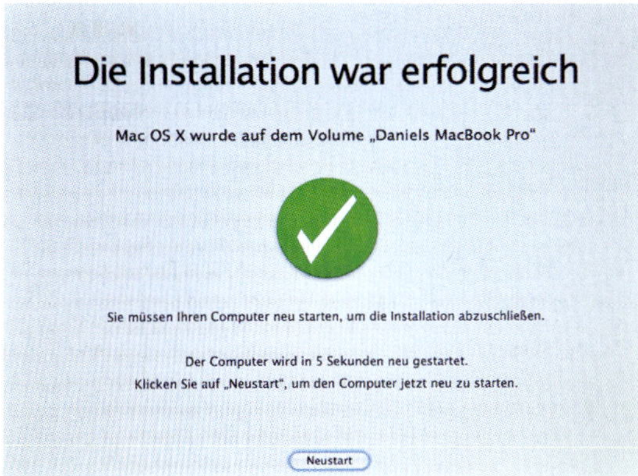

Das schaut schon mal ganz gut aus ...

Snow Leopard heißt Sie Willkommen

Jene Anwender, die Ihren Mac-Rechner neu angeschafft haben, mögen sich nun wieder in den Studiersaal begeben, denn die nachfolgenden Seiten sind wieder für alle von Belang. Das gilt auch für die so genannten »Clean-Installer«, die die Festplatte von allen bestehenden Daten befreit, sie initialisiert und/oder partitioniert haben. Nachfolgend nun die einzelnen Stationen zum Personalisieren und Konfigurieren.

Die freudige Begrüßung mit fetziger Musik deutet es an: Die Installation ist beendet und der Mac empfängt Sie mit multikultureller Willkommensgeste. Danach heißt es schlicht *Willkommen* und Sie werden aufgefordert, Ihr Heimatland (also jenes, in dem Sie sich momentan aufhalten) zu bestimmen. Diese Entscheidung wiederum bestimmt die Möglichkeiten im nächsten Dialog: *Wählen Sie Ihre Tastatur*.

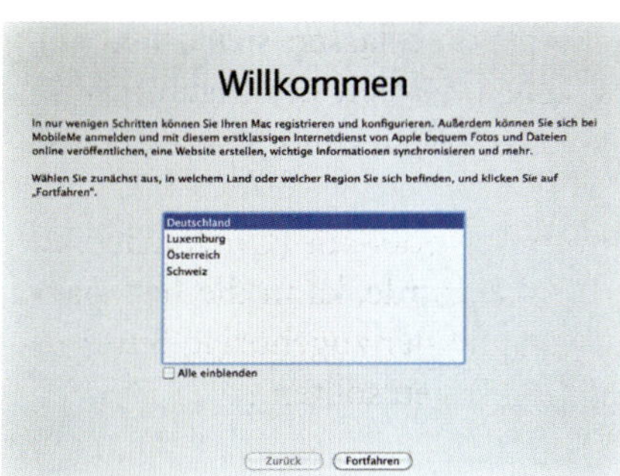

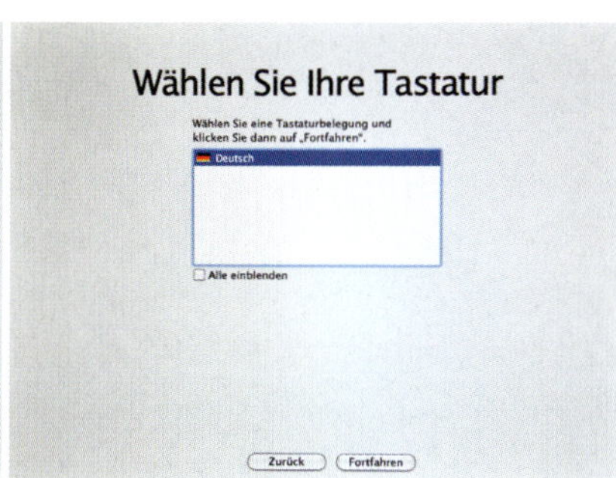

Nach der Bestimmung des Heimatlandes wählen Sie die passende Tastatur aus.

Da bei anderen Tastaturbelegungen – etwa in Dänemark oder Amerika – die Buchstaben und Sonderzeichen unterschiedlich angeordnet sind, lassen Sie bei diesem Schritt bitte der Genauigkeit den Vorzug. Vergeben Sie später nämlich ein Passwort, so kann es passieren, dass Sie sich nicht mehr einloggen können, da der gedrückte Buchstabe auf der deutschen Tastatur bei Auswahl einer fremdländischen

ein anderes Zeichen bedeutet. Sie geben also aus Ihrer Sicht das richtige Passwort ein, der Rechner schreibt aber ein anderes, da er die Tastatur missversteht.

Als Nächstes erscheint der *Systemassistent*, der Ihnen die Möglichkeit bietet, Informationen von einem anderen Mac-Rechner oder einer weiteren Partition (Volume) zu übertragen. Die Vorgehensweise richtet sich dabei wieder nach den Voraussetzungen.

Was es zu tun gilt, entscheidet die persönliche Ausgangslage.

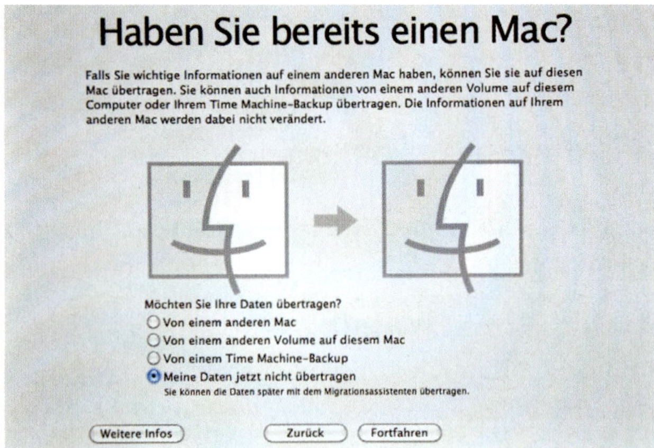

Informationen von einem anderen Mac übertragen

Diese Option sollten Sie wählen, wenn Sie ein Neugerät erworben haben, das Ihren alten Mac-Rechner ersetzen oder ergänzen soll. Hierbei werden beide Rechner über ein *FireWire*-Kabel miteinander verbunden und die Daten werden vom alten auf den neuen Computer übertragen. Der *Systemassistent* führt Sie dabei Schritt für Schritt zum Ziel und zeigt Ihnen sämtliche Stationen auf, die es zu erfüllen gibt. Genauso gut können Sie jedoch auch Daten von einer externen Festplatte übertragen, wenn Sie zum Beispiel dort ein Backup Ihres alten Rechners getätigt haben. Die Vorgehensweise ist im Großen und Ganzen die gleiche, nur dass Sie keine Taste »T« drücken müssen – die FireWire-Verbindung wird auch so hergestellt.

Das FireWire-Kabel verbindet die entsprechenden Macs bzw. eine externe Festplatte.

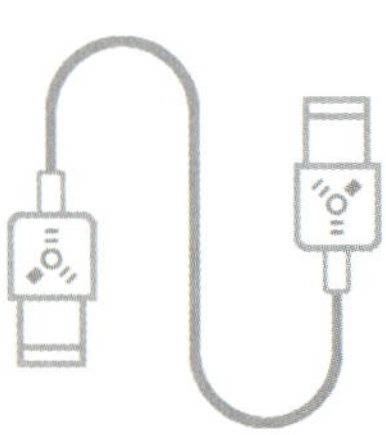

Danach wird das alte Gerät gestartet. Halten Sie gleich nach dem Start-Ton an diesem Gerät die Taste »T« gedrückt, bis Sie das FireWire-Symbol auf dem Bildschirm des alten Mac sehen.

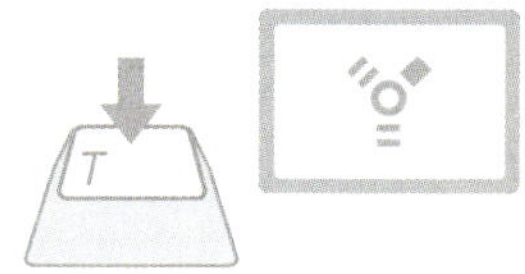

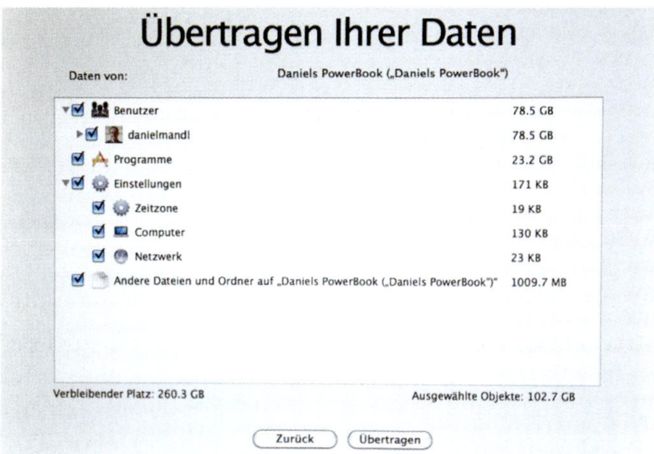

Der neue Computer erkennt den Inhalt der Festplatte und listet ihn auf. Markieren Sie folglich jene Daten, die Sie transferieren möchten. Über den Button »Übertragen« beginnt der Kopier-Prozess.

Im Zuge ständiger Schnittstellenwechsel besitzen die aktuellen Macs keinen *FireWire 400*-Anschluss mehr, während ältere Rechner wiederum keine *FireWire 800*-Schnittstelle aufweisen. In diesen Fällen können Sie sich mit einem *FireWire 400 zu FireWire 800*-Kabel bzw. einem Adapter behelfen, die sich über den Fachhandel beziehen lassen. Eine weitere Möglichkeit besteht darin, dass Sie anstatt *FireWire* eine Verbindung über *Ethernet* (Netzwerk-Kabel) bzw. *AirPort* (das ist Apples Technik für eine drahtlose Verbindung) herstellen. Hierzu müssen Sie die entsprechenden Knöpfe *Ethernet verwenden* oder *AirPort verwenden* drücken. Hierauf blendet der *Systemassistent* ein Kennwort (sechsstellige Nummer) ein. Sowohl bei der Übertragung über *Ethernet* als auch über *AirPort* müssen Sie auf jenem Rechner, dessen Daten Sie transferieren möchten, den *Migrationsassistenten* (zu finden im *Programme*-Ordner | *Dienstprogramme*) starten. Dieser führt nun Schritt für Schritt zum Ziel, wobei Sie zur Identifizierung das vom *Systemassistenten* eingeblendete Passwort eingeben müssen.

Der »Systemassistent« blendet ein Kennwort ein, das im »Migrationsassistenten« des anderen Rechners zur Identifizierung eingegeben werden muss.

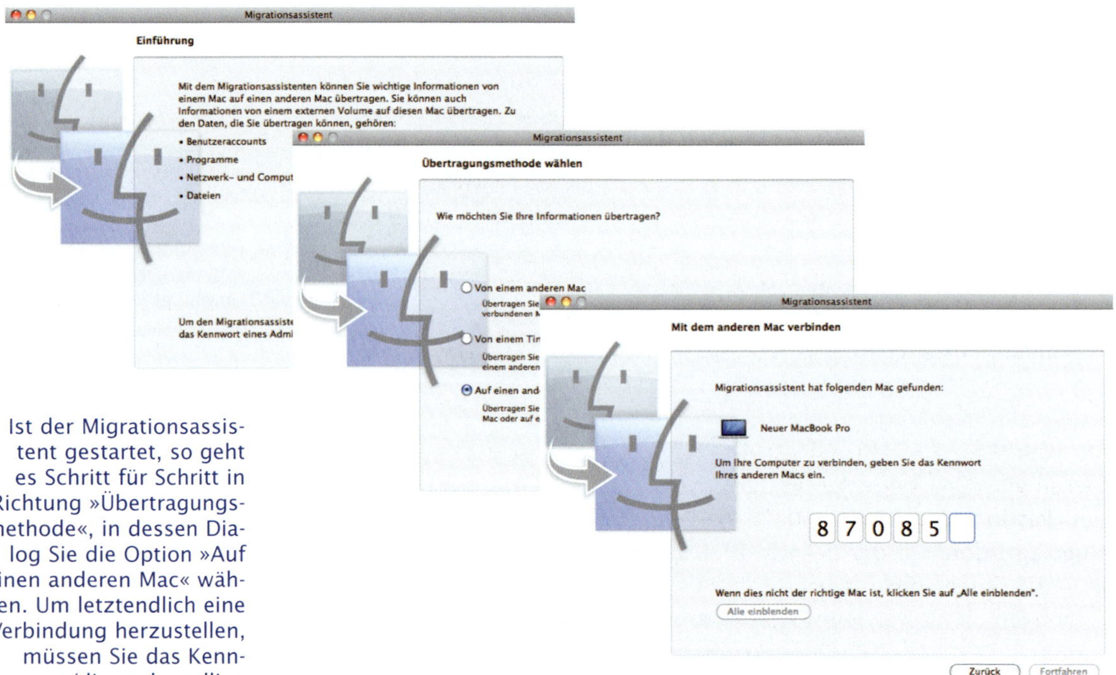

Ist der Migrationsassistent gestartet, so geht es Schritt für Schritt in Richtung »Übertragungsmethode«, in dessen Dialog Sie die Option »Auf einen anderen Mac« wählen. Um letztendlich eine Verbindung herzustellen, müssen Sie das Kennwort (die sechsstellige Zahl) eingeben.

Über den Button »Weitere Infos« des Systemassistenten erhalten Sie weitere Hilfestellung, sollte die Verbindung nicht auf Anhieb klappen.

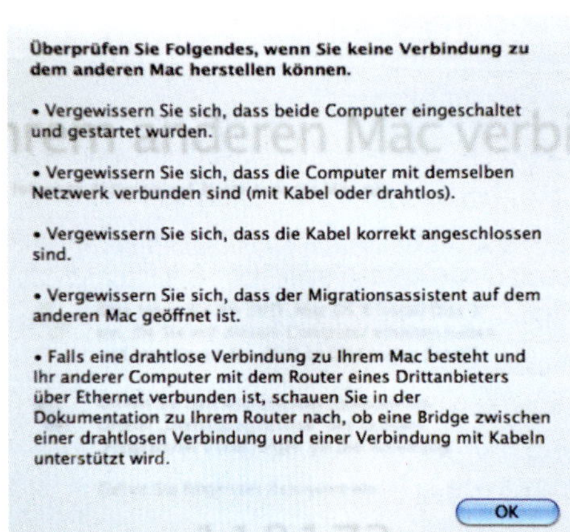

Wie Sie sehen, sind die Zeiten stundenlanger Hin- und Herkopiererei vorbei. Der *Systemassistent* übernimmt die Regie und überträgt brav die ihm angezeigten Daten. Nach einem Neustart stehen diese dann zur weiteren Verwendung zur Verfügung. Beim »alten« Rechner brauchen Sie – bei einer Verbindung über *FireWire* – nur die Ein-/Ausschalttaste zu drücken, um diesen wieder auszuschalten.

Im Zuge der Umstellung von PowerPC- auf Intel-Prozessoren mussten auch die Programmierer ran und den Software-Code umschreiben. Somit gibt es Anwendungen auf dem Mac, die entweder nur auf PowerPC, nur auf Intel oder auch auf beiden Systemen arbeiten. Möchten Sie nun Programme vom alten Mac auf den neuen übertragen, sollten Sie sich vorher schlau machen, welche Programme mit welcher Prozessor-Generation kompatibel sind oder – noch besser – die Dritt-Programme grundsätzlich zunächst außen vor lassen. Installieren Sie diese lieber im Nachhinein und erkundigen Sie sich auf den Hersteller-Internetseiten, ob es bereits an die Intel-Plattform bzw. Snow Leopard angepasste Software Ihrer Wunsch-Programme gibt. Manchmal heißt es auch einen Neukauf zu tätigen, da die Software-Hersteller oftmals die älteren Programm-Versionen schlicht ignorieren bzw. keinen Support mehr anbieten. Das heißt also auch, dass der Neukauf eines Rechners meist auch Nachfolgekosten verursacht.

Informationen von einem anderen Volume auf diesen Mac

Ebenso wie der Übertrag über *FireWire* listet der *Systemassistent* jene Volumes (Partitionen) auf, die auf der Festplatte liegen. Bestimmen Sie also diejenige Partition, auf der sich ein älteres, schon eingerichtetes System befindet – die Daten sowie Internet- und Benutzer-Einstellungen werden somit übertragen.

Informationen von einem Time Machine-Backup übertragen

Wenn Sie schon mit Mac OS X 10.5 Leopard gearbeitet haben, wird Ihnen sicherlich *Time Machine* als interne Backup-Lösung ein Begriff sein. In diesem Fall wird beim ersten Sichern ein komplettes Abbild Ihres vorherigen Rechners erstellt, danach werden stündlich alle Änderungen gespeichert. Möchten Sie nun diese Daten wieder abrufen und auf einen Rechner übertragen, so geht das auch über den Assistenten. Wählen Sie daher die Option *Von einem Time Machine-Backup*. Dazu verbinden Sie die Festplatte mit den entsprechenden Backups per FireWire oder USB 2 an den neuen Mac und schalten diese ein. Klicken Sie im Dialog auf *Fortfahren*, so werden die Backups eingeblendet. Über *Fortfahren* stoßen Sie auf den Inhalt samt Benutzer- und Netzwerk-Informationen sowie Programme und Dateien.

Der Mac ist schlau und findet sogleich ein Time Machine-Backup zum Auslesen und Übertragen der Daten.

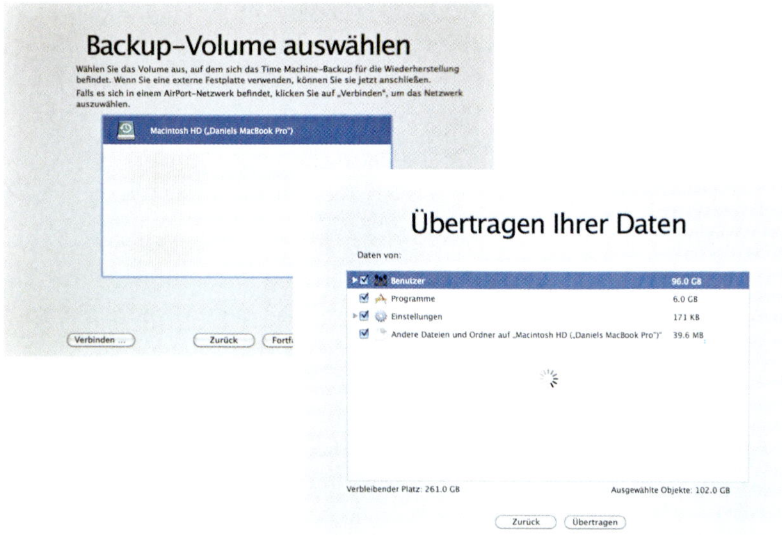

Werden die *Time Machine*-Backups über ein *Airport*-Netzwerk erledigt, so sollten Sie auf den Button *Verbinden* klicken, um mit diesen in Kontakt zu treten. Nach Angabe des Netzwerknamens sowie der eventuellen Verschlüsselungs-Methode sollte eine Verbindung hergestellt werden. Als Alternative lassen sich auch bereits bestehende *Netzwerke anzeigen*, wenn Sie auf den gleichnamigen Button klicken.

Es ist an alles gedacht, denn selbst drahtlose Netzwerke werden erkannt.

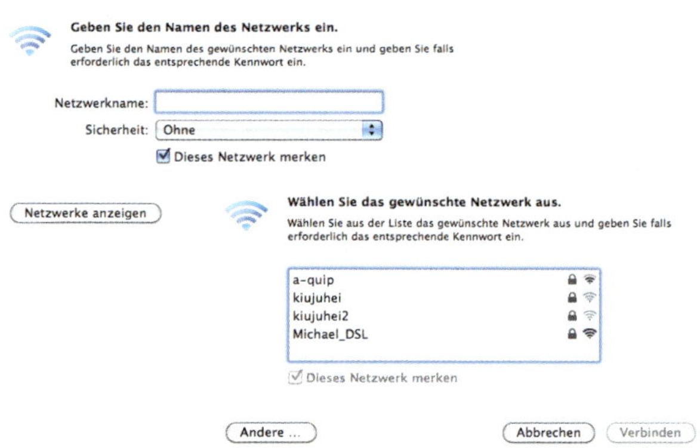

Meine Informationen nicht übertragen

Existieren keine Daten-Vorlagen, so müssen Sie das System neu einrichten. Das geht recht flott, denn Sie werden auch in diesem Fall an die Hand genommen und zum Ziel geführt.

Der erste Schritt besteht aus der Festlegung der *Internet-Verbindung*. Der eingeblendete Dialog *Drahtloses Netzwerk wählen* ist dann für Sie interessant, sofern Sie über ein *AirPort*-Netzwerk in das Internet möchten. Ist dieses bereits eingerichtet, so sollte die entsprechende Konfiguration eingeblendet werden. Bevorzugen Sie einen anderen Zugang zum Internet, so klicken Sie bitte links unten auf *Andere Netzwerkkonfiguration.*

Apple geht wohl davon aus, dass bereits die Mehrheit der Anwender einen drahtlosen Zugang zum Internet besitzt. Ist dem nicht so, so benutzen Sie den Knopf »Andere Netzwerkkonfiguration«.

Je nachdem, ob Sie über ein Modem, DSL oder ein Netzwerk Kontakt zum Internet aufnehmen möchten, wählen Sie bitte die gewünschte Option.

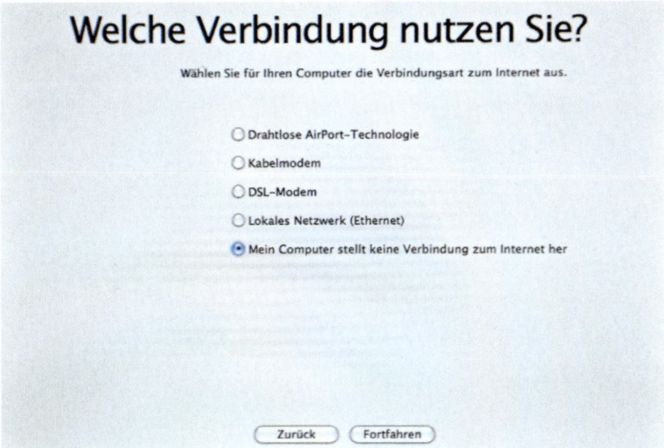

Klicken Sie jene Option an, über die Sie bevorzugt ins Internet gehen möchten.

Sowohl bei der Verbindung über *Kabel-Modem* als auch über *DSL-Modem* müssen Sie im ersten Dialog die Option *PPPoE verwenden* aktivieren, um Ihren *Benutzer-/Account-Namen*, das *Kennwort* sowie die *Einwahl-Nummer* (bei einem einfachen Modem) einzugeben, die Ihnen Ihr Provider ausgehändigt hat. Danach wählen Sie die Modem-Verbindung: *Internes Modem* (in den meisten Macs mittlerweile nicht mehr enthalten und nur mehr optional als externes Gerät zu erwerben) oder *IrDA* (Infrarot-Verbindung – *Infrared Data Association*). Wählen Sie bei Auswahl von *Internes Modem* dann noch den Modem-Typ aus (meist nennt sich dieser *Apple Internal 56K Modem*).

Bei *DSL-Modem* können Sie den ersten Dialog überspringen, wenn bei *TCP/IP-Verbindungstyp* die Option *DHCP* eingetragen ist. Nach dem Ausfüllen der geforderten Daten geht's dann – wie auch bei der Modem-Verbindung – weiter zur Bestimmung der *Apple-ID*. Jene *ID* benötigen Sie, um etwa im *iTunes Store* oder dem *Apple Store* weitere tolle Apple-Produkte kaufen zu können. Besitzen Sie eine solche, so tragen Sie diese nun ein, ansonsten klicken Sie auf *Fortfahren*.

Im Kapitel »Online mit dem Mac« (weiter hinten im Buch) zeigen wir noch einmal ausführlich die verschiedenen Anschluss-Möglichkeiten, um ins Internet zu gelangen.

Mein Computer stellt keine Verbindung zum Internet her (wenn Sie vielleicht noch keinen Provider gewählt haben oder dies vielleicht erst später in aller Ruhe konfigurieren möchten) macht genau dies und über *Fortfahren* geht es schnurstracks weiter zur *Registrierung*. Hier tragen Sie Ihre persönlichen Daten ein, die dann auch im Apple-eigenen Adressbuch stehen werden. Möchten Sie sich nicht registrieren, so können Sie über *Befehlstaste-Q* (⌘-Q) den Dialog abbrechen und gleich zum Anlegen des *Benutzer-Accounts* voranschreiten.

Wenn Sie nichts zu verbergen haben, können Sie ruhigen Gewissens Ihre Daten eingeben – bei der Telefon-Nummer kann man ja dennoch ein wenig mogeln ;-)

Der letzte Schritt zum gelungenen Einstieg nennt sich *Lokalen Benutzer anlegen*. Sie als Erst-Benutzer sind der so genannte *Administrator*, der über die Hoheits-Rechte verfügt und der auf dem Rechner schalten und walten kann, wie es ihm gefällt. Da Mac OS X ohne Weiteres auch von mehreren Benutzern verwendet werden kann, können Sie später weitere *Accounts* vergeben. Als Erstes sollten Sie jedoch *Name* und *Kurzname* überprüfen (und gegebenenfalls ändern) und sich ein wirklich sicheres Kennwort ausdenken. Die Namen der Kinder oder der Verwandtschaft sollten hierbei tabu sein, können diese doch leicht nachvollzogen werden. Gut machen sich auf jeden Fall Wörter, die nicht auf Anhieb in einem Wörterbuch gefunden werden können und am besten aus einer Kombination aus Buchstaben und Zahlen bestehen, etwa »D0min0ste1n« oder »8samkeit«. Nach der Bestätigung des Kennworts und einer eventuellen Merkhilfe (wir werden ja alle nicht jünger ...) kommen wir dem Ziel immer näher.

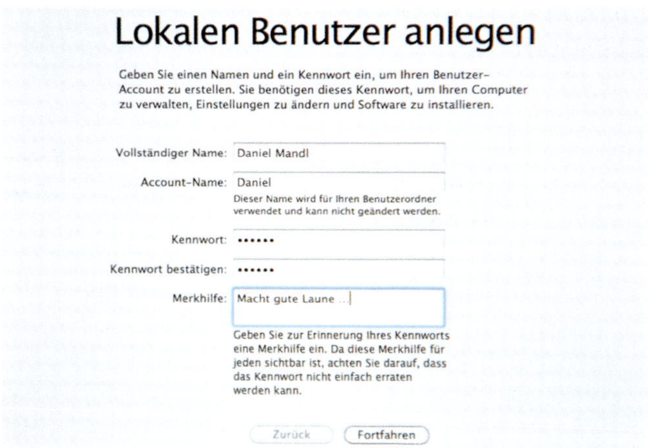

Der Benutzer-Account ist Pflicht – ohne einen solchen gibt's auch kein Weiterkommen.

Ist das erledigt, geht es weiter mit dem Fenster *Zeitzone auswählen.* Zielen Sie gut und klicken Sie dann mit der Maus oder über die Trackpad-Taste auf jene Stelle, an der Sie die nächst liegende Stadt in der Nähe Ihres Wohnortes vermuten. Sind Sie dem Ziel schon recht nahe, so können Sie auch mit der Maus auf das kleine farbige Dreieck ( ) bei *Nächste Stadt* klicken und aus dem aufspringenden Popup-Menü den gewünschten Eintrag herauspicken.

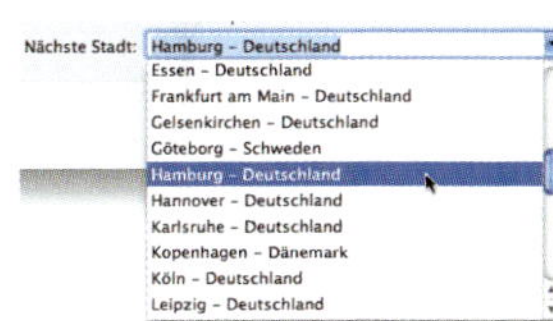

Neu in Snow Leopard ist die Option *Zeitzone automatisch anhand des Aufenthaltsorts festlegen*, über die der Mac selbstständig Ihren Wohnort lokalisiert. Hierzu muss jedoch *AirPort* aktiviert sein, so dass über WLAN oder GPS auf einen Hotspot zurückgegriffen werden kann. Sobald Sie diese Funktion starten, begibt sich der Mac auf die Suche nach Ihrem Aufenthaltsort und – wird er fündig – trägt diesen ein. Klappt das nicht, so müssen Sie denoch die Zeitzone händisch bestimmen.

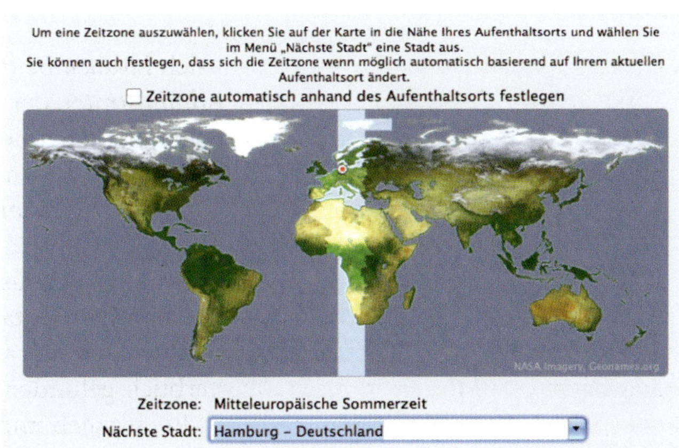

Die »Zeitzone auswählen« betrifft nicht nur Jedi-Ritter & Co. – auch wir Normalsterblichen leben darin.

Ein letztes Flehen nach *Registrierung* beendet die Konfigurations-Orgie. Nun dürfen Sie sich mit Fug und Recht als Bändiger und Dompteur des Snow Leoparden feiern lassen – Herzlichen Glückwunsch von uns allen …

Pakete nachinstallieren

Wie schon weiter oben erwähnt, haben Sie jederzeit die Möglichkeit, einzelne Komponenten der Installations-DVD nachzureichen. Dazu schieben Sie diese in das Laufwerk ein und warten, bis sich das Fenster automatisch öffnet. In diesem Fenster doppelklicken Sie den Ordner *Optionale Installationspakete* und darin die Datei *Optional Installs* mit der Ende ».mpkg«.

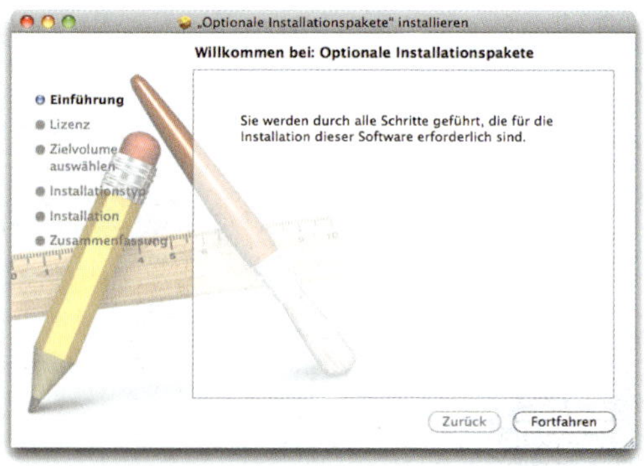

Optionale Installationspakete – der Name ist hier Programm.

Danach durchlaufen Sie die Apple-typischen Schritte wie den *Softwarelizenzvertrag* sowie das *Wählen des Zielvolumes* (falls Sie mehrere Systeme auf Ihrem Mac laufen haben), bis Sie zur gewünschten *Angepassten Installation* kommen. Und ebenso wie bei der Erst-Installation können Sie nun dort diejenigen Punkte markieren, die Ihnen zum Glück noch fehlen. Alle anderen, bereits installierten Programme, Pakete und Treiber werden übersprungen.

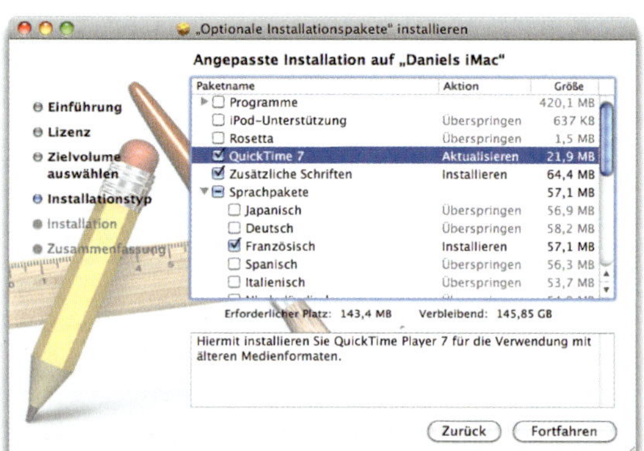

Nehmen Sie Ihre Auswahl vor und klicken Sie dann auf »Installieren«.

Die erste Hürde wäre geschafft. Das Betriebssystem liegt auf der Festplatte und wartet nur darauf, von Ihnen entdeckt zu werden. Und diesen Gefallen wollen wir ihm doch tun …

Die Arbeitsumgebung im Detail

Frisch installiert, konfiguriert und neu gestartet liegt Mac OS X 10.6 vor Ihnen. Neben der Tatsache, dass allein das Design der Benutzer-Oberfläche toll aussieht und man sich fühlt, als werfe man einen Blick in eine ferne Galaxie, steckt eine Fülle an Funktionen und Optionen darin. Diese möchten wir Ihnen nun vorstellen. Um nun auch jene Anwender zu berücksichtigen, die vielleicht das erste Mal mit dem Mac in Berührung kommen, fangen wir sozusagen bei »A« wie Angucken an und kämpfen uns bis zum »Z« wie »Zum Verzweifeln« vor.

Zwischen OS X 10.5 Leopard (hinten) und OS X 10.6 Snow Leopard gibt es auf den ersten Blick fast keine Unterschiede. Kein Wunder, denn das Meiste spielt sich unter der Oberfläche ab.

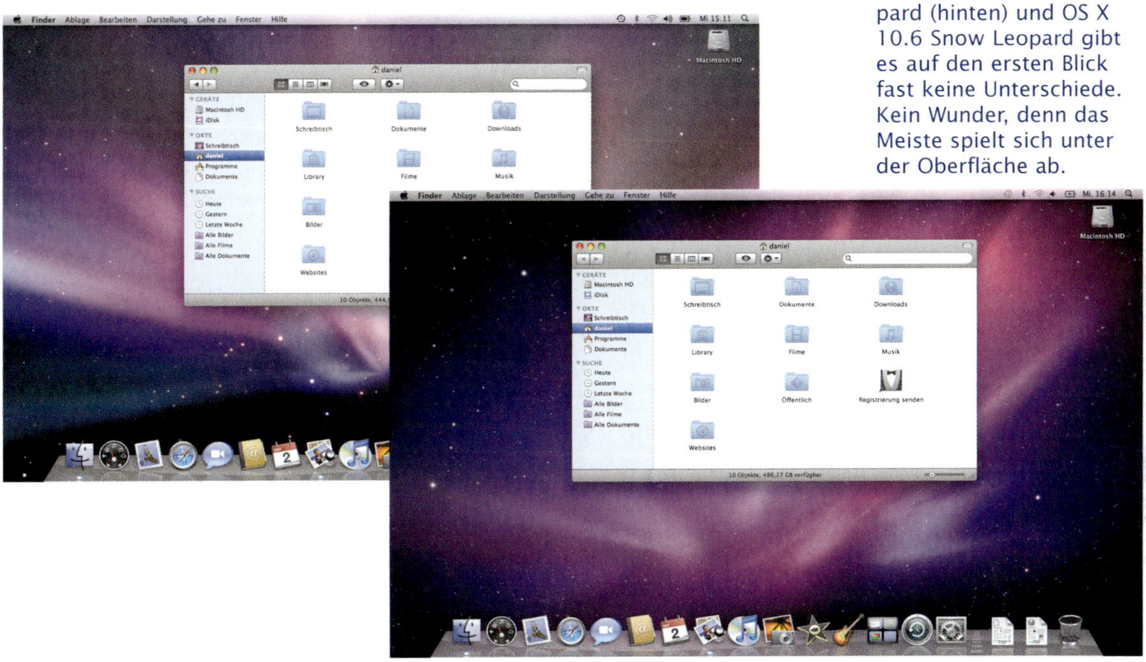

Der Finder – Kommunikator zwischen Mensch und Maschine

Nach jedem Neustart befinden Sie sich erst einmal im *Finder*, der als Benutzerschnittstelle dient. In dieser grafisch aufgepeppten Zentrale schalten und walten Sie als Anwender, klicken auf Ordner, starten von dort aus Programme oder kopieren Daten hin und her. Von den anderen Dateien, die zu Tausenden auf der Festplatte liegen und tief im System verankert sowie größtenteils geschützt sind (damit Sie auch ja nichts löschen), merken Sie erst einmal nichts. Freuen Sie sich darüber, denn dort hätte selbst Albert Einstein den Überblick verloren.

Das, was Sie am Bildschirm sehen, nennt sich *Schreibtisch*. Und wie auf einem richtigen Schreibtisch ist alles wohl geordnet. Die Dateien (Ihre Briefe, Bilder, Notizen etc.) liegen in Ordnern (vergleichbar den Schubladen), die Programme (Ihre Werkzeuge zum Verarbeiten wie Hefter, Locher oder Füllfederhalter) ebenso, und fertigen Sie ein Dokument an, so liegt es obenauf, zuvorderst auf dem Bildschirm. Zum Ausführen Ihrer Tätigenkeiten stehen Ihnen die Maus bzw. das Trackpad zum Navigieren sowie eine Menge an Befehlen zur Verfügung, die über Menüs ausgewählt und bestätigt werden. Und mit dieser kleinen Einleitung legen wir nun los und durchforsten die Arbeitsumgebung.

Menüs und Befehle

Ganz oben finden Sie die Menüleiste, die in verschiedene Rubriken (*Ablage*, *Bearbeiten* usw.) unterteilt ist. Per Mausklick auf einen Menüpunkt fährt eine Liste mit den dazugehörigen Befehlen heraus, die nun mit der Maus ausgeführt werden können. Von Programm zu Programm können diese Menü-Punkte variieren. Und dennoch legt Apple viel Wert darauf, dass sich die Programmierer anderer Programme an strenge Richtlinien halten, so dass Sie die wichtigsten Befehle stets an derselben Stelle wiederfinden.

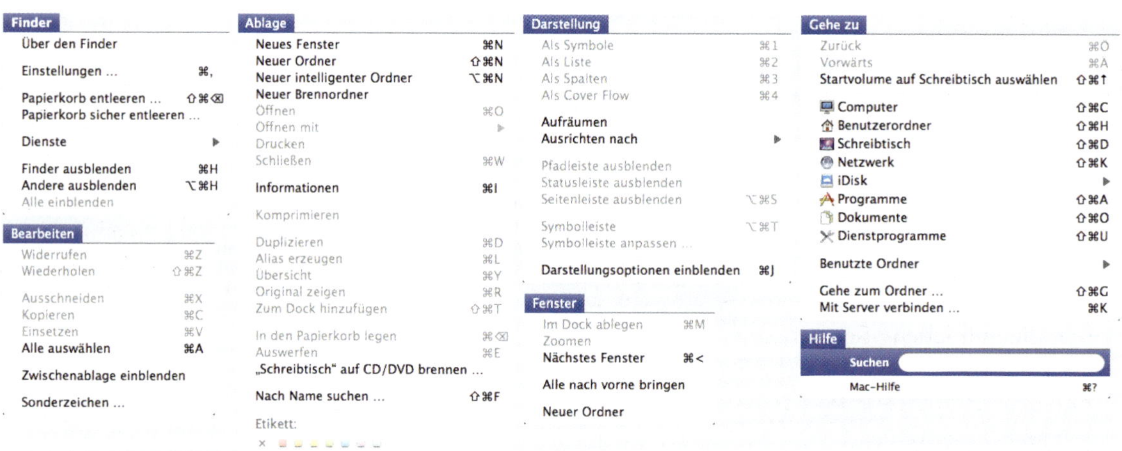

Auflistung der Befehle in der Menüleiste des Finders.

Jene Befehle, die schwarz und deutlich zu erkennen sind, sind aktiv und können sogleich angewendet werden. Die grau unterlegten dagegen sind momentan deaktiviert und können nicht angewählt werden. Dies ist abhängig von der Tätigkeit, die Sie gerade leisten. Neben den meisten Befehlen stehen weiterhin die entsprechenden Tastenkombinationen. Hierbei betätigen Sie die Befehle nicht mit der Maus, sondern tippen die Kurzversion über die Tastatur ein. Der Vorteil besteht darin, dass Sie beide Hände auf der Tastatur lassen und somit schneller navigieren. Folgende Tasten – die noch dazu unterschiedliche Bezeichnungen tragen, aber alle das Gleiche meinen –, stehen Ihnen bei der Eingabe zur Verfügung:

⌘//*cmd* *Befehlstaste, Apfeltaste, Commandtaste* oder auch *Blumenkohltaste* (weniger gebräuchlich); trotz eines weltweiten Aufschreis durch Apple-Anwender gibt es den Apfel () auf den aktuellen Tastaturen leider nicht mehr.

alt-/⌥ *Optionstaste, Alt-Taste, Weiche-Taste* oder *Wahltaste;*

⇧ *Umschalttaste* oder *Shifttaste;*

ctrl *Controltaste* – Bei gedrückt gehaltener *Controltaste* und Mausklick öffnet sich das *Kontext*-Menü, das eine Liste der zur Tätigkeit passenden Befehle enthält. Das *Kontext*-Menü können Sie jedoch alternativ auch über einen Rechtsklick (rechte bzw. sekundäre Maustaste bei Mehrtasten-Mäusen) bzw. über einen Zweifinger-Tipp auf das Trackpad aufrufen.

Im Buch werden wir ausschließlich die Bezeichnungen *Befehlstaste* (⌘), *Wahltaste* (⌥) sowie *Umschalttaste* (⇧) verwenden, die auch in Kombination und zusammen mit bestimmten Buchstaben angewendet werden.

Weiterhin existiert bei allen MacBook (Pro)-Modellen sowie den aktuellen externen Apple-Tastaturen eine so genannte »fn«-Taste. »fn« bedeutet »Funktion« und bezieht sich auf die Sondertasten, die oberhalb der Zahlen stehen und mit denen einige Hard- wie Software-Features (etwa Lautstärke (🔊/ 🔈), Helligkeit des Monitors (☼/☼), Exposé (▭), Steuertaste (▶▶/▶II/◀◀) etc.) ausgeführt werden können. Bei Laptop-Modellen sowie der Tastatur ohne Ziffernblock (meist als Wireless-Variante) finden Sie diese Taste links unten, bei der großen Tastatur liegt sie zwischen Ziffern- und Buchstabenblock. Wird die Taste gedrückt, so werden anstatt der Hard- und Software-Funktionen die »üblichen« Sondertasten F1, F2, F3 etc. ausgeführt, über die viele Programme zusätzliche Befehle bereitstellen. Kombinationen mit *Befehlstaste* (⌘), *Wahltaste* (⌥) oder *Umschalttaste* (⇧) existieren jedoch nicht.

Apples Tastaturen (in der Abbildung die amerikanische Variante) sehen meist schick aus, die Bedienung erfordert jedoch einiges an Eingewöhnungszeit. Das Gleiche gilt übrigens auch für die »Mäuse-Welt«.

Mit der Zeit werden Sie herausfinden, welche Arbeitsschritte Sie besonders häufig angehen und welche Befehle Sie hierzu brauchen. Prägen Sie sich nun nach und nach die dazugehörigen Tastatur-Kombinationen ein, so steht einem effektiven Arbeiten nichts mehr im Wege.

Um nun nicht jeden Befehl einzeln aufführen zu müssen, werden Sie diese zu gegebenem Anlass und bei passender Gelegenheit kennen lernen.

Lassen Sie uns dennoch noch einen kurzen Blick auf das *Programm*-Menü werfen. Sie finden es zwischen dem Apfel (– ganz links) und dem Menüpunkt *Ablage*. Nach dem Hochstarten des Rechners sollte dort *Finder* stehen, und genau dort wollen wir jetzt hin. Mit einem Klick darauf öffnet sich wieder die Menüleiste, in der wir nun einen kleinen Schwenk zu den *Einstellungen* einlegen möchten. Dort regeln Sie, wie sich der *Finder* im Alltag verhält und was er Ihnen zeigen soll. Sind daher in der Rubrik *Allgemein* die Optionen *Festplatten, Externe Festplatten, CDs, DVDs und iPods* sowie *Verbundene Server* mit einem Haken (☑) bestätigt, so erscheinen die Symbole der entsprechenden Medien automatisch auf dem Schreibtisch, sobald Sie in das Laufwerk eingelegt bzw. an den Mac angeschlossen werden. Selbstverständlich erklären wir auch noch die weiteren Optionen, doch haben Sie noch ein wenig Geduld.

In den »Einstellungen« werden die Basisdaten für den Finder (und auch für die anderen Programme) eingetragen. Über das Menü mit dem jeweiligen Programm-Namen erreichen Sie sie jederzeit.

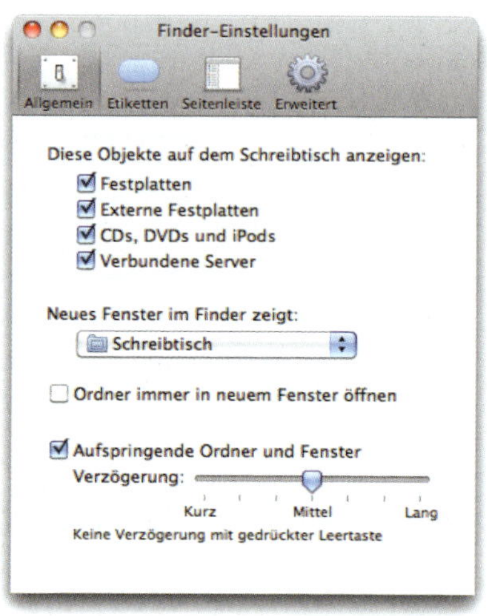

Im *Programm*-Menü finden Sie in 90 Prozent aller Fälle die Grundeinstellungen der Programme. Wenn Sie sich daher mit gewissen Programmen näher befassen, sollten Sie auch immer einen Blick dort hineinwerfen. Aber vor allem schonen Sie Ihre Zeigefingerkuppen, indem Sie sich die dazugehörige Tastenkombination gut merken: *Befehlstaste-Komma* (⌘-,).

Das Apple-Menü

Ganz links außen finden Sie das Apple-Menü, erkennbar am Apfel-Symbol ( ). Darüber schalten Sie beispielsweise Ihren Mac aus oder führen einen Neustart durch. Sie können aber auch auf das unten liegende *Dock* Einfluss nehmen oder in die *Systemeinstellungen* wechseln. Weiterhin finden Sie dort auch den Befehl *Über diesen Mac*, der Ihnen schnell und unkompliziert einen Blick auf die momentan installierte Betriebssystem-Version ermöglicht.

Das Apple-Menü sowie der daraus gewählte Befehl »Über diesen Mac«. Mit Klick auf »Version 10.6« (oder höher) erfahren Sie auch den Entwicklungsstand (etwa Build 10C540), mit einem weiteren Klick können Sie die Seriennummer Ihres Mac einsehen.

Über die *Softwareaktualisierung* können Sie bei einer aktiven Internet-Verbindung mit Apple in Kontakt treten. Dabei werden sowohl die System-Version Ihres Rechners als auch die installierten Apple-Komponenten überprüft. Liegt nun ein Update (eine Aktualisierung oder Fehlerbereinigung) einzelner Programme oder System-Bestandteile vor, so lässt sich dieses unkompliziert herunterladen und auch gleich installieren (mehr dazu erfahren Sie auch noch im Kapitel über die *Systemeinstellungen*).

Mac OS X Software… (wir sind wieder im *Apple-Menü*) funktioniert ebenso nur, wenn Sie online sind, sprich sich aktiv ins Internet eingeloggt haben. Hierbei startet nach Wahl des Befehls Ihr Internet-Browser *Safari* und sucht die Webseite `www.apple.com/de/downloads` auf.

Apples Link zum schnellen Aufsuchen zusätzlicher Software.

Dort werden Ihnen nun die aktuellen Apple-Downloads sowie diverse Free- und Shareware-Programme zum direkten Herunterladen angeboten. Sie sollten jedoch immer genau wissen, was Sie installieren, damit Sie sich keine Probleme einfangen.

Die Punkte *Systemeinstellungen* und *Dock* möchten wir gerne ein wenig später anpacken, da es darüber doch eine Menge zu erzählen gibt. Die Option *Benutzte Objekte* ist hingegen schnell erklärt: Jedes gestartete Programm und jedes geöffnete Dokument (egal ob Bild- oder Text-Datei) sowie in einem Netzwerk die verbundenen Server werden darin vermerkt. Auf diese Weise lässt sich schnell auf die zuletzt bearbeiteten Dokumente oder benutzten Programme zurückgreifen. Die Anzahl der protokollierten Objekte können Sie über die *Systemeinstellungen* und dort über die Rubrik *Erscheinungsbild* bestimmen. Bei *Benutzte Objekte merken* stellen Sie die von Ihnen gewünschte Anzahl ein (zwischen 0 und 50) – ab diesem Zeitpunkt wird die Eintragung berücksichtigt.

Drücken Sie bei geöffnetem Menü *Benutzte Objekte* zusätzlich die *Befehlstaste* (⌘), so lassen sich die gezeigten Objekte augenblicklich auf den Schreibtisch bugsieren. Dazu öffnet sich ein Fenster, das die Datei an Ihrem Original-Platz präsentiert.

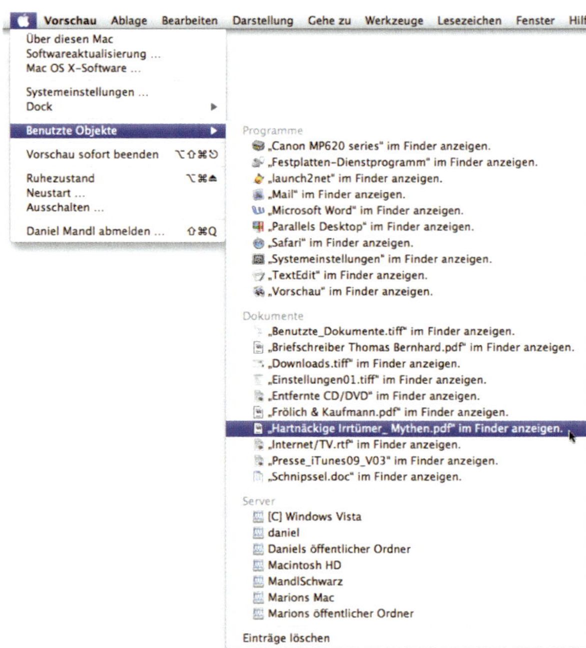

Das Menü für die ganz Schnellen – zuletzt verwendete Programme, Dokumente und Server ohne langes Suchen.

Ab und an wird es Ihnen auch passieren, dass ein Programm muckt. Entweder es stürzt freiwillig ab und reißt Ihre ungesicherte Arbeit mit in den Abgrund, oder es rührt sich einfach nicht mehr. Egal, ob Sie klicken oder das

Programm beenden möchten, das bunte Rädchen (– Ihr Mauszeiger) dreht sich weiter und pariert auch nicht auf Befehl. In letzterem Fall springt *Sofort beenden…* in die Bresche und erlöst Sie von Ihrem Ärger. Auf dem Schreibtisch erscheint ein Dialog, der Ihnen alle laufenden Programme auflistet. Im Fenster wählen Sie nun denjenigen Quälgeist, der absolut nicht so will, wie Sie es wünschen, und drücken dann den Button *Sofort beenden*. Ein weiterer Dialog warnt Sie noch einmal davor, dass alles, was Sie nicht zuvor gespeichert haben, im Nirvana verschwindet. Der zweite Klick auf *Sofort beenden* lässt das Programm aus der Liste verschwinden. Dieses rohe Vorgehen passiert relativ selten, ist aber bei etwaigem Zicken-Alarm (gemeint ist da natürlich das betroffene Programm) angebracht.

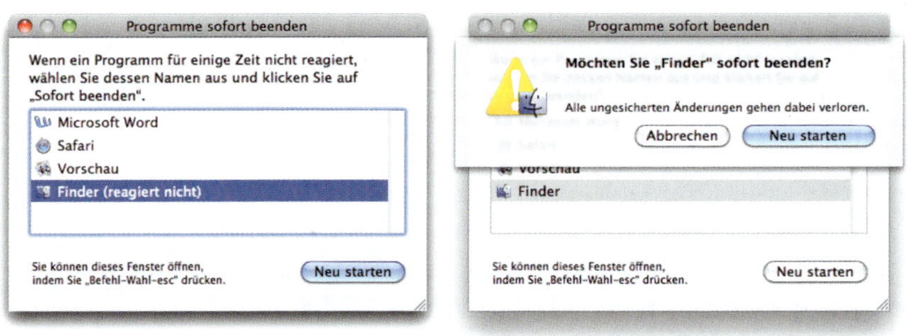

In Sekundenbruchteilen wird das störende Programm beendet.

Keine Angst: Das Programm wird wirklich nur beendet und kann danach sofort wieder gestartet werden. Die anderen aktiven Programmen werden dabei nicht in Mitleidenschaft gezogen. Bei ganz heiklen Fällen, wenn die Software weiterhin Schwierigkeiten macht (was sie vielleicht vorher nicht tat), ist oftmals auch ein *Neustart* des Rechners ratsam.

Und weil wir gerade schon bei den Tastenkombinationen waren: Drücken Sie nacheinander die Kombination aus *Befehlstaste*, *Wahltaste* und *esc-Taste* (⌘-⌥-esc), so rufen Sie ebenfalls das Dialog-Fenster *Programme sofort beenden* auf. Möchten Sie den Dialog ganz umgehen und das Programm augenblicklich aus dem Sinn verbannen, so rufen Sie bei gedrückter *Umschalttaste* (⇧) das Apple-Menü auf und wählen daraus dann den Befehl *»Programm XY« sofort beenden* (die Bezeichnung »Programm XY« steht hier stellvertretend für den Namen der jeweiligen Applikation).

Aufgrund der Tatsache, dass etwaige Änderungen in Dokumenten beim *Sofort beenden* verloren gehen, sollten Sie sich bei der Arbeit angewöhnen, stets und immer den aktuellen Status zu sichern. Je häufiger Sie dies tun, desto kleiner sind die Verluste, da eben nur jene Teile seit dem letzten Sichern betroffen sind. Der *Sichern*-Befehl ist bei Programmen immer im Menü *Ablage* oder *Datei* zu finden und heißt dort *Sichern* oder *Speichern*. Auch die Tastenkombination dazu sollten Sie sich gut merken: *Befehlstaste-S* (⌘-S).

Mehr dazu erfahren Sie ebenfalls weiter hinten im Buch bei der Vorstellung der in Mac OS X vorhandenen Programme.

Die drei Menü-Punkte *Ruhezustand*, *Neustart* und *Ausschalten* betreffen allesamt Ihr Arbeitspferd, nämlich den Rechner als solches. Der *Ruhezustand* ist gerade für MacBook (Pro)-Besitzer eine tolle Sache, wird er doch einfach beim Runterklappen des Bildschirms aktiviert. Desktop-Rechner wie iMac, Mac mini oder MacPro lassen sich über den eben genannten Weg über das *Apple-Menü* dazu bringen. Der Vorteil: Die Lüfter schweigen, der Bildschirm ist schwarz und es herrscht eine himmlische Ruhe (ganz nebenbei sparen Sie auch noch eine Menge an Strom). Der Rechner ist zwar aus, er befindet sich aber dennoch in Lauer-Stellung. Sobald Sie nur einen Buchstaben auf der Tastatur drücken oder den Bildschirm Ihres Laptops hoch klappen, springt der Computer an und stellt sich so vor, wie Sie ihn verlassen haben: mit den noch aktiven Programmen sowie den geöffneten Dokumenten. Sie können also sofort wieder loslegen und müssen nicht auf das Hochstarten des Rechners und die Anmeldung warten. In diesem Sinne eignet sich der Ruhezustand für die schnelle Pause zwischendurch oder einen Gang ins nächste Café. Bei längerer Unterbrechungsphase (mehrere Tage) sollten Sie nichtsdestotrotz Ihren Rechner richtig ausschalten, zumal das normale Starten des Rechners Ihre Hardware (Arbeitsspeicher, Anschlüsse, Board etc.) einer Funktionsprüfung unterzieht sowie das Betriebssystem neu ordnet.

Für alle Tastaturfreunde wollen wir natürlich die dazugehörige Tastenkombination verraten: Zum einen brauchen Sie beim aktuellen iMac nur den Einschaltknopf (⏻) kurz zu drücken und der Rechner geht in den Ruhezustand. Alternativ hilft auch das Gedrückthalten des *Wiedergabe/Pause*-Knopfes auf der *Apple Remote*-Fernbedienung. Oder Sie betätigen auf einer Apple-Tastatur die *Befehlstaste-Wahltaste-Auswurftaste* (⌘-⌥-⏏) und halten diese gedrückt, bis der Bildschirm schwarz wird. Die *Auswurftaste* (⏏) entspricht auf Dritthersteller-Tastaturen oftmals der Sondertaste *F12*.

Der *Neustart* hilft – wie schon weiter oben erwähnt – bei kleineren Unstimmigkeiten, etwa wenn das Arbeiten im Finder ungewöhnlich zäh vonstatten geht, die Grafik in Form von Darstellungsfehlern Probleme bereitet oder das ein oder andere Programm nicht startet oder sich nicht beenden lässt. Meist sind danach die Schwierigkeiten behoben und Sie haben wieder Ruhe an Ihrem Arbeitsplatz. Auch bei der Neuinstallation mancher Programme ist ein Neustart erforderlich, damit das Betriebssystem beim Hochfahren auch ja alle Komponenten erkennt.

Wenn alle Stricke reißen, hilft oftmals ein Neustart des Rechners. Aber auch zum Erkennen neu installierter Software oder Treiber ist dieser unerlässlich.

Das *Ausschalten*, wie sollte es anders sein, beendet das Stelldichein zwischen Mensch und Maschine. Auch wenn der Rechner hierbei sämtliche Programme automatisch beendet und Sie sogar zuvor darauf hinweist, dass noch dieses oder jenes Dokument gespeichert werden muss, sollten Sie sich angewöhnen, dieses Vorgehen selbstständig vor dem Ausschalten durchzuführen. Sichern Sie also alle erarbeiteten Dinge ab, beenden Sie Ihre Programme über *Befehlstaste-Q* (⌘-Q – das »Q« steht für *Quit* und heißt *beenden*) bzw. über das *Programm*-Menü und dem dort auftauchenden Befehl *Beenden* und machen Sie bei wichtigen Dokumenten ein Backup. Wählen Sie dann *Ausschalten*, so erscheint sogleich die Bestätigung dazu. Entweder Sie warten nun auf das automatische Runterfahren (nach einer Minute) oder Sie klicken auf den Button *Ausschalten*.

Der Countdown läuft – Sie haben eine Minute Zeit, um den Ausschalt-Vorgang über »Abbrechen« rückgängig zu machen.

Ein Backup – also das Sichern Ihrer Arbeit auf ein weiteres Speicher-Medium – können Sie über das Brennen einer CD/DVD oder über ein externes Medium (Festplatte, ZIP, magneto-optisches Laufwerk etc.) vornehmen. Noch eleganter klappt das mit Sicherheit über *Time Machine*, der automatischen Backup-Funktion in Snow Leopard – dazu kommen wir auch noch ausführlich zu sprechen.

Als baldiger Tastatur-Freak verraten wir Ihnen natürlich wieder das ultimative Geheimrezept zum Bedienen eben genannter Befehle über die Tastatur: Zum einen lassen sich die gezeigten Dialoge umgehen, wenn Sie die Befehle *Ruhezustand*, *Neustart* oder *Ausschalten* mit gedrückter *Wahltatse* (⌥) auswählen. Oder Sie drücken den Ein-/Ausschaltknopf Ihres MacBook (Pro) oder auf der Tastatur eines Drittherstellers (das klappt leider nicht bei den aktuellen externen Apple-Tastaturen), wobei ein Dialog erscheint, der Ihnen die Optionen *Neu starten*, *Ruhezustand*, *Abbrechen* oder *Ausschalten* anbietet. Mit dem Buchstaben *R* (für »restart«) starten Sie den Rechner neu, mit *S* (für »sleep«) aktivieren Sie den Ruhezustand, über die *esc-Taste* bewirken Sie das

Abbrechen des Vorgangs und über den *Zeilenschalter* (↩) betätigen Sie den *Ausschalten*-Button. Das Ganze funktioniert natürlich auch mit der Maus, aber das kann ja jeder.

Per Knopfdruck (Ein-/Ausschalttaste) wird das gesamte Repertoire eingeblendet.

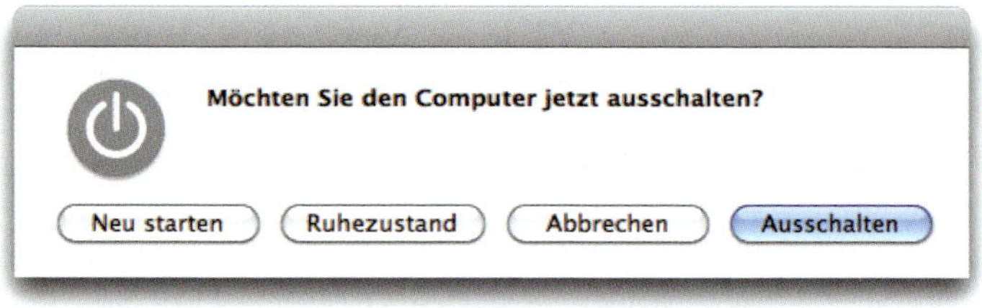

Die letzte Station nennt sich *Benutzer abmelden* (das Wort »Benutzer« steht in diesem Zusammenhang als abstraktes Kürzel für Ihren Namen, denn leider kennen wir Sie ja nicht). Hierbei werden ebenfalls sämtliche laufenden Vorgänge beendet und der Rechner sozusagen »bettfertig« gemacht. Danach blendet der Mac das Anmeldefenster ein, in dem alle Benutzer aufgelistet werden, die für diesen Rechner einen Zugang besitzen. Sie können dann also ganz beruhigt den »Staffel-Stab« übergeben und beruhigt nach Hause gehen. Der neue Benutzer klickt nun wiederum auf seinen Namen und gibt sein Passwort ein, der Mac startet nun in der auf diesen Nutzer eingerichteten Umgebung (das erklären wir selbstverständlich auch noch im Detail).

Sagen Sie »Auf Wiedersehen« und machen Sie sich einen schönen Abend. Mehr zum Thema »Benutzer« finden Sie weiter hinten im Buch.

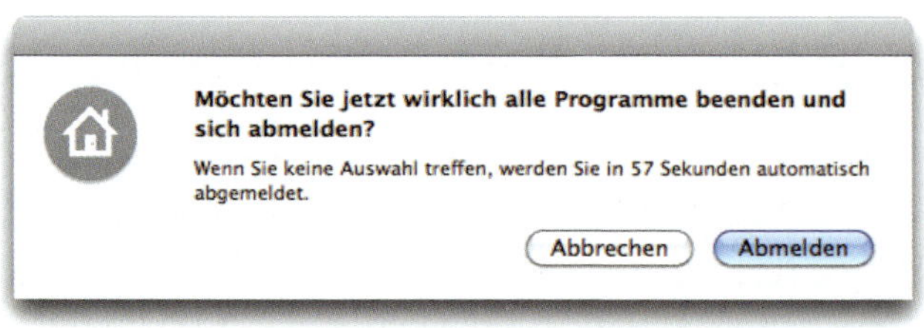

Von Fenstern, Ordnern und Knöpfen

Üblicherweise bearbeiten und verwalten Sie Ihre Daten unter Mac OS X in Fenstern. Dort werden die verschiedenen Ordner und Dateien eingeblendet, die Sie mit einem Doppelklick öffnen bzw. starten können. In den Ordnern lassen sich weitere Unterordner anlegen, die wiederum Ordner enthalten usw. Hierbei können Sie Ihre ganz eigene Hierarchie und Ordner-Struktur anwenden. In Ordnern liegen meist Dateien in Form von Texten, Filmen, Sounds oder Bildern, aber auch die Systembestandteile wie Erweiterungen und Programme.

Linker Hand finden Sie in der Spalte unter dem Stichwort *Geräte* die Auflistung Ihrer Festplatte (inklusive Partitionen) und sämtliche als Volume erkannte externen Medien: dies können externe Festplatten (angeschlossen über USB 2 oder FireWire 400/800), CDs, DVDs, ZIP- oder MO-Disketten etc. sein. Aber auch die *iDisk* (wenn Sie einen *MobileMe*-Account besitzen) wird angezeigt. *MobileMe* nennt sich der von Apple angebotene Dienst, über den Sie einen Mail-Account sowie online Festplattenplatz zur Verfügung gestellt bekommen.

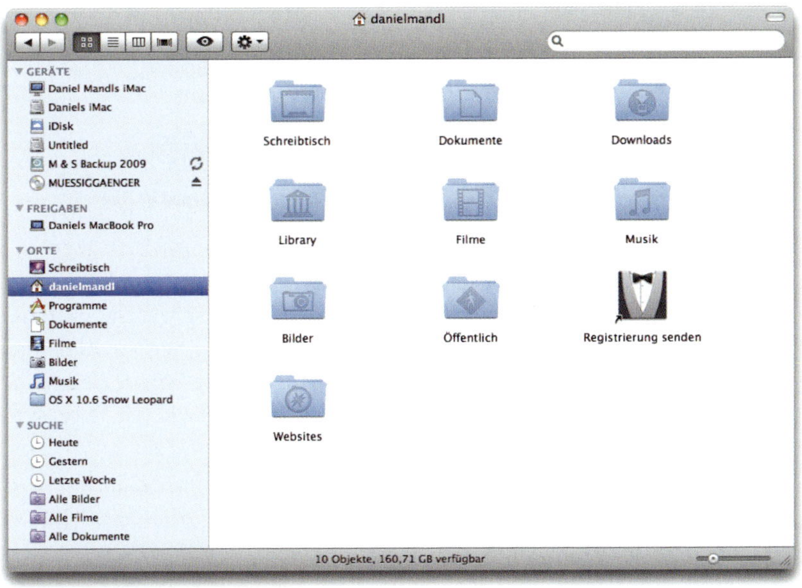

Fenster geben einen schnellen Überblick über den Inhalt von Ordnern oder Volumes.

Festplatten-Symbole und was sie bedeuten (von links nach rechts): Das Hauptvolume bzw. einzelne Partitionen, externe Festplatte über USB, externe Festplatte über FireWire, Festplatten-Icon eines Rechners im Netzwerk, das Symbol der Backup-Festplatte von Time Machine sowie das Icon einer DVD.

Unter *Freigaben* werden die in einem Netzwerk befindlichen Volumes angezeigt. Bei *Orte* liegen dann der Schreibtisch, Ihr Benutzer-Verzeichnis, der Ordner *Programme* sowie Ihre ganz privaten Benutzer-Ordner wie *Dokumente*, *Bilder*, *Musik* & Co. Dank der flexiblen Handhabung können Sie nun jederzeit weitere Ordner und häufig verwendete Dokumente in diesen Bereich ziehen, so dass sie schnell auf Mausklick hin zur Verfügung stehen. Mit Klick auf eines der Objekte wird dann im großen Vorschau-Bereich der Inhalt wiedergegeben.

Ziehen Sie einfach den Ordner oder das Dokument in die Liste hinein. Aber Achtung: Zeigt sich eine blaue Linie zwischen den Objekten, so wird der Ordner an dieser Stelle in die Liste eingefügt (linke Abbildung). Geraten Sie dagegen mit Ihrer Datei auf einen anderen Ordner und ist dieser markiert, so kopieren Sie Ihr transferiertes Paket dort hinein – erkennbar auch am Plus-Symbol unterhalb des Mauszeigers (rechte Abbildung).

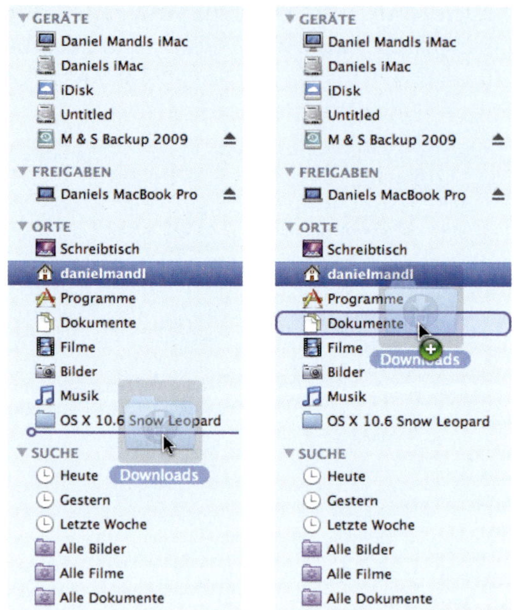

Bei *Suche* ( ) finden Sie in Mac OS X bereits vordefinierte Such-Möglichkeiten. So können Sie unter anderem per Klick auf *Heute* all jene Dateien, Ordner und Programme anzeigen lassen, mit denen Sie zuletzt hantierten. Über *Gestern* und *Letzte Woche* werden ebenso die in Gebrauch gewesenen Medien eingeblendet, nur dieses Mal eben mit einem anderen Zeithorizont. Auch die so genannten *intelligenten Ordner* ( ) erfüllen diesen Zweck, indem sie nach festgelegten Kriterien auf die Suche gehen. Anpassen lassen sich diese selbstverständlich auch – dazu kommen wir noch.

Das Löschen von Objekten aus dieser seitlichen Leiste geht schnell vonstatten: Packen Sie ein Symbol mit der Maus und ziehen Sie es einfach aus dem Fenster heraus. Das Objekt verpufft. Sie brauchen keine Angst zu haben, da die Datei/der Ordner als solches dennoch auf der Festplatte erhalten bleibt. Da Sie beim Hinzufügen nur Verlinkungen (ein so genanntes *Alias*) zum Original bauen, wird auch nur dieser Verweis entfernt. Die Original-Datei befindet sich weiterhin an ihrem angestammten Platz.

Die Datei wird aus der Liste herausgezogen und dann losgelassen – der Verweis auf das Original verpufft.

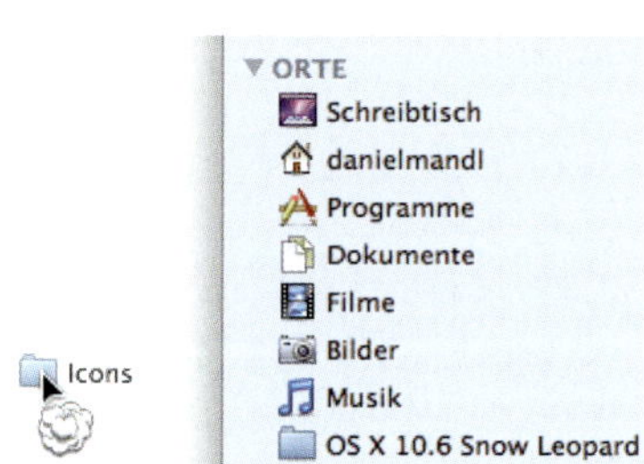

Die links liegende Liste lässt sich auch anpassen, indem Sie aus der Menüleiste *Finder* die *Einstellungen* (⌘-Komma) wählen. Klicken Sie auf die Rubrik *Seitenleiste*, so legen Sie diejenigen Volumes und Ordner fest, die als Standard erscheinen sollen.

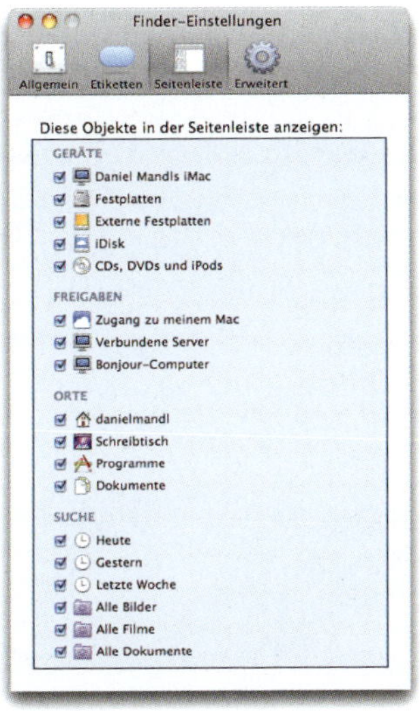

Wie hätten Sie es denn gerne? Haken Sie jene Icons an, deren Objekte Sie immer im Blick haben möchten.

Fenster sind extrem flexible »Informations-Tafeln«, denn Sie können sie nicht nur hin- und herschieben (den Mauszeiger an den oberen oder unteren Rand bewegen und dann mit gedrückt gehaltener Taste bewegen), sondern auch das Aussehen bewusst ändern und Ihren Bedürfnissen anpassen. Die leichteste Übung ist sicherlich das Vergrößern und Verkleinern des Fenster-Umfangs, indem Sie – wieder mit Ihrer Maus – rechts unten das kleine geriffelte Dreieck ( ) packen und durch Ziehen die neue Größe bestimmen. Und dass man mit den vertikalen wie horizontalen blauen Balken bzw. den kleinen Links-/Rechts-Pfeilen den Fenster-Inhalt scrollen kann, hat sich wohl schon herumgesprochen. Auf diese Weise erreichen Sie auch die momentan nicht sichtbaren Dateien, wenn mehr Ordner-Inhalt als Fenster-Platz zur Verfügung steht.

Oben liegt die *Symbolleiste*, die ebenso einige Funktionen bietet. Da sind zum einen die drei bunten Knöpfe ( ), die sich verändern, kommt ihnen der Mauszeiger zu nahe ( ):

Der rote Knopf mit dem »x« darauf schließt das Fenster. Das Gleiche klappt allerdings auch über die Tastatur, wenn Sie *Befehlstaste-W* (⌘-W) drücken, was dem Menü-Befehl *Ablage* | *Schließen* entspricht. Haben Sie dagegen ein bislang ungesichertes Dokument in Arbeit und möchten es schließen, so zeigt der rote Knopf anstatt eines x-Symbols einen schwarzen Punkt ( ) darin. Klicken Sie darauf, so werden Sie zum Sichern des Dokumentes aufgefordert.

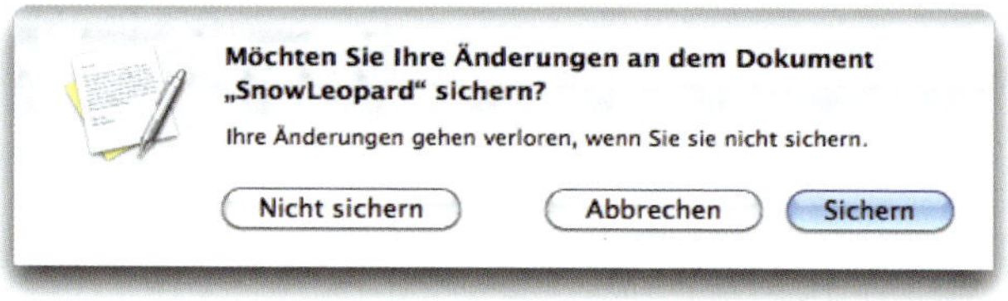

Gut, dass der Mac mitdenkt. Durch das Sichern gehen bereits getätigte Arbeitsschritte nicht verloren – es sei denn, Sie bestehen darauf (»Nicht sichern«).

Der gelbe Knopf in der Mitte mit dem »-«-Zeichen lässt das Fenster ins Dock wandern. Mit einem Klick in das miniaturisierte Fenster fährt es wieder zur Original-Größe aus. Diese Aktion können Sie ebenfalls über die Menüleiste oder die Tastatur steuern: *Fenster | Im Dock ablegen* (nennt sich in Programmen auch *Fenster minimieren*) bzw. *Befehlstaste-M* (⌘-M). Wenn Sie beim Klicken in den gelben Button noch dazu die *Wahltaste* (⌥) gedrückt halten, so wandern gleichzeitig alle offenen Fenster (des zugehörigen Programms oder des Finders) ins Dock.

Das Fenster verschwindet wie in einem Trichter über eben genannte Schritte effektvoll im Dock. Dort angelangt zeigen die Miniaturen das jeweilige Programm-Icon, so dass Sie die Fenster auf einen Blick zuordnen können.

Übrig bleibt die Farbe Grün bzw. das »+«-Zeichen darin. Die ausgelöste Aktion nennt sich *Zoomen* und kann auch über die Menüleiste *Fenster | Zoomen* gestartet werden. Das Ergebnis hierbei: Die Fenster-Größe passt sich automatisch dem Inhalt an, so dass dieser bestmöglich überblickt werden kann. Bei wenigen Dateien verkleinert sich das Fenster, bei viel Inhalt wird es dementsprechend umfangreich, so dass ab und an die gesamte Bildschirm-Fläche in Anspruch genommen wird. Klicken Sie nochmals auf den *Zoomen*-Button, so kehrt das Fenster in die zuvor eingestellte Größe zurück.

Die unterhalb der bunten Knöpfe angebrachten Buttons bringen weitere Vorteile mit sich. Markieren Sie in der Seitenleiste einen Ordner, so zeigt sich dessen Inhalt. Ordner, die wiederum darin liegen und doppelt angeklickt werden, öffnen sich ebenso, so dass Sie von Mal zu Mal tiefer in der Hierarchie vorstoßen. Über die beiden Pfeile ( ) können Sie sich nun wieder rückwärts oder vorwärts bewegen. Alternativ klappt das auch über die Tastatur (⌘-Ö für *Zurück* und ⌘-Ä für *Vorwärts*) bzw. über die Menüleiste *Gehe zu*. Die Symbole daneben ( ) bestimmen die Darstellung des Fenster-Inhaltes, wobei Sie hier zwischen *Symbol-*, *Listen-*, *Spalten-* und *Cover Flow*-Ansicht wählen können. Welche Ausführung für Sie am besten ist, werden Sie ziemlich schnell im normalen Arbeitstag herauskriegen, was bedeutet, dass Sie sich alle vier Möglichkeiten einmal ausführlich ansehen sollten. Je nach Situation können Sie ja auch jederzeit wechseln – entweder über die Menüleiste *Darstellung* oder schneller über die Tasten-Kombinationen ⌘-1 für die *Symbol*-Ansicht, ⌘-2 für die *Listen*-Ansicht, ⌘-3 für die *Spalten*-Ansicht oder ⌘-4 für die elegante *Cover Flow*-Ansicht.

⌘-1 für die Symbol-Ansicht.

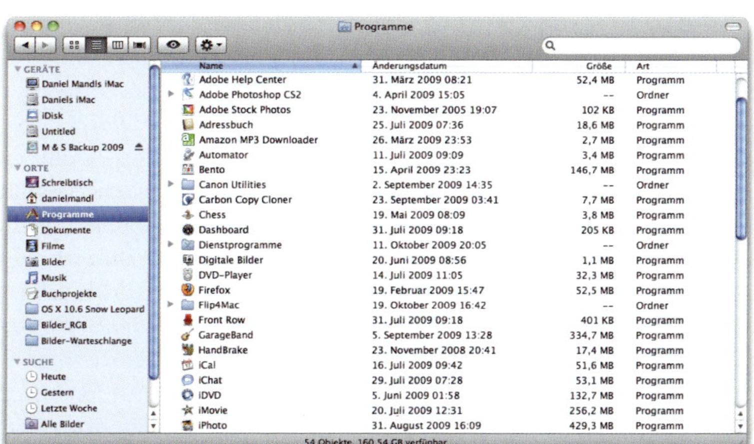

⌘-2 für die Listen-Ansicht.

⌘-3 für die Spalten-Ansicht.

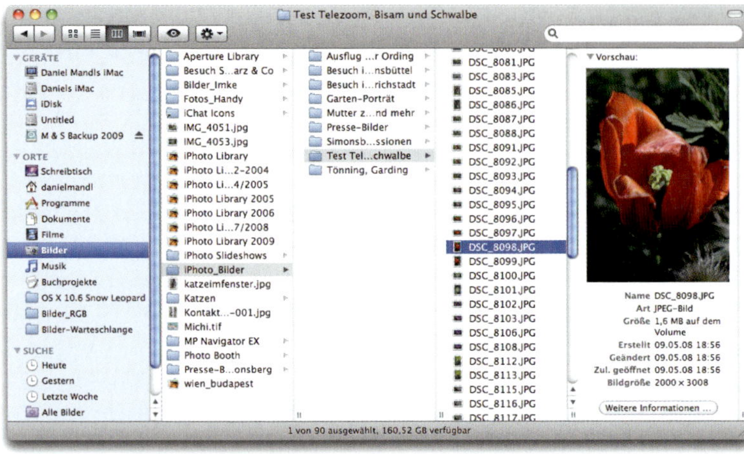

⌘-4 für die Cover Flow-Ansicht.

Egal, welche Ansicht Sie bevorzugen – Sie können diese weiter aufpeppen. Den Befehl hierzu finden Sie in der Menüleiste über *Darstellung | Darstellungsoptionen einblenden* (⌘-J). Ob in der *Symbol*-Ansicht die Icons (die kleinen Objekt-Bilder, auch *Thumbnails* genannt) in einer bestimmten Größe gewünscht werden, die *Titel* dazu unterhalb oder rechts vom Icon stehen sollen, ob weitere *Infos* im Objekt-Namen gewünscht oder ob der *Fenster-Hintergrund* eine andere Farbe oder gar ein Bild tragen soll: Die Einstellungen hierzu finden Sie in den erscheinenden Dialogen. In der *Listen*-Ansicht lassen sich somit weitere Rubriken wie das *Erstellungsdatum* der jeweiligen Datei oder auch die *Größen* einblenden. In allen Varianten lässt sich auch festlegen, wie umfangreich die Textgröße sein soll – was gerade dann von Vorteil ist, wenn Sie weitsichtig sind und das ein oder andere Mal die Brille verlegen. Jedem Fenster lässt sich zudem eine bestimmte Ansicht zuteilen, über die es immer geöffnet werden soll. Dazu müssen Sie nur in der jeweiligen Darstellung die ganz oben stehende Option mit einem Haken versehen – zum Beispiel *Immer in Symboldarstellung öffnen.*

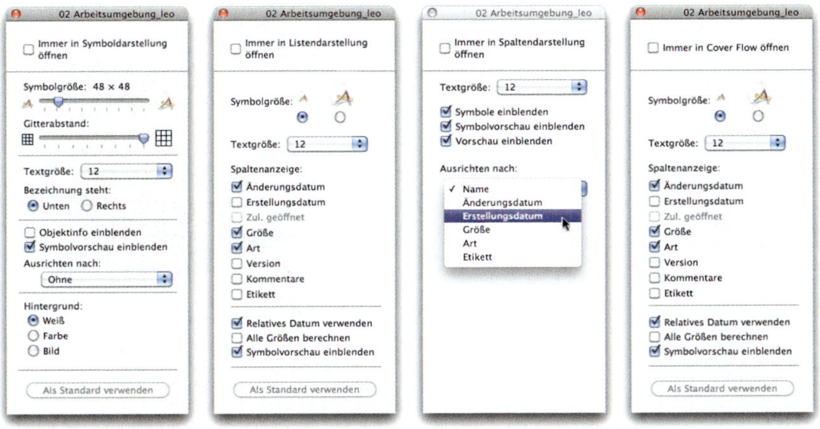

Die Anpassungs-Möglichkeiten für Symbol-, Listen-, Spalten- und Cover Flow-Ansicht in den Darstellungsoptionen.

Zwei Beispiele: Hintergrund mit Farbe und mit Bild sowie mit zusätzlichen Infos für ein wenig Abwechslung.

Bis auf die *Spalten*-Ansicht lassen sich bei allen anderen Darstellungen nach einer Veränderung der Standard-Einstellungen diese als neuer Standard festlegen (ganz unten anklicken: *Als Standard verwenden*). Auf diese Weise werden auch die künftigen Fenster mit Ihrer ganz individuellen Note geöffnet.

In der *Listen-*, *Spalten-* und *Cover Flow*-Ansicht lässt sich weiterhin die Breite der einzelnen Verzeichnisse bestimmen. In der *Spalten*-Ansicht ziehen Sie dabei mit gedrückter Maustaste die kleinen Anfasser (‖) nach links oder rechts, in der *Listen-* und *Cover Flow*-Ansicht gehen Sie mit der Maus in die *Spalten*-Anzeige zwischen die einzelnen Rubriken. Der Mauszeiger zeigt nun das ✣-Symbol, mit dem Sie die Größe durch Ziehen (ebenfalls nach links oder rechts) ändern können. Und nicht vergessen: Welche Spalten (*Änderungsdatum*, *Größe*, *Art* etc.) angezeigt werden, bestimmen Sie über die *Darstellungsoptionen* (*Darstellungsoptionen einblenden* oder ⌘-J).

Eine weitere Spezialität der *Listen-* (⌘-2) und *Cover Flow*-Ansicht (⌘-4) ist das schnelle Ordnen nach gewünschten Kategorien, wenn Sie eine bestimmte Spalten-Rubrik anklicken. Markieren Sie beispielsweise die Spalte *Größe*, so werden alle im Fenster befindlichen Daten der *Größe* nach geordnet. Über das kleine Dreieck (▲) können Sie dabei die Sortierreihenfolge umdrehen, also von groß nach klein oder umgekehrt. Das Gleiche funktioniert natürlich auch bei *Name* (alphabetisch angeordnet von A nach Z oder umgekehrt) oder über das *Änderungsdatum* (die aktuellsten Einträge zuerst oder andersherum). Über *Art* werden die einzelnen Dateien ihrer Beschaffenheit nach zusammengefasst: alle JPEG-Dateien (Bilder), PDF-Dateien, Ordner etc. liegen nun zusammen. Aber auch die Reihenfolge der Spalten lässt sich ändern. Dazu parken Sie den Mauszeiger über dem Rubrik-Namen (z. B. *Änderungsdatum*) und ziehen dann die Spalte mit gedrückter Maustaste (diese zeigt dabei eine zupackende Hand:) an die gewüschte Stelle.

Das Fenster-Highlight in Mac OS X ist aber mit Sicherheit die von *iTunes* abgeschaute *Cover Flow*-Ansicht sowie die Möglichkeit der augenblicklichen Einsicht auch in mehrseitige Dokumente. Hier vermengen sich sozusagen alle Vorteile und Sie haben Zugriff auf alle Medien-Arten. Egal ob Bilder, PDF-Dateien, Text-Dateien, Filme oder was auch immer – Sie können in alle Dateien einen Blick werfen oder einen Film in der Vorschau sehen, ohne erst langwierig das dazugehörige Programm starten zu müssen. Zum Bearbeiten oder Verändern der Dateien müssen Sie dann jedoch die passende Software starten.

Ansichten erster Streich: Rufen Sie in der Cover Flow-Ansicht ein mehrseitiges Dokument (im Beispiel oben ein PDF) auf, so erscheinen nach dem Bewegen des Mauszeigers auf diese Datei zwei Pfeile zum Durchblättern. Das Gleiche funktioniert auch bei Filmen (Mitte), die Sie per Mausklick in den Pfeil schon einmal abspielen können. Ganz hervorragend eignet sich diese Ansicht auch zum Überfliegen eines Bilder-Ordners – etwa auf der Suche nach einem bestimmten Foto (unten).

Auch in der *Spalten-* sowie *Symbol-*Darstellung können Sie einen ersten Blick auf den Inhalt von Dateien werfen. In Letzterer müssen jedoch die Icons eine Größe von mindestens 64 Pixel aufweisen (und das ist viel zu klein, um Details beispielsweise in PDF-Dokumenten entziffern zu können), da ansonsten kein Einblick möglich ist. Die Größe der Icons stellen Sie entweder über die *Darstellungsoptionen* (⌘-J) bei *Symbolgröße* oder über den Größenregler ( ) rechts unten im Fenster ein.

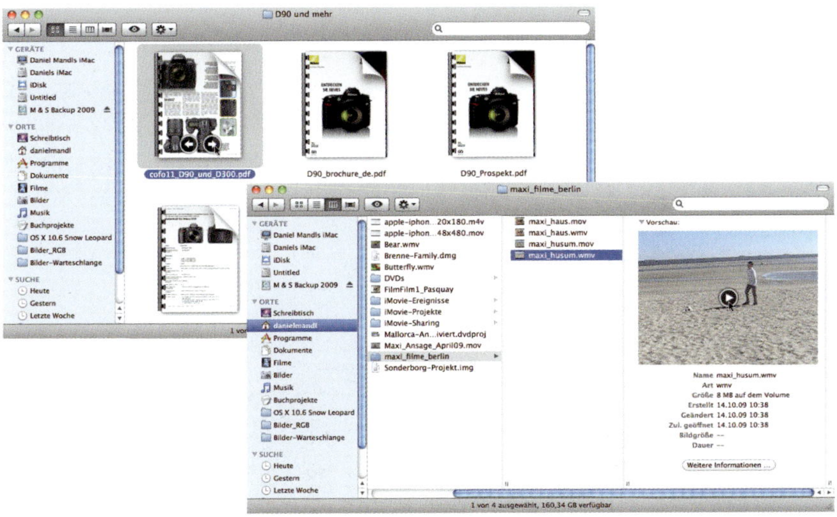

Symbol- als auch Spalten-Darstellung ermöglichen einen schnellen Blick sowohl auf als auch in Dateien.

Geradezu staunen werden Sie, wenn Sie weiterhin das so genannte *Quick Look* – eingedeutscht als *Übersicht* bzw. *Diashow* laufend – benutzen. Ist eine Datei (Bild, Video, Text-Dokument etc.) markiert, so haben Sie folgende Möglichkeiten, auf diese Funktion zuzugreifen: Entweder Sie drücken den Knopf für *Übersicht/Diashow* ( ) oder Sie wählen aus der Menüleiste *Ablage | Übersicht* (⌘-Y). Noch besser funktioniert allerdings der einfache Druck auf die *Leertaste* Ihrer Tastatur, die den gleichen Effekt bewirkt.

Ein PDF wird über den Befehl »Übersicht« (»Quick Look«) aus dem Ablage-Menü großflächig eingeblendet. Über den rechts liegenden Scrollbalken lässt es sich nun komfortabel durch das Dokument blättern.

Die Darstellung lässt sich auch bildschirmfüllend einstellen:

Bildschirmfüllend aus

Benutzen Sie statt der Scrollbalken die Links- (←) und Rechtspfeile (→) Ihrer Tastatur, so können Sie auch die weiteren Medien in Ihrem Ordner zum Überprüfen durchblättern. Noch schneller geht's, wenn Sie einfach den Anfangsbuchstaben einer bestimmten Datei auf der Tastatur drücken – ratzfatz finden Sie die entsprechende Datei vor sich.

Werden hingegen mehrere Dokumente auf einmal markiert, so lassen sich wie in einer Diashow diese Dateien betrachten. Letzteres eignet sich natürlich wieder hervorragend für Bilder-Ordner, die schnell einmal vor Publikum gezeigt werden sollen.

Werden mehrere Dateien gleichzeitig markiert und sollen als »Übersicht« gezeigt werden, so klappt das über die »Diashow«-Funktion (linke Abbildung). Möchten Sie ganz gezielt ein bestimmtes Bild aufrufen, so brauchen Sie nur auf das Index-Symbol und daraufhin auf das Foto zu klicken (rechts).

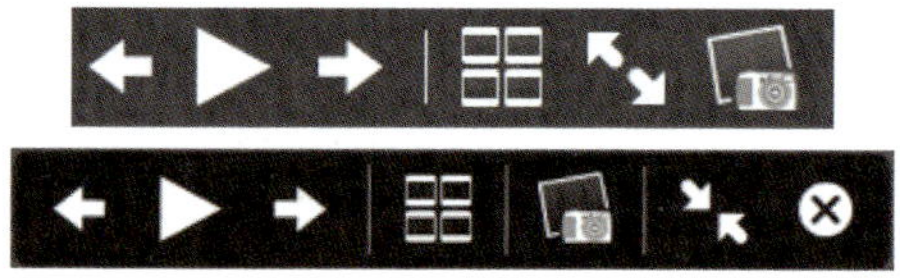

Die Knöpfe im Detail (von links nach rechts): Vorherige Datei, Wiedergabe bzw. Pause, nächste Datei, Index-Ansicht, bildschirmfüllende Darstellung, Bild zu iPhoto hinzufügen. In der bildschirmfüllenden Diashow (untere Navigationsleiste) finden Sie zudem noch den Knopf zum Beenden.

Zum Auswählen von Dateien stehen Ihnen mehrere Möglichkeiten zur Verfügung:

- Wählen Sie in einem geöffneten Ordner über die Menüleiste *Bearbeiten* den Befehl *Alles auswählen* (⌘-A), so wird der gesamte Inhalt markiert.

- Mit gedrückter *Befehlstaste* (⌘) können Sie auch auf einzelne Dateien klicken und so eine Auswahl kunterbunt durcheinander zusammenstellen. Bei umfangreichen Auswahlen ist es oftmals besser, zuerst alle Daten auszuwählen (über ⌘-A) und dann per gedrückter *Befehlstaste* (⌘) einzelne auszuschließen.

- Klicken Sie bei gedrückter *Umschalttaste* (⇧) die erste und die letzte der gewünschten Dateien an, so werden alle dazwischen liegenden Daten (inklusive der angeklickten) markiert.

Ob alle Dateien/Ordner, einzelne oder eine zusammenhängende Teil-Auswahl – mit dem entsprechenden Know-how ist das zielgerichtete Markieren ein leichtes Unterfangen.

- Die vierte Art des Auswählens geschieht über die Maus. Klicken Sie mit der Maus neben eine Datei und halten Sie dabei die Maustaste gedrückt. Ziehen Sie dann nach unten, oben, rechts oder links, so werden alle Dateien/Ordner, die Sie überfahren, markiert.

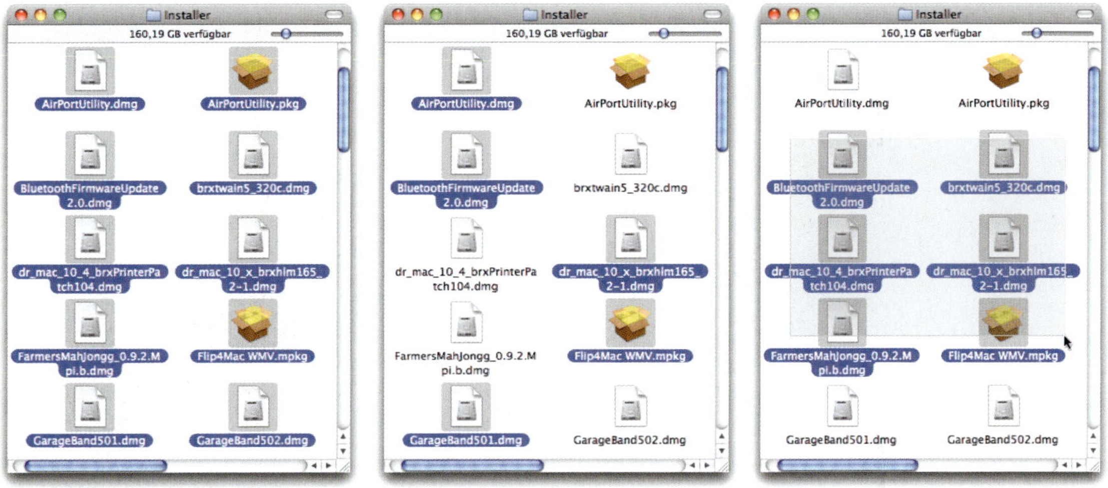

Halten Sie in einer Diashow die *Wahltaste* (⌥) gedrückt, so erscheint anstatt des Mauszeigers das Symbol einer Lupe mit einem Plus-Zeichen darin (🔍). Klicken Sie nun auf ein Bild, so wird dieses vergrößert. Ist das Bild dabei umfangreicher als der Übersicht-Rahmen, so lässt es sich nun bei gedrückter Maustaste (✥) bewegen. Mit gedrückter *Wahl-* (⌥) sowie *Umschalttaste* (⇧) wird wieder eine Lupe eingeblendet, dieses Mal jedoch mit einem Minus-Zeichen (🔍). Klicken Sie nun, wird das Bild bis zur Originalgröße zurückgezoomt. Anstatt zu klicken lässt sich auch über die Scroll-Kugel der Mighty-Mouse, über das Wischen mit dem Zeigefinger über die Magic Mouse bzw. über das Mausrad (bei Drittherstellern) bei gedrückter *Wahltaste* (⌥) zoomen. Laptop-Benutzer mit einem Multitouch-Trackpad erledigen das mit Daumen und Zeigefinger oder ebenso bei gedrückter *Wahltaste* über das Streichen mit zwei Fingern über die Trackpad-Oberfläche.

Und wie bei vielen hilfreichen Funktionen schlafen auch die Hobby- und semiprofesionellen Programmierer nicht und erweitern das eh schon umfangreiche Angebot von Mac OS X. Die Rede ist von Plug-ins, die den Funktionsumfang der *Übersicht* um weitere Datenformate ausbauen. Fehlen Ihnen also mit dem *Quick Look*-Feature einige wichtige Formate, die die hauseigene *Übersicht* nicht anzeigen kann, so dürfen Sie durchaus hoffen, das es da schon Abhilfe gibt – unter anderem zum schnellen Einsehen von Ordnern, komprimierten Zip-Dateien, aber auch für exotische Varianten wie etwa Bilder vom Commodore 64.

Als Mac OS X Leopard erschien, war die Funktion *Quick Look/Übersicht* mit eines der Highlights. Es dauerte also gar nicht lange und die ersten Plug-ins zur Übersicht-Erweiterung tauchten auf. Mit Snow Leopard hat Apple selbst diese Funktion um weitere Formate (wie etwa EPS, WebArchive oder Illustrator) erweitert. Gleichzeitig sind jedoch viele bisherige Plug-ins aus der Leopard-Zeit nicht mehr funktionsfähig. Hier heißt es also darauf zu warten, dass die Programmierer nachbessern und ihre Erweiterungen auf den aktuellen Stand bringen.

Die Krux beginnt schon mit der Suche nach diesen Plug-ins. Die bislang ausführlichste – allerdings englischsprachige – Webseite `www.quicklookplugins.com` listet weiterhin nur 10.5 Leopard-Plug-ins auf, und die Download-Rubrik von Apples Website listet gar keine Plugins mehr auf. Über `www.apfelquak.de/2007/11/26/sammelsurium-quicklook-plugins` lässt sich jedoch noch eine übersichtliche Seite finden, wobei viele der aufgeführten Plug-ins – wie schon erwähnt – nicht mehr funktionieren. Eine Suche über Google mit dem Stichwort »Quick Look Plug-Ins« zaubert weiterhin viele Ergebnisse herbei, doch muss man ein wenig ausprobieren.

Ist eines gefunden und geladen, so heißt es dieses zu installieren – und zwar in den Ordner *QuickLook*, den Sie über Ihre *Festplatte | Library* finden (einfach die entsprechende Datei mit der Endung ».qlgenerator« dort hineinziehen). Danach müssen Sie nur ein paar Sekunden warten und Mac OS X ist wieder um eine Erfahrung reicher.

Die Erweiterung von Quick Look (Übersicht) anhand des Plug-Ins »BetterZipQL.qlgenerator«. Von nun an zeigt die Übersicht nicht nur das wenig aussagekräftige ZIP-Icon, sondern auch den Inhalt.

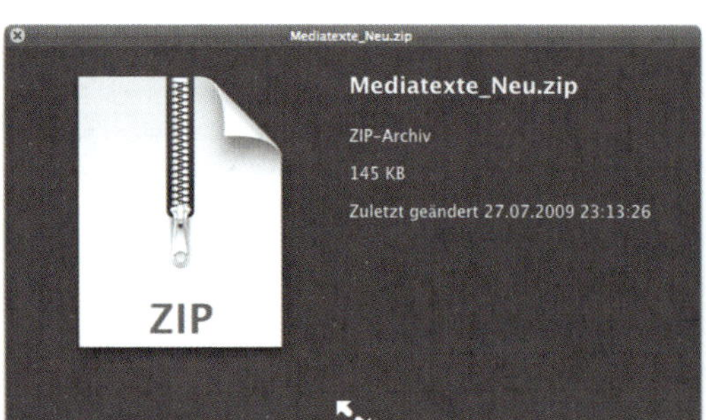

Kehren wir wieder zurück zur *Symbolleiste* eines Finder-Fensters und rutschen eine Stelle weiter. Dort finden Sie den Button *Aktion* ( ). Das kleine Dreieck zeigt dabei an, dass sich dahinter weitere Optionen verstecken. Per Mausklick fährt dann ein Menü aus, das häufig verwendete und somit meist brauchbare Befehle des *Ablage*-Menüs beinhaltet.

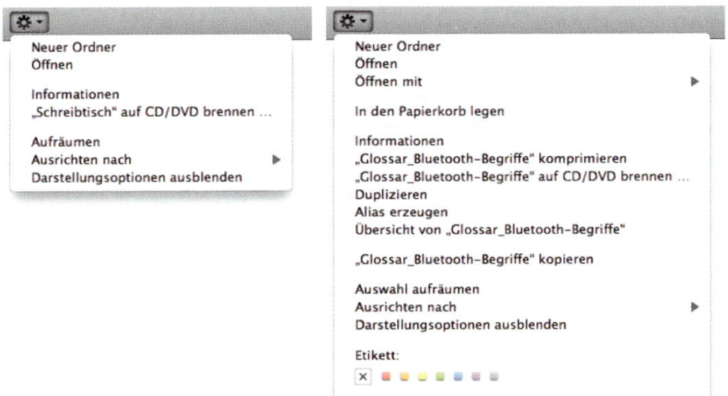

Das geöffnete Popup-Menü ohne und mit markiertem Objekt.

Auf diese Weise lassen sich schnell neue Ordner anlegen, Dateien öffnen, ebensolche in den Papierkorb legen oder etwaige Informationen abrufen. Letzterer Befehl verrät Ihnen im Übrigen eine Menge über die Beschaffenheit des Objekts. Markieren Sie einfach eine Datei oder einen Ordner per Mausklick und wählen Sie aus dem Popup-Menü den Befehl *Informationen* (Tastaturkürzel: *Befehlstaste-I* / ⌘-I), so öffnet sich der zugehörige Dialog *Info zu*. Darin können Sie nun neben der *Größe* allgemeine Auskünfte wie den *Ablage-Ort*, das *Erstellungs-* wie *Änderungs-Datum* sowie die *Eigentümer-* und *Zugriffsrechte* einsehen.

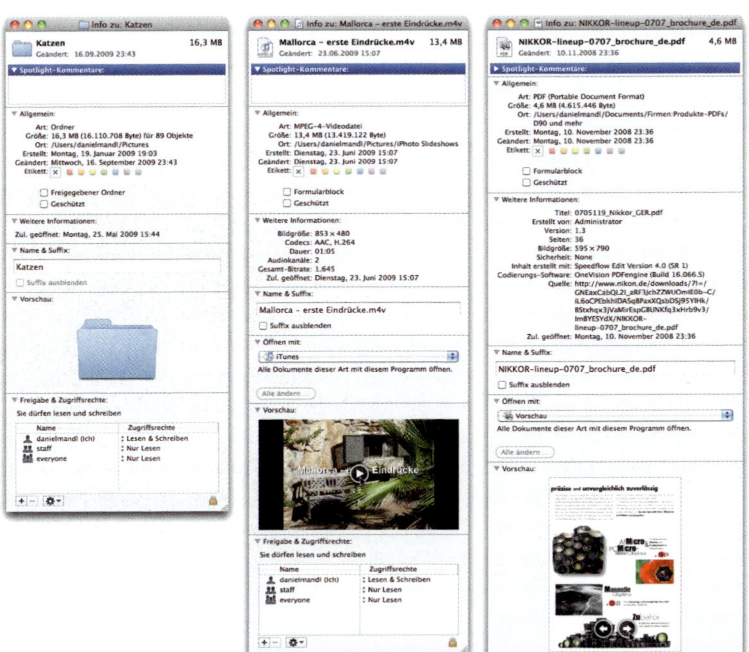

Informationen satt: links über einen Ordner, mittig über ein Video und rechts über eine PDF-Datei. Wie Sie erkennen, lassen sich auch über diese Art der Informationsbeschaffung Dokumente als Vorschau einsehen und/oder abspielen.

Auch zu den Fenstern bzw. dem Reaktionsverhalten derselben lassen sich Grundeinstellungen tätigen, die wieder über die *Finder-Einstellungen* zu definieren sind. Über *Finder | Einstellungen* (bzw. *Befehlstaste-Komma / ⌘-,*) rufen Sie dieselben auf und legen über *Allgemein* fest, dass etwa beim Anlegen neuer Fenster diese grundsätzlich den Inhalt eines bestimmten Volumes oder beispielsweise den privaten Benutzer-Ordner zeigen sollen. Diese Vorgabe stellen Sie im Popup-Menü bei *Neues Fenster im Finder zeigt* ein. Gefällt Ihnen die angebotene Vielfalt nicht, so treffen Sie über *Andere…* eine ganz individuelle Entscheidung. Dabei öffnet sich ein Dialog-Fenster, in dem Sie sich nun zum Wunsch-Objekt klicken können.

Über die »Finder-Einstellungen« lassen sich individuelle Anpassungen vornehmen, so zum Beispiel jenen Pfad, den Sie beim Öffnen eines neuen Fensters bevorzugen.

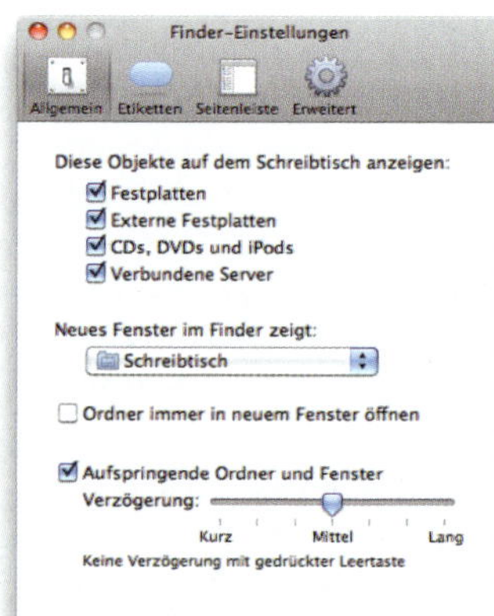

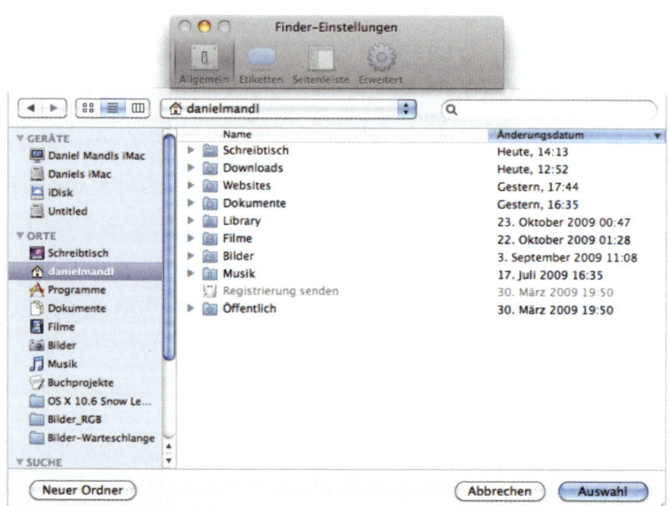

Die Option *Ordner immer in neuem Fenster* sollten Sie aktivieren, wenn Sie sich weniger gerne innerhalb von Ordnern orientieren und liebe eine klare Abgrenzung der üblichen Hierarchie-Struktur bevorzugen. Klicken Sie also einen Ordner doppelt an, so öffnet sich ein weiteres Fenser mit dessen Inhalt. Ist darin ebenso ein Ordner, den Sie wiederum einsehen möchten, so wird auch dieser in einem separaten Fenster dargestellt. Das geht wohl ewig so weiter, denn eine Beschränkung auf geöffnete Fenster ist uns nicht bekannt bzw. wurde auch nicht ausgetestet. Mit anderen Worten: Irgendwann werden Sie wohl den Überblick verlieren, wenn der Schreibtisch mit zahlreichen Fenstern übersät ist. Hilfreich ist hierbei zwar das *Fenster*-Menü in der Menüleiste, das alle geöffneten Fenster auflistet, doch ist ein flüssiges Arbeiten mit mehr als sechs oder sieben Fenstern auf dem Bildschirm fast nicht mehr möglich.

Möchten Sie alle Fenster oder Dokumente auf einmal schließen, so klicken Sie bei gedrückter *Wahltaste* auf den roten Knopf (●) oben in der Fensterleiste. So haben Sie ruckzuck wieder einen aufgeräumten Schreibtisch.

Auch für das Wechseln zwischen Fenstern existiert eine Tastenkombination: *Befehlstaste-<* (⌘-< bzw. Menüleiste *Fenster* | *Nächstes Fenster*). Hierbei können Sie jedoch nur innerhalb des gerade aktiven Programms bzw. im Finder zwischen den Fenstern oder Dokumenten wechseln.

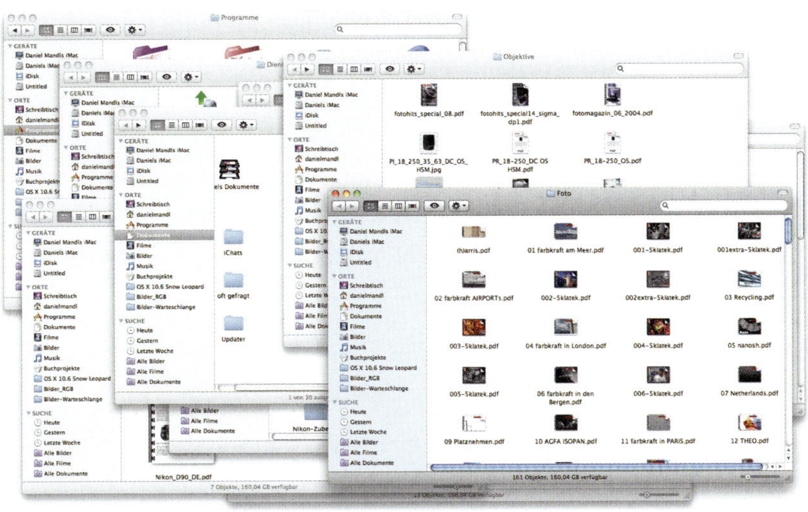

Fenster über Fenster, und kein Ende in Sicht – da blickt kein Mensch mehr durch. Aber es ist eben möglich, wenn Sie es denn explizit in den Finder-Einstellungen verlangen.

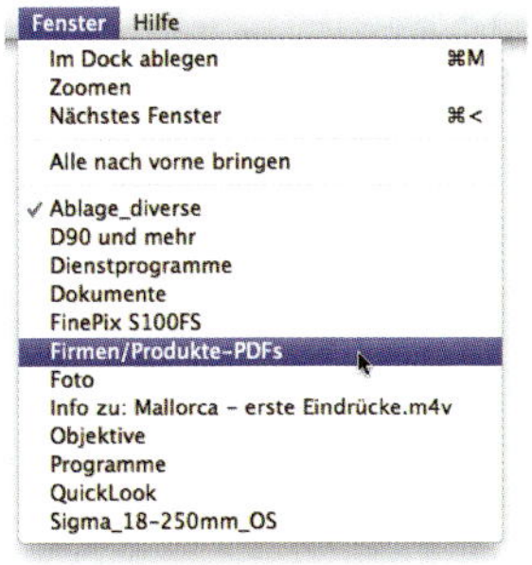

Für derlei Probleme gibt es auch die netten Funktionen *Exposé* sowie *Spaces*, die über die Tasten *F8* bis *F11* bedient werden. Hierbei werden entweder sämliche Fenster kurzfristig aus dem Blickfeld geräumt (*F11*), alle Fenster in einer Miniatur-Darstellung gezeigt (*F9*) bzw. nur die Bearbeitungs-Fenster des aktiven Programms (*F10*) eingeblendet. Über *Spaces* (*F8*) lassen sich hingegen virtuelle Schreibtische anlegen, mit denen Sie sich separate Arbeitsumgebungen einrichten. Doch wir wollen nicht zu viel verraten, denn auch dazu kommen wir noch …

Seit Snow Leopard ist die Funktion *Exposé* auch per »verzögertem« Mausklick (beim Klicken die Maustaste ca. eine Sekunde gedrückthalten und dann loslassen) auf ein Programm-Icon im Dock ausführbar. Dabei werden alle zum ausgewählten Programm gehörenden Dokumente oder Fenster übersichtlich als Miniaturen auf dem Schreibtisch eingeblendet. Auf diese Weise können Sie schnell ein wenig Klarheit auf den Bildschirm zaubern und das gewünschte Fenster/Dokument ansteuern.

Möchten Sie sich einen Überblick verschaffen, so sollten Sie immer die Exposé-Funktion im Hinterkopf behalten. Per Sondertaste (F9 bis F11) oder per verzögertem Mausklick im Dock werden alle geöffneten Fenster bzw. Dokumente eingeblendet.

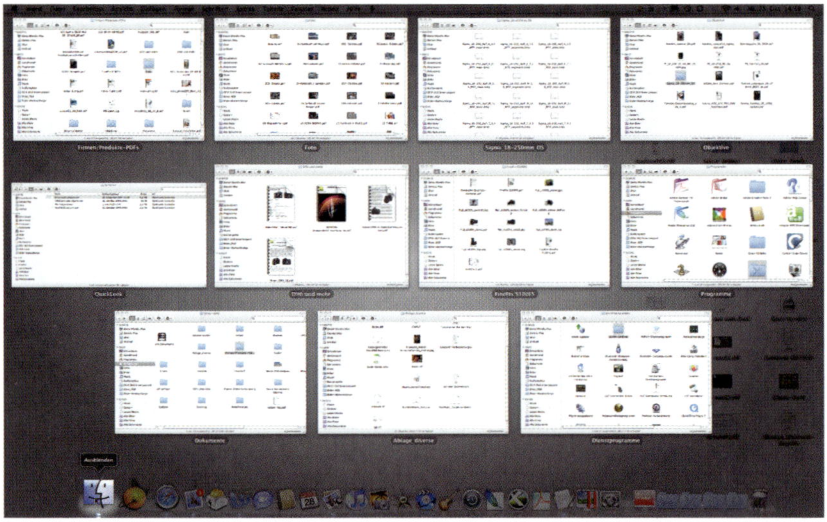

MacBook (Pro)-Anwender und all jene, die Apples externe Aluminium-Tastaturen (ab Mitte 2007) benutzen, müssen für Funktionen, die über *F*-Tasten (diese Sondertasten liegen ganz oben) aufgerufen werden, zusätzlich die *fn*-Taste drücken, da diesen Sondertasten bereits Aufgaben zur Hardware-Steuerung zugeteilt sind. Nach dem Motto »Nichts ist unmöglich« kann die Ausführung der Sondertasten jedoch über die *Systemeinstellungen* | *Tastatur* geändert werden (siehe Kapitel über die Systemeinstellungen).

Last but not least kommen wir in den *Finder-Einstellungen* zur Funktion *Aufspringende Ordner und Fenster*, die für Maus-Akrobaten wie geschaffen ist. Dabei packen Sie ein Objekt (beispielsweise um es zu kopieren oder einfach nur zu verschieben) mit der Maus und bewegen es auf einen Ordner. Die Maustaste halten Sie dabei weiterhin gedrückt, denn ansonsten wäre das Objekt ja schon an seinem Ziel angekommen. Wenn Sie nun eine winzige Sekunde warten, so öffnet sich der Inhalt des Ordners im selben Fenster. Navigieren Sie nun das Objekt auf einen weiteren Ordner (der etwas tiefer in der Hierarchie liegt), so öffnet sich auch dieser. Das Objekt wird auf diese Weise von Ordner zu Ordner getragen und erst dann losgelassen, sobald Sie das Ziel erreicht haben.

Den Zeitraum, in dem sich die Ordner und Fenster öffnen, legen Sie über den Regler bei *Verzögerung* fest. Als Maßstab sollte dabei gelten: Als Maus-Erprobter können Sie die Verzögerung auf *Kurz* stellen, bei anfänglichen Schwierigkeiten beim Auffinden des Mauszeigers reicht *Mittel*, und bei noch starrem Blick auf den Mauszeiger (vergleichbar den Tanz-Anfängern, die anstatt des Partners lieber ihre Füße bewundern) auf jeden Fall *Lang* (ansonsten haben Sie überall Ihre Kopien liegen, weil Sie vor Schreck jedes Mal, wenn sich ein Ordner öffnet, die Maustaste loslassen).

Um den Unterschied noch einmal aufzuzeigen: Transferieren Sie eine Datei oder einen Ordner auf dem gleichen Volume von seinem ursprünglich angestammten Platz zu einem anderen, so wird dieses Objekt nur verschoben. Bewegen Sie es stattdessen von seinem Original-Ort auf ein anderes Volume (eine andere Partition oder eine externe Festplatte), so wird es dorthin kopiert. Dasselbe Objekt befindet sich nun also zwei Mal auf Ihrem Rechner: am Original-Schauplatz sowie am Ort der Ablage. Das sollten Sie immer im Hinterkopf haben, nicht dass Sie die Datei löschen, weil Sie dachten, Sie hätten Sie ja schließlich kopiert.

Um eine Datei auf ein und demselben Volume (von einem Ordner in einen anderen) zu kopieren, müssen Sie beim Transferieren die *Wahltaste* (⌥) gedrückt halten. Sie erkennen den Vorgang am *Pluszeichen* (das neben dem Mauszeiger auftaucht:) und am *Kopieren*-Dialog, der den aktuellen Status aufzeigt. Letzterer ist jedoch nur zu bewundern, wenn es sich um größere Datenmengen handelt, denn alles unter 10 Megabyte geht so schnell, dass Sie gar nicht mit dem Schauen nachkommen. Eine weitere Alternative zum Kopieren von Daten läuft über die Tastatur bzw. über das *Bearbeiten*-Menü: Markieren Sie das gewünschte Objekt oder eine Auswahl und wählen Sie über das Menü *Bearbeiten* den Befehl *Kopieren* (Tastenkombination: ⌘-C). Bewegen Sie sich dann zum Ziel-Ordner und wählen Sie wiederum aus dem *Bearbeiten*-Menü den Befehl *Objekt(e) einsetzen* (⌘-V). Die Daten werden nun am gewünschten Ort eingefügt.

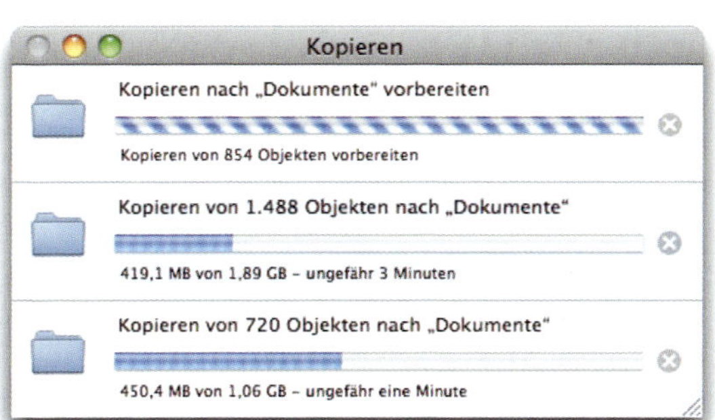

Auf Wunsch können Sie selbstverständlich auch mehrere Kopiervorgänge gleichzeitig anwenden. Ein Dialog klärt Sie über den Status auf.

Ganz wichtig: Egal, was Sie kopieren oder aus Versehen in den Sand setzen – merken Sie sich die Tastenkombination *Befehlstaste-Z* (⌘-Z) für den Befehl *Widerrufen* aus dem *Bearbeiten*-Menü. Dieser Befehl nennt sich je nach Programm auch *Rückgängig* oder führt den Arbeitsschritt beim Namen auf, den Sie gerade ausgeführt haben. Wichtig hierbei ist, dass der zuletzt getätigte Vorgang damit immer zurückgenommen und der Ausgangszustand wiederhergestellt wird. Einzige Ausnahme: Haben Sie im Papierkorb befindliche Objekte trotz Sicherheitswarnung (Zitat: *Möchten Sie die Objekte im Papierkorb wirklich endgültig entfernen?*) gelöscht, so ist der Zug abgefahren und die Daten sind erst einmal weg. Wir wissen, dass der Schmerz dabei groß ist, aber es gibt doch noch so viele andere schöne Dinge auf der Welt … – wie zum Beispiel *Time Machine*, auf das wir selbstverständlich auch noch zu sprechen kommen.

Beherzigen Sie unbedingt die Warnung, denn was weg ist, ist auch wirklich weg. Es sei denn, Sie arbeiten mit der Apple-eigenen Backup-Lösung »Time Machine«, die Ihre Daten regelmäßig auf eine externe Festpatte kopiert. Auf diese Weise lassen sich versehentlich gelöschte Daten wieder zurückholen.

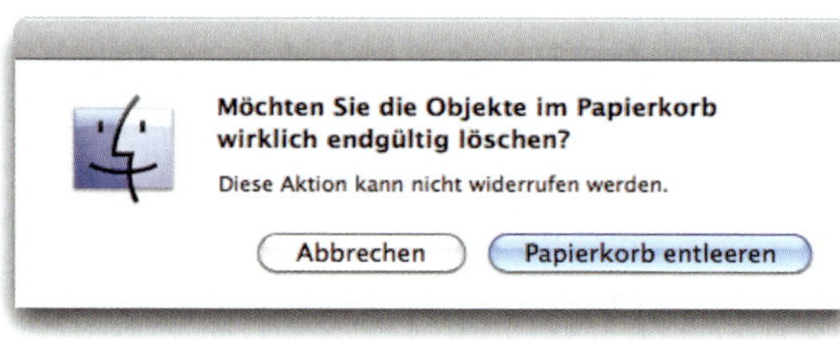

Sie sehen schon, Apple hat eine ganze Menge an Funktionen und Raffinessen eingebaut. Aber wenn Sie jetzt denken, dass wir nun endlich mal mit den Fenstern aufhören könnten, dann haben Sie sich geschnitten, denn da wäre auch noch die Geschichte mit der Erweiterung der Symbolleiste bzw. der Anzeige einer *Pfadleiste*. Wie schon erwähnt, stehen über dem Inhalts-Bereich die Symbole für *vorwärts*, *rückwärts*, die *Fenster-Ansichten*, *Übersicht/Diashow* (*Quick Look*) sowie das Auswahl-Menü *Aktion*. Über die Menüleiste *Darstellung* haben Sie nun noch die Möglichkeit, die Symbolleiste anzupassen bzw. bei Nicht-Gefallen ganz auszublenden (*Darstellung* | *Symbolleiste ausblenden* bzw. ⌘-⌥-T oder über den kleinen, ganz rechts stehenden Knopf ⬭). Beim *Anpassen* (*Darstellung* | *Symbolleiste anpassen*) fährt aus dem Fenster eine Tafel mit allerhand Symbolen heraus, die nun in die Symbolleiste gezogen werden können.

Sind Sie eher ein Maus-Typ, so wird Ihnen dieses Sammelsurium viel Freude bereiten. Die Tastatur-Freaks hingegen hauen lieber Ihre Kurzbefehle in die Tasten.

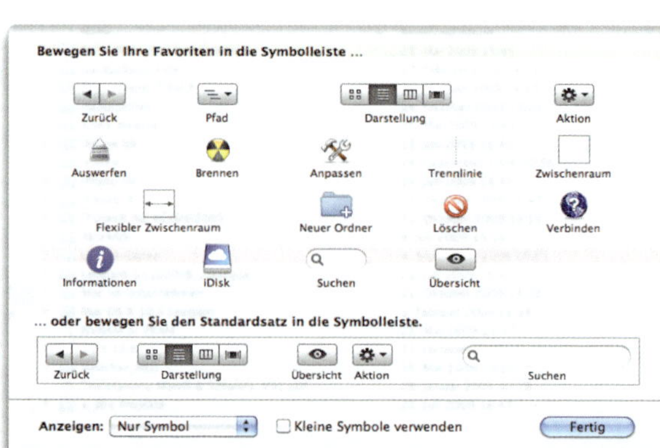

Was Sie letztlich davon brauchen können, wird sich sicher im Arbeitsalltag nach und nach einspielen, den Rest können Sie ja dann wieder löschen (*Darstellung | Symbolleiste anpassen* wählen und dann die nicht benötigten Symbole einfach aus der Leiste ziehen). Mit der unten liegenden Standardleiste (gut zu wissen, dass es eine solche gibt) ersetzen Sie missglückte Anpassungsversuche, ansonsten sollten Sie sich fleißig bedienen. *Auswerfen* (– entfernt externe Medien wie CDs/DVDs, ZIPs, MOs oder Festplatten-Volumes nach Auswahl vom Schreibtsich bzw. aus den entsprechenden Laufwerken) und *Brennen* ( ) ist interessant für die Vielbrenner-Fraktion, die schnell mal den aktuellen Daten-Bestand auf eine CD/DVD fixieren möchte. Das *Informationen*-Symbol ( ) ersetzt den Gang über die Menüleiste *Ablage | Informationen*, und der *Anpassen*-Knopf ( ) hilft den Experimentierfreudigen, öffnet er doch die *Symbolleiste anpassen*-Tafel. Das *Verbinden*-Symbol ( ) wiederum ist für jene interessant, die ein Netzwerk betreiben und die sich mit einem bestimmten Server kurzschließen möchten, was dem Befehl *Mit Server verbinden* aus dem *Gehe zu*-Menü des *Finders* entspricht. Die *Löschen*-Funktion ( ) sollte klar sein, ebenso wie die *iDisk* ( ) – die virtuelle Festplatte auf einem Apple-Server, die man über einen *MobileMe*-Account erhält –, auf die man im Online-Betrieb jederzeit zurückgreifen kann. Das Symbol *Pfad* ( ) können wir ruhigen Gewissens empfehlen, überblicken Sie doch so immer die Ordner-Hierarchie und können nachvollziehen, wie tief Sie sich im verschachtelten Ordner-Gefüge befinden. Übrig bleiben der starre wie flexible *Zwischenraum* (passt sich automatisch der Fenstergröße an) sowie eine *Trennlinie*, mit denen Sie Ihre Symbolleiste sinnvoll unterteilen können.

Die Symbolleiste à la Hardcore: Man weiß gar nicht, wohin man zuerst klicken soll ...

Wenn Sie ein Fenster mit neuen Symbolen anpassen, bedenken Sie bitte, dass sich diese Änderungen auch auf alle anderen Fenster beziehen. Zum Entfernen einzelner Symbole rufen Sie wieder *Darstellung | Symbolleiste anpassen* auf und ziehen diese mit gedrückter Maustaste einfach aus der Leiste heraus. Lassen Sie die Maustaste los, so verschwinden die Symbole in einer Verpuffen-Animation. Um die Standard-Einstellungen wiederherzustellen, ziehen Sie den Standardsatz in die Symbolleiste – dieser ersetzt dann die vorherigen Anpassungen.

Das entsprechende Symbol einfach rausziehen und die Sache ist erledigt.

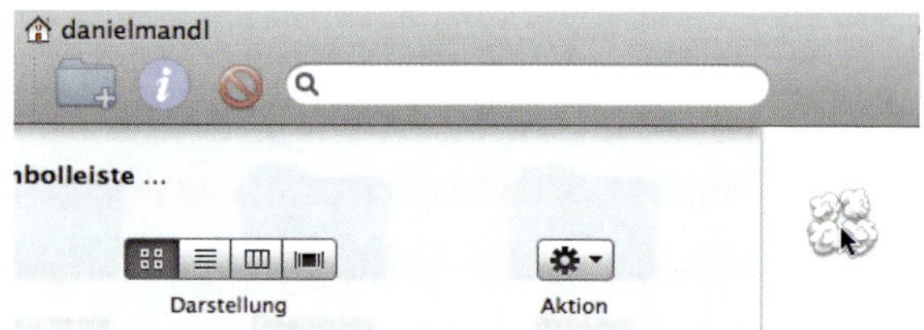

Anstatt die Hierarchie einer Datei über den *Pfad*-Button zu bestimmen, können Sie denselben Effekt auch über die Menüleiste *Darstellung | Pfadleiste einblenden* erreichen. Dabei wird im unteren Teil des Fensters eine zusätzliche Leiste eingeblendet, mit deren Hilfe Sie auf einen Blick erkennen können, auf welcher Hierarchie-Ebene Sie sich gerade befinden. Noch schneller funktioniert allerdings folgender Trick: Klicken Sie bei gedrückter *Befehlstaste* (⌘) auf den oben stehenden Titel des Fensters, so zeigt sich ebenso die Pfad-Anordnung.

Über »Pfadleiste einblenden« wird auf einen Blick ersichtlich, wo Sie sich gerade befinden.

Das Gleiche funktioniert zum einen über den Pfad-Knopf (links) bzw. über den Klick bei gedrückter Befehlstaste (⌘) auf den Fenster-Titel (rechts).

Halten Sie dagegen die vielen bunten Symbole für Spielerei und stehen eher auf sachliche Information, so kann Ihnen auch in diesem Fall geholfen werden. Bei *Anzeigen* wählen Sie aus dem Popup-Menü die Option *Nur Text* (oder gar *Symbol & Text*) und schon wird es klassisch grau.

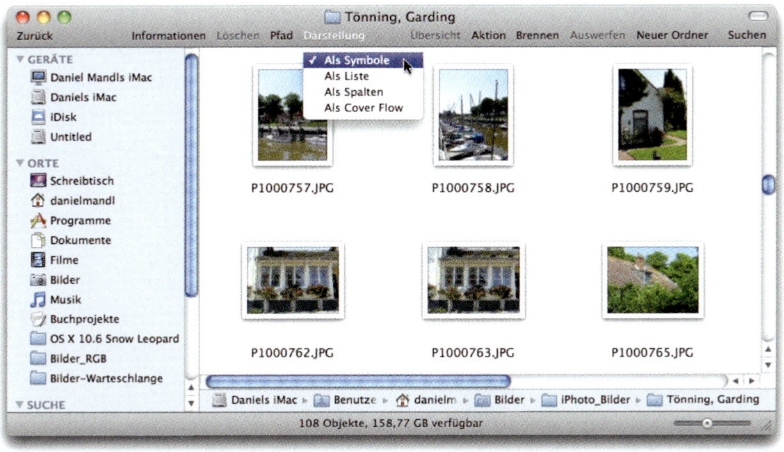

Die Symbolleiste in der »Nur Text«-Ansicht: Statt der Symbole werden die zugehörigen Begriffe eingeblendet.

Viele Funktionen des *Symbole anpassen*-Dialoges lassen sich auch über das Kontext-Menü erledigen. Klicken Sie einfach mit gedrückter *ctrl*-Taste bzw. per Rechtsklick auf die Titelleiste eines Fensters und wählen Sie dann aus dem auftauchenden Menü den entsprechenden Befehl.

Anlegen eines neuen Ordners

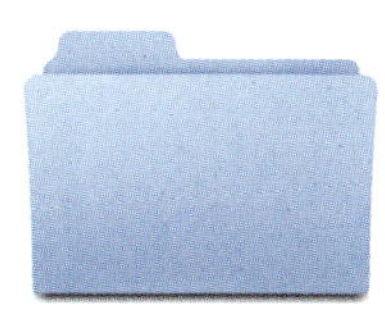

Nach so viel Theorie nun wieder eine leichtere Übung für den Alltag. Wie schon erwähnt, befinden sich Dateien (Ihre Arbeitsmaterialien wie Briefe, Bilder, Informations-PDFs usw.) in Ordnern. Je nach Anlass und Situation werden Sie nach und nach eine Ordner-Hierarchie anlegen, damit Sie Ihre Sachen auch wiederfinden. Apple hat Ihnen hierbei schon eine Benutzer-Struktur vorgegeben, die natürlich nicht eingehalten werden muss, für Anfänger jedoch einen leichten Einstieg bedeuten. So finden Sie in Ihrem Benutzer-Verzeichnis bzw. in der Seitenleiste eines Finder-Fensters unter anderem die Ordner *Bilder*, *Dokumente*, *Filme* und *Musik* vor.

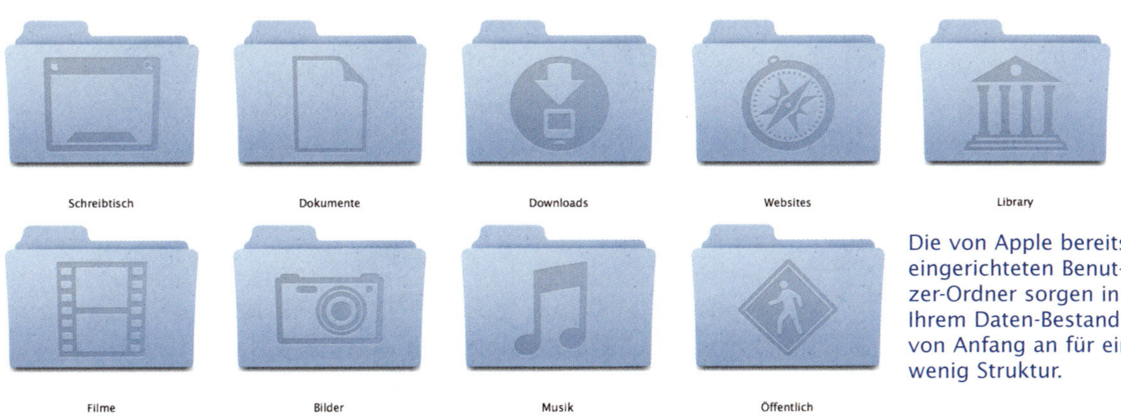

Die von Apple bereits eingerichteten Benutzer-Ordner sorgen in Ihrem Daten-Bestand von Anfang an für ein wenig Struktur.

Anlegen eines neuen Ordners

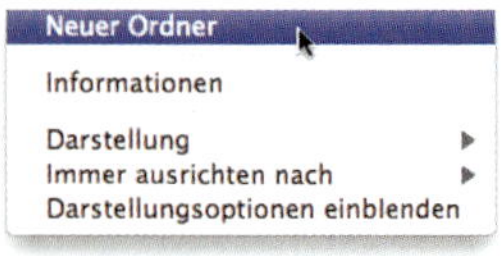

Ordner können Sie immer und überall anlegen, einzig die *System-* oder *Library*-Ordner sollten Sie außen vor lassen. Über *Ablage | Neuer Ordner* (⌘-⇧-N) bekommen Sie einen Ordner und können ihn nun mit weiteren Dateien/Ordnern füllen. Das Gleiche klappt auch über das Kontext-Menü, indem Sie bei gedrückter *ctrl-Taste* mit der Maus klicken oder einen Rechtsklick ausführen. Dabei öffnet sich ein Menü, aus dem Sie den Befehl *Neuer Ordner* wählen.

Da das Mac OS X natürlich nicht weiß, was Sie damit vorhaben, heißen alle neu angelegten Ordner erst einmal *Neuer Ordner* (bei mehreren werden diesen dann die fortlaufenden Zahlen 1, 2, 3 usw. angehängt). Die Schrift bei *Neuer Ordner* ist dabei blau unterlegt, was nichts anderes heißt, als dass Sie diesen wenig aussagekräftigen Namen sofort überschreiben können. Tippen Sie einfach darauf los und vergeben Sie einen eigenen Titel. Sind Sie fertig mit Schreiben, klicken Sie außerhalb des Ordners oder drücken den *Zeilenschalter* (↩). Aber auch später können Sie Ihre Ordner jederzeit umbenennen, indem Sie bei markiertem Objekt in den Namen klicken und einen winzigen Augenblick warten. Auch in diesem Fall wird der Name blau unterlegt und kann korrigiert werden. Alternativ brauchen Sie auch nur einen Ordner zu markieren (per Mausklick) und dann den *Zeilenschalter* (↩) zu drücken – der Effekt ist derselbe.

Ein neuer Ordner wurde angelegt und in »Datensammlung« umgetauft.

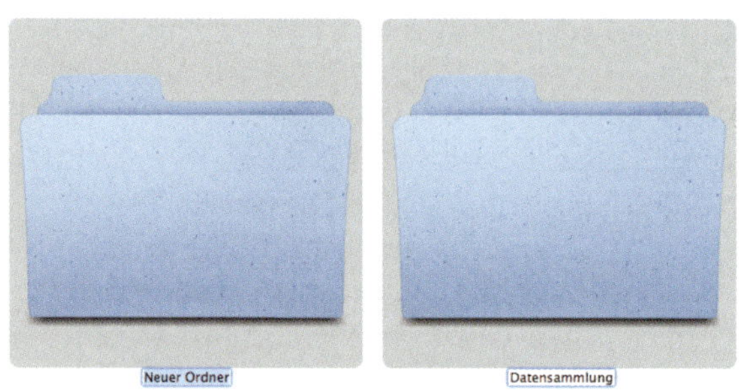

Das Umbenennen von Dateien geht im Übrigen genauso: in den Namen klicken bzw. die Datei markieren und den *Zeilenschalter* drücken – der Name kann nun überschrieben oder korrigiert werden.

Klicken Sie einen neu angelegten Ordner nun doppelt an, so öffnet er sich und zeigt ein leeres Vorschau-Fenster, das Sie nun wie gewünscht füllen können.

Am unteren Ende des Fensters erhalten Sie stets einen Überblick über die Anzahl der im Ordner befindlichen Objekte sowie über den noch freien Speicherplatz auf der Festplatte.

Aha, da ist also noch eine Menge Platz für weitere Daten.

Neben der hierarchischen Ordnung, in der Sie mehrere Ordner ineinander verschachteln können, gibt es noch eine weitere Methode, diese zu kennzeichnen – und zwar mit *Etiketten*. Hierbei verteilen Sie unterschiedliche Farben, so dass zusammengehörende Ordner-Pakete auf einen Blick erkannt werden können – vorausgesetzt, sie befinden sich auf der gleichen Ebene.

Das Vergeben von *Etiketten* ist denkbar einfach. Markieren Sie einen Ordner und klicken Sie in das *Aktions*-Menü. Ganz unten, bei *Etikett*, wählen Sie nun die gewünschte Farbe und der Fall ist für Sie erledigt. Alternativ können Sie jedoch auch bei gedrückter *ctrl-Taste* bzw. mit Rechtsklick auf einen Ordner klicken und aus dem auftauchenden *Kontext*-Menü die gewünschte Markierung zuordnen.

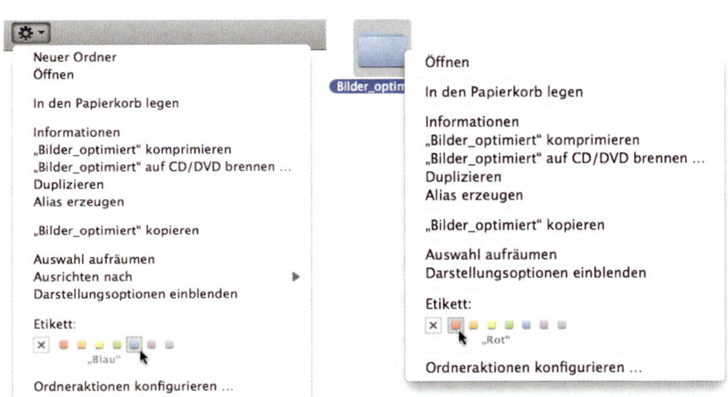

Höherer Wiedererkennungswert: Etiketten-Vergabe über das Aktions- bzw. Kontext-Menü.

Die Namen der Etiketten können Sie im Übrigen über die *Finder-Einstellungen* (*Finder | Einstellungen*) und dort in der Abteilung *Etiketten* abändern. Rufen Sie später in der *Listen-* oder *Cover Flow-Ansicht* die *Darstellungsoptionen* (⌘-J) auf, so lässt sich dort als zusätzliche Information unter *Spaltenanzeige* die Rubrik *Etikett* einblenden. Die für die Etiketten vergebenen Titel werden so aufgeführt und dienen als weitere Kennzeichnung für beispielsweise Projekte oder Dringlichkeit der Aufgaben. Klicken Sie noch dazu auf den Spalten-Titel *Etikett*, so werden die gekennzeichneten Dokumente nach Farben/Dringlichkeit (je nach Benennung) geordnet.

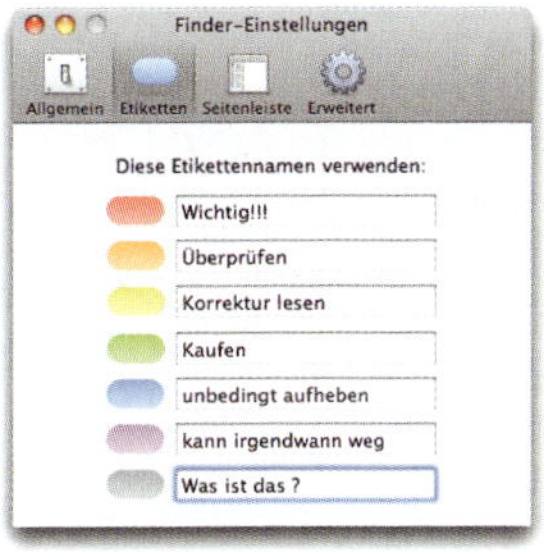

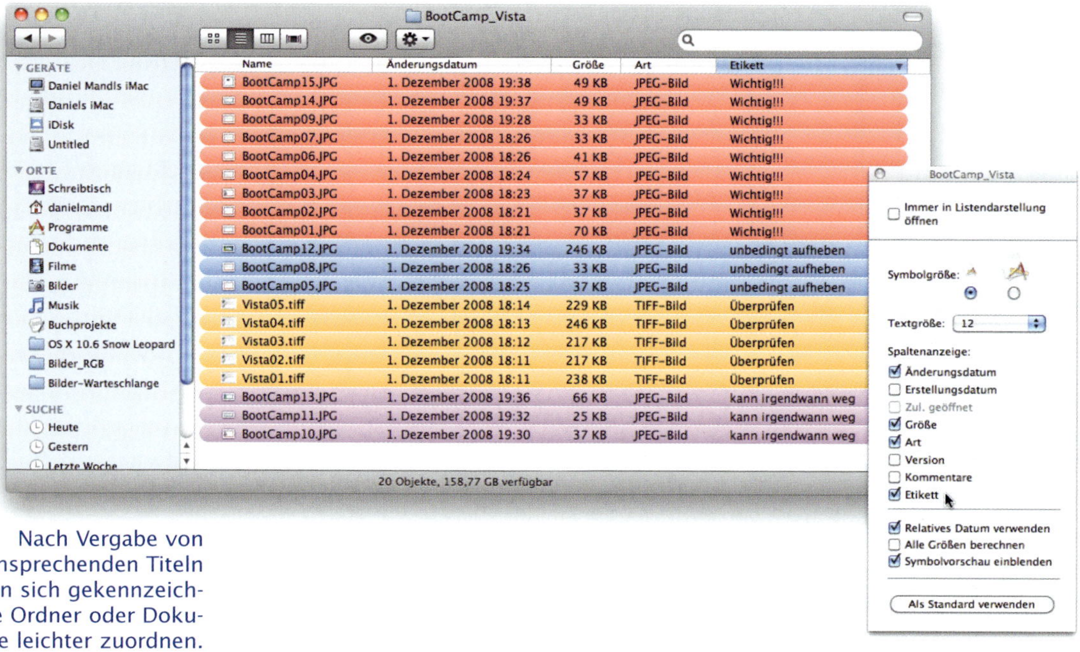

Nach Vergabe von ansprechenden Titeln lassen sich gekennzeichnete Ordner oder Dokumente leichter zuordnen.

Etiketten eignen sich hervorragend für Such-Vorgänge über beispielsweise intelligente Ordner (siehe nächsten Abschnitt) oder über den *Suchen*-Befehl des *Finders* (⌘-F bzw. *Ablage* | *Suchen…*), was letztlich aber dasselbe ist. So lassen sich etwa alle Ordner eines bestimmten Projekts, was mit roten Etiketten belegt wurde, schnell heraussuchen.

Intelligenter Ordner – Ordner mit Durchblick

Gehören Sie zu jenen Anwendern, die es gerne wohl geordnet haben und die auch auf Sicherheit bedacht sind, so sind die so genannten *intelligenten Ordner* genau Ihr Fall. Über festgelegte Kriterien wie *Art* der Datei, *letztes Änderungs-* oder *Öffnungsdatum*, *Erstellungsdatum*, *Name* oder *Inhalt* veranlassen Sie den Ordner, diesen mit den gewünschten Dateien zu füllen. Egal, ob als Backup, zum Archivieren oder zum Zusammenhalten von verstreuten Projekt-Daten – die Daten liegen gesammelt vor und stehen zur schnellen Verfügung.

Ein *intelligenter Ordner* ist schnell angelegt: über *Ablage* | *Neuer intelligenter Ordner* oder über die Tastenkombination ⌘-⌥-N.

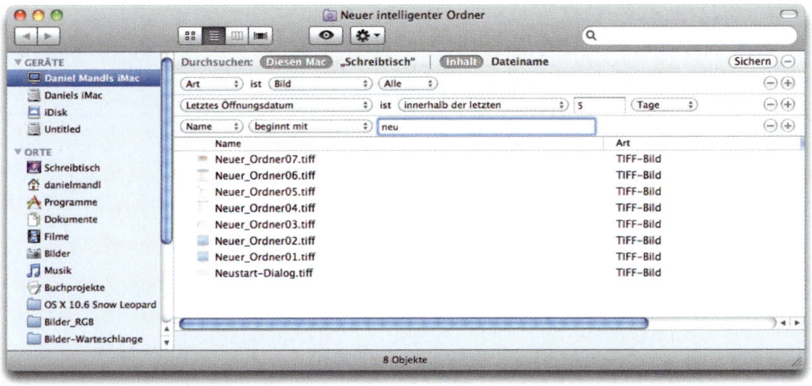

Ordner mit hilfreicher Such- und Archivier-Funktion.

Sind Sie zum Beispiel auf der Suche nach bestimmten Fotos, so geben Sie als *Art* das Stichwort *Bilder* ein. Über den rechts stehenden *Plus*-Button (⊖⊕) lassen sich nun weitere Kriterien hinzufügen – etwa das ungefähre *Erstellungsdatum* oder der *Name*.

Die Suche gestaltet sich noch effektiver, wenn Sie schon im Vorfeld den Rechner anweisen, wo er denn suchen soll. Dazu können Sie schon im Voraus einen bestimmten Ordner, ein externes Volume oder eine andere Partition auswählen und dann im rechts oben liegenden Suchfeld einen Begriff eingeben. Das Fenster wechselt dann automatisch zur intelligenten Suche. Die Rubrik *Diesen Mac* lässt hingegen die gesamte Festplatte (inklusive externer Festplatten) absuchen, so dass Sie schnell als Ergebnis auf Tausende von Dateien kommen können. Weiterhin lässt sich die Suche auf den *Dateinamen* oder auf den *Inhalt* eingrenzen. Letztere Einstellung ist ein Verdienst der Suchmaschine *Spotlight* (siehe auch nächstes Kapitel), die im Vorfeld sämtliche Daten durchscannt und auch innerhalb von Dateien (Texten, E-Mails etc.) nach Begriffen forschen kann.

Die Auswahl an Suchkriterien sowie die daraus resultierenden, weiteren Eingrenzungen zeigen die Effektivität dieser Art des nachhaltigen Forschens auf.

Alle Ihre Such-Anfragen – sei es über die intelligenten Ordner oder eine einfache Eingabe in das Such-Feld – lassen sich auch abspeichern, so dass diese im Hintergrund auf dem Laufenden gehalten werden und Sie somit immer Zugriff auf den aktuellen Daten-Bestand besitzen. Über den *Sichern*-Knopf vergeben Sie einen Namen und bestimmen den Speicher-Ort. Übernehmen Sie den vorgeschlagenen Ort *Gesicherte Suchabfragen*, so werden im Verzeichnis *Benutzer/»Ihr Benutzer-Name«/Library/Gesicherte Suchabfragen* die entsprechenden Ordner abgelegt. Interessant ist auch die Option *Zur Seitenleiste hinzufügen*, da hierbei ein Alias des gespeicherten Ordners in der Seitenleiste angelegt wird und Sie auf Mausklick hin Ihre Daten abrufen können.

Das Speichern von intelligenten Ordnern lohnt sich ganz besonders bei häufig aufzurufenden Daten, die verstreut auf der Festplatte liegen.

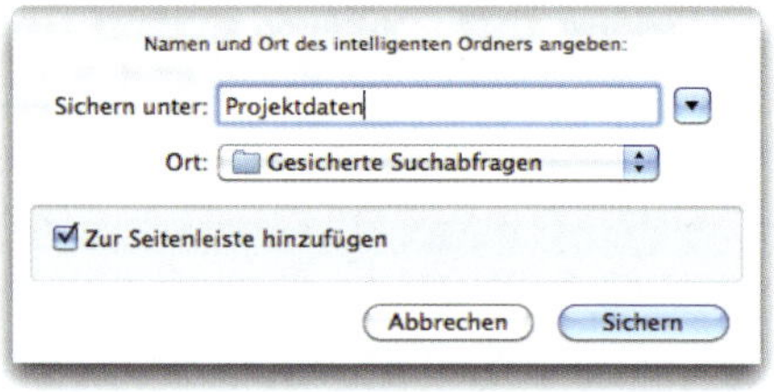

Die in der Seitenleiste untergebrachten *intelligenten Ordner* lassen sich nachträglich anpassen, wenn Sie über das *Aktions*-Menü ( ) die Option *Suchkriterien einblenden* aufrufen. Dort können Sie nun weitere Kriterien eingeben oder bestehende ändern.

Die Anzeige der Ergebnisse läuft wie eh und je: Die Dateien lassen sich in der *Listen-*, *Symbol-* oder *Cover Flow*-Ansicht bzw. wieder als *Übersicht/Diashow* ( ) zeigen, Musik-Dateien wie *MP3* oder *MP4* (AAC) können zur Überprüfung gleich angehört bzw. Filme gleich in einem Vorschau-Bereich angesehen werden.

Einen schnellen Blick in die Such-Ergebnisse erhalten Sie wieder über »Übersicht/Diashow«.

Aber der *intelligente Ordner* hat noch ein weiteres Highlight an Bord: Kommen Sie mit den bislang gebotenen Kriterien nicht aus oder ist Ihre Suche sehr speziell, dann sollten Sie einmal das Such-Kriterium *Andere…* anwählen. Von A bis Z wohl geordnet, wartet Mac OS X mit Dutzenden weiterer Such-Algorithmen auf. Da man aufgrund der Vielfalt dort leicht den Überlick verlieren kann, können Sie im *Suchen*-Feld schon einmal ein Stichwort eingeben, das sozusagen die Spreu vom Weizen trennt: ob Audio, Video, Bild, Auflösung oder Größe – zu jedem Such-Begriff finden sich verwandte Themen, die dann sofort eingeblendet werden.

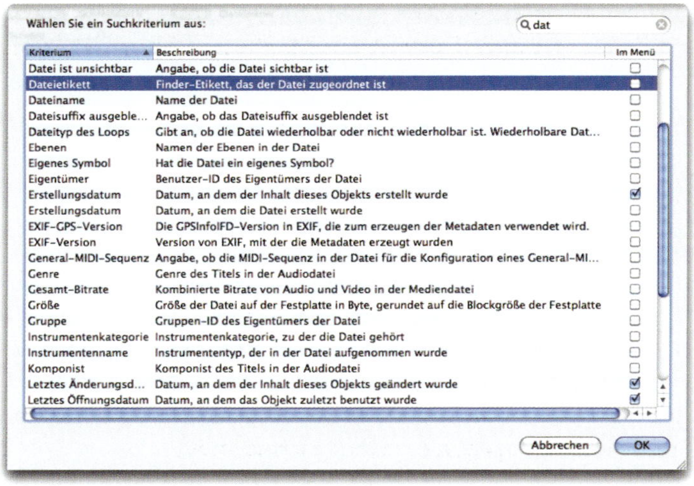

Weitere Such-Kriterien en masse, die über die Eingabe von Begriffen im Suchen-Feld vorsortiert werden können.

So lassen sich etwa Bilder nach Quer- oder Hochformat oder nach den *EXIF*-Daten wie ISO-Einstellung, Blende oder Verschlusszeit aufspüren, Songs aus *iTunes* mit Hilfe der Musikrichtung oder Spieldauer finden usw. Werfen Sie auf jeden Fall einmal einen Blick dort hinein, denn allein die Beschäftigung mit den Such-Kriterien bzw. dem Bewußtsein, was alles möglich ist, lässt Sie gewaltig staunen.

Setzen Sie einen Haken (☑) in das kleine Kästchen der Spalte *Im Menü*, so erscheint das Kriterium automatisch bei den Such-Kriterien und muss nicht immer erst umständlich über *Andere* aufgerufen werden.

Da manche Kriterium-Beschreibungen die Breite der Spalte überschreiten, werden diese nicht vollständig wiedergegeben. Der Trick zum Lesen besteht darin, dass Sie einfach den Mauszeiger ein oder zwei Sekunden über dem Eintrag parken, woraufhin der gesamte Text angezeigt wird.

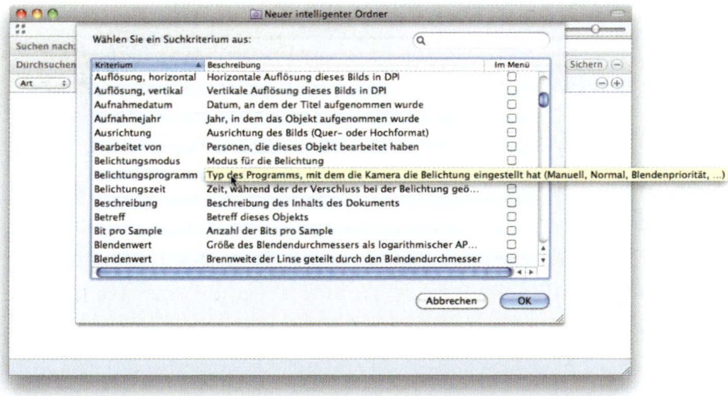

Man muss nur wissen »wie«.

Bei Projekten mit umfangreichem Datei-Volumen sollten Sie sich angewöhnen, die Ordner und Dateien entweder mit einem einheitlichen Etikett oder beispielsweise einem einprägsamen Namen zu belegen. Auf diese Weise lassen sich Ihre Daten schnell und sicher wiederfinden. Die Suche nach Etiketten finden Sie im Übrigen über die Kriterien *Andere … | Dateietikett.* Ist diese Option markiert, so lässt sich künftig nach der Farbe des Etiketts suchen – was ungemein schnell geht, wenn Sie einer Arbeit ein einheitliches Etikett verpassen.

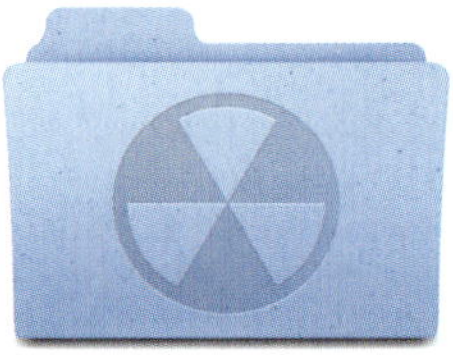

Neuer Brenn-Ordner – gegen die Vergesslichkeit

Und noch eine weitere Art an Ordnern lässt Mac OS X vom Stapel, die Sie ebenso über das *Ablage*-Menü erreichen: *Neuer Brennordner*. Und wie der Name verrät, lässt sich dort alles hineinpacken, was Sie in nächster Zeit als CD oder DVD brennen möchten. Beim Anlegen ist wie üblich erst einmal der Name blau unterlegt, so dass Sie diesen sogleich überschreiben können. Die Vorgehensweise zum Sammeln der Daten ist dabei sehr simpel: Ziehen Sie all jene Dateien und Ordner auf das *Brennordner*-Icon oder in den geöffneten *Brennordner*, die demnächst auf einer silbernen Scheibe verewigt werden sollen.

Am Anfang steht das Sammeln wichtiger Daten.

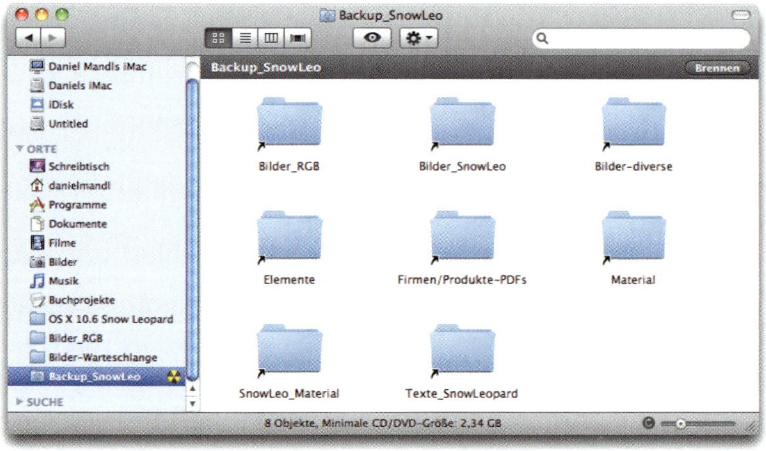

Die Besonderheit hierbei ist, dass nicht etwa alle Daten in den Brenn-Ordner hineinkopiert werden, sondern dass nur eine Verlinkung (Alias) auf die Original-Daten angelegt wird. Das heißt für Sie, dass Sie sich im Falle des Transferierens eines Arbeits-Ordners in den *Brenn-Ordner* die nächste Zeit erst einmal keine Sorgen über den aktuellen Stand machen müssen. Denn selbst dann, wenn Sie nachträglich noch Daten in Ihren Arbeits-Ordner einfügen, werden auch diese zum Zeitpunkt des Brennens berücksichtigt, da ja eine Verbindung zum Original besteht. Aliase erkennen Sie am kleinen Pfeil links unten (↗) auf dem Objekt-Icon, der damit eine Verbindung zum Original symbolisiert.

Nach dem Einfügen etwaiger Daten in den *Brenn-Ordner* dürfen Sie diese nicht vom ursprünglichen Platz verschieben oder gar löschen, da ansonsten die Verbindung aufgehoben wird. Der *Brenn-Ordner* verliert somit den Kontakt zur Ursprungs-Datei und berücksichtigt diese nicht mehr.

Zum Brennen der Daten klicken Sie einfach auf den *Brennen*-Knopf – der Rechner fordert Sie daraufhin auf, ein Speichermedium einzulegen.

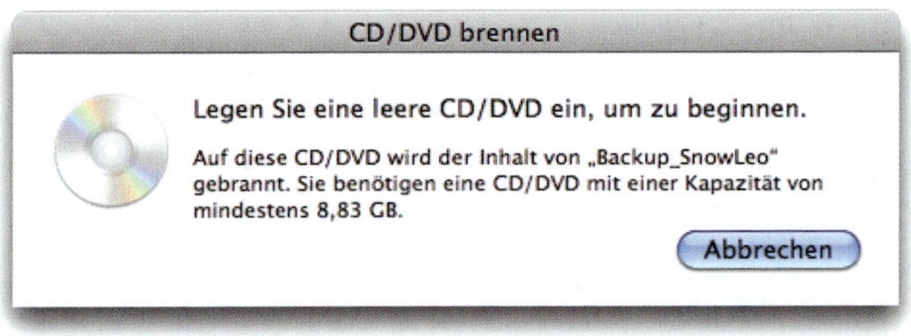

Der Dialog »CD/DVD brennen«. Je nach Größe sollten Sie nun eine CD (CD-R/CD-RW) oder eine DVD (DVD±R, DVD±RW, DVD±R DL) einlegen, wobei die Formate vom integrierten oder externen Laufwerk des Rechners abhängig sind.

Wenn Sie sich unsicher sind, welche Medien Ihr CD/DVD-Laufwerk brennen kann, so rufen Sie über das Apple-Menü (links oben –) den Befehl *Über diesen Mac* auf. Im auftauchenden Dialog klicken Sie wiederum auf *Weitere Informationen …*, womit Sie den *System-Profiler* starten. In der Inhalt-Liste (links) klicken Sie dann unter *Hardware* auf die Rubrik *Medium brennen*. Auf diese Weise werden alle Medien angezeigt, die Ihr Mac verarbeiten (lesen und beschreiben) kann.

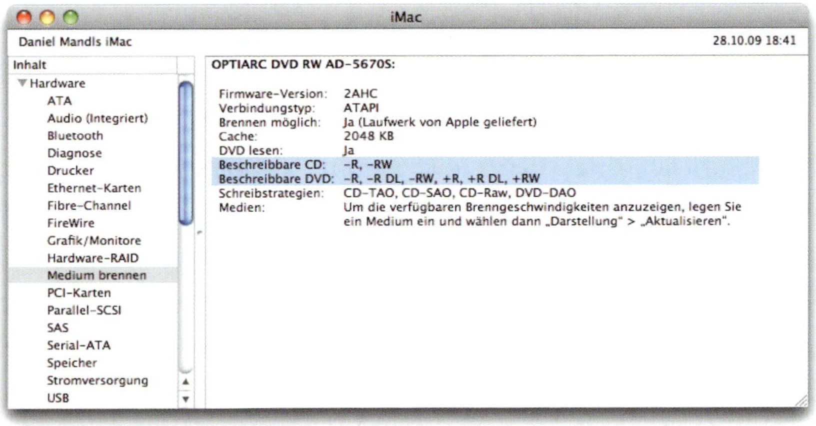

Der Aluminium-iMac mit SuperDrive kommt mit (fast) allen derzeit verfügbaren Medien zurecht.

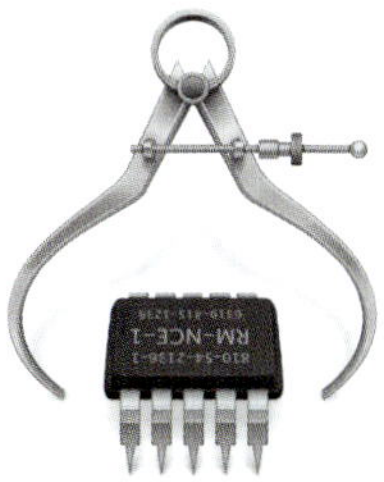

Im nächsten Schritt können Sie noch einmal den Titel anpassen sowie die *Brenngeschwindigkeit* bestimmen, der Klick auf *Brennen* wirft dann den eigentlichen Brenn-Vorgang an. Stellt der Rechner jedoch fest, dass die Ordner-Größe die Kapazität des Brenn-Mediums überschreitet, zieht er die Notbremse und bricht ab.

So kann's gehen. In diesem Fall ist also Nachbesserung angesagt.

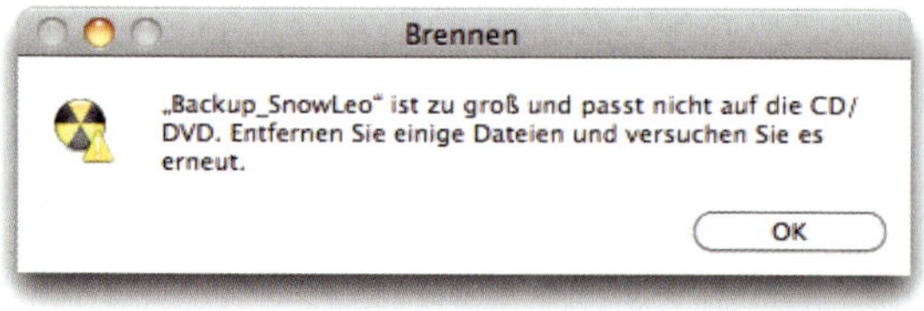

Der Dialog zum Brennen: Sie können noch den Namen abändern und die Brenngeschwindigkeit einstellen.

Es führt also kein Weg daran vorbei: Entweder Sie legen ein größeres Speicher-Medium ein oder Sie müssen Ihren *Brenn-Ordner* ausmisten. Um einen Überblick zu bekommen, wie groß der Gesamt-Speicherplatz des Ordners ist, klicken Sie bei geöffnetem *Brenn-Ordner* auf das kleine Symbol ( ) rechts unten zum Berechnen des verbrauchten Speicher-Platzes. Noch schneller geht's, wenn Sie einfach auf den *Brennen*-Button klicken und die Gesamt-Größe im Dialogfeld ablesen. Zum Schließen des Dialogs klicken Sie einfach in *Abbrechen*.

Als Alternative können Sie auch den *Brenn-Ordner* über einen Mausklick markieren und dann *Ablage* | *Information* (⌘-I) aufrufen. Betrachten Sie nun die Größe unter *Allgemein*, so werden Sie feststellen, dass diese sehr gering ist. Aber lassen Sie sich nicht täuschen: Die Angabe ist korrekt, wobei hier nur die Größe der Aliase und nicht der eigentlichen Ordner, die gebrannt werden sollen, aufgezeigt werden. Rutschen Sie also ein Stückchen weiter nach unten zum Bereich *Brennen* (eventuell müssen Sie auf das kleine Dreieck klicken, um diesen Teil des Informations-Fensters aufzuklappen) – dort finden Sie die exakten Daten zu Ihrer CD/DVD. Klicken Sie am besten noch auf den Button *Berechnen*, damit Ihnen auch ja die aktuelle Kapazität mitgeteilt wird.

Der Vergleich bringt es an den Tag: Die Größe der Alias- (unter »Allgemein«) und Original-Daten (Größe des Inhalts) unterscheiden sich enorm.

Zum Brennen wichtiger Daten ist das vorherige Anlegen eines *Brenn-Ordners* selbstverständlich kein Muss. Im Grunde brauchen Sie nur ein leeres Medium ins Laufwerk schieben, welches dann im *Finder* (auf dem Schreibtisch) erscheint. Ziehen Sie nun Ihre Daten dort rauf, erhalten Sie ebenso die vom *Brenn-Ordner* bekannte Benutzer-Oberfläche und durchlaufen im Endeffekt dieselben Arbeitsschritte. Werfen Sie vor dem Brennen der CD/DVD das Medium wieder aus, so bleiben die angelegten Brenn-Verzeichnisse (*Neue CD, Neue DVD*) als Brenn-Ordner bestehen und müssen bei Nicht-Verwendung händisch gelöscht werden.

Auch ohne Brenn-Ordner klappt's hervorragend: Legen Sie ein leeres Medium ein, so erscheint ein Dialog, der nach der gewünschten Aktion fragt. Lassen Sie die Standard-Einstellung »Finder öffnen«, so wird das Medium in der Seitenleiste des Finder-Fensters angezeigt.

Nun müssen Sie nur noch die Daten raufziehen, auf »Brennen« klicken und einen Namen vergeben. Auf Wunsch lässt sich Ihre Zusammenstellung dann ebenfalls als Brenn-Ordner speichern.

Denken Sie immer daran, von Ihren wichigen Daten ab und an Sicherheitskopien anzufertigen. Benutzen Sie Ihren Rechner auch im Beruf und somit zum Geldverdienen, sollte ein tägliches Backup fast schon Grundgesetz sein. Die Apple-eigene Lösung *Time Machine* stellen wir Ihnen ein wenig später noch detailliert vor.

Das Dock – mit der Lizenz zum Starten ...

Nach der Installation des Betriebssystems sehen Sie unten stehend eine Leiste mit einer Reihe von Symbolen. Diese – *Dock* genannte – Schaltzentrale ist meist der Ausgangspunkt zum Starten Ihrer Programme. Die Symbole spiegeln dabei die jeweiligen Programme wieder, und fahren Sie mit der Maus über ein Icon, so erscheint der dazugehörige Name. Natürlich müssen Sie sich nicht mit der Standard-Belegung zufrieden geben, sondern können jedes x-beliebige Programm in das *Dock* ziehen oder umgekehrt auch entfernen.

Das Original Mac OS X 10.6-Dock – frisch nach der Installation.

Und weil das Dock im Alltag so wichtig ist, lässt es sich natürlich ebenso an die eigenen Bedürfnisse anpassen. Über das *Apple-Menü* ( ) und dort über den Befehl *Dock* ereichen Sie schon einmal ein paar Optionen, die Sie direkt ansteuern können. So lässt sich damit das Dock anstatt unten auch vertikal (*Links positionieren* oder *Rechts positionieren*) darstellen oder gar ganz ausblenden (*Dock ausblenden*). Das Dock verschwindet bei letzterer Einstellung aus dem Blickfeld und erscheint nur, wenn Sie den Mauszeiger an den vorgesehenen Dock-Platz bewegen. Das Ganze lässt sich auch über die Tastatur-Kombination *Befehlstaste-Wahltaste-D* (⌘-⌥-D) bewerkstelligen, die das Dock auf Befehl sofort aus der Unscheinbarkeit hervorholt.

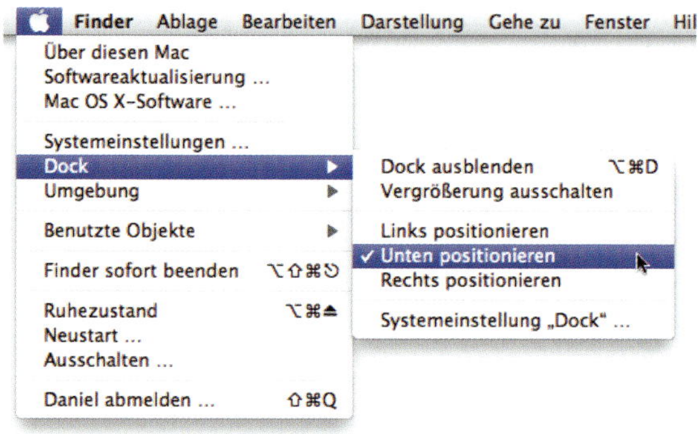

Der schnellste Weg, um an die Dock-Einstellungen zu gelangen, gelingt über das Apple-Menü.

Ein weiteres visuelles Gimmick ist die *Vergrößerung*. Hierbei werden jene Symbole, die Sie mit der Maus überfahren, hervorgehoben, damit Sie auch ja nicht danebenklicken. Mit diesem Effekt können Sie im Übrigen mächtig Eindruck schinden, wenn Sie unbedarften Windows-Anwendern einmal kurz vorführen, was der Mac OS X-Finder so alles drauf hat.

Programm-Icon unter der Lupe – für Kurzsichtige kein Thema, für Weitsichtige jedoch von unschätzbarem Wert.

Da Sie über den Weg *Apple-Menü | Dock* einzig erreichen, die *Vergrößerung* zu deaktivieren (*Vergrößerung ausschalten*), müssen Sie in diesem Fall einen kleinen Umweg gehen. In den *Systemeinstellungen*, in denen sich ebenso wie in den Finder-Einstellungen (*Finder | Einstellungen*) sozusagen die Basis-Daten und Standard-Verhaltensweisen für verschiedene Bereiche festlegen lassen, finden Sie auch eine gesonderte Rubrik für das Dock.

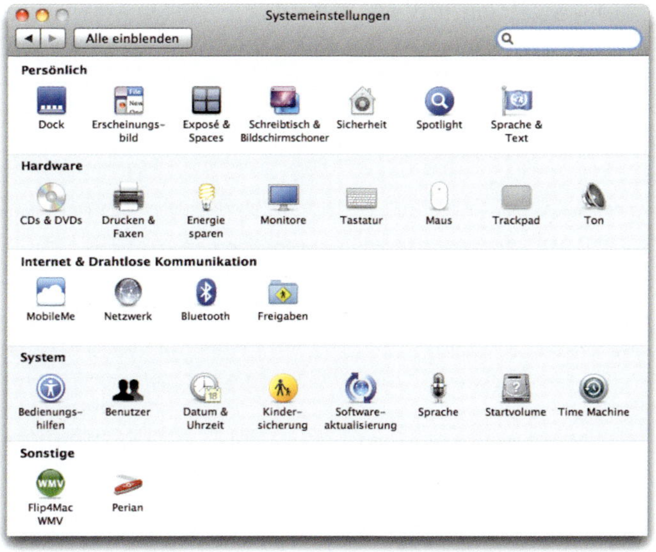

Das Pendant zur »Systemsteuerung« unter Windows – die Mac OS X-Systemeinstellungen im Überblick.

Für Mac-Ein- und Windows-Umsteiger gilt hier: Eine ausführliche Auseinandersetzung mit den entsprechenden Rubriken ist unbedingt vonnöten. Selbstverständlich werden wir auch im Buch noch ausgiebig darüber sprechen – und zwar im nächsten Kapitel.

Über das *Apple-Menü | Dock | Systemeinstellung „Dock"* springen Sie direkt in die entsprechende Abteilung. Und wie Sie sehen, gibt es dort einiges zu schieben und zu klicken. Zum einen lässt sich die *Größe des Docks* sowie die *Vergrößerung* der Icons beim Darüberfahren justieren. Dies probieren Sie am besten selbst aus, denn hier spielen auch die Bildschirm-Größe sowie die Anzahl der im Dock abgelegten Programme und Ordner eine Rolle. Weiterhin können Sie die Position (links, unten oder rechts) bestimmen sowie den Effekt festlegen, der beim Ablegen eines Objekts (Fenster, geöffnetes Dokument etc.) ins Dock abgespielt werden soll: *Trichter* (sehr effektvoll) oder *Linear* (eher langweilig, dafür aber schneller).

Einige Anwender von OS X-Vorversionen (Mac OS X Tiger und Panther) waren ein wenig unzufrieden mit dem 3D-Look des aktuellen Docks, der im Übrigen nur für die untere Variante zur Verfügung steht (die linke und rechte Position weist nur einen 2D-Effekt auf). Wer also immer noch sein früheres Dock wiederhaben möchte, der

soll einmal einen Blick auf die Internet-Adresse `www.eternalstorms.at/utilities/2dornot2d` werfen. Das Programm nennt sich *2DOrNot2D* und ermöglicht eine schnelle Änderung des Docks. Das Gleiche funktioniert auch über die beiden Programme *TinkerTool* (`www.bresink.com/osx/TinkerTool-de.html`) oder *OnyX* (`www.titanium.free.fr/pgs/english.html`), wobei diese beiden noch eine Menge weiterer versteckter Funktionsmerkmale des Betriebssystems ändern können. Alle diese Programme sind Freeware (sie kosten also nichts), die Programmierer freuen sich jedoch stets über eine milde Gabe (in diesem Sinne: Bargeld lacht).

Zusätzliche Optionen für das Dock dank »TinkerTool«.

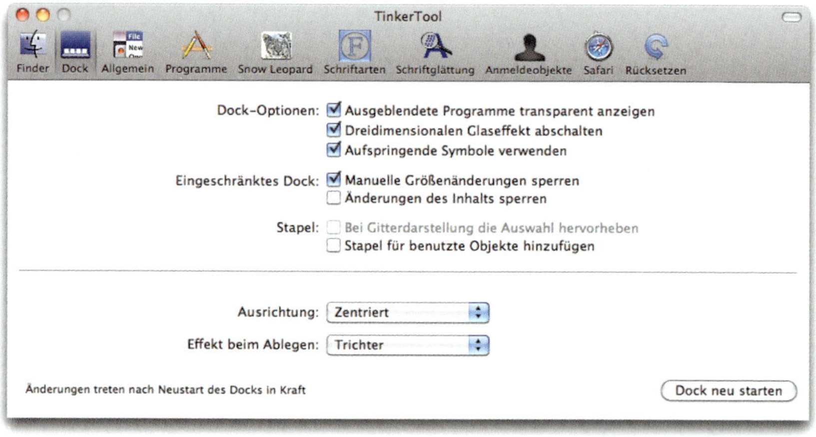

Unten: Das Dock in 2D – Dank zahlreicher Hilfsprogramme lassen sich Apples Vorgaben weiter anpassen.

Wenn Sie in einem Fenster bei gedrückter *Umschalttaste* (⇧) in den mittleren, orange-farbenen Button (●) der Fensterleiste zum Minimieren klicken, so fliegt das Fenster in Zeitlupe ins Dock. Sehr beeindruckend!

Unterhalb des Effekte-Popup-Menüs finden Sie weitere Optionen in den Dock-Einstellungen – etwa *Fenster im Dock ablegen (Programmsymbol)*. Klicken Sie die Fensterleiste eines Fensters oder Dokumentes doppelt an, so wandert die Datei üblicherweise ins Dock, und zwar rechts neben die Programm-Symbole. Die Miniatur-Vorschauen tragen noch dazu das zugehörige Programm-Icon, so dass Sie auf einen Blick erkennen können, was sich denn da so alles im Dock tummelt. Aktivieren Sie nun die Option *Fenster im Dock ablegen (Programmsymbol)*, so wandern die Dokumente auf Doppelklick ebenso ins Dock, allerdings nicht offen liegend, sondern verschwinden hinter dem zugehörigen Programm-Icon. Man kann also auf einen Blick überhaupt nicht nachvollziehen, welche und wie viele Fenster überhaupt offen sind. Haben Sie weiterhin mehrere geöffnete Dokumente ins Dock geschickt und klicken nun auf das Programm-Icon, so öffnet sich nur eines davon, die anderen bleiben weiterhin verborgen. Einsehbar ist das Ganze nur, wenn Sie mit gedrückter *ctrl*-Taste oder per Rechtsklick auf das Icon klicken – im Kontext-Menü sind dann die jeweiligen Fenster zu identifizieren. Offen gesprochen verstehen wir hier den Sinn dieser Einstellung nicht so recht und raten daher davon ab.

Die Option *Öffnen von Programmen animieren* ist ebenso nicht unbedingt lebensnotwendig, stellt aber ein nettes Schauspiel dar, denn schließlich hüpfen die Programm-Symbole – startet man die Applikation – ganz aufgeregt auf und ab, als ob es irgendwo ein Sonderangebot gäbe. Bereits laufende Programme erkennen Sie im Übrigen am kleinen blauen Punkt ( ) unterhalb der Icons.

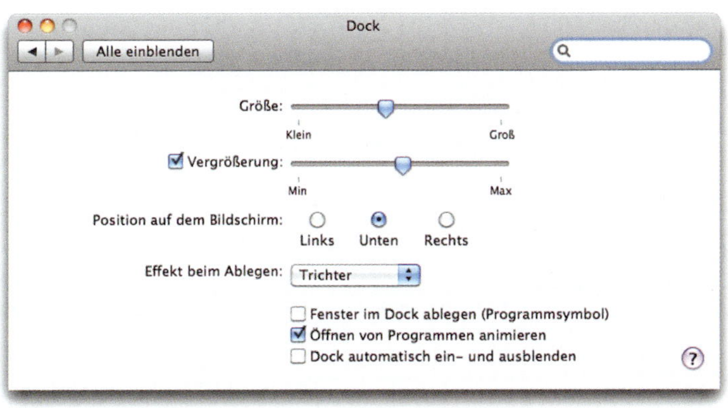

Da gibt es viel zu regeln – die Dock-Einstellungen für einen guten Start in den Arbeitsalltag.

Die Größe des Docks lässt sich auch schnell ändern, indem Sie Ihre Maus auf die Trennlinie zwischen den Programm- und Ordner-Icons ziehen – der Mauszeiger verändert sich. Dort bewegen Sie nun bei gedrückter Maustaste das Symbol (,) nach oben (zum Vergrößern des Docks) oder nach unten (zum Verkleinern des Docks) bzw. nach links oder rechts in der seitlichen Positionierung.

Die vielen kleinen grafischen Nettigkeiten, die Apple ins Betriebssystem packt, sind in erster Linie etwas fürs Auge. Ob sie nun Sinn machen oder einfach nur Spielerei sind, müssen Sie selbst für sich entscheiden. Aber neben den optischen Leckerbissen hat das *Dock* noch mehr zu bieten. So können Sie es erweitern, indem Sie weitere Programm- oder Ordner-Icons hinzufügen. Öffnen Sie beispielsweise Ihren *Programme*-Ordner (klicken Sie in einem Fenster Ihrer Wahl in der linken Häfte der Seitenleiste auf das Icon *Programme*), so lässt sich jedes Programm-Symbol darin mit der Maus packen und auf das *Dock* ziehen. Das Programm wird hierbei nicht kopiert, sondern es wird nur eine Verlinkung (ein *Alias*) gelegt. Befindet sich das Programm-Icon im Dock, so können Sie es auch innerhalb des Docks noch verschieben (mit der Maus packen und bei gedrückter Maustaste nach links oder rechts ziehen, dann die Maustaste loslassen). Das Gleiche klappt auch mit Ordnern, Dokumenten, Bildern oder URLs (**U**niform **R**esource **L**ocator = Internet-Adressen), die Sie häufig benutzen und auf die Sie ständig und per Knopfdruck Zugriff haben wollen. Im Falle von URLs können Sie diese aus dem Browser *Safari* (aus der oben liegenden Adress-Zeile) herausziehen und ins Dock befördern, indem Sie sie am so genannten *FavIcon* (das sind die kleinen Piktogramme bzw. Bitmap-Grafiken, welche die Internet-Adressen visuell aufpeppen) packen und ans Ziel bewegen. Im Dock selbst werden diese dann als Sprungfeder dargestellt, die per Mausklick den Browser starten und die entsprechende Adresse aufrufen.

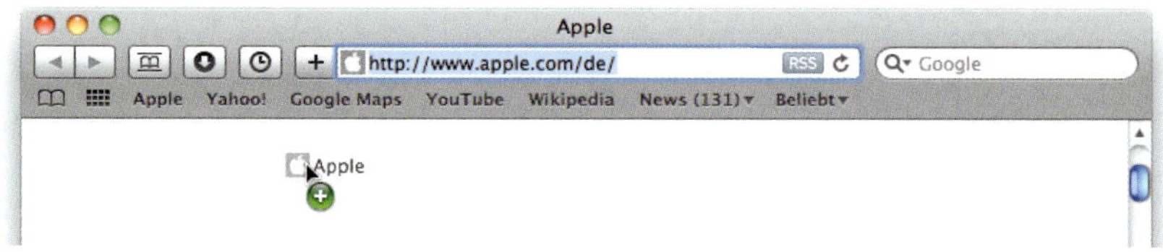

Die kleine, 16 x 16 Pixel große Bild-Datei wird mit der Maus ins Dock gezogen. Dort erscheint Sie dann als symbolisierte Spirale. Auf Mausklick hin startet automatisch der Browser »Safari« und lädt die Web-Seite.

Achten Sie darauf, dass Sie Programme links neben die Dock-Trennlinie, die Ordner, URLs, Dokumente etc. rechts davon ablegen. Anders geht's zwar erst gar nicht, aber wir wollen ja nicht, dass Sie sich vollends verausgaben, weil es einfach nicht funktionieren will.

Dass der Name des Programms oder des Ordners eingeblendet wird, wenn Sie mit der Maus darüber fahren, haben Sie ja schon kennen gelernt. Als zusätzliches Feature lassen sich aber weitere Optionen hervorlocken: Befinden Sie sich mit der Maus über einem Icon und klicken mit gehaltener Maustaste (etwa eine Sekunde die Maustaste gedrückt halten), so wird die Funktion *Exposé* aktiv. Der Bildschirm wird abgedunkelt und alle zum Programm oder Finder gehörenden Dokumente bzw. Fenster werden als Miniaturen samt Untertitel eingeblendet. Bei einer Vielzahl geöffneter Dokumente erhalten Sie so in Sekundenschnelle einen Überblick. Möchten Sie zu einer anderen Datei wechseln, so brauchen Sie nur den Mauszeiger auf die entsprechende Datei zu bewegen und zu klicken – das nun mit einem blauen Rahmen gekennzeichnete Dokument wird augenblicklich im Vordergrund angezeigt.

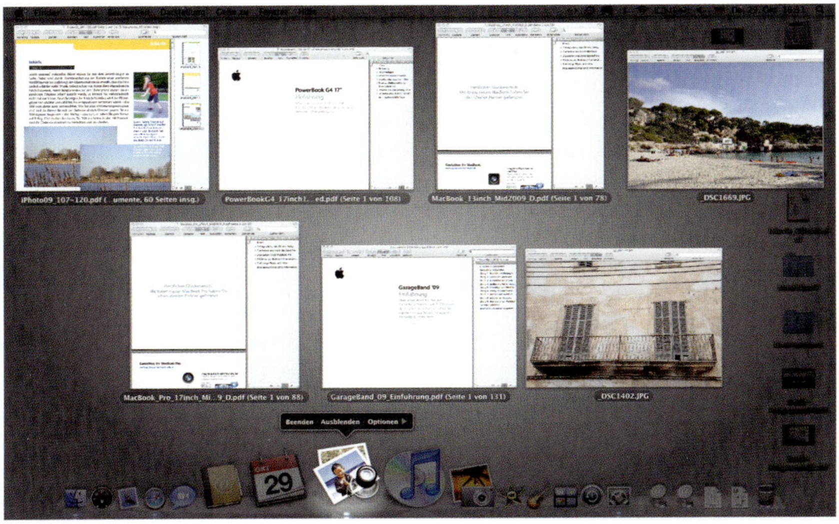

Mit dem verzögerten Mausklick auf ein Programm-Icon im Dock wird die Funktion »Exposé« aufgerufen und verspricht Klarheit im Dokumente-Dschungel. Jenes Dokument, welches Sie aufrufen möchten, brauchen Sie nur anzuklicken.

Falls Sie nur einen kleinen Bildschirm besitzen und Ihnen die Miniaturen zu winzig erscheinen, so können Sie ebenso den Mauszeiger über eine Miniatur legen und mit Drücken der *Leertaste* eine vergrößerte Vorschau (über *Quick Look*/die *Übersicht*) erreichen. Das Gleiche gilt für lange Titel, die üblicherweise in der Miniatur-Vorschau nicht immer vollständig angezeigt werden: Bewegen Sie den Mauspfeil auf den Titel und der komplette Name wird ersichtlich.

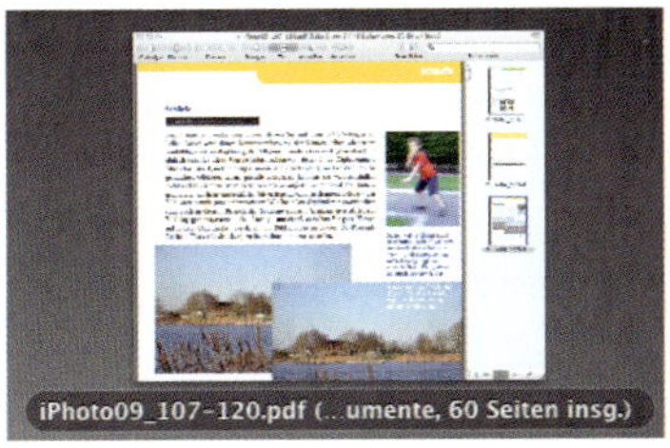

Die vollständigen Dokument-Namen werden eingeblendet, sobald Sie den Mauszeiger darauf bewegen.

Exposé zeigt sowohl alle augenblicklich geöffneten Fenster und Dokumente sowie alle im Dock minimiert liegenden Dateien an. Erkennbar ist dies durch eine feine Trennlinie (wenn Sie genau hinsehen) in der Mitte der Bildschirm-Ansicht. Alle über der Trennlinie liegenden Fenster sind momentan auf dem Schreibtisch geöffnet, die darunter befindlichen liegen im Dock. Dies trifft auch zu, wenn Sie in den Dock-Einstellungen die Option *Fenster im Dock ablegen (Programmsymbol)* aktiviert haben.

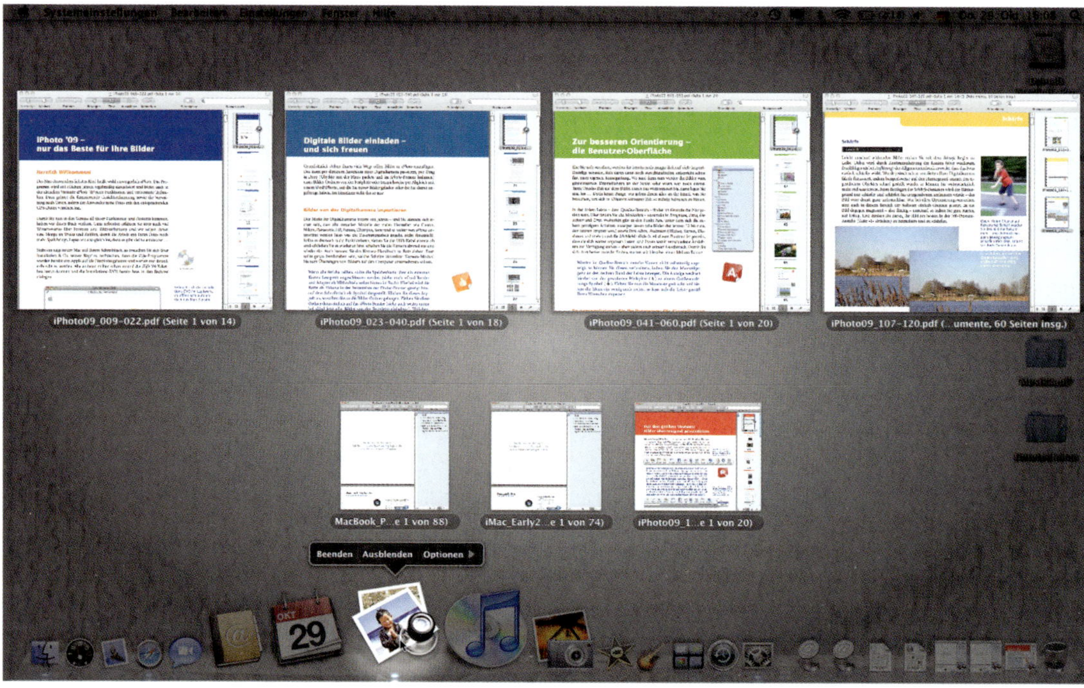

Bitte genau hinschauen: Eine feine Linie teilt den Bildschirm in aktuell geöffnete (oben) sowie im Dock abgelegte Fenster und Dokumente (unten).

Einen zusätzlichen Mehrwert dieser *Exposé*-Funktion erhalten Sie, indem Sie nun innerhalb dieser Ansicht zu anderen Programmen umschalten können. Dies erledigen Sie über die *Tabulator*-Taste (⇥) in der Reihenfolge der im Dock liegenden Programme oder noch komfortabler über das Gedrückthalten der *Befehlstaste* (⌘) und das anschließende Betätigen der *Tabulator*-Taste (⇥). In diesem Fall werden die Symbole der aktuell geöffneten Programme eingeblendet und Sie können bequem zur gewünschten Applikation springen, um auch deren Dokumente in *Exposé* anzeigen zu lassen.

Innerhalb von Exposé das Programm wechseln – über Befehlstaste (⌘) und Tabulator-Taste (⇥) stellt das kein Problem dar.

Selbstverständlich können Sie über diese Methode auch Dokumente oder Dateien von einem Fenster in ein anderes bewegen. Dazu packen Sie mit der Maus eine Datei (dabei die Maustaste gedrückt halten) und ziehen sie beispielsweise auf das *Finder*-Symbol. Dort verharren Sie nun ein Sekündchen, bis *Exposé* anspringt. In der übersichtlicheren Anordnung der geöffneten Fenster ziehen Sie nun diese Datei gezielt in das gewünschte Fenster, das nun im Vordergrund erscheint, wenn Sie ebenso wieder geduldig etwa eine Sekunde warten. Lassen Sie nun die Datei los und sie sitzt am richtigen Platz.

Nach so viel »Dockerei« ist allerdings immer noch nicht Schluss, denn neben *Exposé* gibt es weiteres zu berichten. So können Sie beispielsweise aus dem Dock heraus auch ein *Kontext*-Menü aufrufen, das weitere Optionen anbietet. Klicken Sie mit gedrückter *ctrl*-Taste, per Rechtsklick oder bei Multi-Touch-Trackpads mit Zweifinger-Tipp auf ein Programm-Icon, so können Sie über die eingeblendeten Optionen dieses aus dem Dock entfernen lassen (*Aus dem Dock entfernen*), Mac OS X veranlassen, das Programm nach dem Hochfahren des Rechners automatisch zu starten (*Bei der Anmeldung öffnen*), den *Programme*-Ordner öffnen und somit das Original anzeigen lassen (*Im Finder zeigen*) und natürlich das Program selbst starten (*Öffnen*). Das *Finder*-Icon ( ) bietet zudem die Möglichkeit, ein neues Fenster oder einen intelligenten Ordner anzulegen und weiteres mehr.

Die Dock-Optionen beim Aufrufen des Kontext-Menüs für das Programm »Safari« sowie den »Finder«.

Ist das Programm dagegen schon gestartet und sind vielleicht sogar verschiedene Dokumente geöffnet, so kommen ein paar Features hinzu: Neben den bereits genannten können Sie weiterhin das Programm ausblenden, so dass alle dazugehörigen Fenster kurzfristig von der Bildfläche verschwinden (ein Klick auf das Programm-Icon blendet dann alles wieder ein) oder auf die vielen Dokumente zugreifen und diese einzeln in den Vordergrund bringen. Letzteres ist gerade auch bei mehreren Dokumenten und vielleicht kleinem Bildschirm hilfreich, da sich doch meist gerade das verkehrte Dokument im Vordergrund tummelt.

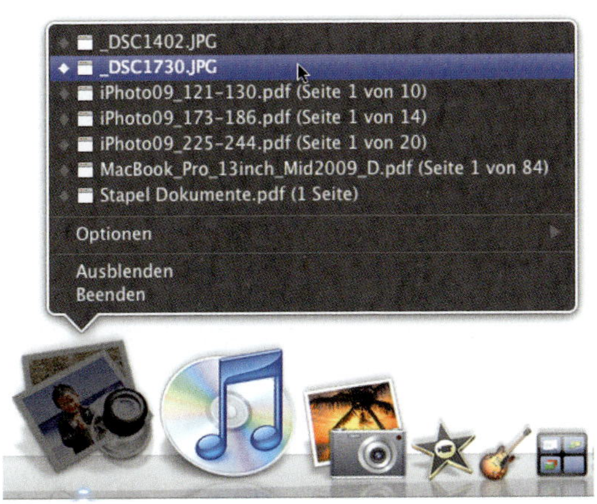

Dokumenten-Navigation über das Dock – per Mausklick rücken Sie die gewünschte Datei ins Blickfeld.

Immer noch nicht genug? Auch »Time Machine« oder die »Systemeinstellungen« bieten aus dem Dock heraus ihre Funktionen an. Probieren Sie ruhig auch die anderen einmal aus ...

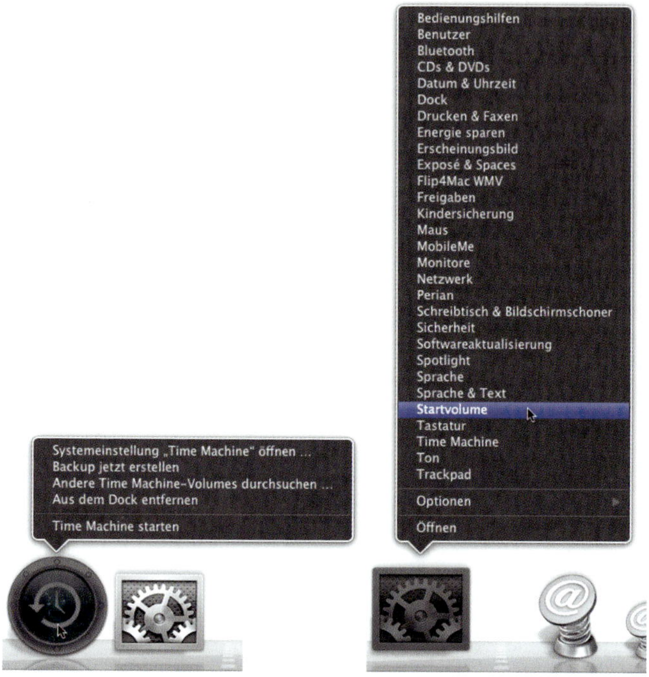

Drücken Sie zusätzlich oder auch nachträglich die *Wahltaste* (⌥), so können Sie weitere Befehle ausführen. So wird aus dem einfachen *Beenden* ein *Sofort beenden* oder aus *Ausblenden* ein *Andere ausblenden.* Der Trick mit der *Wahltaste* funktioniert im Übrigen sowohl im Kontext-Menü als auch beim Ausführen der *Exposé*-Funktion auf ein Programm.

Was bei Programmen funktioniert, klappt natürlich auch bei den Ordner-Symbolen. Dazu hat Apple so genannte »Stapel« (»stacks«) eingeführt, die auf Mausklick hin eine perfekte Übersicht über den Inhalt von Ordnern gewähren. Zwei Ordner sind bereits vorhanden – *Dokumente* und *Downloads* –, die Sie auch in Ihrem Benutzer-Odner (mit Ihrem Benutzer-Namen) vorfinden. Ersterer bietet sich beispielsweise für Briefe, PDF-Dokumente, Arbeits-Materialien etc. an, während Letzterer der Hort für alle geladenen Anhänge aus den Programmen *Safari*, *Mail* und *iChat* ist. Befinden sich nun Dateien in den Ordnern und klicken Sie mit der Maustaste darauf, so werden diese als *Fächer*, *Gitter*, *Liste* bzw. *Automatisch* (abhängig von der Anzahl der darin befindlichen Dokumente) angezeigt.

Selbstverständlich können Sie jeden gewünschten Ordner ins Dock ziehen. Ideal sind dazu häufig benutzte Ordner mit Ihren Arbeitsprojekten oder auch der *Programme*-Ordner, über den sich nun auch weniger oft gebrauchte Applikationen starten lassen, ohne den Umweg über die Fenster gehen zu müssen. Klicken Sie mit gedrückter *ctrl-*

Taste bzw. per Rechtsklick auf einen Ordner im Dock, so erreichen Sie unkompliziert die verschiedenen Möglichkeiten zum Anpassen. So lässt sich etwa der Inhalt nach dem *Namen*, nach dem Datum (*Hinzugefügt am*, *Änderungsdatum*, *Erstellungsdatum*) oder der *Art* ordnen. Auch die Methode der Darstellung können Sie festlegen (*Fächer*, *Gitter* oder *Liste*) oder dies dem Betriebssystem überlassen (Einstellung *Automatisch* – also je nach Anzahl der beinhalteten Dateien).

Links der »Fächer«, mittig das »Gitter« und rechts die »Liste« – alles im Blick per Klick (das reimt sich sogar ...)

Mac OS X richtet sich ganz nach Ihren Wünschen und Vorlieben.

Zum Auswählen einer Datei oder eines Programms müssen Sie bei geöffnetem Stapel diese nur mit der Maus ansteuern und darauf klicken. Das war's. Übersteigt die Anzahl der Objekte die Zahl der darstellbaren Dateien, so erhalten Sie etwa bei der *Gitter*-Ansicht rechts einen Scrollbalken, der per

Maus oder Trackpad nach unten oder oben bewegt werden kann. Im Falle der *Fächer*-Ansicht wird lapidar auf weitere Objekte hingewiesen (*x Objekte mehr im Finder*), während sich in der *Listen*-Ansicht durch Bewegen des Mauszeigers an den oberen oder unteren Rand der Einblendung der Inhalt navigieren lässt.

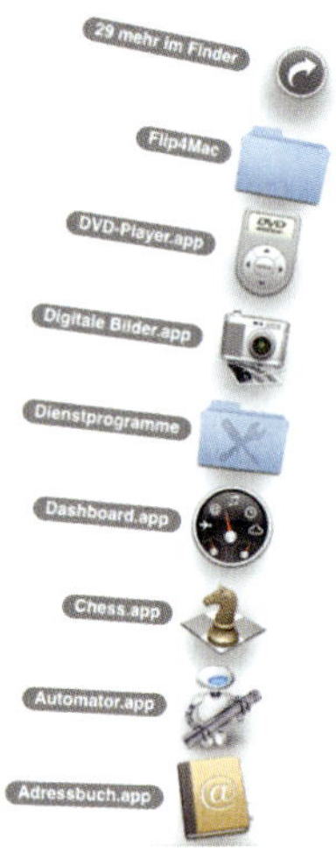

Ob Fächer, Gitter oder Liste – in allen Fällen ist optisch erkennbar, wenn sich zu viele Dateien zum gleichzeitigen Anzeigen innerhalb eines Stapels befinden.

Aber auch innerhalb von Ordnern lässt es sich seit Snow Leopard navigieren. In der *Gitter*-Ansicht klicken Sie dazu einfach auf einen Ordner, der nun geöffnet wird und weiterhin in der *Gitter*-Darstellung verbleibt. Befindet sich darin nun wieder ein Ordner, so lässt sich auch dessen Inhalt durch einen einfachen Mausklick einsehen. Aber auch das Zurückgehen klappt ohne Probleme, wenn Sie nun einfach auf den *Zurück*-Knopf ( ) klicken.

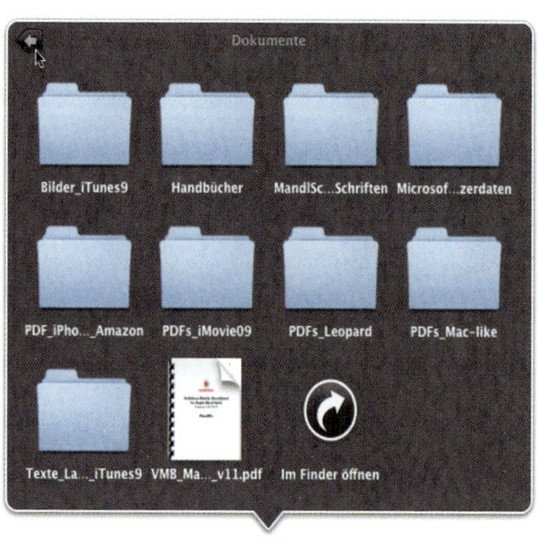

Sich innerhalb verschachtelter Ordner zu bewegen ist bei der Gitter-Ansicht durch einfaches Draufklicken möglich. Möchten Sie wieder eine Hierarchie-Stufe zurück, so benutzen Sie den links oben angezeigten Zurück-Knopf.

In der *Listen*-Ansicht ist ebenso ein Vorstoß in tiefere Ordner-Schichten möglich. Öffnet sich die Liste, so bewegen Sie den Mauspfeil auf einen Ordner, der nun augenblicklich dessen Inhalt einblendet. Sind darin weitere Ordner versteckt, so vollziehen Sie dieselbe Prozedur. Das geht so lange, bis Sie schließlich eine Datei anklicken (die sich dann öffnet) oder die Maus aus der Liste bewegen. Der *Fächer* macht hier jedoch eine Ausnahme, denn dieser öffnet Ordner grundsätzlich in einem Fenster.

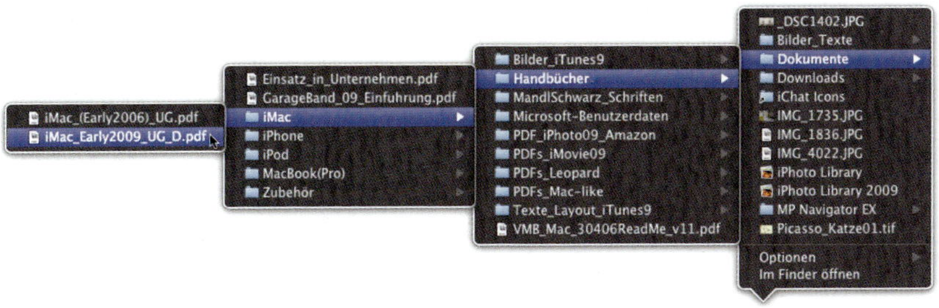

Bitte einmal quer über den Bildschirm wandern: Die Listen-Ansicht eignet sich ebenso zum schnellen Öffnen von Dokumenten bzw. zum Einsehen von Ordner-Inhalten.

Möchten Sie nun eine Datei nicht öffnen, sondern sie nur in einem Fenster begutachten – etwa weil Sie sie löschen oder verschieben möchten –, so brauchen Sie nur auf den Eintrag *Im Finder anzeigen* (◉) zu klicken. Das Gleiche funktioniert auch, wenn Sie statt auf *Im Finder anzeigen* mit gedrückter *Befehlstaste* (⌘) direkt auf die Datei klicken. Es öffnet sich in beiden Fällen das zum Ordner/zur Datei gehörige Fenster, wobei im Falle des direkten Aufrufs die entsprechende Datei gleich markiert ist.

Wird ein Programm oder ein Ordner im Dock mit großem Fragezeichen angezeigt, so kann der Mac nicht auf die Original-Datei zurückgreifen. Das kann beispielsweise passieren, wenn Sie nachträglich Objekte, die sich bereits im Dock befinden, verschieben oder löschen. In diesem Fall müssen Sie die Verbindung wiederherstellen, indem Sie das entsprechende Objekt erneut ins Dock ziehen (die alte Verbindung können Sie beruhigt aus dem Dock ziehen, die dann im virtuellen Nirvana verpufft).

Der Papierkorb

Ganz klar: All das, was Sie nicht mehr benötigen oder einfach loswerden möchten, stecken Sie in den *Papierkorb*, den Sie im Dock ganz rechts außen finden. Entweder Sie packen die Dateien mit der Maus und ziehen diese auf das *Papierkorb*-Icon oder Sie markieren die jeweiligen Daten und wählen dann *Befehlstaste-Löschtaste* (⌘-←). Befindet sich Abfall im Papierkorb, so zeigt es das Icon an:

Wie im richtigen Leben (allerdings ohne Essensreste oder Zigarettenkippen): ein leerer sowie gefüllter Papierkorb.

Ab und an sollten Sie sich dann auch daran machen, diesen zu entleeren. Vorher ist allerdings noch einmal ein ausführlicher Blick hinein in die Tiefen des Papierkorbs angesagt, damit Sie auch sicher gehen, dass Sie nichts Verkehrtes oder gar Wichtiges löschen. Klicken Sie auf das *Papierkorb*-Icon, so öffnet sich ein Fenster mit dessen Inhalt. Finden Sie nun darin Daten, die Sie doch lieber aufheben möchten, so packen Sie sie mit der Maus und ziehen sie wieder zurück. Noch besser funktioniert das, wenn Sie die neue Snow Leopard-Funktion *Zurücklegen* benutzen. Hierbei rufen Sie mit *ctrl*-Taste und Mausklick (bzw. per Rechtsklick oder Zeifinger-Tipp auf dem Trackpad) auf die Datei das Kontext-Menü auf und wählen daraus den Befehl *Zurücklegen*. Der Mac merkt sich ganz genau, woher die Datei stammt und legt sie brav an den Original-Schauplatz zurück. Ja, so einfach ist das.

Ruckzuck geht es wieder zurück zum angestammten Platz.

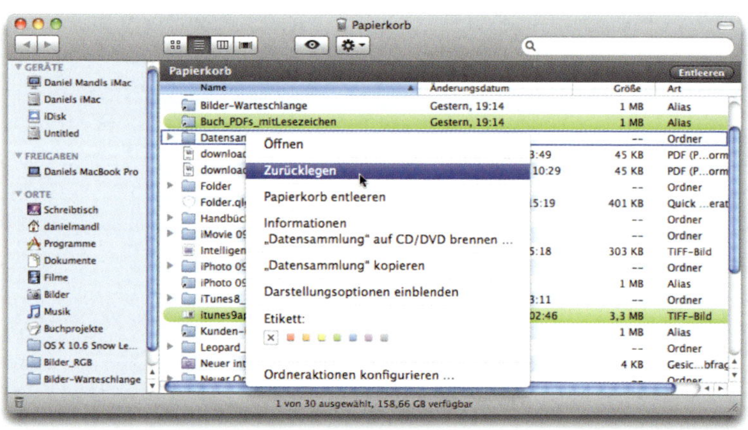

Das Löschen selbst ist schnell erledigt. Entweder Sie wählen aus der Menüleiste *Finder | Papierkorb entleeren* bzw. ⌘-⇧-← und bestätigen den Sicherheits-Dialog, oder Sie verharren kurze Zeit mit gedrückter Maustaste auf dem *Papierkorb*-Icon im *Dock* und wählen aus dem auftauchenden Dialog den Befehl *Papierkorb entleeren* (nachfolgend wieder mit Sicherheits-Dialog).

Entweder Sie führen den Löschen-Befehl über den Finder aus (linke Abbbildung) oder Sie wählen die Schnell-Methode (rechts).

Den Sicherheits-Dialog können Sie umgehen, wenn Sie beim Wählen des Befehls *Papierkorb entleeren* die *Wahltaste* (⌥) gedrückt halten. Oder Sie schalten die Warnung gleich ganz aus, indem Sie in den *Finder-Einstellungen* (⌘-,) unter dem Reiter *Erweitert* (⚙) die Option *Vor dem Leeren des Papierkorbs nachfragen* das Häkchen entfernen. Doch Vorsicht: So ein Dialog hat schon seinen Sinn, denn schließlich möchte er zum Überdenken Ihres Tuns anregen (was beim Leeren des Abfalleimers im realen Leben wohl eher zu häuslichen Auseinandersetzungen führt).

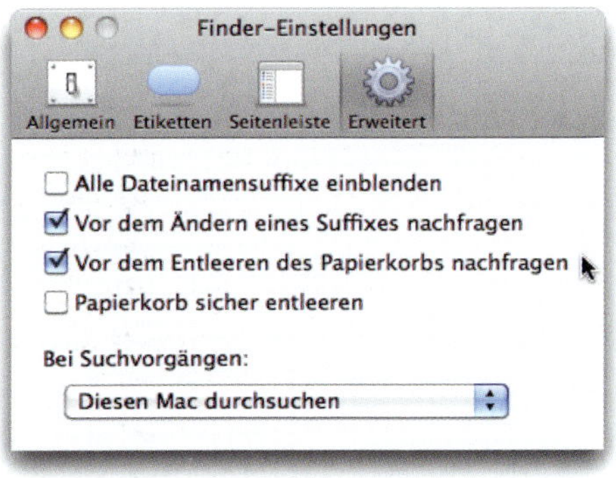

Manchmal können diese Dialoge schon nerven, doch im Falle des Löschens halten wir sie für angebracht. Nichtsdestotrotz: Zum Deaktivieren einfach in den Finder-Einstellungen den Haken aus der Checkbox entfernen.

Handelt es sich um sensible Daten, die zum Löschen vorgesehen sind (etwa Bilder von der heimlichen Freundin bzw. dem Freund oder einer Überwachungskamera, wie Sie gerade den Tresor hinaustragen), so sollten Sie zum Leeren des Papierkorbs den Befehl *Finder | Papierkorb sicher entleeren* wählen. Der Unterschied: Während bei der ersten Methode die bislang besetzten Speicherblöcke auf der Festplatte vom System kurzerhand als frei gekennzeichnet werden, werden bei letzterem Vorgehen diese Blöcke mit Nullen überschrieben. Über Spezial-Programme zum Wiederherstellen gelöschter Daten lassen sich nun einfach gelöschte Daten im Zweifel rekonstruieren, während bei überschriebenen Daten nichts mehr zu holen ist. Die Funktion des sicheren Löschens lässt sich übrigens in den *Finder-Einstellungen | Erweitert* bei *Papierkorb sicher entleeren* als Standard festlegen.

Das sichere Löschen ist wirklich nur sicher, wenn es sich um die Festplatte handelt, von der die Daten gelöscht wurden. Haben Sie ganz nebenbei noch Backups etwa über *Time Machine* laufen, so sind die Daten selbstverständlich auf dem externen Medium noch vorhanden. Um nun vollends sicherzugehen, müssen Sie selbstverständlich alle Spuren verwischen – indem Sie beispielsweise Ihre Daten über *FileVault* verschlüsseln, so dass niemand daran kommt, oder entsprechende Ordner von *Time Machine* ausschließen, damit erst gar keine weiteren Spuren gelegt werden.

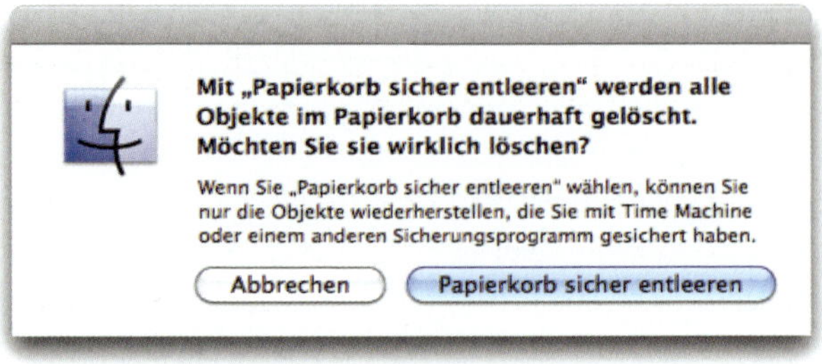

Der Dialog zum sicheren Löschen deutet es an: Ihre Daten können im Zweifel über ein »Time Machine«-Backup bzw. über eine andere Sicherheits-Software wiederhergestellt werden.

Gut gemacht. Wenn Sie bis hierher durchgehalten haben, dann haben Sie das Zeug zum Profi :-) Denn nach diesem ersten Ausflug in die Benutzer-Oberfläche tauchen wir nun ein wenig tiefer ins Geschehen ein, indem wir uns die *Systemeinstellungen* ausführlich betrachten. Die *Systemeinstellungen* stellen die Basis für das Verhalten Ihres Mac in den verschiedensten Situationen – etwa wie schnell sich die Maus bewegt, wie sich die Tastatur verhält, wer oder was als Benutzer auftritt und was er tun darf und so weiter. Ganz nebenbei gibt es viel Wissen und Arbeitsweisen, die Ihnen im Alltag helfen werden.

»Alles klar zum Start?« – die Systemeinstellungen

Die *Systemeinstellungen* bekommen von uns ein eigenes (langes) Kapitel, da sie wirklich wichtig sind. Allerdings erklären wir hier nur die für uns im Augenblick wichtigen *Systemeinstellungen* – der Rest wird im weiteren Kontext erläutert. Wir werfen einen ausgiebigen Blick auf die Rubriken *Persönlich*, *Hardware* und *System*. Dass da auch noch was von *Internet & Drahtlose Kommunkation* steht, ist uns völlig klar, und wir wollen es auch gar nicht unterschlagen. Die Informationen hierzu gibt es in späteren Kapiteln, denn das Internet sowie das Netzwerken ist uns einen Extra-Ausflug wert.

Aufrufen können Sie die *Systemeinstellungen* über das *Dock* und das entsprechende Icon bzw. über das *Apple-Menü* und den Menü-Punkt *Systemeinstellungen*. Ähnlich einem Fenster werden dort nun sämtliche Möglichkeiten als Symbole dargeboten, die per Knopfdruck eigene Dialog-Darstellungen zeigen. Über den Button *Alle einblenden* kommen Sie wieder zum Ausgangspunkt zurück, alternativ klappt das auch über die Tastenkombination *Befehlstaste-L* (⌘-L für *Alle Systemeinstellungen einblenden* aus dem *Einstellungen*-Menü). Sind Sie noch Anfänger und suchen eine bestimmte Funktion, so können Sie über das rechts oben liegende Suchfeld (🔍) einen Begriff eingeben, der in etwa das Gewünschte beschreibt (zum Beispiel Auflösung, Netzwerk, Sharing, Audio etc.). Und indem Sie eine Umschreibung eintippen, werden Ihnen bereits Vorschläge unterbreitet, auf die Sie klicken können. Bei passenden Suchergebnissen werden sogar die zugehörigen Systembeispiele mit einer Art Licht-Spot hervorgehoben. Die Intensität des Strahls deutet dabei – bei mehreren Möglichkeiten – auf die Wahrscheinlichkeit des besten Treffers hin.

Beim Eingeben eines Such-Begriffes werden weitere Vorschläge unterbreitet sowie die entsprechenden Systemeinstellungen angestrahlt.

Sie sollten gerade zum ersten Kennenlernen diesen Einstellungen einen ausführlichen Besuch einräumen, da Sie dort nicht nur eine Menge an versteckten Funktionen entdecken können, sondern sich zugleich mit dem ungeheuren Potential von Mac OS X vertraut machen.

Benutzen Sie eine Apple-Tastatur – egal ob schnurgebunden, Wireless oder auf einem MacBook (Pro/Air) –, so lässt sich bei gehaltener *Wahltaste* (⌥) sowie dem Drücken einer Sondertaste mit Hardware-Funktion (etwa *Lautstärke* 🔊 oder *Helligkeit* ☼) ohne Umweg die entsprechende Systemeinstellung öffnen.

Und gleich noch ein Tipp hinterher: *Systemeinstellungen*, die Sie häufig aufrufen müssen, können Sie auch ins Dock befördern. Über den Pfad *Festplatte/System/Library/PreferencePanes* gelangen Sie zu den einzelnen Rubriken, die Sie nun in der rechts liegenden Abteilung im Dock unterbringen können. Auf diese Weise starten Sie die jeweilige Systemeinstellung ohne Umweg einfach per Mausklick.

Dock

Das Dock haben wir ja bereits im vorangegangenen Kapitel ausführlich angesprochen und die mannigfachen Veränderungsmöglichkeiten erklärt. Da wir nicht noch einmal die gleiche Geschichte aufwärmen möchten, verweisen wir daher auf den entsprechenden Abschnitt »Das Dock – mit der Lizenz zum Starten …« im vorherigen Kapitel.

Erscheinungsbild – jedem sein persönlicher Mac

Wir alle legen wohl mehr oder weniger Wert auf ein ansprechendes Äußeres. Der eine trägt gerne Hosenträger, der andere Sandalen, sie trägt gerne weite Hosen oder quietschbunte Kopftücher. Unser Mac möchte da natürlich nicht zurückstecken und bietet daher über die Systemeinstellung *Erscheinungsbild* eine ganze Reihe an Veränderungsmöglichkeiten an, womit jeder seinen ganz persönlichen Rechner gestalten kann.

Während das *Erscheinungsbild* nur die Farbwahl zwischen *Blau* und *Graphit* lässt, können Sie sich bei der *Auswahlfarbe* für ausgewählten Text richtig austoben. Letzteres meint damit jene Markierung, wenn Sie beispielsweise in einen Ordner-Namen klicken, um diesen zu ändern, oder einen Abschnitt in der Textverarbeitung auswählen, um diesen zu kopieren oder zu verschieben. Und in der Tat kann es hilfreich sein, hier eine andere Farbe zu wählen, wenn Sie etwa mit Ihrem MacBook (Pro/Air) im Garten sitzen und das helle Blau nicht erkennen können. In diesem Fall tut es auch ein kräftiges Rot oder keckes Violett. Sind Sie sehr wählerisch und wollen es besonders einzigartig, so lässt sich über *Eigene…* und dem auftauchenden *Farbwähler* eine ganz persönliche Komposition erstellen.

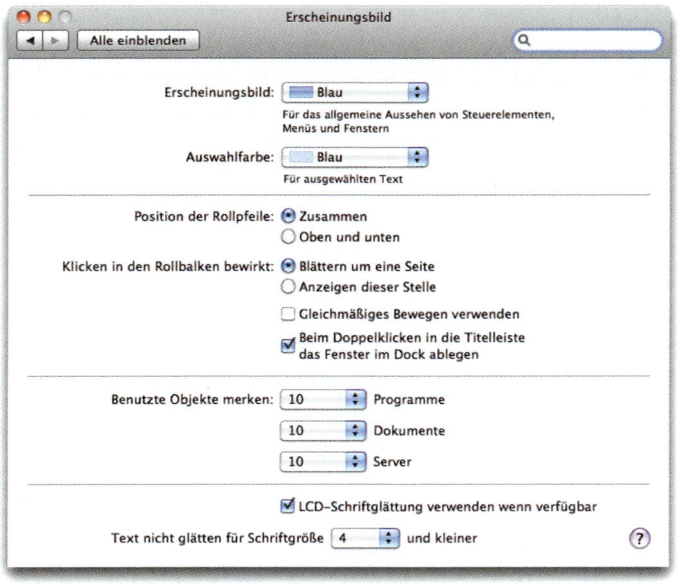

Ob Farben oder geänderte Rollpfeile, Anzahl der zu merkenden Objekte oder die Feinjustierung der Schriftglättung – Sie finden es hier.

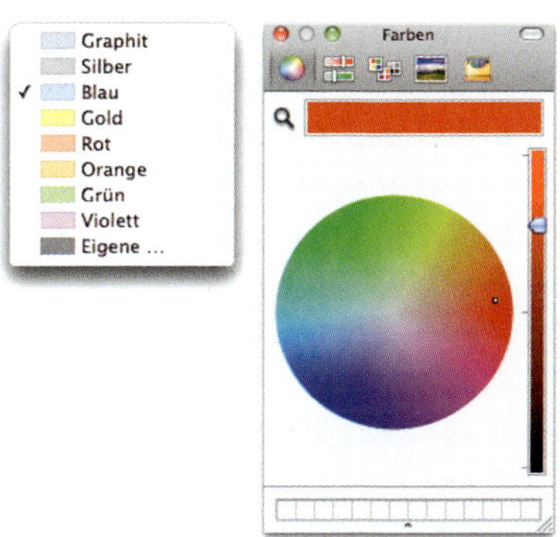

Der eine mags gern bunt, der andere eher konservativ. Damit nun niemand beleidigt herumlaufen muss, gibt's den Farbwähler für den individuellen Farbenrausch.

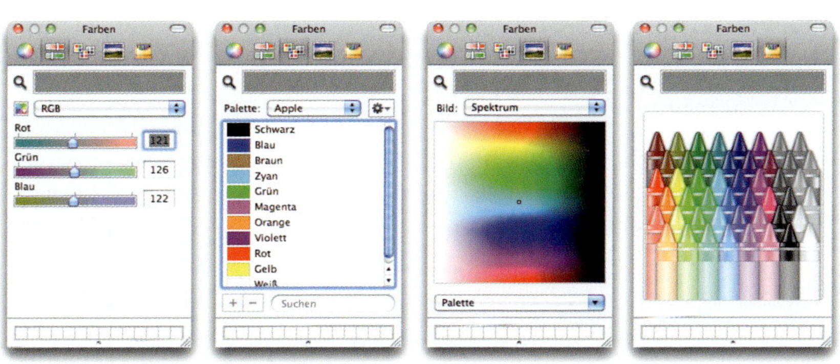

Der Farbwähler bietet neben dem Farbrad auch Farb-Regler, Farb-Paletten, die Bild-Palette sowie die guten alten Farbstifte für die Junggebliebenen unter uns.

Je nach Vorliebe und Zeitbudget dürfen Sie sich nun fleißig austoben, denn schließlich will die Einstellung Bestand haben. Über die verschiedenen Paletten und Regler sowie die je nach Einstellung auftauchenden Popup-Menüs mit den darin gebotenen Farbsystemen wie *RGB* (steht für Rot, Grün und Blau und stimmt mit den Farben auf dem Bildschirm überein), *CMYK* (Cyan, Magenta, Yellow und Schwarz entspricht dabei den Druck-Farben) und *HSV* (Hue, Saturation und Value steht für Farbton, Sättigung und Farbwert/Helligkeit – die Eingabe erfolgt über numerische Werte) steht Ihnen die ganze Welt der Farben offen. Dies nur als ein Auszug dessen, was alles möglich ist.

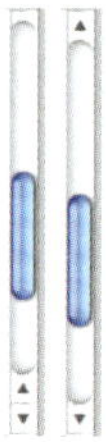

Die Rollpfeile sind jene Werkzeuge, mit denen Sie Fenster-Inhalte auf Mausklick hin vertikal wie horizontal bewegen. Die Wahl besteht aus oben und unten bzw. rechts und links jeweils ein Rollpfeil oder beide zusammen am Fuße bzw. rechts des Fensters. Wir persönlich schwören auf die Doppelpfeile, liegen diese doch näher zusammen, wenn man mal an einem Ausschnitt vorbeirutscht. Alternativ können Sie jedoch auch die Scroll-Balken mit der Maus packen und vertikal wie horizontal verschieben.

Wenn Sie hauptsächlich Textverarbeitung betreiben oder häufig im Internet surfen möchten, so empfehlen wir Ihnen nachdrücklich eine Maus mit Scroll-Rad bzw. die Apple Mouse mit der kleinen Scroll-Kugel oder die Magic Mouse mit der berührungsempfindlichen Oberfläche. Auf diese Weise entgehen Sie dem leidigen Geklicke und Geziehe mit gedrückter Maustaste und müssen nurmehr am Rad nach oben oder unten drehen. Halten Sie bei Mäusen von Drittherstellern zusätzlich die *Umschalttaste* (⇧) gedrückt, so lässt sich auf diesem Weg auch horizontal scrollen. Und tun Sie sich bitte den Gefallen und probieren Sie die Maus vorher aus, denn nicht jede liegt gleich gut in der Hand. Auch das Gewicht spielt eine Rolle, denn schnurlose Mäuse sind meist bedeutend schwerer wegen der eingelegten Batterien. Wir sind im Übrigen nach mehreren Ausflügen ins Schnurlosland wieder zur schnurgebundenen Maus zurückgekehrt, da diese unserer Meinung nach sowohl exakter als auch zuverlässiger arbeitet und zudem wesentlich leichter ist.

Besitzer eines MacBook (Pro) mit Multi-Touch-Trackpad können über derlei Diskussionen wahrscheinlich nur lächeln, können diese doch mit zwei Fingern hervorragend über das Trackpad innerhalb des Fenster-Inhalts navigieren.

Die nächste Option – *Klicken in den Rollbalken bewirkt* – regelt das Verhalten, wenn Sie mit der Maus oberhalb oder unterhalb des Scroll-Balkens klicken bzw. mit dem Finger auf das Trackpad tippen. Zum einen können Sie seitenweise (beispielsweise in Text-Dokumenten) vor und zurück springen

(Option *Blättern um eine Seite*) oder an jene Stelle gelangen, die Sie angeklickt haben (Option *Anzeigen dieser Stelle*).

Wenn Sie beim Klicken in den Scroll-Raum die *Wahltaste* (⌥) gedrückt halten, so kehren Sie kurzfristig die in den *Systemeinstellungen* getroffenen Einstellungen zu *Klicken in den Rollbalken bewirkt* um.

Gleichmäßiges Bewegen verwenden soll den Scroll-Verlauf ein wenig weicher laufen lassen und somit ein »Hüpfen« verhindern. Offen gesprochen ist uns hier kein großer Unterschied aufgefallen, zumal die Grafikkarten immer leistungsfähiger werden und somit die Einstellung eher was für schwächere Computer (gibt's die noch?) ist. Am besten also ausprobieren und jene Option definieren, von der Sie glauben, dass sie die bessere ist.

Beim Doppelklicken in die Titelleiste das Fenster im Dock ablegen tut genau das, was es beschreibt. Probieren Sie es einfach aus. Ein erneuter Klick in das miniaturisierte Objekt im Dock lässt es dann wieder im Original auf dem Schreibtisch anzeigen. Im Grunde dasselbe, als wenn Sie in den orange-farbenen Knopf in der Fensterleiste klicken.

Die Option *Benutzte Objekte merken* hatten wir ebenso schon kurz angesprochen. Die Anzahl der Objekte (*Programme*, *Dokumente*, *Server*) stellen Sie über die Popup-Menüs ein, die Objekte selbst können Sie dann über das *Apple-Menü | Benutzte Objekte* abrufen. Hierbei merkt sich das System die zuletzt gestarteten Programme, die geöffneten Dokumente sowie die aufgesuchten Server in einer Liste. Arbeiten Sie also häufig mit denselben Objekten, so lassen sich diese dort schnell und ohne langes Suchen aufrufen. Der Punkt *Einträge löschen* im geöffneten *Benutzte Objekte*-Menü entfernt sämtliche Einträge und beginnt dann von Neuem die Objekte zu speichern. Ist diese Funktion nichts für Sie, etwa weil Sie beim Geheimdienst oder FBI arbeiten und Sie lieber für andere Besucher des Rechners keine Spuren hinterlassen möchten, so stellen Sie einfach alle Popup-Menüs auf *Keine* – die Rubrik *Benutzte Objekte* verschwindet dann ganz aus dem Apple-Menü.

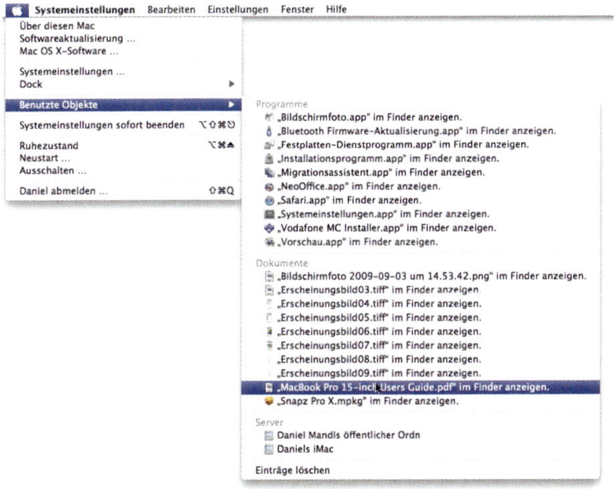

Wenn Sie schnell Ihre zuletzt benutzten Arbeits-Dokumente aufrufen möchten – das Apple-Menü sowie »Benutzte Objekte« helfen Ihnen dabei. Halten Sie beim Auswählen zusätzlich die Befehlstaste (⌘) gedrückt, so lassen sich die Objekte an ihrem Original-Speicherplatz anzeigen.

Der letzte Eintrag in der *Erscheinungsbild*-Systemeinstellung betrifft die Darstellung von Schriften. Durch die *Schriftglättung* wirken Buchstaben weicher und somit gefälliger, laufen aber Gefahr, als ein wenig unscharf wahrgenommen zu werden. Im Gegenzug würden Schriften bei Weglassung der künstlichen Glättung eine Art Treppenstufen-Effekt (gezackte Buchstaben) aufweisen. Am besten verwenden Sie also erstmal die vorgeschlagene Einstellung für Ihren Bildschirm, wobei *CRT* (Cathode Ray Tube) für einen Bildröhren-Monitor und *LCD* (Liquid Crystal Display) für einen Flüssigkristallbildschirm oder einfach Flachbildschirm steht. Wenn Sie dennoch das Gefühl haben, dass die Schrift ein wenig verwaschen daherkommt, so setzen Sie bei der Option *Text nicht glätten für Schriftgröße »x« und kleiner* den Punktwert nach oben (maximale Punkt-Größe ist 12).

Exposé & Spaces – mehr Übersicht für den Schreibtisch

Wie schon erwähnt ist *Exposé* eine feine Sache. Wenn Sie beispielsweise gerne mit vielen Fenstern oder offenen Dokumenten arbeiten, so kann es schnell passieren, dass Sie den Überblick verlieren. Vor ein paar Jahren noch mussten Sie sich mühsam von Fenster zu Fenster hangeln oder die Menüleiste bemühen. Das hat sich seit der Vorgängerversion Mac OS X Leopard grundlegend geändert. Zum einen können Sie in diesem Einstellungen-Dialog Mac OS X anweisen, wie es sich verhalten soll, wenn Sie mit dem Mauszeiger in eine Bildschirmecke wandern. Da Ihr Bildschirm aller Wahrscheinlichkeit nach vier Ecken aufweist (wir haben hier genau geprüft und nachgezählt), lassen sich folglich vier unterschiedliche Aufgaben vergeben – die jedoch allesamt die Programme *Exposé*, *Dashboard* und den *Bildschirmschoner* betreffen. Die Einstellungen hierzu nehmen Sie im Bereich *Aktive Ecken* vor, indem Sie auf das Popup-Menü klicken und eine der auftauchenden Optionen auswählen.

Die so genannten »Aktiven Ecken« können mit verschiedenen Funktionen belegt werden und beziehen sich auf die Bedienung mit der Maus.

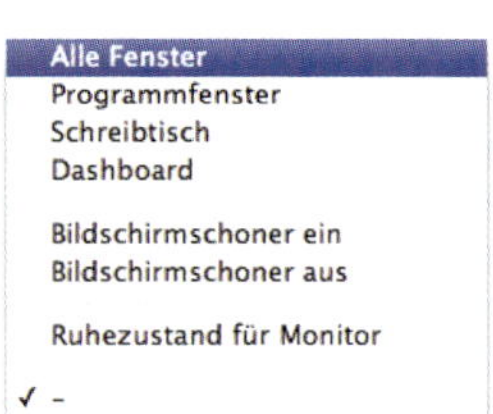

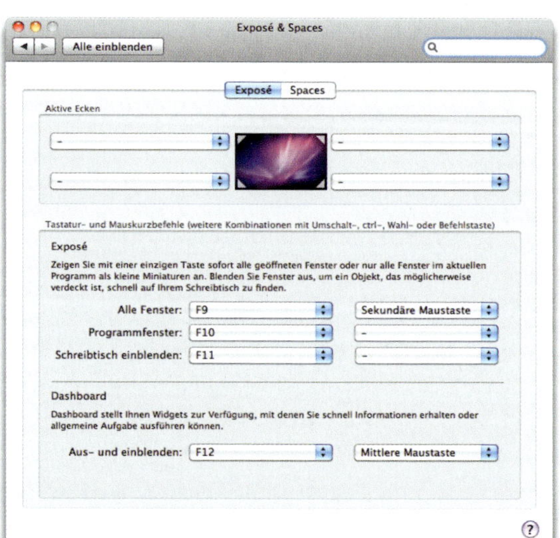

Alle Fenster, *Programmfenster* sowie *Schreibtisch* gehören dabei zu *Exposé*. Wie schon erwähnt, können Sie über *Exposé* kurzfristig alle Fenster im Miniatur-Format einblenden (Funktion *Alle Fenster*), so dass Sie schnell einen Überblick über die gesamte geöffnete Fenster-Flut erhalten. Mit der Option *Programmfenster* blenden Sie dagegen nur diejenigen Fenster im Klein-Format ein, mit dem das gerade benutzte Programm aufwartet. *Schreibtisch* hingegen ist weniger wählerisch und blendet rigoros alle Fenster aus. Je nachdem, welche Ecke Sie nun für welche *Exposé*-Funktion reservieren, wird Ihnen genau diese Option angeboten. Zum Wiederherstellen des Ursprungszustandes müssen Sie dann den Mauszeiger wieder in die besagte Ecke ziehen bzw. in das gesuchte (Programm-)Fenster klicken.

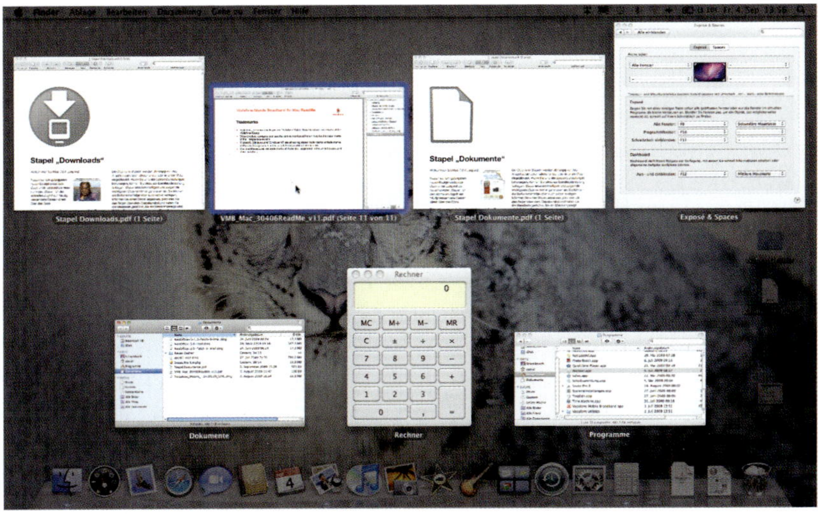

Exposés Funktion »Alle Fenster«: Der Schreibtisch wird abgedunkelt, während die geöffneten Fenster miniaturisiert dargestellt werden.

Der gewiefte MacBook (Pro)-Nutzer weiß es mit Sicherheit: Auch über das Multi-Touch-Trackpad lässt sich die *Exposé*-Funktionalität aufrufen. *Alle Fenster* lassen sich einblenden, wenn Sie vier Finger auf dem Trackpad nach unten bewegen, den *Schreibtisch* bekommen Sie »fensterfrei«, wenn Sie mit vier Fingern nach oben fahren. Weiterhin können Sie über das Dock sämtliche zu einer Anwendung geöffneten Dokument-Fenster einblenden, wenn Sie den Mauszeiger über das entsprechende Programm-Icon bewegen und ein wenig länger als üblich darauf klicken.

Nicht vergessen: Bei allen geschilderten Methoden werden auch jene Fenster und Dokumente eingeblendet, die sich minimiert im Dock befinden. Dabei ist die Bildschirm-Ansicht zweigeteilt und Letztere befinden sich im unteren Bereich. Möchten Sie zu einem weiteren Programm switchen, so erledigen Sie dies mit gehaltener *Befehlstaste* (⌘) sowie dem anschließenden Drücken der *Tabulator*-Taste (⇥).

Aber auch *Dashboard* (zu deutsch das Armaturenbrett) mit den hilfreichen Extras á la *Widgets* lässt sich in einer aktiven Ecke unterbringen. Ziehen Sie folglich die Maus in die dafür vorgesehene Ecke, so werden die Hilfs-Programme eingeblendet. Da es hier reichlich zu sehen und viel zu tun gibt, möchten wir diese Funktionen im nächsten Kapitel gesondert behandeln.

Ist das auch nichts für Sie, so gibt es auch noch den *Bildschirmschoner*, der für die kurze Pause zwischendurch ideal ist und verschiedene Darstellungen für den Monitor bietet (welche das genau sind, werden Sie in der Systemeinstellung *Schreibtisch & Bildschirmschoner* kennen lernen). Übrig bleibt die Funktion *Ruhezustand des Bildschirms*, über die Sie den Monitor in Sekundenbruchteilen auf »Schwarz« umstellen können. Ob nun aktiviert oder deaktiviert – diese Entscheidung überlassen wir selbstverständlich Ihnen.

Selbst uns passiert es das ein odere andere Mal, dass man aus Versehen mit der Maus in eine aktive Ecke gerät und auf einmal alle Fenster verschwunden sind. Da helfen selbst der Ruf nach Mama und der Blick unter den Schreibtisch nichts, sie bleiben einfach unauffindbar. Der Schreck sitzt einem noch in den Gliedern, bis man sich daran erinnert, dass dies ja so gewollt war. Wir haben folglich nur den Bildschirmschoner in die linke (*Bildschirmschoner ein*) und rechte (*Bildschirmschoner aus*) untere Ecke gelegt – oben bleiben die Ecken frei (Einstellung »-«).

In der *Tastatur- und Mauskurzbefehle*-Ecke regeln Sie dagegen die Funktionalität anstatt über die Bildschirmecken nunmehr über die Tastatur oder über Maus-Tasten. Die Standardbelegung ist aus unserer Sicht vollkommen in Ordnung, so dass wir diese auch so belassen. *Exposé* bekommt dabei die Tasten *F9 (Alle Fenster)*, *F10 (Programmfenster)* und *F11 (Schreibtisch einblenden)* zugeordnet, für *Dashboard* ist die *F12*-Taste reserviert.

MacBook (Pro/Air)- sowie alle Mac-Nutzer mit den Alu-Tastaturen müssen zusätzlich noch die *fn*-Taste drücken (ganz links unten bzw. unterhalb der *F13*-Taste liegend), da den eben genannten Tasten Hardware-Funktionen wie beispielsweise *Tastaturbeleuchtung*, *Bildschirmhelligkeit* oder *Lautstärkeregelung* seitens Apple zugeordnet sind.

Ist Ihnen das zu umständlich mit dem ständigen zusätzlichen Drücken der *fn*-Taste, so können Sie dies in der Systemeinstellung *Tastatur* im gleichnamigen Reiter ändern. Aktivieren Sie einfach die Option *Die Tasten F1, F2, usw. als Standard-Funktionstasten verwenden*, so wird die Vorgehensweise einfach umgekehrt, sprich die Software-Ausführungen funktionieren ohne *fn*-Taste, während die Hardware-Steuerung nur mehr mit *fn*-Taste klappt.

An die Standardvorgaben muss sich wie üblich keiner halten, so dass Sie wieder über die Popup-Menüs eine andere Wahl treffen können. Halten Sie beim Definieren neuer Kombinationen die *Control*-Taste (*ctrl*), *Befehlstaste* (⌘), *Wahltaste* (⌥) oder *Umschalttaste* (⇧) gedrückt, so werden diese Tasten ebenso eingeblendet und können zusätzlich eingebaut werden.

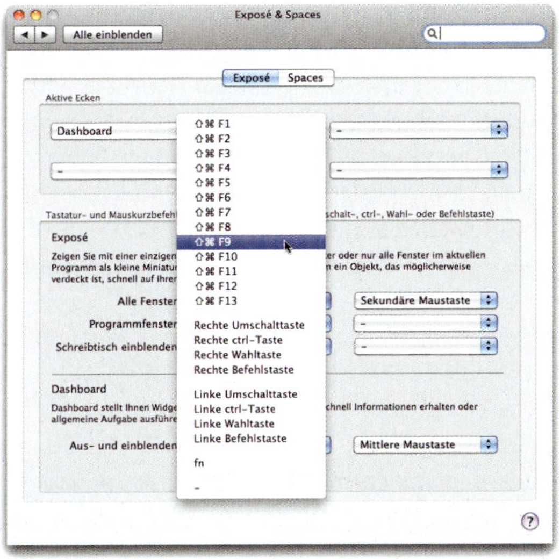

Über die Sondertasten lassen sich zusätzliche Variationen verwenden.

Weiterhin finden Sie neben den *Tastatur*-Einstellungen die Popup-Menüs für Mehrtasten-Mäuse, so dass Sie dort für einzelne Tasten oben genannte Aufgaben vergeben können. Ist beispielsweise die mittlere Maustaste für die *Exposé*-Funktion *Alle Fenster* eingestellt, so brauchen Sie nur diese Maustaste zu drücken und alle Fenster erscheinen im Miniatur-Format auf dem Bildschirm. Unserer Logitech-Maus werden im Übrigen 32 Maustasten eingeräumt, wobei wir immer noch auf der Suche sind, wo sich denn die verbleibenden 28 Tasten (vier haben wir gefunden) eigentlich befinden.

Zu *Exposé* noch ein toller Tipp: Über diese Funktion lassen sich hervorragend Dateien oder Text-Abschnitte von einem Fenster in ein anderes kopieren, ohne sich dabei über Menüs oder vielerlei Dokumente klicken zu müssen. So wählen Sie beispielsweise einen Abschnitt aus einem Text-Dokument und kopieren ihn über *Befehlstaste-C* (den Text zuerst mit der Maus markieren, indem Sie mit gedrückter Maustaste darüber fahren, dann ⌘-C wählen), drücken dann *F9* oder *F10*, suchen sich das entsprechende andere Dokument, klicken dort hinein und fügen den Text-Abschnitt über *Befehlstaste-V* (⌘-V steht für *Einfügen*) ein. Das Gleiche geht natürlich auch mit mehreren Dokumenten oder Ordnern, indem Sie diese markieren und mit gedrückter Maustaste bewegen. Drücken Sie dann die Tasten *F9* oder *F10*, so können Sie sich in ein anderes Fenster begeben und die Maustaste loslassen.

Eine weiteres Highlight nennt sich *Spaces* und ermöglicht dem Anwender die Einrichtung mehrerer virtueller Schreibtische. Angedacht ist diese Funktion für all jene, die ständig mit Platzmangel zu kämpfen haben, da sie ständig mit einer Vielzahl an Programmen hantieren. Die Folge ist somit ein unübersichtliches Chaos mit vielen Programmen und geöffneten Fenstern.

Damit Sie nun nicht nur wie unter *Exposé* alles über einen Schreibtisch erledigen, können Sie für alle Bereiche eine extra Arbeitsumgebung anlegen. So wäre es beispielsweise zu überdenken, ob man nicht für Internet & Co. eine Umgebung einrichtet, eine andere vielleicht nur mit multimedialen Inhalten wie *iTunes* und *iPhoto* belegt. Eine Dritte wird zur Arbeitsplattform, in der zum Beispiel die Profiprogramme *Photoshop* und *Illustrator* laufen, die so und so schon eine Menge an Werkzeug-Paletten mitbringen. Zusammenstellen lässt sich das letztendlich unter dem Reiter *Spaces*.

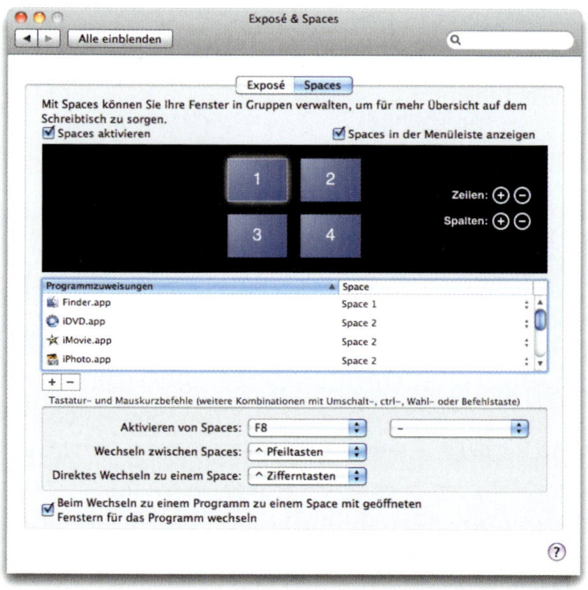

Der Eintritt in den wohl geordneten Arbeitsalltag – die Systemeinstellung »Exposé & Spaces«.

Zu allererst müssen Sie die Funktion einschalten, indem Sie einen Haken bei *Spaces aktivieren* setzen. In der Voransicht zeigen sich schon einmal vier »Schreibtische«, die nun ganz individuell belegt werden können. Klicken Sie auf den *Plus*-Knopf ([+]), so zeigen sich zum einen alle im Moment aktiven Programme, so dass Sie davon schnell eines auswählen und zuordnen können. Über den Befehl *Auswählen* öffnet sich der Ordner *Programme*, der alle verfügbaren Applikationen anbietet. Suchen Sie sich also eine aus und klicken Sie dann auf *Hinzufügen* – das Programm befindet sich nun in der *Programmzuweisungen*-Liste unterhalb der Schreibtisch-Vorschau. Als Standard wird *Space 1* vergeben, also der erste virtuelle Schreibtisch. Wählen Sie nun weitere Programme, so lässt sich per Klick auf die kleinen Pfeile (⇕) ein Popup-Menü öffnen, über das Sie auch andere Schreibtische zuordnen können. Die Anzahl der Schreibtische ist wiederum abhängig von der in der Vorschau getroffenen Menge, die Sie über die Plus- und Minus-Symbole (⊕⊖) bei *Zeilen* und *Spalten* vergeben haben. Insgesamt lassen sich auf diese Weise bis zu 16 neue Umgebungen einrichten – falls Sie denn bei dieser Ansammlung an Schreibtischen überhaupt noch durchblicken (und denken Sie auch an den vielen Staub, der sich dort sammelt …).

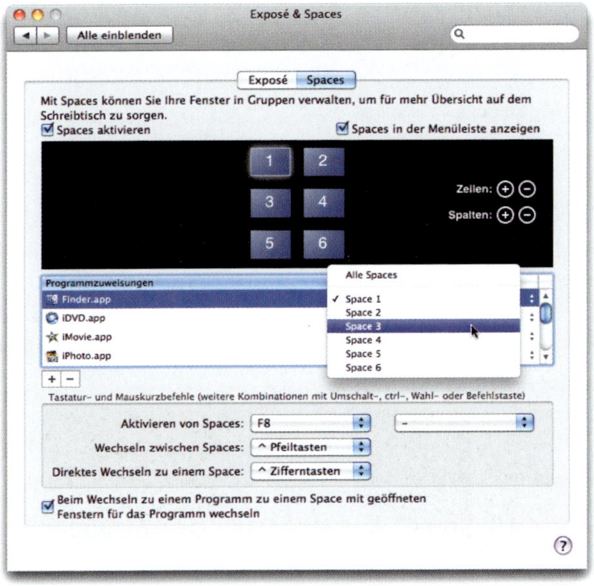

Nach der Anzahl der »Spaces« weisen Sie jedem Programm die entsprechende Nummer zu. Die Menge an Schreibtischen kann selbstverständlich auch im Nachhinein noch vergrößert werden.

Während das Vergrößern der Anzahl an *Spaces* keine Probleme bereitet und jederzeit vorgenommen werden kann, sollte Ihnen das Verringern bei bereits zugeteilten Spaces-Nummern doch ein wenig Kopfzerbrechen bereiten. Sie bekommen sogar eine Warnmeldung – und das will bei Apple schon was heißen. In diesem Fall werden nämlich die Verbindungen neu vergeben, will heißen, die den gelöschten Spaces zugedachten Programme werden den übrig bleibenden und somit nächst liegenden *Spaces* zugeteilt. Das muss kein Beinbruch sein, doch kommt Ihre Ordnung somit ein wenig ins Schlingern.

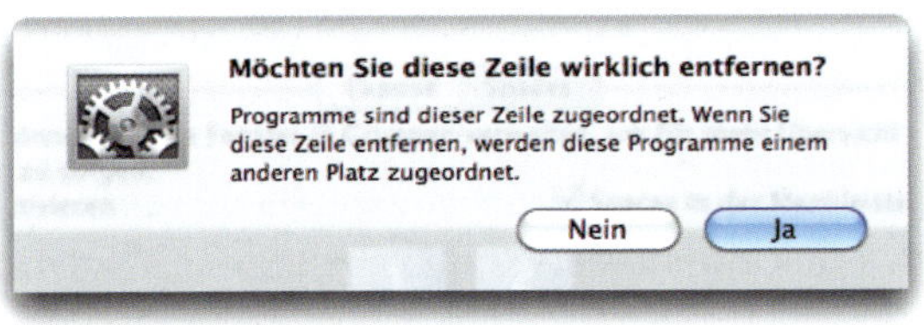

Beim Verringern der Spaces werden die Programmverbindungen neu gemischt. Bitte daran denken.

Ist alles konfiguriert, so fallen die Änderungen erst ins Auge, wenn Sie beispielsweise ein Bild doppelklicken und der Schreibtisch auf einmal wechselt. Möchten Sie dann wieder in einen anderen *Space* zurück – etwa ins Internet –, so können Sie aus verschiedenen Möglichkeiten wählen. Zum einen lassen sich in der Systemeinstellung *Exposé & Spaces* Tasten-Kurzbefehle vergeben. Über die *Control-Taste* (*ctrl* bzw. »^« – Letzteres ist das Symbol, das Apple für die *ctrl*-Taste verwendet) und die Eingabe der *Space*-Nummer wandern Sie direkt zum jeweiligen Schreibtisch, über die *Control-Taste* und die Pfeiltasten klappt der Wechsel ebenso. Bei diesen beiden Methoden wird im unteren Bildschirm-Bereich der Wechsel auch visuell dargestellt.

Das Wechseln bzw. das direkte Anspringen von Spaces wird auch visuell verdeutlicht.

Eine weitere Möglichkeit ergibt sich, wenn Sie in der Systemeinstellung die Option *Spaces in der Menüleiste anzeigen* aktiviert haben. Auf diese Weise finden Sie wieder in der Menüleiste oben rechts einen weiteren Punkt ( ), über den Sie ebenso direkt die Umgebung wechseln können bzw. dessen Symbol auch auf einen Blick den gewählten virtuellen Schreibtisch zeigt. Oder Sie klicken schlicht und ergreifend auf das Programm Ihrer Wahl im Dock – auch so wechseln Sie schnell in Ihren gewünschten Bereich.

Schnell mal den Arbeitsbereich wechseln, wenn der Chef sich nähert – dies ist auch über die Menüleiste möglich.

Um eine Übersicht über alle Schreibtische zu erhalten, hat Apple standardmäßig die Sondertaste »F8« vergeben (denken Sie bitte daran, dass Sie vielleicht wieder die *fn*-Taste zusätzlich drücken müssen). In Sekundenbruchteilen ändert sich die Bildschirm-Ansicht und alle *Spaces* werden im Miniatur-Format dargestellt. Bewegen Sie die Maus, so wird derjenige Schreibtisch hervorgehoben, über dem sich der Pfeil befindet. Per Klick darauf wechseln Sie in diese Umgebung.

Wenn Sie eher zum Typus »Mausbenutzer« gehören, so reicht natürlich auch ein Klick auf's Dock – und zwar auf das *Spaces*-Icon.

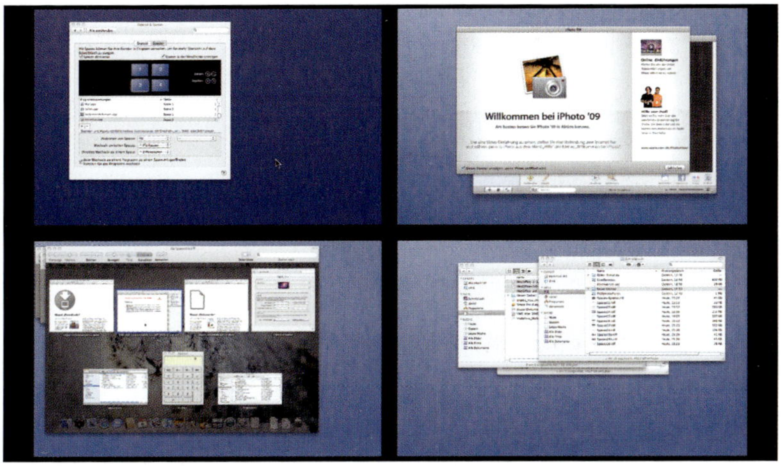

Wenn Sie mal den Überblick verloren haben, wo sich was befindet, hilft die Sondertaste »F8«.

Wie schon unter *Exposé* geschildert, lassen sich auch über *Spaces* hinweg offene Fenster oder Dokumente verschieben. Die Vorgehensweise ist ebenso dieselbe: Drücken Sie »F8« oder klicken Sie auf das *Spaces*-Icon im Dock, um die Übersicht zu erhalten. Danach wählen Sie mit der Maus ein Objekt aus und ziehen es bei gedrückter Maustaste in einen anderen Bereich hinein. Lassen Sie die Maustaste wieder los, so verbleibt es in der neuen *Spaces*-Abteilung. Klicken Sie dort wieder hinein, so zeigt sich der Schreibtisch samt dem neuen Objekt. Als Alternative dazu können Sie auch auf dem Schreibtisch ein Objekt mit gedrückter Maustaste festhalten und dann über die *Control*-Taste und gewünschter *Spaces*-Nummer die andere Umgebung aufrufen. Das Dokument »klebt« dabei so lange an der Maus, bis Sie die Taste wieder loslassen (das passiert wohl spätestens dann, wenn's Abendessen gibt).

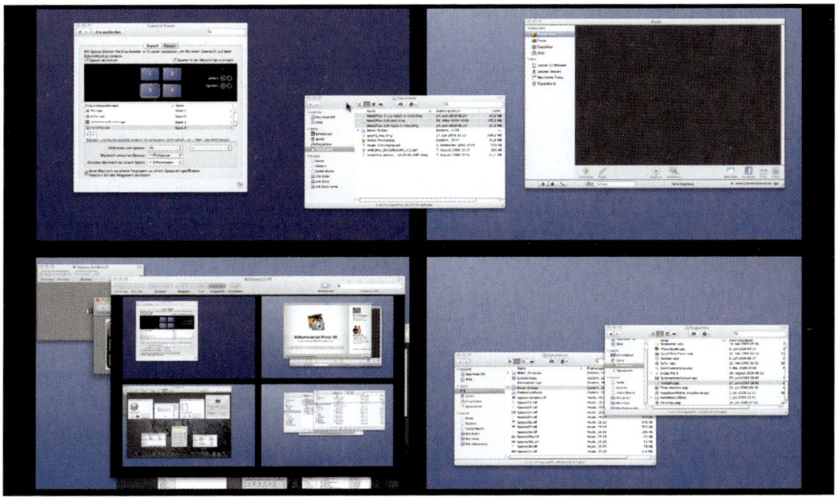

Ein Dokument wird von Space 4 nach Space 1 verschoben.

Die Schlussfrage lautet nun wie folgt: Wer braucht das? Der Einsteiger wohl weniger, der Computer-Freak mit zig geöffneten Programmen und Fenstern wohl eher. Besitzen Sie einen kleinen Bildschirm, so ist oftmals auch ein zweiter Bildschirm hilfreich, in dem Sie vielleicht die vielen Paletten von Grafik- oder Layout-Programmen unterbringen können. Nichtsdestotrotz sollten Sie sich mal mit den *Spaces* auseinandersetzen. Überhaupt gilt dies für alle Funktionen: Bitte ruhig einmal probieren, denn oftmals kommt man erst über die Praxis so richtig auf den Geschmack.

Schreibtisch & Bildschirmschoner – mit Bildern verzaubern

Neben dem *Erscheinungsbild* läuft auch die Systemeinstellung *Schreibtisch & Bildschirmschoner* eher unter der Kategorie »Verschönerung«. Während als Schreibtisch-Hintergrund eigentlich ein monotones Grau die bestmögliche Wahl etwa zum Beurteilen von Farben oder zum augenschonenden Arbeiten wäre, kann die verspielte Gattung Mensch natürlich nicht davon ablassen und möchte es möglichst bunt. Damit der Anwender also nicht verschreckt wird, hat Apple schon einmal eine Menge an kunterbunten und aufregenden Bildern für den Hintergrund bereitgestellt. Neben Natur-, Pflanzen- oder Apple-Impressionen stehen auch abstrakte oder einfarbige Hintergründe zur Verfügung. Fakt ist jedoch, dass ein dunkler Hintergrund für die Augen angenehmer ist, zumal die aktuelle Rechner-Generation wie beispielsweise der iMac eh schon ein unserer Meinung nach viel zu helles Bild bietet. Andererseits – und das betrifft nun alle neueren Rechner mit Glossy-Display – spiegelt man sich bedeutend weniger darin, wenn man einen hellen Hintergrund wählt.

Lauter schöne Bilder – die Frage ist nur, ob ein poppiges Bild nicht zu sehr von der eigentlichen Arbeit ablenkt bzw. die Suche auf dem Schreibtisch erschwert.

Sind Apples optische Reize nichts für Sie, dann können Sie auch auf den Ordner *Bilder* (vorausgesetzt, Sie horten darin auch wirklich Fotos) bzw. auf jeden anderen Bild-Ordner ausweichen, wenn Sie auf den unterhalb der Liste liegenden *Plus*-Knopf ([+]) klicken. Über den typischen *Öffnen*-Dialog klicken Sie sich auf Ihrer Festplatte durch die Verzeichnisse und weisen eine neue Auswahl zu. Alternativ können Sie auch Bilder im JPG-, TIFF- oder PNG-Format im Verzeichnis *Ihre Festplatte/Library/Desktop Pictures* ablegen, die dann unter *Apple Bilder* erscheinen.

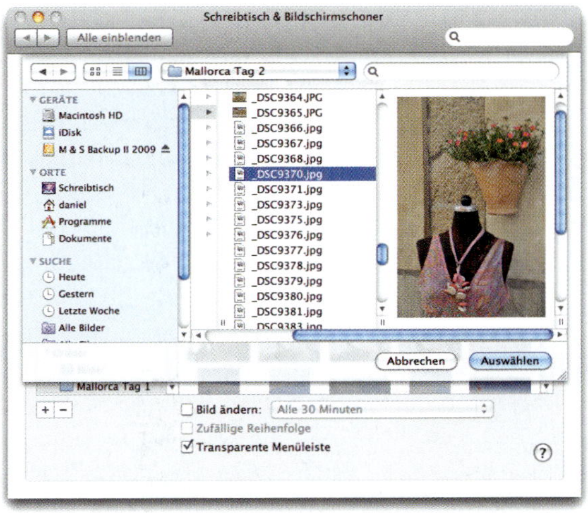

Jeder Anwender hat so seine Ordnung auf der Festplatte – schön daher, dass Apple auch andere Speicher-Orte zulässt.

Benutzen Sie zum Verwalten, Präsentieren und Bearbeiten Ihrer Bilder *iPhoto* oder *Aperture*, so steht Ihnen auch dieser Bilder-Bestand zur Verfügung. In diesem Sinne dürfte es wohl an passenden Abbildungen für den Bildschirm-Hintergrund nicht mangeln.

Möchten Sie ein Bild verwenden, dessen Format als Schreibtisch-Hintergrund nicht erkannt wird, so öffnen Sie es über das Programm *Vorschau* (Sie finden es im *Programme*-Ordner). Wählen Sie dort aus dem *Ablage*-Menü den Befehl *Sichern unter…*, vergeben Sie einen aussagekräftigen Namen und bei *Format* die Einstellung *TIFF* oder *JPEG*. Nun dürfte einer Anzeige des Bildes nichts mehr im Wege stehen.

Für die ganz Flippigen steht auch die Option *Bild ändern* zur Debatte: Hierbei können Sie einen Zeitraum festlegen, in dem ein Wechsel des Hintergrund-Bildes stattfindet. Ob eine ganz persönliche Schreibtisch-Diashow im 5 Sekunden-Rhythmus, der tägliche Wechsel, nach der Anmeldung oder nach dem Ruhezustand – es stehen Ihnen alle Türen offen. Klicken Sie zusätzlich noch *Zufällige Reihenfolge* an, so stehen spannende Zeiten ins Haus. Bedenken Sie jedoch, dass erstens die Grafikleistung damit ausgebremst wird (zumindest bei schnellen und häufigen Änderungen) und Sie zweitens auch noch was anderes tun sollten außer nur Bilder anzuschauen ;-)

Übrig bleibt die *transparente Menüleiste*, die bei Erscheinen der Vorgängerversion zu *Snow Leopard* (da war es nur ein einfacher *Leopard*) zu einem Aufschrei unter den Apple-Anwendern sorgte. Aber auch das wurde in kürzester Zeit behoben und Sie können selbst entscheiden, ob Sie nun eine rein weiße Menüleiste zum besseren Erkennen der Menü-Icons und Befehle oder lieber ein wenig Transparenz (durchscheinendes Hintergrundbild) wünschen.

Der zweite Reiter im Bunde nennt sich *Bildschirmschoner*. Während vor langer langer Zeit (die Dinosaurier waren allerdings schon ausgestorben) diese Funktion einen wirklichen Sinn hatte, nämlich dass sich bei betagten Röhren-Bildschirmen kein Bild einbrennen konnte, ist dank der Technik und unserer schnelllebigen Zeit dies heute kein Thema mehr. Obwohl: Ist der Bildschirm ganz auf schwarz eingestellt und bewegt sich kein Bild, so spart er zumindest Strom. Doch wer will sich schon mit einem schwarzen Bildschirm begnügen? Fazit: Bildschirmschoner sind optische Gimmicks, die ein wenig Abwechslung ins Arbeitsleben zaubern und zum Beeindrucken taugen. Und bei Letzterem sind Apples Vorgaben wirklich sehenswert. Während sich mit dem Schoner *Computername* wohl niemand mehr vom Hocker reißen lässt, können Sie über *Wirbel*, *Arabesque*, *Shell* oder *Spectrum* wahre Farben-Spektakel auf den Bildschirm zaubern. Die *iTunes-Cover* zeigen die Cover-Abbildungen Ihrer im *iTunes Store* gekauften bzw. selbst importierten Musik, während *Word of the Day* ein zufällig generiertes Wort aus den in Mac OS X integrierten Lexika einblendet und erklärt (daran merkt man auch, dass Apple interessiert an unserer Weiterbildung ist).

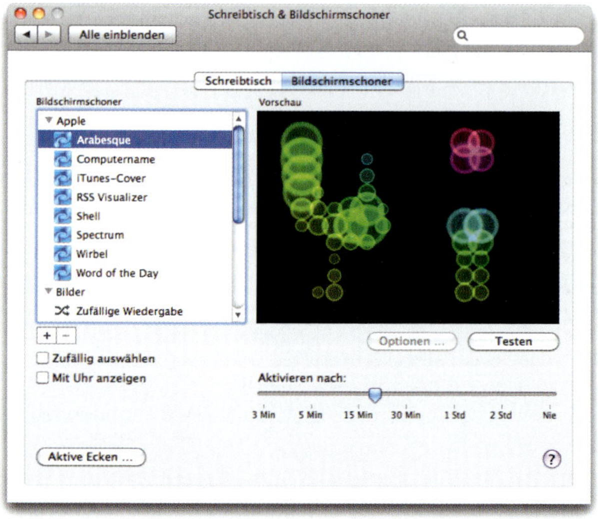

Damit auch die Pause Spaß macht – Bildschirmschoner in Hülle und Fülle, von esoterischer Atmosphäre bis hin zum ganz persönlichen Fotoberg.

Der *RSS Visualizer* hat es ebenso faustdick hinter den Ohren, blendet dieser doch so genannte *RSS Feeds* ein. *RSS* steht für *Rich Site Summary* bzw. *Really Simple Syndication* und bedeutet so viel wie die Zusammenfassung eines Inhalts. Es werden somit nurmehr Schlagzeilen und eine kurze Erläuterung angezeigt, den Haupttext kann man dann über eine Verlinkung auf die entsprechende Webseite (durch Drücken einer angegebenen Nummern-Taste) erreichen. Bei diesem Feature ist jedoch eine aktive Online-Verbindung Voraussetzung, da ansonsten der Rechner keinen Kontakt zu den Informations-Quellen besitzt. Welchen RSS-Feed Sie nun bevorzugen, stellen Sie über den eingeblendeten Button *Optionen* ein, der einen weiteren Dialog mit den zur Verfügung stehenden Web-Seiten einblendet. Dieser Dialog wird weiterhin automatisch – also immer dann, wenn Sie eine neue RSS-Seite im Web-Browser *Safari* oder im E-Mail-Programm *Mail* als Lesezeichen hinzufügen – aktualisiert.

Auch die Abteilung *Bilder* ist reichlich gefüllt. In den Ordnern *Abstract*, *Strand*, *Kosmos*, *Wald*, *Naturmuster* und *Papierschatten* liegen dagegen Bilder, die mit dem Ken Burns-Effekt besetzt sind. Das heißt, die Bilder bewegen sich mit langsamer Geschwindigkeit über den Monitor und verlieren so ihre ansonsten statische Wirkung. Und wie soll es auch anders sein, *iPhoto* lässt ebenso grüßen und schickt seinen Bild-Bestand als Bildschirmschoner-Zulieferer ins Rennen.

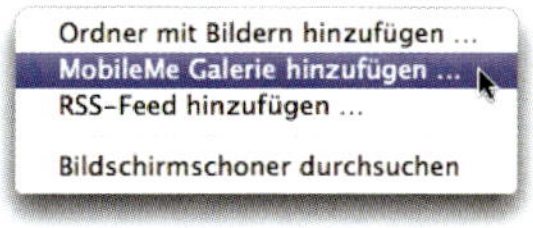

Über den unten stehenden Plus-Button (+) können Sie wieder weitere Bilder-Ordner, zusätzliche *RSS-Feeds* oder eine *MobileMe*-Galerie hinzufügen. *MobileMe* ist die Domäne von Apples eigenem Online-Service, der kostenpflichtig ist und zu dem Sie einen *Account* benötigen (dazu kommen wir auch noch). Sind Sie hier Mitglied, so können Sie eigene Bilder-Ordner freigeben bzw. auf solche anderer Nutzer zugreifen, die diese für Sie freigeschaltet haben. Einzige Voraussetzung hierbei: Sie benötigen natürlich eine Kreditkarte und eine funktionierende Online-Verbindung.

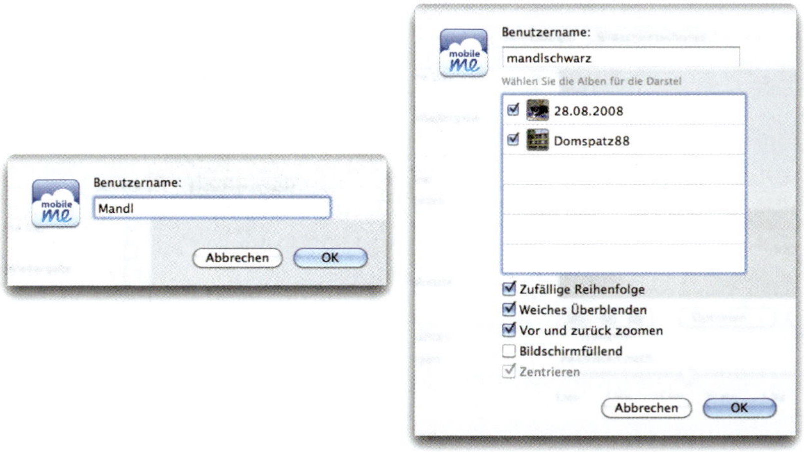

Über »MobileMe-Galerie hinzufügen« öffnet sich ein Dialog, in den Sie den entsprechenden Benutzer-Namen eingeben müssen. Daraufhin öffnet sich die Alben-Liste, aus der Sie sich die gewünschten Galerien aussuchen. Über »OK« stehen Ihnen anschließend die Bilder zur Verfügung – vorausgesetzt, Sie sind ständig online.

Egal, welchen Bildschirmschoner Sie nun bevorzugen, klicken Sie unbedingt einmal auf den Button *Optionen* (falls er denn zum ausgewählten Schoner erscheint), der Ihnen weitere Anpassungsmöglichkeiten zur Verfügung stellt.

Bei *Wirbel*, dem Farbenkleckser, können Sie zum Beispiel auf die Farben, die Strahlen-Anzahl, die Dicke und Geschwindigkeit Einfluss nehmen, während Sie bei Bild-Ordnern die Art der Überblendung von einem Bild ins Nächste, das Zoomen, ob bildschirmfüllend oder zentriert bestimmen können. Weiterhin lässt sich bei Wahl einer Bilder-Kategorie der *Anzeigestil* beeinflussen: steht für *Diashow*, *Collage* oder *Mosaik*. Beim *RSS Visualizer* bestimmen Sie hingegen aus einer vorgegebenen Liste, welche Form und aus welcher Quelle Sie Ihre Nachrichten erhalten möchten. Und – ganz wichtig – denken Sie auch an den Button *Test*, der auf Mausklick Ihre Einstellungen abspielt. Ein weiterer Klick bzw. das Bewegen der Maus beendet den Test und Sie können weiter ausprobieren.

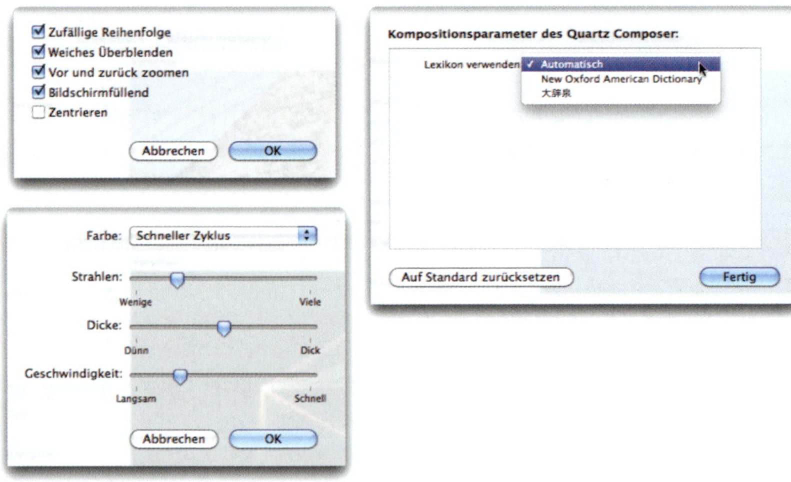

Ob Bilder-Ordner (links), Word of the Day (rechts) oder Wirbel (unten) – der Bildschirmschoner dient ganz nebenbei als entspannendes Moment oder als poppiger Informant.

Die Anzeigestile von Bildern: Als Diashow (links), als Collage (Mitte) bzw. als Mosaik (rechts).

Übrig bleiben der Regler *Aktivieren nach*, über den Sie die Zeit bestimmen, nach der der Bildschirmschoner einsetzen soll, sowie der Button *Aktive Ecken*, der dem Dialog-Fenster der Systemeinstellung *Exposé & Spaces* auf's Haar gleicht. Wenn gewünscht können Sie auch die Wahl des Bildschirmschoners dem Zufall überlassen (Option *Zufällig auswählen*) oder gar eine Uhr mit anzeigen lassen.

Mal wieder aktive Ecken zum Beleben des harten Arbeitsalltags.

Sicherheit – zum Schutze des Rechners

Die Sicherheit wird bei Apple groß geschrieben (in der deutschen Rechtschreibung allerdings auch ;-)), so dass sich dieses Thema ebenso eine eigene *Systemeinstellung* verdient. Unterteilt in drei Reiter geht es zu allererst (*Allgemein*) um die Absicherung Ihres Rechners. Verlassen Sie beispielsweise nur kurze Zeit Ihren Arbeitsplatz, so könnte der Kollege schnell einmal ausspionieren, wo Sie denn zuletzt im Internet waren oder – ganz gewagt – er könnte auch eine freche Mail an den Chef unter Ihrem Namen verschicken. Damit das eben nicht möglich ist, kann über *Kennwort erforderlich … nach Beginn des Ruhezustands oder Bildschirmschoners* die Eingabe eines Passworts angefordert werden – wenn gewünscht auch erst nach einer gewissen Zeitspanne zwischen *sofort* und *vier Stunden*. Fahren Sie also beim Verlassen des Raumes Ihren Mac in den Ruhezustand oder werfen Sie über beispielsweise eine *aktive Ecke* Ihren *Bildschirmschoner* an, so muss der »Täter« erst das hoffentlich nur Ihnen bekannte Kennwort eingeben, um an die Daten zu kommen.

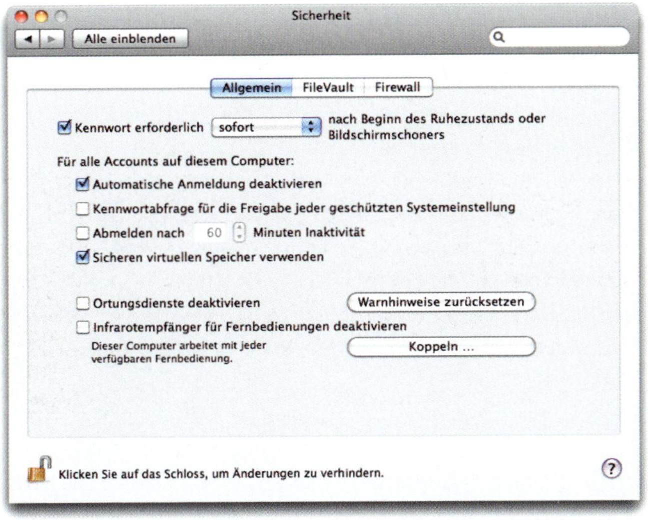

Die vielfältigen Optionen zum Schützen Ihres Rechners. Je nach Arbeitsumgebung sollten Sie sich also gut überlegen, was Sie gegen unbefugten Zutritt tun möchten.

Sind Sie Einzelnutzer Ihres Rechners und haben in der Systemeinstellung *Benutzer* (dazu kommen wir noch) in den *Anmeldeoptionen* bestimmt, dass Ihr Mac ohne Anmeldeprozedur automatisch hochstarten soll, so ist dies in der Tat ein leichter Geschwindigkeits- und Zeitgewinn. Sind jedoch mehrere Anwender an Ihrem Rechner zu Gange, so lässt sich über *Automatische Anmeldung deaktivieren* diese Funktion übergreifend abschalten. Es wird also auf jeden Fall das Anmelde-Fenster eingeblendet und jeder Benutzer muss sich ganz brav unter Nennung seines Passworts, Blutgruppe, Personalausweis-Nummer und Haarfarbe identifizieren (kleiner Scherz – natürlich muss nur das Passwort eingegeben werden).

Die Option *Kennwortabfrage für die Freigabe jeder geschützten Systemeinstellung* ist eigentlich müßig, denn sobald das *Schloss*-Symbol auf entsprechenden *Systemeinstellungen* (wie etwa *Netzwerk*, *Freigaben*, *Drucken & Faxen*, *Energie sparen* etc.) geschlossen ist ( ), können keine Änderungen mehr vorgenommen werden. Klickt man nun auf das Schloss, um es zu öffnen ( ), so wird automatisch das *Administrator-Passwort* verlangt.

Der Punkt *Abmelden nach xx Minuten Inaktivität* ist eigentlich selbsterklärend. Ist die Option aktiviert, so stellen Sie die gewünschte Zeit ein. Rührt sich nun diese Zeitspanne lang nichts auf Ihrem Rechner, so fährt der Mac automatisch herunter und stellt den *Anmelde*-Dialog dar. Möchte nun jemand an den Rechner (inklusive Ihrer Person), so muss er sich erneut mit Passwort identifizieren, ehe das Betriebssystem wieder bereit ist.

Die Option *Sicheren virtuellen Speicher verwenden* ist eigentlich nur sinnvoll, arbeiten mehrere Benutzer auf Ihrem Mac. Programme (und auch das Betriebssystem) lagern üblicherweise die zum Arbeiten notwendigen Daten in den Arbeitsspeicher (*RAM* – **R**andom **A**ccess **M**emory – übersetzt Speicher mit wahlfreiem Zugriff) des Rechners. Ist dagegen zu wenig an RAM vorhanden, so lagern diese Programme (etwa *Photoshop* bei der Bearbeitung großer Bilder) ihre überschüssigen Daten auf die Festplatte aus. Der Speicherplatz, der dabei in Anspruch genommen wird, nennt sich virtueller Speicher. Ganz davon angesehen, dass das echte RAM um ein Vielfaches schneller ist, ist es im Gegensatz zum virtuellen Speicher flüchtig, das heißt, die abgelegten Daten sind nach einem Neustart gelöscht. Und hier besteht genau die Gefahr, denn der virtuelle Speicher behält seine Daten und kann daher von bösen Buben mit entsprechendem Know-how ausspioniert werden. Damit das nicht geschieht, gibt es die eben genannte Option, die Sie im Falle von wichtigen Daten und bei mehreren Benutzern anschalten sollten.

Über *Ortungsdienste* lässt sich beispielsweise Ihr aktueller Aufenthaltsort bestimmen. Diese aus dem iPhone/iPod touch bekannte Technik ermöglicht es manchen Programmen, dass das Gerät etwa über WLAN oder GPS gefunden werden kann. Bei der Bestimmung der *Zeitzone*, in der Sie sich befinden und die Sie zu Beginn Ihrer OS X-Installation einstellen müssen, lässt sich etwa über die Option *Zeitzone automatisch anhand des Aufenthaltsortes festlegen* dieser Service in Anspruch nehmen. So wird über die von Apple

Core Location Technologie genannte Technik über Hotspots (das sind wiederum öffentliche drahtlose Internetzugriffspunkte) Ihr aktueller Standort bestimmt. Voraussetzung hierfür ist jedoch ein aktiviertes *AirPort* (so nennt Apple seine WLAN-Funktionalität), so dass Sie darüber – egal, wo Sie sich gerade aufhalten – der korrekten Zeitzone zugeordnet werden können. Ist Ihnen das nicht ganz geheuer und möchten Sie es den Geheimdiensten sowie Ihren gewählten Volksvertretern so schwer wie möglich machen, so sollten Sie hier ein Häkchen (☑) setzen.

Der letzte Punkt bezieht sich auf die für alle aktuellen Macs zu erwerbende *Apple Remote Fernbedienung* (und nicht nur diese), die bei Vergnügungen wie *Front Row* oder auch zum Ansehen bzw. Steuern einer Spielfilm-DVD durchaus ihre Berechtigung hat. Stehen nun MacBook Pro und iMac nebeneinander und Sie drücken auf der *Apple Remote Fernbedienung* auf die Tasten, so kann es durchaus passieren, dass beide Geräte darauf ansprechen.

Mit der Option *Infrarotempfänger für die Fernbedienungen deaktivieren* lässt es sich nun beispielsweise einrichten, dass das entsprechende Gerät nicht mehr auf eine Fernbedienung reagiert. Oder Sie wählen die Option *Koppeln*, mit der Sie eine Fernbedienung explizit an ein bestimmtes Gerät binden – der Computer reagiert dann nurmehr auf die Befehle dieser »gekoppelten« Fernbedienung. Dazu müssen Sie die Fernbedienung circa 10 cm vom Computer entfernt halten und die Tasten *Menu* sowie *Nächster* gedrückt halten, bis die Meldung der geglückten Verbindung (ein Symbol wird eingeblendet) erscheint. Der Button *Koppeln* ändert sich danach in *Trennen*. Klicken Sie darauf, so ist die Verbindung wieder aufgehoben.

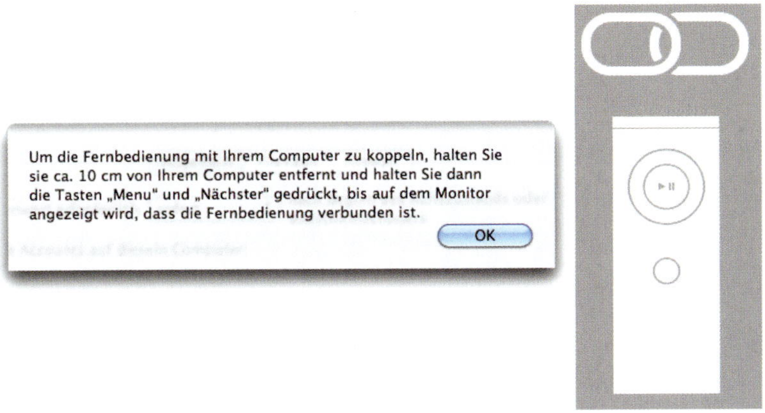

Drücken Sie die Fernbedienung wie angegeben ein paar Sekunden, so erscheint auf dem Bildschirm das Symbol für die Verbindung.

Rutschen wir einen Reiter weiter zu *FileVault*. Mit dieser Funktion bietet Mac OS X einen Schutz der Privatsphäre, indem sämtliche Daten Ihres *Benutzer*-Ordners verschlüsselt werden, so dass ein Dritter da einfach nicht rankommen kann. Benutzen Sie selbst die Daten, werden sie bei Gebrauch automatisch entschlüsselt.

»FileVault« ist ein englischer Kunstbegriff und bedeutet übersetzt »Datei-Tresorraum«.

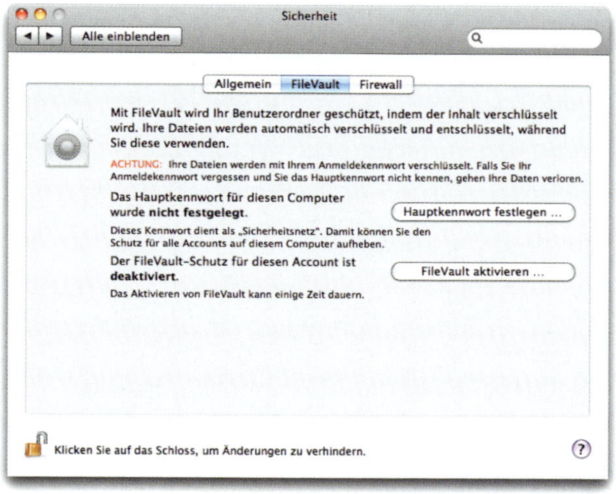

Da Ihre Daten im persönlichen *Benutzer*-Ordner mit dem *Administrator*-Passwort verschlüsselt werden, sollten Sie peinlichst darauf achten, dieses im Kopf zu behalten. Sie können es sich natürlich auch auf den Oberarm tätowieren lassen, doch ist das nicht nur schmerhaft, sondern im Falle einer neuen Rechnergeneration mit neuen Techniken ziemlich ärgerlich. Zum Schutz gegen das Vergessen sollten Sie daher zuerst ein so genanntes *Hauptkennwort* festlegen, mit dessen Hilfe Sie im Falle des Gedächtnisverlustes dennoch Ihre Daten wieder freischalten können. Über *Hauptkennwort festlegen* vergeben Sie zunächst dieses und bestätigen es mit einer erneuten Eingabe. Als *Merkhilfe* können Sie sich dann einen passenden Text einfallen lassen.

Es wird ernst, denn das Hauptkennwort ist in der Tat wichtig zum Wiederfreigeben Ihrer verschlüsselten Daten.

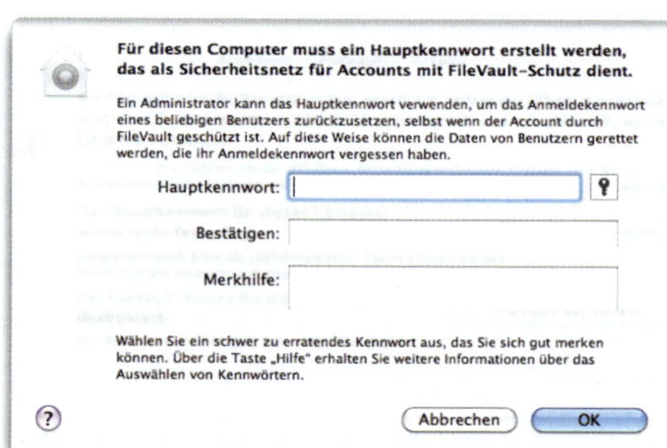

Brauchen Sie Hilfe beim Suchen nach einem ausgeklügelten Kennwort, so klicken Sie in das kleine *Schlüssel*-Symbol ( ) neben *Hauptkennwort*. Im auftauchenden *Kennwortassistenten* können Sie nun ein eigenes Passwort (bei *Vorschlag*) eingeben und dessen Qualität bewerten lassen. Über das Popup-Menü bei *Art* werden sogar Alternativen (einprägsame Kennwörter, Passworte aus Buchstaben und Ziffern, zufällige Wortgebilde etc.) angeboten, bei *Tipps* finden Sie kleinere Hilfestellungen zum Erfinden eines unschlagbaren Passwortes.

Bei unserem Versuch, das Wort »Dickhäuter« als Passwort zu verwenden, wurden wir gnadenlos ausgebuht. Apples Vorschläge sind uns dagegen zu gewagt, so dass wir nun dennoch eine eigene Schöpfung verwenden.

Ist die Sache mit dem *Hauptkennwort* geklärt, klicken Sie auf OK und danach in *FileVault aktivieren*. Geben Sie nun Ihr Benutzer-Kennwort ein und bestätigen Sie mit *OK*. Und dann kommt der große Moment, in dem Sie *FileVault aktivieren* dürfen. Mit großen, plakativen Buchstaben wird der Ernst der Situation noch einmal klar und nachdrücklich mitgeteilt, so dass man am liebsten Reißaus nehmen möchte. Aber da müssen Sie durch – Bestätigen Sie Ihr Tun.

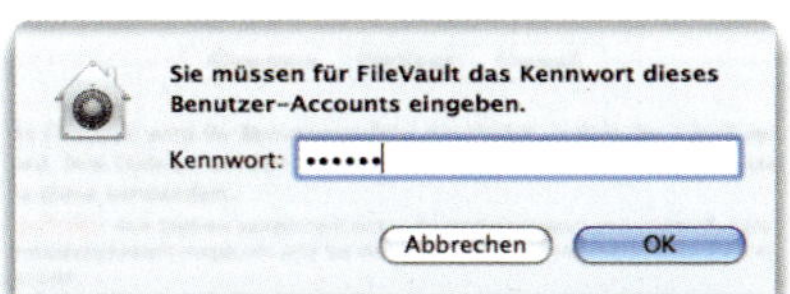

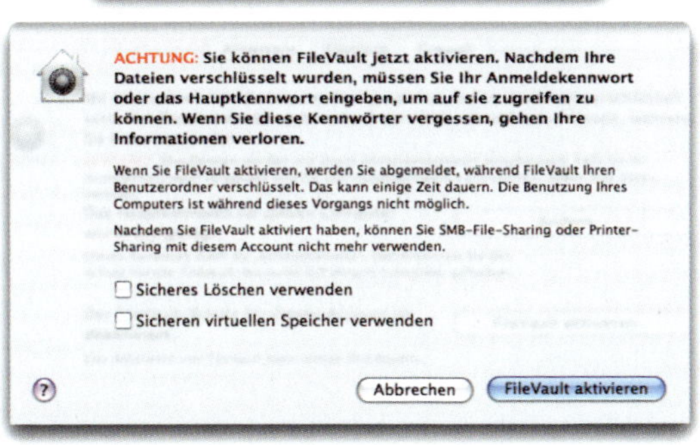

Nach einer erneuten Passworteingabe des Administrator-Kennwortes wird es ernst.

Der Rechner blendet nun den *Finder* aus und beginnt mit der Verschlüsselung, die eine ganze Weile dauern kann. Danach finden Sie sich im *Anmelde*-Fenster wieder. Ab diesem Moment trägt nun Ihr *Benutzer*-Ordner das *FileVault*-Icon, was eben mitteilt, dass alle Daten in Ihrem Benutzer-Verzeichnis von nun an unangreifbar sind.

Der umgekehrte Weg ist natürlich ebenso möglich: In der Systemeinstellung *Sicherheit* nennt sich nun der Button *FileVault deaktivieren*. Mit Klick darauf geben Sie Ihr Benutzer-Kennwort ein und können dann im nächsten Dialog-Fenster die Verschlüsselung rückgängig machen. Auch in diesem Fall wird Ihr *Benutzer-Account* heruntergefahren und Sie müssen sich neu anmelden, der *Benutzer*-Ordner trägt nun wieder sein gemütliches Häuschen.

FileVault – so sicher die Daten auch sind – hat einen klitzekleinen Nachteil: nämlich in der Zusammenarbeit mit *Time Machine.* Ist Ihr Benutzer-Ordner verschlüsselt, so erstellt *Time Machine* keine stündlichen Sicherheitskopien, sondern erst ein Backup, wenn Sie sich als Benutzer vom Rechner abmelden. Weiterhin erfolgt auch kein inkrementelles Backup (nur die veränderten Daten werden gesichert), sondern es wird immer der gesamte Daten-Bestand des Benutzer-Ordners gesichert. Je nach Umfang Ihrer Daten kann auf diese Weise eine Festplatte zügig gefüllt werden.

Der dritte Reiter im Bunde nennt sich *Firewall* (übersetzt etwa »Brandmauer«) und dient als eine Art Schutzschild für unerwünschte Zugriffe in einem Netzwerk oder über das Internet. Auch Ihr Mac lässt sich so einrichten, dass er etwa in einem Netzwerk oder über das Internet auch von Dritten angesprochen werden kann. Welche Dienste Sie genau zur Verfügung stellen, erledigen Sie in der Systemeinstellung *Freigaben* (dazu kommen wir noch im Netzwerk-Kapitel). Die dort aktivierten Dienste werden dann auch im Firewall-Fenster über *Weitere Optionen* angezeigt.

In diesem Dialog aktivieren Sie die Firewall (auf »Starten« klicken) und legen dann über »Weitere Optionen« die Prioritäten für Ihre Firewall fest.

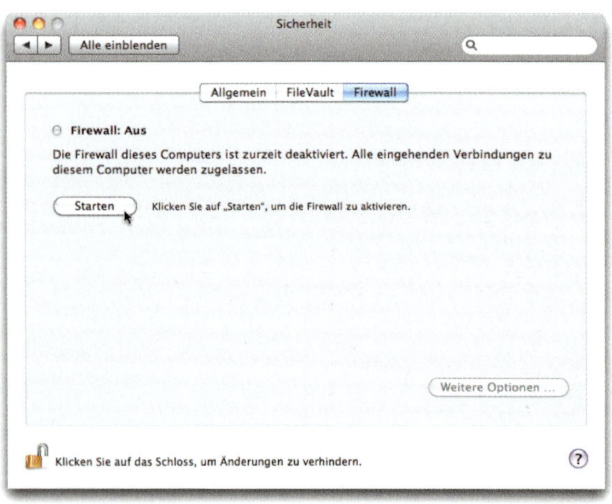

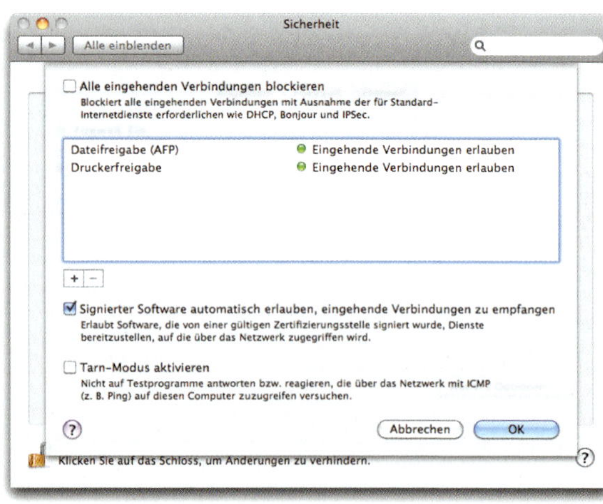

Alle eingehenden Verbindungen blockieren verfährt nach dem »Alles oder Nichts«-Prinzip und unterbindet jeglichen Zugriff von außen (selbstverständlich bis auf jene Programme, die für ein reibungsloses Funktionieren in einem Netzwerk und zum Finden der dort bereitgestellten Dienste notwendig sind). Entweder haben Dritte einen ungehinderten Zugriff ohne Einschränkungen (nicht aktiviert) oder kein Mensch darf sich auf Ihrem Rechner breit machen.

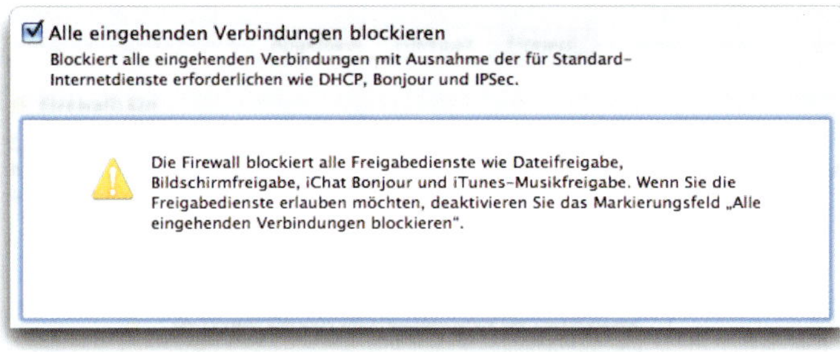

Alle Freigabedienste werden über die Option »Alle eingehenden Verbindungen blockieren« gesperrt.

Auf der anderen Seite lassen sich über die *Hinzufügen*-Taste der Zugriff auf bestimmte Programme festlegen und einzelne Einschränkungen vergeben. Über *Hinzufügen* (+) öffnet sich der *Programme*-Ordner, aus dem sich einzelne Applikationen wählen lassen. Diese ausgesuchten Programme lassen sich nun wiederum für Verbindungen blockieren, wenn Sie auf die kleinen Pfeile (⇕) klicken und daraus den entsprechenden Befehl wählen (etwa *Eingehende Verbindungen blockieren*).

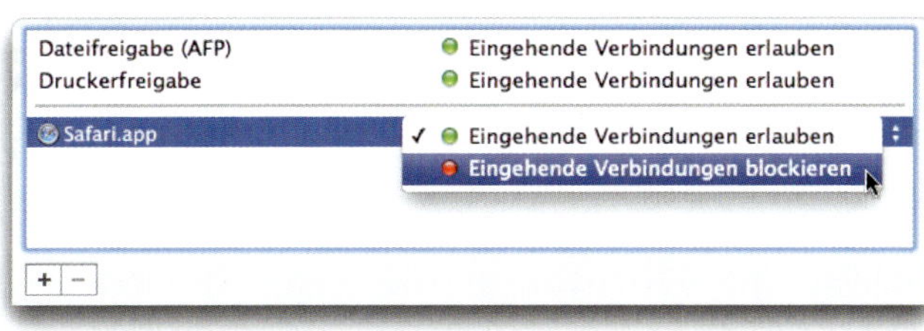

Die Möglichkeit zum weiteren Anpassen von Zugriffen.

Über die Option *Signierter Software automatisch erlauben, eingehende Verbindungen zu empfangen* ermöglichen Sie Programmen, die seitens einer Zertifizierungsstelle (wie etwa *Verisign*) einen Identitätsnachweis erhalten haben, weitere Dienste bereitzustellen. Das gibt ein wenig Sicherheit, ist allerdings kein 100-prozentiger Schutz vor schadhaften Zugriffen. Der *Tarn-Modus* wiederum ist ebenso eine Möglichkeit, um sich vor Datenverkehr, der sich unerkannt in ein Netzwerk einschleichen möchte, zu schützen.

Spotlight – Suchen mit Komfort

Gerade für Anwender, deren Festplatten vor lauter Dateien überquellen und sie längst den Überblick verloren haben, ist die intelligente Suche über *Spotlight* Gold wert. Der Clou hierbei ist, dass sich die Suchfunktion nicht nur Datei-Titel einprägt, sondern sowohl Datei-Inhalte (also beispielsweise Text) als auch Informationen auf Metadaten-Ebene miteinbezieht. Letzteres zielt dabei auf Einträge, die beispielsweise bei Bildern, Musik oder Texten in Form von Schlüsselwörtern oder Datei-Informationen vergeben werden, wie Sie sie in den Programmen *iPhoto*, *Vorschau*, *iTunes* oder *TextEdit* eintragen können. Aber auch Programme von Drittherstellern wie *Photoshop*, die ebenso die Vergabe von Informationen zulassen, werden miteinbezogen.

Spotlight indiziert nach der Installation des Betriebssystems sowie nach Übertragung etwaiger Dokumente die gesamte Festplatte, sprich der gesamte Daten-Bestand wird in eine Datenbank eingelesen, so dass Sie im Falle einer Such-Anfrage möglichst schnell Ihre Ergebnisse erhalten. Aber auch externe Festplatten, die Sie an Ihren Mac anschließen, werden sogleich einer ebenso durchdringenden Indizierung unterworfen.

Nach Anschluss einer externen Festplate macht sich »Spotlight« sogleich an die Arbeit und liest sämtliche Daten ein. Das geht im Gegensatz zu Mac OS X 10.5 Leopard im aktuellen Snow Leopard rasend schnell.

Die Systemeinstellung *Spotlight* hilft Ihnen dabei, die Suchergebnisse in der gewünschten Reihenfolge aufzulisten. Unter dem Reiter *Suchergebnisse* finden Sie die Kategorien, die *Spotlight* abarbeitet. Sind Ihnen nun beispielsweise die E-Mails besonders wichtig, so schieben Sie sie einfach mit gedrückter Maustaste nach ganz oben. Möchten Sie einzelne Kategorien gar nicht in die Suche miteinbeziehen, so entfernen Sie den links stehenden Haken.

Die Suchergebnisse lassen sich ändern, indem Sie die Kategorien in die von Ihnen gewünschte Reihenfolge bringen.

Unten liegend finden Sie die von Apple vergebenen *Tastatur-Kurzbefehle* für das *Spotlight-Menü* (*⌘-Leertaste*) sowie das *Spotlight-Fenster* (*⌘-⌥-Leertaste*), welche sich jedoch jederzeit nach eigenen Wünschen ändern lassen.

Über das Popup-Menü können Sie eine neue Kombination als Tastatur-Kurzbefehl vergeben oder eine eigene Kreation hineinschreiben. Ist diese bereits für eine andere Aufgabe (zum Beispiel *Exposé*) eingerichtet, so werden Sie darauf aufmerksam gemacht: Ein Warn-Dreieck (⚠) erscheint und deutet damit an, dass Ihre Wahl eigentlich nicht in Ordnung ist, da der vergebene Befehl schon an anderer Stelle Verwendung findet. Klicken Sie auf das Dreieck, so gelangen Sie zur Systemeinstellung *Tastatur*, Rubrik *Tastaturkurzbefehle*, wo alle bereits bestehenden Tasten-Kombinationen aufgeführt sind. Sie müssen sich also entscheiden, ob Sie Ihre aktuelle Wahl behalten möchten und dafür die vorhergehende deaktivieren oder sich eine neue überlegen. Mehr zur Systemeinstellung *Tastatur* gibt es weiter unten …

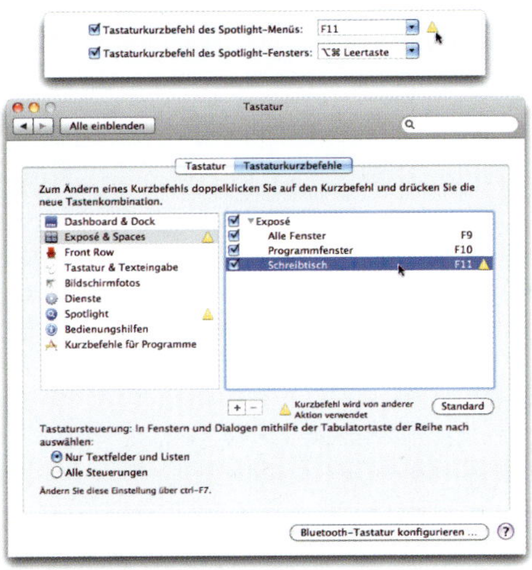

Da die Sondertaste »F11« bereits für »Exposé« reserviert ist, wird diese Auswahl bemängelt. Mit Mausklick auf das Warndreieck landen Sie automatisch in der Systemeinstellung »Tastatur«, Rubrik »Tastaturkurzbefehle«, in der ebenso die beiden »Übeltäter« hervorgehoben werden.

Spotlight unterscheidet zwischen dem *Spotlight-Menü* rechts oben in der Menüleiste und dem *Spotlight-Fenster*, wobei es letztlich egal ist, welche Such-Eingabeform Sie bevorzugen. Denn im Falle der Begriffs-Eingabe über das *Menü* wird eine Auswahl angezeigt, die – wenn nicht erfolgreich – über die Option *Alle anzeigen* automatisch auf das *Spotlight-Fenster* umschaltet.

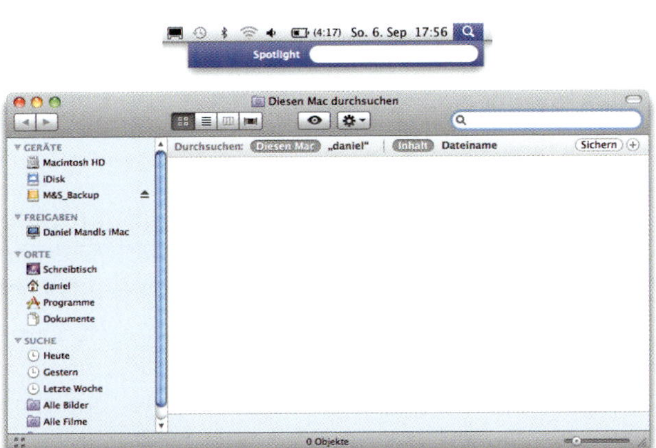

Die zwei Möglichkeiten der Such-Abfrage: oben das Spotlight-Menü, darunter das Spotlight-Fenster.

Der zweite Reiter der Systemeinstellung namens *Privatsphäre* ist ebenfalls eine gelungene Einrichtung, lassen sich doch dort Ordner oder gar ganze Volumes (intern wie extern) unterbringen, die von der Suche ausgeschlossen werden sollen. Dies können beispielsweise Ordner sein, die mit Ihrer Arbeit nichts zu tun haben und nur die Ergebnislisten verlängern würden. Ein weiterer Vorteil ist, dass sowohl die Suche als auch die Indizierung schneller vonstatten geht, muss sich der Rechner doch nicht sämtliche Daten, sondern nur einen Teil einprägen.

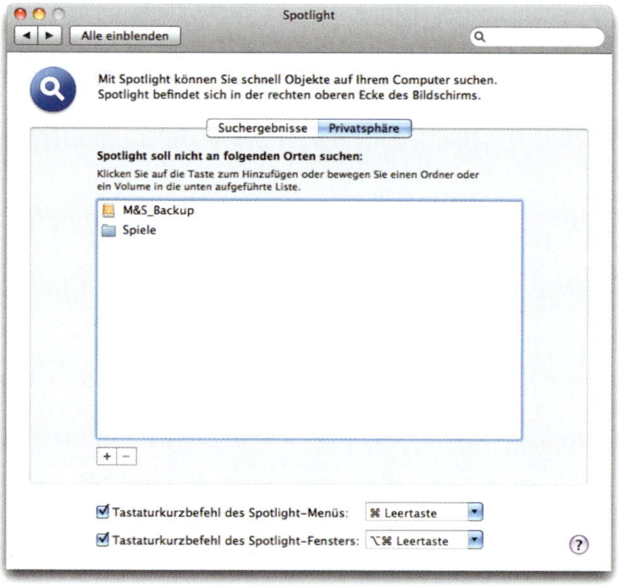

Über die Systemeinstellung »Spotlight« und dort über die Rubrik »Privatsphäre« lassen sich auch Ordner oder Teile einer Festplatte ausschließen.

Das Prozedere für das Ausschließen von Daten-Beständen ist recht simpel: Entweder Sie klicken auf den *Plus*-Button (+) und wählen den entsprechenden Speicherpfad aus, oder Sie ziehen einfach mit gedrückter Maustaste den oder diejenigen Ordner/Volumes in die Liste hinein.

Sollten Sie einmal das Gefühl bekommen, dass *Spotlight* mit der Zeit unzuverlässig wird, so fügen Sie Ihre Festplatte/Partition/Ordner erst in der Rubrik *Privatsphäre* hinzu, um Sie gleich anschließend wieder zu entfernen – danach indiziert *Spotlight* neu und die Daten sind wieder auf dem neuesten Stand.

Nun aber zur eigentlichen Suche: Geben Sie beispielsweise über das *Spotlight-Menü* rechts oben einen Such-Begriff ein, so beginnt *Spotlight* bereits mit den ersten Ergebnissen aufzuwarten, während Sie noch schreiben. Danach steht die Liste und Sie können nach einem ersten Blick die gesuchte Datei anklicken, die sich daraufhin gleich öffnet.

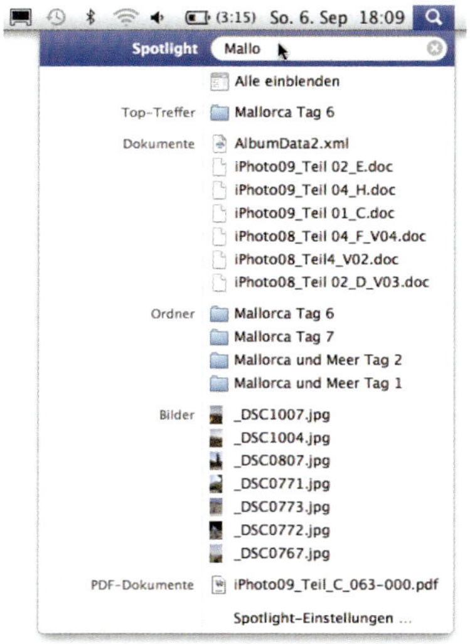

Nach dem Suchbegriff wird auf allen Ebenen, in allen Medien und innerhalb aller Dokumente gefahndet.

Zur Erinnerung: Egal, in welchem Fenster Sie sich gerade befinden oder welches Apple-Programm (*Mail*, *Adressbuch*, *iCal* etc.) Sie gerade geöffnet haben – Sie finden immer oben rechts ein Suchfeld mit einer kleinen stilisierten Lupe (🔍). Auch dort können Sie Ihre Such-Begriffe eingeben. Die Suche bezieht sich dann auf den Inhalt des geöffneten Fensters (bzw. des dazugehörigen Ordners/Programms).

Sollte Ihr Wunschkandidat noch nicht dabei sein, so klicken Sie auf *Alle einblenden*, um das *Spotlight-Fenster* zu öffnen. Dieses ist im Grunde das gleiche wie dasjenige einer Suche über ⌘-F (im Finder: *Ablage* | *Suchen*) bzw. das zum Anlegen eines intelligenten Ordners.

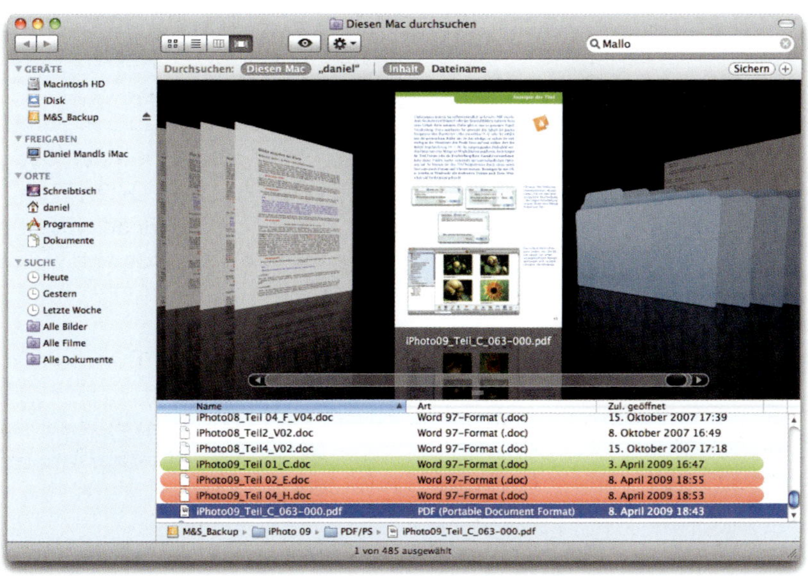

Die Ergebnis-Anzeige: Je nach Lust, Laune oder Vorliebe sollten Sie nun die gewünschte Darstellung (Objekte als Symbole, in einer Liste oder als Cover Flow) des Fensters wählen.

In der *Listen-* bzw. *Cover Flow*-Ansicht lässt sich nun eine weitere Sortierung über einen Klick in die Spalten (beispielsweise nach *Name*, nach *Art*, *Zuletzt geöffnet*) vornehmen. Oben im Fenster können Sie zudem die Suche einschränken, indem der Suchbegriff nur im *Dateinamen* oder auch im Kontext (*Inhalt*), also innerhalb des Dokumentes oder der Datei vorkommen darf. Auch der Ort der Suche lässt sich festlegen – also ob auf dem gesamten Computer (*Dieser Mac*) oder nur innerhalb Ihres Benutzer-Ordners. Um sicherzugehen, ob die gesuchte Datei auch wirklich die Richtige ist, eignet sich die *Quick Look*-Funktion, indem Sie auf den Button *Übersicht/Diashow* (👁) klicken oder *Ablage | Übersicht* (⌘-Y) wählen (noch schneller geht es bei ausgewählter Datei über das einfache Drücken der Leertaste). Auf diese Weise erhalten Sie wieder eine vergrößerte (Vor-)Ansicht Ihrer Dateien bzw. können in PDF-Dokumenten blättern, in Musik- oder Video-Dateien reinhören bzw. reinsehen oder beispielsweise bei *Safari*-Lesezeichen gleich einen Ausflug ins Internet unternehmen. Wählen Sie zudem bei markierter Datei den Befehl *Ablage | Informationen* (⌘-I), so können Sie weitere Informationen (Metadaten) wie beispielsweise Seitenzahlen, Bitrate, Brennweite und so weiter abrufen.

Werden als Suchergebnisse MP3-Audiodateien z. B. aus »iTunes« oder Filme mit aufgeführt, so können Sie über »Quick Look« gleich eine Hör- wie Sehprobe erhalten.

Ein Blick in die Informationen wartet mit weiteren Auskünften wie Metadaten auf.

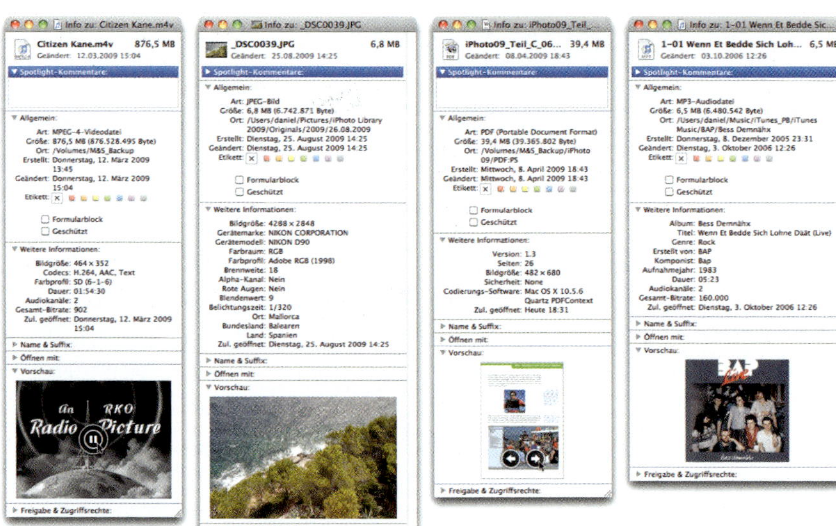

Im Zusammenhang mit *Spotlight* möchten wir auch noch einmal auf die intelligenten Ordner verweisen, die Sie im *Finder* unter *Ablage* | *Neuer intelligenter Ordner* (⌘-⌥-N) anlegen können. Auch eine *Spotlight*-Suche lässt sich jederzeit als *intelligenter Ordner* festlegen, wenn Sie im *Spotlight-Fenster* oben rechts auf *Sichern* klicken. Mehr dazu erfahren Sie im vorangegangenen Kapitel unter der Überschrift »Intelligenter Ordner – Ordner mit Durchblick«.

Um nun nicht alles doppelt wiedergeben zu müssen, empfehlen wir auch einmal den Besuch der Mac-Hilfe (⌘-?), die Sie über die *Finder*-Menüleiste und dort über den Menü-Punkt *Hilfe* | *Mac-Hilfe* starten können. Geben Sie dort als Suchbegriff »Suche« ein, so erhalten Sie über die Hilfethemen wie »Angeben von Kriterien in einem Suchfenster« sowie »Ausführen einer Boolschen Suchabfrage oder Suchen nach Metadaten« weitere Hilfestellung bzw. tiefer gehende Möglichkeiten zu einer erfolgreichen Suche. So können Sie neben Begriffen auch nach Attributen (enthalten in Metadaten) fahnden oder eine Boolsche Abfrage (die Suche wird mit Hilfe so genannter Boolscher Operatoren wie AND, OR und NOT verfeinert) starten.

Auch die Mac-Hilfe wartet mit allerlei Tipps und Tricks auf. Ein Besuch dieser mittlerweile gut recherchierten und ausgebauten Unterstützung sei jedem Leser ans Herz gelegt.

Und noch ein Highlight bietet *Spotlight*: es beherrscht die einfachen Grundrechenarten. Möchten Sie also schnell einmal ein paar Zahlen addieren oder Ihr Jahresgehalt durch 12 teilen, so geben Sie einfach die Zahlen in *Spotlight* ein. Plus (+) und Minus (-) sollten bekannt sein, zum Dividieren benutzen Sie den Slash (»/«), zum Multiplizieren das Symbol »*«.

Nicht dass Sie jetzt denken, das wäre unser Monatsgehalt … das entspricht eher unserem wöchentlichen Kalorienverbrauch.

Sprache & Text – international auf allen Ebenen

Da Mac OS X ein Betriebssystem ist, das weltweit verkauft wird, steht es auch in (fast) allen Sprachen zur Verfügung (ausgenommen Bayerisch, Sächsisch, Platt, Friesisch etc.). Das Gleiche gilt natürlich auch für andere Anwendungen wie Bildbearbeitung, Textverarbeitung usw. Das ein oder andere Mal mag es vorkommen, dass Sie vielleicht international zusammenarbeiten oder ein Programm erworben haben, das die deutsche Sprache nicht unterstützt. In diesem Fall greift die Software auf die in der Systemeinstellung *Sprache & Text* definierten Vorgaben zurück und zeigt die Menüs in der entsprechenden Sprache.

Im Reiter »Sprachen« tätigen Sie die Alternativ-Einstellungen, wenn das Programm Ihre Standardeinstellung nicht beherrscht.

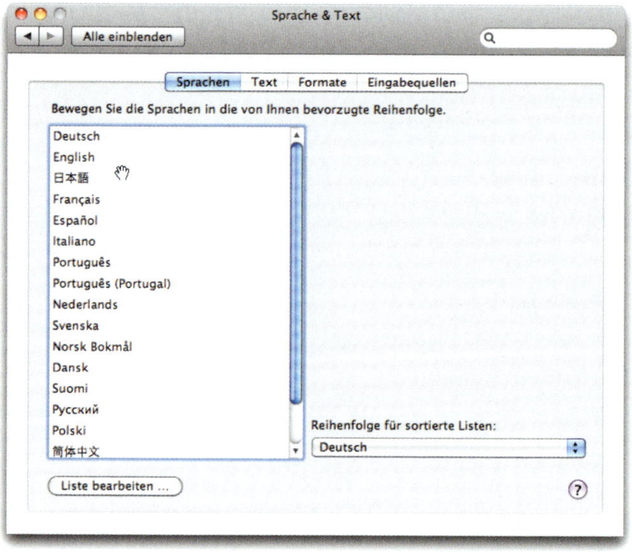

Die *Systemeinstellung* setzt sich aus insgesamt vier Reitern zusammen, wobei der erste (*Sprachen*) in der linken Spalte diejenigen Sprachen aufführt, die im Falle einer Nichtverfügbarkeit der Standardsprache zum Zuge kommen sollen. Dabei klopft das Programm die aufgeführten Sprachen der Reihe nach ab, bis es diejenige verwendet, die als Nächstes in Betracht kommt. Die Liste können Sie jederzeit über den Button *Liste bearbeiten* vervollständigen, der ein Dialogfeld mit zig weiteren Sprachen einblendet. Haken Sie dort alle in Frage kommenden an und bringen Sie sie dann in die gewünschte Reihenfolge, indem Sie einen Eintrag mit der Maus packen und an eine andere Stelle ziehen – anstatt des üblichen Mauspfeiles sehen Sie dabei eine Hand ( ), die auf Mausklick hin zupackt ( ). Nach einem Neustart stehen diese dann zur Verfügung.

Die im Popup-Menü *Reihenfolge für sortierte Listen* eingestellte Sprache bezieht sich hingegen auf die Sortierreihenfolge innerhalb von *Finder*-Fenstern, wenn Sie eine der möglichen Spalten-Titel wie *Name*, *Änderungsdatum* etc. benutzen.

Der zweite Reiter – *Text* – ist brandneu in *Snow Leopard* und eine gute Hilfe für all jene, die sich häufiger mal vertippen oder die gerne mit Kürzeln arbeiten. Hierbei hat Apple schon ein paar Ersetzungen eingebaut, etwa »(c)« wird zu »©«. Das heißt mit anderen Worten: Sie tippen nur die Kürzel und im Text selbst werden diese durch die entsprechenden Alternativen ersetzt.

Selbstverständlich müssen Sie sich mit dem bestehenden Fundus nicht zufrieden geben. Klicken Sie wieder auf die *Plus*-Taste (+) für *Hinzufügen* und setzen Sie eigene Textkürzel ein, zum Beispiel »udn« für »und« (zum Korrigieren von Buchstabendrehern), »mfg« für »Mit freundlichen Grüßen« (zum automatischen Ausschreiben von häufig gebrauchten Redewendungen) oder »sl« für »Sie Lump« (bei häufigen Mahnschreiben sehr beliebt). Zur Verfügung steht Ihnen dann diese Art der Schreibunterstützung etwa in *iMovie*, *TextEdit* oder *iChat*.

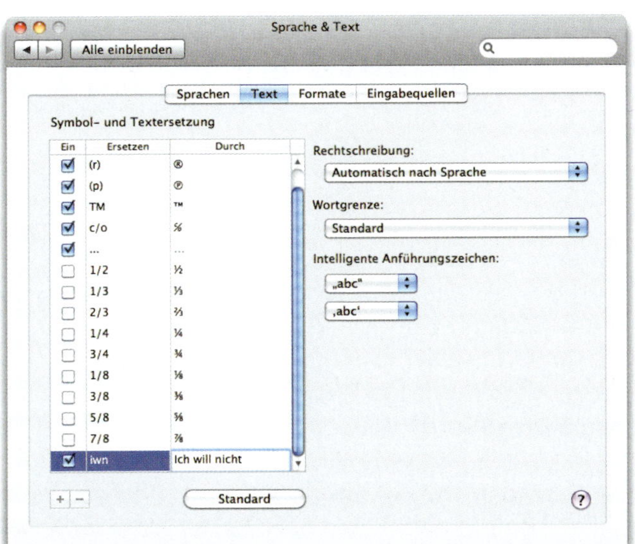

Immer dann, wenn Ihnen wieder ein Vertipper unterläuft oder Sie die ewige Suche nach Sonderzeichen satt haben, so rufen Sie die Systemeinstellung »Sprache & Text« auf und tragen schnell das Kürzel ein – zukünftig sollte dies keine Probleme mehr bereiten.

Unter *Rechtschreibung* sollten Sie die von Ihnen bevorzugte Sprache einstellen, wenn Sie in einer Textverarbeitung wie beispielweise *TextEdit* arbeiten. Die Rechtschreibung übernimmt meist schon während des Schreibens ihre

Korrektur-Tätigkeit und unterstreicht Worte, die entweder falsch geschrieben oder unbekannt sind. Als *Wortgrenze* wird in diesem Kontext die Art und Weise des Markierens bezeichnet, wenn Sie auf ein Wort einen Doppelklick ausführen. *Standard* ist für den Normal-Anwender gedacht, während etwa *Englisch* (Vereinigte Staaten, Posix) für helle Köpfe wie Programmierer gedacht ist, deren Texte oftmals ein anderes Textkonstrukt ergeben und daher auch andere Anforderungen an das Markieren stellen.

Übrig bleiben in diesem Dialog die *Intelligenten Anführungszeichen,* wobei hier zwischen einfachen (‚’) und doppelten („“) unterschieden wird. Je nach Wunsch (verwendete Sprache, eigene Vorlieben etc.) treffen Sie hier Ihre Entscheidung und das Programm setzt dies so um.

Voraussetzung für die korrekte Umsetzung der Symbol- und Textersetzung sowie der intelligenten Anführungszeichen ist das Aktivieren der jeweiligen Funktion in den entsprechenden Programmen (etwa über den Befehl *Bearbeiten* | *Ersetzungen* | *Text ersetzen* bzw. *Bearbeiten* | *Ersetzungen* | *Intelligente Anführungszeichen* in *TextEdit*).

Bitte dran denken: Um die Vorteile von Ersetzungen oder korrekten Anführungszeichen nutzen zu können, müssen diese Funktionen zuvor aktiviert werden (wenn nicht schon standardmäßig eingerichtet).

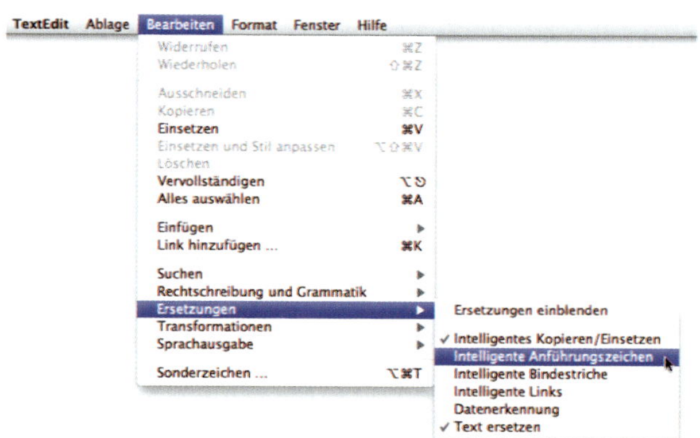

Im dritten Reiter – *Formate* – geht es dann um die landestypischen Ein- bzw. Darstellungen wie Datum, Uhrzeit, Zahlen und Währung. Je nach Heimatland (in Ihrem Falle wohl Deutschland, Österreich oder Schweiz) wählen Sie aus dem Popup-Menü bei *Region* die entsprechende Eintragung, wobei sich die anderen Felder danach ausrichten. So heißt die Währung in Deutschland und Österreich Euro, während in der Schweiz mit Schweizer Franken gehandelt wird.

Als Standard werden bei *Region* nur diejenigen (gleichsprachigen) Länder aufgeführt, die Sie unter dem Reiter *Sprachen* als Erste aufgeführt haben. Über die Option *Alle Regionen anzeigen* wird's jedoch international und Sie können aus Dutzenden weiterer Länder wählen, die dann ebenfalls jeweils ihre eigenen Zahlenkolonnen, Kalender und Währungen mitbringen. Unser Rat heißt wie üblich, sich einmal durch die vielen Einstellungen zu klicken und herumzusuchen, was so alles möglich ist. Letztlich werden Sie Ihre Einstellung in kürzester Zeit treffen und diese wohl auf ewig behalten (oder bis das nächste Mac OS X vor der Tür steht).

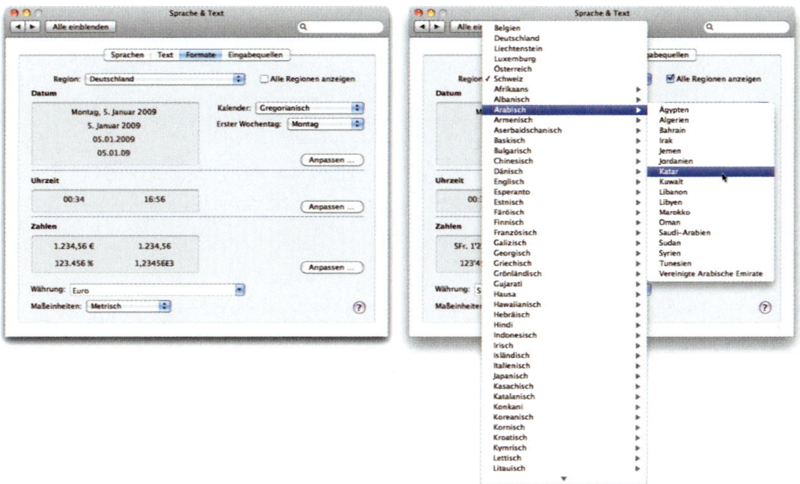

Alles im Blick: Wie sollen Datum, Uhrzeit und Zahlen geschrieben werden? Über die Option »Alle Regionen anzeigen« gelangen Sie zu einer ellenlangen Liste weiterer Möglichkeiten.

Steht die Region, lassen sich dennoch weitere Veränderungen vornehmen. Über die jeweiligen Buttons *Anpassen* bei *Datum* und *Uhrzeit* sowie bei *Zahlen* sind weitere Alternativen möglich, damit Sie auch ja zufrieden gestellt werden.

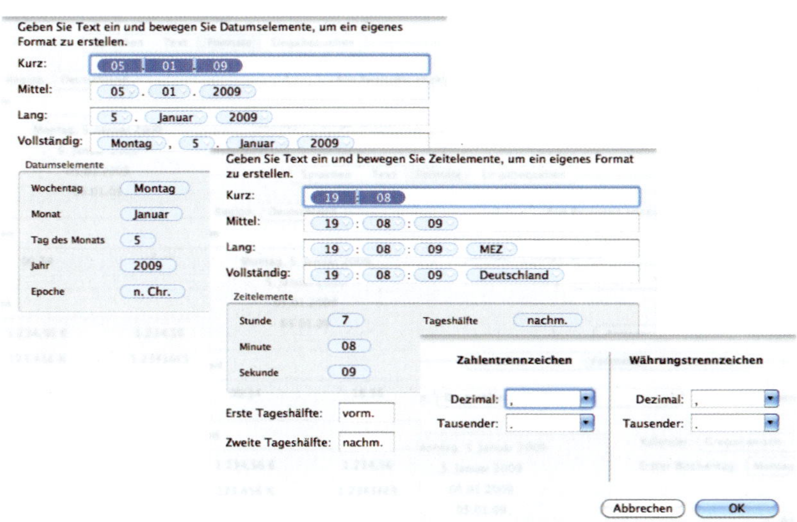

Für jeden Anwender die geeignete Form: Vom Standard abweichende Darstellung für Datum, Uhrzeit und Zahlen.

Kommen wir zum letzten Reiter namens *Eingabequellen.* Dort treffen Sie Ihre Entscheidungen hinsichtlich der Eingabemöglichkeiten über die Tastatur. Da die Tastatur-Belegung der Buchstaben von Land zu Land variieren kann, haben Sie hiermit die Möglichkeit, diese anzupassen. In der Auflistung können Sie dabei jene Länder abhaken, die für Sie in Frage kommen.

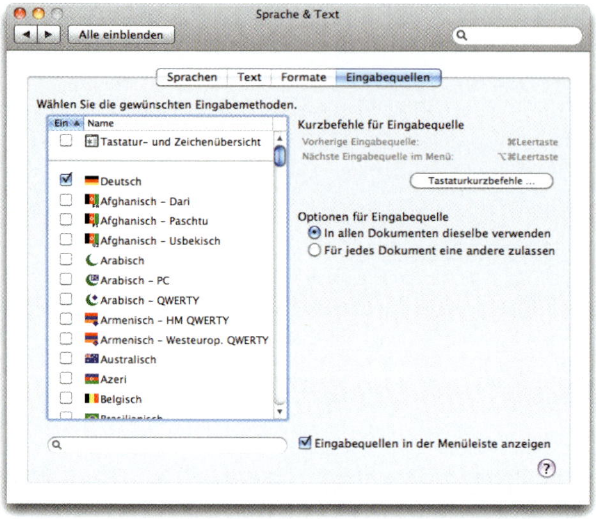

Feinanpassungen für die Tastaturbelegung werden im Reiter »Eingabequellen« vorgenommen.

Zur Orientierung bietet es sich bei Verwendung mehrerer Tastatur-Layouts an, die unten stehende Option *Eingabequellen in der Menüleiste anzeigen* zu aktivieren. Hierbei wird in der Menüleiste ein zusätzlicher Menü-Titel (oben rechts) eingebaut, über den Sie schnell die aktuell benutzte Tastatur-Belegung umstellen können. Die beiden angezeigten Tastatur-Kurzbefehle zum Umschalten über *Befehlstaste-Leertaste* (⌘-␣) für *Vorherige Eingabequelle* bzw. *Befehlstaste-Wahltaste-Leertaste* (⌘-⌥-␣) für *Nächste Eingabequelle im Menü* sind allerdings standardmäßig für andere Aufgaben vergeben, nämlich für die Spotlight-Suche (*Spotlight-Suchfeld einblenden* bzw. *Spotlight-Fenster einblenden*). Möchten Sie dies ändern, so klicken Sie in *Tastaturkurzbefehle…* Sie landen dann in der Systemeinstellung *Tastatur* und dort im Reiter *Tastaturkurzbefehle*, in dessen Übersicht sich nun die Kurzbefehle anpassen lassen (das erklären wir aber noch, wie das funktioniert).

Aufgrund der Tatsache, dass manche Buchstaben auf unterschiedlichen, internationalen Tastaturen vertauscht sind, sollten Sie vorsichtig im Umgang mit Kennwörtern sein. Das Wort »Lazarus« (geschrieben mit der deutschen Tasturbelegung) heißt bei amerikanischer Belegung »Layarus« und bei französischer »Lqyqrus«. Da kann man ganz schön ins Schwitzen kommen, wenn beispielsweise ein Passwort aufgrund falscher Tastaturbelegung abgelehnt wird, obwohl man es doch ständig richtig eingibt.

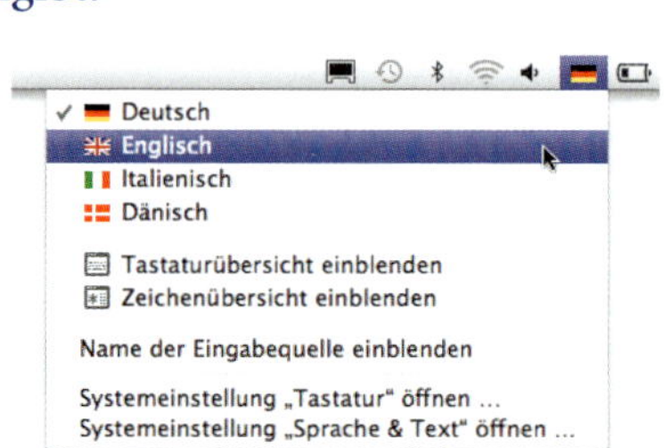

Über die Menüleiste können Sie schnell auf eine andere Tastaurbelegung umschalten.

Interessant sind weiterhin die beiden Hilfsprogramme *Tastaturübersicht* ( ) sowie die *Zeichenübersicht* ( ), die Sie ebenfalls über den Reiter *Eingabequellen* aktivieren sowie danach rasch über die Menüleiste aufrufen können. Die *Tastaturübersicht* blendet dabei eine Tastatur ein, die die augenblickliche Tastatur-Belegung widerspiegelt. Drücken Sie nun beispielsweise eine Sondertaste wie die *Befehlstaste*, *Umschalttaste* oder *Wahltaste*, so werden alle zur Schrift gehörenden Sonderzeichen aufgezeigt. Mit anderen Worten: Suchen Sie ein besonderes Schriftzeichen und können es nicht finden, so ist das ein Fall für die *Tastaturübersicht*. Rufen Sie sie auf und über das Drücken der Sondertasten (auch in Kombination) werden Sie garantiert fündig.

Die Tastaturübersicht unterstützt Sie bei der Suche nach zunächst unauffindbaren Sonderzeichen.

Die *Zeichenübersicht* haut in diesem Sinne in die gleiche Kerbe, auch wenn der umgekehrte Weg eingeschlagen wird. Schreiben Sie etwa einen Text, in dem Sie Symbole oder etwa mathematische Zeichen wie ‰, ÷, ± oder ¥ verwenden möchten, so können Sie über die *Zeichenübersicht* nachprüfen, ob diese Zeichen von Ihrem gerade genutzten Zeichensatz unterstützt werden. Im Falle der Nicht-Unterstützung werden alle verfügbaren Schriften aufgeführt, die dennoch diese Zeichen anbieten. Hilfreich ist weiterhin die Kategorisierung der Zeichen in *Mathematische Zeichen*, *Pfeile*, *Klammern*, *Währungen* usw., so dass ein schnelles Auffinden bzw. das Suchen nach Alternativen gewährleistet ist. Über einen Doppelklick auf das entsprechende Sonderzeichen bzw. den Button *Einsetzen* wird es bei geöffnetem Text auch gleich eingefügt, so dass Sie sich selbst das Eintippen sparen können. Häufig benutzte Zeichen lassen sich zudem über das *Aktions*-Menü ( ) links unten als *Favoriten* speichern.

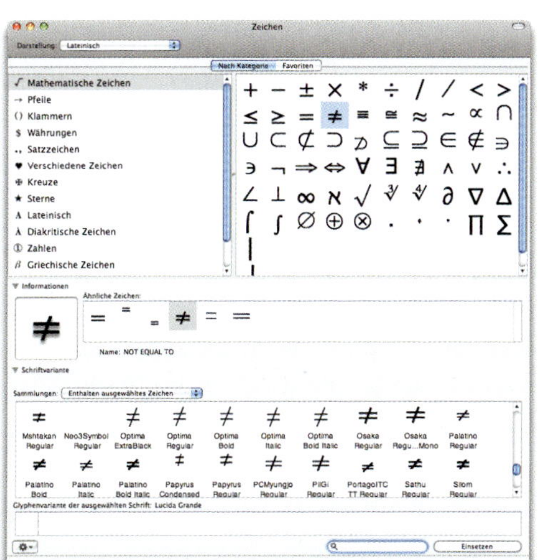

Einen Überblick über die verfügbaren Sonderzeichen gibt die Zeichenpalette. Durch die Kategorisierung können Sie eine Suche automatisch eingrenzen und oft benutzte Zeichen als Favoriten zum schnellen Einsetzen abspeichern.

Wenn Sie nur eine einzige Tastaturbelegung benutzen, brauchen Sie eigentlich das *Tastatur*-Menü oben rechts nicht einzublenden, da es ja eigentlich zum Umschalten der Layouts bzw. zur Kontrolle gedacht ist. Im Falle der Suche nach Sonderzeichen können Sie auch im *Finder* bzw. in Programmen wie *TextEdit* oder *Vorschau* über das *Bearbeiten*-Menü den Befehl *Sonderzeichen* (alternativ ⌘-⌥-T) aufrufen, was ebenso die *Zeichenübersicht* startet.

CDs & DVDs – die korrekte Medienverteilung

Je nach Ausstattung besitzt Ihr Mac ein *ComboDrive*, das das Brennen von CD-Rs und CD-RWs ermöglicht. Das »R« bei CD-R steht hier für *recordable* und bedeutet »beschreibbar«, sprich der Rohling kann ein Mal gebrannt werden. »RW« bedeutet hingegen *rewritable*, was übersetzt »wiederbeschreibbar« heißt und Ihnen das mehrmalige Beschreiben und Löschen gestattet. Weiterhin können Sie auch DVDs abspielen, um beispielsweise die neuesten Filme zu genießen.

Die meisten aktuellen Ausstattungs-Varianten besitzen jedoch das *SuperDrive*, also eine Art Alleskönner. Hierbei sind neben den CD-Rs/CD-RWs auch DVDs (DVD-R, DVD+R, DVD-RW, DVD+RW sowie DVD+R DL) bespielbar. DVD bedeutet *Digital Versatile Disc*, wobei *versatile* übersetzt so viel wie »vielseitig« heißt. Das »DL« leitet sich von *Double Layer* (also doppelseitig bespielbar) ab. Diese Version weist eine Datenkapazität von 8,5 Gigabyte auf, wobei sie im Vergleich zur »Standard-Ware« immer noch recht teuer ist.

Bei immer größer werdenden Daten-Beständen macht die Technik jedoch nicht Halt und bietet daher das *Blu-ray-Disc*-Format an. Apple ist bereits im Boot und dem »Board of Directors« der »Blu-ray Disc Association« beigetreten, wobei zum Zeitpunkt des Drucks dieses Buches leider immer noch kein Mac mit einem *Blu-ray*-fähigen Abspiel-/Brenn-Gerät ausgestattet war (aber das wird sicher bald kommen). Die *Blu-ray-Disc* bietet eine enorme Speicherkapazität, indem mit einem blauen Laser mit 405 nm Wellenlänge auf einen einlagigen Rohling bis zu 27 Gigabyte an Daten gebrannt werden können. Daneben sind auch zweilagige Rohlinge mit bis zu 54 Gigabyte im Anmarsch, und auch von drei- bis vierlagigen Scheiben ist die Rede.

Nach diesem kleinen Ausflug in Sachen CDs/DVDs & Co. nun aber zu unserer Systemeinstellung. Hier weisen Sie Ihren Mac an, wie er im Falle des Einlegens einer leeren, also bespielbaren CD oder DVD, einer Musik-CD, einer Bilder-CD oder einer Video-DVD reagieren soll.

Einmal eingerichtet werden Sie diese Systemeinstellung wohl nicht mehr besuchen.

Die Option *Aktion erfragen* öffnet ein Dialog-Fenster, in dem Sie die jeweilige Aufgabe von Fall zu Fall entscheiden können. So lässt sich aus dem Popup-Menü entweder der *Finder öffnen*, der nun beispielsweise das Symbol einer beschreibbaren CD/DVD einblendet und in dessen Fenster – entsprechend einem *Brennordner* – Sie nun Daten zum Brennen ziehen können. Andererseits werden jedoch auch jene Programme aufgeführt, mit dessen Hilfe sich ebenso Musik (in *iTunes*), Video (*iDVD*) oder Daten (*Festplatten-Dienstprogramm*) brennen lassen. Wird Ihr Wunsch-Programm nicht aufgelistet, so suchen Sie über *Anderes Programm öffnen…* Ihren Lieblings-Kandidaten. Möchten Sie die getroffene Entscheidung grundsätzlich ablaufen lassen, so sollten Sie *Diese Aktion als Standard verwenden* abhaken. Über *Ignorieren* umgehen Sie die Anfrage und nehmen die weitere Bearbeitung in Eigen-Regie vor (Sie starten also Ihr Programm und brennen dann darüber), der Button *OK* startet die definierte Aktion.

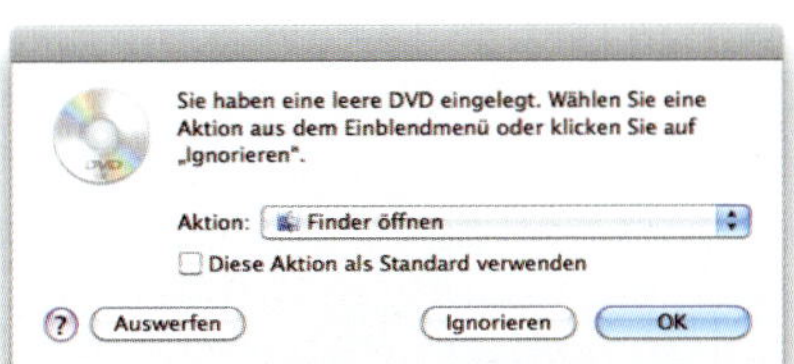

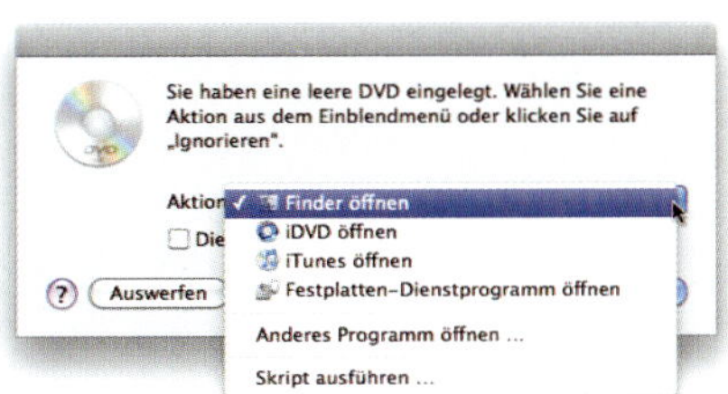

Der Dialog dient zur Nachfrage sowie zur Auswahl der angebotenen Aktionen.

Die Aktion »Finder öffnen« zeigt das Volume-Symbol der CD/DVD und bietet in einem geöffneten Finder-Fenster direkt einen Brennordner an.

Sowohl bei *Musik-CD*, *Bilder-CD* und *Video-DVD* ist die Vorgehensweise fast genauso, einzig die Option *Aktion erfragen* fehlt. Sie legen also das Programm Ihrer Wahl fest oder erwirken keine Aktion, so dass das Medium automatisch auf dem Schreibtisch angezeigt wird. Über Doppelklick auf das CD-/DVD-Icon haben Sie dann Zugriff auf den Inhalt bzw. starten Ihre Wunsch-Applikation, um auf das Medium über den *Öffnen*-Dialog Einfluss zu nehmen.

Legen Sie eine Musik-CD ein und startet daraufhin das Programm *iTunes*, so werden die einzelnen Musikstücke als *Titel 01*, *Titel 02* usw. aufgeführt. Haben Sie also die CD-Hülle mit dem Cover nicht parat und erkennen auch durch das Reinhören nicht die Musik, so haben Sie erst einmal schlechte Karten. Verfügen Sie hingegen über einen Online-Zugang und haben diesen aktiviert, so wird beim Einlegen einer *Audio-CD* automatisch die Internet-Datenbank *Gracenote CDDB® Music Recognition Service* (`www.gracenote.com`) kontaktiert. Diese wird nun durchsucht, indem nach den zur Audio-CD passenden Titeln bzw. nach den so genannten *ID3-Tags* Ausschau gehalten wird. Der Service ermöglicht es Ihnen somit, Daten wie Album- und Künstlername, Musik-Titel und andere Musik-relevanten Informationen über das Internet abzurufen. Funktioniert das bei Ihnen nicht, so rufen Sie die *iTunes-Einstellungen* (⌘-Komma) auf. Dort finden Sie in der Rubrik *Erweitert | Importieren* die Option *Namen der CD-Titel automatisch vom Internet abrufen*, die Sie aktivieren sollten.

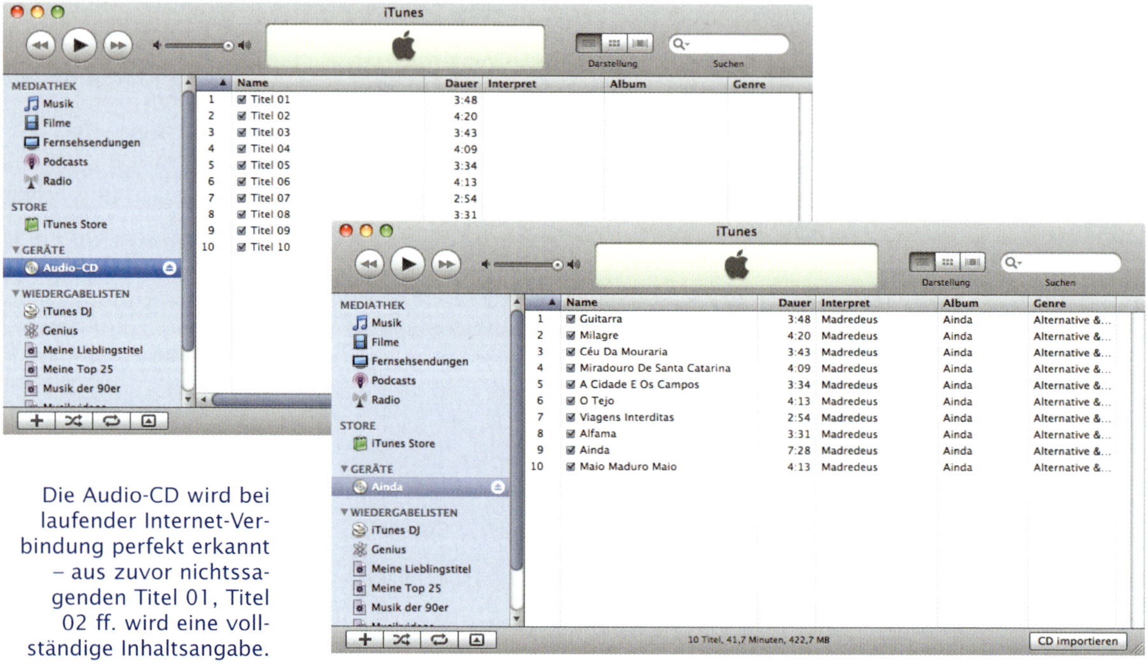

Die Audio-CD wird bei laufender Internet-Verbindung perfekt erkannt – aus zuvor nichtssagenden Titel 01, Titel 02 ff. wird eine vollständige Inhaltsangabe.

Drucken & Faxen – bequem Papier ausgeben

Der Name ist Programm: Dort verwalten Sie Ihren Drucker, stellen die Standard-Papiergröße bei Druckaufträgen ein und weisen die verwendete Software an, welchen Drucker sie benutzen soll. Ist die Druckerliste noch leer, so klicken Sie auf den *Plus*-Button ([+]). Damit rufen Sie das Dialog-Fenster *Druckerübersicht* auf, das alle am Rechner angeschlossenen Drucker aufführt.

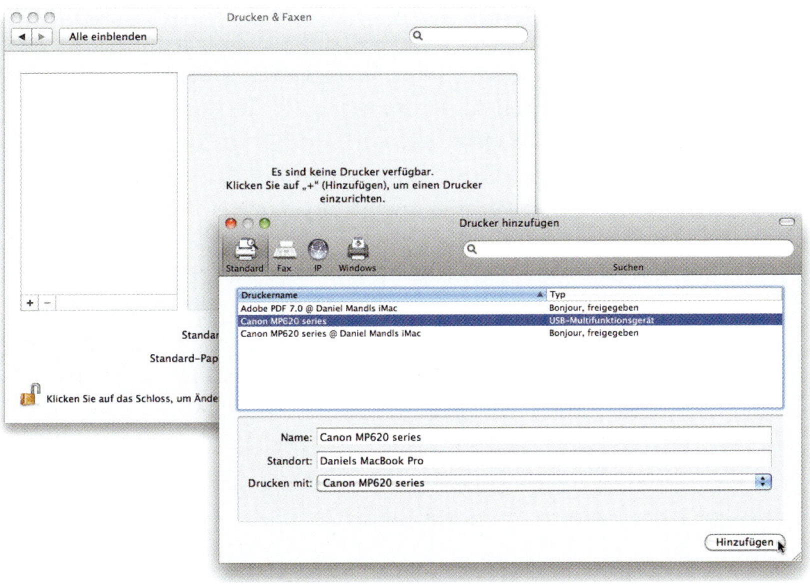

Bei leerer Drucker-Liste heißt es sich erst einmal auf die Suche nach Druckern zu begeben – und zwar über den »Hinzufügen«-Button (der Plus-Knopf) der Systemeinstellung »Drucken & Faxen«.

Möchten Sie einen Drucker am Mac anschließen, sollten Sie zuerst den zugehörigen Treiber installieren. Es sei denn, Sie haben bereits bei der Installation von Mac OS X 10.6 alle Druckertreiber (oder zumindest diejenigen des Herstellers Ihres Gerätes) mit auf die Festplatte kopiert, so dass die Chance groß ist, dass er automatisch erkannt wird. Wird der Drucker zwar erkannt (was bei den meisten USB-Geräten problemlos passiert), doch keine dazu passenden Treiber gefunden, so ist Snow Leopard mittlerweile in der Lage, gleich den aktuellsten Treiber zu laden. Starten Sie anschließend gleich die *Softwareaktualisierung*, so wird nach den aktuellen Software-Bestandteilen geforscht – meist mit Erfolg. Ist auch das nicht möglich, so sollten Sie vielleicht einmal im Keller oder auf dem Dachboden nach der Treiber-Software suchen, die meist dem Drucker beiliegt. Oder Sie gehen gleich ins Internet, rufen die Herstellerseite auf und wählen dort in der Download-Rubrik (etwa »Support & Driver«) Ihr Drucker-Modell aus. Letztere Methode gewährt Ihnen, dass Sie auf dem neuesten Stand sind – immer vorausgesetzt, dass die bereitgestellten Treiber auch kompatibel mit Ihrem Betriebssystem sind.

Werden Sie auf der Suche nach Treibern nirgendwo fündig (Dachboden, unter'm Bett, beim Nachbarn, Bundesregierung etc.), so besuchen Sie doch einmal die Webseite `http://gimp-print.sourceforge.net/MacOSX.php`. Dort wird so genannte *Open Source*-Druckersoftware angeboten, die Ihnen vielleicht helfen könnte. »Gutenprint« hieß im Übrigen früher »Gimp-Print«, was Ihnen vielleicht eher ein Begriff ist.

Drucker, die nun in der Geräteliste auftauchen, müssen Sie nur anklicken und dann mit dem Button *Hinzufügen* bestätigen. USB-Drucker (*USB* steht für *Universal Serial Bus*) bereiten dabei die wenigsten Probleme. Der Drucker erscheint nun in der Liste, rechts daneben die Informationen darüber. Bei mehreren Geräten müssen Sie einfach die Prozedur wiederholen – also auf den *Plus*-Button (+) klicken, Drucker auswählen und dann mit *Hinzufügen* bestätigen.

Unser Drucker ist nun startklar für den harten Büro-Alltag.

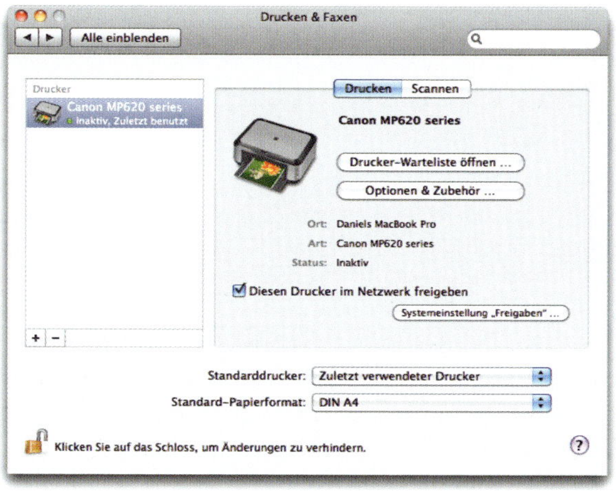

Der Button *Drucker-Warteliste öffnen* ruft ebenso ein Dialogfeld auf, das die zum markierten Drucker gehörigen Druckaufträge auflistet. Halten Sie gerne alle Fäden in der Hand, so lassen sich auch die bereits getätigten und nunmehr abgeschlossenen Aufträge mit anzeigen. Wählen Sie hierzu einfach in der Menüleiste den Punkt *Aufträge* und dort den Befehl *Abgeschlossene Aufträge zeigen*.

Die Drucker-Warteliste führt alle laufenden Druck-Aufträge auf – auf Wunsch auch die bereits abgeschlossenen.

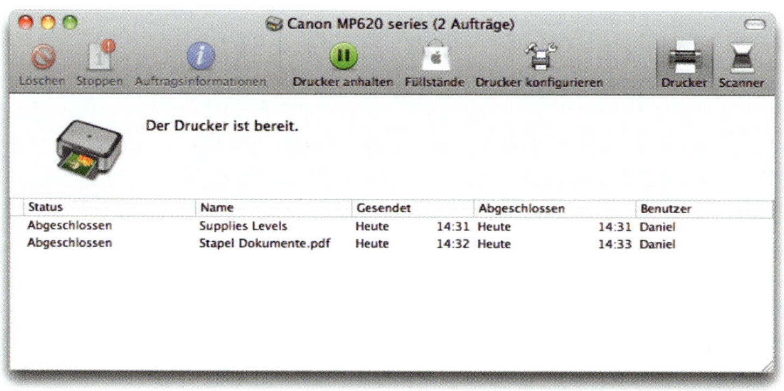

Aber die *Drucker-Warteliste* kann noch mehr, wie Sie selbstverständlich an den vielen Symbolen erkennen können. So lassen sich gezielt einzelne Druckaufträge auswählen und löschen, diese stoppen oder wieder fortsetzen (damit lässt sich auch die Druck-Reihenfolge bestimmen). Über *Drucker anhalten* lassen sich alle Druckaufträge zugleich stoppen und der *Auftragsinformationen*-Button zeigt Ihnen die wichtigsten Fakten zu Ihrem Dokument auf. Je nach Drucker-Modell (das hängt von der jeweiligen Drucker-Software ab) lassen sich auch die aktuellen *Füllstände* abrufen, so dass Sie auf einen Blick den bisherigen Verbrauch abschätzen können. Hierzu klicken Sie auf den gleichnamigen Knopf oder auf *Drucker konfigurieren*, der im Übrigen dem Knopf *Optionen & Zubehör* der Systemeinstellung *Drucken & Faxen* entspricht. Dort lassen sich dann noch weitere Details wie etwa Druckername, der Standort oder eingestellter Treiber aufrufen.

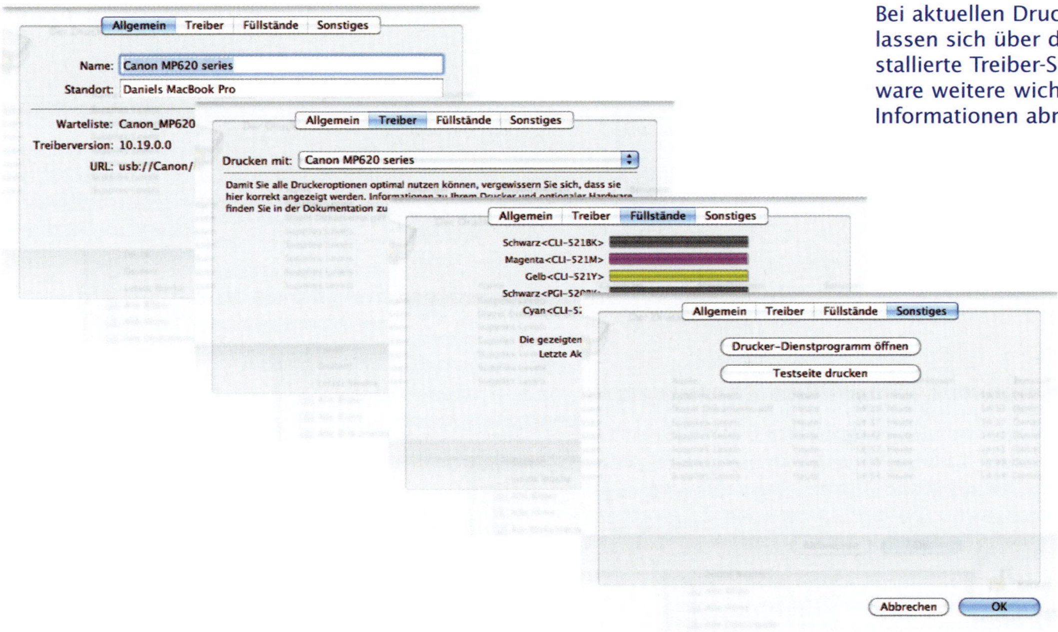

Bei aktuellen Druckern lassen sich über die installierte Treiber-Software weitere wichtige Informationen abrufen.

Über den Reiter *Sonstiges* gelangen Sie zu den beiden Knöpfen *Drucker-Dienstprogramm öffnen* sowie *Testseite drucken*. Letzteres sollte wohl klar sein, während das *Drucker-Dienstprogramm* sich beispielsweise um die Wartung des Druckers kümmert. So kann es durchaus vorkommen, dass mal die Tinte eintrocknet oder der Druck unschöne Streifen auf dem Papier aufweist. Bei derlei Problemen rufen Sie das *Drucker-Dienstprogramm* auf, wählen das entsprechende Gerät aus und klicken dann auf *Wartung*. Hierbei werden Ihnen verschiedene Lösungen angeboten, unter anderem eine einfache Reinigung, die Intensivreinigung für verstopfte Düsen, die Bodenplattenreinigung, Düsentests, Druckkopfausrichtung und, und, und. Leider übernimmt das Programm noch nicht das leidige Bügeln, Fensterputzen oder Staubsaugen – aber das kann ja noch kommen …

Das Drucker-Dienstprogramm: Hier wird der Großputz innerhalb des Druckers erledigt.

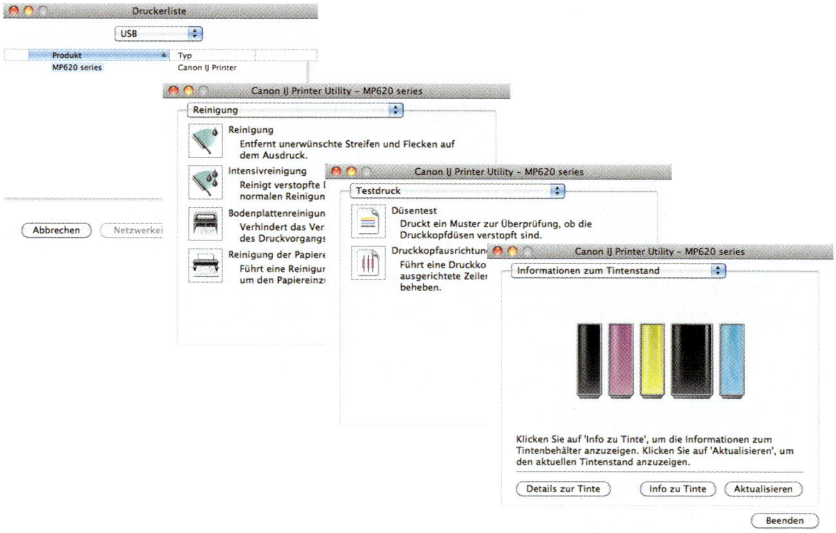

Zurück zu *Drucken & Faxen:* Dort stellen Sie nun noch den Standarddrucker ein (entweder ein bestimmtes Drucker-Modell oder eben den zuletzt verwendeten Drucker, und bei *Standard-Papiergröße* im Dialog *Papierformat* – wie soll es anders sein – das Format (was wohl DIN A4 sein wird).

Falls Sie zur schnellen Sorte gehören und Geduld für Sie eher ein negativ besetztes Wort ist, dann haben wir da einen Tipp für Sie: Wenn Sie die in der linken Liste zur Verfügung stehenden Drucker-Symbole mit der Maus auf den Schreibtisch ziehen, dann verhalten sich diese, als ob Sie einen Druck-Befehl rausgeschickt hätten. Sie müssen also nur die zu druckenden Dokumente auf das Drucker-Icon ziehen und die Sache ist für Sie erledigt. Das klappt in diesem Fall sogar mit Ordnern, indem Sie auf diese Art und Weise einen Index der dort enthaltenen Dateien bekommen.

Ziehen Sie einfach ein Dokument auf das Drucker-Icon und das Gerät geht seiner Arbeit nach.

Je nach Drucker-Schnittstelle gilt: Haben Sie ein wenig Geduld, denn manchmal vergehen schon mal zwei Minuten, bis der ersehnte Drucker in der *Hinzufügen*-Liste erscheint. Wie Sie einen Netzwerk-Drucker einbinden, erfahren Sie im Übrigen im Kapitel über das Netzwerken weiter hinten im Buch.

Druck-Voreinstellungen managen

Wir wollen Sie ja nicht nerven, doch gibt es leider in Sachen Computer & Co. eine Menge zu bedenken. Wenn Sie die Schnell-Methode zum Drucken wählen, sollten Sie immer im Hinterkopf behalten, dass dabei jene konfigurierten Einstellungen verwendet werden, die in den *Voreinstellungen* eingetragen sind. Üblicherweise nennt sich diese *Standard* und druckt im Falle eines Farbdruckers grundsätzlich farbig. Bei vielen Dokumenten muss das aber nicht sein, wenn eben nur der Text interessant ist (bei Farbdruckern wird oftmals selbst dem Schwarz ein Magenta, Yello und Cyan beigemischt). Hier können Sie sich die Farbe sparen – teuer genug ist diese ja. Was also tun?

Haben Sie ein Dokument aufgerufen – sei es ein Bild oder eine Text-Datei – und wählen den Befehl *Drucken*, so finden Sie bei den *Voreinstellungen* die Auswahl *Standard* vor. Darunter – bei *Kopien* – legen Sie die Anzahl der Exemplare sowie bei *Seiten* die gewünschten Seitenzahlen (ob *Alle* oder nur ausgewählte) fest. Weiterhin bestimmen Sie dort das *Papierformat* sowie die Ausrichtung (hochkant oder quer) des Papiers. Wenn Sie ein Gerät besitzen, das randlos drucken kann, so sollten Sie dort das korrekte Format (etwa DIN A4 randlos oder 10x15cm randlos) einstellen.

Darunter wiederum finden Sie ein weiteres Popup-Menü, das viele weitere Optionen zur Verfügung stellt, die sich jedoch von Drucker zu Drucker bzw. von Programm zu Programm unterscheiden und teilweise auch andere Bezeichnungen tragen. Klicken Sie sich folglich vor dem Druck durch die Menüs und legen Sie Ihre Einstellungen fest. Im Beispiel haben wir ein Bild im Programm *Vorschau* geöffnet und dann über die Menüleiste *Ablage* den Befehl *Drucken* (⌘-P) ausgewählt.

Drucken wird zur komplizierten Wissenschaft, wenn man sich nicht ein wenig damit beschäftigt.

Wenn Sie das erste Mal den Druck-Dialog aufrufen, so zeigt er sich wahrscheinlich in seiner Kurz-Ausführung, so dass die vielen weiteren Optionen gar nicht sichtbar sind. Über einen Klick auf das kleine blaue Feld mit dem nach unten stehenden Dreieck (▾) eröffnet sich Ihnen hingegen die wahre Pracht der Druck-Vielfalt …

Unscheinbar und nichts zu konfigurieren: Der erste Aufruf des Drucken-Befehls ziert sich noch ein wenig. Erst auf Klick in das blaue Kästchen mit dem Dreieck geht's so richtig zur Sache.

Layout

Der Punkt *Layout* gibt Ihnen die Möglichkeit, mehrere Seiten auf einem Blatt Papier unterzubringen und in welcher Reihenfolge dies passieren soll. Auch ein *Rahmen* ist möglich sowie die Umkehrung der Seitenausrichtung bzw. das horizontale Spiegeln.

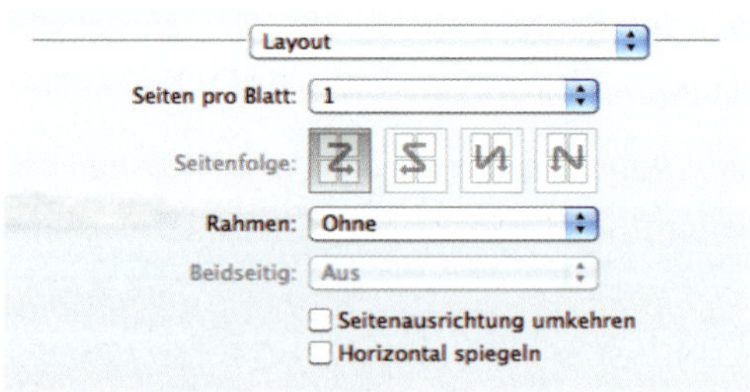

Farbanpassung

Arbeiten Sie mit Farb-Profilen, die Sie entweder selbst erstellt oder von Ihrem Auftraggeber erhalten haben, so wählen Sie sie in dieser Abteilung aus. Oder Sie benutzen einfach die Hesteller-eigene Farbanpassung, mit der Sie im privaten Bereich meist am besten fahren.

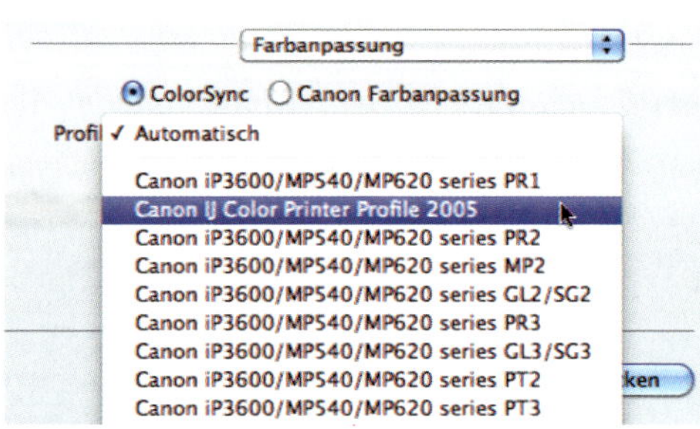

Papierhandhabung

Die *Papierhandhabung* legt die *Seitenfolge* (normale oder umgekehrte Reihenfolge) fest und bestimmt, ob *alle*, nur *gerade* oder nur *ungerade Seiten* in den Druck kommen sollen. Auch können Sie dort das Dokument an die verwendete Papiergröße anpassen lassen, so dass es entweder vergrößert oder – ebenso auf Wunsch einstellbar – aus Qualitätsgründen nur verkleinert werden darf.

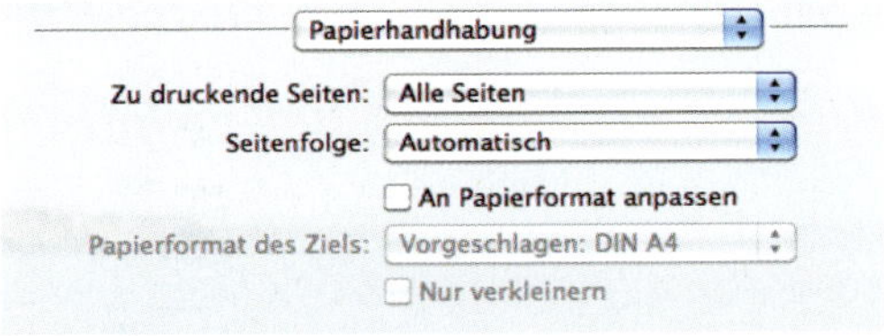

Papiereinzug

Manche Drucker stellen mehrere Papiereinzugs-Schächte zur Verfügung, unter anderem beispielsweise für dickes Papier und ähnlichem. Wie welches Zufuhrfach heißt, erfahren Sie am besten im Handbuch zum Drucker-Modell. Welches Papierfach nun bei welchem Druck verwendet werden soll, regeln Sie in diesem Dialogfeld.

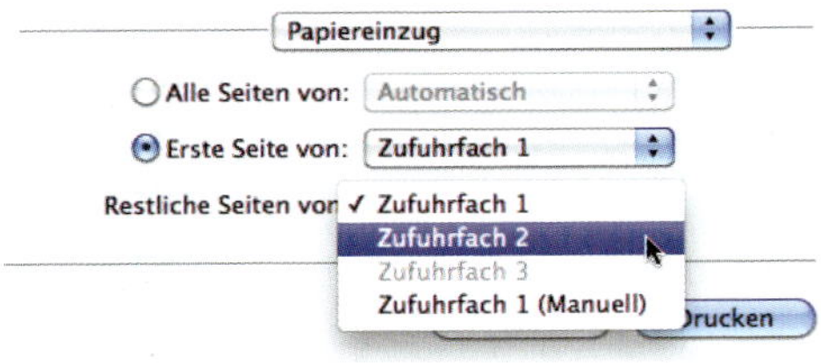

Deckblatt

Das *Deckblatt* wird vor oder nach dem Dokument ausgegeben, wobei Ihnen hier verschiedene Designs zur Verfügung stehen. Bei »Streng geheim« etwa nennt sich das »Top Secret« und führt einige Informationen wie beispielsweise *Titel*, *gedruckt von* und *gedruckt für* auf.

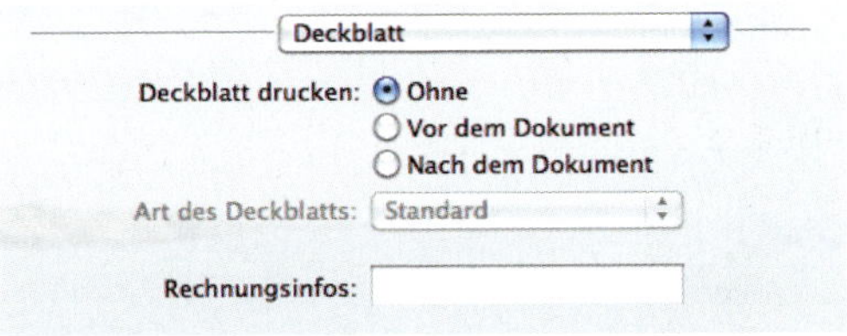

Zeitplan

Unter *Zeitplan* bestimmen Sie, ob das Dokument sofort oder zu einer bestimmten Zeit ausgegeben werden soll. Das Dokument würde im Falle eines späteren Termins in der *Warteliste* untergebracht. Die *Priorität* wirkt sich ebenso auf den Druck-Zeitpunkt aus, etwa wenn bereits dringlichere Prioritäten für andere Daten vergeben wurden.

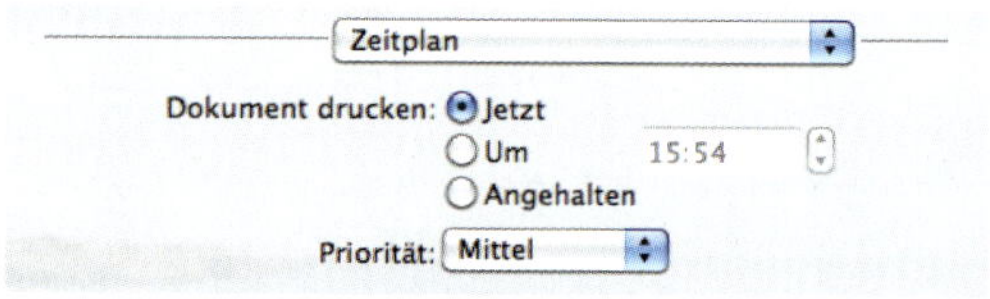

Qualität und Medium/Farbqualität/ Einstellungen für Druckoptimierung

Je nach Drucker-Modell (Laser- oder Tintenstrahl-Drucker, ob Farbdruck oder nur Graustufen-Druck) nennen sich die Einstellungen unterschiedlich, so dass Sie dort ruhig einmal ausführlich stöbern sollten. Dort bestimmen Sie unter anderem den *Druckmedientyp* (*Papiertyp* und *Papierstärke)* die *Qualitätsstufe* sowie ob in *Farbe* oder *Schwarzweiß* (auch *in Graustufen drucken* genannt) gedruckt werden soll. Bei unserem Farblaser-Modell können wir zudem erweiterte Optionen abrufen, die getrennt für Text, Grafik oder Fotos genaue Anpassungen erlauben, unser Tintenstrahler bietet dazu ebenso unter der Rubrik *Farboptionen* zusätzliche Regler zum Anpassen der Farbintensität zu verschiedenen Anlässen wie beispielsweise Porträt, Landschaft oder Grafik.

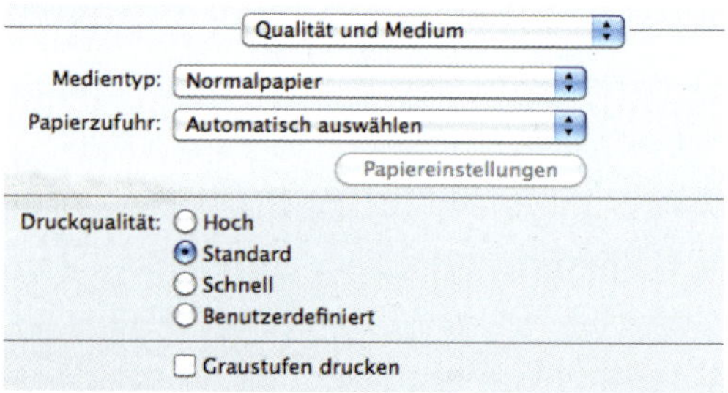

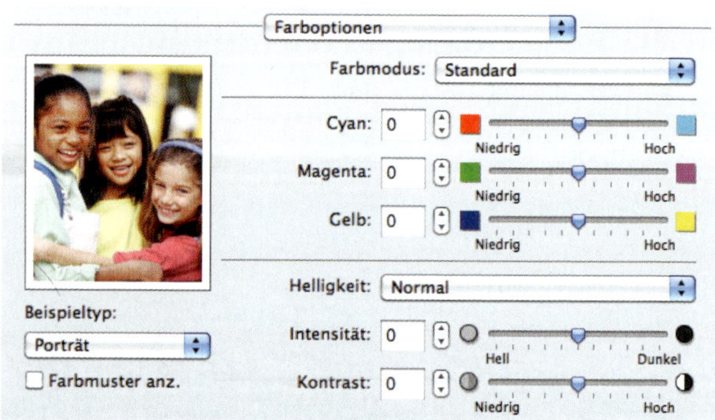

Zusammenfassung

All Ihre getätigten Einstellungen werden noch einmal zusammenfassend aufgeführt.

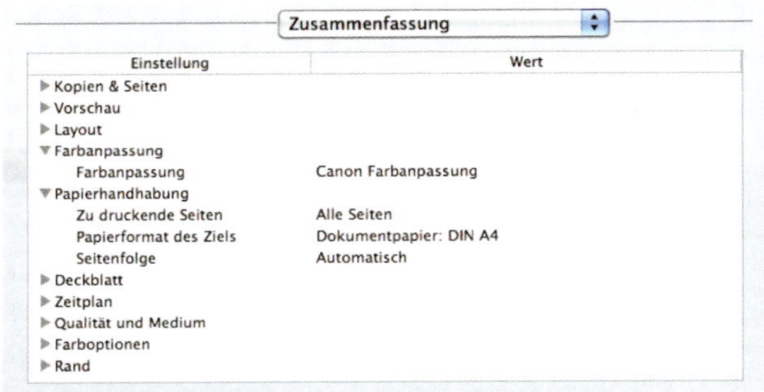

Faxinformationen

Im Falle eines Fax-tauglichen Gerätes lässt sich zudem das Dokument per Fax versenden. Wählen Sie dazu im Drucken-Dialog ganz oben bei *Drucker* das entsprechende Gerät aus oder wählen Sie links unten bei *PDF* den Befehl *PDF faxen*. Danach tragen Sie bei »An:« die Fax-Nummer bzw. über das Adressbuch (per Klick auf das kleine Feld mit dem Porträt-Symbol) auch mehrere Empfänger-Faxnummern ein und ab geht die Post. Mehr über das Einrichten als Fax gibt's gleich im Anschluss.

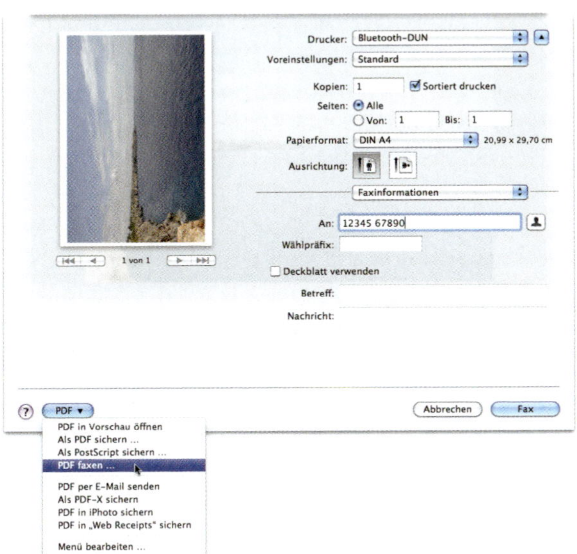

Wie anfangs schon erwähnt, erfordert jedes Dokument oftmals unterschiedliche Einstellungen. Damit Sie nun nicht jedes Mal alles von Neuem eintragen müssen, können Sie Ihre Druck-Anpassungen abspeichern und diese beim nächsten Druck bei *Voreinstellungen* direkt aufrufen. Haben Sie zum Beispiel einen Text zum Ausdruck vorliegen, so richten Sie einmalig die vielen Einstellungen ein. Vergessen Sie dabei nicht, unter *Farbqualität/Einstellungen für Druckoptimierung* oder ähnlich die Option *Schwarzweiß* oder *In Graustufen drucken* zu aktivieren. Damit wird gewährleistet, dass auch wirklich nur mit schwarzer Tinte oder Toner gedruckt wird. Werfen Sie bei *Zusammenfassung* noch einmal einen letzten Blick auf Ihr Tun und wählen Sie dann bei *Voreinstellungen* den Befehl *Sichern unter*. Vergeben Sie dort einen aussagekräftigen Namen (etwa *Text_Graustufen*) und bestimmen Sie, ob diese Einstellung nur für diesen bestimmten oder für alle angeschlossenen Drucker gelten soll – klicken Sie dann auf *OK*. Die Voreinstellung ist nun für die Ewigkeit gesichert und muss beim nächsten Text-Dokument nur anstatt von *Standard* aufgerufen werden. Möchten Sie dennoch nachträglich Änderungen an einer schon abgespeicherten *Voreinstellung* vornehmen, so rufen Sie diese auf, nehmen Ihre Anpassungen vor und wählen dann *Sichern*.

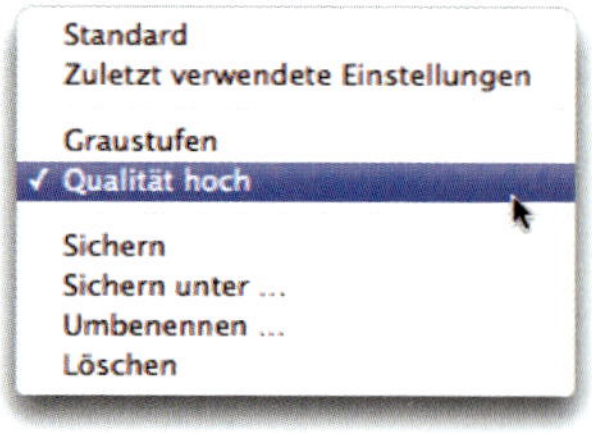

Im Laufe der Zeit werden viele weitere, fest eingerichtete Voreinstellungen hinzukommen, so dass das Ausdrucken unterschiedlicher Dokumente schnell von der Hand geht.

(Abbildung: © Apple)

Aber nicht nur Drucken, sondern auch das *Faxen* beherrscht der Mac – und zwar sowohl das Versenden als auch das Empfangen. Dazu muss der Mac jedoch mit einer **analogen** Telefonleitung (kein ISDN!) verbunden sein und er muss auf ein Modem (intern oder extern) zugreifen können. Also ein Ende des Kabels ins Modem (beispielsweise in das externe Apple-USB-Modem, das – wie der Name schon sagt – über den USB-Port an den Mac angeschlossen wird), das andere in die *TAE*-Dose an der Wand (*TAE* steht für *Telekommunikationsanschlusseinheit*). Die Leitung darf natürlich nicht durch eingehende oder ausgehende Gespräche oder einem Besuch im Internet über das Modem besetzt sein und der Mac muss ebenso angeschaltet sein (und achten Sie auch auf Beißspuren von Hamster oder Katze, die diese Kabel ebenso lieben). Wählen Sie dann in der Systemeinstellung *Drucken & Faxen* in der Faxgeräte-Abteilung das entsprechende Gerät aus.

Über die *Empfangsoptionen* aktivieren Sie dann noch *Faxe auf diesem Computer empfangen* und es steht dieser Technologie nichts mehr im Wege. Tragen Sie Ihre *Fax-Nummer* ein, unter der Sie zu erreichen sind und bestimmen Sie die Anzahl der *Klingeltöne*, nach der der Mac aktiv werden soll. Läuft das Fax dann ein, lässt sich weiterhin bestimmen, was damit geschehen soll: Unter *Sichern unter* legen Sie einen Speicher-Ort fest, in dem das Dokument (als Bild-Datei) abgelegt werden soll. Oder Sie bevorzugen eine

E-Mail an eine bestimmte Adresse, die Sie bei *E-Mail an* festlegen. Last but not least können Sie das Fax natürlich auch ausdrucken – den Drucker bestimmen Sie unter *Drucken auf.*

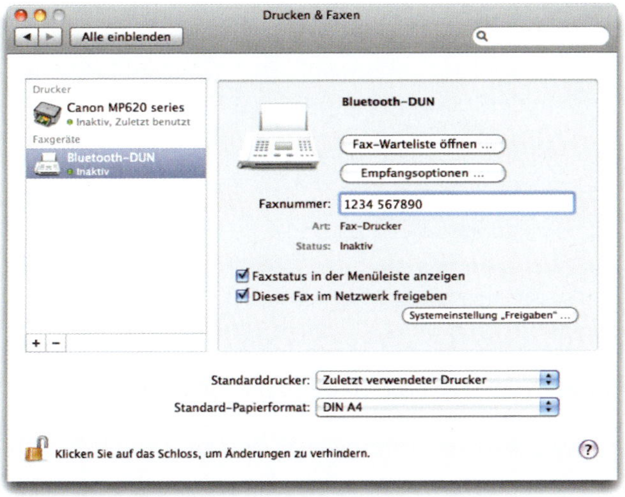

Die Fax-Abteilung sowie die Empfangsoptionen (siehe gleichnamigen Button).

Zum Versenden einer Fax-Nachricht müssen Sie Folgendermaßen vorgehen: Rufen Sie ein Dokument auf (egal ob Bild oder Text), wählen Sie den Befehl zum Drucken (*Befehlstaste-P*/*⌘-P* bzw. Menüleiste *Ablage* | *Drucken*) im jeweiligen Programm. Im auftauchenden Dialog wählen Sie nun bei bei *Drucker* aus dem Popup-Menü das Fax und tragen dann *Fax-Nummer*, *Betreff* und eventuell eine kurze *Nachricht* ein. Unter *Wahl-Präfix* brauchen Sie nur eine Eintragung vornehmen, wenn Ihre Telefonanlage dies benötigt. Mit Klick auf *Fax* wird die angegebene Nummer gewählt und das Fax kann gesendet werden.

Sie können auch eine bestimmte Uhrzeit festlegen, indem Sie nach Wahl des *Drucken*-Befehls auf das Popup-Menü *Faxinformationen* klicken und daraus die Option *Zeitplan* verwenden. Tragen Sie dort dann die gewünschte Zeit ein und klicken Sie auf *Fax*.

Achten Sie darauf, dass sich zwischen den Fax-Nummern keine Sonderzeichen wie »/« oder »-« befinden, da ansonsten die Ziffernfolge nicht als Fax-Nummer übernommen wird.

Energie sparen

Die Glühbirne wurde verbannt – und das nicht nur von der Europäischen Union, nein, auch Apple mischt mit und benutzt in Snow Leopard anstatt des Glühbirnen-Symbols (so noch bis 10.5.2 Leopard zu bewundern) nunmehr auch die Energiespar-Variante (sehr vorbildlich). Und in der Tat ist

Energie sparen trendy und angesagt – und das gilt eben nicht nur für Waschmaschine, Deckenfluter, Heizung & Co. Insbesondere die vielen PowerBook- und MacBook (Pro/Air)-Benutzer sollten sich hier angesprochen fühlen, denn je weniger Stromfresser am und im mobilen Rechner laufen, desto länger hält auch der Akku im Batterie-betriebenen Modus. Damit Sie nun nicht alles und ständig manuell justieren müssen, gibt es die Systemeinstellung *Energie sparen*, die den Rechner im Hintergrund auf Sparflamme laufen lässt.

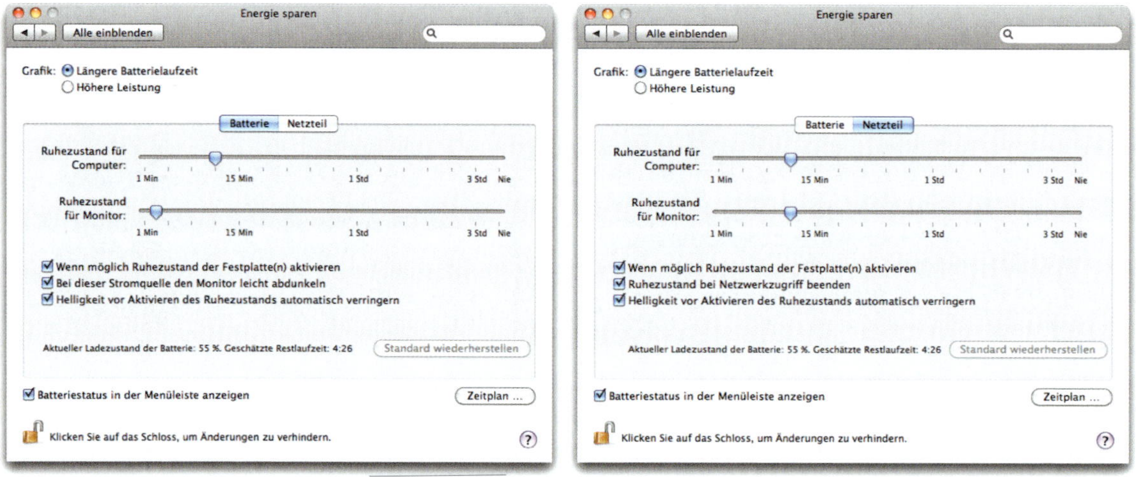

Die Abbildung zeigt die »Energie sparen«-Systemeinstellung eines MacBook Pro, da sich hier unterschiedliche Einstellungen für Batterie- und Netzteil-Betrieb tätigen lassen.

Im Akku-Betrieb sollten Sie darauf achten, dass der Ruhezustand des Monitors nach möglichst kurzer Zeit einsetzt, da die Hintergrund-Beleuchtung eine der größten Stromfresser ist. Seit der Umstellung auf LED-Hintergrundbeleuchtung ist das zwar nicht mehr ganz so schlimm, doch macht bekanntlich auch Kleinvieh Mist. Vor dem Einsetzen des Ruhezustands wird der Bildschirm daher abgesoftet, wobei der Inhalt am Monitor noch sichtbar ist, danach wird er völlig ausgeschaltet. Sobald Sie eine Taste drücken, wird wieder auf die normale Helligkeit umgeschaltet. Sie können auch schon im Vorfeld unterstützend mitwirken, indem Sie die Helligkeit des Monitors manuell herunterfahren. Laptop-Besitzer sollten dann jedoch zusätzlich in der Systemeinstellung *Monitore* die Option *Helligkeit automatisch anpassen, wenn sich die Lichtverhältnise ändern* deaktivieren.

Wird der Rechner eine geraume Zeit nicht verwendet, sollte das MacBook (Pro/Air) in den Ruhezustand versetzt werden, womit der Stromverbrauch auf fast Null gedrückt wird. Auch die Festplatte lässt sich in den Ruhezustand schicken, indem der Schreib-/Lese-Kopf in seine Park-Position fährt und erst einmal Pause macht. Dies bietet sich an bei Tätigkeiten, bei denen der Rechner nicht auf die Festplatte zugreifen muss (etwa reines Lesen oder Schreiben ohne Speicher-Aufforderung – erst beim Sichern von Veränderungen fährt die Festplatte wieder an). Wann nun welche Funktion greifen soll, stellen Sie über die Regler ein. Je kürzer die Zeitspanne bis zum Einsetzen des Ruhezustandes, desto effektiver ist die Strom-Ersparnis. Übertreiben Sie es mit der Ausweitung von der Standardvorgabe, so gibt Apple Ihnen eine Meldung, die den verschwenderischen Energieverbrauch anprangert.

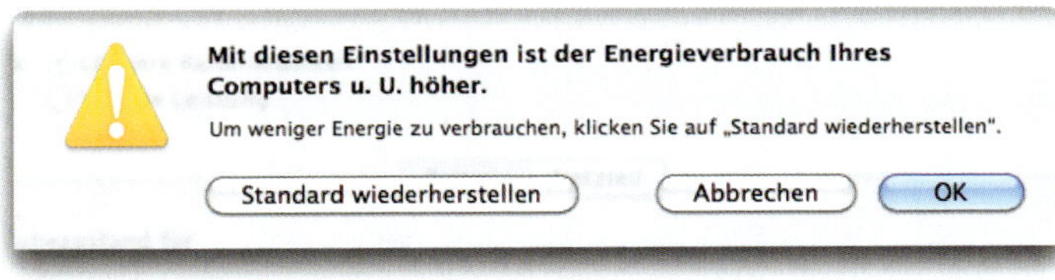

Nur nicht übertreiben …

Auf der anderen Seite sollten Sie aber auch beachten, dass ein ständiges Wecken des Computers ebenso wie ein fortwährendes Anfahren der Festplatte aus dem Ruhezustand mehr Strom verbraucht.

Als »Vorinstanz« des *Monitor-Ruhezustands* fungiert eigentlich der *Bildschirmschoner*, der ebenso den Bildschirm entlasten soll. Setzt der Ruhezustand vor dem Bildschirmschoner ein, so weist ein Signal-Dreieck (⚠) in der Systemeinstellung *Schreibtisch & Bildschirmschoner* darauf hin. Über eine eingeblendete Verlinkung zur Systemeinstellung *Energie sparen* können Sie die Zeiteinteilung nachregeln. Letztlich ist das alles halb so wild, doch suggeriert das knallgelbe Dreieck irgendwie Gefahr und – das halten wir einfach nicht aus …

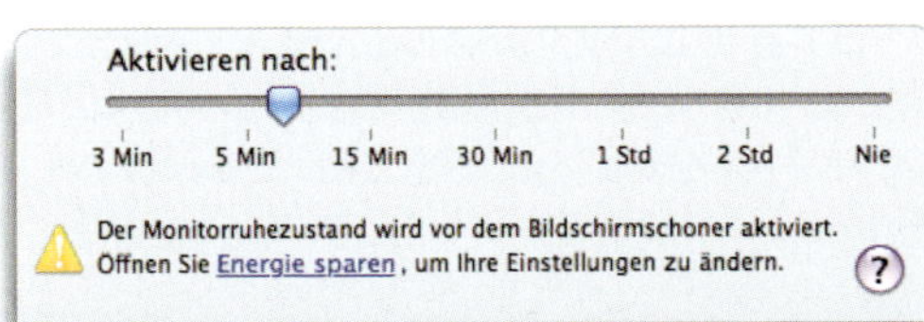

Wenn die Reihenfolge zwischen Bildschirmschoner und Ruhezustand des Monitors nicht stimmen, schlägt Mac OS X Alarm.

Bei einigen MacBook Pro-Geräten können Sie als Besonderheit zudem zwischen einem leistungsstarken und einem eher Strom sparenden Grafikprozessor wählen. Hierbei werden die MacBook Pro-Modelle mit dem integrierten NVIDIA GeForce 9400M-Prozessor und zusätzlich einem NVIDIA GeForce 9600M GT-Grafikprozessor (oder für künftige Geräteversionen noch besser) ausgestattet – Sie können also zwischen *Höhere Leistung* (mehr Stromverbrauch, dafür aber mehr zur Verfügung stehende Leistung für grafikintensive Arbeiten wie etwa Spiele …) und *Längere Batterielaufzeit* umschalten.

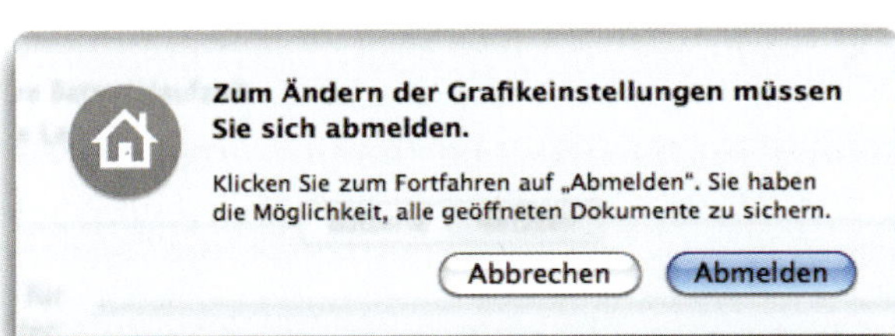

Möchten Sie bei »Grafik« zwischen »Längere Batterielaufzeit« und »Höhere Leistung« umschalten, so müssen Sie bei den Modellen mit zwei Prozessoren sich zuvor abmelden und wieder anmelden.

Sind die Details (Regler) geklärt, so können Sie sich den weiteren Optionen widmen. *Ruhezustand bei Netzwerkzugriff beenden* bezieht sich hierbei auf den Zugriff, wenn Ihr Mac in ein Netzwerk eingebunden ist. Bei Kontaktaufnahme von außen erwacht der Rechner daher automatisch aus dem *Ruhezustand.* Letztere Funktion steht bei Mac-Rechnern im Batterie-Betrieb nicht zur Verfügung, da eine Einbindung nicht möglich ist, sollten Sie beispielsweise im Flugzeug nach Tahiti sitzen.

Die weiteren Optionen beziehen sich auf den Ein-/Ausschalter ( ) – *Aktivieren des Ruhezustands über Ein-/Ausschalter ermöglichen* –, was nichts anderes bedeutet, als dass Sie kurz den betreffenden Knopf am Rechner (etwa iMac) drücken müssen, um Ihren Mac in den Ruhezustand zu versetzen.

Die Optionen *Helligkeit vor Aktivieren des Ruhezustands automatisch verringern* sowie *Bei dieser Stromquelle den Monitor leicht abdunkeln* (bei Batteriebetrieb wird die Helligkeit automatisch heruntergesetzt, um den Akku zu schonen) sind aus unserer Sicht klar formuliert. Auch das Verhalten nach einem Stromausfall (*Nach Stromausfall automatisch starten*) ist deutlich geregelt.

Möchten Sie den *Batterie-Status in der Menüleiste anzeigen* lassen, so setzen Sie in der entsprechenden Option einen Haken. In der Menüleiste wird nun ein Batterie-Symbol eingeblendet, über das Sie auf einen Blick stets alle wichtigen Faken im Blick haben (etwa ladend , leer , kaputt). Neigt sich die Akku-Kapazität ihrem Ende zu, so wechseln die schwarzen Ladezustands-Balken von schwarz ((3:09)) auf rot ((0:22)). Neben dem einfachen Batterie-Symbol lässt sich über die Option *Anzeigen* der Ladezustand auch mit zusätzlicher Zeit- oder Prozentangabe einblenden.

Der pflichtbewusste Laptopper hat alles im Griff und Blickfeld: der Batterie-Status mit seinen Anzeige-Optionen.

Bevor die Kapazität des Akku vollständig erschöpft ist und sich der Rechner in den verdienten Ruhezustand begibt, erhalten Sie eine Warnmeldung, dass es nun allerhöchste Zeit sei, dem Rechner wieder Nahrung aus der Steckdose zukommen zu lassen. Ist dem nicht so, fährt der Rechner herunter und gibt erst wieder eine Ton von sich, wenn Sie die Batterie mit Strom versorgen.

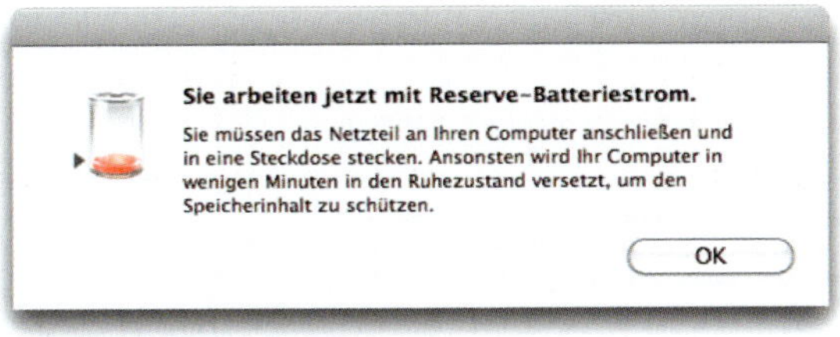

Jetzt aber zackig, sonst wird's dunkel am Mac.

Interessiert Sie das Thema »Batterie«, so hält Apple auf seinen Webseiten weitere und noch mehr in die Tiefe gehende Infos für Sie bereit. Der Link dazu lautet `www.apple.com/de/macbookpro/battery`.

Die »Krönung« der Systemeinstellung *Energie sparen* ist sicherlich der rechts unten liegende Button *Zeitplan…*, womit sich Start- und Ausschalt-Zeiten Ihres Mac bestimmen lassen. Mit *Starten oder Ruhezustand beenden* und der Festlegung von Tagen sowie der Uhrzeit setzen Sie dabei die Einschalt-Zeiten, mit *Ruhezustand aktivieren, Neustart* bzw. *Ausschalten* (je nach Wahl aus dem Popup-Menü) bestimmen Sie das entsprechende Ende der Laufzeit. Wichtig ist hierbei zu wissen, dass Sie beim Ausschalten als derjenige Benutzer angemeldet sein müssen, der die Eintragungen vornahm, da sich ansonsten der Rechner verweigert. Das Gleiche gilt auch für das Einschalten: Benutzen mehrere Anwender den Mac, so bleibt der Rechner natürlich am *Anmelde-Dialog* hängen und wartet auf das Einloggen. Als alleiniger Benutzer sollten Sie in den *Benutzer*-Systemeinstellungen und dort in den *Anmelde-Optionen* festlegen, dass der Mac Sie als Administrator automatisch anmeldet. Weiterhin muss zum Starten des Rechners bei Laptop-Modellen – bei iMac & Co. sowieso :-) – das Netzteil angeschlossen sein. Auf diese Weise finden Sie einen Arbeitsrechner vor, mit dem Sie sofort loslegen können.

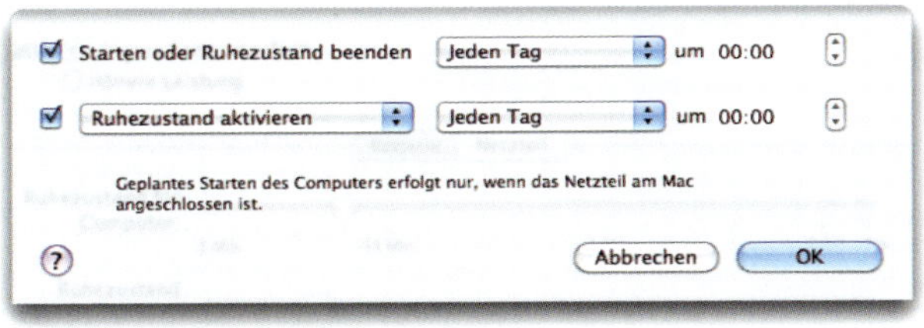

Der vollautomatische Arbeitsalltag hält dank »Energie sparen« und dem »Zeitplan« Einzug.

Monitore – für einen besseren Durchblick

Ohne geht's einfach nicht: Der Bildschirm ist mit die wichtigste Komponente im Arbeitsalltag, so dass Sie hier auf keinen Fall sparen sollten (verzichten Sie lieber auf Urlaub, Yacht und Porsche, als dass Sie Ihre Augen ruinieren). Je nach Bildschirm-Diagonale (gemessen in Zoll) stehen Ihnen hier unterschiedliche Auflösungen (also die Anzahl sowie Verteilung der Bild-Punkte/Pixel) zur Verfügung. Während Sie bei *CRT*-Monitoren (Bildröhre) ohne Weiteres die Auflösung wechseln können, ohne mit großen Qualitätseinbußen zu kämpfen, sieht das Ganze bei den TFT-Displays (den Flachbildschirmen) schon ein wenig anders aus. Bereits im Vorfeld sollten Sie abklären, wie viel Platz bzw. welche Auflösung Sie bevorzugen. Während 17- und 19-Zoll-Monitore eine Auflösung von circa 1280 x 1024 Pixel besitzen, bringen es größere Monitore auf wesentlich mehr: etwa 1600 x 1200 Pixel (20 Zoll), 1920 x 1080 Pixel (exotische 21,5 Zoll beim iMac) 1920 x 1200 (24 Zoll-Display) bis hin zu 2560 x 1440 Pixel (27-Zoll iMac) oder gar 2560 x 1600 Pixel (30-Zoll Apple Cinema HD Display). Bei den Displays des MacBook bzw. des MacBook Pro werden auf einer kleineren Bildschirm-Diagonale die Pixel ein wenig dichter verteilt – beim 17-Zoll-MacBook Pro bis zu 1920 x 1600 Pixel. Aus unserer Sicht kann es nie groß genug sein, denn die vielen Paletten und Fenster der Programme wollen schließlich irgendwo untergebracht werden.

Hoffentlich haben wir Ihnen nun kein schlechtes Gewissen gemacht, denn wie wir uns denken können, sitzen Sie bereits vor einem Monitor und bewundern die scharfe Text-Darstellung, die knackigen Farben der Bilder, das klasse Design sowie – bei einem Display mit Hochglanzanzeige (Glossy) – sich selbst :-).

Damit das alles wirklich so ist, sollten Sie in die Systemeinstellung *Monitore* einen Blick werfen, denn dort finden Sie die möglichen Auflösungen, die Anzahl der Farben sowie weitere Features, arbeiten Sie beispielsweise mit einem zweiten Monitor.

Die Systemeinstellung »Monitore« besteht aus den Reitern »Monitor« und »Farben«, über die Sie die Auflösung bestimmen sowie eine Kalibrierung vornehmen können. Je nach Bildschirm unterscheiden sich die angebotenen Optionen ein wenig.

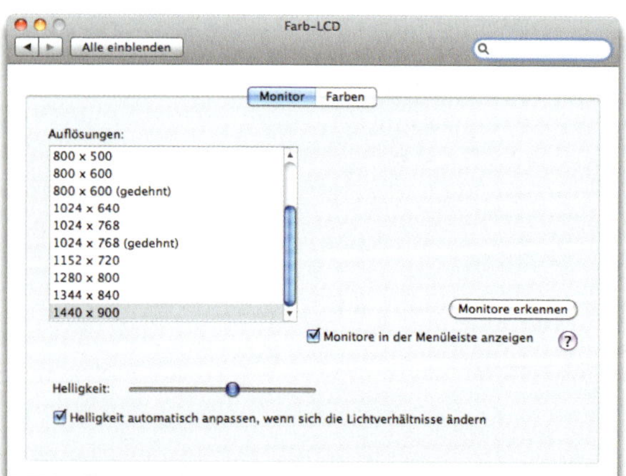

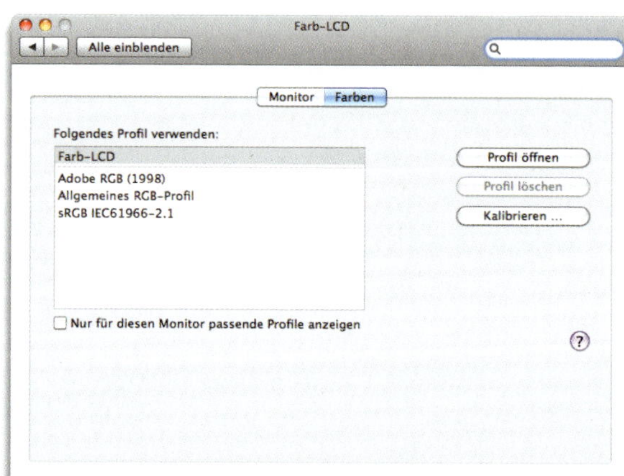

Unter *Auflösungen* finden Sie jene Werte, die Ihr Monitor unterstützt, wobei nicht jeder Wert ein gutes Bild verspricht. Die für TFT-Bildschirme bestimmte, so genannte native Auflösung ist mithin die beste Wahl, ist doch der Monitor dafür gefertigt (schauen Sie gegebenenfalls im Handbuch des Herstellers nach). Alle anderen beeinträchtigen die Bildqualität und erzeugen eine unscharfe, verwaschene Bild-Darstellung. CRT-Bildschirme kommen da ein wenig besser weg, ist die Qualität nicht ganz so schlecht und es lässt sich auch mit niedrigeren Auflösungen (und damit vergrößerter Darstellung) arbeiten, wobei die Ära der Bildröhre wohl langsam vorbei zu sein scheint.

Sollten Sie aus Versehen eine nicht unterstützte Auflösung bei Ihrem Monitor eingestellt haben und dieser nun schwarz sein, so brauchen Sie keine Panik-Attacken zu bekommen. Entweder er springt nach geraumer Zeit von selbst in den Ausgangszustand zurück (was ungemein beruhigt) oder Sie müssen einen kleinen Umweg gehen. Starten Sie Ihren Mac neu: Bei Laptop-Modellen bzw. bei Geräten mit Dritthersteller-Tastaturen mit Ein-/Ausschalttaste wählen Sie nacheinander *Befehlstaste*, *Controltaste* und *Ein-/Ausschalttaste* und halten Sie die Tasten dabei kurzzeitig gedrückt, bei den aktuellen iMacs drücken Sie so lange die *Ein-/Ausschalttaste*, bis er aus geht (danach schalten Sie ihn wieder ganz regulär ein). Nach dem Neustart-Gong drücken Sie wiederum sofort die *Umschalttaste* (⇧), bis der Anmelde-Dialog erscheint. Damit starten Sie Ihren Mac im so genannten *sicheren Systemstart*, was nichts anderes heißt, als dass das Betriebssystem nur mit den Apple-eigenen Standard-Einstellungen und System-Komponenten hochfährt. Wählen Sie dann wieder die Systemeinstellungen *Monitore* und berichtigen Sie Ihre Eingabe. Nach einem erneuten Neustart (ohne *Umschalttaste*) sollte nun alles wieder in Ordnung sein.

Möchten Sie wie eh und je schnell Änderungen vornehmen, so können Sie sich die Optionen auch über die Menüleiste (▭) anzeigen lassen, indem Sie einen Haken bei *Monitore in der Menüleiste anzeigen* setzen. Bei neueren MacBooks (Pro/Air) lässt sich weiterhin über einen Umgebungssensor die Helligkeit des Bildschirms regeln. Sofern Sie es also gerne wie von Geisterhand gesteuert haben und Laptop-Besitzer sind, so sollten Sie die Option *Helligkeit automatisch anpassen, wenn sich die Lichtverhältnisse ändern* aktivieren.

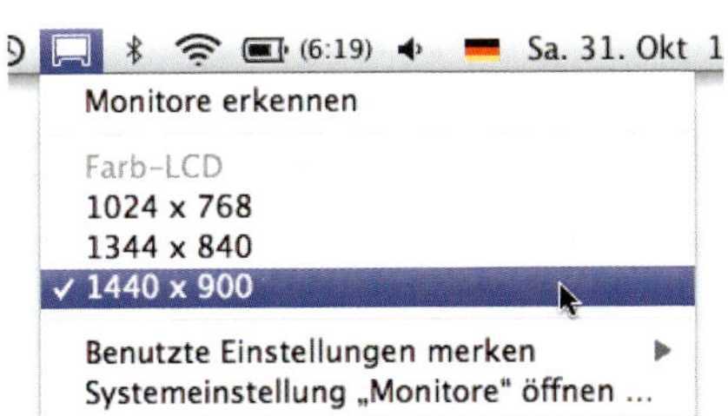

Aus der Menüleiste heraus lassen sich schnell Änderungen erledigen bzw. auf die Systemeinstellung »Monitore« zurückgreifen.

Im Reiter *Farben* nehmen Sie Einfluss auf die Farbdarstellung. Ist *Nur für diesen Monitor passende Profile* angehakt, so wird üblicherweise nur das für diesen bestimmten Monitor einzusetzende Profil (Farb-LCD, iMac etc.) aufgelistet, mit denen Sie standardisierte Werte für Rot, Grün, Blau, die Lichttemperatur etc. einsetzen. Ist diese Option dagegen ausgeschaltet, so werden eine ganze Reihe weiterer Profile zur Verfügung gestellt, die je nach Zweck die Bildschirm-Farben verändern.

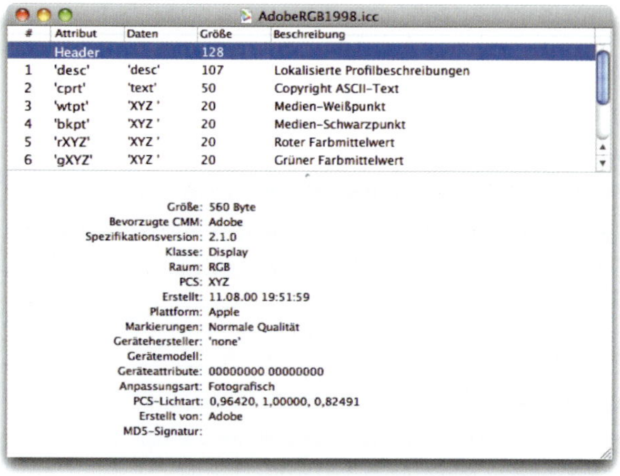

Farb-Profile dienen zur verbindlichen Farbdarstellung. Je nach Arbeitsgebiet stehen unterschiedliche Profile zur Verfügung, die in einem Workflow auf allen Monitoren einheitlich eingesetzt werden sollten. Klicken Sie auf »Profil öffnen«, so lassen sich auch die genauen Farb-Werte ablesen.

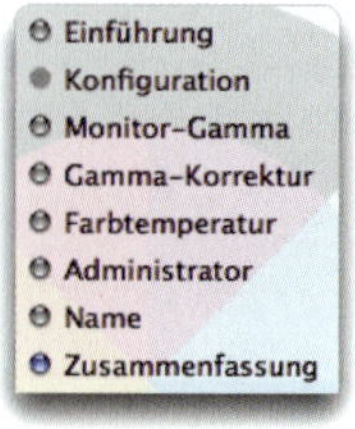

Lieben Sie es gerne professionell, so können Sie ein anderes Profil (etwa von Ihrem Arbeitgeber oder Ihrer Agentur) einladen, so dass beispielsweise die Farben auf Ihrem MacBook annähernd so erscheinen wie auf Ihrem Monitor im Büro. Oder Sie erstellen Ihr eigenes Profil, indem Sie auf *Kalibrieren* klicken und Ihren Monitor über einen Assistenten neu justieren. Hierzu werden *Helligkeit* und *Kontrast*, die *Gamma-Werte* und die *Farbtemperatur* eingestellt sowie über einen *Experten-Modus* weitere Anpassungs-Möglichkeiten zugeschaltet.

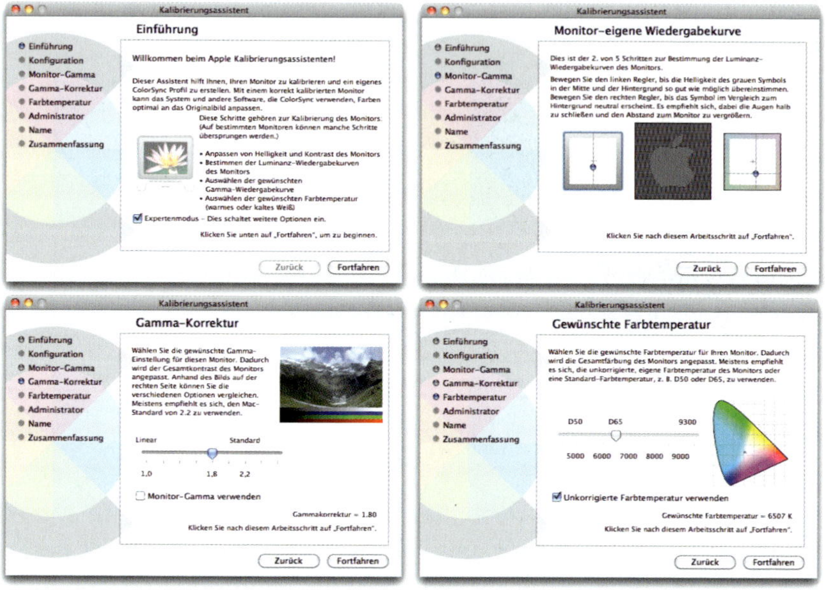

Die Stationen zum eigenen Profil – dank Assistent und erklärender Worte verliert die Thematik ihren Schrecken.

Die Profilierung über den *Kalibrierungs-Assistenten* dient in erster Linie für Bildröhren-Monitore. Sollten Sie einen Flachbildschirm besitzen, so sollten Sie beim Hersteller nachfragen, ob für diesen Typ spezielle Farb-Profile angeboten werden. Diese legen Sie dann in den

Profiles-Ordner in Ihrem Benutzer-Ordner (*Library/ColorSync/Profiles*). Nach einem Neustart sollten diese nun gewählt werden können.

Im Zuge von Snow Leopard wurde der *Gamma-Wert* (dieser bestimmt grob gesagt die Helligkeit des Displays) von bisher 1,8 auf 2,2 gesetzt, was ein insgesamt etwas dunkleres Bild ergibt. Apple erklärt diesen Schritt mit der Begründung, »den Anforderungen von Verbrauchern und Entwicklern digitaler Inhalte besser gerecht zu werden«. Wenn Ihre digitalen Fotos mit einem Profil (entweder händisch oder seitens der Kamera) versehen sind, so werden diese meist automatisch korrekt dargestellt. Markieren Sie eine Bild-Datei und wählen im Finder den Befehl *Ablage* | *Informationen* (⌘-I), so können Sie unter *Weitere Informtionen* das vergebene Profil einsehen. Ist keines vorhanden, so lässt sich das beispielsweise über das Programm *Vorschau* erledigen, indem Sie das Bild öffnen und dann über die Menüleiste *Werkzeuge* den Befehl *Profil zuweisen* aufrufen. Wenn Sie sich für weitere Informationen zum Thema »Gamma-Wert« interessieren, so finden Sie unter der Internet-Adresse `http://support.apple.com/kb/HT3712?viewlocale=de_DE` ein Support-Dokument von Apple.

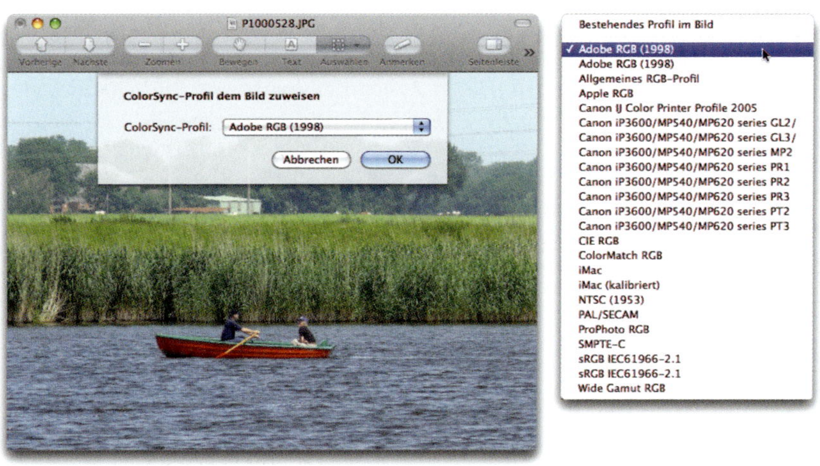

Über das Programm »Vorschau« lassen sich Bildern Profile zuweisen, damit diese korrekt wiedergegeben bzw. einheitlich (etwa in einem Workflow) ausgegeben werden können.

Aber die Systemeinstellung *Monitore* kann nicht nur einen Bildschirm steuern, sondern auch einen zweiten bzw. ein Fernsehgerät oder einen Projektor miteinbeziehen. Hierbei wird zwischen *Synchronisation* und der *Erweiterung des Schreibtisches* unterschieden. *Bildschirm synchronisieren* zeigt sowohl auf dem Hauptbildschirm als auch auf dem zusätzlich angeschlossenen Monitor dasselbe Bild, während bei der *Erweiterung des Schreibtisches* der zweite Bildschirm als zusätzliche Arbeitsfläche dient. So können Sie einen Hauptbildschirm bestimmen, indem Sie die *Menüleiste* (symbolisiert durch einen weißen Balken) auf diesen Monitor ziehen, der zweite kann nun links oder rechts davon angeordnet werden. Im Betrieb lassen sich so Paletten, weitere Ordner oder Fenster usw. auf diesen auslagern.

Während alle aktuellen Macs diese Erweiterung des Schreibtisches anbieten, lassen sich oftmals ältere Mac-Modelle selbst mit gutem Zureden nicht dazu bewegen. In diesen Fällen können Sie nur den Bildschirm synchronisieren.

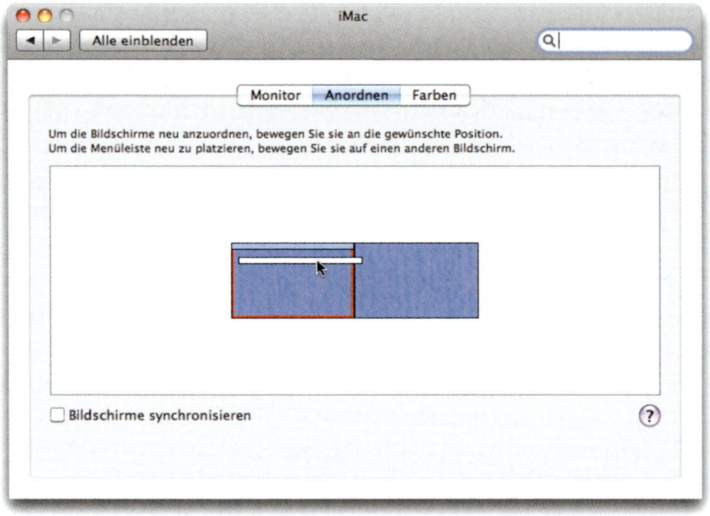

Wird ein zweiter Bildschirm angeschlossen, taucht in der Systemeinstellung der dritte Reiter »Anordnen« auf. Dieser erscheint jedoch nur, wenn Ihr Mac die Erweiterung des Schreibtisches unterstützt.

Auf manchen Tasturen – etwa den MacBook (Pro)-/PowerBook-Modellen – lässt sich über die Taste *F7* schnell zwischen *Bildschirmsynchronisation* und *zweiter Bildschirm* hin und her wechseln.

Ist die Option »Monitore in der Menüleiste anzeigen« aktiviert, lässt sich die Auflösung für beide Monitore getrennt dort einrichten.

Tastatur – auch Tippen will gelernt sein

Jeder Tastatur-Benutzer hat wohl so seine ganz eigene Technik, die Buchstaben auf den Monitor zu zaubern. Vom 10-Finger-System über flinke 2-Finger-Tipper bis hin zum langsamen Anfänger, der sich Taste für Taste durch den Buchstaben-Dschungel schlägt. Mit der Zeit eignet man sich jedoch die Fähigkeit an, die Tasten schnell und sicher zu bedienen. Nichtsdestotrotz bleiben Unterschiede wie die Härte des Tastatur-Anschlags sowie der Zeitraum, den die Finger auf den Tasten verharren (gemessen in Millisekunden). Wer nun mit der Apple-Tastatur nicht zurecht kommt, findet selbstverständlich eine stattliche Auswahl an Alternativ-Eingabegeräten, unter anderem von Logitech, Microsoft oder Macally.

Aber auch in unserer Systemeinstellung *Tastatur* können Sie Anpassungen vornehmen, wenn Sie beispielsweise des Öfteren Buchstaben im Doppel- oder gar Dreifach-Pack eintippen. Dies könnte unter anderem daran liegen, dass sowohl die *Wiederholrate* als auch die *Ansprechverzögerung* zu schnell sind, was bedeutet, dass Ihr Tipp-Stil eine »relativ« lange Verweil-Dauer auf einer Taste aufweist. Die Tastatur nimmt dies daher zum Anlass, öfter einmal mehrere gleiche Buchstaben einzugeben. Stellen Sie die Regler daher in Richtung *Langsam* bzw. *Lang*, so dürfte das Problem gelöst sein.

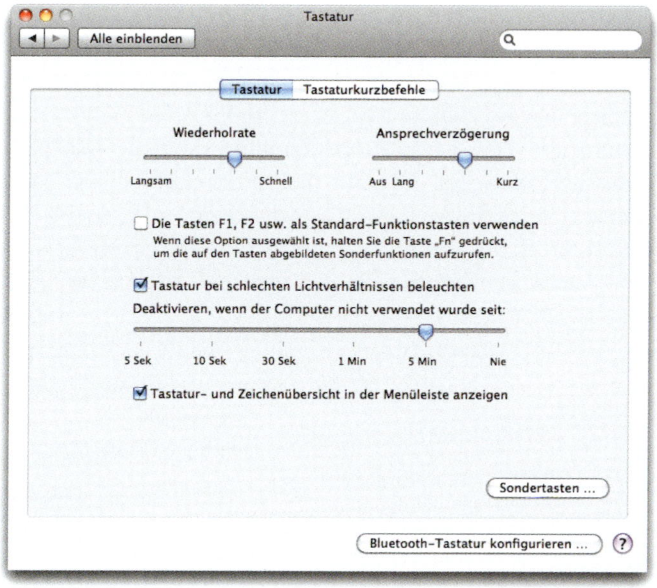

Wenn's mal wieder nicht klappt mit dem fehlerfreien Tippen – Wiederholrate als auch Ansprechverzögerung sind eindeutig Kandidaten zum Experimentieren.

Für jene, die einen Laptop ihr eigen nennen bzw. neuere Apple-Keyboards benutzen, ist die Option *Die Tasten F1, F2 usw. als Standard-Funktionstasten verwenden* gedacht. Da die Standardvorgabe über diese Tasten *Hardware-Funktionen* wie Bildschirmhelligkeit und Lautstärke auslösen, muss zum Anwenden von anderen, Software-eigenen Funktionen zusätzlich die *fn*-Taste gedrückt werden. Ist nun eben genannte Option aktiviert, so verhält es sich genau andersherum: Die Software wird über die *F-Tasten* gesteuert, bei Gebrauch der Hardware-Funktionen muss die *fn*-Taste hinzugezogen werden.

Für MacBook (Pro/Air)-Benutzer mit hintergrundbeleuchteter Tastatur ist die Option *Tastatur bei schlechten Lichtverhältnissen beleuchten* gedacht. Diese geniale Erfindung funktioniert richtig gut und erhellt bei Einsetzen der Dämmerung die Laptop-Tastatur. Das Ausschalten bei Inaktivität des Rechners geschieht über einen einzurichtenden Zeitraum über den Regler darunter.

Bei Fremd-Tastaturen (etwa aus der Windows-Welt) ist es manchmal angebracht, unter Berücksichtigung einer geänderten Anordnung die Sondertasten (*Befehlstaste*, *Wahltaste*, *ctrl-Taste* sowie *Umschalttaste*) neu zu definieren. Aber auch für ganz persönliche Zwecke lässt sich diese Funktion über den Button *Sondertasten…* einrichten. Vom Vertauschen bis hin zum Deaktivieren ist dort alles machbar, auch die Wiederherstellung des Standards wird angeboten.

Passiert es Ihnen auch manchmal, dass Sie aus Versehen die *Feststelltaste* (⇪) betätigen und erst wenig später bemerken, dass Sie alles in Großbuchstaben geschrieben haben? Diesem Dilemma können Sie beispielsweise entgehen, indem Sie über den Button *Sondertasten* der *Feststelltaste* die Funktion *Keine Aktion* verpassen.

Tastaturen aus Übersee, vom Taiwan-Höker (= Kleinhändler) oder ohne spezielle Treiber des Herstellers sind manchmal ebenso nicht ganz ohne, so dass der Computer diese nicht zuordnen kann oder die Tasten vertauscht sind. Hierbei ist Ihnen der *Tastatur-Assistent* behilflich, der meist sofort nach dem ersten Anschließen oder über den Button *Tastaturtyp ändern…* seinen Auftritt hat. Über die Abfrage der neben der *Umschalttaste* (⇧) liegenden Taste wird die Tastatur identifiziert und nach einer Verifizierung freigegeben.

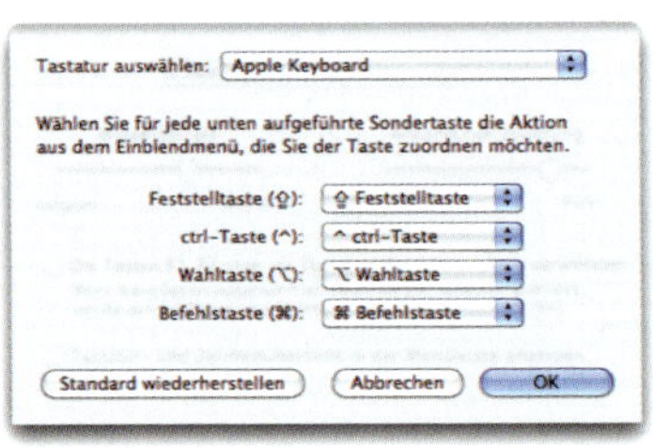

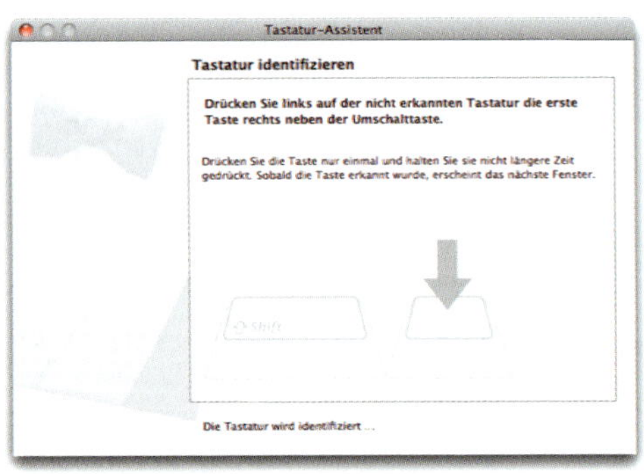

Sondertasten-Zuordnung (links) sowie der Tastatur-Assistent in Aktion.

Markenhersteller wie Logitech bieten zu ihren Tastaturen meist auch passende Treiber für das Mac OS X an. Nach dem Installieren finden Sie dann die entsprechenden Konfigurationsmöglichkeiten ebenfalls in den *Systemeinstellungen*, dort jedoch in der unten stehenden Abteilung *Sonstige*.

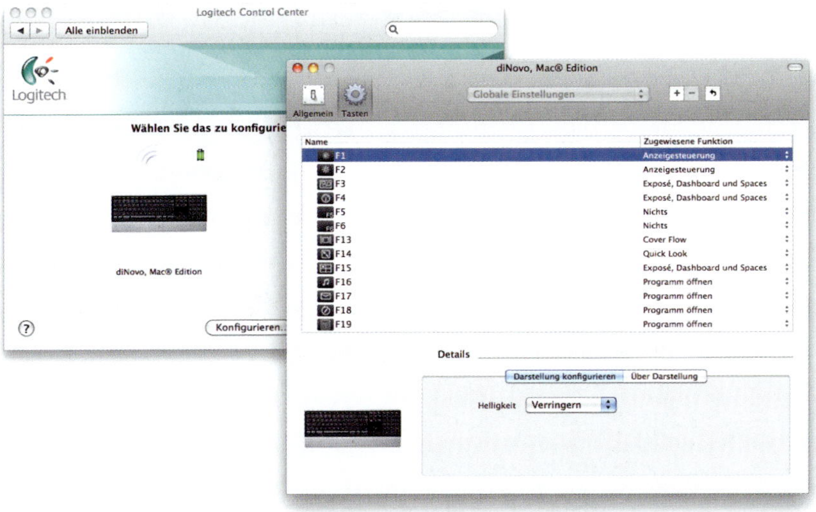

Mit den entsprechenden Treibern lassen sich auch Fremd-Tastaturen komfortabel einrichten.

Möchten Sie nachträglich etwa die *Wireless*-Variante der Apple-Tastatur konfigurieren, so sollten Sie diese einschalten und dann auf den Knopf *Bluetooth-Tastatur konfigurieren* klicken.

Wenn sich Tastatur und Mac erkennen, wird die Bluetooth-Verbindung hergestellt, indem ein Code eingegeben werden muss. Danach kann die Wireless-Tastatur in der Systemeinstellung angepasst werden.

Der zweite Reiter im Bunde nennt sich *Tastatur-Kurzbefehle*. In diesem Dialog finden Sie eine Aufstellung aller möglichen Befehls-Kombinationen über die Tastatur, indem Sie die einzelnen Rubriken wie etwa *Dashboard & Dock*, *Tastatur & Texteingabe* etc. anklicken. Über einen Doppelklick auf den bereits eingetragenen *Kurzbefehl* kann dieser nun geändert werden. Gibt es

Überschneidungen – sprich haben Sie eine Tasten-Kombination vergeben, die schon für eine andere Funktion angedacht ist –, so wird dies wieder durch ein gelbes Dreieck (⚠) gekennzeichnet. Entweder ändern Sie dann Ihre Vorgabe oder deaktivieren jene Funktion mit demselben Kurzbefehl, indem Sie den Haken aus der Checkbox (☑) per Mausklick entfernen.

Die Exposé-Funktion »Programmfenster« und »Spotlight« verwenden denselben Kurzbefehl, was Mac OS X gar nicht in den Kragen passt. Sie können nun gegensteuern, indem Sie entweder eine der beiden Funktionen deaktivieren oder den angemahnten Kurzbefehl ändern.

Über die *Plus*-Taste lassen sich weitere Kurzbefehle hinzufügen, wobei Sie bedenken müssen, dass Sie diese nur für vorhandene *Menübefehle* vergeben können. Wenn Sie also in einem bestimmten Programm für eine viel genutzte Funktion einen Tastaturbefehl vermissen (weil dieser schlichtweg nicht existiert), so lässt sich in diesem Fall ein Kurzbefehl erstellen. Klicken Sie also auf die *Plus*-Taste und wählen Sie aus dem Menü bei *Programm* die gewünschte Applikation. Danach müssen Sie den exakten Namen des Menübefehls eingeben und den *Tastatur-Kurzbefehl* kreieren. Nach einem erneuten Start des Programms steht nun dieser Befehl zur Verfügung. Auf diese Weise lassen sich auch bestehende Befehle verändern und die Bedienung Ihres Computers wird noch effektiver – vorausgesetzt, Sie kommen bei der Flut an Tasten-Kombinationen nicht durcheinander.

In unserem Beispiel haben wir in »iTunes« dem Menübefehl »CD-Cover laden« den Kurzbefehl »⌘-D« verpasst. Und wirklich: Wo woher kein Befehl stand, ist nach der Überarbeitung nun unsere Tasten-Kombination zu bewundern.

In der linken Spalte finden Sie weiterhin den Punkt *Dienste.* Dabei handelt es sich um Funktionen, die in allen Programmen von Apple zusätzliche Features anbieten. Die Auflistung der angebotenen *Dienste* finden Sie grundsätzlich im *Programm*-Menü der jeweiligen Anwendung. Je nach Tätigkeit oder geöffnetem Dokument lassen sich so neben den Standard-Befehlen beispielsweise Notizen erstellen, Schriften exportieren, ausgewählter Text als E-Mail versenden und so weiter. Fehlt Ihnen hingegen die ein oder andere sinnvolle Funktion, so können Sie diese – wenn passend – über die Dienste innerhalb der *Tastaturkurzbefehle*-Abteilung freischalten.

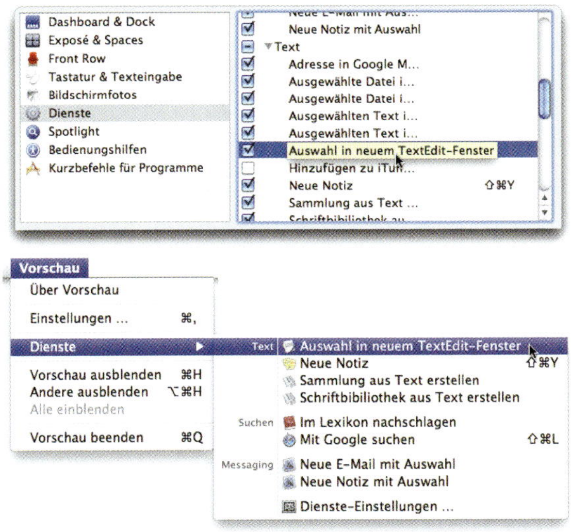

Nach dem Aktivieren des Dienstes »Auswahl in neuem TextEdit-Fenster« lässt sich beispielsweise Text, der in einem PDF über das Programm »Vorschau« markiert wurde, problemlos in der Text-Anwendung »TextEdit« weiterverarbeiten.

Ganz unten in der Systemeinstellung *Tastaturkurzbefehle* stellen Sie dann noch die Vorgehensweise beim Drücken der *Tabulator-Taste* (⇥) ein. In Fenstern springen Sie so von einem Objekt der Reihe nach zum Nächsten, während Sie in Dialogen jene Felder auswählen, die eine Text-Eingabe erfordern. Mit *Alle Steuerungen* werden bei Dialogen sämtliche Buttons miteinbezogen, die eine Funktion innehaben. Ist ein Button ausgewählt, brauchen Sie nur den *Zeilenschalter* (↩) zu drücken, um diesen auszulösen.

Die Maus richtig konfigurieren

Ob Geschwindigkeit der *Zeigerbewegung*, das *Scrollen* oder des *Doppelklick-Intervalls* – hier sind Sie richtig. Über die Regler stellen Sie die gewünschten Werte ein, bei den Scroll-Optionen bestimmen Sie, ob die kleine Kugel der *Apple Mouse* (vormals *Mighty Mouse*) deaktiviert, *nur vertikal, vertikal und horizontal* oder gleich die vollen *360 Grad* scrollen soll. Jene Funktion, die auf Klick auf die Maus-Kugel ausgelöst werden soll, bestimmen Sie über das Popup-Menü, das umfangreiche Optionen anbietet.

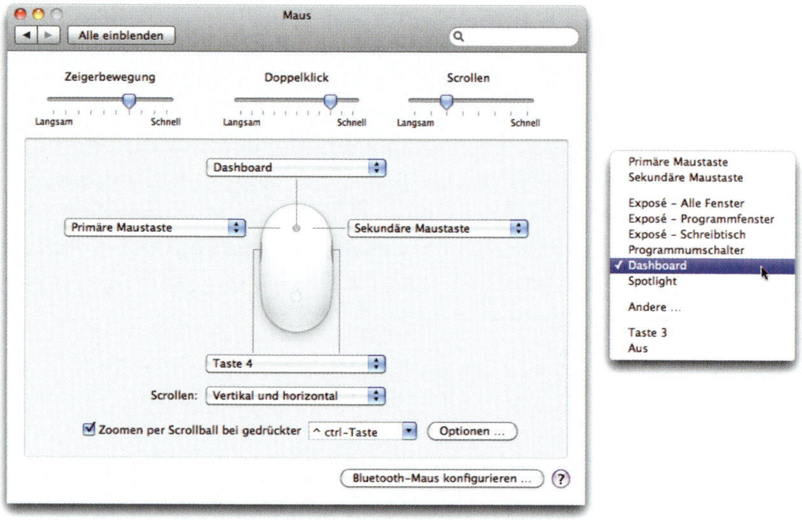

Die vielfältigen Einstellungen für die »Apple Mouse«. Für jede Taste lässt sich gesondert eine Funktion festlegen, wobei die linke Taste üblicherweise für den normalen Mausklick (Primäre Maustaste) reserviert ist, die rechte hingegen das Kontext-Menü (Sekundäre Maustaste) aufruft.

Die unten stehende Option *Zoomen per Scrollball bei gedrückter ctrl-Taste* (bzw. *Befehls-* oder *Wahltaste* – je nach Wunsch) lässt den aktuellen Bildschirm-Ausschnitt vergrößern, wenn Sie den Scrollball (oder auch das Mausrad eines anderen Herstellers) bewegen. Über die nebenstehenden *Optionen* lässt sich weiterhin das Verhalten dieses vergrößerten Ausschnitts bestimmen, ob sich dieser ständig mit dem Mauszeiger mitbewegen soll oder ob er sich nur navigieren lässt, wenn der Mauszeiger den Bildrand erreicht. Diese Funktion sollten Sie einfach einmal ausprobieren, denn wer einen großen Bildschirm besitzt, wird wohl weniger in Versuchung kommen, damit zu arbeiten. Für alle anderen lässt sich damit etwa eine DVD-Ansicht ohne schwarze Ränder erreichen, auch wenn hinzugefügt werden muss, dass die Bildqualität auf jeden Fall ein wenig vermindert wird.

Der ganz unten stehende Knopf *Bluetooth-Maus konfigurieren* ist für diejenigen interessant, die Apples schnurlose *Magic Mouse* mit dem Mac verbinden möchten. Wird darauf geklickt, so wird augenblicklich nach dem »Blauzahn-Nager« gesucht. Wird *Bluetooth* fündig, so zeigt es den Namen an und über *Fortfahren* bekommt die Systemeinstellung *Maus* eine neue, auf die *Magic Mouse* angepasste Oberfläche.

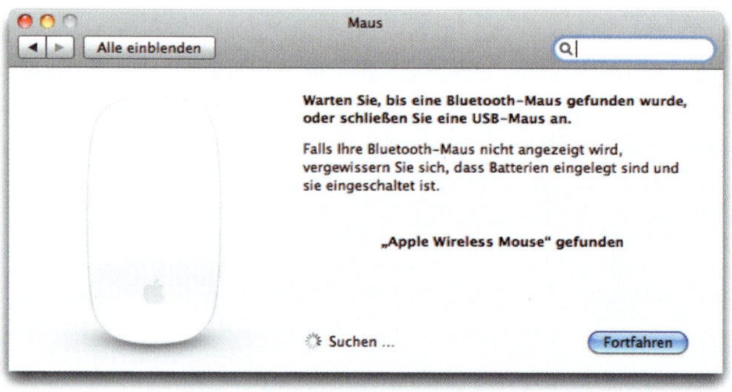

Nachdem die Magic Mouse geortet ist, dauert es noch ein kleines Weilchen ...

... bis die dazu passende Oberfläche der Systemeinstellung aufgerufen wird.

Der Unterschied zur normalen Maus: Anstatt eines mechanischen Scroll-Balls oder -Rades erledigen Sie nun alle Bewegungen des Mauszeigers wie auf einem Trackpad – einzig das Klicken klingt noch nach echter »deutscher« Mechanik. Fahren Sie nun mit dem Mauszeiger über die einzelnen Menüpunkte, so bekommen Sie die jeweilige Erklärung absolut jugendtauglich (mit Hilfe von bewegten Bildern) aufbereitet: Mit welchem Klick soll also das Kontext-Menü (der Sekundärklick) aufgerufen werden? Soll das Scrollen mit Nachlauf geschehen (Sie schubsen sozusagen per Fingerstreich den Inhalt eines Fensters an)? Dazu gibt es wieder die Vergrößerung des Bildschirms mit gedrückter *ctrl*-Taste und dem Streichen eines Fingers über die berührungsempfindliche Oberfläche sowie das Blättern über den Zweifinger-Wisch innerhalb von Fenstern oder beispielsweise durch eine Bilder-Diashow in *iPhoto*.

Selbstverständlich lassen sich auch Mäuse von Drittherstellern an den Mac anschließen. Sie sollten sich jedoch vorher genau erkundigen, ob die Treiber-Software Mac OS X-kompatibel ist und auch unter *Snow Leopard* korrekt funktioniert. Meist finden Sie nach der Installation der Treiber eine neue Systemeinstellung vor, die wieder in der Abteilung *Sonstige* liegt. Wird eine »fremde« Maus angeschlossen, so wird dies kurz am Bildschirm angezeigt. In der dazugehörigen Systemeinstellung lassen sich nun ebenso Tasten und Mausrad konfigurieren.

Denken Sie immer daran: Benutzen Sie die (Mehr-Tasten-)Maus eines Fremdherstellers, so wird diese über eine eigene Systemeinstellung (zum Beispiel »Logitech Control Center«) konfiguriert.

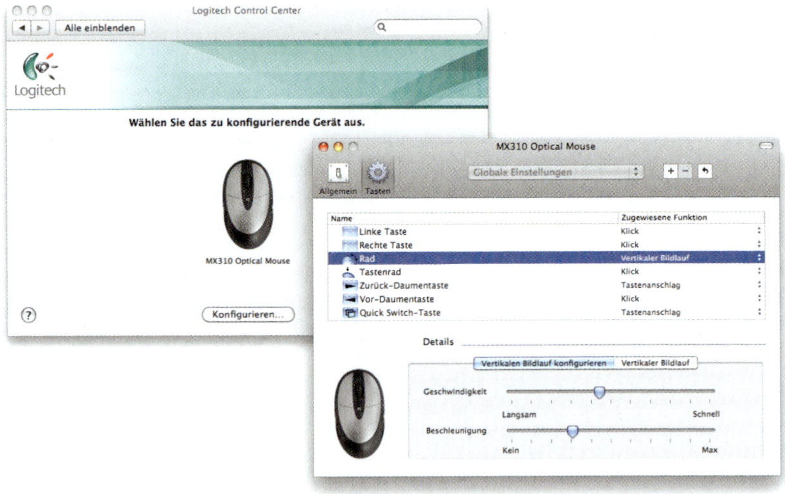

Trackpad – Multi-Touch-Feeling par excellence

In der Abteilung *Trackpad* dürfen sich nun die Besitzer von Desktop-Rechnern zurücklehnen (und sich ärgern?), denn diese Funktion ist nur für MacBook (Pro/Air)-Anwender von Interesse. Das *Trackpad* dient als Maus-Ersatz und wird über die Finger bedient, indem Sie die unterhalb der Tastatur liegende Oberfläche damit überfahren. Sobald Kontakt besteht, wird die Bewegung des Fingers über die berührungsempfindliche Fläche übernommen – der Mauszeiger wandert in die vorgegebene Richtung. Weiterhin ist auch das »Mausklicken« möglich, indem Sie die *Trackpad*-Taste drücken bzw. mit dem Finger auf das Trackpad klopfen (dazu muss jedoch die Option *Klick durch Tippen* aktiviert sein). Neben dem Doppelklick zum Öffnen einer Datei oder eines Ordners (zwei Mal auf das Trackpad tippen bzw. die Trackpad-Taste drücken) ist auch das Bewegen von Objekten möglich (Optionen *Bewegen* und *Bewegen einrasten*). Hierbei tippen Sie ebenso zwei Mal auf das Objekt, wobei Sie beim zweiten Tipper den Finger auf dem *Trackpad* ruhen lassen. Nach dem Bewegen des Objekts wird der Festhalte-Zustand automatisch oder über einen weiteren Tipper aufgehoben (je nach Einstellung). Die Schnelligkeit der *Zeigerbewegung* sowie des *Doppelklick-Intervalls* werden über die beiden oben liegenden Regler bestimmt.

Mit dem Multi-Touch-Trackpad sind weitere technische Innovationen hinzugekommen, beispielsweise das horizontale wie vertikale Scrollen in Fenstern und Ordnern mit zwei Fingern. Wie schnell sich dabei der Inhalt bewegt, stellen Sie über den dazugehörigen Regler *Geschwindigkeit beim Scrollen* ein. Aber auch das Drehen von Bildern, das Vergößern und Verkleinern über Daumen und Zeigefinger, das Aufrufen des Kontext-Menüs über den »Tipp« mit zwei Fingern und noch vieles mehr sind möglich.

Das Trackpad ist nicht jedermanns Sache. Geübte Trackpad'ler schwören jedoch auf dieses Stück Technik, während die anderen lieber eine externe Maus verwenden.

Die Systemeinstellung *Trackpad* macht es Ihnen besonders leicht, die vielfältigen Funktionen kennenzulernen. Sie brauchen dabei nur den Mauspfeil über eine Option zu parken, so dass diese durch einen weißen Balken hervorgehoben wird. Eine Sekunde später beginnt das »Kino« rechts daneben und zeigt die Funktionsweise anhand eines Filmbeitrages auf.

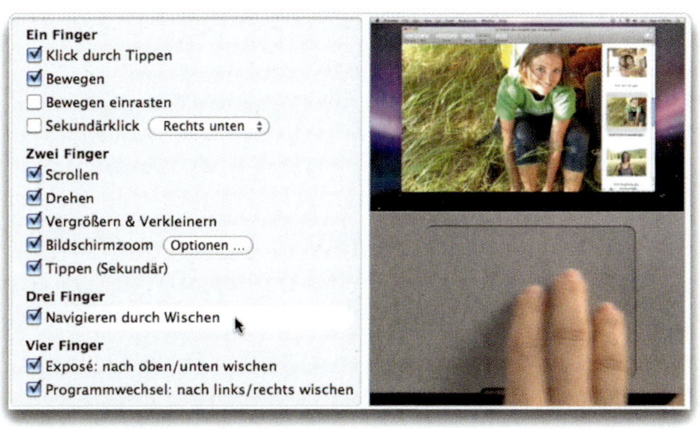

Trackpad-Möglichkeiten in Form von Filmen – da können selbst RTL und Pro Sieben nicht mithalten (in Sachen Bildung ...).

Der Ton macht die Musik

Der gute Ton sollte sich nicht nur auf die zwischenmenschlichen Beziehungen beschränken, denn auch Ihr Computer will hier mitmischen. Dass dieser ab und an auch Geräusche von sich gibt, haben Sie sicherlich schon mitbekommen, denn das beginnt bereits beim Einschalten. Während sich der Gong beim Neustart bislang nicht beeinflussen ließ, ist das nun anscheinend unter Snow Leopard möglich. Je nach Einstellung der *Gesamtlautstärke* ertönt der Startton mal lauter, mal leiser, und wird gar die Option *Ton aus* aktiviert, so verstummt er ganz – dies ist zumindest unsere Erfahrung. Als zu-

sätzliche Unterstützung können Sie allerdings auch einen Kopfhörer oder externe Lautsprecher an den optisch-digitalen Audioausgang (🎧) anschließen, um so den Tonausgang zu blockieren.

In der Systemeinstellung *Ton* finden Sie drei Reiter, über die Sie die Warntöne nach Wunsch bestimmen sowie allerlei andere Toneffekte aktivieren können (beim Löschen von Objekten, beim Entleeren des Papierkorbs usw.). In der Abteilung *Toneffekte* legen Sie hierbei fest, welcher Warnton der Ihrige sein soll. Über das Anklicken der Sounds hören Sie den Ton und können dann entscheiden, ob er eher nervt oder seinen Zweck erfüllt. Je nachdem, ob Sie die internen Lautsprecher Ihres Rechners oder externe verwenden, ändert sich die Anzeige bei *Toneffekte abspielen über: Kopfhörer* (gilt auch für externe Lautsprecher) oder *Interne Lautsprecher*.

Hier spielt die Musik – Warntöne en masse sowie die Steuerung der Lautstärke.

Die *Warnton-Lautstärke* sowie die *Gesamtlautstärke* lassen sich getrennt voneinander regeln, wobei der Warnton die eingestellte *Gesamtlautstärke* nicht übertreffen kann. Möchten Sie die vielen *Toneffekte* hören, die manche Funktionen auslösen, so aktivieren Sie die Option *Toneffekte der Benutzeroberfläche verwenden*. Die Option darunter (*Beim Ändern der Lautstärke Ton abspielen*) spielt Ihnen jeweils beim Ändern der Regler den Ton in der gewählten Lautstärke vor, so dass Sie diese genau überprüfen können. Die dritte Option – *Front Row-Toneffekte verwenden* – erleben Sie nur, wenn Sie besagtes Programm zur Multimedia-Präsentation starten. Beim Bewegen durch die Medien-Auswahl bzw. Bestätigen einzelner Punkte werden Geräusche abgespielt, die natürlich nicht jedermanns Geschmack sind. Wen es nervt, der deaktiviert sie einfach (mehr zu *Front Row* im Programme-Kapitel). Ganz unten können Sie dann wieder einen weiteren Punkt der Menüleiste hinzufügen (*Lautstärke in der Menüleiste anzeigen*), der sich in Form eines Lautsprecher-Symbols (je nach Lautstärke: 🔈 bis 🔊) als *Lautstärke-Regler* zu erkennen gibt.

Über die (Ton-)*Ausgabe* (zweiter Reiter) lassen sich ebenso externe Quellen einrichten und auswählen. Lautsprecher oder Kopfhörer, die Sie in den integrierten *Kopfhörer-Anschluss* bzw. den *optischen Audioausgang* (🎧) einstecken, werden meist sofort erkannt, indem diese die internen Lautsprecher deaktivieren. USB-Geräte müssen Sie hingegen nach dem Anschluss in diesem Dialog auswählen. Weiterhin bestimmen Sie dort die *Balance* sowie die *Gesamtlautstärke* bzw. können den Ton ganz ausschalten.

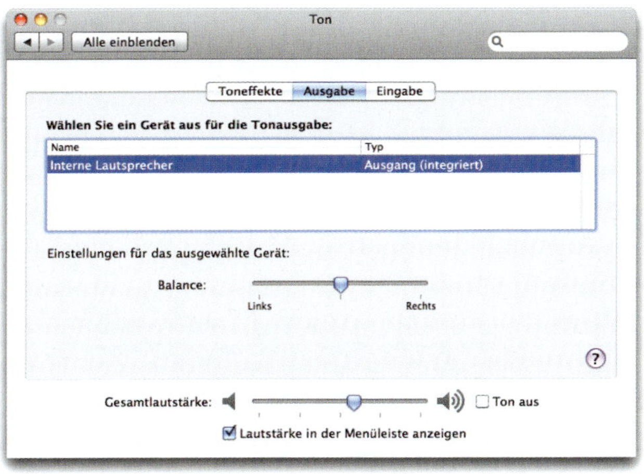

Hier spielt auch die Musik – allerdings eher für externe Geräte.

Der dritte Reiter im Bunde nennt sich *Eingabe.* Dort steuern Sie sowohl das interne Mikrofon als auch ein Line-level-Mikrofon (*Line Level* steht für »Signalstärke«), das über den optisch-digitalen Audioeingang (⧓) angeschlossen werden muss, über den *Eingangspegel* bzw. den Regler für *Eingangslautstärke.* Dieser Regler ist dafür zuständig, dass aufgenommene Sprache oder Musik nicht zu laut oder gar verzerrt in den Computer gelangt. Im Zweifel senken Sie also den *Eingangspegel* ein wenig ab und probieren es erneut.

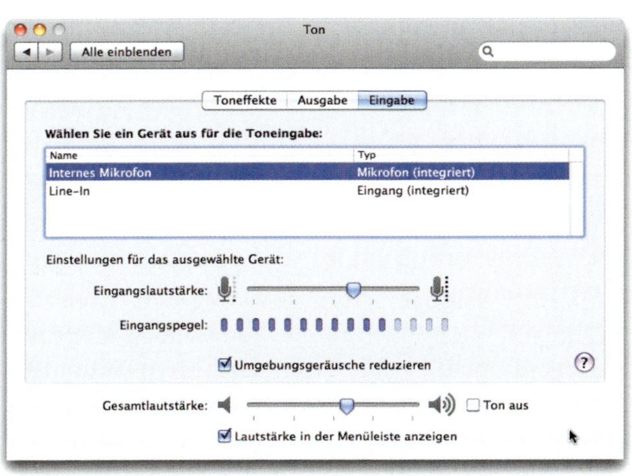

Die Schaltzentrale zur gelungenen Aufnahme.

Möchten Sie ein Mehrkanal-Lautsprecher-System einrichten, so benutzen Sie dafür das Programm *Audio-MIDI-Setup*. Sie finden es in Ihrem *Programme*-Ordner und dort im Ordner *Dienstprogramme*. Über diese Applikation können Sie für jeden Kanal einen gewünschten Lautsprecher auswählen.

Auch an die Kino- und Hifi-Enthusiasten wurde dank Audio-MIDI-Konfiguration gedacht.

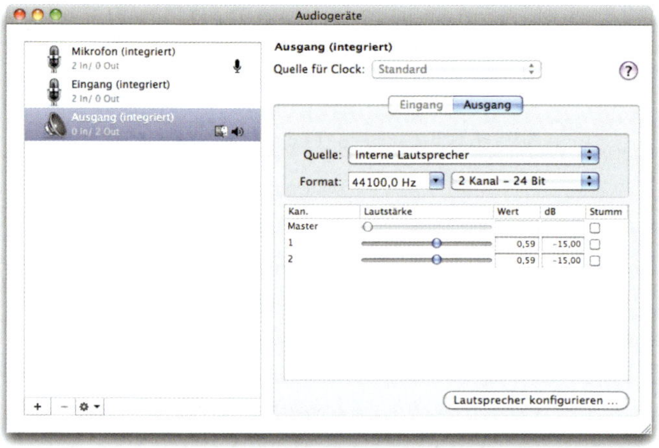

MobileMe – Synchronisieren und mehr

Der *MobileMe*-Service von Apple – in früheren Zeiten *.Mac* genannt – ist im Vergleich zu Free-Mailern oder sonstigen Diensten nicht ganz billig (79 Euro), wartet aber im Gegenzug mit allerlei Goodies auf. Neben der Möglichkeit, sich weltweit und auf jedem zur Verfügung stehenden Computer einzuloggen und auf seine E-Mails, Adressen und Kalender-Einträge zurückgreifen zu können, erhalten Sie weiterhin die virtuelle Festplatte *iDisk*, auf der sich beispielsweise Daten zum Austausch oder auch nur als Sicherungskopie ablegen lassen. Zudem bekommen Sie eine E-Mail-Adresse à la *mustermann@me.com* und können in Zusammenarbeit mit *iPhoto*, *iMovie* & Co. schön designte Web-Galerien ins Web stellen. Auch als iPhone-Benutzer werden Sie die helle Freude an diesem Dienst haben, den per so genannter *Push-Technologie* werden etwa ankommende Mails, neue Kontakte oder auch Ihre Kalender-Eintragungen automatisch auch auf Ihren Mac (und sogar auf Ihren PC, wenn es denn sein muss) transferiert. Und sollten

Sie einmal Ihr wertvolles Stück verlieren, so lässt es sich dank *MobileMe* auf einer Karte orten und hoffentlich finden. Auch eine Fernlösch-Funktion steht zur Verfügung, so dass im Falle eines Diebstahls (ja, die Welt ist manchmal auch schlecht) der Bösewicht nicht Ihre Daten weiterverwenden kann.

Um in den Genuss dieser Services zu kommen, müssen Sie sich zuerst anmelden und Ihre Adress-Daten hinterlegen. Für diejenigen, die dem vorschnellen Konsum kritisch gegenüber stehen, lässt sich auch ein Probe-Account einrichten, der Ihnen 60 Tage zum ausgiebigen Testen einräumt. Ausfüllen müssen Sie auf jeden Fall die Formulare, in denen Adresse und Zahlungsmodalitäten (Angabe der Kreditkarten-Nummer) abgefragt werden. Kurze Zeit später erhalten Sie dann eine E-Mail von Apple, die Ihnen die erforderlichen Einwahl-Daten – Mitgliedsname (entsprechend des *MobileMe*-Benutzernamens) und Kennwort – übermittelt.

Die Webseite von Apple zu MobileMe – wer da ein wenig herumstöbert, der möchte mit Sicherheit mitmischen. Wer auf »Gratis testen« klickt, muss ein wenig Bürokratie über sich ergehen lassen, bekommt aber dafür einen ausgleichenden Gegenwert in Form von 20 Gigabyte Speicherplatz für E-Mail und die virtuelle iDisk für 60 Tage zum kostenlosen Ausprobieren.

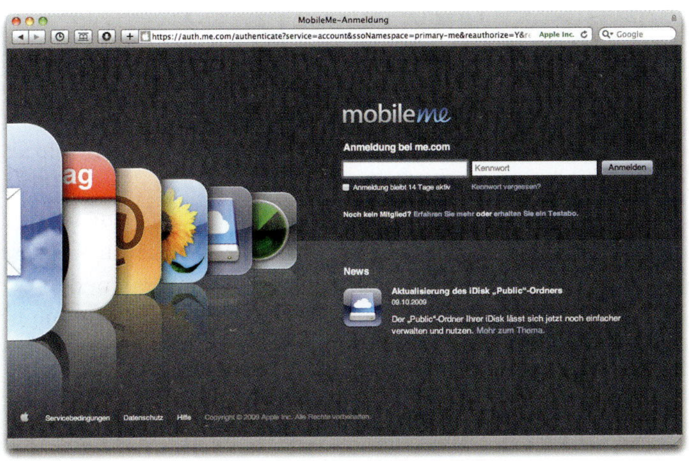

Nach der Anmeldung über Mitgliedsname und Kennwort ...

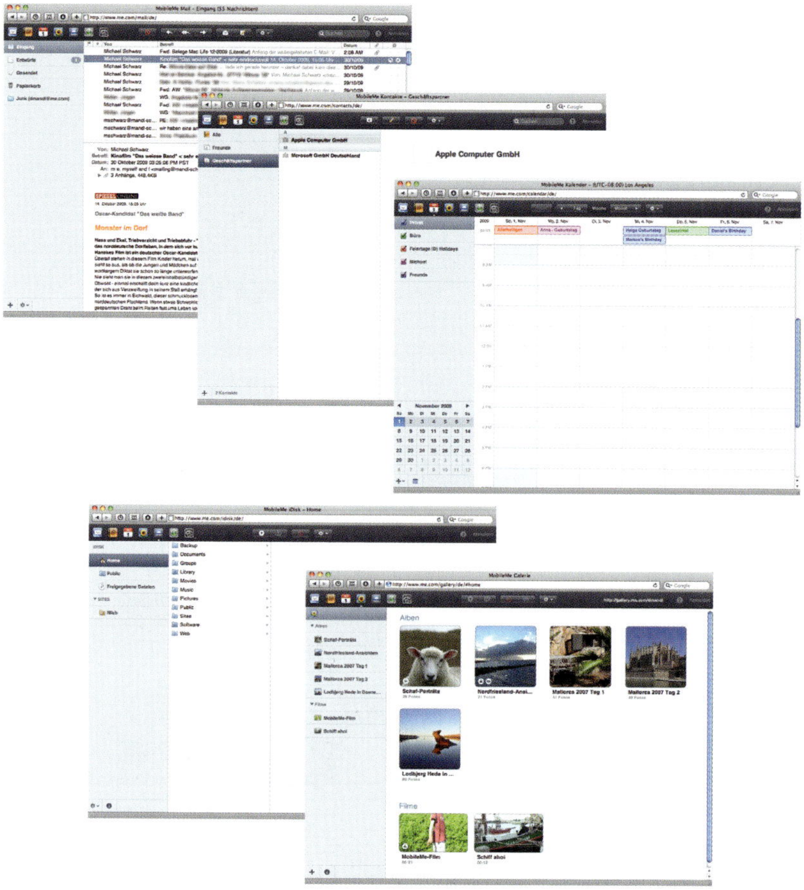

... gelangen Sie zu den verschiedenen Anwendungen, die eine starke Ähnlichkeit mit den korrespondierenden Programmen von OS X Snow Leopard aufweisen.

Sind Ihre Daten uptodate und Sie mal wieder auf einer Ihrer großen Reisen, so brauchen Sie nur auf einem Internet-fähigen Computer die URL `www.me.com` einzugeben und sich unter Ihrem Mitgliedsnamen und Kennwort einzuloggen. In wenigen Sekunden können Sie E-Mails versenden und Ihren Post-Eingang überblicken, auf Ihr Adressbuch zurückgreifen, die Kalender-Einträge einsehen oder die weiteren Dienste in Anspruch nehmen.

Öffnen Sie danach die Systemeinstellung *MobileMe* und klicken auf die Rubrik *Account*, so finden Sie dort Ihre bereits eingetragenen Daten. Über den Reiter *Sync* legen Sie letztendlich fest, welche Daten zwischen Computer und dem *MobileMe-Account* abgeglichen werden sollen. Zur Verfügung stehen beispielsweise die Applikationen *Kalender (iCal)*, *Kontakte (Adressbuch)*, *Dashboard-Widgets*, Ihre *Lesezeichen* in *Safari*, Ihre *Mail-Accounts* sowie die im Programm *Mail* eingetragenen Regeln, Signaturen, intelligenten Postfächer, Ihre Notizen sowie der Schlüsselbund, welcher die Verwaltung Ihrer Kennwörter übernimmt. Je nach Wunsch können Sie aus den genannten Rubriken wählen und jene dann aktivieren.

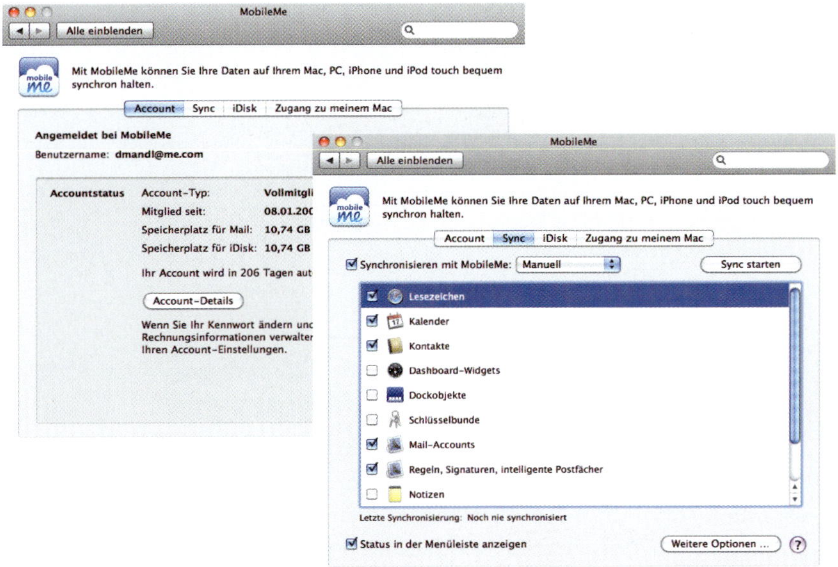

Der Reiter »Account« sowie die »Sync«-Rubrik zum Definieren der abzugleichenden Daten.

Ob die Synchronisierung *automatisch*, *manuell* oder in zeitlichen Abständen wie *stündlich*, *täglich* oder *wöchentlich* erfolgen soll, legen Sie über das Popup-Menü bei *Synchronisieren mit MobileMe* fest. Sie können jedoch jederzeit auch auf den Button *Sync starten* klicken, um einen sofortigen Abgleich zu erhalten. Beim Abgleich Ihrer Daten werden Sie beim ersten Mal gefragt, wie dieser vonstatten gehen soll, also welche Daten wohin und welche ersetzt werden sollen (sprich vom Computer zu *MobileMe* oder umgekehrt).

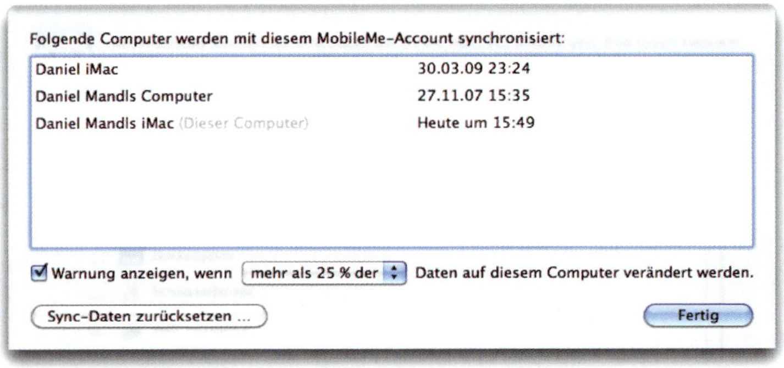

Haben Sie bereits mit anderen zur Verfügung stehenden Computern eine Synchronisation über MobileMe erledigt, so erhalten Sie über den Button »Weitere Optionen« der »Sync«-Rubrik einen Überblick darüber.

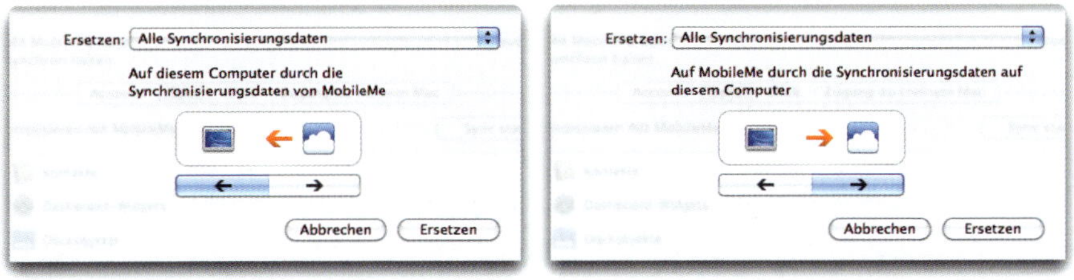

In welche Richtung soll's denn gehen?

Treten Probleme auf, so werden auch diese angemahnt. Mit Hilfe des »Konfliktlösers« können Sie in Ruhe entscheiden, ob die aktuellen Daten vom Rechner oder von MobileMe übernommen werden sollen.

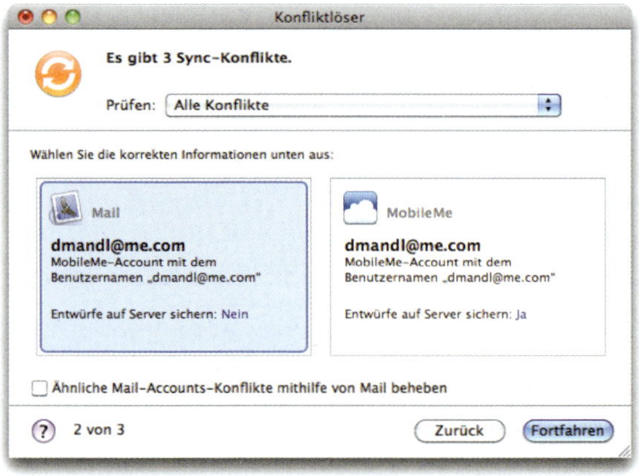

Befinden sich bereits Daten auf *MobileMe* (von Vorgänger-Rechnern) und synchronisieren Sie das erste Mal mit einem neuen Mac-Rechner, so sollten Sie alle Synchronisierungsinformationen dieses Computers mit den Synchronisierungsinformationen von *MobileMe* ersetzen lassen. Es werden dann sämtliche Daten in Windeseile auf Ihren neuen Rechner übertragen. Nach diesem ersten Transfer werden auch zukünftig alle gesammelten Daten miteinander abgeglichen – sprich neu eingetragene *iCal*-Informationen auf dem Mac werden nach *MobileMe* transferiert, während die bei einer Reise in *MobileMe* oder dem *iPhone* eingetragenen Adressen auf den Computer wandern. Und bitte lesen Sie sich beim Synchronisieren immer alle Dialoge genau durch, nicht dass Sie aus Versehen Ihre gesammelten Daten überschreiben.

Sowohl Ihr E-Mail-Account als auch Ihr virtueller Speicherplatz teilen sich 20 Gigabyte – jeder bekommt also 10 Gigabyte zugewiesen. Über den Reiter *iDisk* erhalten Sie einen schnellen Überblick, wie viel Platz bereits beansprucht wurde. Nach einer kurzen Rückfrage und dem Sammeln von Infos werden die Daten aktualisiert, so dass Sie immer auf dem Laufenden sind.

Die iDisk eignet sich hervorragend, um Freunden oder Kollegen Daten zum Austausch zu überlassen.

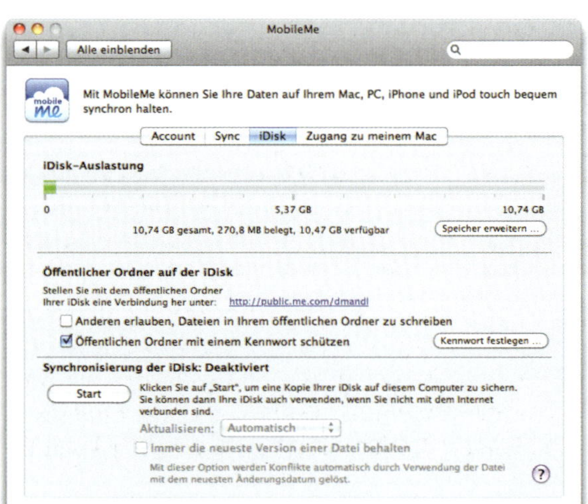

Bitte bedenken Sie, dass Sie für alle Transaktionen bzw. zur Abfrage von Informationen zum *MobileMe-Account* bzw. zur *iDisk* online sein müssen, da Ihr Rechner nur so auf Apples Server zugreifen kann. Einzige Ausnahme ist die Option *Synchronisierung der iDisk*. Klicken Sie auf den Button *Start*, wird eine genaue Kopie der *iDisk* auf Ihrer Festplatte angelegt, so dass Sie jederzeit – also auch offline – auf die Ordner zugreifen können. Erst in dem Augenblick, in dem Sie ins Internet gehen, werden die Daten auf den Apple-Server übertragen bzw. solche heruntergeladen. Auch hier sei erwähnt, dass eine schnelle Datenleitung via DSL anzuraten ist, da Download/Upload je nach Daten-Menge doch reichlich Zeit und Kapazität in Anspruch nehmen.

Den Zugriff auf die *iDisk* erreichen Sie über die Menüleiste *Gehe zu…* | *iDisk* | Untermenü *Meine iDisk* (⌘-⇧-I) bzw. per Klick auf das *iDisk*-Icon in einem *Finder*-Fenster. Das Fenster, das sich öffnet, kommt Ihnen sicherlich bekannt vor, da es – bis auf die englische Schreibweise der Ordner-Namen – haargenau Ihren regulären Ordnern unter Mac OS X entspricht. Und auch die Benutzung derselben lässt keinen Unterschied erkennen: Sie können neue Ordner anlegen, diese per Doppelklick öffnen oder ganz einfach Daten auf die Ordner ziehen, so dass diese hineinkopiert werden.

Die Ordner unterscheiden sich nicht vom normalen Mac OS X, so dass Sie sich wie Zuhause fühlen können.

Der Ordner *Public* (*Öffentlich*) ist übrigens jener, zu dem auch andere Mac-User über *Gehe zu…* | *iDisk* | Untermenü *Öffentlicher Ordner eines anderen Benutzers* nach Eingabe des Benutzernamens Zugang erhalten. Sie können also dort Daten hinterlegen, auf die ein Kollege jederzeit zurückgreifen kann, oder eben im umgekehrten Fall Dokumente abrufen, die beispielsweise ein Bekannter dort deponiert hat. Möchten Sie dennoch eine Sicherheitsbarriere einbauen, so tun Sie das ebenso in der Systemeinstellung *MobileMe* unter dem Reiter *iDisk*. In der Abteilung *Öffentlicher Ordner auf der iDisk* können Sie somit entscheiden, ob der Besucher nur lesen oder lesen und schreiben

(Option *Anderen erlauben, Dateien in Ihrem öffentlichen Ordner zu schreiben* aktivieren) darf bzw. ob der Zugang durch ein Kennwort gesichert werden soll. Setzen Sie dazu im vorgesehenen Kästchen bei *Öffentlichen Ordner mit einem Kennwort schützen* einen Haken (☑) und vergeben Sie ein Passwort (das im Übrigen nicht dem Ihres *MobileMe-Accounts* entsprechen darf). Bitte vergessen Sie jedoch nicht, dieses denjenigen mitzuteilen, die darauf zugreifen sollen.

Die Vergabe eines Kennwortes schützt vor unbefugtem Zutritt.

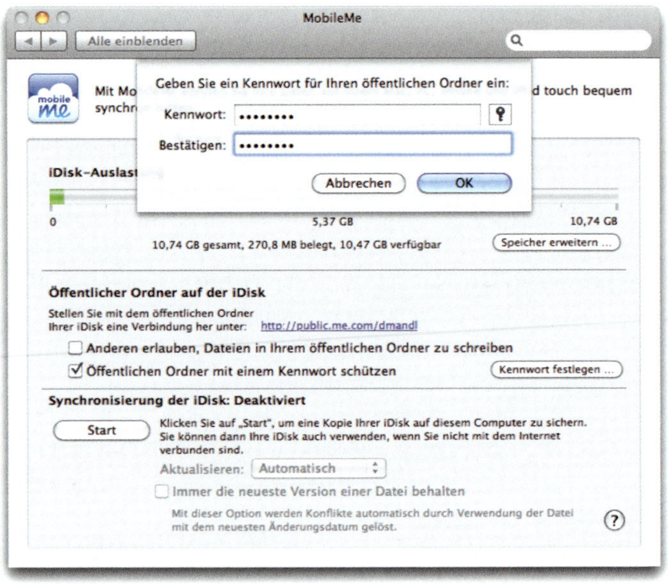

Nach der Wahl von »Gehe zu | iDisk | Öffentlicher Ordner eines anderen Benutzers« sowie der Eingabe des Mitgliedsnamens können Sie Daten in dessen »Öffentlichen Ordner« transferieren oder im Gegenzug herunterladen. Im Falle eines vergebenen Kennwortes muss dieses zuerst eingetragen werden, da ansonsten der Zugang blockiert wird.

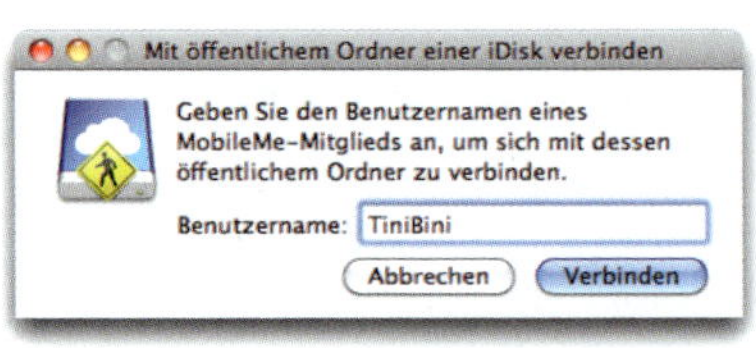

Im Ordner *Web* der *iDisk* liegen etwa die Bildbestände, die in Ihrer *MobileMe-Galerie* verbaut sind, in *Sites* liegen die HTML-Seiten Ihrer beispielsweise mit *iWeb* erstellten Webseiten. Ein besonderes Augenmerk sollten Sie immer auch auf den Ordner *Software* richten, der ab und an doch einige Schmankerl anbietet.

Über *Gehe zu* lässt sich auch auf die gesamte *iDisk* anderer Benutzer zugreifen, sofern Sie über Benutzername und das entsprechende Passwort verfügen.

MobileMe funktioniert im Übrigen auch von Ihrem PC aus hervorragend. Apple stellt Ihnen dazu das *MobileMe Control Panel* als mobile Systemsteuerung für Windows zur Verfügung. Damit können Sie dann alle *MobileMe*-Anwendungen auch auf Ihrem Windows-Rechner benutzen und so plattformübergreifend Ihre Kontake und Kalender verwalten.

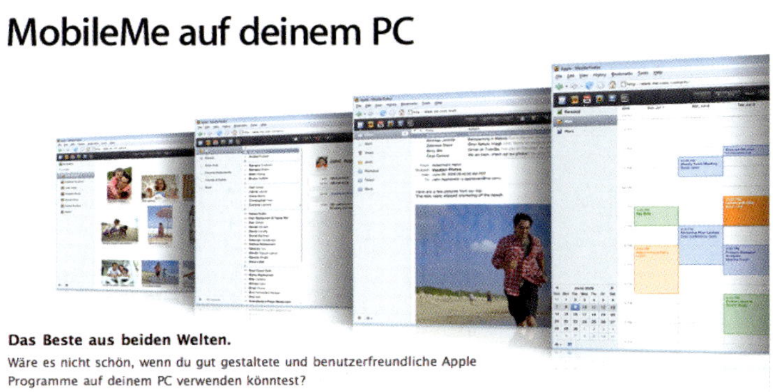

Der letzte Reiter der Systemeinstellung – *Zugang zu meinem Mac* – ermöglicht die Einrichtung von Diensten wie *Screen-Sharing* bzw. *File-Sharing*, mit deren Hilfe Sie über *MobileMe* auch von externen Computern auf Ihren Rechner zugreifen können. Hierbei müssen Sie zuerst über den Button *Start* den Zugang öffnen. Danach klicken Sie auf den unten liegenden Knopf *Systemeinstellung „Freigaben" öffnen* und aktivieren dort jene Dienste, die Sie erlauben möchten. Ist der jeweilige Dienst markiert, so erfahren Sie auch die Daten, die andere eintragen müssen, um auf Ihren Rechner zugreifen zu können (mehr Informationen zu den *Freigabe*-Diensten erfahren Sie in unserem Netzwerk-Kapitel weiter hinten im Buch).

Im Verbund der Systemeinstellungen »MobileMe« und »Freigaben« ermöglicht Mac OS X eine Vielzahl weiterer Dienste.

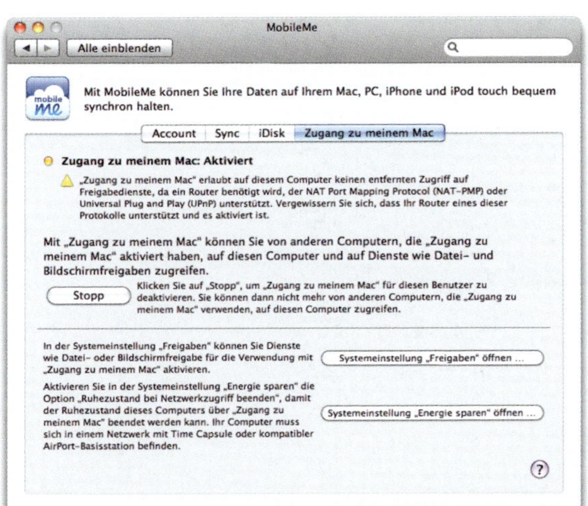

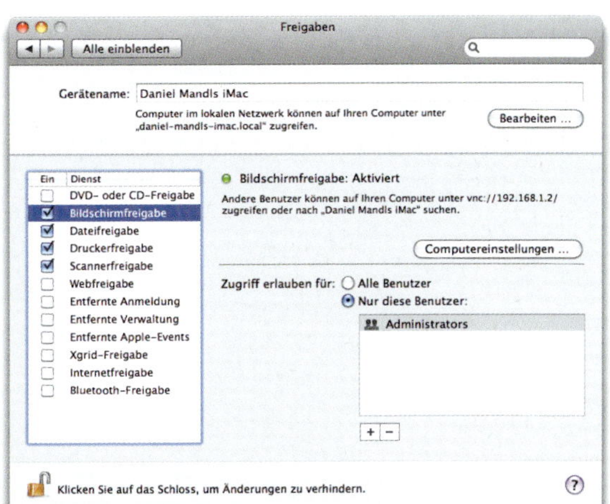

Bluetooth – komfortables Senden und Empfangen

Bluetooth ist ein Standard für Kurzstreckenfunk und funktioniert nur in geringen Entfernungen bis 10 Meter, das heißt, die Kabel zwischen den Geräten bleiben weg, was eine komfortable Datenübertragung – wenn sie sich denn in Grenzen hält – verspricht. Geräte für diesen Standard sind typischerweise Handys, Drucker, aber auch Headsets, Tastatur und Maus (unter anderem auch von Apple).

Die Systemeinstellung zeigt beim ersten Aufruf folgerichtig an, dass der Rechner mit noch keinem Gerät konfiguriert ist. Das wird sich aber ganz schnell ändern ...

Vor einer Konfiguration mit einem weiteren Gerät sollten Sie zuerst sicherstellen, dass bei Ihrem Mac die Funktion *Bluetooth* aktiviert ist. Dazu müssen sich in den beiden Optionen *Aktiviert* und *Sichtbar* jeweils Haken (☑) befinden. *Sichtbar* bedeutet in diesem Fall, dass der Rechner automatisch von anderen Geräten gefunden wird, *Aktiviert* besagt, dass der Rechner folgerichtig »funkt«. Weiterhin müssen Sie dafür sorgen, dass auch jene Geräte, mit denen Ihr Mac Kontakt aufnehmen soll, diese Funktionen erfüllen. Dies können – wie schon angedeutet – ein anderer Mac sein oder auch Ihr Handy. Auch in diesen Fällen müssen Sie *Bluetooth* aktivieren und die Sichtbarkeit (bei Handys meist im Menü und dort in den Optionen zu finden) einschalten. Klicken Sie dann in der Systemeinstellung auf *Neues Gerät konfigurieren*, startet automatisch der *Bluetooth-Assistent*, den Sie im Übrigen auch über den Pfad *Ihre Festplatte/System/Library/CoreServices* direkt aufrufen können.

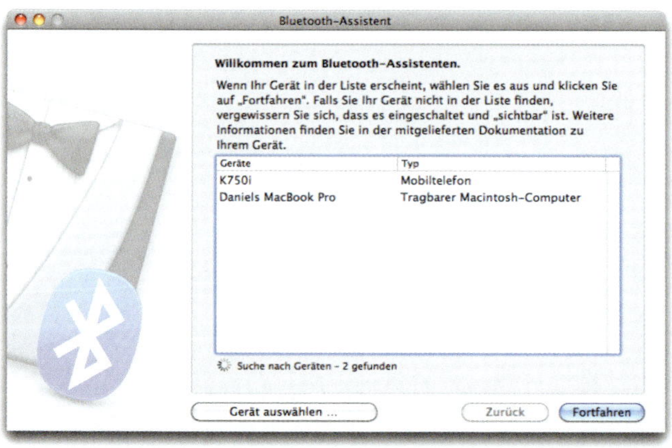

Der Bluetooth-Assistent nimmt seine Arbeit auf und startet sofort seine Suche nach Geräten.

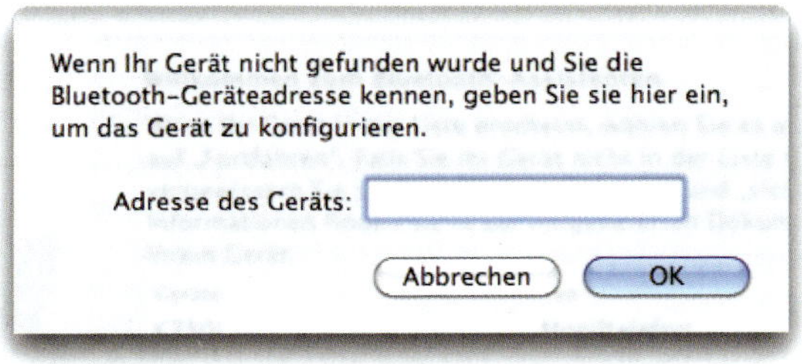

Findet der Bluetooth-Assistent keine Geräte, so können Sie sie über die Eingabe einer Bluetooth-Geräteadresse (etwa 00-25-07-d1-ab-12 – die sollte Ihnen allerdings bekannt sein) über den Button »Gerät auswählen« hinzufügen.

Im ersten Dialog werden alle gefundenen Geräte aufgelistet. Nach Auswahl des Gewünschten in der Liste und dem Klick auf *Fortfahren* werden zuerst weitere Informationen gesammelt, ehe Sie eine Zahlenkombination (dient als Kennwort) erhalten, die Sie nach Kontaktaufnahme – beispielsweise auf Ihrem Handy oder einem anderen Computer – eingeben müssen.

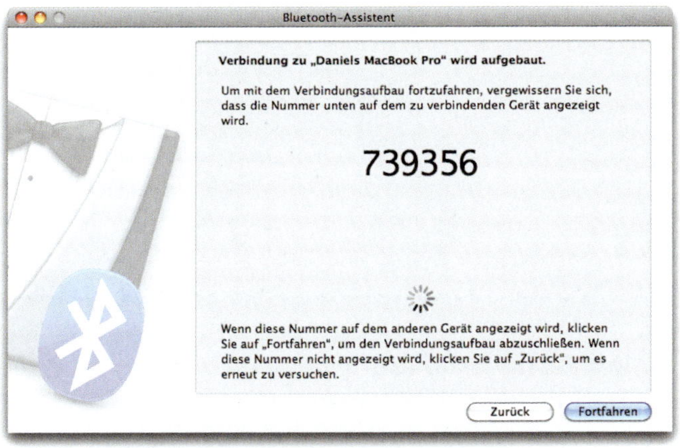

Während der Authentifizierung vergibt das suchende Gerät einen Zahlen-Code. Dieser muss mit dem sich zu verbindenden Gerät übereinstimmen.

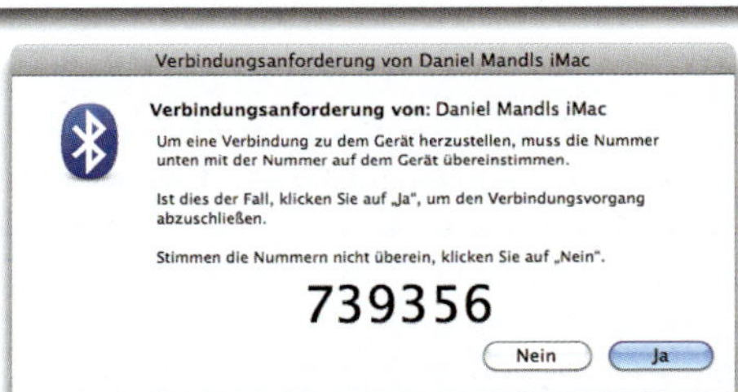

Unser MacBook Pro wurde geortet und muss nun die Verbindungsanforderung seitens des iMac erlauben.

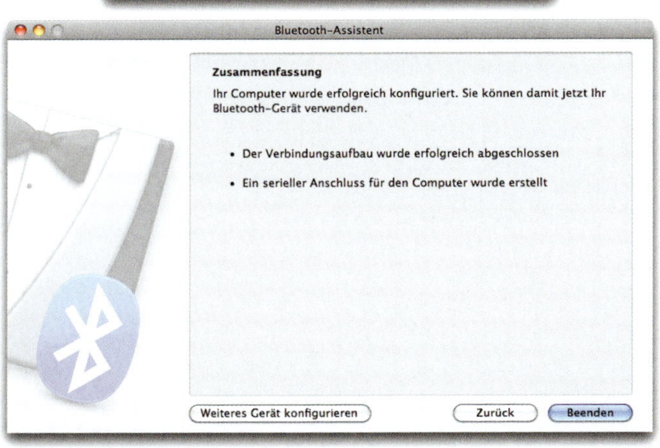

Die Zusammenfassung erscheint als Quittung für eine gelungene Verbindung. Möchten Sie ein weiteres Gerät konfigurieren, so klicken Sie einfach auf den gleichnamigen Button.

Bevor Sie Internet-Dienste über Ihr Handy zulassen, sollten Sie sich auf jeden Fall zuvor über Ihren Mobilfunk-Dienstleister erkundigen,welche Kosten hier auf Sie zukommen.

Bei einem Handy müssen Sie hingegen meist den Zahlen-Code händisch eingeben und diesen bestätigen. Es folgen meist weitere Nachfragen, ob etwa Ihr Mac auch über das Mobiltelefon eine Datenverbindung zum Internet aufnehmen (das so genannte *Tethering*, indem der Computer per Bluetooth über das Smartphone/iPhone eine Verbindung zum Internet aufbaut) oder ob dieses als Fernsteuerung fungieren darf. Bejahen Sie beide Optionen, so erscheint abschließend der Dialog zur *Konfiguration eines Bluetooth-Mobiltelefons.* Tragen Sie dort die von Ihrem Mobilfunk-Anbieter überreichten Informationen ein und Sie erhalten ebenso zum Schluss der Prozedur eine Zusammenfassung.

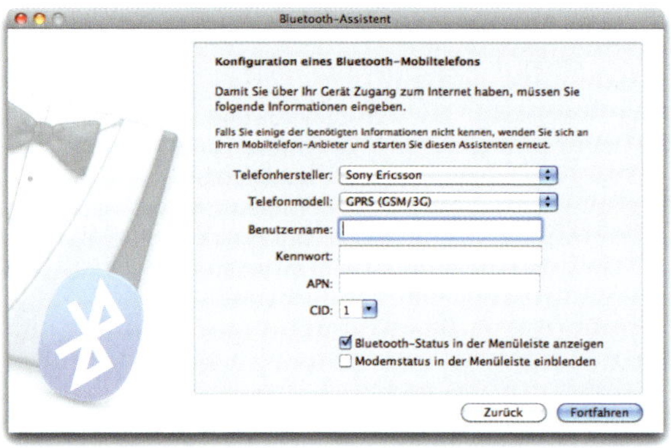

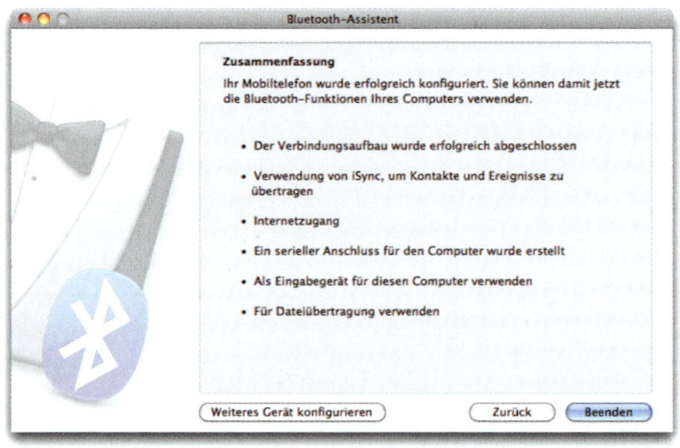

Wenn Sie Ihre *Kontakte* aus dem *Adressbuch* bzw. Ihre *Ereignisse* und *Aufgaben* aus *iCal* über das Programm *iSync* synchronisieren möchten, sollten Sie zuerst abklären, ob Ihr Handy mit *iSync* kompatibel ist. Besuchen Sie daher im Internet Apples Support-Dokument unter der URL `http://support.apple.com/kb/HT2824`. Wie *iSync* funktioniert und welchen Komfort Sie damit genießen, erfahren Sie im nächsten großen Kapitel über die Programme von Mac OS X Snow Leopard.

Ist nun alles erledigt, so zeigt die Systemeinstellung *Bluetooth* die erkannten Geräte an – einem Datenaustausch steht folglich nichts mehr im Wege. Sehr komfortabel geschieht dies, sofern Sie die Option *Bluetooth-Status in der Menüleiste anzeigen* aktiviert haben. Somit können Sie alle Schritte bequem über das rechts oben angezeigte *Bluetooth*-Symbol (ᛒ) vornehmen. Da die bereits konfigurierten Geräte mit aufgelistet werden, lässt sich schnell darauf zugreifen und entscheiden, ob Sie *Dateien senden* oder das angesprochene *Gerät durchsuchen* (sprich Dateien laden) wollen.

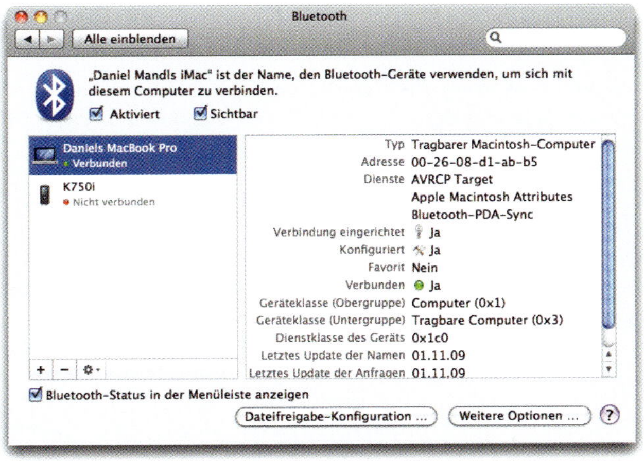

Geräte, mit denen Ihr Mac gerade in Kontakt steht, werden als »Verbunden« bezeichnet. Der Rest der Geräte läuft unter der Kategorie »Nicht verbunden« (jedoch konfiguriert).

Über die Menüleiste können Sie schnell Ihre über Bluetooth zu erledigenden Arbeiten vornehmen. Ist eine Verbindung hergestellt, so wechselt das Bluetooth-Symbol (✱) in den »Verbunden-Status« (✱).

Sowohl zum Senden als auch zum Empfangen von Daten müssen Sie die so genannte *Bluetooth-Freigabe* aktivieren. Hierzu gehen Sie in die Systemeinstellung *Freigaben* und setzen dort beim Dienst *Bluetooth-Freigabe* einen Haken in die Checkbox (☑). Dort legen Sie auch den Zugriffs- und Empfangs-Ordner fest bzw. teilen dem Rechner mit, ob er beim Empfang/Zugriff (*Beim Empfang von Objekten/Beim Zugriff anderer Geräte*) mit einer Meldung aufwarten (*Aktion erfragen*) oder alles einfach akzeptieren (*Akzeptieren und sichern/Akzeptieren und öffnen*) soll.

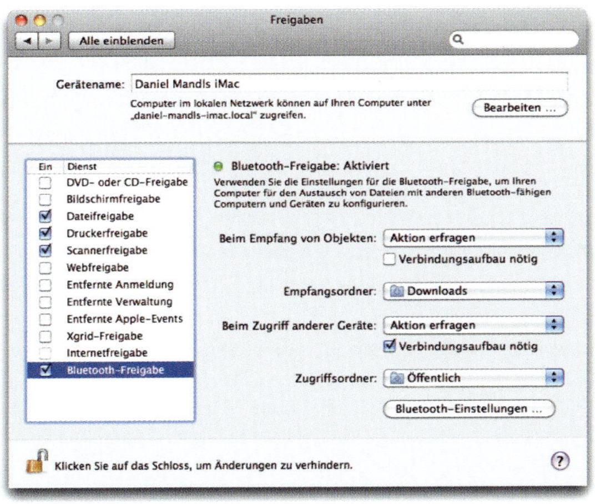

Wichtig: Ist Ihre Bluetooth-Freigabe nicht aktiviert, so ist kein Zugriff auf Ihren Mac möglich. Gerade dann, wenn Sie mit einem Zweit-Rechner arbeiten und somit ein kleines Bluetooth-Netzwerk betreiben, ist diese Aktivierung unabdingbar.

Möchten Sie nun eine *Datei senden*, so wählen Sie aus dem Menü Ihr Wunschgerät aus und verwenden den gleichnamigen Befehl. Dabei öffnet sich ein *Finder*-Fenster, mit dessen Hilfe Sie nun eine oder mehrere Dateien auswählen. Zur Erinnerung: Bei mehreren Dateien halten Sie die *Befehlstaste* (⌘) gedrückt und klicken die jeweiligen Objekte an. Danach klicken Sie auf *Senden* und Ihr Mac wartet auf eine Empfangs-Bestätigung. Drehen Sie nun ganz leicht Ihren Kopf nach links oder rechts zu Ihrem angesprochenen Gerät (in unserem Fall ein MacBook Pro), so taucht dort eine Nachricht auf dem Bildschirm auf, die eine eingehende Dateiübertragung ankündigt. Sie müssen nun nur noch auf *Empfangen* klicken und die Datei landet sicher im angelaufenen Hafen (im von Ihnen in der Systemeinstellung *Freigaben* bestimmten *Empfangsordner*). Bei mehreren Dateien sollten Sie im Übrigen die Option *Alle akzeptieren* aktivieren, da Sie ansonsten jedes einzelne Objekt bestätigen müssen.

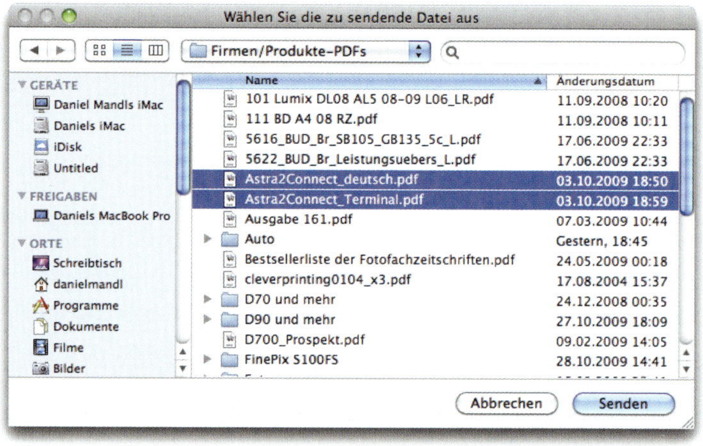

Der erste Schritt zum erfolgreichen Versand von Dateien ist die Auswahl derselben.

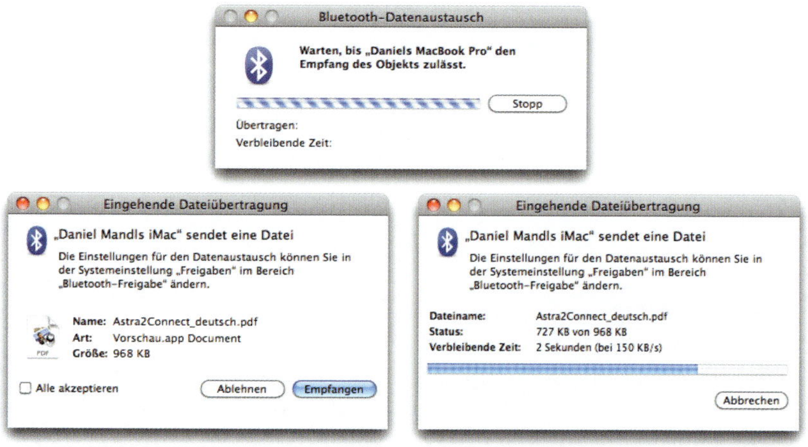

Danach wird der Kontakt aufgenommen und das sendende Gerät wartet auf die Empfangsbestätigung. Das empfangende Gerät erhält nun seinerseits eine Nachricht, dass Daten geschickt werden sollen. Erst über den Knopf »Empfangen« werden diese geladen.

Möchten Sie stattdessen den umgekehrten Weg gehen und Dateien von einem anderen Gerät laden, so wählen Sie das Handy, den Computer oder was auch immer an und verwenden den Befehl *Gerät durchsuchen*. Es öffnet sich das *Durchsuchen*-Fenster und Sie können – je nach Gerät – auf die Daten zugreifen. Während Sie beispielsweise bei einem Handy auf alle Inhalte zugreifen können, lässt sich ein Mac dies nicht so ohne Weiteres gefallen. Im Normalfall können Sie nur auf den Ordner *Öffentlich* samt seinem *Briefkasten* zugreifen (und auch dies nur auf Nachfrage), der über den Pfad Ihr *Benutzer-Ordner/Öffentlich* zu finden ist. Es müssen also vorab die zu holenden Objekte dort abgelegt werden. Es sei denn, Sie erteilen explizit in der Systemeinstellung *Freigaben* und dort beim Dienst *Bluetooth-Freigabe* einem anderen *Zugriffsordner* die Erlaubnis.

Links der Zugriff auf das Handy, rechts auf unser MacBook Pro. »Drop Box« ist hierbei die englische Variante für den guten alten Briefkasten.

Werfen wir zum Abschluss noch einen Blick in die *weiteren Optionen* der Systemeinstellung *Bluetooth*, die die folgenden Offerten anbieten: Die erste Option wendet sich an Benutzer von einer Bluetooth-Maus oder -Tastatur, die nicht von einem Mac erkannt wird. Über *Bluetooth-Assistent beim Starten öffnen, falls kein Eingabegerät vorhanden ist* können Sie somit der Misere entgehen, dass Sie keine Befehlsgewalt über Ihren Mac mehr haben. Der *Bluetooth-Assistent* sollte daher die oder das Eingabegerät erkennen und konfigurieren.

Befindet sich Ihr Rechner im Ruhezustand, so wird dieser normalerweise über Druck auf eine Taste wieder geweckt. Ist das beim Verwenden Ihrer Bluetooth-Tastatur oder Maus nicht möglich, so sollten Sie die Option *Bluetooth-Geräten ermöglichen, den Ruhezustand des Computer zu beenden* aktivieren. Über *Alle eingehenden Audio-Anfragen melden* wird eine Warnung eingeblendet, sollte ein Audio-Gerät sich am Rechner zu schaffen machen, und *Meine Internetverbindung für andere Bluetooth-Geräte freigeben* tut genau das, was es verspricht.

Die »Weiteren Optionen« zum Anpassen des Rechners an unterschiedliche Vorgaben.

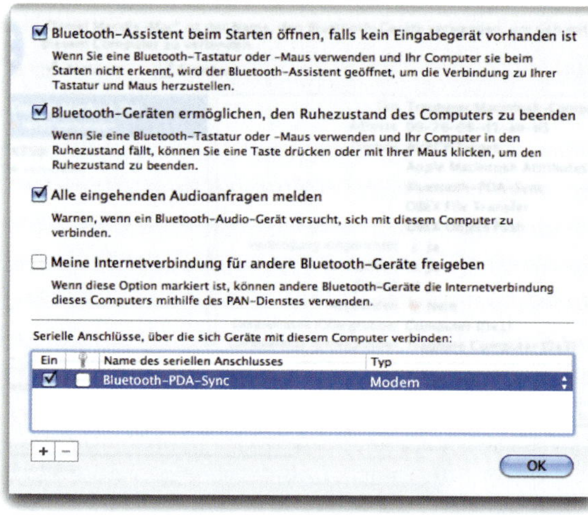

Wenn Sie mit *Bluetooth* nichts am Hut haben oder eher zu den ängstlichen Menschen gehören, so sollten Sie nach einer Datenübertragung oder einem Zugriff dieses wieder deaktivieren, so dass kein Missbrauch mehr möglich ist. Man schläft halt danach einfach ein wenig besser.

Mit Bedienungshilfen den Mac beherrschen

Menschen, die in irgendeiner Form an einer Behinderung leiden – dazu gehören Beeinträchtigungen des Sehens, des Hörens oder der Motorik – können dennoch ihren Rechner lenken und leiten. Unterstützung im Umgang mit der Bedienung des Computers finden Menschen mit Handicap in der Systemeinstellung *Bedienungshilfe*.

Wer Probleme mit dem Sehen hat, sollte unbedingt in der Bedienungshilfe nach Erleichterungen suchen.

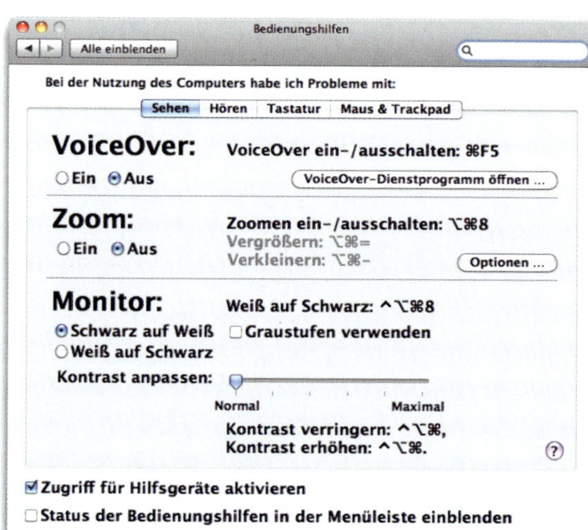

Wer unter einer Sehstörung leidet und daher Menübefehle oder überhaupt die Anzeige auf dem Bildschirm schlecht erkennt, dem stehen neben einer vergößerten Darstellung (Funktion *Zoom*) auch Unterstützung durch einen Sprecher (*VoiceOver*) zur Verfügung, der alle Schritte durch Fenster, Menüs und Dialoge kommentiert. Die Funktion wird über die Tasten-Kombination ⌘-F5 gestartet und auch wieder beendet. Der Wermutstropfen schlechthin ist jedoch, dass die Funktion nur in Englisch verfügbar ist. Der Sprecher liest zwar auch die deutschen Begriffe vor, jedoch in einem sehr unverständlichen Dialekt (aus »Speichern« wird da «Speechern» ...).

Wird *VoiceOver* eingeschaltet, so erscheint ein Willkommensfenster, über dessen Button *VoiceOver kennenlernen* Sie über zahlreiche Anleitungen mit der Bedienung vertraut gemacht werden. Diese bildschirmfüllenden Fenster erklären Themen wie das Optimieren Ihrer Arbeitsweise am Mac, die *VoiceOver*-Tasten-Bedienung, das Bewegen auf dem Bildschirm, das Auswählen von Steuerungen sowie von Objekten in Einblendmenüs, die Texteingabe in Feldern, die Interaktion mit Elementen, das Navigieren in Tabellen und auf Webseiten und, und, und.

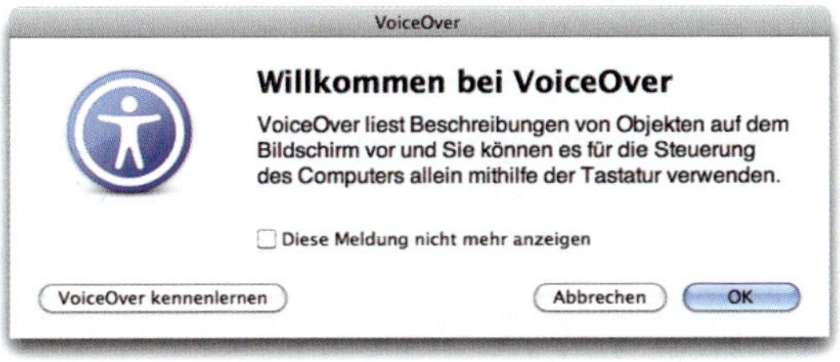

Über »VoiceOver kennenlernen« erhalten Sie eine ausführliche Einarbeitung in die Techniken zur Steuerung und Interaktion.

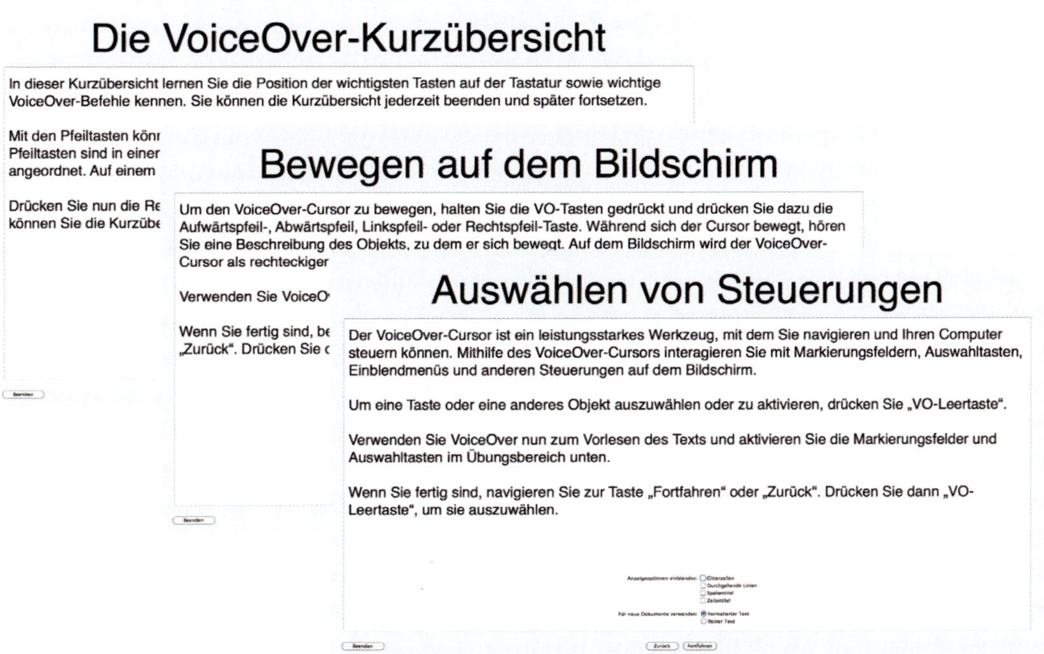

Wenn Sie dagegen in der Systemeinstellung *Bedienungshilfen* das *VoiceOver Dienstprogramm öffnen*, so starten Sie das zugehörige Dialogfeld zum Einrichten, was und worüber gesprochen werden soll. Über *Ausführlichkeit* etwa wird der Sprecher veranlasst, bei welchen Tätigkeiten dieser zum Zuge kommen soll. Dieser Dialog ist hilfreich, da sich so der »Sprach-Schwall« ein wenig einschränken lässt, der ansonsten ununterbrochen drauflos redet. Über die *Sprachausgabe* richten Sie wiederum die Art der Stimme ein, indem Sie eine Stimme wählen und diese über Optionen wie Tonhöhe, Lautstärke sowie Sprachmelodie anpassen können. Man wundert sich hier wirklich, wer da so alles zum Sprechen kommt, da die Mitteilungsfreude auch hysterisch, flüsternd, heiser, mit Glockengeläut oder völlig derangiert erfolgen kann. Die Option *Visuelle Effekte* lässt Sie die einzelnen Befehle oder Anweisungen und selbst Buttons vergrößert in einem extra Feld anzeigen, wobei zusätzlich die Funktion vorgelesen wird.

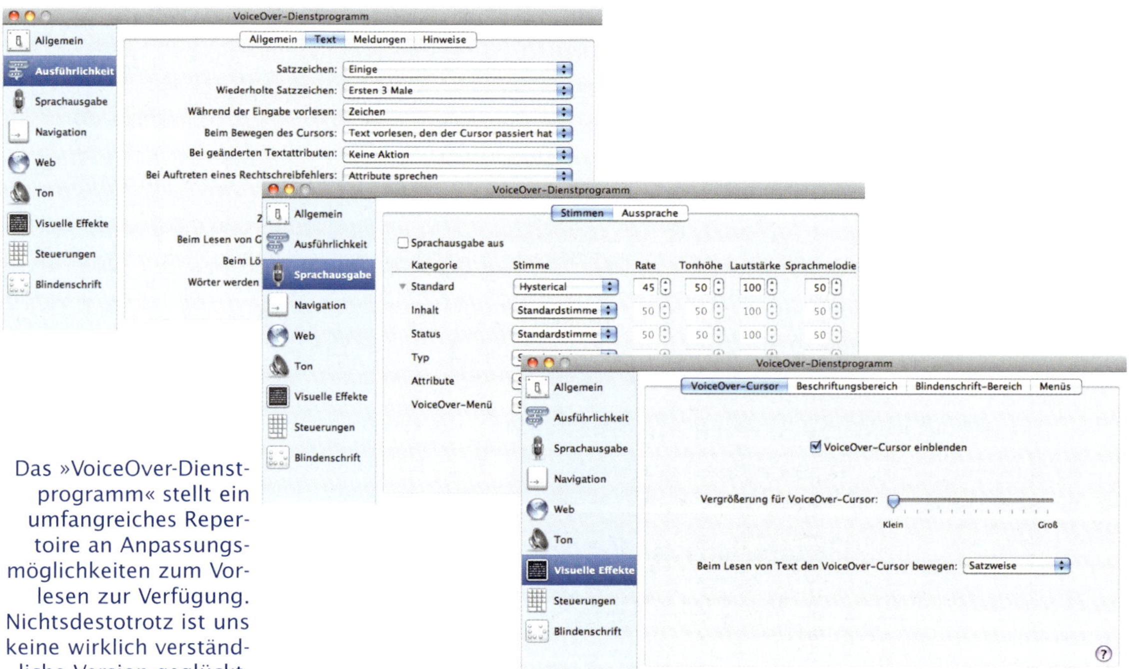

Das »VoiceOver-Dienstprogramm« stellt ein umfangreiches Repertoire an Anpassungsmöglichkeiten zum Vorlesen zur Verfügung. Nichtsdestotrotz ist uns keine wirklich verständliche Version geglückt.

Im Großen und Ganzen ist das zwar alles recht nett, doch wird bei zügigem Arbeiten und einem recht mitteilsamen Redner die Geschichte zunehmend nervig, so dass man letztlich froh sein kann, wenn der Herr oder die Frau (oder was da sonst noch so alles seinen Senf abgibt) verstummt.

Die *Zoom*-Funktion starten und beenden Sie über die Tasten-Kombination ⌘-⌥-8, die Bildschirm-Anzeige vergrößern Sie über ⌘-⌥-= bzw. verkleinern Sie über ⌘-⌥--. Bei aktivierter Vergrößerung wird ein Bild-Ausschnitt stark aufgezoomt, so dass Text und Dialog-Felder besser zu erkennen sind.

Über den Button *Optionen* gelangen Sie zu weiteren Anpassungs-Möglichkeiten, mit denen Sie die maximale wie minimale Zoom-Stufe regeln. Dort lässt sich auch ein schwarzer Vorschau-Rahmen (Option *Vor dem Vergrößern rechteckiges Vorschaufenster einblenden*) anzeigen, der jenen Ausschnitt einfasst, der letztlich vergrößert wird. Über die Navigation mit der Maus bewegen Sie dann den Bildschirm-Inhalt an die gewünschte Stelle, wobei Sie hier bestimmen können, ob dies ständig beim Bewegen der Maus oder nur in jenem Falle passieren soll, wenn der Mauszeiger den Bildschirm-Rand erreicht.

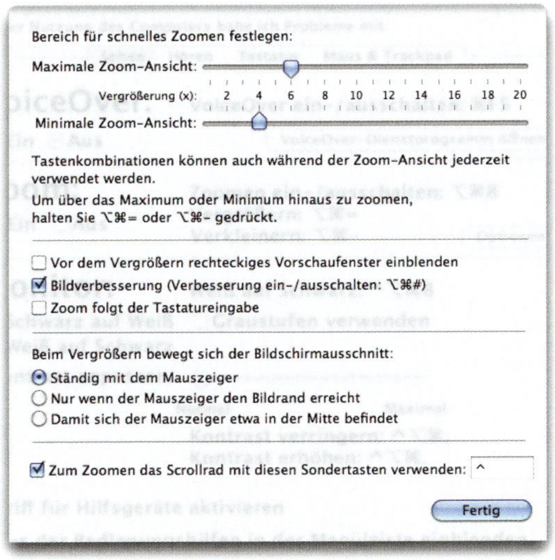

Die möglichen Optionen für ein umfassendes Zoom-Erlebnis.

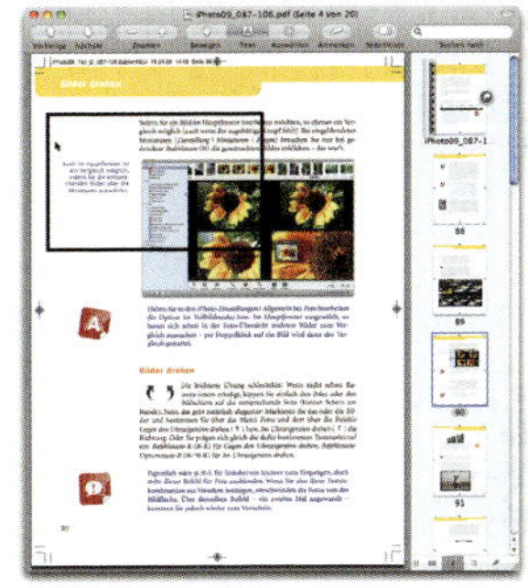

Der schwarze Rahmen umgibt jenen Teil des Bildschirms, der im Falle einer Vergrößerung gesamtflächig aufgezoomt wird. Auf einem iMac-Display wirkt das Ganze riesig, wobei zu bedenken ist, dass dann auch die Qualität der Dokumente (etwa PDFs oder Bilder) mitspielen muss – ansonsten wirkt alles verwaschen und unscharf.

Wenn Sie es als angenehmer empfinden, anstatt der bunten Mac OS X-Oberfläche lieber eine Weiß auf Schwarz-Darstellung (also weißer Text auf schwarzem Hintergrund) zu sehen, um durch die Invertierung (das Umkehren von Hell und Dunkel) den Inhalt besser erkennen zu können, so lässt sich über ⌘-⌥-*ctrl*-8 auch dieses einrichten. Daneben steht auch eine reine *Graustufen*-Ansicht auf dem Programm bzw. als weitere Maßnahme eine Kontrast-Anhebung oder Verringerung.

In der Rubrik *Hören* kann als Alternative zum Warnton das *Bildschirm-Blinken* aktiviert bzw. einmal ausprobiert werden. Gerade für jene, die schlecht hören, ist diese Funktion von großem Nutzen, weist doch ein Warnton meist auf Unstimmigkeiten hin, die über das Blinken nunmehr verstanden werden.

Auch für die Bedienung der *Tastatur* bei Motorik-Schwierigkeiten bietet Apple eine große Zahl an Hilfestellungen an. Unter anderem lässt sich auf eine *Einfingerbedienung* umschalten, so dass Sondertasten hintereinander anstatt zugleich gedrückt werden. Diese Funktion kann auf Wunsch durch fünfmaliges Drücken der *Umschalttaste* (⇧) gestartet und auch beendet werden, auch lassen sich die Sondertasten sowohl visuell einblenden als auch akustisch ausgeben.

Auch die Tastatur lässt sich bei gesundheitlichen Problemen (etwa im motorischen Bereich) auf Wunsch anpassen.

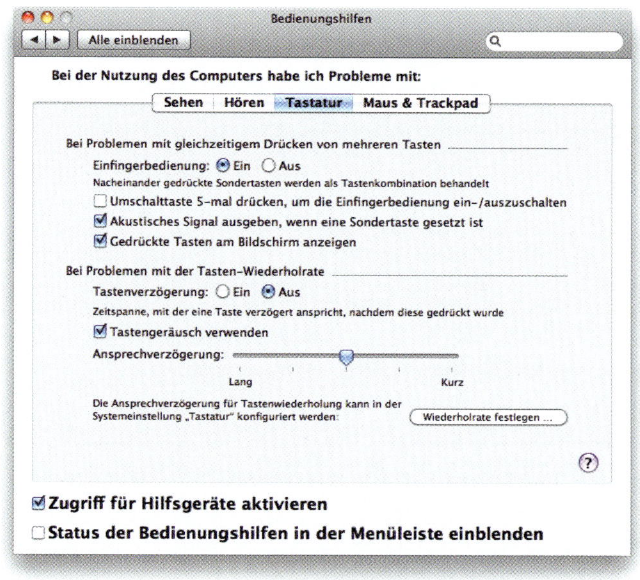

Weiterhin lassen sich die *Tasten-Wiederholrate* sowie das *Tastengeräusch* definieren, das Sie wohl in alte Zeiten zurückversetzt, denn bei Klick auf die Tasten ertönt der Klang einer Schreibmaschine.

Zum Schluss kümmern wir uns noch um die Maus bzw. das Trackpad: Hierbei drücken Sie fünf Mal die *Wahltaste* (⌥), um den *Cursor* (Mauszeiger) anstatt mit der Maus über die Tastatur zu steuern. Über die numerische Tastatur bzw. mit zusätzlich gedrückter *fn*-Taste und den zugehörigen Ziffern (bei den Laptop-Modellen) oder natürlich über das *Trackpad* lenken Sie so den Mauszeiger über den Bildschirm, wobei Sie mit 1, 2, 3, 4, 6, 7, 8 und 9 die Richtung bestimmen. Über die »5« lässt sich der Mausklick und über »0« das Gedrückthalten der Maustaste simulieren. All das erfordert ein wenig Übung, was aber bei stetem Verwenden schnell in Routine übergehen sollte.

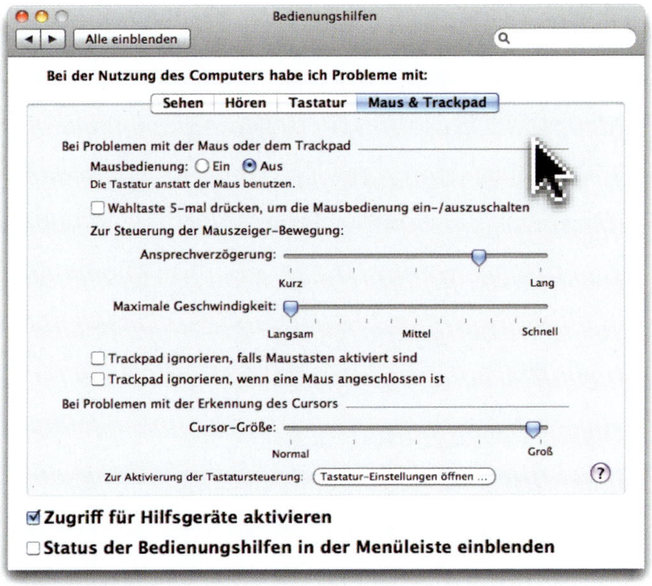

Das entsprechende Dialogfeld zum Simulieren der Maus über die Tasten. Zu erwähnen ist auch noch die Möglichkeit, die Cursor-Größe (sprich den Mauspfeil) zu verändern.

Zusammenfassend sollen noch einmal die vielen Tasten-Kombinationen zum Bedienen des Computers über die Tastatur aufgeführt werden (einsehbar auch in der Systemeinstellung *Tastatur* | Rubrik *Tastatur-Kurzbefehle*):

▼ Zoomen	
Zoomen ein- /ausscha...	⌥⌘8
Bildglättung ein- /aus...	⌥⌘\
Verkleinern	⌥⌘-
Vergrößern	⌥⌘=
▼ Kontrast	
Kontrast erhöhen	^⌥⌘.
Kontrast verringern	^⌥⌘,
Weiß auf Schwarz	^⌥⌘8
VoiceOver ein- /ausschalten	⌘F5

Das kleine »^«-Zeichen ist dabei der Control-Taste gleichzusetzen. Über Auswahl der Kurzbefehle sowie über Zahlen- und Pfeil-Tasten beherrschen Sie somit in (fast) allen Belangen Ihren Mac.

Benutzer – Verwaltung mehrerer Anwender

Mac OS X 10.6 Snow Leopard ist nicht nur als Einzelplatz-Version der Hit, sondern geradezu prädestiniert für mehrere Anwender, die sich einen Rechner teilen wollen oder müssen. Sie selbst bzw. derjenige, der den Rechner wartet, das Betriebssystem oder weitere Programme installiert, sind der so genannte *Administrator*. Nur er kann vorrangig neue Software auf den Rechner installieren, da er das *Administrator-Kennwort* weiß und eingibt (es sei denn, ein weiterer Anwender bekommt es mitgeteilt).

Steht schon im Voraus fest, dass weitere Benutzer hinzukommen, so sollten Sie sich die Systemeinstellung *Benutzer* genauer ansehen, denn dort werden die Fäden zum Anlegen neuer Benutzer gezogen. Am Anfang ist nur der *Administrator* in der Account-Liste vertreten, wobei weitere jederzeit hinzugefügt werden können.

Noch steht der Administrator einsam in der Liste.

Da Passwörter eine heikle Sache sind, sollten Sie diese bei wirklich sensiblen Daten von Zeit zu Zeit wechseln. Das geht über den Button *Kennwort ändern…*, indem Sie erst das bestehende Kennwort eingeben und dann das Neue bestimmen. Von nun an gilt nur mehr das gerade Eingegebene – verwechseln Sie es also nicht.

Wenn Sie Ihr *Benutzer-Bild* ändern möchten, so fahren Sie mit der Maus auf die kleine Abbildung, die daraufhin einen kleinen Pfeil einblendet. Klicken Sie darauf, so fährt ein Fenster mit den bereits vorhandenen Bildern aus. Entweder Sie suchen sich nun eines aus der Apple-Sammlung aus oder klicken auf *Bild bearbeiten…* In diesem Dialog haben Sie die Möglichkeit, ein Foto per *Drag & Drop* in den Arbeitsbereich zu ziehen bzw. über *Wählen* eines über den *Öffnen*-Dialog einzuladen. Über das Verschieben mit der Maus bzw. dem Anpassen über den Regler lässt sich dabei ein geeigneter Ausschnitt zaubern, der dann als neues Symbol übernommen wird. Dabei können Sie ruhig des Öfteren einmal abwechseln, denn im oben liegenden Popup-Menü *Benutzte Bilder* werden alle bislang verwendeten Bild-Symbole abgespeichert.

Entweder Sie benutzen eine Apple-Vorlage oder ziehen ein geeignetes Bild aus einem Ordner in das weiße Feld hinein. Alternativ lässt sich auch über den »Wählen«-Button ein Foto suchen. Ein ansprechendes Porträt ist aus unserer Sicht viel persönlicher, oder möchten Sie als Papagei oder Billard-Kugel dargestellt werden?

Sofern Sie den *Öffnen*-Dialog zum Laden von Bildern verwenden, so achten Sie darauf, dass in der linken Quellen-Liste nun der neue Punkt *Medien* hinzukommt. Klicken Sie auf *Fotos*, so werden beispielsweise alle mit *iPhoto* verwalteten Bilder als Vorschauen eingeblendet, so dass es ein Leichtes sein sollte, dort ein neues Benutzer-Bild zu finden.

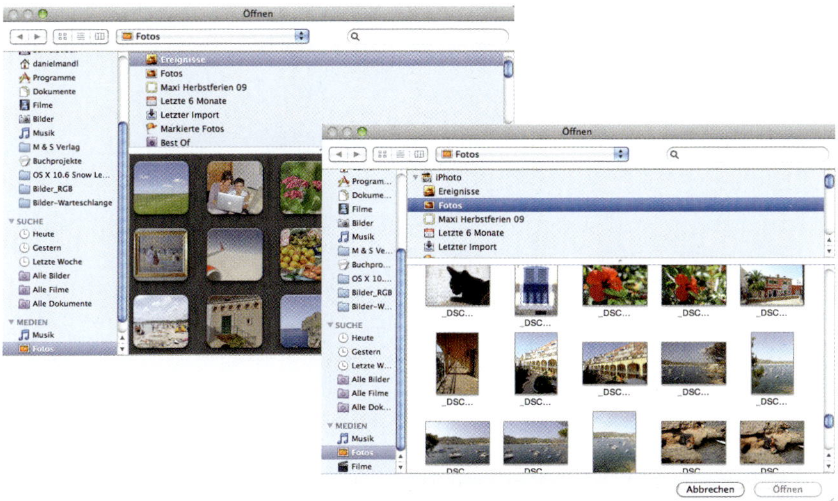

Ob über iPhoto-Ereignisse oder die Fotos-Ansicht: Über die Abteilung »Medien« im Öffnen-Dialog lässt sich auf all Ihre Bilder zugreifen.

Falls Sie wenig eitel sind und immer gerne ein aktuelles Bild von sich verwenden möchten, dann ist auch die *Videoschnappschuss*-Variante nicht zu vernachlässigen. Besitzen Sie also einen Mac mit eingebauter *iSight*-Kamera, so ziehen Sie bitte nun den Scheitel nach, peppen Ihr Makeup auf (bitte nur die Damen ...) und lächeln ganz doll in die Kamera. Klicken Sie dann mit der Maus auf das Kamera-Symbol (📷) und nach drei Sekunden sind Sie im »Kasten«. Sie können nun so lange knippsen, bis Sie mit Ihrem Foto zufrieden sind (das kann schon mal einen Nachmittag dauern), über *OK* bestätigen Sie dann Ihr amtliches Administratoren-Porträt.

Bitte lächeln und in die Kamera schauen.

Ansonsten lassen sich in diesem Dialog noch der *MobileMe*-Benutzername wechseln oder auf die eigene Visitenkarte zugreifen. Bei letzterer Möglichkeit landen Sie per Klick auf *Öffnen* im *Adressbuch* und können dort Ihre persönlichen Daten vervollständigen, indem Sie im unteren Bereich den Knopf *Bearbeiten* wählen.

Damit Ihr Adressbuch immer aktuell ist, sollten Sie die darin liegenden Daten gut pflegen. Zum Programm als solches kommen wir noch ausführlich im nächsten Kapitel zu sprechen.

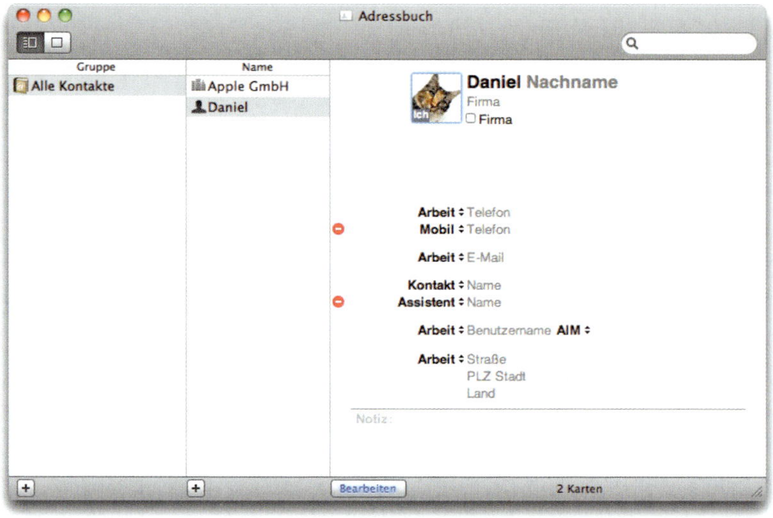

Die *Kindersicherung* können Sie als *Administrator* für sich selbst nicht vergeben, dafür aber für weitere Benutzer. Damit können Sie sich dann rächen und beispielsweise alle brandheißen Internetseiten sperren, so dass das Surfen im Internet so richtig langweilig wird. Dazu aber später mehr.

Über den Reiter *Anmeldeobjekte* lassen sich jene Programme anzeigen, die sofort nach dem Hochfahren des Betriebssystems und der Anmelde-Prozedur gestartet werden sollen. Aber auch Sie selbst können selbstverständlich weitere hinzufügen. So ist es durchaus sinnvoll, beispielsweise *Safari* (den Internet-Browser) und *Mail* (das E-Mail-Programm) automatisch starten zu lassen, wenn Sie diese Applikationen auf jeden Fall benutzen. Über das *Plus*-Symbol (+) unterhalb der Auflistung öffnet sich Ihr *Programme*-Ordner, aus dem Sie sich nun bedienen können, das *Minus*-Symbol (-) entfernt hingegen Anwendungen.

Manche Anwendungen, die sich in der Objekt-Liste befinden, haben derart kryptische Namen, dass man den Sinngehalt wahrlich erraten muss (oder auch nie darauf kommt). Löschen Sie aber dennoch keinerlei Programme, von denen Sie nicht 100-prozentig wissen, wozu diese gut sind. Denn im negativen Fall entfernen Sie vielleicht eine wichtige Datei, die Ihr Mac zum Arbeiten benötigt.

Sobald Sie mit der Maus ein klein wenig über einem Objekt verharren, so wird der Pfad angezeigt, wo sich die Datei befindet. Manchmal lässt sich darüber Weiteres erfahren.

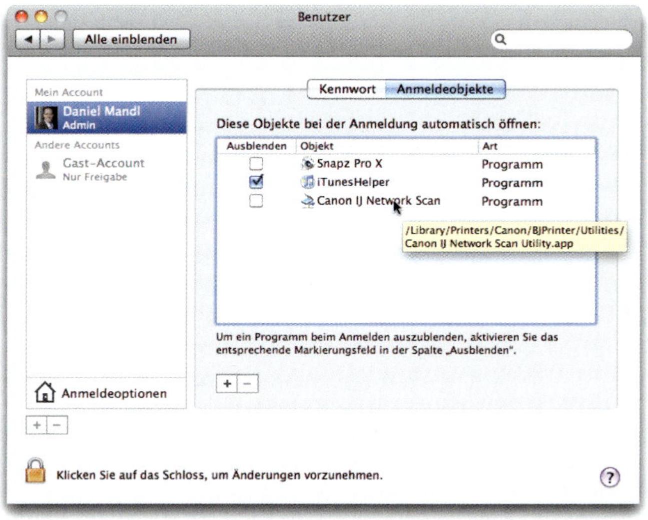

Die Startobjekte haben es manchmal in sich. Über die so genannte Quick-Info werden Zusatz-Details eingeblendet, die uns zeigen, wo sich das Objekt befindet.

Übrig bleiben vorerst noch die *Anmeldeoptionen*, die unterhalb der Accounts stehen. Sind die angezeigten Einträge grau und es lassen sich keine Änderungen vornehmen, so müssen Sie zuerst in das Schloss (🔒) ganz unten klicken und es über die Eingabe des *Administrator-Kennworts* öffnen. Diese Sicherheitsvorkehrung wird standardmäßig nach jedem Schließen der Systemeinstellung wieder aktiv.

Ohne Eingabe des Administratoren-Kennworts lassen sich keine Veränderungen der »Anmeldeoptionen« vornehmen.

Für Alleinherrscher bietet es sich an, das System automatisch, also ohne Anmelde-Dialog hochstarten zu lassen. Denn wenn kein Zweiter an den Rechner kommt, kann auch niemand Schaden anrichten (schließen wir mal bei dieser gewagten These den Diebstahl des Rechners sowie das Einschleusen von Viren etc. über das Internet & Co. aus). Sind mehrere Benutzer zugange, so sollten Sie in der Tat die Option *Automatische Anmeldung* auf *Deaktiviert* stellen und stattdessen das Anmelde-Fenster mit der *Liste der Benutzer* (und Eingabe des Passworts) oder mit *Name und Kennwort* (Eingabe des Benutzer-Names sowie Kennwort) einblenden lassen.

Das mit den *Tasten Neustart, Ruhezustand und Ausschalten einblenden* ist auch so eine zweischneidige Angelegenheit. Im Grunde soll es bei deaktivierter Option verhindern, dass ein Nutzer etwa den *Neustart* wählt. Somit könnte er dann mit einer Mac OS X-Installations-DVD hochstarten, das Kennwort zurücksetzen oder gar das System vollständig neu installieren, um die Macht über den Rechner zu ergreifen. Hierzu muss er nur die Installations-DVD einlegen und nach dem Startgong die Taste *C* drücken. Der Rechner startet nun von der System-DVD, und nach Auswahl der Sprache lässt sich entweder das System neu aufspielen oder über die Menüleiste *Dienstprogramme* die Applikation *Kennwörter zurücksetzen* wählen. Dazu wählt der Bösewicht dann das entsprechende Mac OS X-Volume (das Start-Volume), wählt aus dem darunter stehenden Popup-Menü den Benutzer (auch der *Administrator* kann bestimmt werden) und vergibt ein neues Kennwort. Das war es dann auch schon. Kommt nun der eigentliche Administrator geschafft zu seinem Rechner und möchte sich anmelden, so überkommt ihn das blanke Entsetzen, denn über sein selbst vergebenes Passwort kann er sich nicht mehr einloggen. Nun könnte er natürlich dasselbe machen und über *Kennwörter zurücksetzen* sich wieder ein Neues zulegen – aber wo soll das hinführen? Und selbst dann, wenn eben der *Neustart*-Button fehlt, kann man über die Tasten-Kombination *Befehlstaste-Controltaste-Ein-/Ausschalttaste* einen Neustart erzwingen. Man kann es drehen und wenden wie man will – Sie können das handhaben nach Gutdünken.

Nicht alle Optionen machen immer Sinn. Und dennoch: Schön, dass hier an alles gedacht wird.

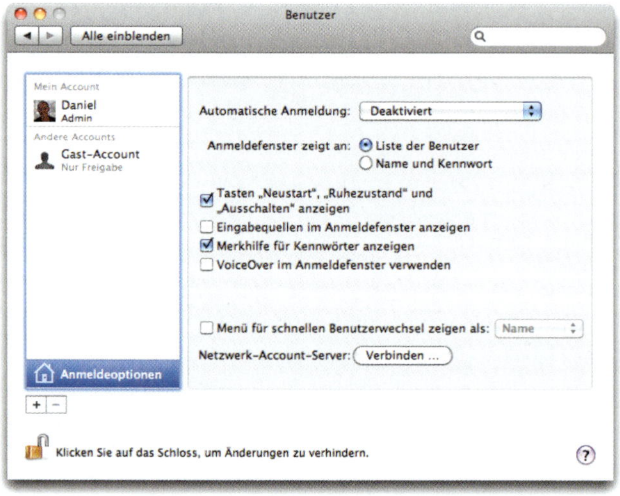

Eingabequellen im Anmeldefenster anzeigen ist dagegen hilfreich, wenn Sie mehrere Tastatur-Layouts verwenden (siehe auch Systemeinstellung *Sprache & Text* und dort den Reiter *Eingabequelle*). Hiermit können Sie schon im Vorfeld festlegen, mit welcher Tastaturbelegung gestartet werden soll. Die Funktion *VoiceOver im Anmeldefenster verwenden* liest wieder in formidablem Deutsch/Englisch-Kauderwelsch die Namen des Start-Volumes sowie der Eingabe-Felder vor, und die *Merkhilfe für Kennwörter* blendet genau diese ein (wenn Sie sich Ihr Passwort partout nicht merken können, können Sie es ja in die Merkhilfe schreiben ;-)).

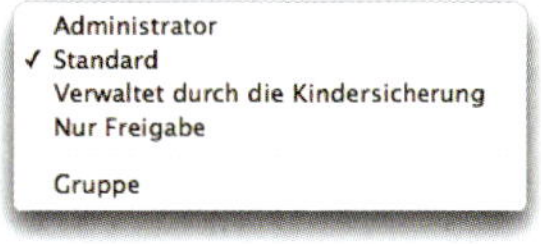

Und nun kommen wir zu etwas ganz Tollem – zumindest was den Effekt angeht: der *schnelle Benutzer-Wechsel*. Damit Sie diesen jedoch in Anspruch nehmen können, wollen wir zuerst einen weiteren Benutzer anlegen. Dazu klicken Sie unterhalb der Account-Liste in den *Plus*-Button ([+]) und vergeben im auftauchenden Dialog Name, Kurzname, Kennwort sowie optional eine Merkhilfe. Zudem müssen Sie noch entscheiden, welche Art von *Account* Sie vergeben möchten. Dies erledigen Sie über das Popup-Menü bei *Neuer Account*: Als *Administrator* erhält der neue Benutzer die gleichen Rechte wie Sie, sprich er darf alles installieren, neue Benutzer anlegen usw. Der *Standard-Account* besitzt im Großen und Ganzen ebenso eine eigene Arbeitsoberfläche, in der man schalten und walten kann, wie man möchte. Einzig das Benutzer anlegen bleibt diesem verwehrt. Die Option *Verwaltet durch die Kindersicherung* wiederum hat deutliche Einschränkungen bzw. solche, die Sie in der Systemeinstellung *Kindersicherung* festgelegt haben. Dies können unter anderem anstößige Internet-Inhalte sein oder das Untersagen des Zugriffs auf bestimmte Programme wie *Mail* oder *iChat*. Letzteres ist in der Tat sinnvoll, wenn Tochter oder Sohn in einem Alter sind, das man Pubertät nennt und in dem diese gerne mal über die Stränge schlagen. Und seien Sie sich gewiss: Die Einschränkung der Internet-Kommunikation ist eine größere Strafe als Hausarrest – machen Sie sich also auf größere Diskussionen gefasst.

Die *Kindersicherung* können Sie auch im Nachhinein noch für Benutzer aktivieren. Sie müssen sich also nicht schon im Vorfeld festlegen, ob der Benutzer durch die *Kindersicherung* verwaltet werden soll.

Nur Freigabe bedeutet hingegen, dass der Benutzer nur auf bestimmte Dateien zugreifen kann. Er besitzt also weder einen Eintrag im Anmeldefenster noch darf er auf dem Computer herumwerkeln. Die Gruppe als solches ist erst einmal kein eigener Account. Vielmehr können Sie damit sozusagen einen Oberbegriff benennen, über den sich verschiedene Benutzer-Accounts zusammenfassen lassen.

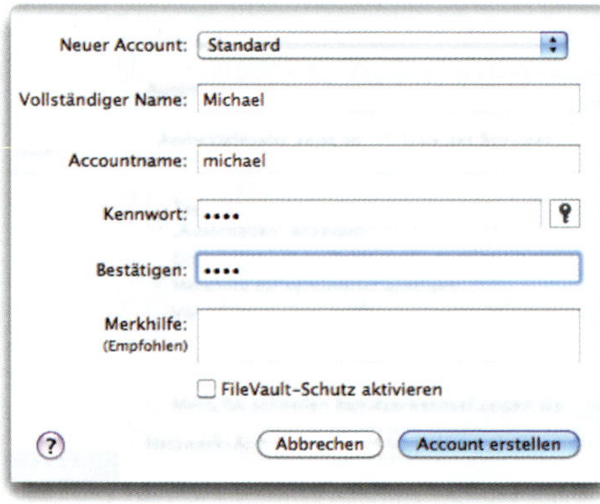

Der neue Benutzer wird in wenigen Sekunden angelegt.

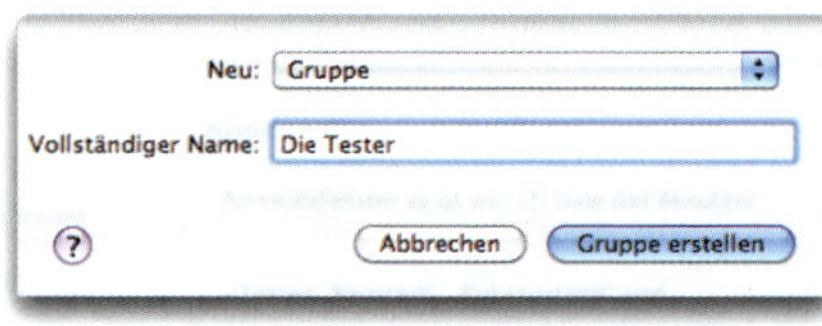

Das Anlegen einer Gruppe ist ebenso eine Sache von Sekunden. Danach können Sie bestimmen, wer zu welcher Gruppe gehören darf.

Beim Neuanlegen eines Accounts brauchen Sie nicht zwingend ein Passwort zu vergeben. Lassen Sie die entsprechenden Felder leer, so bekommen Sie zwar einen Warnhinweis, doch ist das nicht weiter schlimm. Beim Anmelden muss dann der Benutzer nur auf sein Konterfei klicken und die Sache ist geritzt. Letztere Vorgehensweise ist sicherlich von Vorteil, wenn kleinere Kinder im Haushalt sind, die sich komplizierte Passwörter nicht merken können, aber dennoch Online-Banking betreiben wollen ;-) Suchen Sie hingegen nach dem perfekten Kennwort, so klicken Sie wieder auf das Schlüssel-Symbol ( ), um den *Kennwort-Assistenten* zur Mithilfe zu bewegen.

Übrig bleibt dann noch der *Gast-Account*, der standardmäßig in der Account-Liste auftaucht, der aber dennoch manuell aktiviert werden muss (Option *Gästen erlauben, sich an diesem Computer anzumelden* aktivieren). Wer sich also als Gast anmeldet, kann im Grunde wie ein ganz normaler Benutzer am Computer arbeiten. Das dicke Ende kommt jedoch erst ganz zum Schluss, nämlich dann, wenn er sich abmelden möchte:

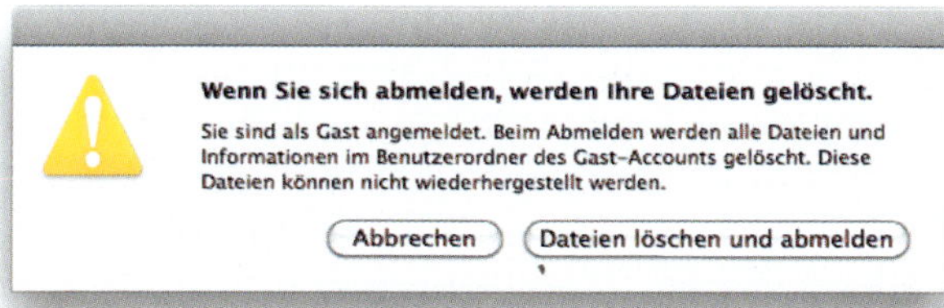

Na wenn das keine gute Nachricht ist?

Was heißt das nun für den Gast? Möchte er seine Daten gerettet wissen, so muss er sie zuvor in Sicherheit bringen. Das kann das Brennen eines Mediums sein, das Kopieren auf eine externe Festplatte bzw. USB-Stick oder das Sichern der Daten, indem er diese in freigegebene Ordner legt. Das ist entweder der *Briefkasten* eines öffentlichen Ordners (eines bestimmten Benutzers) oder der Ordner *Für alle Benutzer*, der sich in der Festplatten-Hierarchie ganz oben befindet (*Macintosh HD/Benutzer/Für alle Benutzer*).

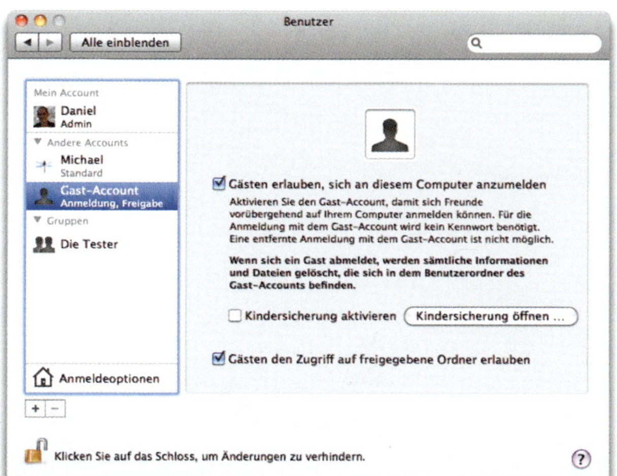

Der Gast-Account muss erst aktiviert werden: »Gästen erlauben, sich an diesem Computer anzumelden«.

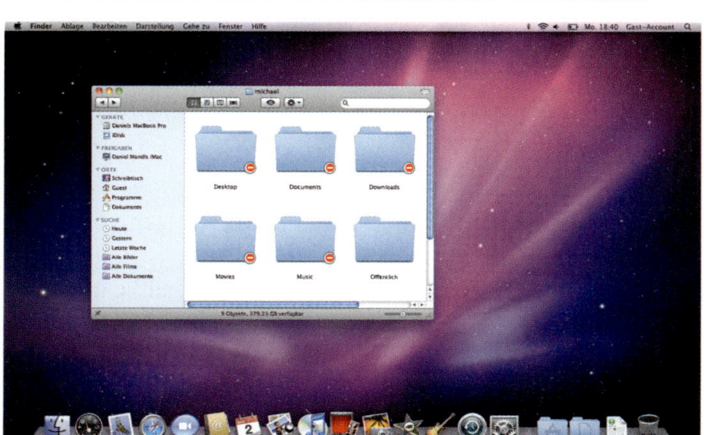

Dem Gast bleiben alle Benutzer-fremden Ordner verschlossen – einzig der Briefkasten im Ordner »Öffentlich« darf benutzt werden, um beispielsweise erstellte Dokumente weiterzureichen.

Sie glauben ja gar nicht, wie aufregend es sein kann, wenn man als Gast am eigenen Rechner angemeldet ist. Dies zwar weniger wegen der tollen Arbeitsatmosphäre, sondern eher deshalb, da es bis zur Version *Snow Leopard 10.6.1* einen Bug (einen Fehler in der Programmierung) gab, der in manchen Fällen bei der Rückkehr zum eigenen Benutzer-Account diesen vollständig dem Erdboden gleichgemacht hatte, sprich sämtliche eigene Daten waren gelöscht. Da wir unter anderem auch auf einem Test-Rechner arbeiten, konnten wir das ausprobieren, obgleich die Neugierde schon ziemlich groß war, ob denn der eigene Account unbeschadet blieb (und dem war so, Gott sei Dank). Bitte denken Sie daran, Ihren Rechner stets auf dem aktuellen Stand zu halten, damit Sie nicht selbst in den »Genuss« der Löschung all Ihrer Daten kommen (bzw. machen Sie auf jeden Fall vor dem Einrichten und Ausprobieren des Gast-Accounts ein Backup via *Time Machine*).

Sind alle Accounts erstellt, so werden nach einem Neustart bzw. nach dem Abmelden eines Benutzers sowohl der *Standard*-, der *Admininistrator*- als auch der *Gast*-Account im Anmeldefenster mit aufgeführt. Per Klick auf den Benutzer kann man sich nun über sein Passwort anmelden und die Sache ist erledigt. Keiner kommt dem anderen in die Quere oder verändert ungefragt Datenbestände.

Die Benutzer in Reih und Glied. Klicken Sie auf einen Namen, so wird nach Eingabe des Kennwortes der jeweilige Account gestartet.

Wird nun bei den *Anmeldeoptionen* die Funktion *Menü für schnellen Benutzerwechsel zeigen als* aktiviert, so finden Sie in der Menüleiste einen neuen Punkt, der den aktuellen Benutzer anzeigt. Klicken Sie darauf, so klappt eine Leiste mit den jeweiligen Benutzern herunter, die nun gewählt werden können. Nun muss nur noch das Passwort eingegeben werden und Schwupps dreht sich der Finder wie ein Würfel und der Benutzer befindet sich in seinem Territorium.

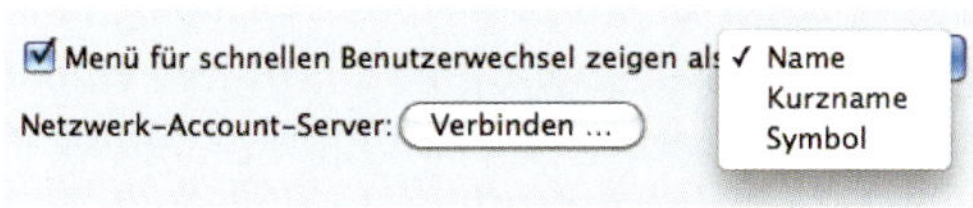

Auf Wunsch lassen sich auch Art und Weise des Menü-Designs bestimmen. Über die Menüleiste haben Sie nun sofortigen Zugriff auf die Accounts. Die mit einem orangefarbenen Marker (✓) versehenen Benutzer werden so als bereits angemeldet gekennzeichnet.

Das Anmelde-Fenster: Nach Eingabe des Passworts befinden Sie sich schon im neuen Account.

Wie Sie bereits kennengelernt haben, besitzt jeder Benutzer seine eigene Ordner-Struktur mit Dokumenten-, Musik-, Bilder-Ordner usw. Damit nun nicht jeder in den Ordnern des anderen herumwühlen kann, sind nur die eigenen Ordner zugänglich, diejenigen der anderen Benutzer sind gesperrt. Es gilt folglich das Gleiche wie für den Gast-Account: Um zwischen den angelegten Benutzern Daten austauschen zu können, gibt es die Ordner *Für alle Benutzer* und *Öffentlich*. Ersteren finden Sie über das *Startvolume* und dort im Ordner *Benutzer*. Daten, die dort hineingelegt werden, sind für alle zugänglich und können weiterbearbeitet werden. Der Ordner *Öffentlich* enthält hingegen noch einen weiteren Ordner namens *Briefkasten*, in den Dateien von anderen Benutzern abgelegt werden können, die jedoch nur der entsprechende Adressat einsehen kann. Der Ordner *Öffentlich* selbst dient zum Austausch von Daten über ein Netzwerk, wobei wir dieses Thema ein wenig später erklären möchten.

Selbstverständlich lassen sich einmal eingerichtete Benutzer auch wieder entfernen. Dazu markieren Sie den jeweiligen Namen und klicken dann auf die Minus-Taste (−). Daraufhin haben Sie drei Möglichkeiten, sich von Ihrem Benutzer zu verabschieden: Zum einen lässt sich der *Benutzerordner als Image sichern*, wobei von sämtlichen Daten ein genaues Abbild angefertigt wird, das dann in einen neu angelegten Ordner namens *Gelöschte Benutzer* (innerhalb des allgemeinen Ordners *Benutzer*) bewegt wird. Dieses *Image* lässt sich nun beispielsweise auf eine andere Festplatte bewegen oder – je nach Größe – auch auf eine DVD brennen. Per Doppelklick kann dieses Image jederzeit geöffnet werden, so dass Sie weiter Zugriff auf den Inhalt haben.

Die nächste Option nennt sich *Benutzerordner nicht ändern*, was nichts anderes heißt, als dass zwar der ursprüngliche Benutzer keinen Zutritt mehr zum Rechner hat, sein ehemaliger Ordner aber dennoch für den Administrator zugänglich ist – er liegt schlichtweg an jenem Platz, auf dem er sich schon immer befand: *Macintosh HD/Benutzer/*. Die letzte Option *Benutzerordner löschen* macht allerdings »Tabula rasa« und befördert den Ordner ins Tal der toten Benutzer-Ordner-Seelen, wo schon Winnetou und sein Blutsbruder Old Shatterhand warten, um mit ihm Feuerwasser zu trinken. Ein wenig trockener ausgedrückt: Er wird schlicht von der Festplatte gelöscht und es bleiben auch keine heißen Spuren im Sand.

Benutzerordner löschen im Dreierpack – je nach Wunsch verbleiben die Daten auf dem Rechner oder werden rigoros entfernt.

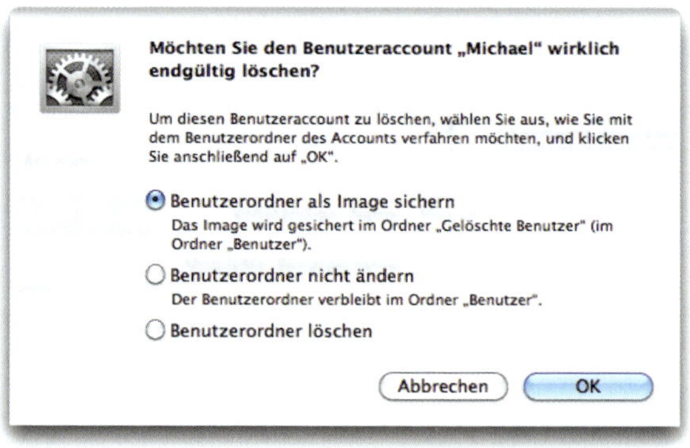

Datum & Uhrzeit – damit Sie keinen Termin verpassen

Wie der Name ganz klar intendiert, geht's hier um die korrekten Zeit- und Datums-Einstellungen. Normalerweise müssen Sie hier nicht viel umstellen, haben Sie doch gerade erst Ihr Betriebssystem installiert und im Konfigurations-Modus diese Daten (zum Beispiel die *Zeitzone*) auf Vordermann gebracht. Nichtsdestotrotz: Vielleicht sind Sie ja in ein anderes Land gezogen oder aufgrund eines Absturzes hat sich die aktuelle Zeit verstellt. Auch eine leere Puffer-Batterie (dort werden nämlich Datum und Uhrzeit gespeichert, wenn Ihr Rechner mal längere Zeit ausgeschaltet war) kann eine Ursache sein, wobei bei einem neuen Mac dies eher unwahrscheinlich ist.

Wenn die Uhr spinnt: Im Jahre 1970 kniete Willy Brandt vor dem Warschauer Ghetto-Ehrenmal nieder, die USA starteten die Invasion in Kambodscha und Oman erhält seine Nationalflagge – es gab da allerdings noch keinen Mac.

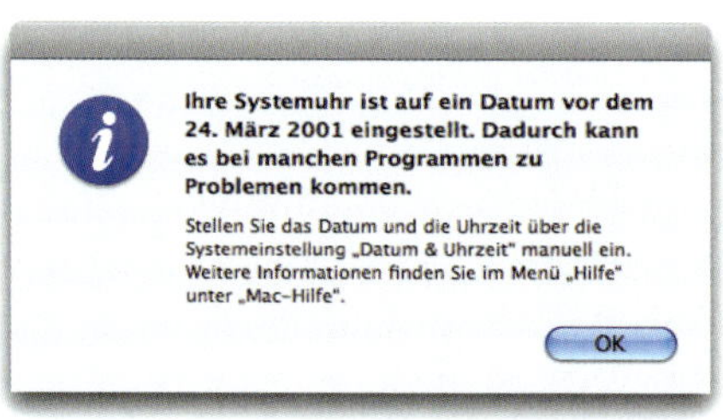

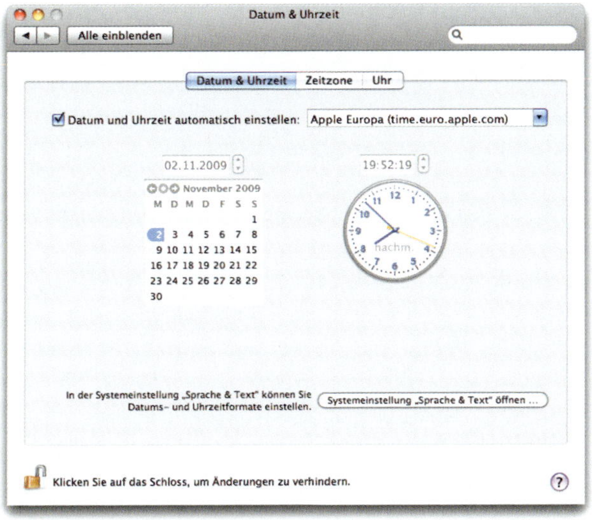

Hier treffen Sie die aktuellen Zeit- und Datums-Einstellungen.

Neben der manuellen Eingabe des korrekten Datums und der genauen Uhrzeit – die allerdings nur möglich ist, wenn das Häkchen bei *Datum & Uhrzeit automatisch einstellen* entfernt wird – können Sie bei einer bestehenden Online-Verbindung diese Daten auch über einen Server (also einen Netzwerk-Rechner, der für genau diese Aufgabe gedacht ist) aktualisieren lassen. Das dauert nur eine Sekunde und ist topaktuell. Wie die Daten angezeigt werden sollen, können Sie über die Systemeinstellung *Sprache & Text* definieren, die wir weiter oben schon erklärt haben und zu denen Sie über den rechts unten liegenden Button gelangen.

Auch die *Zeitzone* dürfte Ihnen bekannt vorkommen, denn auch sie tauchte bei der erstmaligen Zusammenstellung Ihrer persönlichen Eingaben auf. Gibt es also Änderungen, so tun Sie das hier.

Die Zeitzone mit Auswahl jener (Groß-)Stadt, die sich in der Nähe Ihres Heimatortes befindet.

Im letzten Reiter – *Uhr* – geht es um die Darstellung. Normalerweise lässt sich in der Menüleiste rechts außen die Uhrzeit ablesen. Klicken Sie auf das Menü, wird neben dem Datum auch noch die Möglichkeit geboten, eine analoge Uhr zu verwenden. Diese ist dann allerdings so winzig, dass der Gang zum nächsten Kirchturm angeraten scheint.

19:56:18 oder ⌚ – das ist hier die Frage … (oder auch nicht).

Im Falle der digitalen Variante gibt es weitere Optionen wie *blinkende Trennzeichen* oder *Uhrzeit mit Sekunden anzeigen*. Möchten Sie anstatt einer 24 Stunden-Anzeige lieber die Kürzel »nachm« (für nachmittags) und »vorm« (für vormittags) einblenden lassen, so müssen Sie dafür die erste Variante (*24 Stunden verwenden*) deaktivieren. Neu in Snow Leopard ist hingegen die Möglichkeit, nunmehr neben der Uhrzeit auch den Wochentag sowie das aktuelle Datum in der Menüleiste anzeigen zu lassen. Da haben sich aber die Apple-Programmierer mächtig ins Zeug gelegt.

Nicht weltbewegend, aber gut zu wissen, dass man Uhrzeit und Datum auf einen Blick am oberen Bildschirmrand ablesen kann.

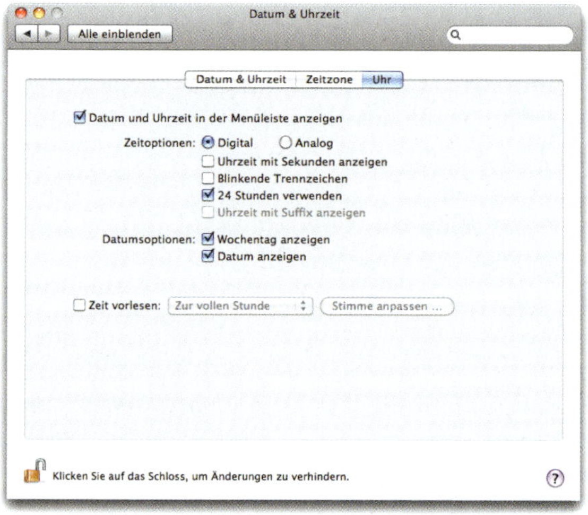

Als Gag betrachten wir hingegen wieder das Vorlesen der Zeit, das alle 15, 30 oder 60 Minuten gestartet werden kann. Über *Stimme anpassen* können Sie zwischen der *Systemstimme* oder dem Rest des verrückten Vorlesergremiums (*Mehr Stimmen anzeigen*) wählen. Auf Wunsch lässt sich dort auch gleich noch die Geschwindigkeit anpassen oder die Lautstärke verändern.

Hören Sie sich ruhig einmal alle Stimmen durch, damit Sie wenigstens wissen, warum Sie die Funktion zum »Zeit vorlesen« nicht einschalten werden.

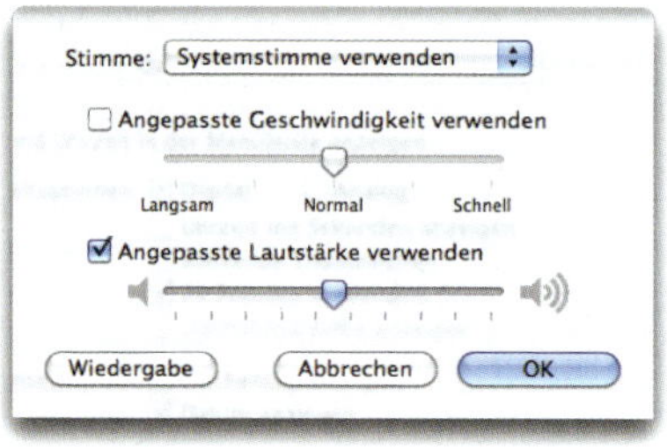

Kindersicherung – für kleine und große Trickser

Was für Kinder gilt, kann man gut und gerne auch auf Erwachsene anwenden. Mit der *Kindersicherung* haben Sie nämlich ein wunderbares Instrument an der Hand, um Computer-Funktionen einzuschränken. Der erste Gang sollte nichtsdestotrotz in die Systemeinstellung *Benutzer* führen, denn ohne Benutzer ist die *Kindersicherung* nicht zu benutzen. Sind diese dann konfiguriert, so können Sie bereits dort die *Kindersicherung* aktivieren – die Einstellungen als solches, also wer was wann darf, erledigen Sie dennoch in der eigentlichen Systemeinstellung.

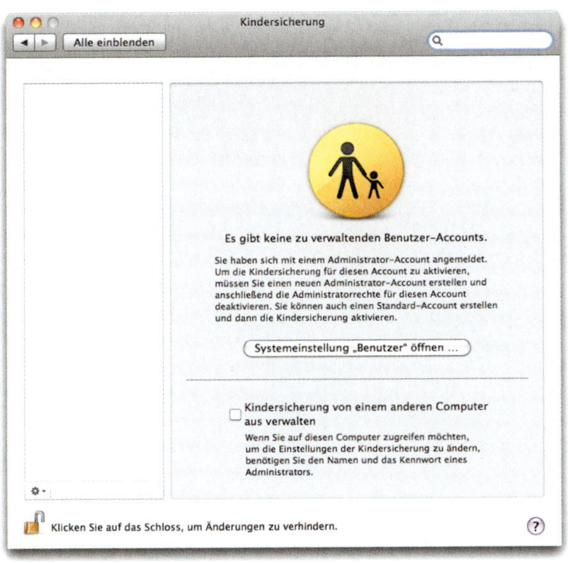

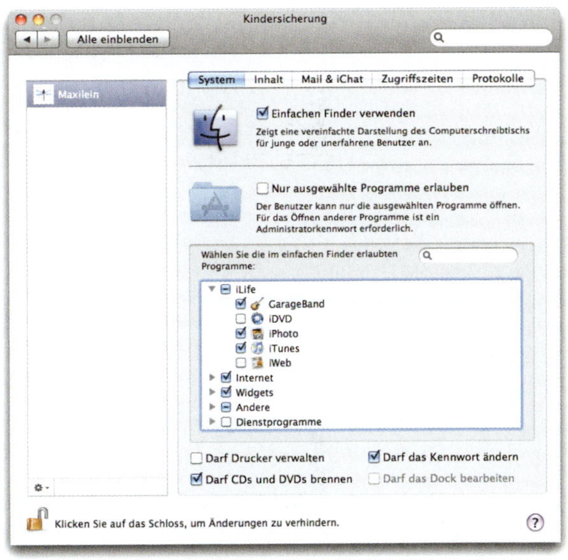

Die Kindersicherung muss zuerst aktiviert werden – danach geht es ans Eingemachte. Entweder Sie verwenden den einfachen Finder und erlauben nur ausgewählte Programme, oder Sie beschränken nur die Programm-Auswahl, erlauben aber ansonsten ein freies Agieren.

Der Dialog ist eingeteilt in die Rubriken *System, Inhalt, Mail & iChat, Zugriffszeiten* und *Protokolle*. Im ersten Reiter – *System* – lässt sich schon einmal der Mac gut an das Alter eines Anwenders anpassen. Wie Apple richtig schreibt, richtet sich die erste Option – *Einfachen Finder verwenden* – eher an jüngere Benutzer, welche die volle Funktionsvielfalt eigentlich nicht benötigen. So werden alle *Finder* spezifischen Funktionen sowie das Dock gesperrt, auch können keine Dokumente oder Programme verschoben werden. Einzig von Ihnen zugeordnete Programme (das kann natürlich auch nachträglich installierte Spiele- oder Edutainment-Software sein) werden zugelassen, indem der Benutzer einen eigenen Ordner namens *Meine Programme* erhält. Möchte der neue Benutzer irgendetwas am Finder oder sonst wo ändern, was nicht explizit erlaubt ist, so braucht er überall den Administrator-Namen sowie dessen Passwort.

Der einfache Finder macht Tabula rasa – einzig freigegebene Programme werden angezeigt.

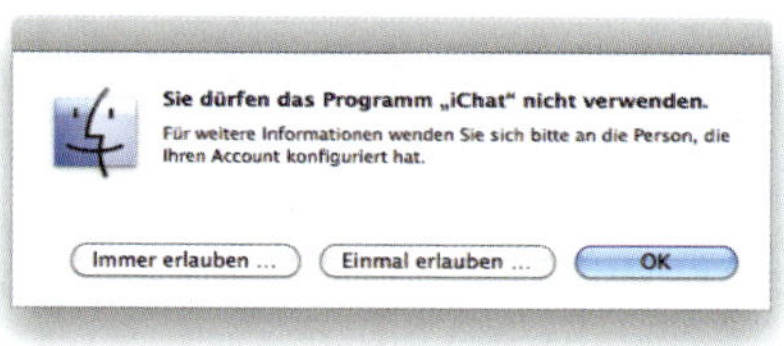

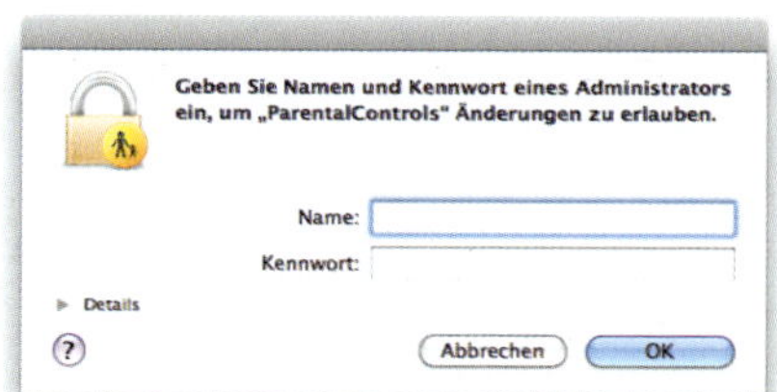

Wer versucht, die vom Administrator eingesetzten Einschränkungen zu umgehen, der bekommt was auf die Finger. Der Mac weigert sich beharrlich und verwehrt den Zugriff auf nicht freigegebene Funktionen – es sei denn, der Benutzer weiß Name und Kennwort des »Computer-Chefs«.

Im Reiter *Inhalt* können Sie zum einen unterbinden, dass der oder die Person anstößige Ausdrücke im OS X-eigenen Lexikon aufsucht. Das Lexikon greift dabei auf verschiedene Referenzbibliotheken (Dictionary, Thesaurus, Apple-Lexikon und Wikipedia) zurück, wobei Wikipedia automatisch einen Ausflug ins Internet unternimmt. Sowohl *Dictionary* als auch *Thesaurus* stehen nur auf Englisch zur Verfügung. Apple selbst bietet nur ein deutschsprachiges technisches Lexikon (in dem allerdings nicht einmal der Begriff USB vorkommt) an, das aber mit Sicherheit nichts Anstößiges enthält (oder finden Sie »FireWire« zu gewagt?).

Auch nach mehreren Versuchen ist es uns nicht gelungen, den so genannten anstößigen Part so recht aus dem Lexikon herauszufiltern. Irgendwie scheint das bislang noch nicht zu funktionieren, wobei es unter OS X Leopard keine Probleme gab. Vielleicht hängt es aber auch nur mit der Definition zusammen, was denn nun als anstößig zu gelten hat und was nicht.

Die Rubrik »Inhalt«: Neben anstößigen Lexika-Eintragungen lassen sich auch Webseiten-Zugänge beschränken.

Ganz anders sieht die Sache jedoch hinsichtlich des Internets aus. Das Problem hierbei: Es gibt Millionen von Seiten, die man nun mal nicht alle händisch ausschließen kann. Was also tun? Zum einen heißt es hier dem Nachwuchs Vertrauen schenken oder noch besser: Groß und klein sitzen zusammen vor dem Rechner und amüsieren sich auf kindgerechten Seiten. Ist das nicht möglich und Sie können Tokio Hotel, Sido, Eminem und wie sie alle heißen nicht mehr hören bzw. sehen, so heißt es nun Hand anlegen.

Zugriff auf nicht jugendfreie Websites so gut wie möglich automatisch beschränken deutet es schon an: Eine hundertprozentige Kontrolle ist nicht möglich. Auch wenn der Apple-eigene Filter schon gut arbeitet und einen Großteil an Websites ausschließt, können Sie weitere Internet-Inhalte hinzufügen oder ausklammern. Klicken Sie auf *Anpassen*, so können Sie im eingeblendeten Dialog diese Arbeiten verrichten. Wie immer heißt es hier auf den *Plus*-Knopf (+) zu drücken und die jeweilige Web-Adresse einzugeben.

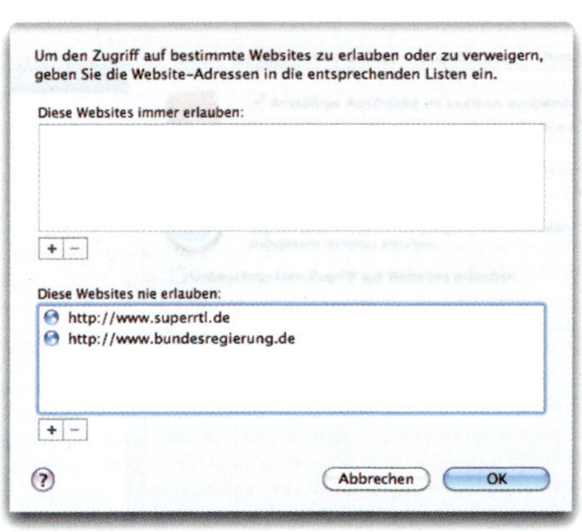

Über »Anpassen« lässt sich der automatische Filter zum Blocken von Websites fein justieren.

Safari bei aktivierter Kindersicherung: Das wird wohl so nix.

Noch restriktiver verhält sich die Option *Zugriff nur auf diese Websites erlauben*, denn sie filtert eigentlich alles – bis eben auf jene Seiten, die Sie zulassen und in der Liste ergänzen. Für kleine Kinder ist dies sicherlich nicht verkehrt, für Heranwachsende aber eher ein Grund zum Ausziehen.

Hier heißt es viel Handarbeit anlegen: Über »Lesezeichen hinzufügen« öffnet sich ein Dialog, über den Sie den Titel der Webseite sowie die genaue URL (Internet-Adresse) eingeben können.

Während erlaubte Webseiten ohne Probleme angezeigt werden …

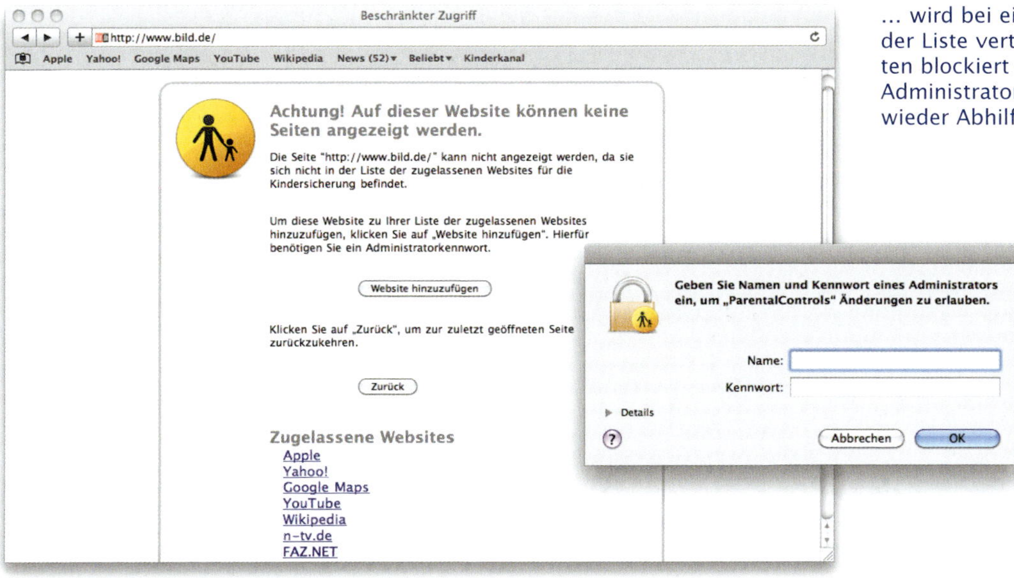

... wird bei einer nicht in der Liste vertretenen Seiten blockiert – nur der Administrator kann hier wieder Abhilfe schaffen.

Über den Reiter *Mail & iChat* geht es weiter mit den Einschränkungen. Dort können Sie nämlich ganz gewaltig im »Freundeskreis« des Benutzers herumwerkeln. Beschränken Sie folglich *Mail* und *iChat*, so tragen Sie jene Mail-Adressen und Chat-Kontakte in die Liste ein, mit denen Sie eine Kontaktaufnahme dulden. Auf Wunsch können Sie sich auch jeden Kontakt genehmigen lassen, indem sich der Benutzer bei Adressen, die nicht gestattet sind, zuerst an die bei *Genehmigungs-Anfragen senden an* eingetragene E-Mail-Adresse wenden muss.

Auch wenn es eine Menge Arbeit bedeutet: Fürchten Sie um den Umgang Ihrer angelegten Benutzer, so können Sie E-Mail- und Chat-Partner bestimmen.

Eine gute Sache ist unserer Meinung nach die Regelung der Zugriffszeiten. Dort lässt sich sowohl an *Werktagen* wie auch an *Wochenenden* die Nutzungsdauer beschränken sowie eine elterlich verordnete Nachtruhe einrichten. Die Zeiten sind flexibel handhabbar und infolgedessen an jedes Alter anzupassen.

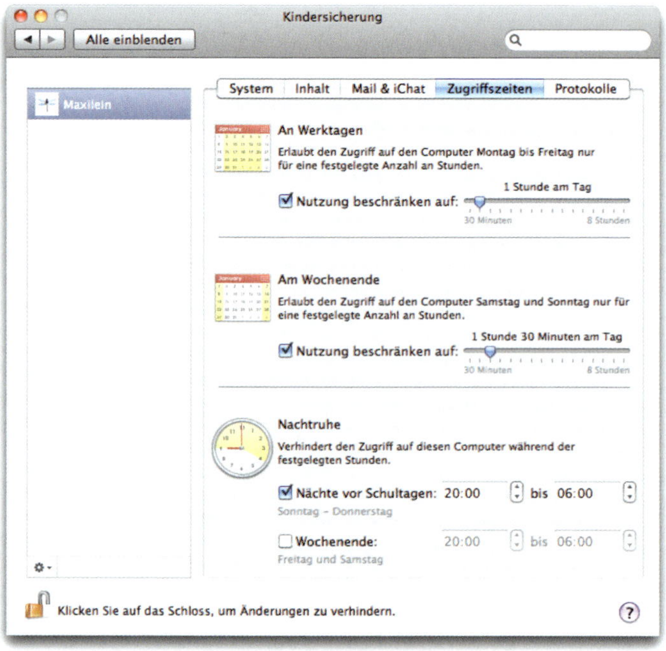

Sie können beruhigt schlafen, ist doch eine Computer-eigene Kontrolle Tag und Nacht aktiv.

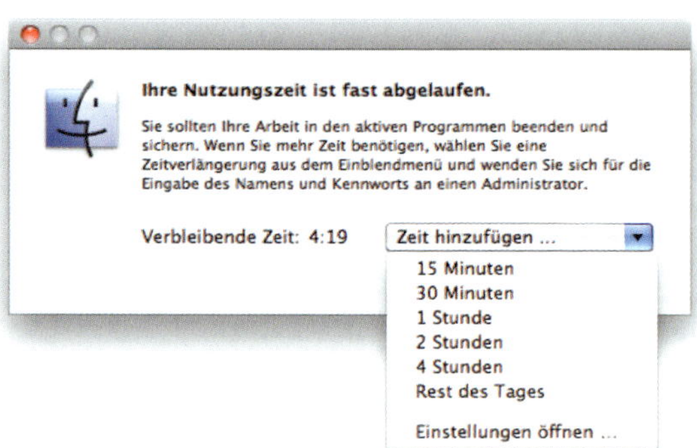

Die Zeit läuft ab: Der Benutzer muss sich nun sputen, da seine Verweildauer am Computer festgelegt ist. Einzig mit Administrator-Name und Passwort lässt sich noch ein zusätzliches Zeitfenster öffnen.

Und für alle, die wissen möchten, was denn der neue Benutzer so alles an seinem Rechner treibt, sind die *Protokolle* eine nicht zu unterschätzende Wissensquelle. Ob besuchte oder geblockte Websites, welche Programme gestartet wurden oder welche Chats stattfanden – in den Protokollen sind Sie immer im Bilde und können die Betreffenden eiskalt mit ihren Taten konfrontieren. Über die Popup-Menüs lässt sich dabei noch der erfasste Zeitraum (pro Tag, Woche, Monat, drei Monate usw.) sowie eine Gruppierung nach Webseiten oder per Datum einrichten.

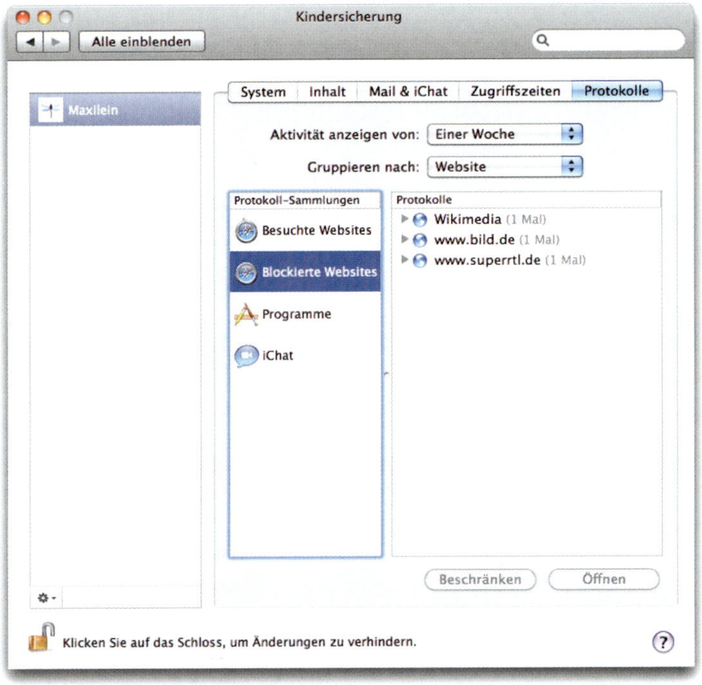

Da kann aber jemand ganz schön ins Schwitzen kommen …

So, jetzt wissen Sie also, was es alles zu verhindern gibt. Einzig eine Frage bleibt offen: Wie können Sie die *Kindersicherung* wieder aufheben? Links unten, völlig unverdächtig und klein finden Sie ein Popup-Menü ( ), das genau diesen Befehl aufführt. Oder Sie gehen in die Systemeinstellung *Benutzer* und deaktivieren dort die *Kindersicherung*.

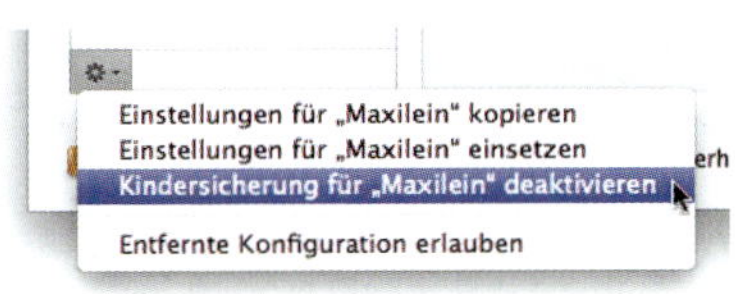

Der kleine unscheinbare Button befreit den Benutzer von allen Einschränkungen.

Softwareaktualisierung – stets auf dem neuesten Stand

Gerade dann, wenn ein Betriebssystem oder auch andere Software-Programme neu herauskommen, werden mit Sicherheit in den darauffolgenden Wochen und Monaten das ein oder andere Update erscheinen. Während an der Programmierung sowie der Kontrolle vielleicht einige Tausend fleißige Menschen beteiligt sind, wird nach der Verkaufs-Freigabe das Fußvolk darauf losgelassen. So arbeiten auf einen Schlag einige Hunderttausend oder gar Millionen von Anwendern mit der Software-Version und es ist abzusehen, dass doch der ein oder andere Fehler (Bug) auftaucht oder manche der vielen weiteren Hardware- und Software-Komponenten von Drittherstellern auf einmal inkompatibel sind. Nun heißt es also schnell sein, damit der Anwender nicht verärgert ist und die monatelange Arbeit verteufelt.

Dass es immer Updates geben wird, ist so sicher wie das Amen in der Kirche. Und darum gibt Apple seinen Nutzern die *Softwareaktualisierung* mit. Nun ist es also vorbei mit der langwierigen Suche nach möglichen Aktualisierungen und dem zuständigen Server, auf dem sich das Software-Paket befindet. Sie starten einzig die Systemeinstellung *Softwareaktualisierung* und los geht's.

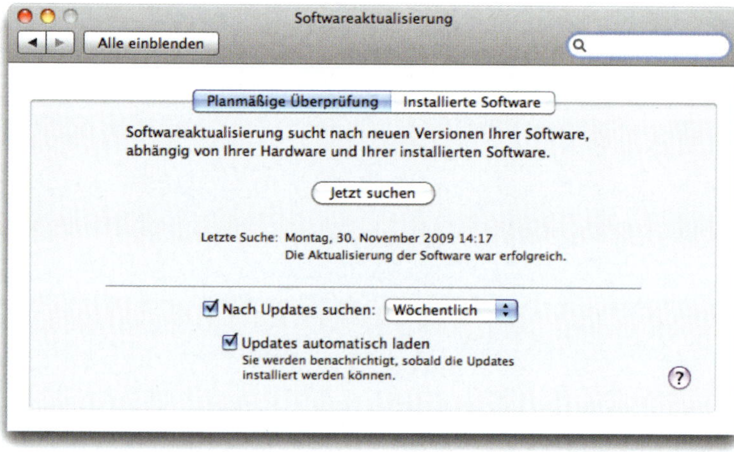

Das Dialogfenster zum komfortablen Herunterladen von Software-Komponenten.

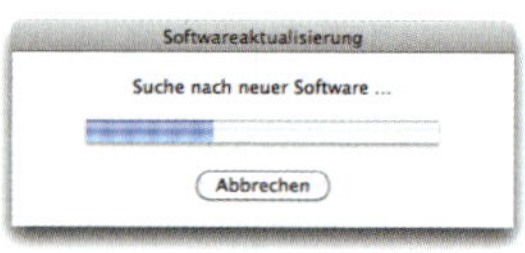

Einzige Voraussetzung für ein störungsfreies Gelingen ist eine funktionierende Online-Verbindung, denn bei der Suche nach Updates nimmt Ihr Rechner Kontakt zu einem Apple-Server auf, der wiederum Ihren Mac auf Herz und Nieren prüft. Wie oft das passieren soll, legen Sie im Popup-Menü bei *Nach Updates suchen* fest: *Täglich*, *Wöchentlich* oder *Monatlich*. Als Alternative steht Ihnen auch die Möglichkeit offen, diese Suche nach Gutdünken durchzuführen. In diesem Fall müssen Sie nur den Haken bei *Nach Updates suchen* entfernen und auf den Button *Jetzt suchen* klicken. Diese Vorgehensweise funktioniert genauso und gibt Ihnen irgendwie das Gefühl, doch noch ein wenig eigene Kontrolle über den Mac zu besitzen. Gerade die interessierten Mac-User verfolgen auf und in einschlägigen Macintosh-News-Seiten und Foren im Internet die Szene und bekommen früh genug in Erfahrung, wann wieder ein Update ins Haus steht.

Updates automatisch laden bedeutet in diesem Kontext, dass Aktualisierungen, die bei einer automatischen (also beispielsweise wöchentlichen) Suche gefunden werden, bereits im Hintergrund geladen werden. Sowohl bei der selbstständigen als auch bei der manuellen Suche meldet sich der Mac beim entsprechenden Server an. Hierbei tauschen sich Mac und Server aus und legen fest, welches Update notwendig ist. Wird er fündig, so öffnet sich ein Dialog, der Großes ankündigt:

Nach erfolgreicher Suche kommt die positive Nachricht, dass neue Software gefunden wurde. Über »Details einblenden« erhalten Sie eine genaue Aufstellung, welche Software zur Verfügung steht.

Es hängt wahrscheinlich vom Grad der Erfahrung ab, ob Sie alles automatisiert über sich ergehen lassen oder lieber händisch eingreifen. Wenn Sie die ein oder andere Software-Komponente nicht brauchen, entfernen Sie einfach den Haken in der *Installieren*-Spalte (☑) und das betreffende Update bleibt außen vor. Zum Installieren stehen Ihnen ebenso mehrere Möglichkeiten offen. Die Leichteste darunter: Sie klicken auf *Objekte installieren* und der Fall ist für Sie erledigt. Der Mac lädt brav die Updates herunter, die dann anschließend installiert werden. Das kleine Dreieck (◀) neben einigen Komponenten zeigt im Übrigen an, dass nach der Installation ein Neustart erforderlich ist.

Leider hat Apple vor einigen Jahren beschlossen, dass Updates und sonstige Software-Komponenten nicht mehr über Zeitschriften bzw. den beiliegenden Software-CDs vertrieben werden dürfen. Warum auch immer das so ist, weiß wahrscheinlich nur der Chef persönlich, doch der Dumme ist in diesem Fall der Kunde. Besitzen Sie nur eine Modem- oder ISDN-Verbindung und sollen vielleicht mehrere 100 Megabyte an Daten downloaden, so ist das ein Ding der Unmöglichkeit. Vielleicht kennen Sie aber andere Mac-Anwender, die über DSL verfügen, so dass Ihnen diese eventuell die Komponenten auf CD-ROM brennen oder auf einen USB-Stick ziehen können – selbstverständlich gegen einen überschaubaren Obulus (ein kleines Bierchen, dreimal Aufpassen auf die Kinder …). Wie das funktioniert (nein, nicht das Aufpassen auf die Kinder), erfahren Sie gleich im Anschluss.

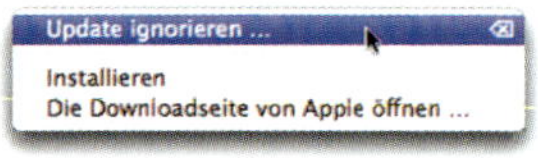

Neben der sofortigen Installation stehen Ihnen über die Menüleiste *Aktualisieren* weitere Optionen zur Verfügung: *Update ignorieren* etwa bedeutet, dass Sie gefundene Aktualisierungen, die auf ein bestimmtes Programm zugeschnitten sind und die Sie garantiert nicht brauchen, grundsätzlich von weiteren Suchen ausschließen können. Dies kann zum Beispiel der Fall sein, wenn Ihnen ein *iMovie-Update* angeboten wird, obwohl Sie gar nicht mit diesem Programm arbeiten. Markieren Sie folglich das entsprechende Update und betätigen Sie die *Entfernen*-Taste oder eben alternativ *Aktualisieren | Update ignorieren.* Die *Softwareaktualisierung* sichert sich dann ein weiteres Mal ab, ob Sie denn diese und jene Software wirklich aus der Liste entfernen möchten. Bestätigen Sie mit *OK*, ist der Fall für Sie erledigt. Und um beim Beispiel zu bleiben: Kaufen Sie sich ein wenig später einen Camcorder und sind nun dennoch an diesem Programm (inklusive der Updates) interessiert, so lässt sich der Ausschluss auch wieder rückgängig machen. Wählen Sie dazu aus der Menüleiste den Punkt *Softwareaktualisierung* und dann den Befehl *Ignorierte Updates zurücksetzen.* Die *Softwareaktualisierung* begibt sich erneut auf die Suche und berücksichtigt nun auch wieder die zuletzt Verstoßenen.

Aktualisierungen, die nicht benötigt werden, lassen sich bei künftigen Suchen ausschließen (oder auch wieder integrieren).

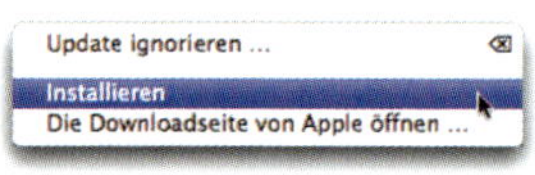

Der Befehl Installieren aus dem *Aktualisieren*-Menü entspricht dem Button *Objekte installieren* der *Softwareaktualisierung*, es wird also augenblicklich mit der Installation der gefundenen Komponenten begonnen.

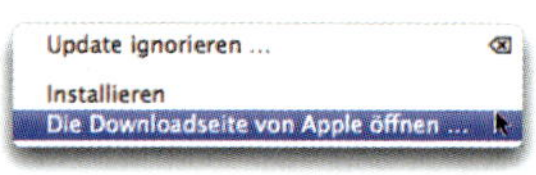

Übrig bleibt der Punkt *Die Download-Seite von Apple öffnen*, der genau das tut: Der Browser *Safari* startet und wählt die Webseite `http://support.apple.com/de_DE/downloads` an. Dort finden Sie nun die aktuellsten Updates vor, die auch gleich geladen werden können. Nach dem Download öffnen sich die Pakete meist selbstständig und beginnen auch gleich die Installation. Die Pakete als solches liegen im Ordner *Downloads* (zu finden im Dock sowie in Ihrem *Benutzer-Verzeichnis*), wo sie auf Doppelklick hin ebenfalls gestartet werden können.

Bei den manuellen Downloads handelt es sich meist um Dateien mit der Endung ».dmg«, was für *Disk Image* steht. Werden diese doppelgeklickt (bzw. öffnen sich selbsttätig), so zeigen sie sich als eigenes Laufwerks-Symbol in *Finder* (auf dem Schreibtisch oder auch in der Seitenleiste eines Fensters). Darin wiederum befindet sich nun die eigentliche Installationsdatei, die die Endungen ».pkg« bzw. ».mpkg

(steht für »Package« bzw. »metaPackages« und nicht für »Pensionskasse«) aufweisen. Per Doppelklick darauf startet dann der eigentliche Installer.

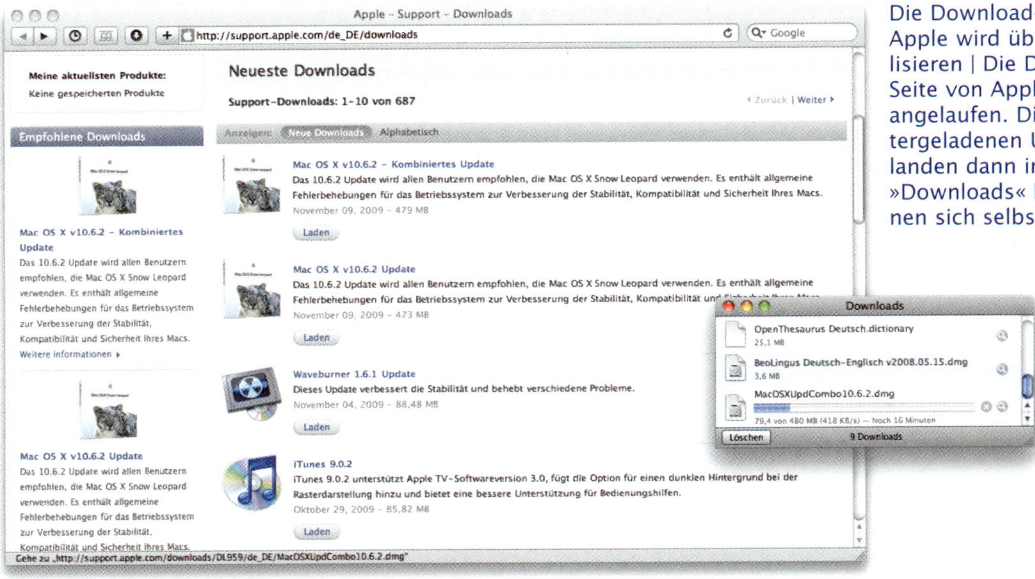

Die Download-Seite von Apple wird über »Aktualisieren | Die Download-Seite von Apple öffnen« angelaufen. Die heruntergeladenen Updates landen dann im Ordner »Downloads« bzw. öffnen sich selbstständig.

Beispiele für typische Download-Dateien.

Diese *Disk Images* oder *Packages* lassen sich nun beispielsweise auf CD/DVD brennen oder per USB-Stick an jene weitergeben, die nur über ein Modem verfügen und wahrscheinlich Stunden auf Updates warten müssten. Aber auch Sie selbst haben etwas davon, müssen Sie schließlich nach einem Rechner-Wechsel nicht wieder und wieder die einzelnen Komponenten laden, sondern haben sie fix zum Updaten zur Hand.

Zurück zur *Softwareaktualisierung:* Wird über den eigentlichen Dialog auf *Objekte installieren* geklickt, so läuft alles automatisch ab: Nach dem Bestätigen von etwaigen Lizenzverträgen müssen Sie noch Ihr *Administrator-Passwort* vergeben. Eventuell werden Sie auch noch einmal darauf hingewiesen, dass ein Neustart nach der Installation ins Haus steht. Danach geht's aber zur Sache und die Komponenten werden geladen und installiert. Nach dem Neustart sollten Sie anschließend gleich noch einmal die *Softwareaktualisierung* starten, um sicherzugehen, dass zum einen alles klappte und zum anderen nicht weitere Komponenten ins Haus stehen.

Alles in Ordnung, der Rechner ist auf dem aktuellen Stand.

Sprache – der Mac versteht den Benutzer

Ihr Mac kann nicht nur über Tastatur oder Maus gesteuert werden, sondern auch über Spracheingaben. Ebenso können Sie sich auch Texte vorlesen lassen, wobei wieder erwähnt werden sollte, dass der englische Akzent bei deutschen Texten ziemlich gewöhnungsbedürftig klingt. Wie das nun alles einzurichten ist, erfahren Sie auf den folgenden Seiten bzw. erledigen das über die Systemeinstellung *Sprache*.

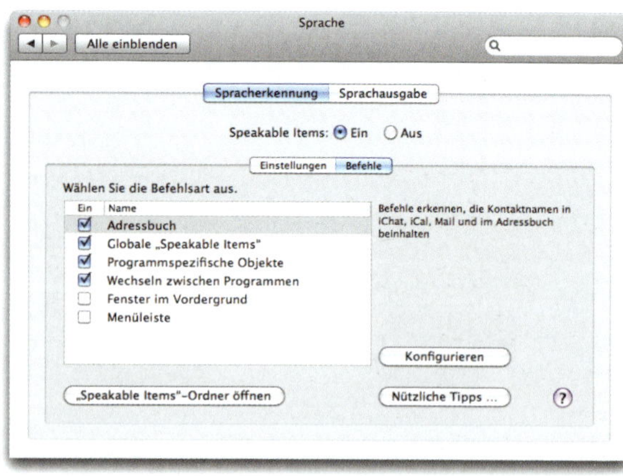

1, 2, 3, bitte kommen: Die Systemeinstellung »Sprache« besteht aus den zwei Reitern »Spracherkennung« sowie »Sprachausgabe«. Die »Spracherkennung« lässt sich wiederum in »Einstellungen« und »Befehle« einteilen.

In der Abteilung »Befehle« gibt es den Button »Nützliche Tipps«, der auf Knopfdruck »Tipps für das erfolgreiche Verwenden von gesprochenen Befehlen« gibt.

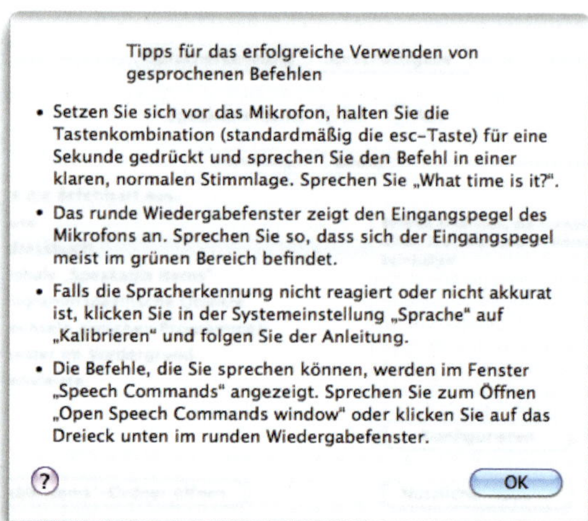

Zuerst einmal sollten Sie die *Speakable Items* auf *Ein* stellen, denn ansonsten passiert rein gar nichts. Danach wird ein Mikrofon eingeblendet, das über die Taste *esc* (oben links) an und ausgeschaltet wird (Sie können jedoch auch eine andere Taste über *Tasten ändern* bestimmen). Wichtig ist auch die Quelle *Mikrofon*, also ob Sie das interne Mikrofon Ihres Mac oder ein externes Gerät verwenden. Über *Kalibrieren* wird dabei ein Fenster eingeblendet, das einige aussagekräftige Sätze zum Üben bereitstellt, um die Empfindlichkeit zu kontrollieren bzw. zu justieren. Der Pegel sollte am besten immer im grünen Bereich sein.

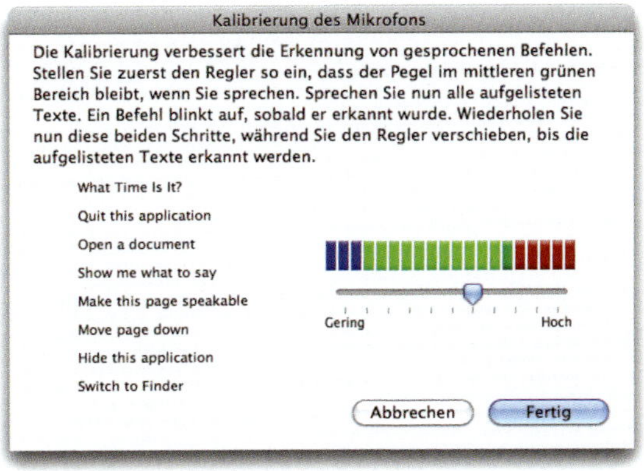

Der einleitendeText beschreibt die Vorgehensweise: Bitte sprechen Sie jetzt ... – sowohl ein Blinken als auch ein akustisches Signal (ein »Zisch« oder so ähnlich) geben dem Sprecher Feedback, dass der Text vom Computer verstanden wurde.

Ihnen stehen zwei Methoden zur Verfügung, damit der Computer merkt, dass er gemeint ist: Entweder Sie drücken die Taste *esc* (*Sprache nur erkennen, so lange Tasten gedrückt sind*) und sprechen dann Ihren Befehl, oder Sie wählen *Kontinuierliche Spracherkennung mit Schlagwort*, indem Sie Letzteres sagen und der Rechner weiß, dass er gemeint ist. Auch eine Bestätigung können Sie aktivieren, so dass der Computer Ihren Befehl wiederholt bzw. das wiedergibt, was er verstanden hat.

Welche Befehle nun verwendet werden, können Sie einsehen, wenn Sie in die Abteilung *Befehle* wechseln. Dort wählen Sie nun die gewünschten Bereiche aus bzw. konfigurieren das *Adressbuch* (indem Sie jene Adressen aktivieren, die erkannt werden sollen) und die globalen *Speakable Items* (diese Option ermöglicht es Ihnen, einzelne Befehle auch in Abänderung des Originals zu sprechen).

Welche Befehle nun zur Verfügung stehen, sehen Sie, sobald Sie den Button *Speakable Items-Ordner öffnen* drücken. Es öffnet sich ein Fenster mit Dutzenden von *SpeakableItems.app*-Dokumenten, deren Titel gleichzeitig die Befehle aufzeigen, die der Mac versteht.

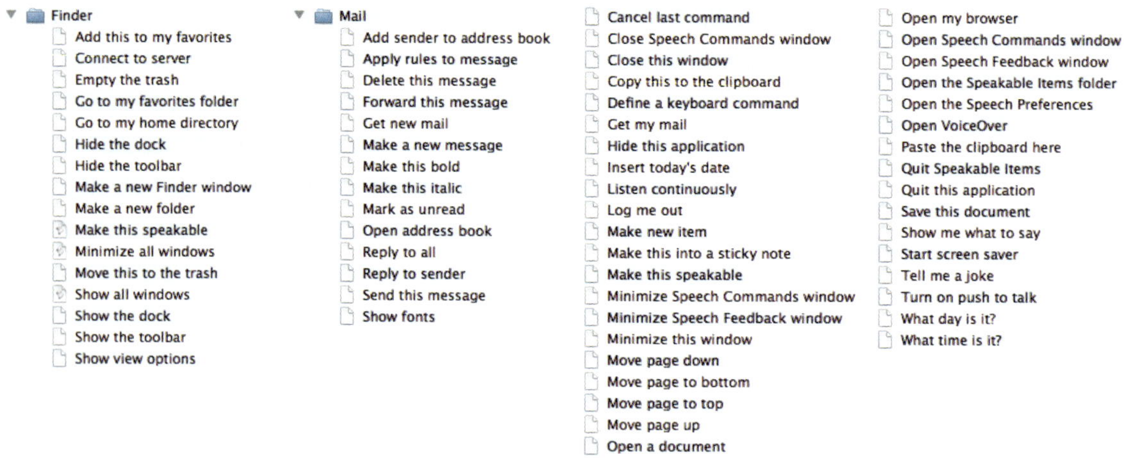

Auswahl der Befehlsarten sowie ein Auszug derjenigen Anweisungen, die der Computer versteht.

Und nun geht's also los: Drücken Sie Ihre Taste oder sprechen Sie Ihr Schlüsselwort und geben Sie dann die gesprochene Anweisung ein (leider nur auf Englisch, aber der Mac ist nun mal eher angloamerikanischer Abstammung). Markieren Sie beispielsweise eine Datei auf dem Schreibtisch und sprechen Sie dann den Befehl *Move this to the trash* (»Bewege diese Datei in den Papierkorb«). Gibt der Mac dabei ein akustisches Signal (das berühmte »Zisch«) und verschwindet die Datei, so scheint es auf Anhieb geklappt zu haben. Die Bedienung per Sprache funktioniert manchmal ganz gut, manchmal aber auch gar nicht, teilweise werden auch Befehle missverstanden (der Mac macht dann Männchen oder gibt Pfote) oder schlicht ignoriert. Und dennoch bringt die ganze Geschichte bestimmt 30 Minuten lang Spaß, von der Bewunderung einmal abgesehen, die Ihnen ziemlich sicher ist, führen Sie diese Technik der Verwandschaft vor (aber bitte vorher üben, sonst wird's ein Fiasko).

Die Sprachausgabe liest Ihnen im Gegenzug den Inhalt von Warnungen und Hinweisen vor bzw. nimmt Kontakt zu Ihnen auf, wenn ein Programm etwas von Ihnen will. Oder Sie markieren in einer Textverarbeitung einen Abschnitt und lassen sich diesen Text auf Tasteneingabe hin vorlesen. Alles schön und gut, verständlicher wird es damit allerdings auch nicht. Wie üblich ist das amerikanische Kauderwelsch daran schuld – der Sprecher/die Sprecherin beherrschen nunmal nicht die deutsche Aussprache und es hört sich an, als ob der/die Moderator(In) gerade mit fünfzehn Kaugummis beschäftigt wäre. Wie dem auch sei: Ausprobieren können Sie es gerne, wobei wir Ihnen Brief und Siegel geben, dass Sie nicht unbedingt viel Freude daran haben werden.

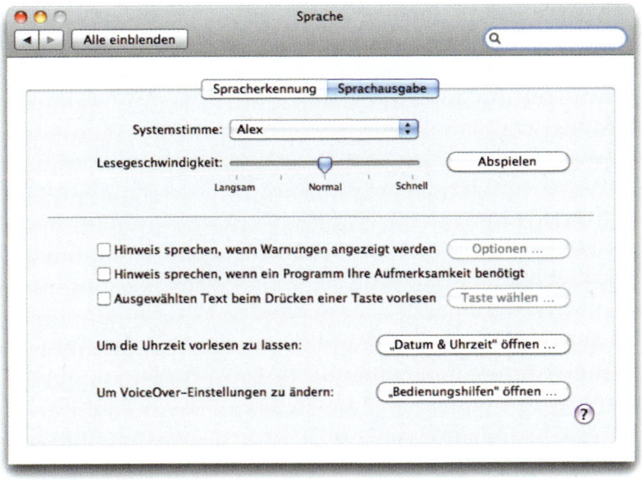

Sprachausgabe im Detail: Nach der Wahl der Stimme erfolgt das Feintuning wie das Justieren der Lesegeschwindigkeit oder das Bestimmen der Anlässe, wann was gesprochen werden soll.

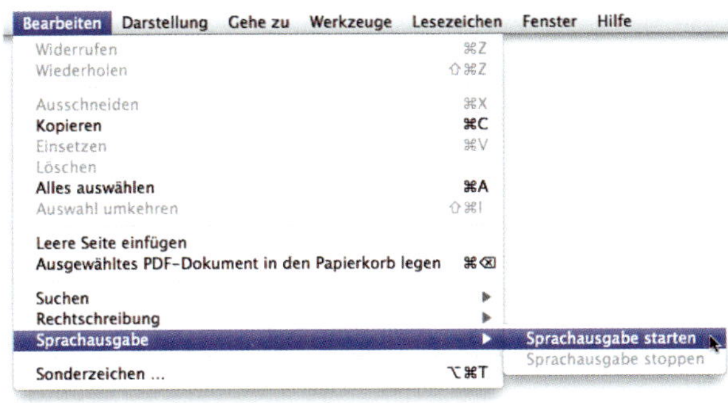

Haben Sie beispielsweise mit dem Programm »Vorschau« ein PDF geöffnet oder mit »TextEdit« einen einfachen Text aufgerufen, so können Sie über die Menüleiste »Bearbeiten | Sprachausgabe | Sprachausgabe starten» das Vorlesen beginnen. PDFs werden dabei immer im Ganzen vorgetragen, während es bei Text-Dateien auch möglich ist, nur einzelne Absätze deklamieren zu lassen – Verständigungsschwierigkeiten inklusive.

Startvolume – Welches System darf's denn sein?

Hier geht es darum, von welchem Medium oder von welcher Partition aus Sie Ihren Rechner hochfahren möchten. Wichtigste Voraussetzung (ohne die geht nämlich nichts) ist natürlich, dass sich darauf ein startfähiges Betriebssystem befindet. Dies muss nicht zwingend Mac OS X 10.6 sein, denn auch die Vorversionen (OS X Tiger oder Leopard) sind möglich. Auch können Sie bei einer partitionierten Festplatte unterschiedliche Betriebssystem-Versionen auf den jeweiligen Volumes installieren, wobei immer nur ein einziges pro Partition vorherrschen darf.

Legen Sie die *Snow Leopard-Installations*-DVD ein, so erscheint auch diese als Symbol in der Systemeinstellung *Startvolume*. Markieren Sie sie mit einem Mausklick, so wird darüber der Computer hochgefahren. Letzteres ist immer dann angebracht, wenn Sie Ihr üblicherweise gebrauchtes Startsystem über das *Festplatten-Dienstprogramm* reparieren möchten (dazu später noch weitere Informationen). Aber auch ein Windows-System wird erkannt und als Start-System zur Verfügung gestellt, haben Sie ein solches über das Dienstprogramm *Boot Camp Assistent* auf Ihrem Mac installiert.

Wie dem auch sei: Die *Systemeinstellung* führt alle in Frage kommenden Volumes auf, und nach Auswahl desselben und Klick auf den Button *Neustart* fährt der Rechner von dort aus hoch.

Hier wird der Start-Motor ausgewählt.

Eine weitere Methode finden Sie ebenfalls hier: den *FireWire-Festplattenmodus*. Hierbei wird Ihr Rechner als externe Festplatte ausgegeben, die Sie via FireWire-Kabel an einen anderen Mac anschließen können. Die Festplatte Ihres Mac erscheint nach dem Erkanntwerden als externes Volume auf dem Schreibtisch des anderen Rechners, so dass Sie nun einfach Daten austauschen können.

Die schnelle Art, Daten von einem Mac auf einen anderen zu kopieren.

Sie werden als *Benutzer* abgemeldet und der Computer fährt das System herunter. Danach wandert nurmehr das *FireWire*-Symbol über den Bildschirm und Sie können Ihren Mac anschließen. Dieser wird nun als externe Festplatte erkannt und sowohl auf dem Schreibtisch als auch in der Seitenleiste eines Finder-Fensters angezeigt. Sie können nun darauf zugreifen, um beispielsweise Daten zu kopieren bzw. zu übertragen oder das *Festplatten-Dienstprogramm* mit einer Überprüfung des Volumes beauftragen. Nach getaner Arbeit entfernen Sie zuerst das Volume über den *Auswerfen*-Button (⏏) und schalten dann den Mac aus, indem Sie einfach den Ein-/Ausschalter (⏻) drücken.

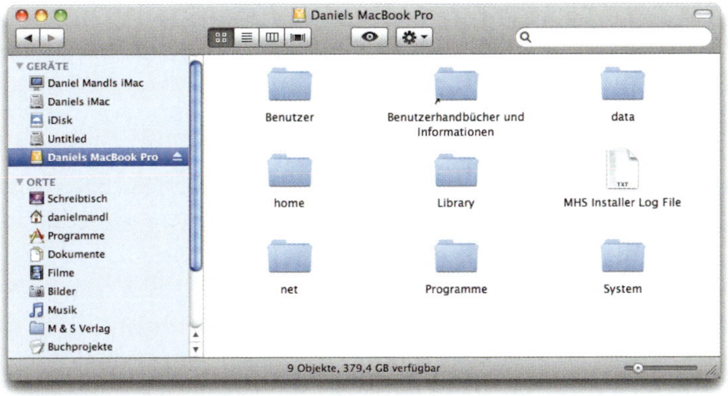

Sie haben freien Zugriff auf den gesamten Bestand Ihres per FireWire-Modus angeschlossenen Mac.

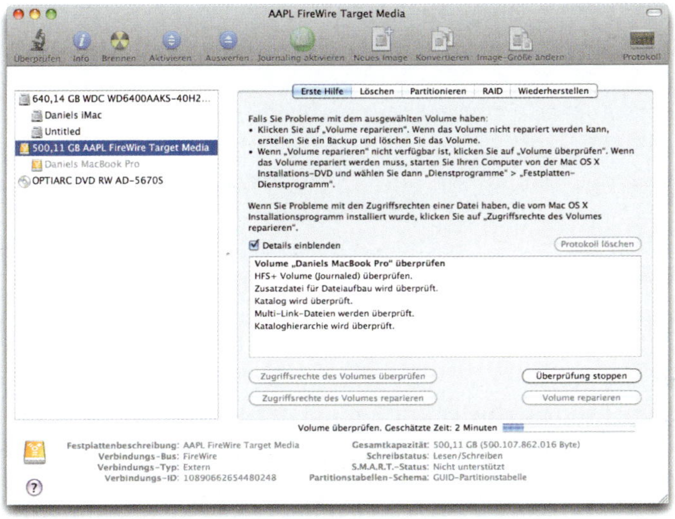

Der FireWire-Festplattenmodus (auch Target-Modus genannt) eignet sich hervorragend, um das Betriebssystem eines Mac-Rechners zu überprüfen und gegebenenfalls reparieren zu lassen.

Im Ordner *Dienstprogramme* finden Sie das Programm *Migrationsassistent*, mit dem Sie ebenso Daten (Benutzer-Ordner, Programme, Netzwerk- und Computereinstellungen, Dateien sowie ganze Volumes) von und auf Ihren Mac übertragen können. Der Vorteil hierbei: Einsteiger werden Schritt für Schritt zum erfolgreichen Daten-Transfer begleitet.

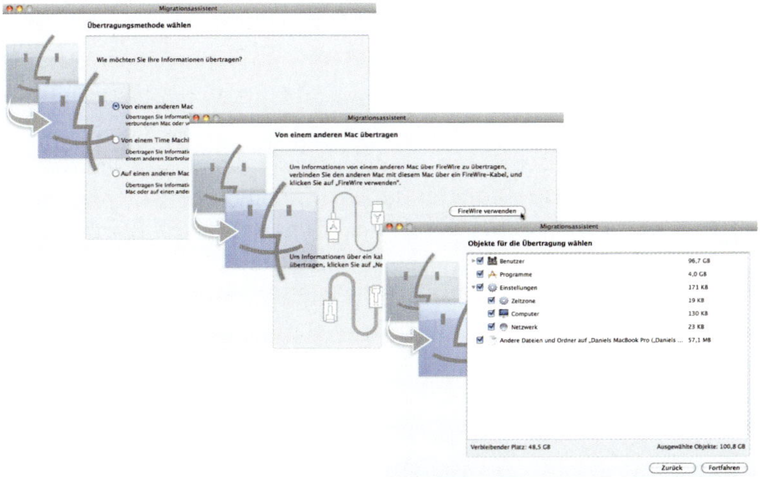

Der Migrationsassistent hilft Ihnen dabei, unkompliziert Daten auszutauschen.

Time Machine – mit Leichtigkeit zum Backup

Mit Mac OS X Leopard hielt endlich ein anständiges Backup-Programm Einzug ins Betriebssystem – auch wenn es unter der Leopard-Variante doch ein wenig zäh vonstatten ging. Unter Snow Leopard gehört nun diese Langsamkeit der Vergangenheit an und die Kopiervorgänge laufen merklich schneller ab. *Time Machine* glänzt dabei nicht nur durch seine Einfachheit, sondern auch durch sein ansprechendes Äußeres, wenn Sie sich denn einmal auf die Zeitreise in die Vergangenheit begeben müssen. Die Technik als solches ist dabei schnell erklärt: Sie wählen eine externe Festplatte als Speichermedium aus, auf das *Time Machine* regelmäßig Sicherungskopien Ihrer Arbeitsvolumes anlegt. Beim ersten Mal wird eine Komplett-Kopie mit allem Drum und Dran angefertigt, was je nach Datenumfang dennoch einige Zeit in Anspruch nimmt. Danach werden stündlich alle Veränderungen (etwa das Löschen von Dateien, das Verschieben von Ordnern, das Umbenennen von Dokumenten usw.) fein säuberlich festgehalten und als Backup gesichert. Durch diese Funktionsweise wird Ihre Arbeit also automatisch und regelmäßig gesichert, um Sie vor einem Datenverlust zu schützen. Sie können somit jederzeit auf die alten Daten-Bestände zurückgreifen und so im Falle des versehentlichen Löschens diese Dokumente wieder hervorzaubern.

Um von vorneherein etwaige Probleme beim Backup auszuschließen, sei noch einmal darauf hingewiesen, dass Ihre externe Festplatte im Voraus das korrekte *Partitionsschema* erhalten sollte. Da die meisten Festplatten von Herstellerseite aus mit dem so genannten *Master Boot Record-Partitionsschema* (also Windows-kompatibel) ausgeliefert werden, kann das zu Problemen führen. Über das *Festplatten-Dienstprogramm* (im Order *Dienstprogramme* liegend) wählen Sie bitte Ihre externe Festplatte aus und klicken dann auf den Reiter *Partitionieren.* Nach Auswahl des *Volume-Schemas* (die Anzahl der Partitionen) klicken Sie bitte auf den unten stehenden Button *Optionen.* Im sich öffnenden Dialog wählen Sie nun *GUID-Partitionstabelle* für einen Mac mit Intel-Prozessor. Bitte beachten Sie unbedingt, dass bei einer Formatierung sämtliche, bereits vorliegende Daten unwiderruflich gelöscht werden.

Selbst dann, wenn Sie noch nie etwas von *Time Machine* gehört haben, ruft sich das Programm beim ersten Start einer externen Festplatte ins Gedächtnis, indem es einen Dialog öffnet. Dort finden Sie neben einem ersten erläuternden Text auch den Button *Als Backup-Volume verwenden*, der auf Klick hin dieses Medium als zukünftige Sicherungsfestplatte einrichtet. Und kaum geklickt, geht es auch schon los mit dem Kopieren Tausender von privaten wie systembedingten Dateien (Programme, Accounts, Ihre Fotos und Filme usw.).

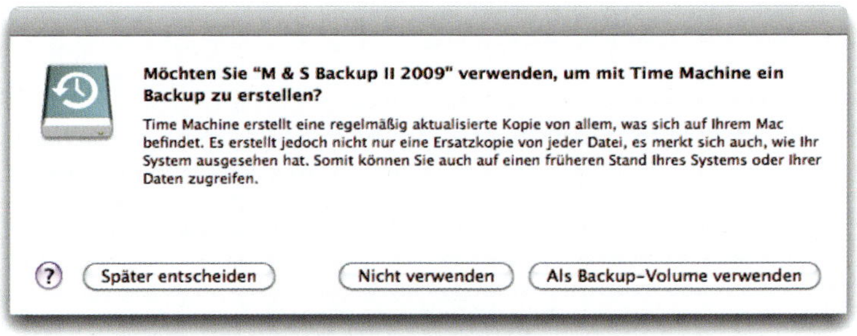

Mac OS X fragt, ob die gerade eingeschaltete externe Festplatte als Backup-Volume verwendet werden darf. Passt es Ihnen nicht, so klicken Sie einfach auf »Nicht verwenden« bzw. »Später entscheiden« und die Sache ist vorerst für Sie erledigt. Auch später lassen sich noch Medien zuordnen.

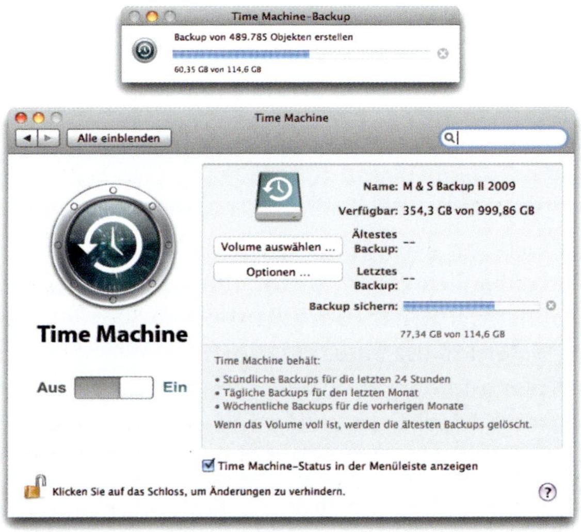

Nach einer kurzen Vorbereitung bekommen Sie das ganze Ausmaß der Kopier-Orgie zu Gesicht. Nur fürs Protokoll: Die meisten Daten stammen vom Betriebssystem und werden auch nur beim ersten Mal vollständig gespiegelt. Danach wandern nur noch Veränderungen auf die Backup-Festplatte.

Öffnen Sie die Systemeinstellung *TimeMachine*, so lassen sich auf einen Blick die aktuellen Daten der Sicherung ablesen. Dazu gehören die verfügbare Kapazität des Backup-Mediums, die älteste, letzte sowie die nächste Backup-Zeit. Weiterhin finden Sie dort auch zwei Knöpfe namens *Volume wechseln* wie *Optionen.*

Die Systemeinstellung »Time Machine«: Wie in der Abbildung zu sehen, ist gerade ein Backup am Laufen.

Über *Volume wechseln* lässt sich nun ganz schnell eine andere Festplatte auswählen, sollte es beispielsweise zu Kapazitätsengpässen kommen. Im Dialog werden alle verfügbaren wie möglichen Festplatten aufgeführt, die auf Mausklick hin ausgewählt werden können. Das können in einem Netzwerk freigegebene Volumes sein, interne Festplatten oder Partitionen bzw. Festplatten, die über eine *AirPort Extreme Basisstation* angeschlossen sind.

Das Wechseln des Backup-Medium ist eine Sache von Sekunden.

Apple selbst bietet für *Time Machine* sein drahtloses System *Time Capsule* an. Hierbei handelt es sich im Endeffekt um eine *AirPort Extreme Basisstation* mit eingebauter Festplatte (mit Größen von 1 oder 2 Terabyte), an die aufgrund der integrierten Schnittstellen auch weitere Geräte wie Drucker und/oder zusätzliche Festplatten (eventuell mit Hilfe eines weiteren USB-Hubs) angeschlossen werden können. Mit diesem Gerät können Sie – auch wenn Sie mehrere Rechner in einem drahtlosen Netzwerk eingebunden haben – all Ihre Backups erledigen, wobei der Kopiervorgang deutlich langsamer als mit einer »normalen« externen Festplatte (per USB oder FireWire mit dem Mac verbunden) läuft. Das Einrichten der Drahtlos-Verbindung erledigen Sie über das *AirPort-Dienstprogramm*. Kurioserweise weist Apple darauf hin, dass *Time Machine* nicht mit Festplatten verwendet werden kann, die mit einer *AirPort Extreme-Basisstation* verbunden sind, obwohl doch *Time Capsule* genau dieser entspricht. Ob hier nun verkaufsfördernde Maßnahmen für *Time Capsule* vorliegen oder dies technisch bedingt ist, konnten wir leider nicht eruieren.

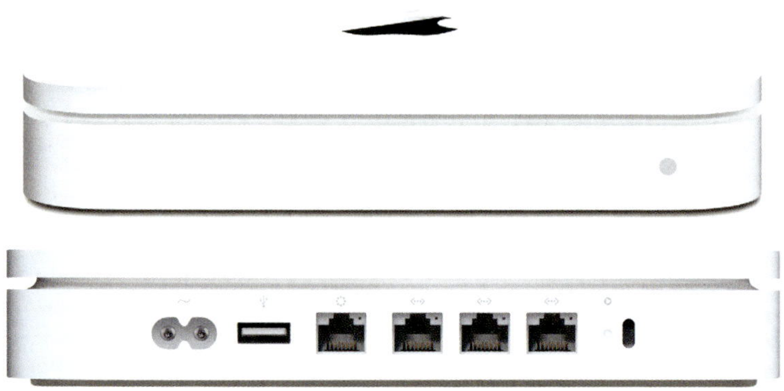

Wer gerne den Komfort ohne viel Kabelgewirr bevorzugt, der sollte sich einmal »Time Capsule« näher ansehen. Weitere Infos hierzu finden Sie auch auf Apples Webseite über die URL »www.apple.com/de/timecapsule«. (Abbildungen: © Apple)

Über die *Optionen* wiederum lassen sich alle Daten, Ordner, Festplatten und so weiter bestimmen, die von einem Backup ausgeschlossen werden sollen. Entweder Sie erledigen das über den *Plus*-Button und die anschließende Auswahl, mit deren Hilfe sich sogar die unsichtbaren Objekte vom Betriebssystem mit einblenden lassen, oder Sie ziehen einfach die entsprechenden Medien per *Drag & Drop* (ziehen & loslassen) in das Fenster hinein.

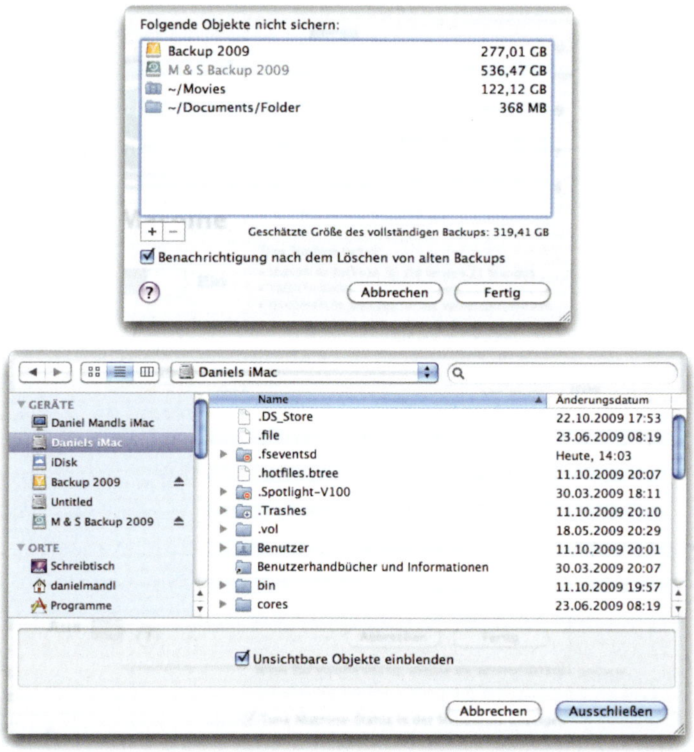

Alles, was nicht mit gesichert werden soll, landet in dieser Abteilung (oben). Mit Hilfe des Auswahl-Dialoges lassen sich schnell und unkompliziert Objekte vom Backup ausschließen.

Wie Erfahrungsberichte zeigen, schlagen besonders Virtualisierer wie *Parallels* oder *VMWare* in Sachen Speicherplatz zu, die das parallele Arbeiten von Windows und Mac OS X ermöglichen. Da Windows auf einer separaten Partition installiert wird, die meist mehrere Gigabyte aufweist, ist es schlicht ein Unding, dass *Time Machine* jedes Mal die gesamte Partition als Backup kopiert, auch wenn Sie als einzige Veränderung nur eine kleine Datei verschoben oder bearbeitet haben. Die Folge ist, dass selbst große Festplatten in Nullkommanichts voll sind. Aber auch Programme wie beispielsweise *Entourage* (das E-Mail-Programm im Microsoft Office-Paket) oder Datenbanken gehören mit zu dieser Gattung. In diesen Fällen lohnt es sich also, wenn Sie derlei »Kapazitäts-Schlucker« von der Sicherung ausschließen.

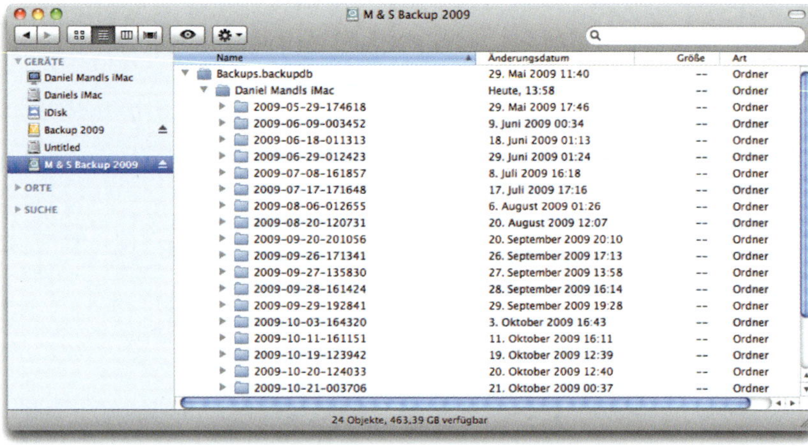

Die Struktur der Backups auf der Festplatte – fein säuberlich nach Datum werden die einzelnen Sicherungskopien archiviert.

Auf Wunsch lässt sich *Time Machine* auch über die Menüleiste bedienen, indem Sie in der Systemeinstellung die Option *Time Machine-Status in der Menüleiste anzeigen* aktivieren. Auf diese Weise können Sie schnell ein Backup starten, wenn Sie etwa gerade besonders wichtige Daten verarbeitet haben. Sie sehen außerdem den Status des letzten Backups bzw. können per Mausklick die Systemeinstellung *Time Machine* aufrufen. Ein weiterer Vorteil besteht darin, dass Sie anhand der gezeigten Symbole sofort erkennen, wenn etwas nicht stimmt: – alles in Ordnung, – *Time Machine* hat seit mindestens 10 Tagen kein Backup mehr vorgenommen, – das Backup ist fehlgeschlagen. Bei letzterem Symbol sollten Sie den Ursachen auf den Grund gehen, da ansonsten auch Ihr Backup als solches in Gefahr ist. Eine Möglichkeit besteht beispielsweise darin, dass Sie *Time Machine* über die Systemeinstellung ausschalten und dann das Sicherheitsmedium über das *Festplatten-Dienstprogramm* überprüfen und gegebenenfalls reparieren. Hilft das alles nichts, so sollten Sie in Betracht ziehen, auf einer weiteren Festplatte eine erneute Sicherung des Rechners vorzunehmen.

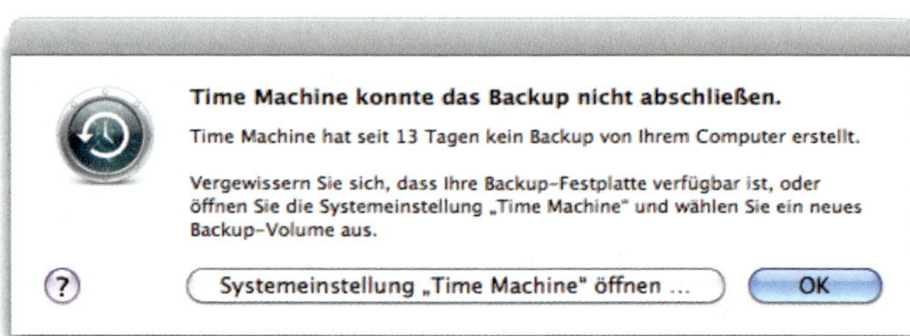

Vernachlässigen Sie eine geraume Zeit lang Ihr Time Machine-Backup, so werden Sie freundlich, aber nachdrücklich daran erinnert.

Irgendwann ist wohl immer der Zustand erreicht, an dem Ihre Festplatte überläuft, sprich für den Inhalt des Backups kein Platz mehr auf dem Volume zur Verfügung steht. *Time Machine* greift sich daher den Platz der ältesten Backups, um überhaupt noch seine Daten unterbringen zu können. Gleichzeitig macht das Programm Sie aber darauf aufmerksam und bietet an, weitere ältere Backups zu löschen, um wieder Speicherplatz zu erhalten. Bestätigen Sie die Meldung, wird ein wenig klar Schiff gemacht, indem bei älteren Backups (die ja im Stunden-Takt angelegt werden) die Abstände zwischen den einzelnen Sessions vergößert werden – es werden also nicht alle älteren Sicherungskopien gelöscht. Als Alternative steht es Ihnen natürlich vollkommen frei, eine weitere externe Festplatte zu bestimmen und diese für *Time Machine* zu konfigurieren.

Ist alles geregelt und eingestellt, so können Sie sich erst einmal beruhigt zurücklehnen und darauf vertrauen, dass Ihr Mac OS X die sensible Datensicherung (die doch meist arg vernachlässigt wird) für Sie übernimmt. Interessant wird es erst dann wieder, wenn wirklich einmal Not am Mann ist. Wo sind also die wichtigen Bilder letzter Woche für den Kunden? Wurden diese aus Versehen gelöscht, weil wieder einmal in der Hektik nicht richtig aufgepasst wurde? Und wo ist der mehrseitige Brief an das Geburtstagskind? Auch weg? Na dann ist das ganz klar ein Fall für *Time Machine*. Und Sie müssen sich wirklich nicht mit einem Raumanzug kleiden, wenn es im nächsten Kapitel zu den Programmen unter anderem in den Weltraum zur bewegenden Zeitreise in die Vergangenheit geht. Das Programm *Time Machine* (nicht die *Systemeinstellung*) kann Ihnen von einem einzelnen Dokument über Ordner bis hin zur Wiederherstellung eines bestimmten System-Zustandes alles herzaubern. Sie müssen jedoch noch einen kleinen Augenblick Geduld aufbringen.

Es ist geschafft: Nach diesem ausführlichen Ausflug in die Welt der *Systemeinstellungen* und viel viel Hintergrundwissen wollen wir uns im nächsten Kapitel weiteren Highlights von Mac OS X 10.6 widmen: *Vorschau*, *TextEdit*, *iCal* & Co., also alles Programme, die es in sich haben. Mac OS X bringt von Haus aus eine Menge davon mit, so dass wir Ihnen zeigen möchten, was Sie so alles damit anstellen können. Ob Spiel, Spaß oder Information, ob Textverarbeitung oder Organisation – mehr darüber auf den nächsten Seiten …

Die Welt der Programme

Wenn Sie einen Blick in Ihren Ordner *Programme* werfen, so sehen Sie bereits, dass Apple Ihnen eine Menge davon mit auf den Weg gibt. Nicht alle wollen wir in diesem Kapitel aufführen, aber zumindest einen Großteil davon. Die *iLife*-Programme *iPhoto*, *iMovie*, *iDVD* und *GarageBand* werden dabei außen vor gelassen, gehören Sie nicht explizit zu Mac OS X Snow Leopard, sondern zum separat zu erwerbenden *iLife*-Paket von Apple. *iTunes* spendieren wir hingegen ein eigenes Kapitel, das wir gesondert als Download auf unserer Webseite unter `www.mandl-schwarz.com` zur Verfügung stellen. Das Gleiche gilt für *Automator*, ein Programm zum Erstellen von automatischen Arbeitsabläufen. Da der Funktionsumfang bei letzteren zwei Anwendungen recht enorm ist und wir nicht vollends dieses Buch auf die Dreikilo-Marke trimmen möchten, haben wir uns zu diesem Schritt entschlossen (wie im Übrigen auch schon zur Vorversion zu OS X Leopad).

Auch der weltweite Austausch in Form von E-Mail, dem Internet oder per Chat ist mittlerweile so umfassend, dass wir ein extra Kapitel weiter hinten im Buch dafür reserviert haben. Eine weitere Spezialität weisen die *Dienstprogramme* auf, die weder zum Spielen noch zum Bearbeiten Ihrer Dokumente, sondern eher zum Warten, Konfigurieren, Protokollieren und Überprüfen Ihres Mac samt Peripherie gedacht sind. Nicht zu vergessen natürlich *Boot Camp* mit der Möglichkeit, nunmehr auch Windows auf Ihrem Mac laufen zu lassen. Auch das sehen wir uns noch genau an. Nachfolgend finden Sie daher spannende Sachen zum Ausprobieren und zum Hineinschnuppern – und vielleicht ergibt sich sogar für manche Software eine Freundschaft fürs Leben (bitte Taschentücher zücken und Tränen abtupfen).

Alle aufgeführten Programme liegen im Ordner *Programme* und können auf Doppelklick hin gestartet werden. Natürlich lassen sich Ihre häufig genutzten Anwendungen auch im *Dock* unterbringen, so dass ein einzelner Klick darauf genügt. Achten Sie darauf, neu erstellte Dokumente am besten in extra dafür eingerichteten Ordnern unterzubringen, da Sie auf diese Weise verhindern, in einem nicht mehr zu überblickenden Datenwust unterzugehen. Richten Sie also für die privaten wie geschäftlichen Belange Extra-Ordner unter *Dokumente* ein, speichern Sie Ihre Fotos oder Scans im Ordner *Bilder* usw. Alle Programme lassen sich über den Befehl *Beenden* (⌘-Q – das »Q« steht für *Quit*) im *Programme*-Menüpunkt schließen.

Um nicht jedes Mal den *Programme*-Ordner aufsuchen zu müssen, haben wir es uns zur Gewohnheit gemacht, diesen Ordner in das Dock (rechts von den eigentlichen Programm-Symbolen) zu legen. Auf diese Weise haben wir ständigen Zugriff darauf und müssen keine langen Such-Orgien über uns ergehen lassen.

Da ist für jeden etwas dabei – versprochen.

Adressbuch – Kontakte im Griff

Der eine hat sie im Kopf, der andere auf losen Zetteln in der Wohnung verstreut, der Dritte ist wohl organisiert und trägt sie in sein Adressbuch ein – die Rede ist von den vielen Anschriften und Telefonnummern, die man im Laufe der Zeit zusammenträgt und sie oft nicht findet, wenn man sie denn braucht. Damit das zukünftig nicht mehr passiert, legen wir Ihnen ans Herz, Adressen künftig im *Adressbuch* von Apple zusammenzutragen. So bekommen Sie nicht nur mehr Ordnung, wenn alles auf einen Platz hin konzentriert ist, sondern es kommt auch mehr Effizienz ins Spiel, schließlich greifen auch andere Apple-Anwendungen auf das *Adressbuch* zurück – mit nur einem Klick lassen sich so umfangreiche Adressen übertragen.

Beim ersten Öffnen beinhaltet das Adressbuch genau zwei Adressen: die von Apple und die des Administrators.

Neue Adressen werden über das *Plus*-Symbol (+) unterhalb der *Namen*-Spalte angelegt. Danach mussen Sie bloß noch drauflos schreiben. Über die *Tabulator*-Taste (⇥) bewegen Sie sich von Feld zu Feld und geben nach und nach die entsprechenden Informationen ein. Die vorgegebenen Info-Felder wie *Arbeit*, *Mobiltelefon*, *Kontakt* usw. können Sie per Klick auf die kleinen Pfeile (⬍) abändern bzw. eigene Zusätze einbauen, über die farbigen *Plus-/Minus*-Symbole (⊖⊕) weitere Rubriken der gleichen Art (etwa Telefon) hinzufügen oder entfernen.

Eine neue Adresse wird angelegt. Wenn Sie auf die Platzhalter klicken bzw. sich per Tabulator-Taste vorwärts bewegen, lassen sich schnell die Eingaben tätigen.

Informationen satt lassen sich über alle Personen festhalten. Über die kleinen Pfeile (⬍) bzw. die farbigen Plus-/Minus-Symbole (⊖⊕) können Sie die Felder noch erweitern oder anpassen.

Neben dem Namen sehen Sie das Symbol eines Porträts, das auf Doppelklick hin das Einfügen eines Bildes erlaubt. Hierbei können Sie entweder über *Wählen* ein Foto von der Festplatte einladen oder per Klick auf das Kamera-Symbol (📷) über die *iSight*-Kamera ein aktuelles Porträt erstellen. Über das daneben liegende *Effekte*-Symbol (▣) lassen sich nun die Bilder mit witzigen, poppigen oder abstrakten Manipulationen »verschönern«.

Per Doppelklick auf das Porträt-Symbol lassen sich Bilder für eine bessere Wiedererkennung laden ...

… entweder ganz klassisch oder mit zahlreichen Effekten versehen.

Benötigen Sie ein eigenes Layout, das sich immer wieder verwenden lässt, so passen Sie einfach die Vorgaben über die *Adressbuch-Einstellungen* (*Adressbuch | Einstellungen* bzw. *Befehlstaste-Komma*) und dort in der Rubrik *Vorlage* an. Möchten Sie stattdessen ganz individuell vorgehen und nur bei ausgewählten Adressen Felder verändern, so erledigen Sie das bei aufgerufener Adresse über die Menüleiste *Visitenkarte | Feld hinzufügen.*

In den *Einstellungen* finden Sie weiterhin auch die grundlegenden Möglichkeiten zum Anpassen Ihres Adressbuches. Unter *Allgemein* geht es beispielsweise um die *Reihenfolge* der Namensauflistung (*Vorname/Nachname* oder umgekehrt), um die *Sortierreihenfolge* der eingegebenen Adressen (nach *Nachname* oder *Vorname*), das *Adressformat* und die *Schriftgröße.*

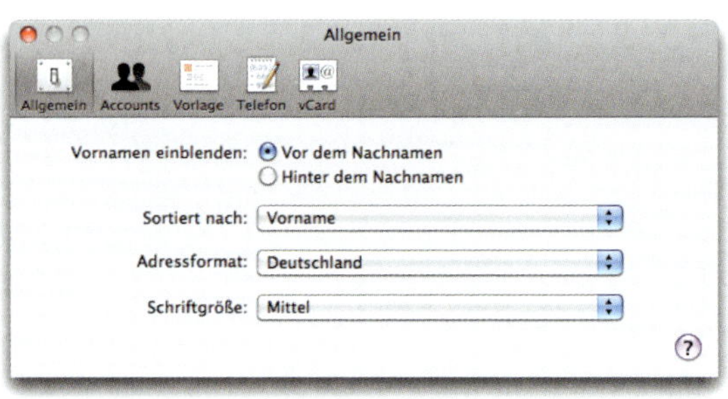

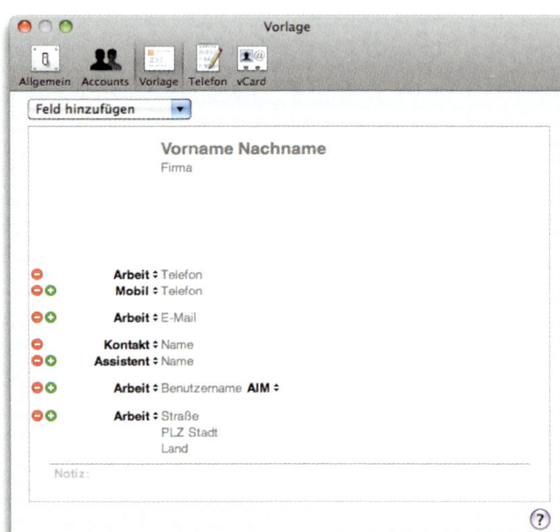

Die »Adressbuch-Einstellungen« bieten eine Menge an Anpassungen für den persönlichen Gebrauch.

Erweitern Sie Ihre Vorlage, indem Sie in den *Einstellungen* unter der Rubrik *Vorlage* über *Feld hinzufügen* den Eintrag *Geburtstag* wählen und pflegen Sie noch dazu diese Daten sorgfältig ein, so können Sie sich über das Programm *iCal* und dem dortigen Einblenden des *Geburtstags*-Kalenders (das zeigen wir noch) an alle Geburtstage erinnern lassen – das peinliche Vergessen von Glückwünschen wichtiger Freunde oder Geschäftspartner gehört somit der Vergangenheit an.

Bleiben wir noch kurz bei den *Einstellungen:* In der Rubrik *Telefon* legen Sie die Formate (vorgegebene oder individuelle Nummern-Reihenfolge) fest, und unter *vCard* definieren Sie, welches Format sowie welche Codierung (länderspezifisch) die *Visitenkarte* aufweisen soll. Der Vorteil der Visitenkarten ist immens: Über den *Export* (*Ablage* | *Exportieren* | *vCard exportieren*) können Sie eine oder mehrere Adressen (durch Drücken der *Befehlstaste* auswählen) an Dritte weitergeben (zum Beispiel per E-Mail), die diese dann durch Doppelklick oder durch Ziehen in Ihr eigenes *Adressbuch*-Programm integrieren können, ohne auch nur einen Buchstaben abtippen zu müssen.

Das *Exportieren* klappt noch schneller, wenn Sie einfach die Adressen aus der *Namen*-Liste per Drag & Drop (mit der Maus markieren, dann aus dem Programm ziehen und in einem Ordner oder auf dem Schreibtisch loslassen) auf den Schreibtisch oder beispielsweise in ein E-Mail-Fenster befördern. Das Gleiche klappt natürlich auch umgekehrt. Erhalten Sie eine E-Mail von einem neuen Absender, dessen *vCard* darin enthalten ist, so brauchen Sie diese nur doppelzuklicken. Daraufhin startet das *Adressbuch* und bietet Ihnen an, die neue Adresse zu importieren. Auf diese Weise lassen sich beispielsweise auch Adressen von Windows-Systemen (XP, Vista, Windows 7) in das eigene Adressbuch transferieren.

Das Symbol der vCard: Enthält eine an Sie gerichtete E-Mail eine vCard des Absendern, so brauchen Sie diese nur doppelzuklicken. Das Adressbuch bietet sofort den Import derselben an.

Können Ihre Freunde oder Geschäftspartner mit Ihren *vCards* nichts anfangen, so sollten Sie bei *vCard-Format* die Version 2.1 versuchen, die noch mit vielen älteren Programmen kompatibel ist.

Möchten Sie nur bestimmte Informationen mit Ihrer *vCard* senden, so sollten Sie die Option *Filter für private Daten auf meiner Visitenkarte aktivieren* mit einem Haken (☑) versehen. Danach rufen Sie Ihre eigene Visitenkarte (Adresse) auf und klicken unterhalb des Bearbeitunsgsfeldes auf *Bearbeiten*. Nun lassen sich die Felder einzeln bestimmen, die Sie senden oder zurückhalten wollen, indem Sie die Häkchen (☑) bei den entsprechenden Feldern entfernen.

Die beiden Optionen *Notizen der vCards exportieren* sowie *Fotos der vCards exportieren* bieten auf Wunsch die Möglichkeit, eingetragene Notizen bzw. die angelegten Porträt-Bilder im gleichnamigen Feld mitzuschicken.

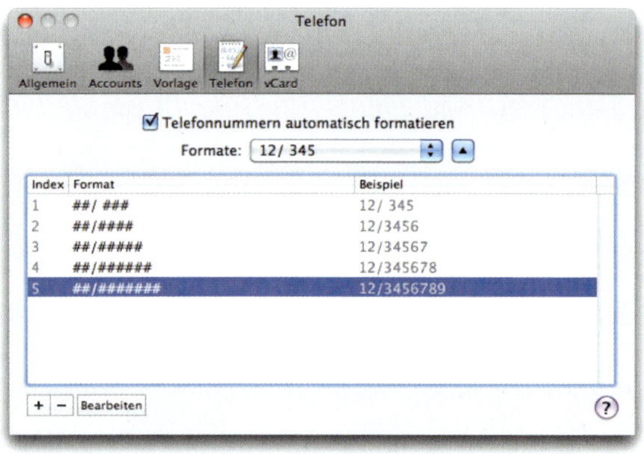

Die Adressbuch-Einstellungen bietet eine Fülle sinnvoller Optionen zum ganz persönlichen Anpassen.

Interessant ist auch die Möglichkeit, das *Adressbuch* eines anderen *MobileMe*-Users zu abonnieren, also mitzunutzen. Dazu muss der anvisierte *MobileMe*-Nutzer jedoch zuerst sein *Adressbuch* freigeben, was im Gegenzug natürlich auch auf Sie zutrifft, möchten Sie Ihr eigenes mit einem anderen Mitglied teilen. Dazu wählen Sie wieder die *Adressbuch-Einstellungen* und suchen dort die Abteilung *Accounts* auf. Über den Reiter *Freigabe* müssen Sie dann die Option *Ihr Adressbuch gemeinsam nutzen* aktivieren und nach einer kleinen Wartezeit (zum Aufbereiten Ihres Adressbuchs für die gemeinsame Nutzung) diejenigen Kontakte aus dem *Adressbuch* wählen, denen Sie Ihre Kontakte zur Verfügung stellen möchten (auf die *Plustaste* [+] klicken und Namen auswählen). Über *Einladung schicken* können Sie diese auch direkt ankontakten, indem eine Mail mit einem Link verschickt wird, auf den der Angeschriebene nur zu klicken braucht, um das *Adressbuch* zu seinen eigenen Kontakten hinzufügen.

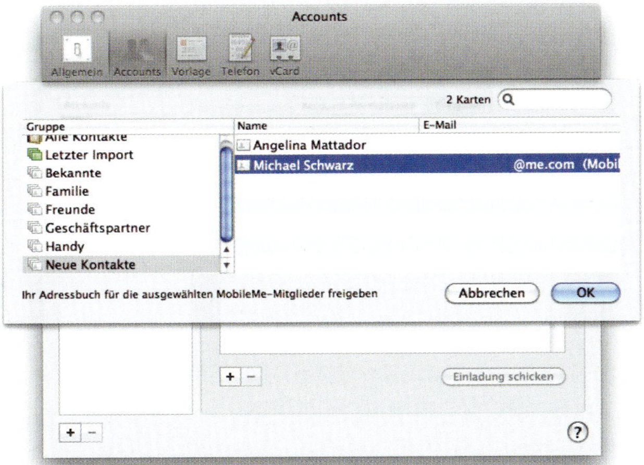

Nach der eigenen Adressbuch-Freigabe erfolgt das Auswählen jener Kontakte, die darauf zugreifen dürfen. Voraussetzung ist hierbei, dass die gewählten Kontakte »MobileMe«-Mitglieder sind.

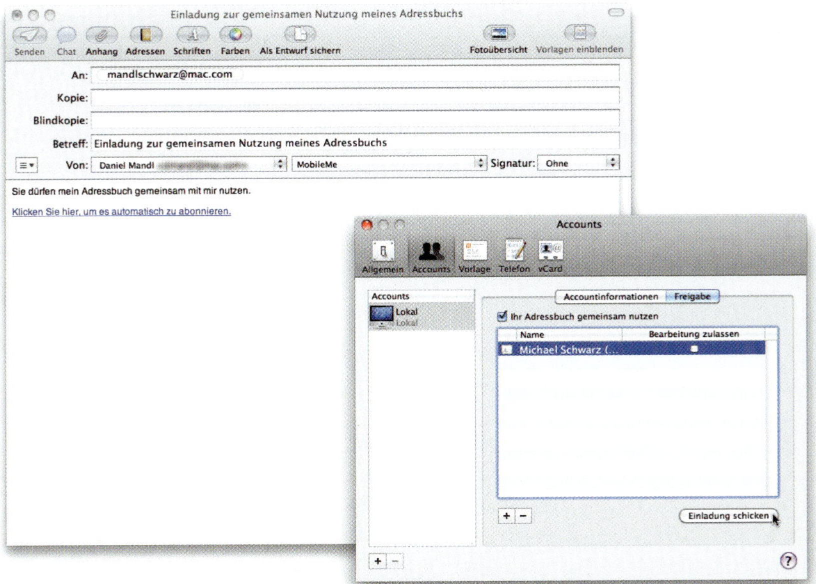

Stehen Empfänger in der Sharing-Liste, können diese über »Einladung schicken« per Knopfdruck zur gemeinsamen Nutzung aufgerufen werden.

Über den Befehl *Ablage | Adressbuch abonnieren* können Sie nun selbst ein Adressbuch nutzen, indem Sie den betreffenden *MobileMe*-Mitgliedsnamen eintragen. Bestätigen Sie – kurze Zeit später sollte das Adressbuch in der Gruppen-Liste auftauchen.

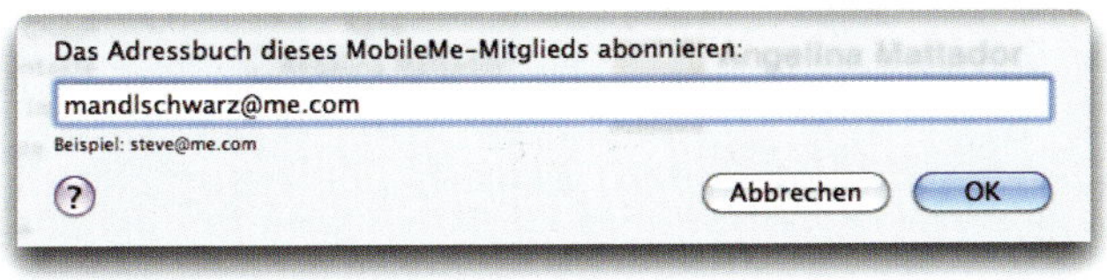

Nach Eingabe des Mitgliedsnamen …

... erscheint wenig später der betreffende »Mobile Me«-Nutzer mit seinen Adressbucheinträgen.

Zurück zum Hauptfenster: Links neben den Adress-Namen finden Sie eine weitere Spalte namens *Gruppe*. Dort können Sie – wie der Name schon andeutet – einzelne Adressen zu Paketen schnüren. Klicken Sie wieder auf den *Plus*-Button (+) und benennen Sie die *Gruppe* (beispielsweise einen Firmen-Namen, Geschäftspartner, Freunde usw.). Danach ziehen Sie die gewünschten Einzel-Adressen (aus *Alle Kontakte*) auf den Gruppen-Namen. Möchten Sie nun beispielsweise an Geschäftspartner eine E-Mail senden, so klicken Sie bei gedrückter *ctrl*-Taste bzw. per Rechtsklick auf die entsprechende Gruppe und wählen aus dem Kontext-Menü den Befehl *E-Mail an „Gruppe" senden*. Ihr E-Mail-Programm öffnet sich und alle in der Gruppe vertretenen E-Mail-Adressen werden nun in einem neuen Mail-Fenster zusammengefasst als Adressaten eingearbeitet.

Effizientes Mailen dank des Adressbuches.

Aber auch andere Funktionen und Erleichterungen im Alltag verstecken sich in den Kontext-Menüs – je nachdem, worauf Sie klicken. So lässt sich über das Kontext-Menü etwa die Option *Große Zeichen* finden, welche die Telefon- oder Fax-Nummern quer über den Bildschirm einblendet. Oder Sie können die jeweiligen Einträge als *vCards* exportieren, im *Bearbeiten*-Modus die Informationen kopieren und woanders einsetzen oder die Sprachausgabe starten, die die jeweilige Adresse vorliest.

Optionen finden Sie zuhauf im Kontext-Menü – so etwa die Vergrößerung von Nummern, die dadurch wohl nicht mehr zu übersehen und auch aus der Ferne zu lesen sind.

Wie auch in vielen anderen Apple-Programmen finden Sie im *Adressbuch* eine Option mit dem Zusatz »intelligent«. Hier nennt sie sich *Neue intelligente Gruppe* und wird entweder über das *Ablage*-Menü, über die Tastatur (⌘-⌥-N) oder bei gedrückter *Wahltaste* (⌥) auf das kleine, unten liegende *Plus*-»Knöpfchen« angelegt. Als nächster Schritt steht dann wie üblich die Vergabe von einem Namen sowie der Kriterien an. Auf diese Weise erzeugen Sie *Gruppen*, die sich ständig aktualisieren, sobald eine neue Adresse eingepflegt wird.

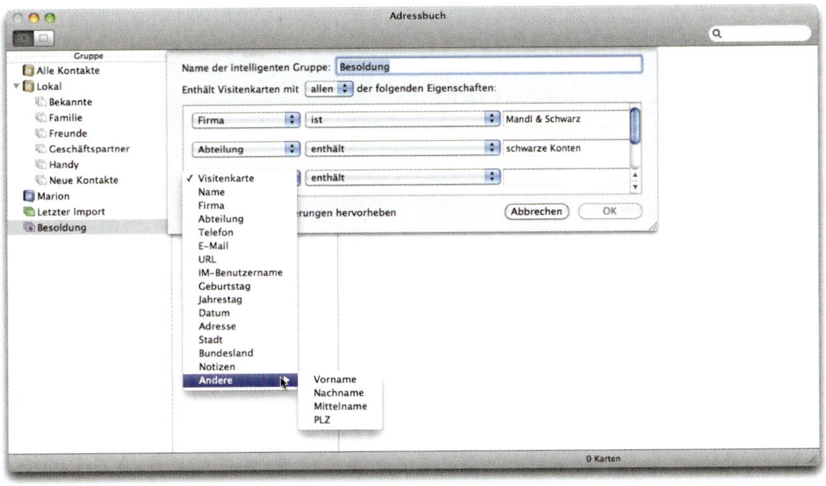

Intelligente Gruppen sind der einfachste Weg zu einer fortwährenden Aktualisierung, ohne dass Sie sich darum kümmern müssen.

Vielleicht ist es Ihnen ja aufgefallen, dass, sobald Sie bei ausgewählter Adresse die *Wahltaste* (⌥) drücken, über manchen Gruppen gelbe Farbbalken gelegt werden. Mit dieser Funktion erkennen Sie so auf einen Blick, welcher Kontakt wie oft und in welchen Gruppen vorkommt.

Der Hauptvorteil einer gut durchdachten sowie immer aktuell gehaltenen Adress-Datenbank ist, dass Sie – wie im Falle von Mac OS X – nur diese uptodate halten müssen. Dadurch, dass viele andere Programme wie *Mail*, *iCal*, *iChat* etc. darauf zurückgreifen, sparen Sie sich eine Menge Arbeit.

Aber auch das Ausdrucken von beispielsweise Umschlägen, Etiketten oder Listen klappt ganz hervorragend, wenn Sie den *Drucken*-Befehl (*Ablage* | *Drucken* oder ⌘-P) auslösen. Zuerst heißt es jedoch die gewünschten Adressen zu markieren. Nach Aufruf des *Drucken*-Befehls wählen Sie zuerst den *Stil* (also ob *Briefumschlag*, *Adressetikette*, *Liste* oder *Taschen-Adressbuch*) und passen danach das Layout an: Format, welche Absenderadresse soll verwendet werden, die Reihenfolge (alphabetisch oder nach Postleitzahlen geordnet), ob mit Bild oder ohne und so weiter und so fort. Neben diesen *Adressbuch*-spezifischen Einstellungen lassen sich natürlich auch wieder Dru-

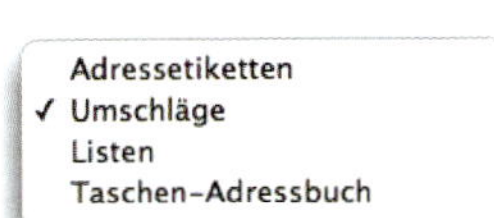

cker-eigene Definitionen treffen. Sitzt und passt alles, dann können Sie loslegen, indem Sie auf den Knopf *Drucken* klicken.

Adressen lassen sich auf vielfältige Weise drucken: als Briefumschlag, Adressetikett oder als Liste.

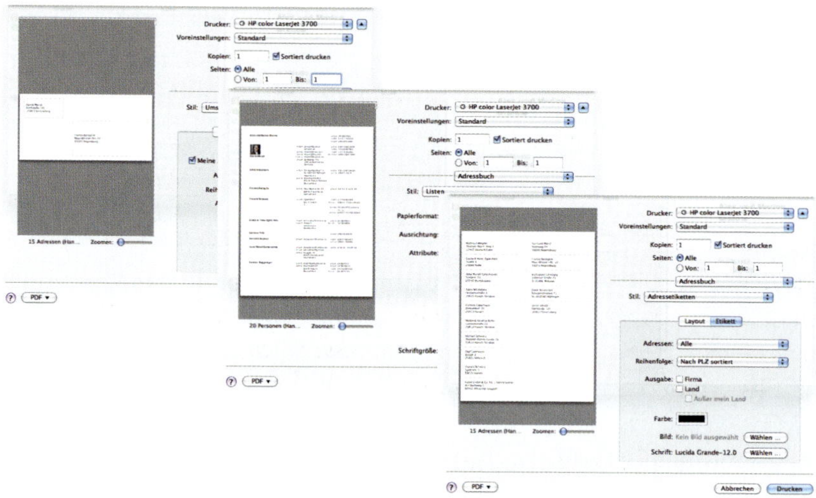

Chess – Schach spielen auf Englisch

Während das Spiel *Schach* vor circa 2000 Jahren in Indien entstand und rund 1000 Jahre später nach Europa importiert wurde, hat es Apple sich nicht nehmen lassen und dieses Spiel auch für Snow Leopard entwickelt – allerdings nur in englischer Sprache. Über *Game | New* legen Sie zuerst einmal die Spieler fest: Mensch gegen Mensch (*Human vs. Human*), Mensch gegen Computer (*Human vs. Computer*) oder gar Computer gegen Computer (*Computer vs. Computer*), weil diesen immer so langweilig ist. Danach wird die Variante gewählt, die neben *Regular* auch abenteuerliche Titel wie *Crazyhouse*, *Suicide* oder *Losers* aufweist. Die genauen Erklärungen zu den einzelnen Varianten finden Sie über die Schach-Hilfe (*Chess Help*) unter dem Stichwort *Playing Chess* bzw. *Chess game variants*.

Nix für ungut, aber in diesem Fall verweisen wir aunahmsweise auf die Hilfe. Wir können zwar Schach, doch laufen wir eher unter der Kategorie »Loser«.

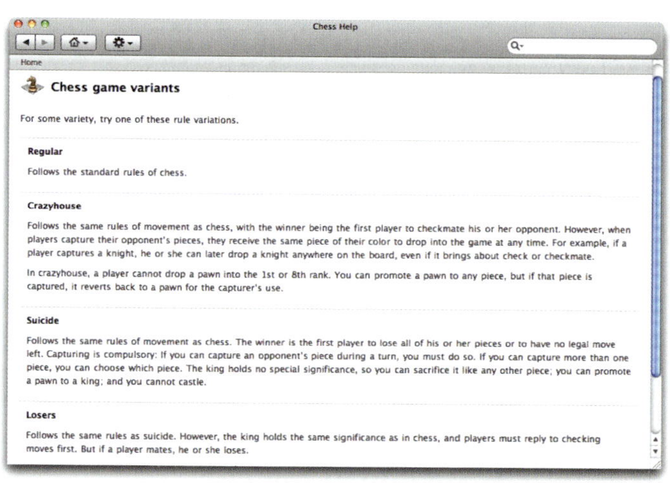

Zuerst werden die Regeln bestimmt, dann kommt es zum knallharten Duell.

Den Schwierigkeitsgrad beim Kampf gegen den Computer stellen Sie über die Schach-*Einstellungen* (*Chess* | *Preferences* | *Computer plays*) ein, wo Sie auch das Design des Schachbretts sowie der Figuren anpassen können. Möchten Sie weiterhin, dass die Züge des Computers kommentiert werden, so wählen Sie ebenso in den *Preferences* die Option *Speak Computer Moves*, während Sie eigene Anweisungen über *Allow Player to Speak Moves* sprechen. Für Anfänger und Unentschlossene lassen sich über das *Moves*-Menü auch visuelle Hinweise mitgeben, und zwar über den Befehl *Show Hint*.

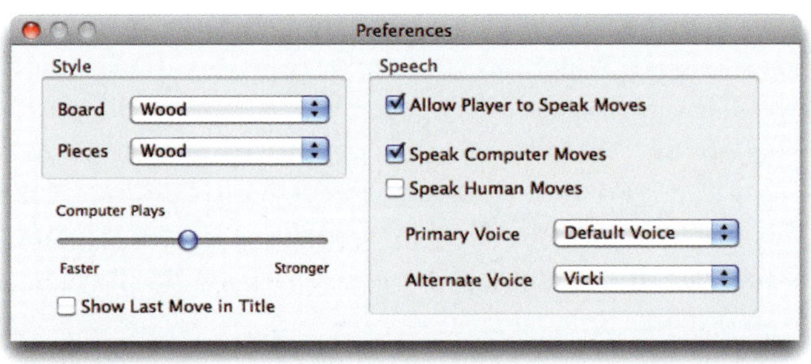

Je nach Wohnungseinrichtung können Sie Schachbrett und Figuren über die »Chess-Preferences« anpassen – etwa in Marmor, Metall oder Holz.

Eröffnen Sie also freundlich, steigern Sie sich im Mittelspiel, um den Gegner schließlich im Endspiel den Rotwein über die Hose zu kippen. Damit können Sie prima ablenken, wenn Sie am Verlieren sind. Na dann viel Spaß.

Dashboard – Programme per Schnellabruf

Dashboard – übersetzt das Armaturenbrett – nennt sich die *Widgets*-Sammlung unter Mac OS X Snow Leopard. Und diese den Anwender unterstützenden Programe haben eine derart hohe Beliebtheit, dass sich immer mehr Programmierer herausgefordert fühlen, neue kleine *Widgets* (Hilfsprogramme) zu entwickeln. Das Programm *Dashboard* besitzt auf Apples Tastaturen eine eigene Taste (Ⓣ bzw. *F4*), kann aber auch bei Drittanbieter-Tastaturen über die Taste *F12* aufgerufen werden. Wie von Geisterhand startet *Dashboard* aus dem Hintergrund, der Schreibtisch wird abgedunkelt und es erscheinen »Prográmmchen« für die unterschiedlichsten Aufgaben.

Ob Taschenrechner, Kalender, die aktuelle Uhrzeit oder das Wetter – per Knopfdruck lassen sich die gewünschten Informationen abrufen.

Wenn Ihnen die Sondertasten »F4« bzw. »F12« zum Aufrufen des Dashboards nicht zusagen, so können Sie dies über die Systemeinstellung *Exposé & Spaces* | Reiter *Exposé* ändern. Achten Sie aber darauf – falls das kleine Warndreieck (⚠) auftaucht –, dass es zu keiner Überschneidung bei den Tasten-Kurzbefehlen kommt. Ansonsten gehen Sie schnurstracks zur Systemeinstellung *Tastatur* | Reiter *Tastaturkurzbefehle* und bringen diese auf Vordermann.

Damit Sie immer auf dem aktuellsten Stand sind, muss bei einigen *Widgets* eine Verbindung ins Internet bestehen, da diese je nach Aufgabenbereich ihre Informationen von verschiedenen Online-Diensten beziehen. So wird das Wetter beispielsweise von *Weather.com* bezogen, einer internationalen Wetterstation. Die meisten *Widgets* können weiterhin angepasst werden: Bewegen Sie den Mauszeiger über ein Programm, so wird unten rechts ein kleines »i« (*i*) eingeblendet. Klicken Sie darauf, so dreht sich das Programm um die eigene Achse und bietet je nach Aufgabenbereich weitere Optionen an.

Sind Sie international tätig, so bietet es sich an, mehrere Uhren einzublenden, so dass Sie immer die aktuellen Zeiten im Blick haben.

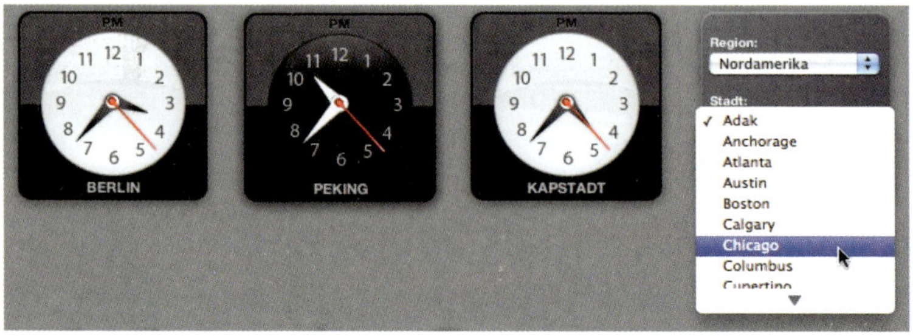

Ist *Dashboard* aufgerufen, so finden Sie links unten ein *Plus*-Symbol (⊕), das auf Klick hin die Auswahl der bereits Apple-seitig mitgegebenen *Widgets* unten einblendet. Je nach Bildschirm-Größe werden nicht alle dargestellt, so dass Sie über die rechts und/oder links stehenden Pfeile (1 von 2) weiterblättern können. Gleichzeitig erhalten die schon aufgeführten *Widgets* ein x-Symbol ( ), über das das ausgesuchte Programm wieder entfernt wird. *Widgets* können Sie auch verschwinden lassen, indem Sie bei gedrückter *Wahltaste* (⌥) mit der Maus über das entsprechende Programm fahren – auch dabei wird das »x« eingeblendet.

Apple hat Ihnen schon einmal eine reichhaltige Auswahl spendiert, die jedoch jederzeit erweitert werden kann.

Klicken Sie nun innerhalb der eingeblendeten Auswahl ein *Widget* mit der Maus an, so wird es den anderen hinzugefügt, wobei allein der Effekt des Einblendens schon sehenswert ist. Sie können auch mehrere *Widgets* der gleichen Sorte einblenden, was sich insbesondere bei der *Weltuhr* oder den *Notizzetteln* anbietet.

Die Verwaltung dieser kleinen Programme klappt auch ganz hervorragend über den *Widget-Manager*, der sich über das Feld *Widgets verwalten* aufrufen lässt und der alle vorhandenen Anwendungen auflistet. Möchten Sie nun ein Widget entfernen, so brauchen Sie nur den links liegenden Haken wegklicken. *Widgets* von Apple-fremden Programmierern lassen sich auch über das *Minus*-Symbol ( ) direkt in den Papierkorb legen. Einzig das Einblenden von *Widgets* klappt darüber nicht – hier müssen Sie oben beschriebenen Weg gehen.

Der »Widget-Manager« gibt einen schnellen Überblick über die Widgets-Sammlung. Das Löschen geht ebenso leicht von der Hand – allerdings nur bei jenen von Dritt-Herstellern.

Wählen Sie bei gedrückter *Umschalttaste* (⇧) die Taste *F4*/ⓘ bzw. *F12* zum Einblenden der *Widgets*, so läuft das ganze Prozedere in Zeitlupe ab. Das Ganze klappt im Übrigen auch bei den anderen animierten Funktionen und Optionen von *Dashboard*.

Um Ihnen das Ausprobieren zu erleichtern, erfahren Sie auf den nächsten Seiten in einer Kurz-Übersicht schon einmal die Raffinessen der bestehenden Widgets:

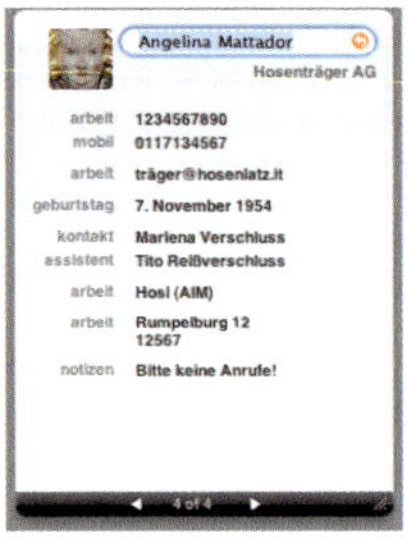

Adressbuch

Neben Ihrem großen *Adressbuch* (siehe weiter oben) fungiert das Widget *Adressbuch* als schnelle Suchhilfe, wenn Sie mal rasch eine Adresse benötigen. In das kleine *Suchfeld* geben Sie einen Namen ein und das *Adressbuch* erledigt den Rest. Gibt es mehrere Namensvettern, so klicken Sie einfach auf den gewünschten Eintrag und die zugehörigen Daten werden eingeblendet. Klicken Sie nun beispielsweise auf eine E-Mail-Adresse, so wird sofort das E-Mail-Programm gestartet und die Adresse in die E-Mail eingetragen – na wenn das kein Service ist.

Business

Leider ist das Widget *Business* für den deutschsprachigen Raum nicht zu verwenden. Ob Hotel, Bars, Friseur oder was auch immer – der Server von *Directory Assistance Plus* (`www.daplus.us`) findet vieles. Die Infos sind vergleichbar mit den deutschen »Gelben Seiten«. Falls Sie eine Reise nach Amerika planen, so lassen sich damit schon einmal erste Adressen sammeln.

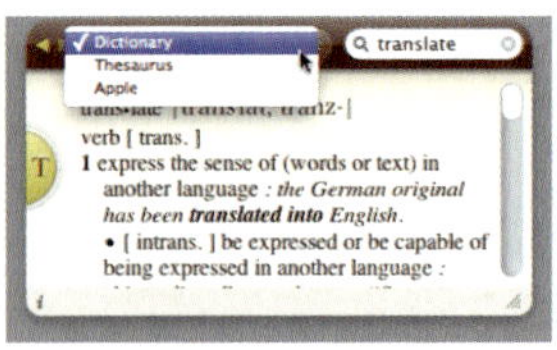

Dictionary

Die kleine Ausgabe des *Dictionary/Thesaurus* (siehe weiter hinten im Buch): In das Suchfeld geben Sie den gewünschten Begriff ein, der über das *Dictionary* erklärt wird. Per Klick auf das kleine Popup-Menü lassen sich über *Thesaurus* Synonyme (Alternativ-Worte) finden. Oder Sie wählen das Apple-Lexikon, das jedoch nur technische Begriffe erklärt – dafür aber auch auf Deutsch. Der gezeigte, kleine gelbe Halbkreis bietet weiterhin einen Überblick über ähnliche Begriffe oder führt eine Kurz-Übersicht an Synonymen auf.

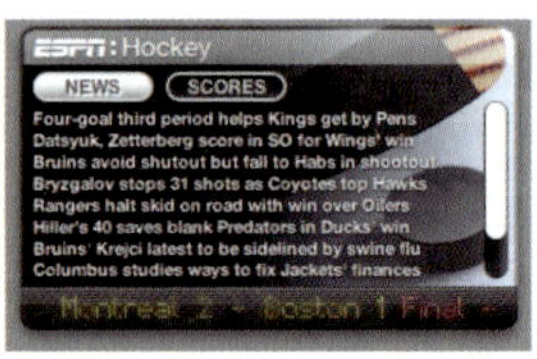

ESPN – The Worldwide Leader In Sports

Wer sich für Sport interessiert – Basketball, Football oder Hockey – der ist hier am richtigen Platze. Das heißt nicht ganz, denn wieder einmal sollte man Amerikaner sein, um mit diesem Widget sein Glück zu finden. Aber keine Angst – in wenigen Momenten zeigen wir Ihnen auch, wie Sie die richtigen Programme für sich selbst finden.

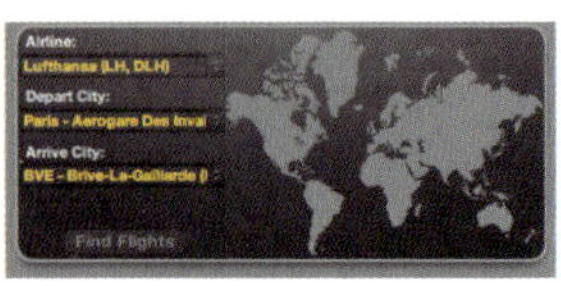

Flight Tracker

Für Vielflieger ein Segen, für Menschen mit Flugangst der Horror … Über den Service `www.flytecomm.com` werden Ihnen nach Auswahl der Fluglinie, des Start- und Zielflughafens die entsprechenden Flüge herausgesucht. Auch dieser Service ist eher was für die Nordamerikaner – eine Online-Verbindung ist Voraussetzung zum Abrufen der Daten. Mit Klick auf das kleine

Info-Feld (*i*) und einem weiteren Mausklick auf die Web-Adresse wird automatisch der Browser mit bereits eingetragener Webseite aufgerufen.

Google

Wer kennt sie nicht, diese Suchmaschine mit den meisten Zugriffen im WWW? *Google* als Web-Gigant darf selbstverständlich nicht fehlen. Über die kleine Sucheingabe schreiben Sie einfach einen Begriff hinein – und schwupps öffnet sich der Browser *Safari* und Sie erhalten auch schon die ersten Ergebnisse. Das klappt natürlich nur mit einer bestehenden Online-Verbindung.

iCal

Wie soll es auch anders sein – über *iCal* wird schnell und unkompliziert das aktuelle Datum gezeigt. Durch Klick auf die aktuelle Datums-Zahl wird die Oberfläche verkleinert oder schrittweise wieder vergrößert, über die beiden Dreiecke neben den Monatsnamen blättern Sie vorwärts oder zurück. Sind Aufgaben oder Ereignisse in *iCal* eingetragen, so werden diese selbstverständlich angezeigt – ein Vergessen gehört somit der Vergangenheit an.

iTunes

iTunes, die geniale Abspiel-Software, die in Kombination mit iPod, iPhone & Co. fast alle Belange von Musik-Liebhabern erfüllt, besitzt natürlich ebenso ein *Widget*. Wie eine kleine Fernbedienung tritt sie auf und bedient das große *iTunes*. Ist *iTunes* selbst nicht geöffnet, so zeigt es das *Widget* lapidar an. Klicken Sie auf den Play-Button, so startet *iTunes* und Sie gelangen so über den *Info*-Button zur Auswahl der *Wiedergabelisten*. Wieder zurück lässt sich die Musik starten, das nächste oder vorangegangene Lied anspringen bzw. die Zufalls- oder Wiederhol-Funktion einschalten. Über den *Navigations*-Regler unterhalb des Titels können Sie die Songs vor- und zurückspulen, über das Laufrad lässt sich die Lautstärke anpassen.

Movies

Tja, ein schöner Service, doch leider nichts für uns dabei. Fandango (`www.fandango.com`) ist der größte Online-Ticket-Verkäufer der Amerikaner. Um sich schon einmal im Vorfeld schlau zu machen, können Sie das aktuelle Kino- wie Theater-Programm in einzelnen Städten abrufen, Informationen darüber lesen bzw. sogar die Trailer anschauen. Haben Sie sich entschlossen, ins Kino zu gehen, können Sie auch gleich die Eintrittskarten ordern. Nicht schlecht gemacht.

Notizzettel

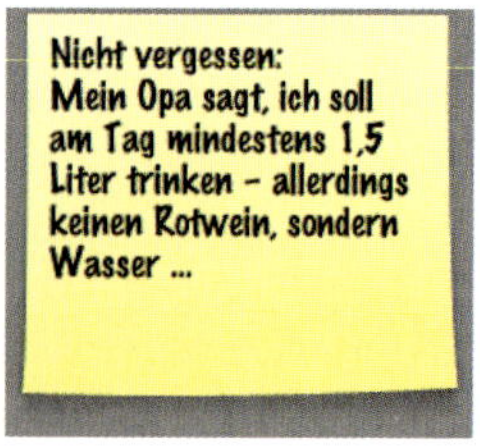

Der *Notizzettel* übernimmt dieselbe Funktion wie Ihr realer Schmierzettel auf dem Küchentisch: Kurze Infos und Erinnerungsschreiben werden darauf abgefasst. Dabei kann der geschriebene Text über *Befehlstaste-A* (⌘-A) markiert, über *Befehlstaste-C* (⌘-C) kopiert und über *Befehlstaste-V* (⌘-V) in einem anderen Dokument eingefügt werden. Je mehr Text Sie schreiben, desto kleiner wird die Schriftgröße. Die Rückseite des *Widgets* versteckt dagegen die Anpassungen zur Benutzer-Oberfläche wie *Farbe*, *Schriftart* und *Schriftgröße*.

People

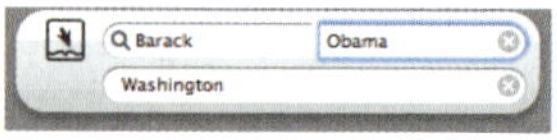

Mal wieder der Server von *Directory Assistance Plus* (`www.daplus.us`): *People* entspricht ebenso den Gelben Seiten in Deutschland und ermöglicht das schnelle Suchen nach Adressen in einer virtuellen Datenbank. Das Dumme ist wirklich nur, dass außer in den USA und in Kanada kein Mensch was damit anfangen kann. Oder suchen Sie vielleicht nach Ahnen? Wie gesagt, das Konzept ist klasse und die Umsetzung schnell und unkompliziert (eine Internet-Verbindung ist Voraussetzung), nur leider für unsere Breitengrade nicht geeignet.

Puzzle

Im Herzen sind wir doch alle Kinder, und daher gibt's auch ein kleines Puzzle zum Spielen für zwischendurch. Die Ungeduldigen sollten jedoch lieber die Finger davon lassen – denken Sie an Ihr Herz … Und wie soll es auch anders sein, passend zu Mac OS X ziert nach der Tiger- und Leopard-Variante der Vorgänger-Systeme nunmehr ein Schneeleopard das Puzzle, das auf Mausklick gut gemischt wird. Per Klick auf die einzelnen Teile werden diese dann immer auf den freien Platz verschoben. Ob es auch noch andere Bilder gibt, konnten wir leider nicht eruieren, da wir bereits nach zwanzig Minuten genervt aufgaben – vielleicht geben Sie uns ja Bescheid, wenn Sie es geschafft haben …

Rechner

Ähnlich dem Taschenrechner aus dem *Programme*-Ordner (siehe auch weiter unten) geht's hier um Zahlen und Brüche, Subtraktion und Division und wie die ganzen Rechenarten so heißen. Wie man einen Taschenrechner bedient, brauchen wir wohl nicht zu erklären. Auf eine Sache wollen wir jedoch hinweisen: Klicken Sie in das Anzeige-Feld, so lässt sich der Inhalt über *Befehlstaste-C* (⌘-C) kopieren und über *Befehlstaste-V* (⌘-V) in ein anderes Programm einfügen – beispielsweise in die *Dashboard*-Notizzettel.

Ski Report

Schön wär's gewesen, doch der tolle Ski-Report weist ebenfalls Lücken in seiner Datenbank auf – dummerweise mal wieder für die deutschsprachige Gemeinde. Macht nichts, wir finden da schon Ersatz, wenn's denn wenigstens Schnee gäbe …

Stocks

Day-Broker, Börsen-Interessierte und Spekulanten dürfen sich die Hände reiben: Per Knopfdruck tauchen die aktuellen Kurse von Dow Jones und der Nasdaq auf. Tragen Sie weitere Kürzel ein und bestätigen Sie per *Zeilenschalter* (↩), so können auch diese hinzugefügt werden. Kommen mehrere Einträge in Frage, so wählen Sie den gewünschten per Mausklick aus. Die Eingabe von *Wertpapierkennnummer* (WKN) oder *International Securities Identification Number* (ISIN) bleibt leider unberücksichtigt. Die angezeigte Währung ist üblicherweise der Dollar, werden jedoch deutsche Werte eingetragen, so erscheint der Kurs in Euro. Fatalerweise ist Letzteres nicht ersichtlich, da kein Währungs-Symbol gezeigt wird. Daher bitte mit äußerster Vorsicht genießen – Kaufen und Verkaufen nur nach vorheriger Kontrolle und mit Spielgeld!

Übersetzung

Lesen Sie des Öfteren ausländische Texte oder müssen Sie gar die Englisch-/Französisch-Hausaufgaben Ihrer Kinder erledigen, so kommt Ihnen das Widget *Übersetzung* mit Sicherheit zupass. Tippen Sie ein Wort oder einen Satz ein und wählen Sie jeweils eine der angebotenen Sprachen. Das Drücken des *Zeilenschalters* (↩) erledigt den Rest für Sie. Um diesen Service in Anspruch nehmen zu können, ist ebenfalls eine Online-Verbindung unerlässlich, da ansonsten das Feld leer bleibt.

Umrechnen

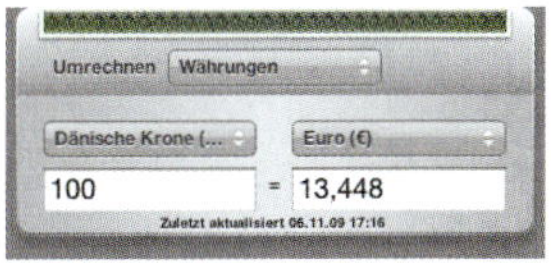

Egal, ob Flächen-, Energie, Gewicht- oder Währungs-Umrechnungen – das Widget *Umrechnen* greift Ihnen unter die Arme und in Sekunden haben Sie Ihr Ergebnis. Im Gegensatz zu Werten wie Kilowattstunden, Meter, Unze oder Fahrenheit, die geeicht sind, unterliegen Währungen beinahe minütlichen Schwankungen. Bevor Sie also in diesem Genre kalkulieren, sollten Sie eine Online-Verbindung aufbauen und dann erst das Widget *Umrechnen* aufrufen. Innerhalb von Sekunden wird ein Daten-Abgleich mit dem Server von `finance.yahoo.com` vorgenommen, der die aktuellen Währungs-Kurse einspeist. Hier kann man auch auf einen Blick erkennen, wie viel mehr Apple dem europäischen Kunden abluchst (schwacher Dollar/starker Euro – zzgl. Mehrwertsteuer). Mit Klick auf das Firmen-Emblem auf der Rückseite des *Widget* werden Sie automatisch auf die Seiten des Dienstleisters gelenkt.

Weather

Wie wird das Wetter in zwei Tagen? Ist die Temperatur ausreichend, um zum Baden zu gehen? Oder muss doch wieder das bereits zerfledderte Monopoly-Spiel aus dem Keller geholt werden, damit die Kinder nicht quengeln? Fragen über Fragen, die den Bürger beschäftigen und deren Antworten oftmals darüber entscheiden, ob die Woche friedlich verläuft …

Damit Ihnen die lange Suche erspart bleibt, gibt es das Widget *Weather*, das Ihnen die aktuellen Wetter-Daten sowie eine Vorausschau über die nächsten sechs Tage auf den Bildschirm zaubert. Auf der Rückseite des Widget tragen Sie Ihren Wohnort ein und bestätigen dann mit dem *Zeilenschalter* (↵). Das Bestätigen muss sein, da ansonsten nicht eruiert wird, ob die betreffende Eingabe überhaupt existiert. Gibt es mehrere Städte dieses Namens, so klicken Sie in der auftauchenden Liste auf den richtigen Eintrag. Möchten Sie auch noch die Tiefst-Temperaturen angezeigt haben, so aktivieren Sie die Option *Include lows in 6-day forecast.* Wie üblich sind Sie nicht auf ein *Weather*-Widget beschränkt, sondern können auch mehrere einblenden, damit Sie auch wissen, wie das Wetter in Ihrem Ferienhaus in Miami oder auf dem Zeltplatz in Hinterzarten ist. Bedenken Sie wieder, dass für eine exakte Angabe der Temperatur-Werte eine Online-Verbindung vorhanden sein muss.

Web Clip

Zum Erstellen eines *Web Clips* müssen Sie zuerst den Browser *Safari* starten und eine bevorzugte Seite aufrufen. Danach wählen Sie aus der Menüleiste *Ablage* den Befehl *In Dashboard öffnen.* Alternativ lässt sich auch über *Darstellung | Symbolleiste anpassen* der Button *In Dashboard öffnen* ( ) einbauen (dann genügt eben ein einfacher Klick darauf.). Die Benutzer-Oberfläche von *Safari* ändert sich nun und am Mauszeiger »klebt« sozusagen ein Platzhalter, der nun über eine bestimmte Stelle auf der Webseite durch Klicken abgelegt wird. Der Rahmen zeigt dann kreisförmige Anfasser (Apple nennt sie Aktivpunkte), über die die Größe des Ausschnittes angepasst werden können. Wird dann der oben stehende Button *Hinzufügen* gewählt, so wandert dieser hervorgehobene Teil als *Web Clip* ins *Dashboard.*

Bewegen Sie nun den Mauszeiger über den *Web Clip*, so zeigt sich wieder in der rechten unteren Ecke ein *Info*-Symbol ( ), das auf Mausklick hin die Ansichtsfläche wendet und Ihnen mehrere Optionen zum Anpassen anbietet – darunter verschiedene Rahmen sowie die Möglichkeit, Clips mit Ton abspielen zu können. Über *Bearbeiten* lässt sich zudem der Ausschnitt des *Web Clips* neu anpassen – und zwar sowohl über das Ändern des äußeren Rahmens sowie über das Verschieben des Inhalts mit gedrückter Maustaste. Wie üblich heißt es wieder zum Schluss: Sie müssen sich nicht mit einem *Web Clip* zufrieden geben – nur die Bildschirmgröße setzt Ihrem Tun ein Ende.

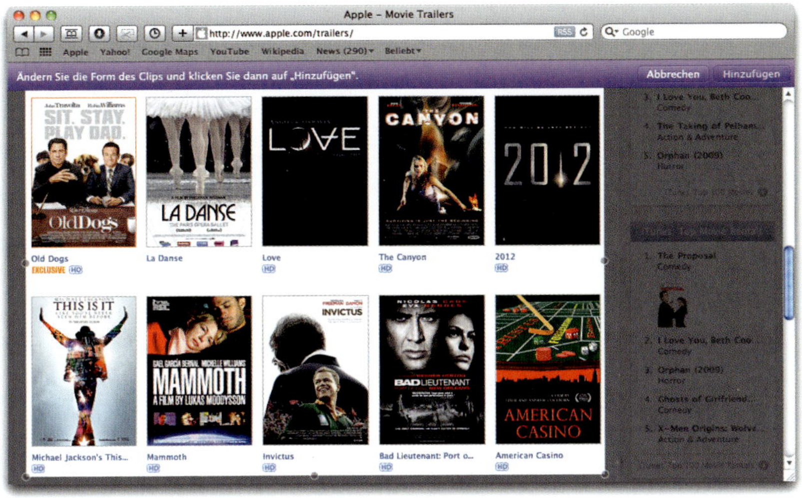

Zuerst suchen Sie sich einen geeigneten Ausschnitt auf der Webseite, ehe Sie über »Hinzufügen« diesen als »Web Clip« wählen.

Weltuhr

Wie bereits zu Anfang dieses Abschnitts aufgeführt, ist die *Weltuhr* dafür prädestiniert, die Uhrzeit gleich mehrerer Metropolen anzuzeigen. Dazu müssen Sie einfach die Weltuhr mehrmals in *Dashboard* anwählen und auf der Rückseite *Kontinent* sowie *Stadt* einrichten. Sind Sie online, werden die aktuellen Daten über einen Server eingebunden. Ob in den aufgerufenen Städten Nacht oder Tag ist, erkennen Sie im Übrigen auf einen Blick am unterschiedlichen Aussehen (schwarzer oder weißer Hintergrund des Ziffernblattes).

Weitere Widgets für Dashboard

Eben genannte Widgets sind sozusagen die Grundausrüstung, die Ihnen Apple mit auf den Weg gibt. Aber seien Sie unbesorgt – Hunderte weiterer Widgets warten nur darauf, ausprobiert und angewendet zu werden. Die Wege sind wie üblich unterschiedlich, aber zumindest ähnlich. Zum einen erscheint nach Einblenden der *Widgets* über ⊙/*F12* der *Widget-Manager*, der auf der unteren Seite den Button *Weitere Widgets* aufweist. Per Mausklick darauf startet automatisch der Browser *Safari* und verlinkt auf die Webseite `www.apple.com/de/downloads/dashboard`, auf der Sie eine riesige Auswahl – sinnvoll unterteilt nach Kategorien – vorfinden.

Verschweigen wollen wir allerdings nicht, dass sich dort eine Menge an Programmen befindet, die für den deutschsprachigen Raum nicht gedacht sind. Aber auch eine Suche über beispielsweise Google mit dem Stichwort »Widgets Mac OS X« bringt Ihnen neue Anregungen.

Sind Sie ins Internet eingeloggt, werden Sie innert Sekunden auf Apples Webseite zum Herunterladen Hunderter von Widgets eingeladen.

Das Integrieren neuer *Widgets* ist relativ simpel. Nachdem Sie sich einen Favoriten ausgesucht haben, klicken Sie auf *Download* oder *Herunterladen* (das kann unterschiedlich heißen). Das *Widget* wandert nun auf Ihre Festplatte und meist sogar gleich in den dafür vorgesehenen Ordner: *Benutzer/»Ihr Benutzername«/Library/Widgets*. Dort können Sie auch jene *Widgets* wieder entfernen, die Ihnen doch nicht gefallen. Apples *Widgets* liegen im Übrigen im übergeordneten *Library*-Ordner und dort ebenfalls in einem Ordner namens *Widgets*. Nach einem Neustart stehen Ihnen dann alle neu hinzugekommenen Hilfsprogramme zur Verfügung.

Das gewünschte Widget wird heruntergeladen und meist auch gleich an die richtige Stelle verfrachtet.

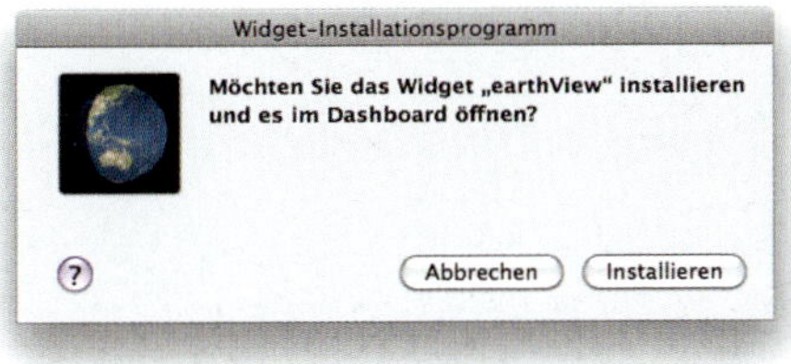

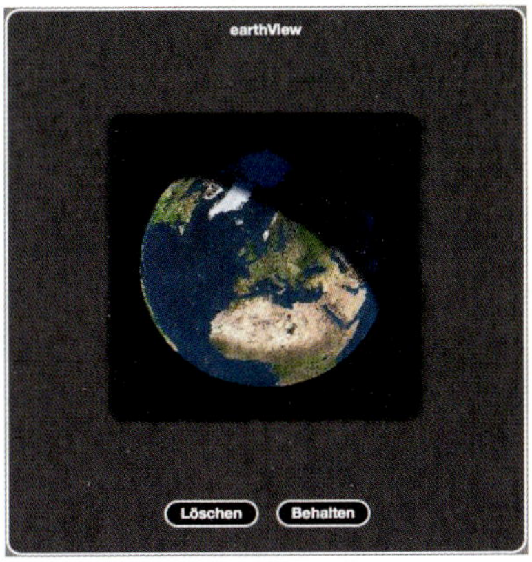

Das Widget-Installationsprogramm bittet um Bestätigung. Danach startet »Dashboard« und prüft ein letztes Mal Ihre Wankelmütigkeit. Sind Sie sich also ganz sicher, so klicken Sie in »Behalten« und Sie dürfen sich über einen neuen Dashboard-Bewohner freuen.

Digitale Bilder – Bild-Import über Digitalkamera und Scanner

Wir nehmen mal ganz stark an, dass Sie als Mac-Nutzer entweder schon zu den stolzen Besitzern einer Digitalkamera gehören oder aber zumindest mit dem Gedanken spielen, sich eine solche anzuschaffen. Gerade in Zeiten des schnell verfügbaren Bildes gehört *Digitale Kamera* zu jenen Programmen, die Sie beim Import von Bildern unterstützen. Das große Pendant dazu heißt im Übrigen *iPhoto* und gehört zu den *iLife*-Applikationen, doch nicht jeder hat es bzw. nicht jeder will es.

Starten Sie das Programm, ohne ein Gerät angeschlossen zu haben, so werden Sie genau dies noch einmal zu sehen bekommen.

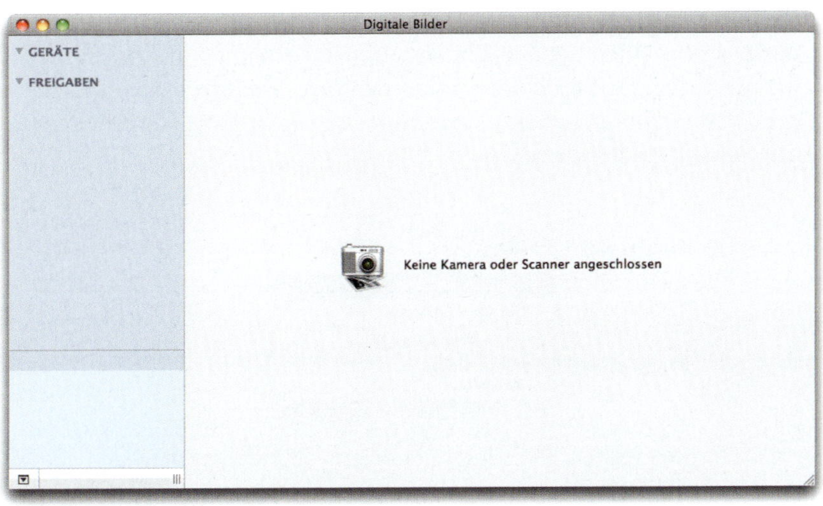

Das hätten wir so niemals gemerkt …

Nun heißt es also auf Foto-Tour gehen und das Ganze nochmal zu versuchen. Schließen Sie dann die Kamera an bzw. stecken Sie einfach die Speicherkarte in einen externen oder den internen – bei MacBook (Pro) oder iMac – Card-Reader (Kartenlesegerät). Nun sollten in der Liste bei *Geräte* die Kamera/Speicherkarte erscheinen (das kann allerdings manchmal ein wenig dauern …). Mit Klick auf den Eintrag werden alle Bilder, die sich darauf befinden, aufgeführt.

Wird eine Kamera oder eine Speicherkarte erkannt, so liest »Digitale Bilder« die Fotos ein und stellt sie dar.

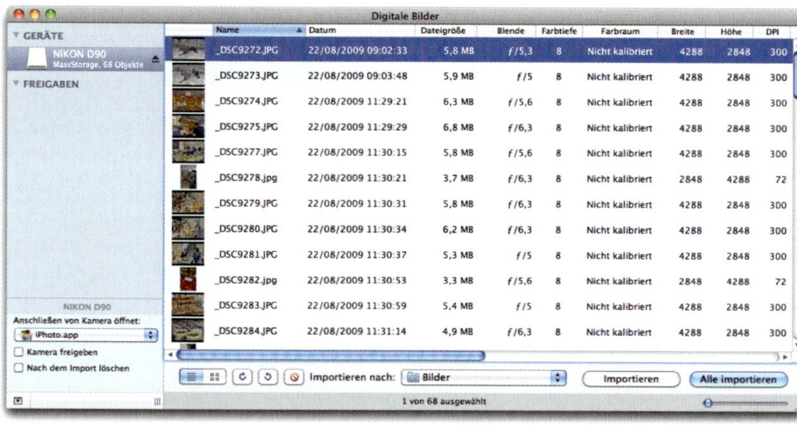

Startet statt des Programms *Digitale Bilder* die Anwendung *iPhoto*, so müssen Sie *Digitale Bilder* per Mausklick anwerfen. Bei der unten stehenden Option *Anschließen einer Kamera* wählen Sie nun aus dem Popup-Menü jenes Programm, das standardmäßig geöffnet werden soll, sobald Sie Ihre Digitalkamera an den Mac stöpseln – in unserem Fall also *Digitale Bilder*. Möchten Sie einen automatischen Import von Bildern einrichten, so dass beim Anschließen eines Gerätes selbstständig und ohne weiteres Zutun die Fotos auf den Computer übertragen werden, so wählen Sie den Eintrag *AutoImporter.app*. In diesem Fall wird in Ihrem Ordner *Bilder* (innerhalb Ihres Benutzer-Accounts liegend) ein weiterer namens *AutoImporter* eingerichtet, in den automatisch die Bilder fließen.

Der Dialog »Anschließen einer Kamera« bestimmt, welches Programm sich für Ihre digitalen Highlights verantwortlich zeichnen soll.

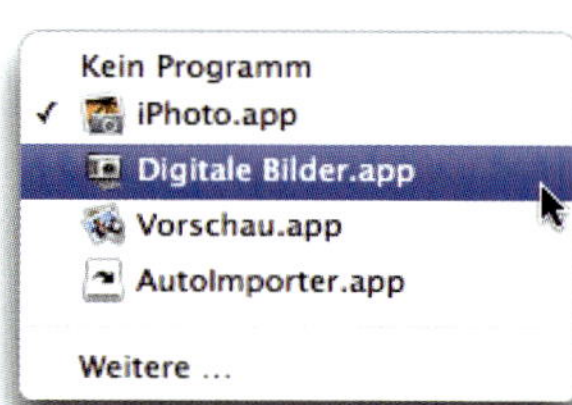

Vor dem Import sollten Sie jedoch überlegen, ob Sie denn wirklich alle Bilder oder nur eine Auswahl davon übertragen möchten – missglückte Bilder bleiben also von Vorneherein unberücksichtigt. Der Button dazu heißt *Importieren*, während Sie über *Alle importieren* sämtliche Bilder transferieren.

Zur besseren Kontrolle lassen sich zwei verschiedene Ansichten in *Digitale Bilder* verwenden: als *Liste* oder als *Symbole*. Diesen beiden Möglichkeiten erreichen Sie über die zwei unten stehenden Buttons für *Symbol-* ( ) und *Listen*-Ansicht ( ). Über die *Symbol*-Ansicht lässt sich nun hervorragend ein erster Eindruck verschaffen und Sie können bereits einzelne Bilder linksherum oder rechtsherum drehen, indem Sie bei markiertem Foto (das können auch mehrere auf einmal sein) auf die beiden Knöpfe / klicken. Bilder, die verwackelt oder sonstwie missraten sind und gleich von der Speicherkarte gelöscht werden sollen, geht es über den *Entfernen*-Knopf ( ) an den Kragen. Erscheinen Ihnen die Voransichten immer noch zu klein, so denken Sie an den Regler *Größe der Miniaturen* rechts unten, über den die Bild-Ansichten aufgezoomt werden können.

In der Symbol-Ansicht lassen sich Bilder bereits vor dem Importieren begutachten und wenn nötig auch drehen oder entfernen.

Achten Sie bitte darauf, Ihre Bilder schon im Vorfeld zu drehen, wenn Sie eine Diashow oder Webseite erstellen möchten. Manche Kameras besitzen eine Funktion, die automatisch erkennt, ob Bilder im Quer- oder Hochformat geschossen wurden. In diesem Falle werden die Bilder korrekt identifiziert und eingeladen. Im Zweifel schauen Sie ruhig einmal im Handbuch Ihrer Kamera nach.

In der *Listen*-Ansicht erfahren Sie hingegen Informationen satt: Ob Dateigröße, Farbtiefe, Breite und Höhe in Pixel, Brennweite, Verschlussgeschwindigkeit und, und, und – die so genannten EXIF-Daten machen's möglich. Klicken Sie auf eine der Spalten, so können Sie die damit die Sortierung ändern, etwa nach Größe oder Datum.

Die Bild-Informationen, die von der Kamera automatisch mitgespeichert und an das jeweilige Import-Programm übergeben werden, nennen sich *EXIF*-Daten. *EXIF* steht für *Exchangeable Image File Format for Digital Stil Cameras*. Hier werden die Informationen wie

Blende, Belichtungszeit, Filmempfindlichkeit, Kameratyp und vieles weitere mehr gespeichert. *Digitale Bilder* kann diese Informationen verarbeiten und Ihnen deshalb auch zur Verfügung stellen.

Die Listen-Ansicht der Fotos mit ihren vielen Zusatz-Informationen bietet einen umfassenden Überblick über die Daten der Fotos.

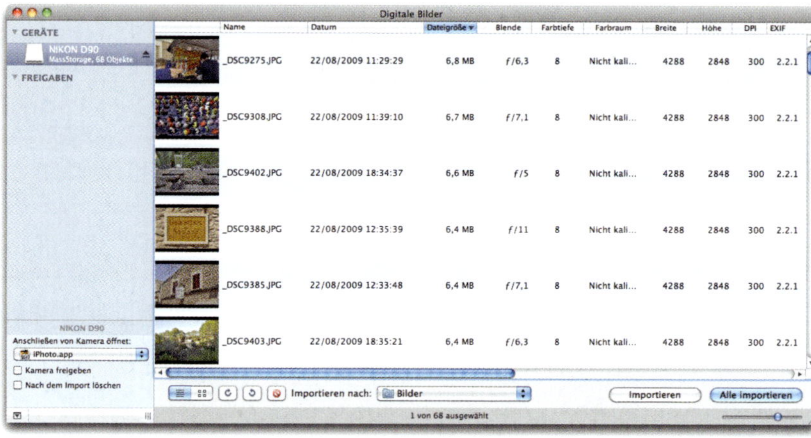

Nach der ersten Durchsicht lautet nun die Frage, wohin die Bild-Dateien gesichert werden sollen. Dies richten Sie nun bei *Importieren nach* ein. Zum einen lassen sich die Dateien einfach in Ordner verschieben, beispielsweise *Bilder* oder *Dokumente*, oder auf den Schreibtisch kopieren. Als Alternative lassen sich die Fotos auch nach *iPhoto* bewegen, wo sie als eigenständiges Ereignis angelegt werden, oder in *Vorschau* darstellen, wobei die Fotos gleichzeitig in den Ordner *Bilder* kopiert werden. Möchten Sie Bilder per Mail versenden, so ist der Eintrag *Mail.app* für Sie interessant. Nach der Auswahl und dem Klick auf *Importieren* öffnet sich sogleich das E-Mail-Programm *Mail* und packt die Bilder als Anhang bei. Sie müssen dann nur noch Adresse und Betreff eintragen und der elektronische Brief kann versendet werden.

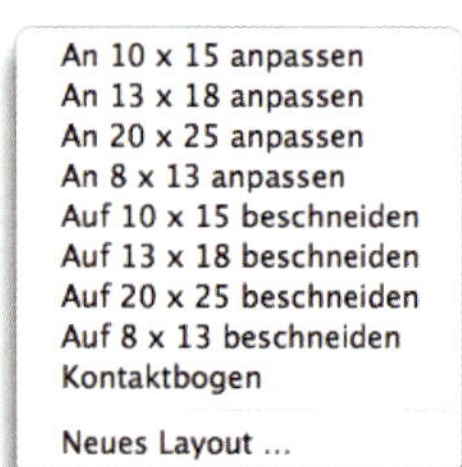

Als weitere Option können Sie Ihre Bilder auf ein gewünschtes Format anpassen bzw. gar beschneiden lassen (in den Maßen 8 x 13 cm, 10 x 15 cm, 13 x 18 cm oder 20 x 25 cm) oder einen *Kontaktbogen* anlegen. Der Unterschied dabei: Beim *Beschneiden* werden je nach Auflösung eventuell Bildteile abgeschnitten, was jedoch am Bild-Format liegt. Während digitale Kameras meist im Verhältnis 4:3/16:9 ablichten (Ausnahmen bilden hier meist digitale Spiegelreflex-Kameras), betragen die vorgeschlagenen Größen die üblichen Analog-Maße von 3:2. Beim *Anpassen* werden diese Unregelmäßigkeiten berücksichtigt und Ihre Bilder werden als Ganzes dargestellt, können aber im Gegenzug weiße Ränder aufweisen. Egal, was Sie letztlich tun: Ihren Originalen passiert dabei nichts, denn die angepassten oder beschnittenen Bilder werden in einer PDF-Datei abgelegt, die über das Programm *Vorschau* geöffnet werden kann. Gleichzeitig wandern jedoch die Einzelbilder als Originale in den Ordner *Bilder* in Ihrem Benutzer-Verzeichnis.

Für diese Funktion müssen Sie die Option *MakePDF.app* wählen. Die Bilder werden dann importiert und im Programm *MakePDF* geöffnet. Über die Menüleiste *Layout* wählen Sie nun die gewünschte Anpassung (An 10 x 15 anpassen, auf 13 x 18 beschneiden, Kontaktbogen usw.), die sich sofort an die Arbeit macht. Sie können nun das Ergebnis gleich nachprüfen und bei Nichtgefallen ändern, indem Sie einfach über das *Layout*-Menü eine neue Version erstellen lassen. Sitzt und passt alles und sind Sie mit dem Ergebnis zufrieden, so wählen Sie *Ablage | Sichern* (⌘-S), vergeben einen aussagekräftigen Namen und bestimmen den Speicher-Ort.

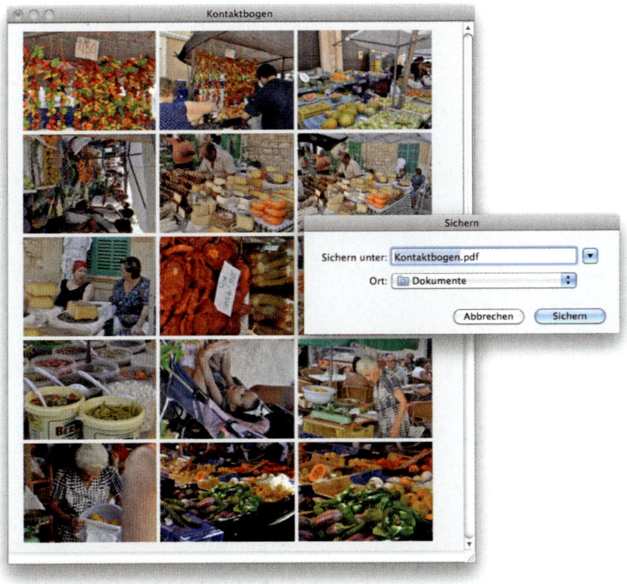

Nach dem Import sowie dem Aufbereiten über das Layout-Menü können die erstellten PDFs gesichert werden.

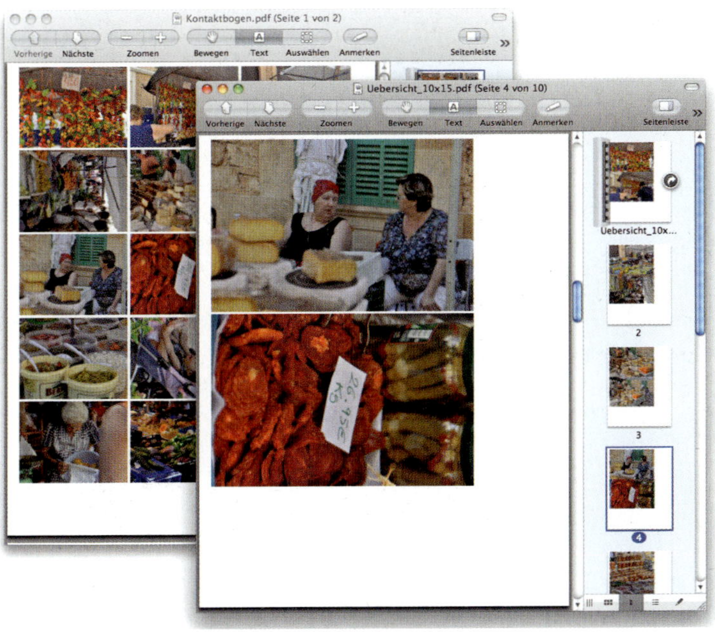

Die aufbereiteten Bilder-Seiten im PDF-Format lassen sich nun weitergeben (beispielsweise ein Kontaktbogen für Freunde und Verwandte zum Nachbestellen), für eigene Zwecke archivieren oder auch ausdrucken.

Gefallen Ihnen die angebotenen Möglichkeiten zur Optimierung nicht, so lassen sich im Programm *MakePDF* über *Layout | Neues Layout* auch eigene Maßvorgaben einrichten. Bestimmen Sie *Papierformat* und *Bildgröße* und ob die Bilder beschnitten oder nur angepasst werden sollen. Über *Layout sichern* speichern Sie dann die eingerichteten Werte im *Layout*-Menü für künftige Bearbeitungen.

Eine weitere Möglichkeit zum Aufbereiten der Bilder aus *Digitale Bilder* nennt sich *Webseite erstellen*. Hierbei werden die Bilder in zwei Größen aufbereitet: 200 x 132 Pixel (bzw. umgekehrt bei Hochformat) für die Vorschau-Bilder sowie 800 x 531 Pixel (bzw. umgekehrt bei Hochformat) für volle Größe (die Bildergrößen können je nach Auflösung Ihrer Kamera ein wenig variieren). Daneben werden weiterhin die entsprechenden HTML-Seiten angelegt, die von jedem Browser (*Safari*, *Internet Explorer*, *Firefox* etc.) interpretiert werden können. Alle diese Daten finden Sie in Ihrem *Bilder*-Ordner und dort in einem Ordner namens *Webseite* mit *Datum* und *Uhrzeit* im Titelnamen. Klicken Sie darin die Seite *index.html* doppelt an bzw. ziehen Sie sie auf ein Browser-Icon, so wird die Internet-Seite korrekt geladen. Um die Seite nun ins Internet zu stellen, benötigen Sie neben Speicherplatz (den Ihnen Ihr Provider zuteilt) ein FTP-Programm, um die Daten in Ihr Verzeichnis zu laden.

Nach dem Aufbereiten der Daten öffnet sich der Browser und zeigt das Ergebnis an. Mit Klick auf die Vorschauen öffnen sich die Bilder in voller Pracht.

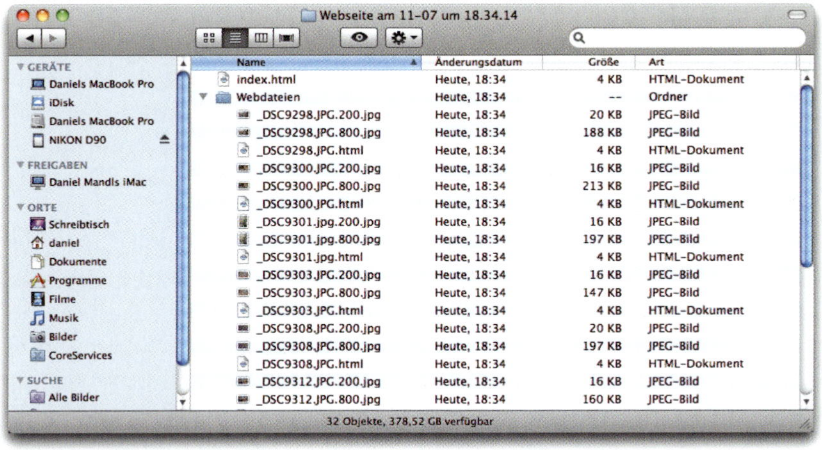

Die Dateien zur Webseite liegen im Bilder-Ordner in einem Ordner namens »Webseite« (zzgl. Datum und Uhrzeit). Dieser kann nun zum Begutachten weitergegeben oder auf einer HomePage integriert werden.

Sind sie ganz angetan von den Möglichkeiten der PDF-Erstellung bzw. der Webseiten-Gestaltung, so lassen sich diese Programme (*MakePDF .app* sowie *Webseiten erstellen.app*) auch längerfristig im Dock anlegen. Zum einen lässt sich das bewerkstelligen, indem Sie bei gestartetem Programm (über *Digitale Bilder*) per *ctrl*-Taste/Rechtsklick/ Zweifinger-Tipp auf das Programm-Icon klicken und aus dem Kontext-Menü dann den Befehl *Optionen | Im Dock behalten* wählen. Oder Sie suchen das Verzeichnis *Festplatte/System/Library/Image Capture/ Automatic Tasks* auf, in dem die beiden Anwendungen zu finden sind. Von dort aus brauchen Sie nun nur die Programme ins Dock ziehen, um sie zu behalten. Künftig müssen Sie dann nur Bild-Dateien auf das Icon ziehen, um die Verarbeitung starten zu können – immer vorausgesetzt, dass sich die Bilder schon auf der Festplatte befinden.

Per Kontext-Menü oder über das Ziehen der Programm-Symbole ins Dock – auf diese Weise lassen die beiden Programe auch ohne »Digitale Bilder« nutzen.

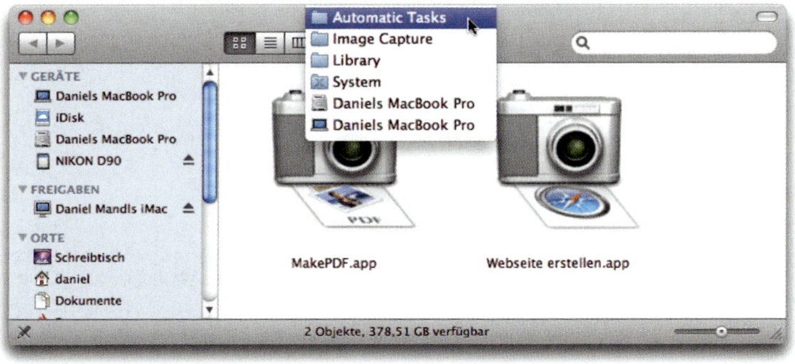

Unterhalb der *Geräte*-Liste finden sich noch weitere Einstellungen (falls diese nicht sichtbar sind, bitte auf den kleinen Knopf ( ) für die *Geräte-Einstellungen* klicken). Zum einen gibt es da die Option *Nach dem Import löschen*, die nichts anderes tut, als die Bilder nach dem Import auf die Festplatte von der Speicherkarte der Kamera zu eliminieren. Wir empfehlen das nicht, denn geht irgendetwas schief, haben Sie die Bilder weder auf der Festplatte noch auf der Speicherkarte.

Kamera freigeben ermöglicht es Ihnen – etwa über ein Heim-Netzwerk –, Ihre Kamera oder Speicherkarte für einen anderen Benutzer oder einen weiteren Rechner freizugeben. Haben Sie beispielsweise Ihre Kamera an ein MacBook Pro angeschlossen, verwalten aber üblicherweise Ihre Fotos auf dem iMac, so lässt es sich über *Kamera freigeben* einrichten, dass Kamera wie Speicherkarte vom iMac aus eingelesen und die Bilder übertragen werden können. Starten Sie *Digitale Bilder*, so erscheinen die Geräte unter *Freigaben*, per Mausklick darauf werden dann auch die Bilder eingeblendet und können übertragen werden.

Bilder freigeben im Netzwerk – bei mehreren Rechnern sowie anderen Benutzern kann diese Funktion den Import vereinfachen, wenn Bilder auf einen ganz bestimmten Mac übertragen weden sollen.

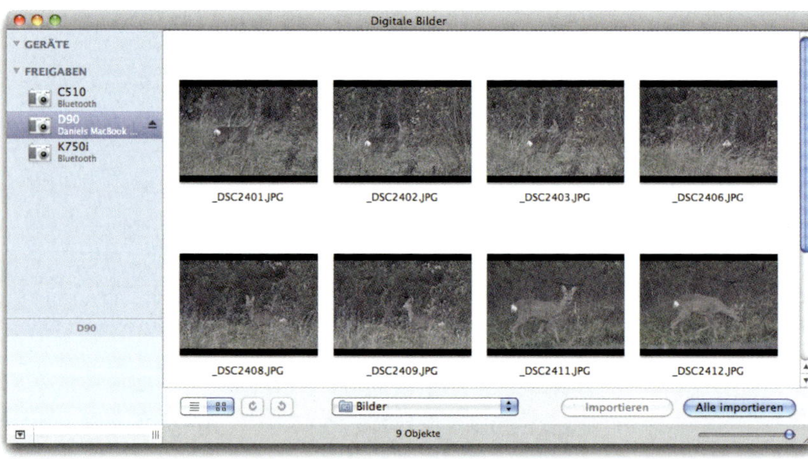

Befinden sich Ihre Bilder nach dem Import auf der Festplatte, so lassen sich diesen über den *Informationen*-Dialog (⌘-I) unter *Spotlight Kommentare* Schlüsselwörter zuweisen. Bei einer Suche nach entsprechenden Bildern finden Sie in Sekundenschnelle die gewünschten Objekte.

Und noch ein Highlight von *Digitale Bilder* gibt's obendrauf: Ist eine Kamera an den Mac angeschlossen, so können Sie eventuell über *Digitale Bilder* Ihre Kamera fernbedienen, was jedoch nicht bei allen Modellen klappt. Dazu wählen Sie über die Menüleiste *Ablage* den Befehl *Bild aufnehmen*. Im erscheinenden Dialog (der auch bildschirmfüllend angezeigt werden kann) haben Sie nun die Alternative zwischen der manuellen Aufnahme über das Drücken der *Leertaste* oder des *Zeilenschalters* bzw. der automatischen Intervall-Aufname, bei der nach festgelegten Zeiträumen die Kamera Bilder schießt. Letztere Funktion eignet sich beispielsweise zum zeitversetzten Festhalten bei Makro-Aufnahmen (Pflanzen oder Insekten) oder zum Dokumentieren des Wachstums Ihrer Kinder (die müssen halt dann mal drei Jahre still halten). Legen Sie dann noch den Speicher-Platz fest (*Neue Bilder sichern in*) und ob die Aufnahmen nach dem Download auf den Rechner gelöscht werden sollen. Dann macht es »Klick« und die Bilder wandern vollautomatisch auf den Mac. Toll!

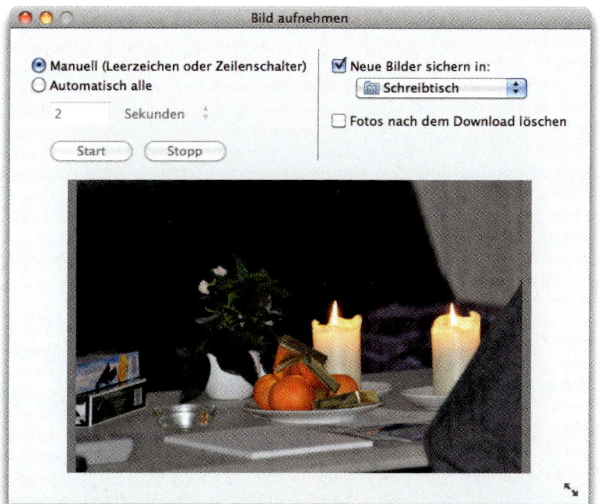

Zugegeben: Das Bild ist kein Meisterwerk, aber wer konnte denn ahnen, dass sich in diesem Programm solche Schätze finden lassen? Auf jeden Fall funktioniert die Funktion »Bild aufnehmen«, auch wenn auf die Schnelle kein tolles Motiv gefunden werden konnte.

Aber *Digitale Bilder* ist auch in der Lage, Bilder einzuscannen. Entweder erkennt *Digitale Bilder* Ihren Scanner oder Ihren Multifunktions-Drucker automatisch (das klappt meistens bei den bekannten Herstellern wie Canon, Brother oder Hewlett Packard), oder Sie müssen zuvor die entsprechenden Mac OS X-Treiber der Scanner-Software installieren (und werfen Sie auch einen Blick in das Geräte-Handbuch). Liegen Ihnen diese nicht vor, so besuchen Sie im Internet die Herstellerseite und suchen Sie sich dort die Rubrik *Support & Downloads* oder ähnlich klingend. Nun können Sie entweder das Original-Programm des Herstellers verwenden oder *Digitale Bilder* direkt zum Einlesen der Dokumente/Bilder benutzen.

Bei Multifunktions-Geräten (drucken, faxen, kopieren und scannen), die meist auch per Schalt-Panel direkt am Gerät bedient werden können, lässt sich über die Systemeinstellung *Drucken & Faxen* einrichten, über welches Programm die Scans abgewickelt werden sollen.

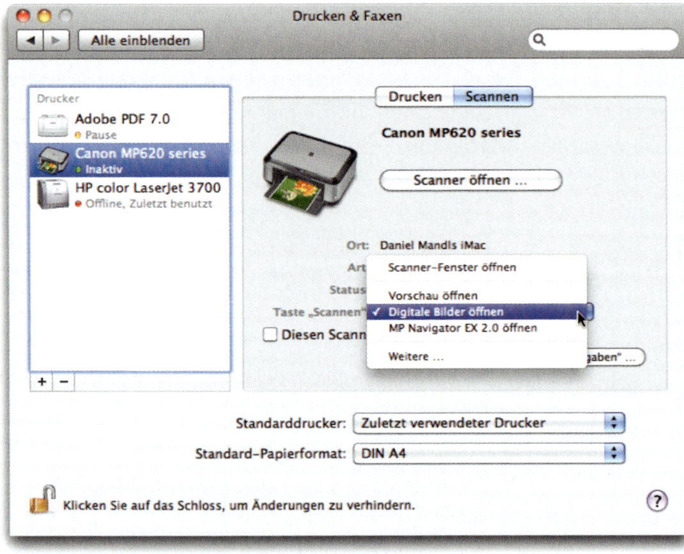

Über die Systemeinstellung »Drucken & Faxen« lässt es sich einrichten, dass automatisch »Digitale Bilder« startet, rufen Sie auf Ihrem Gerät die Funktion zum Scannen auf.

Besitzen Sie eine speziell für Ihren Scanner angepasste Software, so sollten Sie selbstverständlich diese verwenden bzw. einmal genau unter die Lupe nehmen, da diese meist einen größeren Funktionsumfang besitzen.

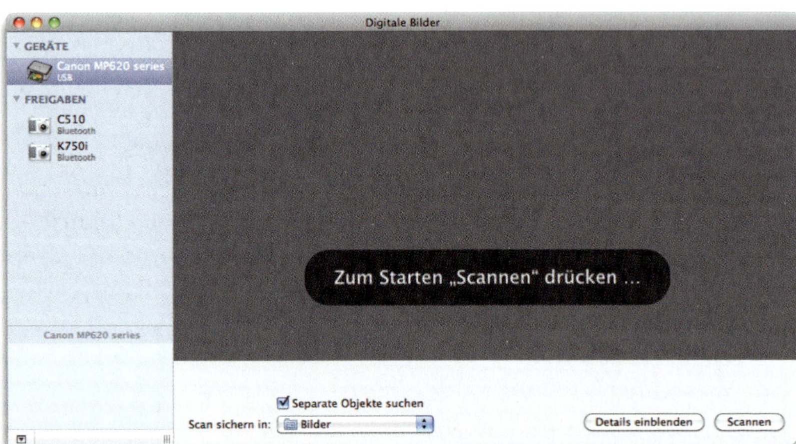

Nach dem Start von »Digitale Bilder« dauert es meist ein Weilchen, bis der Scanner/das Multifunktionsgerät in der Geräte-Liste auftaucht.

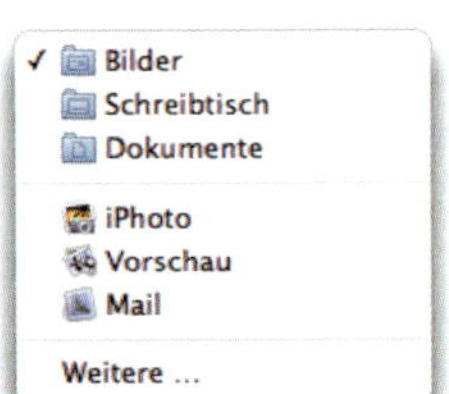

Befindet sich nun ein Bild im Scanner und Sie starten *Digitale Bilder*, so sollten Sie als Erstes den Speicher-Ort (*Scan sichern in*) bestimmen. Auch ein automatischer Prozess wie das Öffnen im Programm *Vorschau*, *iPhoto* oder *Mail* kann wieder optional eingerichtet werden. Über den Button *Weitere* lassen sich andere Speicher-Orte definieren. Letztlich brauchen Sie nun nur auf Scannen zu klicken und Soft- wie Hardware gehen ihrer Aufgabe nach.

Möchten Sie beispielsweise gleich mehrere Bilder scannen, die verstreut über die Oberfläche des Flachbett-Scanners liegen, so sollten Sie unbedingt die Option *Separate Objekte sichern* aktivieren. Hierbei werden nach einem ersten *Prescan* (der Erstellung einer Vorschau) alle weiteren Bilder separat nochmals eingelesen und gegebenenfalls sogar begradigt.

Nach einem ersten Erkennungs-Scan werden nun nochmals alle Bilder separat gescannt und dann in den gewünschten Bilder-Ordner gelegt.

Der schnelle Check über Quick Look suggeriert schon einmal einen gelungenen ersten Scan, auch wenn das Drehen unseres absichtlich schief eingelegten Bildes nicht ganz zufriedenstellend ausfällt.

Möchten Sie weitere Optionen in *Digitale Bilder* freischalten, so sollten Sie vor einem Scan-Durchgang auf den Knopf *Details einblenden* klicken. Und siehe da: In diesem Fall werden weitere Möglichkeiten zum Anpassen geboten, beispielsweise die Festlegung des *Typs* (Farbe, Text, Schwarzweiß), der Auflösung (bis hinauf zu 4800 dpi bzw. was Ihr Scanner hergibt) oder der

Formate beim Sichern (TIFF, JPEG, PDF etc.). Neben einer automatischen *Bildkorrektur* (Tonwerte, Helligkeit usw.) lässt sich auch auf *Manuell* umschalten, so dass Sie händisch auf Helligkeit, Färbung, Temperatur sowie die Sättigung Einfluss nehmen können. Klicken Sie noch dazu auf ein Bild, so lassen sich über Anfasser sowohl der Bildausschnitt als auch eine Rotation (bei schief eingescannten Bildern) des Rahmens vornehmen.

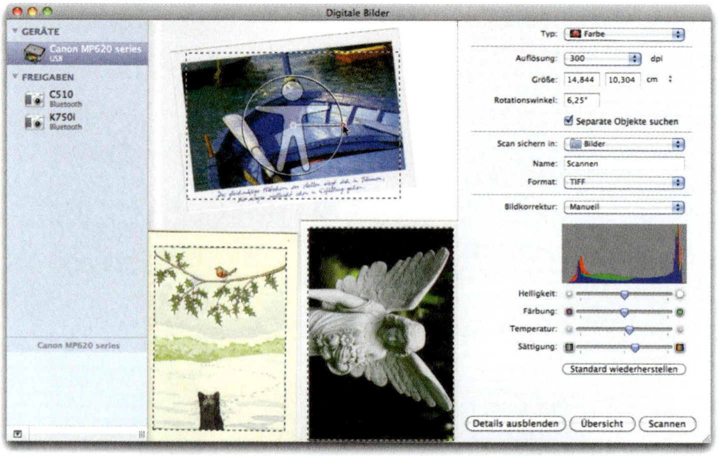

Ds sieht doch schon viel professioneller aus: Über »Details einblenden« werden weitere sinnvolle Optionen zum manuellen Eingreifen eingeblendet.

Bei einem erneuten Scan-Durchgang wurde nun alles zu unserer Zufriedenheit erledigt.

DVD Player – des Anwenders Liebling

Die DVD ist bei Arbeit, Spaß und Spiel wohl nicht mehr wegzudenken. Nicht nur für ein Backup ist sie ideal, auch Filme sind darauf zu bewundern. Besitzen Sie bereits einen DVD-Player, der vielleicht sogar an einem superben Flachbild-Fernseher samt Audio-System hängt, dann dürfte der Apple-eigene DVD-Player wohl eher ein Schattendasein führen. Für alle anderen heißt es jedoch: Bitte ausprobieren, gerade wenn Sie einen iMac mit 24- oder gar 27-Zoll-Bildschirm besitzen. Aber auch auf einem MacBook (Pro) während einer langen Zugfahrt oder für Zwischendurch ist der Genuss einer Spielfilm- oder Dokumentations-DVD nicht zu verachten.

Normalerweise sollte eine käuflich erworbene oder geliehene DVD automatisch zu spielen beginnen, sobald Sie sie in das Laufwerk schieben. Benutzen Sie das erste Mal Ihr Laufwerk zum Abspielen einer DVD, so werden Sie aufgefordert, einen *Länder-* bzw. *Regionalcode* einzustellen. Diese Kennung wird von der Industrie eingesetzt, damit Spielfilme nur in bestimmten Regionen abgespielt werden können. Insgesamt können Sie fünf Mal eine Umstellung vornehmen, dann ist der *DVD-Player* fest eingestellt, so dass DVDs aus anderen Regionen nicht mehr abgespielt werden können. Verdanken dürfen Sie diese steten Sicherheits-Richtlinien und Kopierschutzverfahren im Übrigen unseren lieben Freunden von den Raubkopierer-Front, die nicht für sich selbst eine Sicherheitskopie anfertigen, sondern dies im großen Stil und fast schon gewerblich betreiben. Wie dem auch sei, der Code für West-Europa (also für unsere Region nennt sich *Ländercode 2,* der für USA und Kanada *1. 3* ist für Südostasien, *4* für Mexico, Mittel- und Südamerika sowie den Südpazifik, *5* für Afrika, Nord- und Südasien, *6* für China.

Sie müssen zuerst den Ländercode einstellen, bevor das Filmvergnügen beginnt. Bestätigen Sie dann Ihre Einstellung über »Ländercode ändern«.

Und dann kann's aber auch wirklich losgehen. Meist befinden Sie sich nach einem kurzen Einleitungsfilm gleich im Haupt-Menü, das neben dem eigentlichen Filmstart das Anspringen einzelner Kapitel, Untertitel sowie allerlei Trailer oder Specials bietet. Über die Pfeil-Tasten (←→↑↓) können Sie sich nun durch das Menü bewegen, und mit dem *Zeilenschalter* (↵) bestätigen Sie Ihre Eingabe.

Das Haupt-Menü ist Ausgangspunkt für alle Eingaben.

Beginnt Ihr Film nicht wie gewohnt automatisch zu spielen, so starten Sie einfach händisch das Programm *DVD-Player* – nun sollte er auch die DVD erkennen. Funktioniert dies nicht, so müssen Sie über die Menüleiste *Ablage* den Befehl *DVD-Medien öffnen* (⌘-O) verwenden. Im Finder-Fenster wählen Sie bei *Geräte* Ihren Mac aus und dann die DVD. Wurde der Film von einer DVD extrahiert und liegt bereits auf der Festplatte, so müssen Sie den Ordner *Video_TS* auswählen.

Treten eben genannte Probleme des Öfteren auf, so werfen Sie einmal einen Blick in die Systemeinstellung *CDs & DVDs*, ob bei der Option *Beim Einlegen einer Video-DVD* auch der korrekte Eintrag *DVD-Player öffnen* eingestellt ist.

Als Standard bereits von Apple in den *DVD-Player-Einstellungen* vorgegeben ist die Wiedergabe im so genannten *Präsentations-Modus* (*Vollbild*), das heißt der gesamte Bildschirm wird benutzt, was selbstverständlich den meisten Spaß bringt. Wünschen Sie hingegen eine andere Ansichts-Größe, so erledigen Sie das über das Menü *Darstellung:* Sie können wählen zwischen *Halbe Größe* (⌘-0), *Originalgröße* (⌘-1), Doppelte Größe (⌘-2) sowie *An Bildschirm anpassen* (⌘-3). Das *Vollbild* (⌘-F) ist jedoch unser Favorit, da es den Mac zur Kinoleinwand macht.

Der Präsentations-Modus im Breitbild-Format – zusammen mit guten Lautsprechern und einem großen Bildschirm kommen Kino-Gefühle auf.

Sowohl über die Tastatur als auch über die virtuelle *Steuerung* über den Bildschirm per Maus können Sie sich nun durch den Film bewegen und Anpassungen vornehmen. Zur Verfügung stehen zwei verschiedene Steuerungen: Diejenige im *Vollbild*-Modus, die erscheint, sobald Sie die Maus bewegen, sowie jene, die bei allen anderen DVD-Ansichten eingeblendet wird. Die *Steuerung* (*Fenster* | *Steuerung einblenden*) arbeitet wie die Fernbedienung bei Ihnen zu Hause und lässt Sie den Film starten, stoppen, vorwärts oder rückwärts laufen usw.

Für jeden Geschmack das richtige Instrument.

Am besten ist wie üblich, Sie prägen sich die Tastenkombinationen in den Menüs *Steuerung* und *Gehe zu* ein, da Sie auf diese Weise ihren Film effizient durchlaufen können. Oder Sie verwenden das Kontext-Menü, das ebenso eine reiche Auswahl an Befehlen zum Navigieren im Film bereithält.

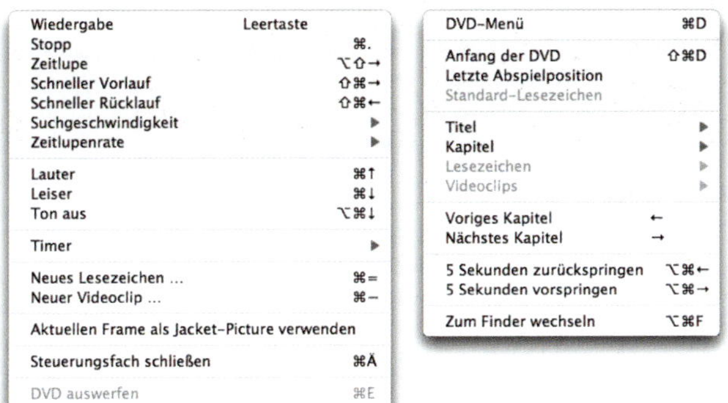

Die Kurzbefehle taugen nicht nur als Gehirn-Jogging, sondern auch zum schnellen Navigieren bzw. Anpassen der DVD.

Der *DVD-Player* bietet jedoch auch weitreichende Möglichkeiten zum Anpassen von Bild und Ton, deren Dialoge (*Video-Zoom*, *Videofarbe* und *Audio-Equalizer*) Sie entweder über das *Fenster*-Menü finden oder durch das Aufrufen des *Einstellungen*-Symbols (☰) im Vollbildmodus erreichen. Über Regler ändern Sie *Breite* und *Höhe* des Video-Fensters (wenn gewünscht inklusive des Beibehaltens des Seitenverhältnisses), üben Einfluss auf *Helligkeit*, *Kontrast*, *Farbe* und *Färbung* und peppen den Ton über den *Audio-Equalizer* auf. Alle diese Dialog-Felder überlassen Ihnen das händische Anpassen oder geben Ihnen vorgegebene Optimierungs-Möglichkeiten an die Hand.

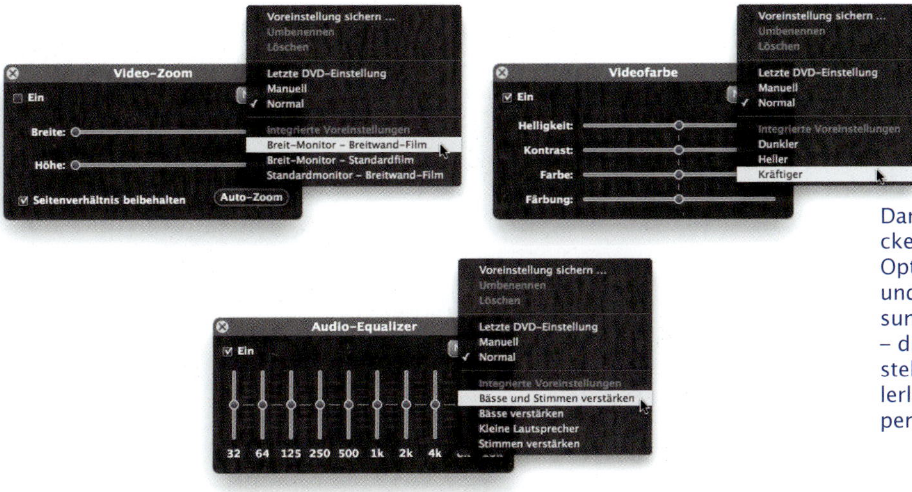

Damit es nichts zu meckern gibt: Ob Sound-Optimierungen, Farb- und Helligkeits-Anpassungen oder Video-Zoom – die zur Verfügung gestellten Menüs bieten allerlei Features für die perfekte Wiedergabe.

Auf Wunsch und je nach Ausstattung der Spielfilm-DVD können Sie auch direkt über die DVD-Player-Steuerung beispielsweise die Sprache oder die Darstellung der Untertitel bestimmen oder ändern. Auch eine Präsentation in Zeitlupe oder als Einzelbilder ist möglich.

Wer gerne Filme im Original ansieht, der kann auf Wunsch diese Sprache definieren.

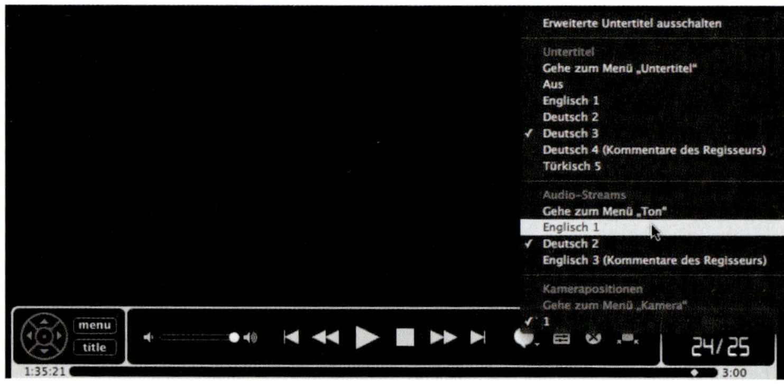

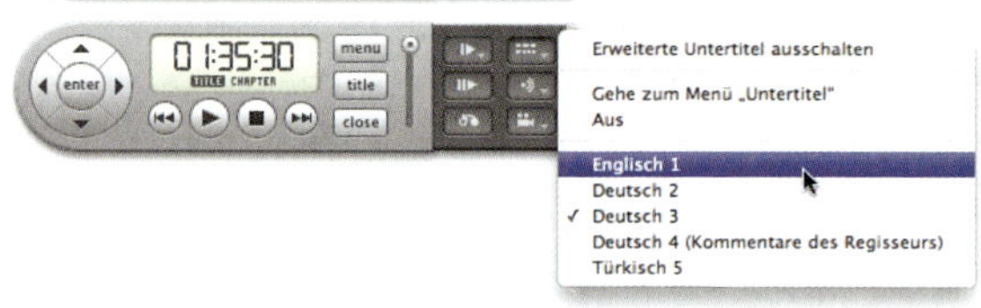

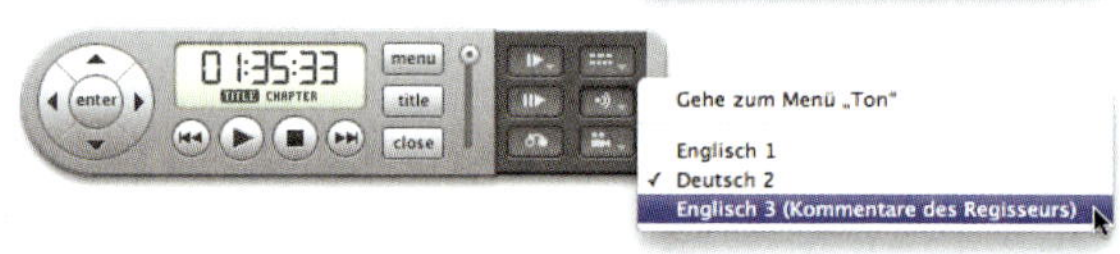

In fast allen Filmen lassen sich *Lesezeichen* zum direkten Anspringen bestimmter Szenen einbauen oder einzelne *Video-Clips* zum Immer-wieder-Anschauen speichern. Auch dies erledigen Sie über das *Fenster*-Menü (*Lesezeichen* oder *Video-Clips*). Dabei wird ein extra Fenster eingeblendet, über dessen unten liegenden Plus-Knopf Sie das *Lesezeichen* vergeben bzw. die Möglichkeit zum Aufnehmen einer Video-Sequenz erhalten.

Das Aufzeichnen eines Video-Clips findet in einem separaten Fenster statt.

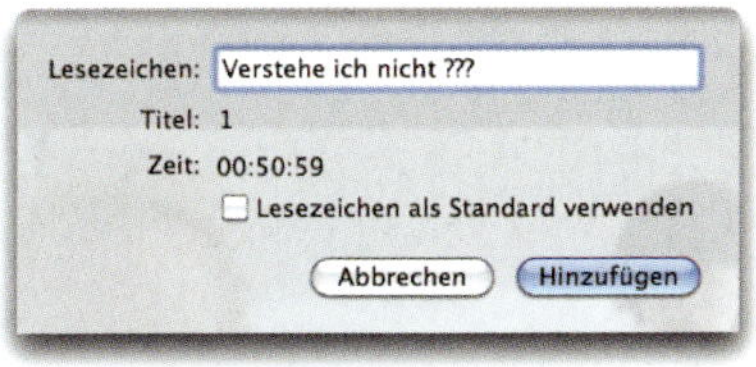

Der Dialog zum Benennen des Lesezeichens.

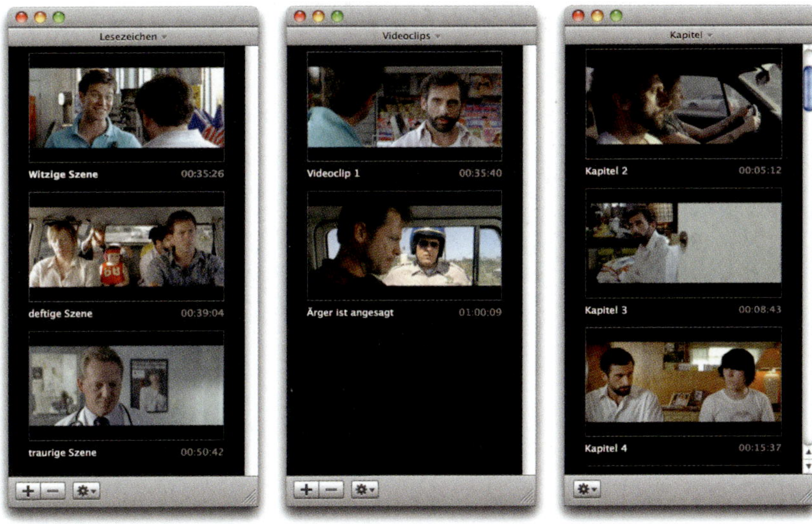

Komfort wird groß geschrieben – Lesezeichen, Video-Clips sowie die fest in der DVD verankerten Kapitel.

Als kleinen Extra-Service setzt der *DVD-Player* automatisch eine Markierung, wenn Sie den Film während des Abspielens abbrechen. Legen Sie die DVD einen Tag später (oder wann auch immer) wieder ein, wird der Film automatisch von dieser Position aus zu spielen beginnen. Voraussetzung ist allerdings, dass Sie die entsprechende Option in den *Einstellungen* (*DVD-Player* | *Einstellungen*) in der Rubrik *Zuletzt angesehen* angeklickt haben (ist die Standard-Vorgabe). Sie können dabei wählen, ob Sie diese grundsätzlich von Anfang an, ab der zuletzt markierten Abspielposition oder vom Standard-Lesezeichen an weitersehen möchten. Oder Sie lassen sich ganz brav fragen, wobei Sie selbst Ihren Teil dazu beitragen müssen – nämlich die *Wahltaste* (⌥) beim Start der DVD drücken.

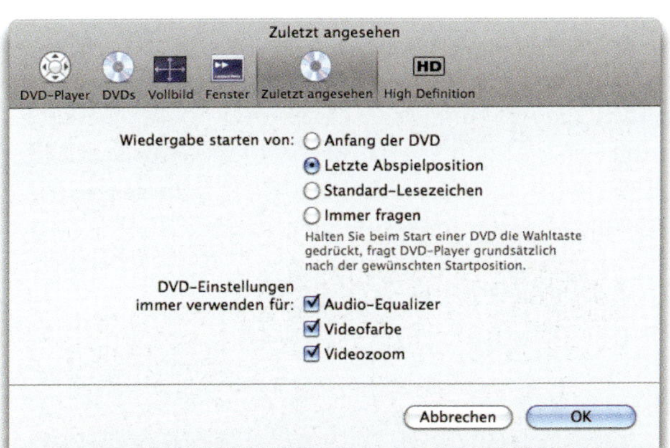

Die Einstellungen, Rubrik »Zuletzt angesehen« – wie üblich mit Dutzenden von Optionen.

Die Einstellungen sind mit ein Garant für das reibungslose Abspielen nach persönlichen Wünschen.

Wie immer lohnt sich auch ein ausführlicher Blick in die *Einstellungen*, die das Grundverhalten des *DVD-Players* (*automatischer Start, Vollbild-Modus, Hintergrundfarbe* des Film-Fensters usw.) sowie das Abspielverhalten (*Ton, Untertitel, DVD-Menü*) beeinflussen. Schauen Sie sich am besten die einzelnen Reiter einmal durch, um den Kinoabend weiter zu verfeinern.

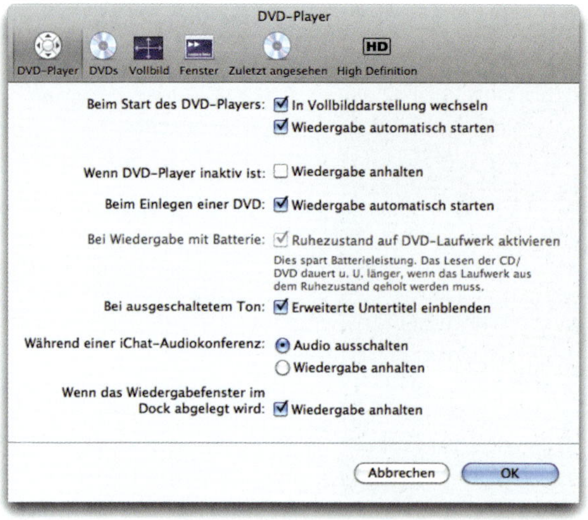

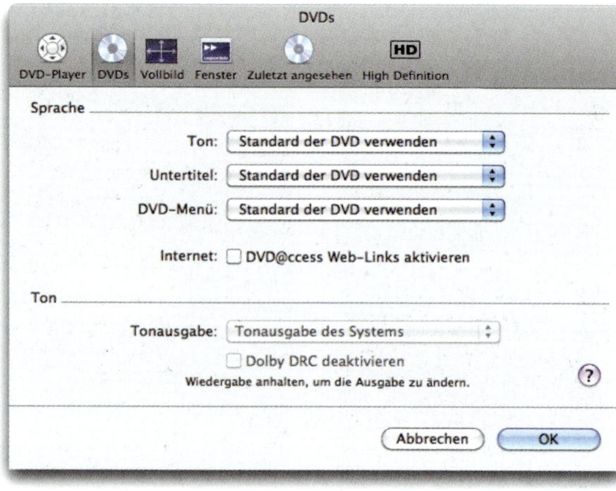

Als Alternative zum *DVD-Player* von Apple können wir die Freeware (kostenlos!) *VLC Media Player* empfehlen, die mit einer beachtlichen Unterstützung verschiedenster Formate aufwartet (unter anderem AVI, DivX, DVD, MP3, MPEG 1, MPEG 2, MPEG 4, SVCD, VCD und WAV). Die aktuellste Version ist auch unter Mac OS X 10.6 Snow Leopard lauffähig und kann unter der URL `www.videolan.org/vlc` heruntergeladen werden. Diese Option sollten Sie sich auf jeden Fall offen halten, wenn sich Apples *DVD Player* mal weigern sollte, ein bestimmtes Format abzuspielen.

Front Row – Präsentieren mit Stil

Das Icon der Anwendung *Front Row* deutet es bereits an: Sie können sich zurücklehnen und es sich im heimischen Sessel bequem machen. Mit diesem Programm begeben Sie sich in eine völlig andere Arbeits-Umgebung, die sich auf das Präsentieren spezialisiert hat. Ob Musik, Bilder, Filme oder Podcasts – mit einem schicken Mac auf dem Schreibtisch oder auf dem Schoß genießt man seine Inhalte in vollen Zügen.

Der Eintritt beginnt entweder über einen Doppelklick auf das *Front Row*-Icon oder – sehr viel besser – über die Tastenkombination *Befehls-* und *Escape-Taste* (⌘-esc). Der Bildschirm dunkelt ab (wie im Kino) und eine Übersicht über alle multimedialen Möglichkeiten auf dem Rechner wird eingeblendet. Was also wünschen Sie?

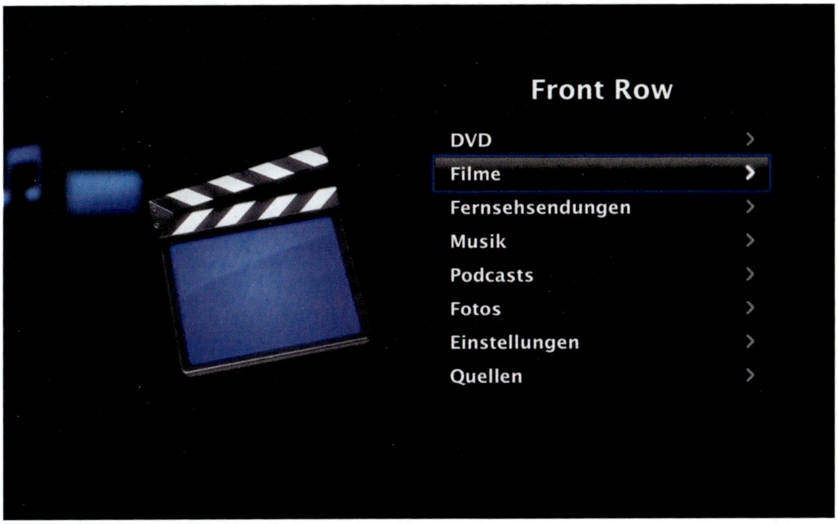

Sieht schick aus und hat es faustdick hinter den Ohren – die »Front Row«-Oberfläche.

Über die Auf- und Abpfeile (↑/↓) bewegen Sie sich nun auf den gewünschten Eintrag und über die *Leertaste* bzw. den *Zeilenschalter* (↩) bestätigen Sie Ihre Wahl. Sie gelangen auf diese Weise einen Schritt tiefer in die Hierarchie-Ebene – zurück geht's wieder über das Drücken der *esc-Taste*. Die Lautstärke beispielsweise in Musik- oder Filmstücken regeln Sie ebenfalls über die Auf- und Abpfeile (↑/↓), zum nächsten Musiktitel oder Foto wechseln Sie über die Links- und Rechtspfeile (←/→). Möchten Sie hingegen innerhalb eines Liedes oder einer DVD vorwärts- oder zurückspulen, so benutzen Sie ebenso die Links- und Rechtspfeile (←/→), halten diese aber dabei gedrückt, bis Sie zu der gewünschten Stelle gelangen. Das kostet meist ein wenig Übung (und Nerven), klappt aber spätestens nach dem dritten Mal perfekt.

Was gibt es nun also zu bewundern? In der Abteilung *Filme* erwarten Sie zum einen die Filmtrailer, die jedoch nur erreichbar sind, befinden Sie sich gerade im Internet. Hierbei wird auf einen Apple-Server zugegriffen, der die aktuellsten Movies vorstellt. Ist Ihre Internet-Verbindung ausreichend schnell, so lässt es sich dort hervorragend verweilen. Weiterhin finden Sie alle Videos vor, die sowohl im Ordner *Filme* als auch in *iTunes* liegen. Dazu zählen im Übrigen auch sämtliche *iMovie-Ereignisse* wie *-Projekte*.

Möchten Sie auf dem Laufenden in Sachen Filme & Co. bleiben, so sollten Sie sich die aktuellen Trailer ansehen. Dazu müssen Sie allerdings über eine Online-Verbindung verfügen.

Haben Sie Ihre Film-Sammlung zum Beispiel auf eine externe Festplatte transferiert, da der Speicherplatz der internen Platte schon arg strapaziert ist, so brauchen Sie nur ein Alias (eine Verlinkung) auf diese Ordner zu legen. Halten Sie dazu die *Befehls- und Wahltaste* (⌘-⌥) gedrückt und klicken Sie dann auf den gewünschten Ordner mit den Film-Inhalten. Halten Sie die Taste gedrückt und ziehen Sie dann mit der Maus ein Stück weiter. Wie Sie sehen, halten Sie nun das gleiche Objekt fest, nur dass es dieses Mal das typische *Alias*-Symbol (↗) trägt. Dieses Objekt befördern Sie jetzt in den *Filme*-Ordner. Das klappt natürlich auch über die Menüleiste: Markieren Sie das Objekt per Mausklick, wählen Sie dann *Ablage* | *Alias erzeugen* (⌘-L) und verschieben Sie die Alias-Datei in den *Filme*-Ordner. Starten Sie nun *Front Row*, so erkennt das Programm den neuen Kandidaten und folgt richtig der Verlinkung – der Film kann nun gestartet werden.

Wenn Sie bei aktiviertem *Front Row* eine DVD einlegen, so wird auch diese erkannt und korrekt darüber abgespielt.

Das Laden von *Fernseh-Sendungen* über den *iTunes Store* ist mittlerweile Realität geworden. Sendungen, die Sie sich auf den Mac bzw. *iTunes* heruntergeladen haben, lassen sich auch über *Front Row* ansehen. Oder sind Sie neugierig auf die *iTunes* Top-TV-Folgen? Auch dort können Sie gerne einen Blick riskieren, wobei auch in diesem Fall wieder ein aktiver Internet-Zugang Grundvoraussetzung ist.

Fernsehsendungen, die sich bereits in iTunes befinden, lassen sich ebenso bewundern wie die Top-TV-Folgen, die aktuell stark nachgefragt werden.

Das große Steckenpferd seit iPod & Co. ist ganz klar die Musik. Und so kann *Front Row* natürlicherweise auf sämtliche Inhalte von *iTunes* zurückgreifen. Sie finden also im Menü *Musik* die Musikvideos, die Wiedergabelisten, die Interpreten, Alben, Titel, bis hin zu Hörbüchern – immer natürlich vorausgesetzt, diese Medien sind auch in *iTunes* vorhanden. Möchten Sie sich Appetit auf Neuzugänge holen, so laden auch wieder die *iTunes-Top-Titel* sowie *Top-Musikvideos* zum Stöbern ein. Bewegen Sie sich also wieder über die Auf- und Abpfeile (↑/↓) auf die entsprechende Kategorie und bestätigen Sie mit der *Leertaste* bzw. dem *Zeilenschalter* (↩), bis Sie am Ziel sind. Danach brauchen Sie sich nur zurückzulehnen und zu hoffen, dass nicht just in diesem Moment das Telefon klingelt oder gar der Strom ausfällt.

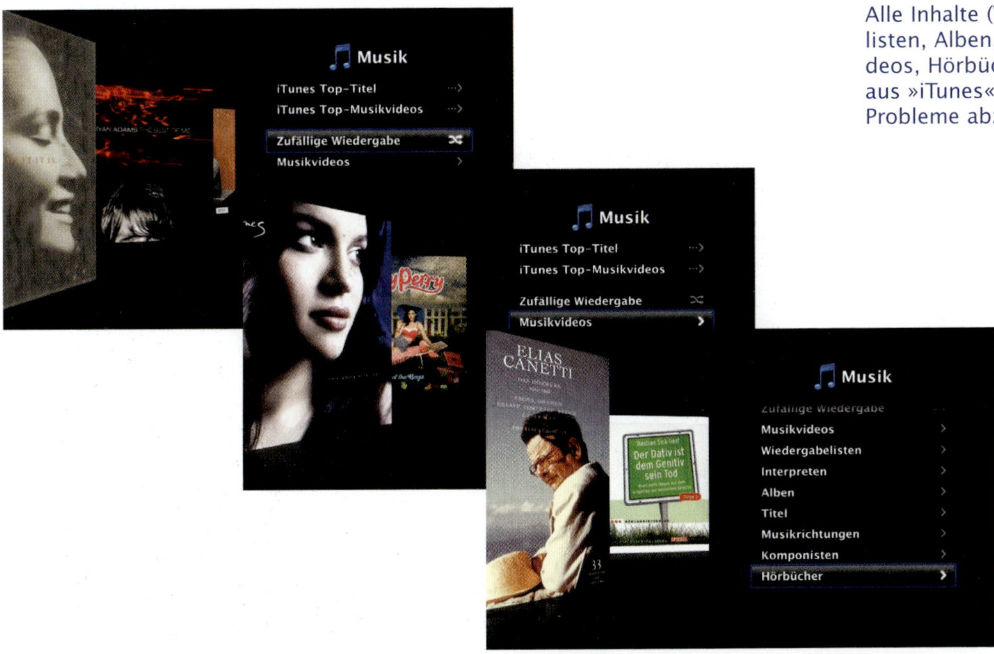

Alle Inhalte (Wiedergabelisten, Alben, Musikvideos, Hörbücher usw.) aus »iTunes« sind ohne Probleme abzurufen.

Auch *Podcasts* sind mitterweile ein Massenmarkt und werden zu Tausenden auf den Menschen losgelassen. Auf einmal hat jeder etwas mitzuteilen – vom interessanten Beitrag über Literatur, von der traurigen Geschichte über den verlorenen Geldbeutel bis hin zu Gegenmitteln bei Katzenallergie. Es gibt wohl nichts, über das heutzutage nicht geredet wird – spannend ist das allemal. Die Podcasts verwalten Sie üblicherweise in *iTunes* – und deshalb nun alle im Chor: »*Front Row* kann alle Inhalte von *iTunes* wiedergeben«. Toll.

Die (meist kostenlosen) Podcasts besorgen Sie sich am besten über den iTunes Store, der eine riesige Auswahl davon bereithält. Aber auch von externen Seiten kann man diese in iTunes integrieren.

Arbeiten Sie mit *iPhoto*, so halten Sie den Trumpf bereits in der Hand. Dieses geniale Verwaltungs-, Optimierungs- und Präsentationsprogramm aus Apples iLife-Paket kümmert sich ausschließlich um Ihre digitalen Bilder – und dies mit Bravour. Haben Sie also fleißig *Ereignisse* und *Alben* angelegt, so tauchen all diese Schätze auch unter *Front Row* auf. Über die bekannten Tasten bewegen Sie sich wieder vorwärts und bestätigen Ihre Auswahl. Danach beginnt die Diashow – bildschirmfüllend, mit dem bekannten *Ken Burns*-Effekt (sich bewegenden Bildern) und der zuletzt in *iPhoto* verwendeten Diashow-Musik.

Der Abend mit kopfstehenden, seitenverkehrten und vergilbten Dias war einmal – nun kommt »Front Row« mit knackiger Musik und bester Bildqualität.

Sowohl *Fotos* als auch *Musik* weisen die Besonderheit auf, dass sie – eine korrekte Verbindung im privaten Netzwerk vorausgesetzt – auch auf anderen Rechnern abgespielt werden können. Sowohl in *iTunes* wie auch in *iPhoto* müssen jedoch zuvor die Freigaben innerhalb der *Einstellungen* (⌘-*Komma*) erteilt werden, damit auch andere darauf zugreifen können.

Wer schöne Bilder hat, der soll sie auch zeigen – selbst wenn sie auf einem anderen Rechner liegen.

Übrig bleiben die *Front Row*-Einstellungen, die jedoch nur weniger wichtige Punkte aufweisen: Sie können darüber den *Bildschirmschoner* sowie die *Sound-Effekte* ein- als auch ausschalten und die Versions-Nummer der Software einsehen.

Und damit wir es nicht vergessen: *Front Row* lässt sich natürlich auch über die *Apple Remote*-Fernbedienung steuern, die Sie entweder mit Ihrem Mac geliefert bekommen haben oder die Sie nachträglich erworben haben. Damit wird das virtuelle Kino noch angenehmer, brauchen Sie sich doch gar nicht mehr vom Sofa zu erheben, sondern nur mehr die Knöpfe der Ferndbedienung zu drücken. Über *Menu* rufen Sie *Front Row* auf, und über »+« und »-« (lauter und leiser für die Lautstärke) wechseln Sie die Rubriken. Bestätigt wird mit der Taste *Wiedergabe/Pause*, und über *Menu* geht's wieder einen Schritt zurück.

Über das Gedrückthalten der Taste *Wiedergabe/Pause* der *Apple Remote*-Fernbedienung lässt sich der Mac in den Ruhezustand schicken.

iCal – der intelligente Kalender

Termine gibt es im Leben eine Menge zu merken – und zwar sowohl im privaten als auch im geschäftlichen Bereich. Da wären Arbeitsessen mit Kollegen, Treffen mit Kooperationspartnern, aber auch die Geburtstage der Kinder, Freunde und Verwandte sowie der jährliche Impftermin der geliebten Vierbeiner (Goldfische brauchen wohl keine Impfung). Und wehe, wenn da was vergessen wird. Apple hat da selbstverständlich was für Sie: *iCal*, den cleveren Kalender mit Erinnerungsfunktion.

iCals Design ist klar und übersichtlich: Ganz links ist die *Kalender*-Übersicht. Die Bezeichnungen *Büro* und *Privat* sind bereits vorgegeben, was Sie jedoch jederzeit über einen Doppelklick auf den *Kalender*-Namen abändern können. Über den unten stehenden *Plus*-Button (+) können Sie weitere *Kalender* hinzufügen.

Mit dem kleinen Knopf rechts vom *Plus*-Button – ▦ – blenden Sie die Miniatur-Übersicht der Kalendermonate ein- und aus, und über die Querleiste oberhalb der Monats-Vorschau können Sie diese in der Größe anpassen (einfach mit der Maus darüber gehen und nach oben oder unten ziehen). Mit den Symbolen *Dreieck nach rechts* (▸) bzw. *Dreieck nach links* (◂) blättern Sie sowohl in der Kalender-Übersicht als auch in den Mini-Kalendern vorwärts und rückwärts (oder mit ⌘-→ für *Darstellung* | *Weiter* bzw. mit ⌘-← für *Darstellung* | *Zurück*). Die Kalender-Ansicht, also das Hauptfeld, können Sie über die *Tag/Woche/Monat*-Leiste (◀ Tag Woche Monat ▶) am oberen Ende des Fensters bedienen (alternativ wie üblich über die zugehörigen Tasten-Kombinationen: ⌘-1 für *Tagesansicht*, ⌘-2 für *Wochenansicht* und ⌘-3 für *Monatsansicht*.

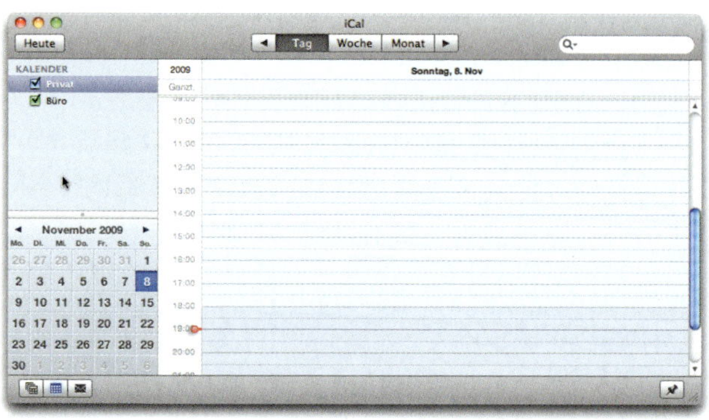

Von oben nach unten: Tag,- Wochen- und Monats-Übersicht.

Rechts neben der *Tag/Woche/Monat*-Leiste befindet sich das *Suchen*-Feld, in dem Sie nach angelegten Ereignissen oder Terminen fahnden, die dann sogleich eingeblendet werden.

In den *Einstellungen*, (*iCal | Einstellungen*) legen Sie wieder fest, wie sich Ihr *iCal* nach dem Öffnen zeigen soll. In der *Allgemein*-Rubrik geht es um Anzeige-Optionen, also wie viele Tage der Woche angezeigt werden sollen bzw. an welchem Tag *iCal* die Woche beginnen lassen soll. Auch die Tages-Einteilung (*Tag beginnt um* oder *Tag endet um* etc.) lassen sich bestimmen. Interessant ist weiterhin die Option *Geburtstagskalender einblenden*, die auf das *Adressbuch* zurückgreift (Sie erinnern sich?). Hierbei werden alle Geburtstage – so sie denn bei den Namen im Adressbuch vermerkt sind – automatisch mit angezeigt.

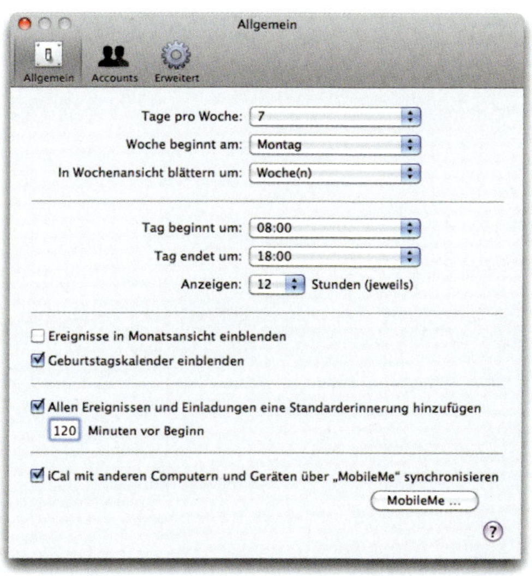

Die iCal-Einstellungen – wie üblich mit einer gehörigen Portion nützlicher Optionen.

Als hilfreich erachten wir die Option *Allen Ereignissen und Einladungen eine Standarderinnerung hinzufügen*. Damit gehen Sie sozusagen auf Nummer Sicher, dass Sie auch ja keinen Termin versäumen, denn Sie werden per Monitor-Einblendung daran erinnnert. Stellen Sie aber statt der vorgeschlagenen 15 Minuten besser einen höheren Wert ein, denn in dieser kurzen Viertelstunde werden Sie es garantiert nicht schaffen, Ihrer werten Ehefrau noch schnell einen Geburtstagsporsche vor die Tür zu stellen.

Erscheint eine Erinnerungs-Meldung, so bleibt diese immer im Vordergrund – sie kann also nicht aus Versehen von einem anderen Fenster verdeckt werden.

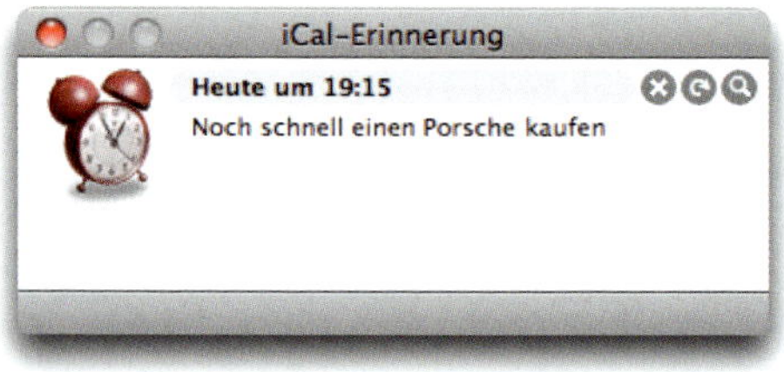

In der *Erweitert*-Abteilung sollten Sie *Zeitzonen-Unterstützung aktivieren* unbedingt anhaken. *iCal* blendet daraufhin rechts oben ein zusätzliches Feld ein, in dem Sie weitere Zeitzonen (über *Eigene…*) anlegen und dann schnell zwischen diesen hin- und herschalten können.

Werden weitere Zeitzonen ausgewählt …

… so lässt sich bei internationalen Terminen die Zeitverschiebung berücksichtigen.

Die anderen Optionen der *Erweitert-Einstellungen* betreffen das Löschen bzw. Ausblenden von Aufgaben und Ereignissen, die bereits abgelaufen sind. Weiterhin können Sie *Alle Erinnerungen deaktivieren*, so dass *iCal* mehr oder weniger verstummt und Sie keine Nachricht mehr bekommen.

Zurück zum Programm: *Kalender* kann man nie genug haben, so dass Sie hier eifrig loslegen sollten: Für die Termine der Kinder, für die eigenen Belange oder für die Arbeitswelt – über *Ablage | Neuer Kalender* (⌘-⌥-N) gibt's genug davon. Nimmt die Kalender-Flut ein wenig überhand, so lassen sich zusammengehörige Kalender auch gruppieren. Über *Ablage | Kalendergruppe* (⌘-⇧-N) erstellen Sie sozusagen den Über-Kalender, auf den Sie nun schon bestehende ziehen können. Klicken Sie dann auf das kleine Dreieck, so klappt die Liste auf oder zu und Sie haben wieder mehr Platz.

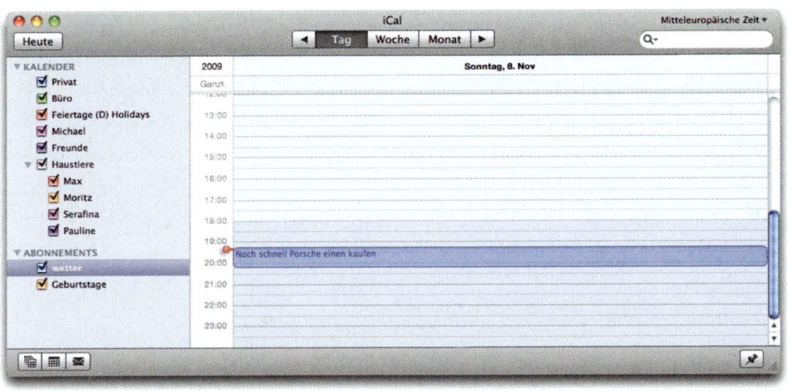

Bei sehr vielen Kalendern lohnt sich die Gruppierung.

Ereignisse sind für *iCal* wichtige Termine (Geburtstage, Familienfeiern, Arzt-Termine usw.), die unbedingt festgehalten werden sollten. Nach Wahl des Kalenders aktivieren Sie über das Menü *Ablage* den Befehl *Neues Ereignis* (⌘-N), woraufhin ein Eintrag in der Farbe des gewählten Kalenders eingeblendet wird sowie ein weiteres Fenster (das sich im Übrigen auch mit der Maus frei verschieben lässt) herausfährt, in das Sie nun Ihre Daten eingeben.

Das Bearbeiten von Ereignissen geht schnell von der Hand.

Durch das Hineinklicken in die Felder werden nun die Angaben gemacht, über die *Tabulator*-Taste (⇥) bewegen Sie sich weiter. Datums- und Zeitangaben lassen sich am besten über die Pfeiltasten einstellen (mit ↑/↓ verändern Sie die Werte innerhalb einer Zeile, mit ←/→ springen Sie von einem Feld zum nächsten).

Beginnen Sie bei *Teilnehmer hinzufügen* die ersten Buchstaben zu tippen, so werden all jene, die sich im *Adressbuch* befinden, sogleich vervollständigt.

Teilnehmer, die nicht im *Adressbuch* vorkommen, lassen sich natürlich ebenso eintragen. Schreiben Sie die entsprechenden E-Mail-Adressen – getrennt mit einem Komma – in den dafür vorgesehenen Platz. Wenn Sie *Mac OS X Mail* verwenden, werden an die Teilnehmer Ihres Ereignisses E-Mail-Einladungen gesendet. Ein Fragezeichen wird neben jenen Namen der Teilnehmer angezeigt, die nicht auf die Einladung geantwortet haben. Teilnehmer, die die Einladung angenommen haben, erhalten ein Häkchen, und solche, die sie abgelehnt haben, werden mit einem »x« gekennzeichnet (und werden auch nicht mehr eingeladen …). Selbst dann, wenn Sie nachträglich noch Änderungen vornehmen oder einzelne Teilnehmer wieder aus der Liste streichen, erhalten Sie eine Aktualisierungs- oder Absage-E-Mail.

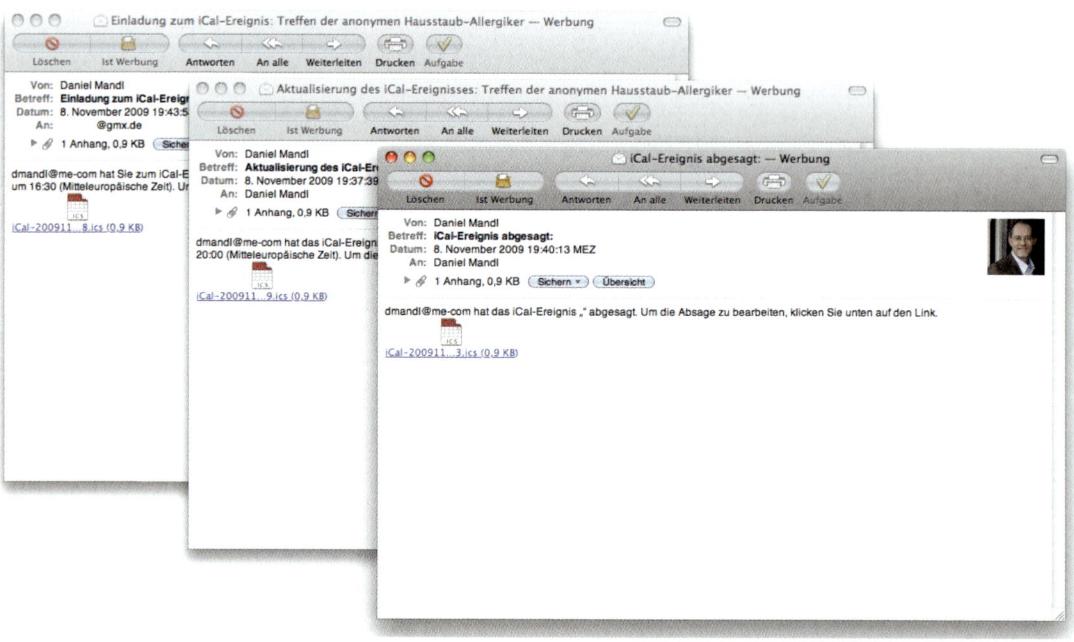

Erst eingeladen, dann aktualisiert und letztlich abgesagt – der angemailte Teilnehmer wird ganz schön sauer sein.

Benutzer von *iCal* können über den im Mail-Fenster stehenden Link bestimmen, ob Sie das Ereignis annehmen oder ablehnen möchten. Aber auch die anderen erhalten die Möglichkeit, zuzusagen, abzulehnen oder mit Vorbehalt zuzusagen.

Jedes Ereignis lässt sich wiederholen (täglich, wöchentlich, monatlich, jährlich) bzw. Sie daran erinnern. *Erinnerung* – dies ist wohl mit die wichtigste Einstellung, die Sie unbedingt wahrnehmen sollten. Je nach Eintrag aus dem Popup-Menü wechseln auch die Untermenüs, so dass es eine Menge einzustellen gibt.

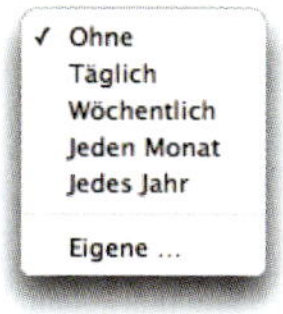

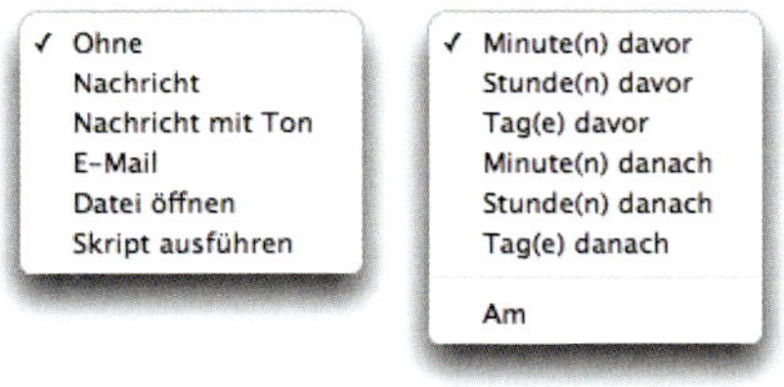

Meist ist es sinnvoll, sich ein paar Tage im Voraus erinnern zu lassen – gerade dann, wenn noch Geschenke gekauft werden müssen.

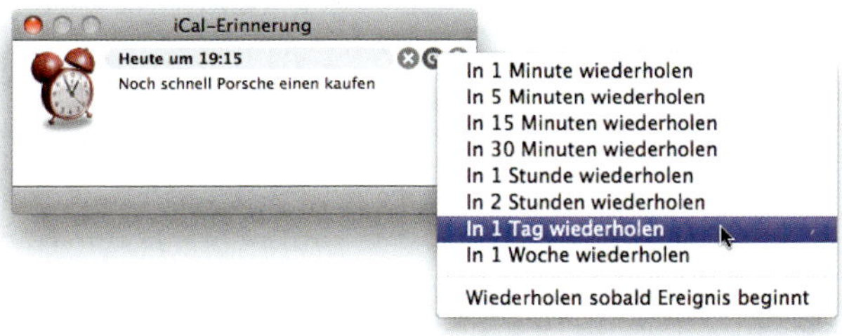

Eine Erinnerung blendet sich unmissverständlich ein und weist ebenso verschiedene Optionen auf.

Mit dem Symbol ⊗ blenden Sie das *Erinnerungs*-Fenster aus, mit dem *Wiederholen*-Symbol (◷) erreichen Sie, dass *iCal* eine neuerliche Erinnerung in einer von Ihnen festgelegten Zeit startet (auszuwählen über ein eingeblendetes Popup-Menü – siehe auch Abbildung), und mit dem *Lupen*-Symbol (🔍) springen Sie direkt in *iCal* zum betreffenden Ereignis.

Am besten nehmen Sie sich einmal vor, alle Geburtstage, die Sie in Ihrem Papier-Kalender auf dem Schreibtisch vorfinden, in *iCal* (oder gleich in das *Adressbuch*) einzutragen. So bekommen Sie schon Übung im Eingeben der Daten und können sich gleichzeitig sicher sein, keinen dieser Termine künftig zu vergessen.

Als Alternative zur *Ereignis*-Eingabe über die Menüleiste können Sie auch so vorgehen: In der *Tages*- oder der *Wochen*-Darstellung klicken Sie sich zum gewünschten Datum. Fahren Sie dann mit der Maus zur Anfangszeit des Termins, ziehen Sie mit gedrückter Maustaste bis zur Endzeit und lassen Sie dann die Taste los. Die mit der Maus überfahrene Strecke wird markiert und Sie können nun direkt das Ereignis benennen. Alle dort angelegten Zeiten und Kommentare werden automatisch ins *Ereignis-Information*-Fenster eingetragen

Neben den *Ereignissen* gibt es auch *Aufgaben* zu erledigen – seien es künftige Telefonate oder wichtige Post abzuschicken. Dies klappt hervorragend in *iCals Aufgaben*-Liste, in der Sie diese notieren und nach Priorität abarbeiten. Diese öffnen Sie, indem Sie rechts unten den *Aufgaben-Liste*-Button ( ) drücken. Es öffnet sich wieder ein leeres Feld, in dem Ihre Aufgaben aufgeführt sein werden. Um eine *Aufgabe* zu definieren, doppelklicken Sie entweder in dieses Feld oder wählen über die Menüleiste den Befehl *Ablage | Neue Aufgabe* (⌘-K).

In der *Aufgaben*-Liste erscheint ein neuer Eintrag namens *Neue Aufgabe*, den Sie umgehend sinnvoll benennen sollten. Per Doppelklick öffnet sich wieder ein Bearbeitungsfenster.

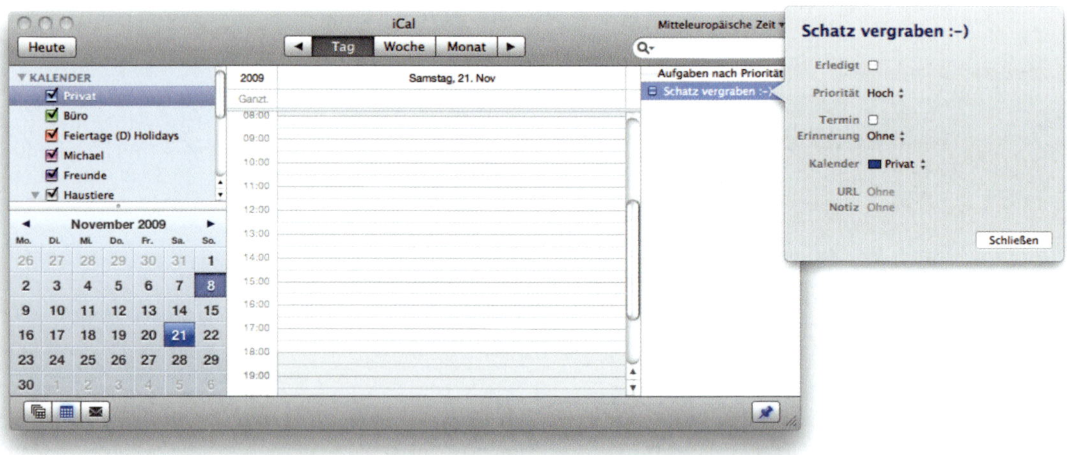

Alle Aufgaben auf einen Blick finden Sie rechts stehend in der Aufgaben-Liste.

Dort lässt sich nun der *Fälligkeitstermin* und auch die *Priorität* bestimmen: *Ohne, Gering, Mittel, Hoch.* Je nach Wahl werden rechter Hand der entsprechenden *Aufgaben* quer liegende Balken ( ) zugeordnet, wobei ein Balken die abzuarbeitenden Unternehmungen als nicht besonders wichtig, drei Balken diese als »sehr wichtig« einstufen.

Damit Sie erst gar nicht vergessen, was Sie sich dort notieren, haben Sie selbstverständlich die Möglichkeit, sich erinnern zu lassen. Die Prozedur kennen Sie ja von den Ereignissen: *Nachricht, Nachricht mit Ton,* per *E-Mail* etc., Zeitraum der Erinnerung angeben, E-Mail-Adresse bestimmen usw. Rückt der Termin gefährlich nahe bzw. ist der Fälligkeitstag bereits angebrochen, so zeigt die entsprechende Aufgabe ein bedrohlich wirkendes Dreieck mit Ausrufezeichen. Ist dagegen die Aufgabe erledigt und alle sind glücklich, so können Sie wie in einem Terminplaner die Aufgabe abhaken.

Zeitdruck und Durchatmen liegen nah beieinander.

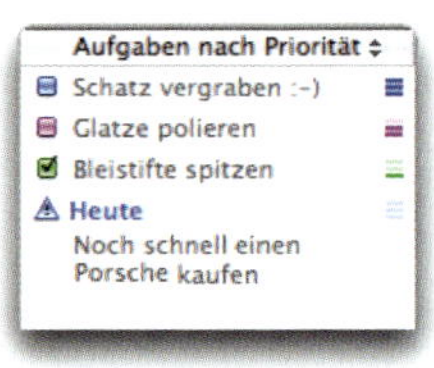

Auch aus dem Programm *Mail* heraus lassen sich Aufgaben festlegen bzw. die in *iCal* schon bestehenden einsehen. Zum Anfertigen wählen Sie einfach das *Aufgaben*-Feld (✓) oben rechts und überschreiben dann den Eintrag *Neue Aufgabe.* Fahren Sie mit dem Mauszeiger über die nebenstehenden Spalten (Termin, Priorität, Kalender etc.), so erscheinen kleine Symbole (⬍), auf die Sie klicken können. Es zeigen sich daraufhin Popup-Fenster, in denen sich die entsprechenden Kriterien festlegen lassen. Alternativ klappt das auch über das Kontext-Menü, das Sie per *ctrl-Taste* und Mausklick bzw. per Rechtsklick aufrufen.

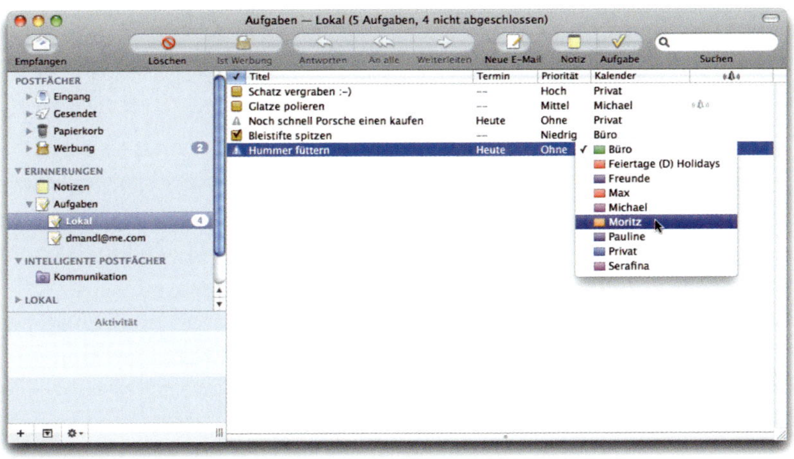

Alle in Mail angelegten Aufgaben erscheinen automatisch auch in iCal (und umgekehrt).

Zurück zu *iCal:* Oberhalb der *Kalender*-Ansicht finden Sie auch wieder das Suchfeld. Dort geben Sie nur Ihre Stichworte bzw. Namen ein und *iCal* zeigt Ihnen die entsprechenden Suchergebnisse an. Per Doppelklick auf einen Eintrag wird dieser sofort herbeigeblättert.

Mit *iCal* können Sie Ihre *Aufgaben-* wie *Ereignis*-Listen auch ausdrucken. Wählen Sie über die Menüleiste *Ablage* den Befehl *Drucken* (⌘-P). Im erscheinenden Dialog haben Sie nun vielfältige Möglichkeiten, das Kalender-Blatt auf Ihre Bedürfnisse hin anzupassen. Dazu gehören *Papiergröße*, der *Zeitraum*, die Auswahl der Kalender sowie weitere Optionen wie »Mini-Monate« etc.

Haben Sie Ihre Einstellungen getätigt, klicken Sie auf *Fortfahren.* Nach Auswahl des Druckers und der Bestätigung über *Drucken* können Sie sich die Papier-Version an die Wand hängen bzw. in Ihre Schreibtischunterlage legen.

Denken Sie an Ihre bereits auf dem Schreibtisch liegenden Papierberge und drucken Sie wirklich nur das, was Ihnen besonders wichtig erscheint.

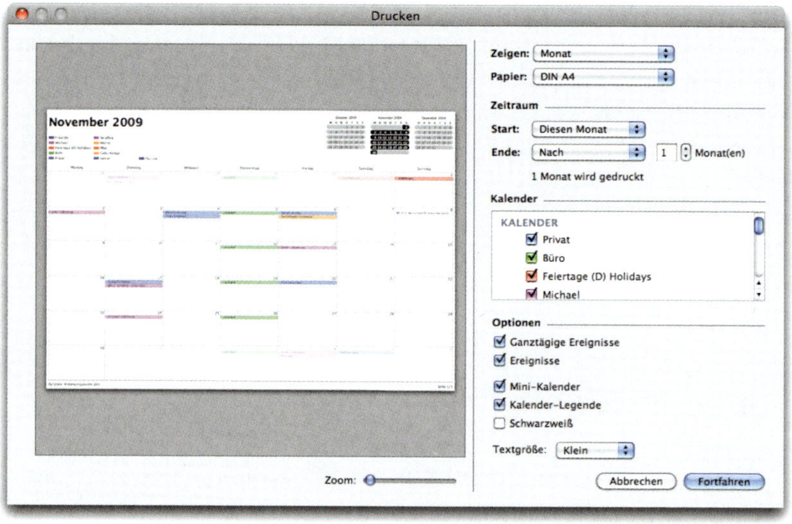

Über *iCal* können Sie auch *Kalender abonnieren* oder selbst *veröffentlichen*, was durchaus Sinn macht, entwickelten doch bislang viele fleißige Mac-Anwender ihre eigenen Vorlagen. Mittlerweile scheint die Euphorie für Kalender jedoch nachzulassen, denn man tut sich richtig schwrr, noch einigermaßen aktuelle Exemplare aufzuspüren. Vorgefertigte Kalender finden Sie unter anderem bei *icals.de – das deutschsprachige iCal Kalenderverzeichnis* (`www.icals.de`), bei *Projekt 24* (`www.project24.info`), auf *Schulferien.org* (`www.schulferien.org/iCal` – wobei hier die Daten nur als Ereignisse zu einem bestehenden Kalender hinzugefügt werden) oder über `www.apple.com/downloads/macosx/calendars/index.html` (große, allerdings internationale Auswahl). Passen Sie jedoch auf, dass Sie sich auf den dortigen Seiten keinen alten Käse andrehen lassen.

Zum Laden klicken Sie auf eine Kategorie und wählen einen Eintrag. Über *Abonnieren* bzw. *Download* öffnet sich nun in *iCal* der *Neue Ereignisse hinzufügen*-Dialog. Wählen Sie danach einen bestehenden Kalender, in den diese neuen Ereignisse integriert werden sollen, oder lassen Sie einen ganz neuen Kalender (über das Popup-Menü *Neuer Kalender* wählen) anlegen. Bestätigen Sie dann mit *OK* und Sie haben einiges an Zusatznutzen gewonnen. Manchmal wird ein Kalender auch einfach nur als Datei auf die Festplatte geladen – in diesen Fällen ziehen Sie den Kalender-Download in *iCal* hinein.

Ohne Aufwand und Schreiberei können Sie sich den Wunsch-Kalender abonnieren – entweder vollautomatisch oder per Drag & Drop in die Kalender-Liste.

Ein alternativer Weg zu dem eben aufgezeigten setzt allerdings voraus, dass Sie die Internet-Adresse kennen, von der Sie Ihre Kalender-Daten laden möchten. Über *Kalender | Abonnieren…* bzw. ⌘-⌥-S öffnen Sie ebenfalls das *Kalender abonnieren*-Fenster, müssen jedoch im Feld *Kalender-URL* die entsprechende Adresse eingeben. Der Vorgang des Ladens ist dann identisch.

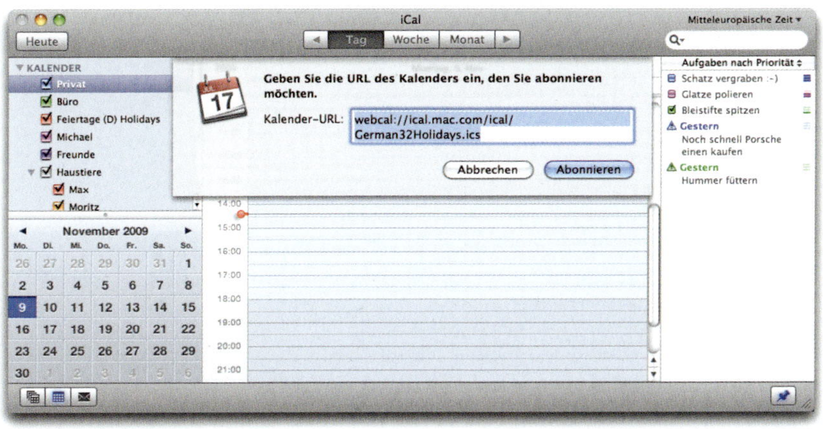

Die Eingabe der Kalender-URL erfolgt entweder manuell oder bei manchen Abonnements auch automatisch.

Über Menüleiste *Kalender | Freigegebene Kalender suchen…* werden Sie automatisch auf die schon genannte Webseite `www.apple.com/downloads/macosx/calendars` verlinkt, in deren Datenbank Sie nun ebenfalls interessante Kalender (allerdings eher auf den amerikanischen Anwender bezogen) finden können.

In der Kalender-Liste von *iCal* taucht nun der neue Unterpunkt *Abonnements* auf, unter dem sich die abonnierten Kalender tummeln – darunter auch der Kalender *Geburtstage*, der sich seine Daten aus dem *Adressbuch* holt. Löschen lassen sich diese Kalender-Abos natürlich ebenso schnell: einfach markieren und *Bearbeiten | Löschen* wählen bzw. über das Kontext-Menü den *Löschen*-Befehl aufrufen.

Als Pendant zum *Abonnieren* können Sie auch selbst erstellte Kalender anderen zur Verfügung stellen. Dies setzt jedoch eine *MobileMe*-Mitgliedschaft oder einen Ihnen bekannten Web-Server voraus. Nach der Erstellung wählen Sie über das Kontext-Menü oder die Menüleiste *Kalender* den Befehl *Veröffentlichen…* Im auftauchenden Dialog vergeben Sie dann noch einmal einen Namen für den *Kalender* bzw. verwenden den schon bestehenden. Die nachfolgenden Optionen betreffen allesamt die darin enthaltenen *Ereignisse*, *Aufgaben* und *Erinnerungen*. Auch können Sie dort festlegen, ob der Kalender nach einer Überarbeitung automatisch auch im Internet aktualisiert werden soll. Mit einem Klick auf *Veröffentlichen* geht's dann auf die Reise …

Kalender veröffentlichen ist schnell erledigt. Möchten Sie Ihren Freunden etwas Guten angedeihen lassen, so sollten Sie allerdings nicht unbedingt Ihre Zahnarzt-Termine mitteilen.

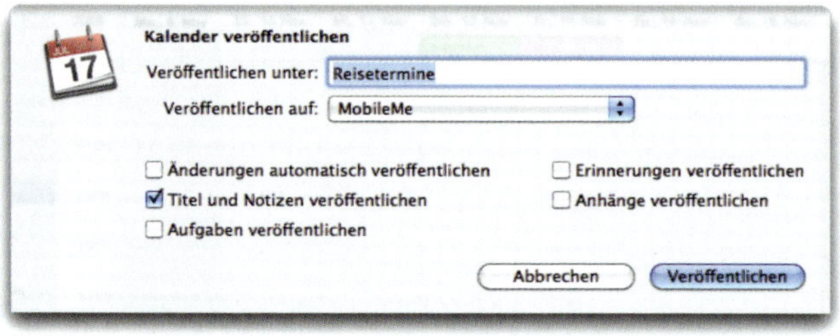

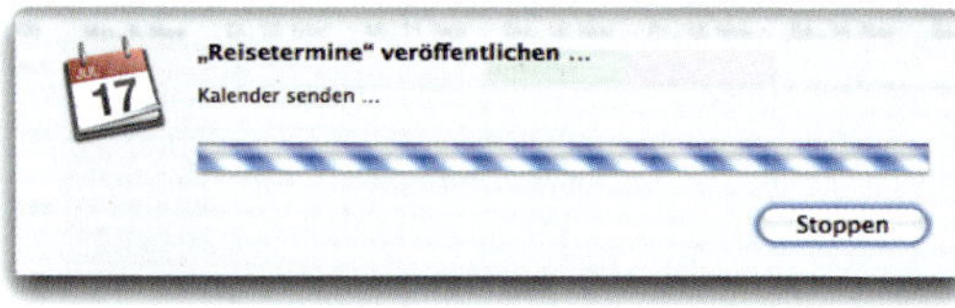

Ist alles vollbracht, so erhalten Sie eine Bestätigung mit Angabe der Internet-Adresse sowie die Möglichkeit, gleich per E-Mail zu informieren. Bitte beachten Sie jedoch: Das Abonnieren für andere Personen klappt nur, wenn diese einen MobileMe-Account von Apple besitzen.

Versenden Sie eine E-Mail mit den Kalender-Daten, so braucht der Empfänger nur auf die angebotenen Links zu klicken, um sich den Kalender über einen Internet-Browser ansehen zu können oder gar zu abonnieren. Möchten Sie den Kalender – aus was für Gründen auch immer – wieder löschen, so wählen Sie über die Menüleiste *Kalender* den Befehl *Veröffentlichung rückgängig machen.*

Eine weitere Möglichkeit, Kalender anderen Personen zu übergeben, besteht darin, diese zu exportieren. Wählen Sie den zu exportierenden Kalender und danach *Ablage* | *Exportieren* | *Exportieren…* Vergeben Sie einen Namen, der den Inhalt möglichst genau wiedergibt, und speichern Sie dann die Datei an einem Ihnen genehmen Platz. Die Datei mit der Endung *.ics* können Sie nun beispielsweise per Mail an Bekannte und Freunde versenden, die diese wiederum – falls sie mit *iCal* arbeiten – per *Ablage* | *Importieren* in ihr Kalender-Programm importieren können. Noch schneller geht's, wenn die Datei einfach per *Drag & Drop* (also mit der Maus packen, in *iCal* ziehen und dann loslassen) in *iCal* transferiert wird. Der Kalender taucht dann sofort in der *Kalender*-Übersicht auf und die angelegten Ereignisse können eingesehen werden.

Wenn Sie einen *MobileMe*-Account besitzen, so können Sie auch Ihre Kalender über *MobileMe* abgleichen. Dies erleichtert ungemein, wenn Sie beispielsweie von einem alten Mac-Rechner (den Sie bitte ganz aktuell noch einmal synchronisieren sollten) auf einen neuen umziehen

möchten. Über die Systemeinstellung *MobileMe* und dort im Reiter *Sync* lässt sich nun angeben, dass auch Ihre Kalender mit abgeglichen werden sollen. Beim ersten Mal denken Sie aber bitte daran, Ihren neuen Mac vollständig mit den *MobileMe*-Daten zu überschreiben! Rufen Sie dazu die Systemeinstellung *MobileMe* | Reiter *Sync* auf und klicken Sie auf *Weitere Optionen*. Wählen Sie in der Liste der angemeldeten Computer Ihren aktuellen Rechner (also den neuen Mac) auf und klicken Sie dann unten in *Sync-Daten zurücksetzen*. Über die Liste bei *Ersetzen* lassen sich entweder alle oder nur bestimmte Einträge auswählen. Achten Sie jedoch unbedingt darauf, dass der animierte Pfeil von *MobileMe* aus zum Rechner führt. Es muss also heißen: *Ersetzen: Alle Synchronisierungsinformationen auf diesem Computer durch die Synchronisierungsdaten von MobileMe.*

Das Ersetzen der Synchronisierungsinformationen auf dem Rechner erfordert Ihre ganze Aufmerksamkeit.

Meist erhalten Sie dann noch eine Warnung, die Ihnen Ihr Tun noch einmal aufzeigt. Auch in diesem Dialog müssen Sie darauf achten, dass bei *Aktion auswählen* die Option *Daten auf dem Computer ersetzen* heißt. Nach dem Synchronisieren sollten nun alle Daten von *MobileMe* auf Ihrem neuen Rechner sein.

Ihre in *iCal* angelegten Termine lassen sich auch noch mit weiteren – mobilen – Geräten abgleichen. Beispielsweise über Ihren *iPod* oder Ihr *iPhone* mit Hilfe von *iTunes* (siehe dazu auch das auf unserer Webseite zum Download zur Verfügung gestellte *iTunes*-Kapitel) oder über Ihr Handy mit dem Programm *iSync* (wie Sie auf den folgenden Seiten erfahren werden).

iSync – Synchronisieren mit mobilen Geräten

Die Software *iSync* tritt als Kommunikator zwischen einem *PDA* (*Personal Digital Assistant*) oder einem Bluetooth-fähigen bzw. USB-Mobiltelefon auf. Synchronisiert werden können dabei Ihre *Adressbuch*-Einträge, Ihre Aufgaben und Ereignisse aus *iCal* sowie die *Lesezeichen* des Browsers *Safari*. Welche Geräte-Modelle hier genau funktionieren, können Sie zum einen auf Apples Webseite unter der URL `www.apple.com/macosx/features/isync/devices.html` erfragen, wobei dort bislang nur die unterstützten Geräte der OS X-Versionen 10.4 Tiger sowie 10.5 Leopard aufgelistet werden.

Fragen oder besser besuchen Sie auf jeden Fall auch die Hersteller-Seiten Ihres Handy-Modells, da zum Teil auch dort zusätzliche Plugins zum Download bereitgestellt werden, die Ihr Handy erst *iSync*-kompatibel machen.

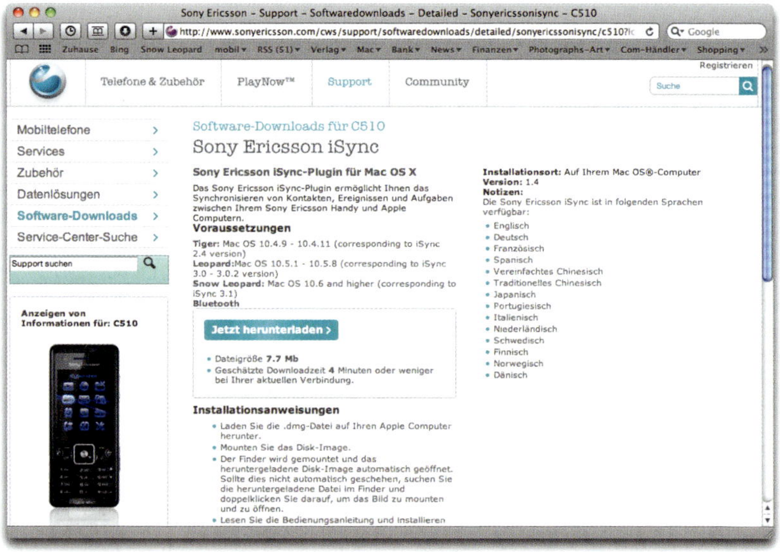

Beispiel einer Support-Webseite, die Hilfsmittel (iSync-Plugin für Mac OS X) für die Synchronisierung über iSync zur Verfügung stellt.

Der Vorteil von *iSync* liegt auf der Hand: Sie müssen Informationen nur einmal eingeben (entweder auf dem Handy oder dem Mac) und können diese dann auf Ihren Geräten abgleichen, so dass Sie immer auf dem aktuellsten Stand sind.

Apple weist darauf hin, dass Sie Ihre mobilen Geräte immer nur mit einem Rechner abgleichen sollten, da es ansonsten zu Konflikten kommen kann (zig doppelte Adress-Einträge und so weiter).

Rufen Sie *iSync* auf, werden die unterstützten Geräte gezeigt. Sollte kein Gerät aufgeführt werden, lässt sich über *Geräte* | *Gerät hinzufügen* das Umfeld nach kompatibler Hardware absuchen. Und denken Sie wieder daran, dass bei Ihrem Handy sowohl *Bluetooth* als auch die *Sichtbarkeit* aktiviert ist (beim Mac selbstverständlich auch), da sich ansonsten die Geräte nicht finden (siehe auch im Kapitel zu den *Systemeinstellungen* den Abschnitt über *Bluetooth* bzw. zum *Bluetooth-Assistenten*). Im Falle eines USB-Mobiltelefons müssen Sie dieses mit dem mitgelieferten oder optional erhältlichen USB-Kabel mit dem Mac verbinden.

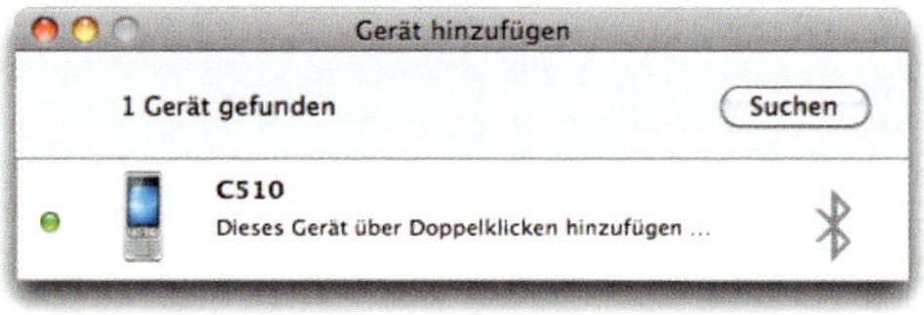

Über »Geräte | Geräte hinzufügen« wird unser Handy (Sony Ericsson C510) gefunden und per Doppelklick dem iSync-Dialog übergeben.

Ist ein Kontakt hergestellt, so eröffnen sich wieder zahlreiche Anpassungs-Möglichkeiten, unter anderem das genaue Vorgehen bei der ersten Synchronisierung (*Daten auf Computer und Gerät zusammenführen* oder *Daten auf Gerät löschen, dann synchronisieren*), die Auswahl der Kontakte (Ihres *Adressbuches*) sowie Ihrer Kalender (aus *iCal*).

Prüfen Sie die Möglichkeiten zur Synchronisierung ganz genau, nicht dass Sie im Nachhinein einen Datenwust mit sich herumtragen.

Über *Weitere Optionen* lassen sich zusätzliche Anpassungen vornehmen, etwa das Ignorieren älterer Einträge oder das ausschließliche Berücksichtigen von Kontakten, die über eine Telefonnummer verfügen.

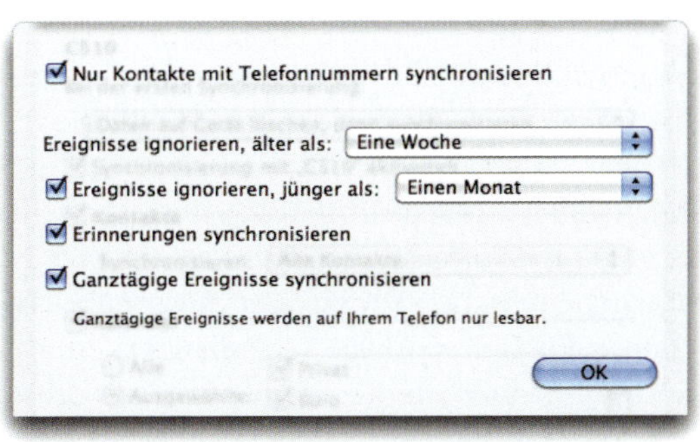

Die »Weiteren Optionen« bieten Zusatznutzen zur Eingrenzung des Datenbestandes.

Treffen Sie also Ihre Entscheidungen mit Bedacht, danach klicken Sie auf den Button *Geräte-Sync*. Meist müssen Sie zuvor noch Ihrem Handy erlauben, dass der Rechner darauf zugreifen möchte. Der Abgleich selbst nimmt nur wenige Sekunden in Anspruch. Herzlichen Glückwunsch daher zu Ihrer (hoffentlich geglückten) neuen Mobilität.

Der Datenabgleich ist in vollem Gange ...

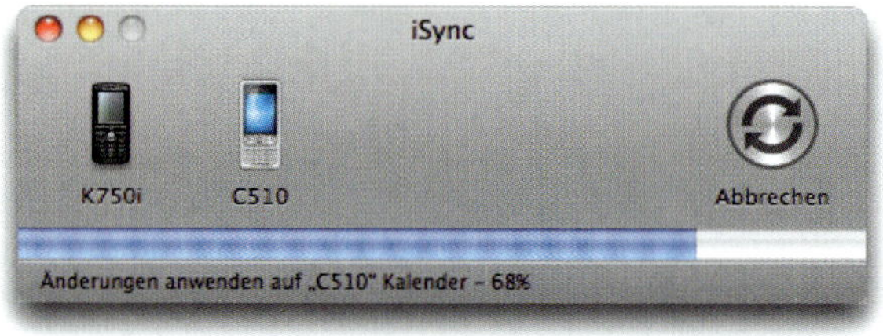

Wenn Sie ein Palm OS-Gerät besitzen, besuchen Sie bitte die Webseite `www.palm.com/de/de/` und darüber den *Support*-Bereich. Dort finden Sie eine Menge an nützlichen Informationen zum Konfigurieren eines PDAs mit Palm OS für die Synchronisierung mit *iSync* sowie dem *HotSync Manager*. Über die Webseite `www.markspace.com` gibt es zudem die Erweiterung *The Missing Sync* (allerdings kostet diese um die 40 Dollar), die den Datenaustausch zwischen Mac und Palm stark vereinfacht.

Es gibt wohl nichts, was es nicht gibt: »The Missing Sync« für Mac und Palm OS.

Lexikon – das Wörterbuch mit Ausbaureserve

Dass ein Wörterbuch in Schule, Ausbildung, Beruf oder sonstigen Belangen einen großen Nutzen aufweist, dürfte klar sein. Apple stellt mit seinem *Lexikon* nun gleich vier dieser Wissens-Bibliotheken zur Verfügung. Da ist zum einen das *Dictionary*, das schon ziemlich fremdsprachig klingt und in der Tat nur in der englischen Sprache seinen Inhalt anbietet. Nichtsdestotrotz: Arbeiten Sie häufig mit englischen Texten oder möchten Sie beispielsweise ein Programm, das nur in Englisch vorliegt, verstehen lernen, so können Sie zumindest aus den Umschreibungen die ein oder andere Lehre daraus ziehen. Oder Sie benutzen das Synonym-Wörterbuch (*Theasaurus*), das zu einem eingegebenen Begriff weitere Alternativen aufweist, allerdings ebenso nur auf Englisch. Besser ist da schon das Apple-Lexikon, das zumindest die »technischen Aspekte« des Lebens berücksichtigt. Vieles (aber bei weitem nicht alles), was daher irgendwie nach Computer klingt, lässt sich dort nachforschen – unter anderem etwa Begriffe wie AirPort, FireWire etc. Suchworte wie Netzwerk, USB oder Prozesor hingegen lassen sich nicht aufspüren, so dass man durchaus den Eindruck bekommt, dass hier ein wenig nachlässig (zumindest für den deutschsprachigen Raum) gearbeitet wurde.

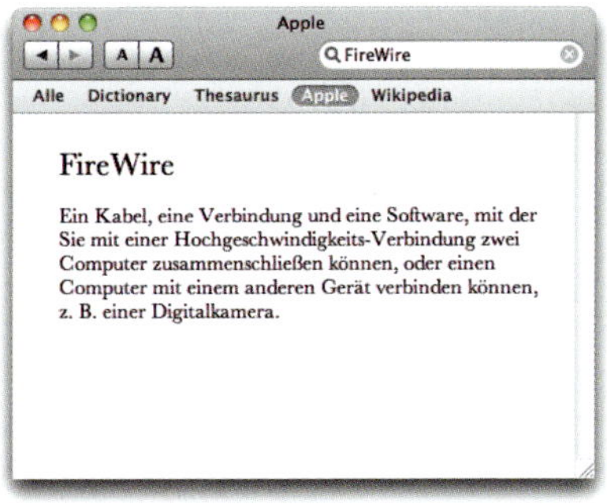

Apples Technik-Lexikon hat sich auf Fachbegriffe spezialisiert und erklärt diese dem geneigten Leser auf Deutsch – vorausgesetzt, diese werden auch gefunden.

Als Highlight winkt hier aber *Wikipedia*, das jedoch einen Internet-Anschluss voraussetzt. Diese »freie Enzyklopädie« besteht aus einem viele Tausend Benutzer umfassenden Pool, der ehrenamtlich dieses wichtige Online-Lexikon durch Artikel und Vervollständigungen am Leben hält. *Wikipedia* ist sozusagen der Gegenpart zum gewichtigen Brockhaus im Regal.

Sucht man in Wikipedia nach Wikipedia, so erfahren Sie vieles über Wikipedia :-)

Egal also, wohin Sie Ihre Neugierde treibt – die Vorgehensweise ist immer die Gleiche: In das Suchfeld oben rechts tippen Sie Ihren Begriff ein. Und während Sie fleißig die Tasten drücken, werkelt im Hintergrund schon die Datenbank und unterbreitet Ihnen Vorschläge. Dummerweise klappen in Deutsch eingegebene Begriffe nur, wenn Sie online sind und das Progamm auf die Wikipedia-Datenbank zugreifen kann. Sind Sie also fündig geworden, so doppelklicken Sie auf das gewünschte Wort und das Ergebnis liegt Ihnen sofort vor.

Über die *Lexikon-Einstellungen* (⌘-Komma) lässt sich das Programm wieder anpassen, indem Sie die Reihenfolge der Ergebnisse bestimmen (packen Sie die Lexika und ziehen Sie sie in die gewünschte Abfolge), im *Dictionary* die *Aussprache* (*Pronunciation*) definieren, die mit Hilfe von speziellen Kennzeichnungen und Akzentuierungen erledigt wird, oder indem Sie in *Wikipedia* die gewünschte Sprache bestimmen. Weiterhin lässt sich in allen Lexika die *Schriftgröße* sowie die Art des *Kontext-Menüs* festlegen (das erklären wir gleich anschließend).

Bevorzugen Sie Wikipedia in einer anderen Sprache, so ist das überhaupt kein Problem.

In allen auf HTML basierenden Texten (also Webseiten, aber auch die Hilfe-Menüs der meisten Programme) sowie Dokumenten, die von *Apples* Programmen geöffnet werden können, lassen sich markierte Begriffe über das *Kontext*-Menü einsehen. Hierbei halten Sie die *ctrl-Taste* gedrückt und klicken darauf bzw. tätigen einen Rechtsklick oder einen Zweifinger-Tipp auf dem Trackpad. Im auftauchenden Menü wählen Sie dann den Befehl *Im Lexikon nachschlagen*. Je nachem, was Sie für eine Auswahl in den *Lexikon-Einstellungen* getroffen haben, erscheinen nun die Erklärungen entweder im normalen *Lexikon*-Programm oder in einem *Lexikon*-Fenster, also einer Leiste, die unterhalb des Begriffes herausfährt. Dort können Sie nun die Erläuterungen nachlesen, in ein anderes Lexikon umschalten oder sich über *More…* direkt wieder ins *Lexikon* weiterverbinden lassen.

Das Kontext-Menü in Aktion: Über »Im Lexikon nachschlagen« fährt auf Wunsch ein Lexikon-Fenster aus.

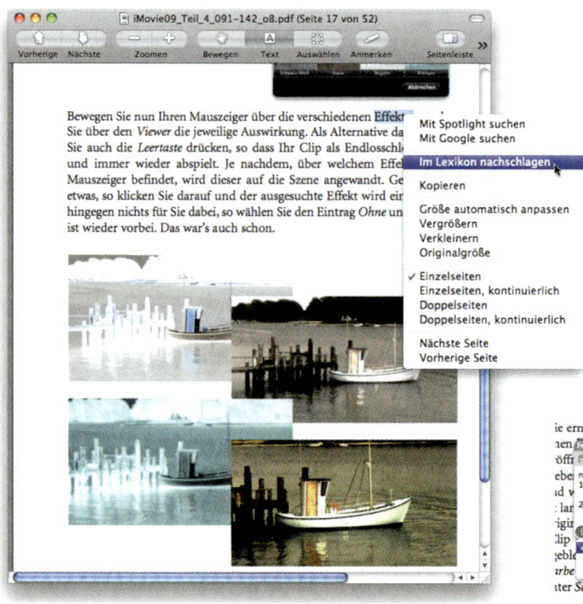

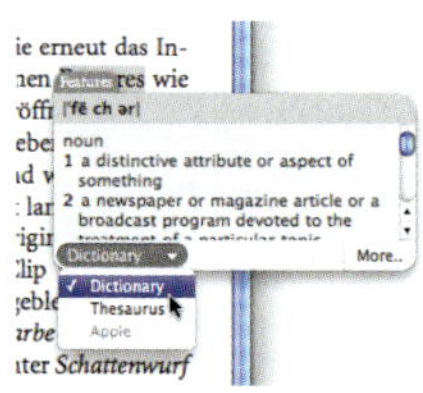

Im Arbeits-Fenster des *Lexikons* selbst lässt sich über die beiden Pfeile (◄ ►) vor und zurück blättern bzw. über die beiden symbolisierten »A« (A A) die Schriftgröße verkleinern oder vergrößern. Im Text lassen sich einzelne Begriffe oder auch ganze Absätze mit der Maus markieren (mit gedrückter Maustaste darüber fahren), kopieren (⌘-C -> *Bearbeiten* | *Kopieren*) und in einen anderen Text einfügen (⌘-V -> *Bearbeiten* | *Einfügen*). Weiterhin finden Sie Verlinkungen im Text (also Hinweise auf weiterführende Wörter oder Alternativ-Vorschläge), die teils durch eine andere Schrifttype auffallen bzw. einen typischen Internet-Link symbolisieren (unterstrichener Begriff), sobald Sie mit der Maus darüber fahren. Klicken Sie nun mit der Maus, so gelangen Sie automatisch auf diese Seiten.

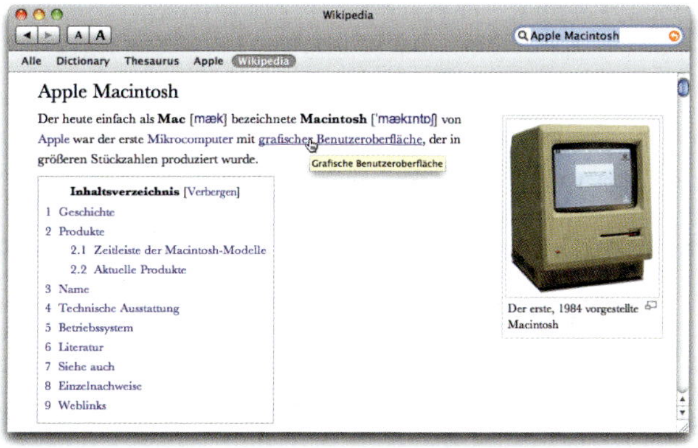

Fast wie in einem Internet-Browser lassen sich weiterführende Begriffe über Verlinkungen aufrufen.

Wählen Sie das *Dictionary*, so lassen sich über die Menüleiste *Gehe zu* | *Vorderer/Hinterer Teil* etliche weitere Informationen (über Amerika, die Länder der Welt, chemische Elemente, Geschichte usw.) anzeigen.

Zu guter Letzt noch eine gute Nachricht: Nein, Sie haben nicht im Lotto gewonnen, aber dafür können Sie das Lexikon aufrüsten (daher auch die Überschrift: »Lexikon – das Wörterbuch mit Ausbaureserve«) Auf der Webseite `www.tekl.de/deutsch/Lexikon-Plugins.html` gibt es unter anderem ein deutsches Synonym-Lexikon (*OpenThesaurus Deutsch*) und ein Deutsch-Englisch-Wörterbuch (*BeoLingus Deutsch-Englisch*) zum kostenlosen Download sowie Verweise auf weitere Lexikon-Plugins. Zum Zeitpunkt der Druckerstellung dieses Buches konnte der Autor Wolfgang Reszel zwar noch keine Kompatibilität zu Snow Leopard zusagen, es funktioniert aber dennoch. Nach dem Download brauchen Sie im Falle des deutschen Synonym-Lexikons nur die Datei *OpenThesaurus Deutsch.dictionary* über den Pfad *Macintosh HD/Library* in den Ordner *Dictionarys* zu befördern, das Deutsch-Englisch-Wörterbuch installiert sich hingegen von ganz allein (feines Kerlchen). Starten Sie dann das Lexikon und aktivieren Sie die Neuzugänge in den *Lexikon-Einstellungen* (bei *Thesaurus Deutsch* und *Deutsch-Englisch* einen Haken setzen). Das war's.

Toll, dass es auch im deutschsprachigen Raum fleißige Programmierer gibt, die den Macintosh-Anwender unterstützen und somit das OS X aufwerten.

Als Alternative zum Lexikon können wir Ihnen aus eigener Erfahrung die *Office Bibliothek* der Firma Bibliographisches Institut & F. A. Brockhaus AG (`www.bifab.de`) empfehlen. Diese einzeln oder als Sammlung zu erwerbenden Programme – bestehend aus *Duden*, *Fremdwörter-Lexikon*, *Synonym-Wörterbuch*, *Duden Oxford* und *Der Brockhaus in Wort und Bild* sind eine sehr hilfreiche Angelegenheit, gerade wenn Sie oft mit Texten arbeiten bzw. Kindern oder Jugendlichen in der Ausbildung den Ernst des Lebens beibringen wollen. Zusätzlich gibt es auch noch *Der Brockhaus – multimedial premium* für Mac OS X, der mit über 265.000 Artikeln und vielem mehr das Pisa-Debakel auf Vordermann bringen sollte.

Notizzettel – gegen das Vergessen

Als eigenständige Anwendung taucht der *Notizzettel* auch im Ordner *Programme* auf, ist aber im Gegensatz zu seinem Pendant im *Dashboard* wesentlich flexibler und funktionaler. Wozu diese kleinen Zettelchen gut sind, die man auf dem Bildschirm verstreut findet und in die man kleine Info-Happen oder Gedanken-Skizzen schnell und komfortabel eingeben kann, dürfte klar sein. Und auch die Benutzung ist ziemlich simpel: Einmal aufgerufen können Sie über *Ablage | Neue Notiz* (⌘-N) jederzeit neue *Notizzettel* einblenden und diese vollschreiben.

Bunte Zettelchen für die schnelle Idee. Beim ersten Start sind zwei Blätter schon beschrieben – und zwar mit allerlei Wissenswertem zum Gebrauch dieser Notizen.

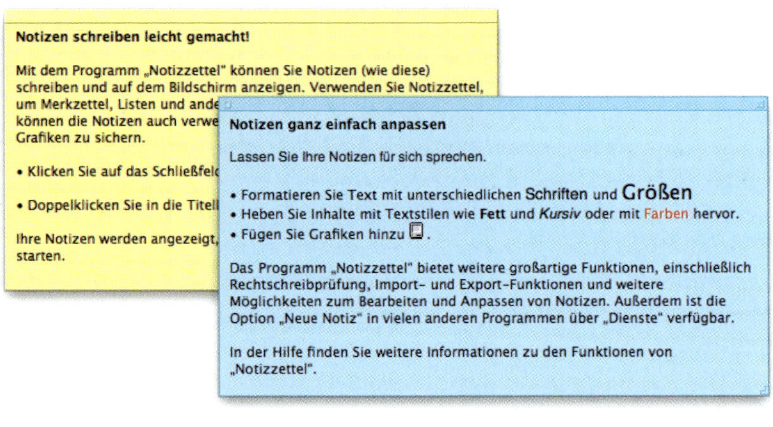

Die *Farbe* bestimmen Sie über den gleichnamigen Punkt in der Menüleiste. Die Optionen, ob die Zettel transparent (der Hintergrund scheint durch), immer im Vordergrund oder beides zusammen sein sollen, finden Sie in der Menüleiste unter *Notiz* und dort in den Befehlen *Immer im Vordergrund* (⌘-⌥-F) bzw. *Transparentes Fenster* (⌘-⌥-T). Wenn Sie dann noch *Als Standard* aktivieren, sehen alle neu hinzukommenden Zettel nach Ihren dortigen Vorgaben aus.

Sie haben weiterhin die Möglichkeit, Ihren Text zu formatieren, sofern Sie aus dem Menüpunkt *Schrift* sowohl *Schriften einblenden* (⌘-T) als auch Stile wie *fett* (⌘-B), *kursiv* (⌘-I) oder *unterstrichen* (⌘-U) wählen. Der Text kann auch farbig gestaltet werden, indem Sie diesen mit gedrückter Maustaste markieren und über den Farbwähler (*Farben einblenden*/⌘-⇧-C) eine geeignete Farbe heraussuchen. Oder Sie ziehen einfach Bilder oder Icons in das kleine Fenster hinein – auch diese werden anstandslos integriert.

Was darf's denn sein? Farbe und Schriften für die persönliche Erinnerung.

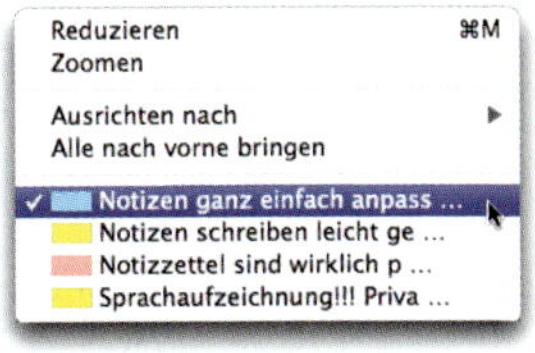

Beginnen Sie zu schreiben, werden automatisch die ersten Worte als Titel betrachtet. Dies ist in der Tat hilfreich, denn ist Ihr Schreibtisch übersät mit Zettelchen, so navigieren Sie über die Menüleiste *Fenster* – in dessen Auf-klapp-Menü sämtliche Notizzettel aufgeführt werden – mit ziemlicher Sicherheit den richtigen an. Witzig sind auch die Funktionen *Fenster* | *Reduzieren* bzw. *Erweitern*, die bei aktiviertem Nozizzettel diesen auf die Fensterleiste verkleinern oder wieder ausklappen, so dass teils nur mehr ein schmaler Balken zu sehen ist. Letzteres klappt allerdings wesentlich schneller, wenn Sie einen Doppelklick auf die Notizzettel-Leiste ausführen.

Zum Aufräumen verwenden Sie dann *Ausrichten nach* (ebenfalls im *Fenster*-Menü) und die gewünschte Aktion: *Farbe*, *Inhalt*, *Datum* oder *Position am Bildschirm*. Auf diese Weise werden die Zettel schön säuberlich aneinander gereiht.

Alles sollte seine Ordnung haben – dank dem Fenster-Menü ist das ein Leichtes für Sie.

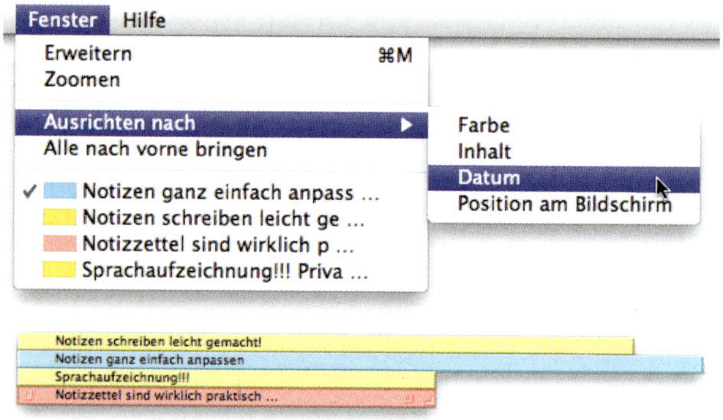

Ihre Notizzettel bleiben selbst dann erhalten, wenn Sie Ihr Pogramm *Notizzettel* über ⌘-Q beenden sollten. Beim nächsten Start werden alle wieder eingeblendet, um sozusagen als Erinnerungsstütze zu dienen. Erst wenn Sie ein Info-Fenster schließen – entweder durch Klick in das kleine Kästchen links oder über *Ablage | Schließen* (⌘-W), werden Sie aufgefordert, Ihre Notiz zu sichern. Wie gesagt, dies ist kein Muss, sollte aber in Anspruch genommen werden, ist der Inhalt für Sie wichtig. Klicken Sie auf *Nicht sichern*, so ist der Inhalt unwiederbringlich verloren. Über *Sichern* vergeben Sie stattdessen einen Namen und legen den Speicher-Ort fest, als *Format* wählen Sie zwischen …

- *Reiner Text* (Endung *.txt*) – nur der reine Text wird ohne irgendwelche Formatierungen oder Auszeichnungen wie Stile oder Farben gesichert;
- *RTF* (*Rich Text Format* mit dem Suffix *.rtf*) – Absätze oder Stilvorlagen bleiben nach dem Sichern erhalten;
- *RTFD* – zusätzlich zu Auszeichnungen, geänderter Schrifttype oder Stilen werden auch eingefügte Grafiken oder Bilder mit abgespeichert.

Zögern Sie die Entscheidung, was zu tun ist, lieber ein paar Sekunden länger hinaus, ehe Sie sich im Nachhinein ärgern, wenn Sie zum wiederholten Male vergessen, Ihre Frau vom Supermarkt abzuholen.

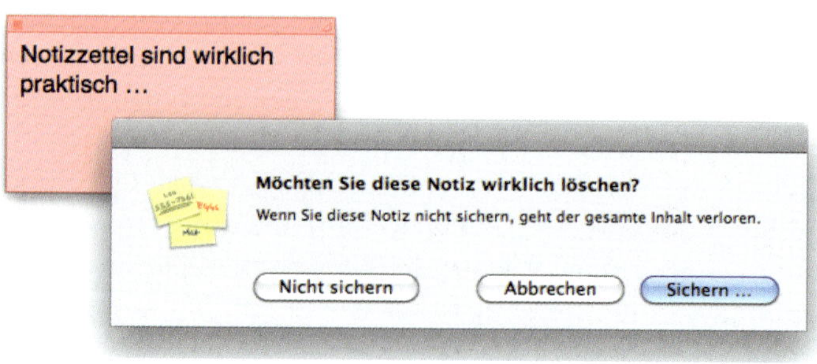

Die drei Speicherformate zum Sichern Ihrer Notiz-Inhalte.

Das Gleiche passiert übrigens auch, wenn Sie über *Ablage* den Befehl *Text exportieren* wählen. Auch in diesem Fall wird der Inhalt gesichert, indem Sie *Titel*, *Speicher-Ort* und *Format* bestimmen.

Notizzettel lassen sich im Gegensatz zu *Dashboards* gleichnamigem *Widget* auch drucken. Über *Ablage | Drucken* (⌘-P) rufen Sie den *Drucken*-Dialog auf, in dem Sie den Drucker auswählen und über die Popup-Menüs bei *Voreinstellungen/Layout* Ihre Wünsche eingeben. Legen Sie dann noch die Anzahl der Kopien fest und auf geht's …

Die *Notizzettel* sind übrigens eine feine Sache für die Systemeinstellung *Benutzer* | Reiter *Anmeldeobjekte*. Gleich nach dem Hochfahren des Rechners können Sie so Ihre Notizen einblenden lassen, so dass Sie oder ein anderer Nutzer des Rechners nichts mehr vergessen.

Photo Booth – mehr Spaß beim Foto-Shooting

Wenn Sie einen Mac mit integrierter iSight oder einer anderen unterstützten, externen Webcam besitzen, dann bringt *Photo Booth* ein Menge Spaß auf den Bildschirm. Eigentlich ist dies kein Programm, was der Anwender unbedingt braucht, doch hat man mal ein wenig damit rumgespielt, so möchte man es auch nicht mehr missen. Besonders Kinder haben ihre helle Freude daran, lassen sich doch hervorragend Grimassen schneiden, Zunge blecken und Kopfstand machen – und dies per »Live-Kamera« und zum Festhalten für die Ewigkeit.

Wird das Programm aufgerufen, so schaltet sich automatisch die *iSight*-Kamera ein und – erschrecken Sie bitte nicht – Sie sehen sich selbst darin. Präsent in der Mitte sitzt der rote Auslöse-Knopf (/ – je nach Auswahl), der auf Mausklick hin den Selbstauslöser startet. Sie haben also drei Sekunden Zeit, eine entspannte Haltung einzunehmen, und dann macht es Klick – das Foto ist geschossen und wird in die unten liegende Bild-Leiste eingespielt. Möchten Sie doch noch schnell die Foto-Session abbrechen, so klicken Sie geschwind auf die *esc*-Taste und der Spuk ist wieder vorbei.

Besser als Fernsehen: Unsere kleine Prinzessin hat enormen Spaß an »Photo Booth«. Und wenn sie erst einmal die »Effekte« entdeckt, dann kann man seinen Arbeitsrechner wohl vergessen.

Als Aufnahme-Möglichkeiten stehen Ihnen drei verschiedene Optionen ( ) zur Verfügung, die Sie linker Hand wählen können. Zum einen ist da der ganz normale Schnappschuss mit einer Einzelaufnahme ( ), dann die Möglichkeit zum Anfertigen von vier Bildern in schneller Reihenfolge ( ) sowie das Aufnehmen eines kleinen Video-Clips ( ). Letzteres ist auf einen Blick hin am kleinen Kamera-Symbol sowie der Anzeige der Filmlänge (00'13) identifizierbar.

Die Möglichkeiten zum Anfertigen von Bildern oder Film-Clips.

Klicken Sie nun Ihre bereits angefertigten und in der Leiste liegenden Beiträge an, so werden diese sofort angezeigt oder eben abgespielt. Erregt das Ergebnis eher Ihr Missfallen, so brauchen Sie nur auf das kleine *Löschen*-Symbol ( ) zu klicken. Beim Viererbild haben Sie zudem die Möglichkeit, sich das Beste über einen Mausklick hin auszusuchen, um dieses dann beispielsweise als *Account-Bild* bzw. als *iChat-Kontaktbild* zu verwenden.

Der *Effekte*-Button bringt dann noch mehr Leben ins Spiel, werden Ihnen doch Dutzende an witzigen Effekten angeboten. Von *Pop-Art*, *Comic-Heft*, *Wärmebildkamera* über Bildverzerrungen wie *Wirbeln*, *Spiegel* oder *Strecken* bis hin zu Hintergrund-Einblendungen (so genannte *Video-Kulissen*), als befänden Sie sich in Paris vor dem Eiffelturm oder in der Achterbahn, ist alles dabei. Auf Wunsch können Sie sogar eigene Bilder oder Filme als *Video-Kulissen* bestimmen, indem Sie sie einfach auf die Platzhalter bewegen.

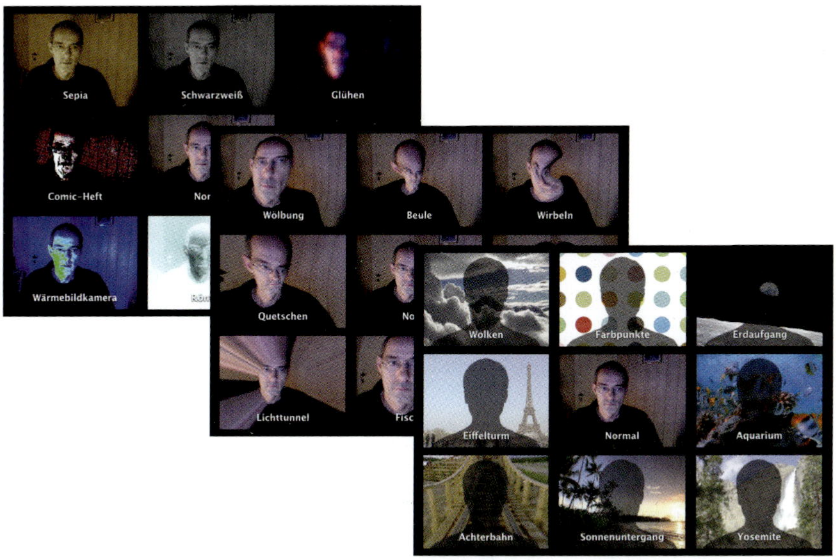

Die bereits fertiggestellten Vorlagen bringen witzige Abwechslung in den tristen Computer-Alltag.

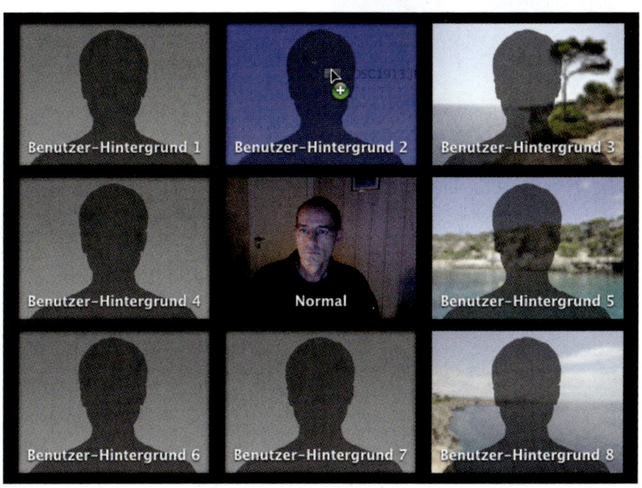

Packen Sie einfach ein Bild (aus iPhoto oder über den Finder) bzw. einen Film aus iMovie und ziehen Sie sie auf den Platzhalter (Hintergrund hierher bewegen).

Alle Objekte, die Sie in der unteren Leiste vorfinden, werden im Ordner *Bilder* in Ihrem Benutzer-Ordner abgelegt (und dort im Unterorder *Photo Booth*). Von dort aus lassen sich die Dateien auch in anderen Programmen wie etwa in *Vorschau* (für Bilder) oder *QuickTime* (für Videos) öffnen und weiterbearbeiten.

Sowohl Bilder als auch Video-Clips können Sie auch ganz einfach per E-Mail weitersenden oder nach *iPhoto* transferieren. Dazu gibt es die beiden Knöpfe *E-Mail* und *iPhoto*, die erscheinen, sobald Sie ein Bild oder einen Film in der unteren Liste markieren. Wählen Sie nun einfach ein oder mehrere Objekte (mit gedrückter *Befehlstaste*) aus und klicken Sie dann auf das gewünschte Symbol. Im Falle einer E-Mail startet automatisch das Programm *Mail* und integriert die Daten in ein neues Fenster – Sie brauchen nun nur noch Empfänger, Betreff sowie ein paar nette Zeilen zu vergeben und fertig ist die perfekte E-Mail.

Schnell mal ein aktuelles Foto von sich und seinen Lieben versenden – per »Photo Booth« und »Mail« ist das eine Sache von Sekunden.

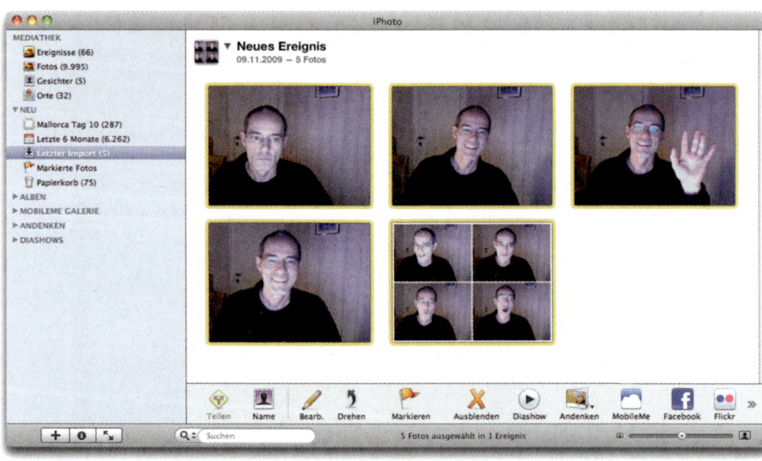

Auch im Falle von »iPhoto« klappt die Übergabe reibungslos: Die Daten werden importiert und als neues Ereignis angelegt – selbst die Filme werden ohne Murren übernommen.

Serienaufnahmen sowie Video-Clips lassen sich weiterhin als »Animated Gif« exportieren. Dieses Format kann sowohl von *iChat* verwendet als auch auf einer Webseite integriert werden. Gerade dann, wenn Sie eine Abfolge von Bewegungen abfotografieren, kann dieser Effekt ganz witzig sein. Beim Exportieren von Film-Clips wird allerdings die Bildabfolge stark auf nur mehr ein Bild pro Sekunde zusammengestrichen. Spielen Sie dieses dann beispielsweise mit Hilfe von *QuickTime* oder *Safari* (einfach das GIF in ein leeres Browser-Fenster ziehen) ab, so ruckelt die Darstellung ungemein – ganz davon abgesehen, dass der Ton außen vor bleibt.

Ein »Animated GIF« besteht aus mehreren Einzelbildern, die Sekunde für Sekunde abgespielt werden.

Übrig bleiben die beiden Knöpfe für *Account-Bild* und *iChat-Kontaktbild*. Ersteres ersetzt Ihr bisheriges Account-Bild und blendet dann die Systemerweiterung *Benutzer* ein. Dort können Sie es nun wieder bearbeiten oder ein anderes Bild einladen. Im Falle des *iChat-Kontaktbildes* passiert genau das Gleiche, nur dass dieses Mal die Musik eben in *iChat* spielt.

Das kleine Bildchen im iChat-Fenster wird erneuert. Gefällt es nicht, so klicken Sie darauf und wählen aus den bereits bestehenden Kontaktbildern ein neues aus.

Wenn Sie nun immer noch nicht genug von *Photo Booth* haben, dann überfliegen Sie doch flüchtig einmal die Menüs. Dort finden sich dann noch eher Optionen für speziellere Anliegen wie etwa *Foto spiegeln* oder *Neue Fotos automatisch spiegeln* (jeweils im *Bearbeiten*-Menü) oder die Möglichkeit, mit den bereits gesammelten Aufnahmen eine Diashow laufen zu lassen (*Darstellung | Diashow starten*).

QuickTime Player X – für die multimedialen Inhalte

QuickTime X nennt sich Apples Multimedia-Architektur, die von OS X 10.5 Leopard zu 10.6 Snow Leopard einen riesen Versionssprung vollzogen hat – und zwar von der Version 7 zu X (römisch zehn). *QuickTime X* wirkt nun viel eleganter und kann die verschiedensten Dateien wie Video, Musik oder auch Bilder öffnen und abspielen. Aufgrund der Daten-Vielfalt im Internet wird der *Player* (wie schon sein Vorgänger) wohl des Öfteren aktualisiert werden, damit ihm künftig auch ja kein Format durch die Lappen geht.

QuickTime X ist auf Medienformate wie H.264/MPEG-4 und weitere Codecs und AAC optimiert und kann auch Filme mit *Surround Sound* wiedergeben. Sie haben natürlich in letzterem Fall nur etwas davon, wenn Sie an Ihrem Mac auch ein Surround-Boxen-Equipment angeschlossen haben.

Der Begriff *Codec* setzt sich aus den Wörtern Codierer und Decodierer zusammen. Hierbei handelt es sich um eine Technik, mit der Daten komprimiert und zur Wiedergabe wieder dekomprimiert werden. Je geschickter hier der Codec, desto kleiner sind die Daten bei bestmöglicher Qualität. In diesem Genre gibt es ständig Neuerungen, da man bestrebt ist, die Unmengen an Daten, die bei einer Filmproduktion anfallen, immer besser zu verpacken und es dennoch beim Abspielen den Zuschauer nicht merken zu lassen. Einen *Codec* verwenden Sie beispielsweise, wenn Sie mit einem Camcorder einen Urlaubsfilm drehen, diesen in *iMovie* schneiden und dann exportieren möchten – beispielsweise auf DVD, CD oder als komprimierten Film, um ihn ausschnittsweise per Internet zu verschicken.

Egal, ob im Internet oder auf CD-ROMs/DVDs – Sie werden häufig auf Multimedia-Daten stoßen. Auch die Filme, die Sie vielleicht mit Ihrer Digitalkamera (meist im *MPEG 4*- oder *AVI*-Format) aufgenommen haben und die sich nun in *iPhoto* oder in *iTunes* befinden, lassen sich Dank des *QuickTime Players* per Doppelklick oder über *Ablage | Datei öffnen* (falls sich diese beispielsweise im Ordner *Filme* befinden) ohne Probleme starten.

Wenn Sie noch keinen Film zum Ausprobieren auf Ihrem Rechner besitzen, sollten Sie unbedingt einmal der Webseite `www.apple.com/de/quicktime` einen Besuch abstatten. Hier finden Sie neben Musik-Videos auch aktuelle Film-Trailer, die – je nach gewünschter Wiedergabegröße – entweder innerhalb des Browsers oder im eigenen *QuickTime*-Fenster abgespielt werden.

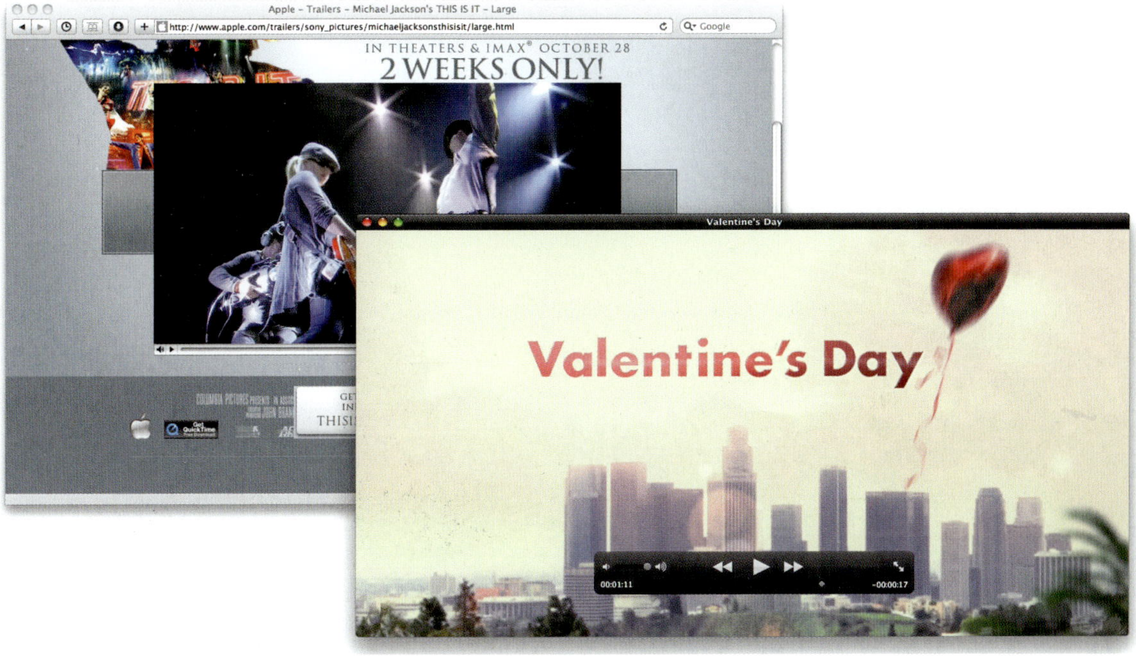

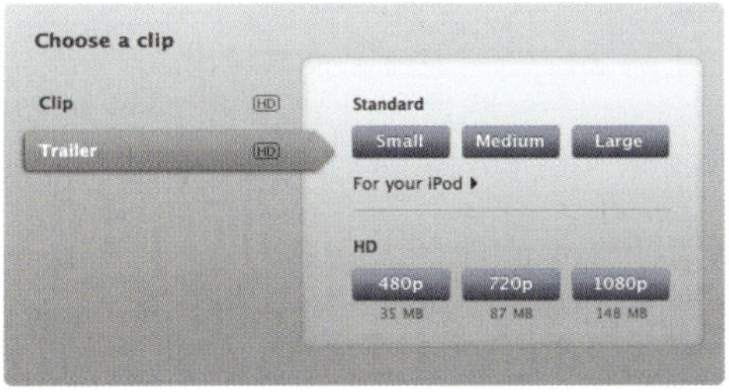

Sowohl im Internet-Browser (über so genannte Plug-ins – das sind kleine Hilfsprogramme) als auch separat bereitet das Betrachten von Filmen dank QuickTime keine Probleme.

Filme, die Sie im Internet bewundern, lassen sich meist auch auf die eigene Festplatte herunterladen. Das geschieht entweder über ein kleines Popup-Menü unterhalb des Filmes (auf Webseiten abspielend) oder über den Befehl *Ablage | Sichern unter*, wenn sich das Video in einem eigenen *QuickTime*-Fenster präsentiert. Mehr zum Sichern erfahren Sie gleich.

Filme auf der eigenen Festplatte speichern klappt dank QuickTime recht gut.

Der absolute Hit ist jedoch die Abteilung *QuickTime HD*-Galerie, deren Filme in Breitbild und absoluter Top-Qualität daherkommen. Sie benötigen zwar eine Menge Zeit zum Download (ein DSL-Anschluss ist hier sicherlich unabdingbar), machen dafür aber zum Vorführen mächtig was her – und selbstverständlich hat auch der Betrachter einen immensen Sinnes-Genuss.

Die Trailer bzw. Beispielfilme im Breitbild-Format bzw. HD-Qualität bis hin zu 1920 x 1080 Pixel. Zum Begutachten benötigen Sie einen Breitband-Anschluss sowie eine(n) schnelle(n) Prozessor/Grafikkarte.

Wie Sie anhand der Abbildung sehen, befindet sich innerhalb des *Ansichts*-Bereiches die Navigationsleiste, mit der Sie den Film wiedergeben, stoppen, im Schnelldurchgang vorwärts oder rückwärts laufen bzw. bildweise blättern können. Eine weitere Alternative ist das Bewegen der *Abspielmarke* (◆) mit der Maus über den *Zeitachsenbereich.*

Wie bei fast allen Programmen stehen Ihnen auch hier die berühmten Tastatur-Kombinationen zur Verfügung: Über die *Leertaste* starten bzw. stoppen Sie den Film, mit dem Rechts- (→) und Links-Pfeil (←) bewegen Sie den Film bildweise vorwärts oder rückwärts, über *Wahltaste-Rechtspfeil* (⌥-→) gelangen Sie an das Ende, mit *Wahltaste-Linkspfeil* (⌥-←) wieder an den Anfang. Über *Befehlstaste-Rechtspfeil* (⌘-→) beziehungsweise *Befehlstaste-Linkspfeil* (⌥-←) können Sie das Video beschleunigt vorwärts oder rückwärts wiedergeben – mehrmaliges Drücken der Pfeiltasten erhöht dabei die Abspielgeschwindigkeit (von 2x bis 8x). Die Lautstärke verstärken Sie über den *Pfeil nach oben* (↑) bzw. verringern sie über den *Pfeil nach unten* (↓).

Sobald Sie den Mauszeiger innerhalb des Film-Fensters bewegen, wird die Bedienung eingeblendet, womit sich hervorragend navigieren lässt.

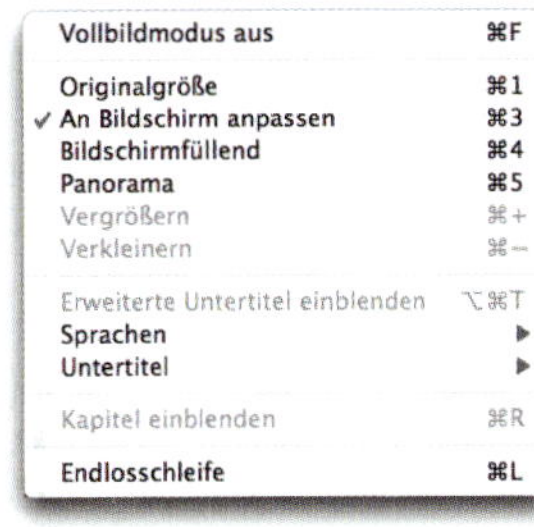

Selbstverständlich lässt sich auch die *Bildgröße* verändern. Entweder Sie erledigen das über die Navigationsleiste, indem Sie auf das *Vollbild*-Symbol ( ) klicken, oder aber über die Tastatur mit entsprechenden Tasten-Kombinationen. Über ⌘-1 erhalten Sie die *Originalgröße*, während ⌘-3 das *Anpassen an den Bildschirm* bewirkt, indem entweder horizonal oder vertikal das Video den Bildschirm-Rand berührt. Starten Sie nun über ⌘-F den *Vollbild-/Präsentationsmodus*, so wird der Bildschirm abgedunkelt und der Film erscheint ohne störendes Beiwerk wie Fenster oder das Dock. Erst in diesem Modus lassen sich die weiteren Funktionen *Bildschirmfüllend* (⌘-4) sowie *Panorama* (⌘-5) anwählen. *Bildschirmfüllend* breitet den Film unverzerrt und ohne Anpassung auf die gesamte Fläche (sowohl horizontal wie auch vertikal) aus, so dass keine schwarzen Ränder erscheinen. Auf diese Weise können jedoch Teile des Videos auch aus dem sichtbaren Bereich fallen. *Panorama* hingegen staucht die Film-Ränder und verzerrt leicht das Bild – als Gegenwert sehen Sie allerdings alle Bildbereiche. Zwischengrößen können Sie jederzeit über *Vergrößern* (*Befehlstaste-Plus*/⌘-+) oder *Verkleinern* (*Befehlstaste-Minus*/⌘--) erreichen.

Auch über die Navigationsleiste lässt sich zwischen *Bildschirmfüllend* und *An Bildschirm anpassen* wechseln, indem Sie auf das Symbol klicken.

Eine passende Anzeigeform erreichen Sie natürlich auch per Maus und Menüleiste: Wählen Sie den Punkt *Darstellung* und dann die entsprechende Größe. Selbst dann, wenn Sie nun Ihren Film bildschirmfüllend genießen, können Sie auf die Menüleiste zugreifen, sobald Sie den Mauszeiger an den oberen Bildschirmrand bewegen. Ist ein Film so aufregend, dass Sie gar nicht genug davon bekommen können oder Sie eine kritische Kontrolle vornehmen möchten, so stellen Sie über *Darstellung* den Befehl *Endlosschleife* (⌘-L) ein – der Film beginnt nun wieder und wieder von vorne, bis Sie ihn wirklich nicht mehr sehen können.

Das Menü *Darstellung* weist jedoch weitere Optionen auf – darunter *Sprachen* und *Untertitel* sowie *Kapitel*. Wenn Sie also Filme ansehen, die diese Merkmale aufweisen, so können Sie schnell beispielsweise von Deutsch auf die Originalsprache wechseln oder sich die deutschen Untertitel einblenden lassen. *Kapitel* sind hingegen im Film verankerte Markierungen, über die Sie gezielt wichtige Szenen und Themenwechsel direkt anspringen können. Kauf-Videos sowie solche, die Sie vielleicht über den *iTunes Store* erworben haben, weisen üblicherweise solche auf. Über *Kapitel einblenden* wechselt nun das Film-Fenster und blendet diese ein, so dass Sie per Mausklick an eine bestimmte Stelle springen können. Diese Funktion lässt sich auch über die Navigationsleiste aufrufen, indem Sie auf den *Kapitel*-Knopf ( ) drücken.

Über »Kapitel« lassen sich blitzschnell Szenen suchen und wechseln. Diese Funktion steht sowohl im separaten Fenster als auch im bildschirmfüllenden Modus zur Verfügung.

Möchten Sie mehr über Ihren Film erfahren, so sollten Sie über *Fenster | Filminformationen einblenden* (⌘-I) den zugehörigen Dialog aufrufen. Neben den allgemeinen Daten wie *Titel* oder *Quelle* (also der Pfad, wo sich das Video auf der Festplatte befindet) lassen sich auch alle Fragen zum *Format*, der *Framerate* (*FPS – frame per second* oder Bilder pro Sekunde), der *Datengröße* und weiteres mehr in Erfahrung bringen.

Die Filminformationen sind für all jene gedacht, die sich für die Technik hinter den Kulissen interessieren.

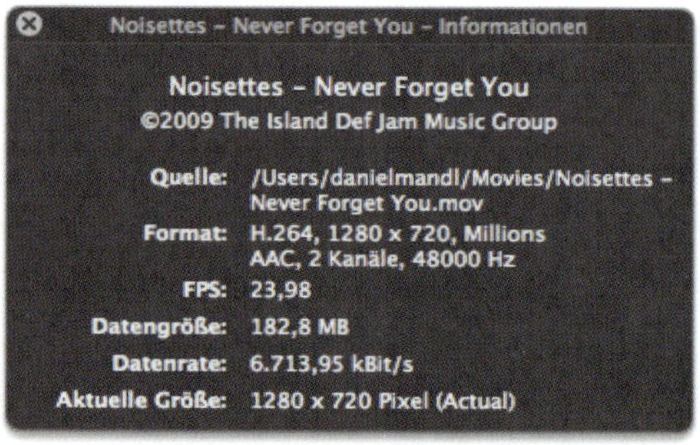

Neu im *QuickTime Player X* ist die Möglichkeit des *Trimmens. Trimmen* ist dabei der Fachbegriff für das Zuschneiden eines Clips/eines Videos auf die von Ihnen gewünschte Länge (ohne störendes Beiwerk). Haben Sie einen Film aufgerufen und wählen *Bearbeiten | Trimmen* bzw. *Befehlstaste-T* (⌘-T), so verändert sich die Arbeitsoberfläche und der Clip/das Video wird miniaturisiert als Leiste in seiner Originallänge unterhalb der Hauptbildansicht angezeigt. Umgeben von einem gelben Auswahlrahmen lassen sich nun die beiden Seitenränder des Rahmens mit Hilfe der Maus (✛) nach links oder rechts ziehen und sich genau anpassen. Die beiden Seitenlinien zeigen dabei den Startpunkt (In-Punkt – für das erste Bild, das erhalten bleiben soll) und den Endpunkt (Out-Punkt – für das letzte Bild, das Sie weiterverwenden möchten).

Wird der Befehl »Trimmen« aufgerufen, so blendet QuickTime eine Leiste ein, die den Film miniaturisiert darstellt.

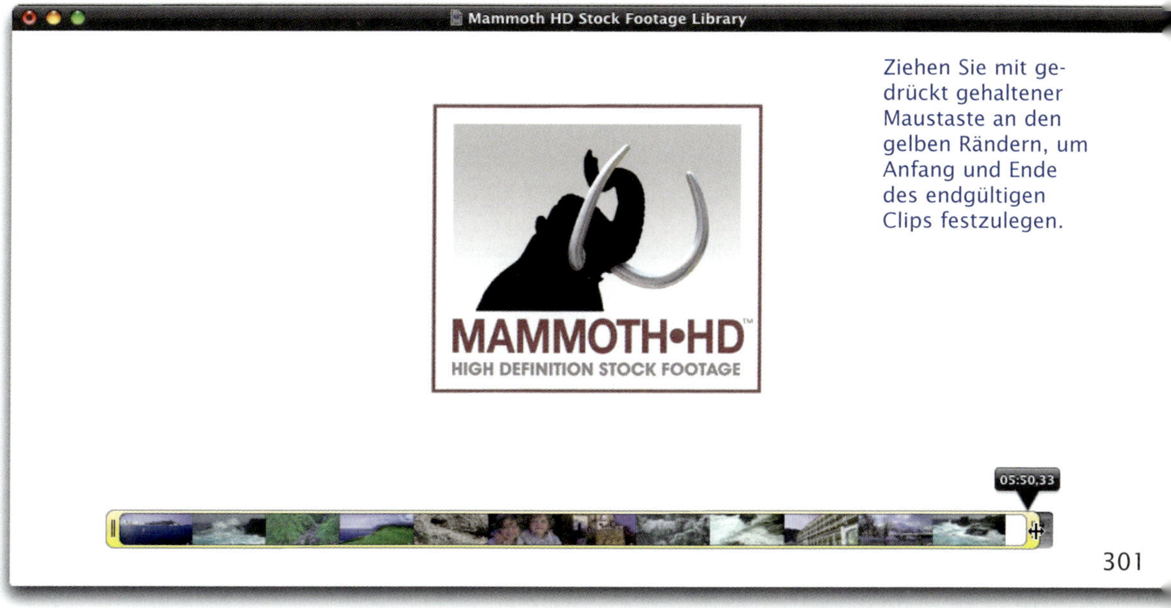

Ziehen Sie mit gedrückt gehaltener Maustaste an den gelben Rändern, um Anfang und Ende des endgültigen Clips festzulegen.

Zur Kontrolle sollten Sie die *Abspielmarke* (das ist die rote, senkrecht stehende Linie) mit der Maus über die jeweiligen Bereiche bewegen, um die Auswahl zu begutachten. Sitzt und passt alles, so klicken Sie auf den Button *Trimmen* oder drücken den *Zeilenschalter* (↩) und die Auswahl wird um die abgeschnittenen Bereiche gekürzt.

Wenn Sie einen Film bearbeiten möchten, der sowohl am Anfang und am Ende keinen Ton besitzt, und Sie den Film um diese Bereiche kürzen möchten, so eignet sich ganz hervorragend der Befehl *Bearbeiten | Alles auswählen ohne Stille.* Beim Auswählen werden die »tonlosen« Bereiche dann ausgeklammert. Klicken Sie auf *Trimmen* und *QuickTime* kümmert sich um alles weitere.

Neben der Wiedergabe von multimedialen Objekten ist *QuickTime* aber auch in der Lage, eigene Video-, Audio sowie Bildschirm-Aufnahmen vorzunehmen. Die Befehle hierzu lauten *Neue Videoaufnahme* (⌘-⇧-N), *Neue Audioaufnahme* (ctrl-⌘-⇧-N) und *Neue Bildschirmaufnahme* (*ctrl-*⇧-N) und Sie finden diese im Menü *Ablage.* Für eine *Videoaufnahme* lässt sich sowohl die *iSight*-Kamera als auch ein über FireWire angeschlossener Camcorder verwenden. Für den Ton bedienen Sie sich entweder über das in Ihrem eingebaute Mikrofon oder ein externes Gerät.

Diese schnell zu erstellenden Videoaufnahmen eignen sich zum Beispiel wunderbar, haben Sie kein iPhone/keinen iPod (nano oder touch) oder ein Handy zur Hand, möchten aber gerne einen ersten Eindruck vom Ferienhaus vermitteln. Oder eine Party ist im Gange und Sie wollen den Verlauf (die Wohnung vorher und nachher) festhalten. In solchen Fällen ist natürlich ein MacBook (Pro) ideal, sind Sie doch damit mobil und können das Gerät wie einen Camcorder benutzen, indem Sie herumgehen und einzelne Gesichter zeigen.

Wird nun der Befehl *Neue Videoaufnahme* aufgerufen, so startet das Aufnahme-Fenster mitsamt dem Bedien-Panel, über das Sie zum einen den *Vollbildmodus ein- und ausschalten* ( ) sowie weitere Einstellungen zum Auswählen der gewünschten Kamera, des Mikrofons, der Qualität sowie des Speicherortes der aufgezeichneten Datei vornehmen können. Bewegen Sie den Mauszeiger auf die verschiedenen Qualitätsstufen und verharren eine Sekunde darüber, so werden Zusatzinfos über die Bildgröße (etwa 320 x 240 Pixel für *Mittel* etc.), die Kompression sowie die Audio-Qualität eingeblendet.

Die Quick-Info wartet wie üblich mit weiteren Datails auf.

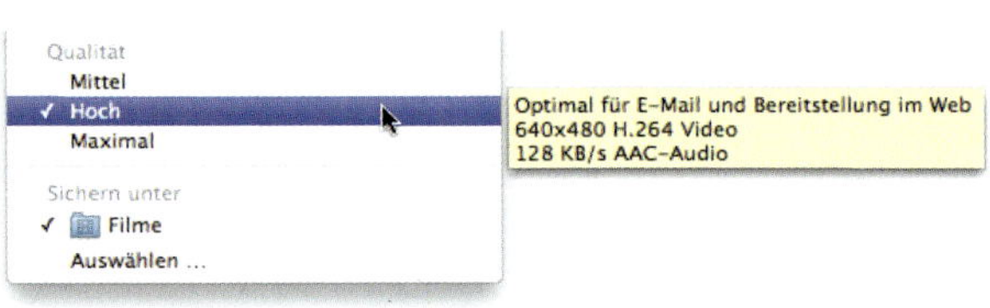

Verwenden Sie am besten bei Qualität die Einstellung *Mittel* (320 x 240 Pixel), wenn Sie die Aufnahme beispielsweise per E-Mail versenden oder ins Internet stellen möchten, Sie selbst oder der Empfänger jedoch über keine allzu schnelle Daten-Verbindung verfügen. *Hoch* (640 x 480 Pixel) eignet sich ebenso für E-Mail und Internet, wurde jedoch in Sachen Qualität mit einer höheren Aufnahmegröße dafür optimiert. *Maximal* verwendet je nach Mac und Grafikkarte unterschiedliche Einstellungen, was die Auflösung sowie das Format angeht.

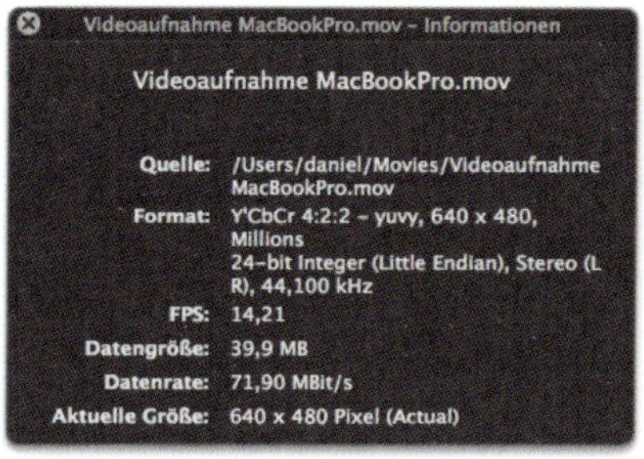

Aufnahmen auf MacBook Pro sowie dem iMac weisen unterschiedliche Einstellungen für die Auflösung und das Format auf. Eine manuelle Optimierung ist seitens Apple nicht vorgesehen.

Bevor Sie nun loslegen, sollten Sie schon einmal ein paar Sätze sprechen bzw. die Geräuschkulisse testen, um den Eingangspegel der Audio-Aufnahme zu justieren. Schlagen die Pegel zu sehr oder zu wenig aus, so rufen Sie bitte die Systemeinstellung *Ton* | Reiter *Eingabe* auf und bestimmen die *Eingangslautstärke* neu. Weiterhin sollten Sie über das Vorschau-Fenster einschätzen, ob Sie mit der Kameraposition sowie der Beleuchtung richtig liegen. Über den *Aufnahme*-Knopf (●) bzw. über das Drücken der *Leertaste* startet die eigentliche Aufzeichnung und dauert so lange, bis Sie erneut darauf klicken oder die *Leertaste* drücken (das können Sie auch mehrmals machen). Der Film wird dabei automatisch abgespeichert und an dem von Ihnen vorgegebenen Speicherplatz (meist ist das der Ordner *Filme* in Ihrem Benutzer-Ordner) abgelegt. Zur besseren Kennzeichnung sollten Sie allerdings den standardmäßig vergebenen Titel *Videoaufnahme*, *Videoaufnahme 1* usw. überschreiben und durch einen aussagekräftigen Namen ersetzen. Über einen Doppelklick auf den Film lässt sich dieser nun jederzeit starten und kontrollieren, ob alles in Ordung ist. Bei Nichtgefallen löschen Sie ihn kurzerhand und nehmen einen Neuen auf.

Dasselbe Vorgehen vollziehen Sie auch bei einer *Audioaufnahme*. Nach dem Start des Aufnahme-Fensters treffen Sie wieder die gewünschten Einstellungen (Mikrofon, Qualität und Speicher-Ort) und drücken dann den *Record*-Knopf (●). Zum Stoppen klicken Sie dann wiederum auf ■ und die Aufnahme ist im Kasten. Denken Sie auch wieder an das Umbenennen der Datei.

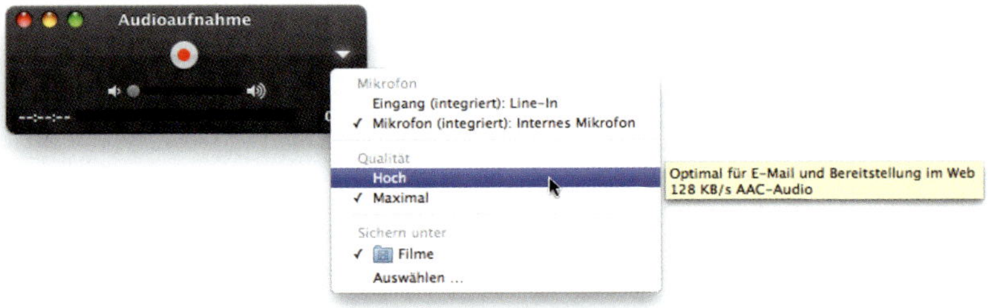

Die Audioaufnahme lässt sich ebenso schnell vorbereiten und starten.

Die *Bildschirmaufname* verwenden Sie dann, falls Sie Arbeitsschritte auf Ihrem Mac festhalten möchten. Sie kann jedoch auch dazu dienen, etwa Probleme darzustellen oder anderen bei Schwierigkeiten Lösungen in Bild und Ton zu übergeben. Ist das Aufnahmefenster bereit, so nehmen Sie wie eh und je Ihre gewünschten Einstellungen vor und klicken dann auf den *Record*-Knopf. Hierbei öffnet sich ein weiterer Dialog, der Ihnen genau schildert, wie Sie die Aufnahme wieder stoppen können, da das Aufnahme-Fenster hierbei aus dem Blickfeld verschwindet: das passiert entweder über die Menüleiste, die nun einen zusätzlichen Eintrag (Aufnahme stoppen) erhält, oder über die Tastenkombination ⌘-*ctrl-esc*.

Das übliche Prozedere vor einer Aufnahme.

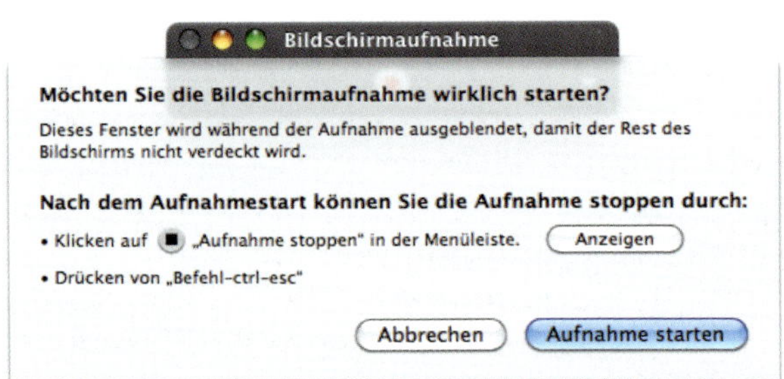

Bevor es richtig mit der Bildschirmaufnahme losgeht, gibt es eine kleine Belehrung, wie man den Prozess wieder stoppt.

Dann erfolgt der Klick auf *Aufnahme starten*. Alles, was Sie von nun an auf Ihrem Mac anstellen (Programme starten, Fenster verschieben, Ordner füllen), wird aufgezeichnet und als Film festgehalten. Die Auflösung richtet sich hierbei nach der Größe Ihres Bildschirms, also etwa 1440 x 900 Pixel bei einem MacBook Pro mit 15 Zoll-Diagonale oder 1920 x 1200 Pixel bei einem 24 Zoll-iMac. Stoppen Sie die Aufnahme, so öffnet sich automatisch das Video und Sie können bewundern, wie sich der Mauszeiger oder Fenster/Ordner wie von Geisterhand bewegen. Auch dieses Video befindet sich üblicherweise im *Filme*-Ordner und sollte einen anderen Titel erhalten.

Die Aufzeichnung von Bildschirm-Bewegungen ist in der Tat eine sehr hilfreiche Angelegenheit.

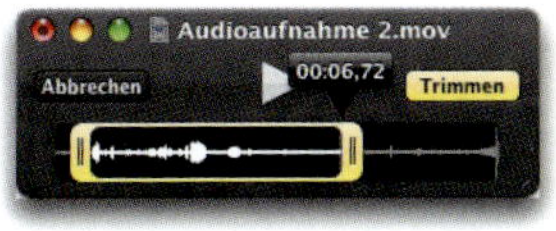

Alle bislang aufgeführten Aufnahme-Möglichkeiten lassen sich später auch wieder trimmen. Hierzu rufen Sie bei geöffneter Film- oder Audio-Aufnahme den Befehl *Trimmen* (⌘-T) auf und ziehen die Ränder der Leiste wieder nach links oder rechts, bis der passende Ausschnitt sitzt. Über *Trimmen* wird dann der gewählte Bereich ausgeschnitten.

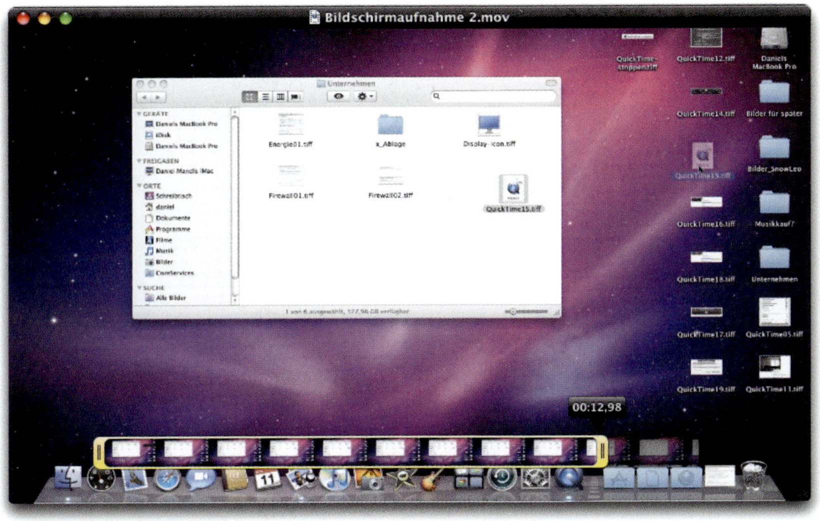

Das Trimmen funktioniert auch bei eigenen Aufnahmen, auf Wunsch auch wieder über »Alles auswählen ohne Stille«.

Möchten Sie später die Dateien wieder schließen, so werden Sie aufgefordert, die Änderungen zu sichern. Zum einen können Sie nun einen Rückzieher machen und auf *Nicht sichern* klicken, so dass die Änderungen widerrufen werden und sich die Datei ohne Bearbeitung schließt. Über *Sichern* erscheint ein nun weiterer Dialog, über den Sie einen neuen Titel vergeben können. Dies deshalb, da Sie ansonsten die bestehende Original-Datei überschreiben.

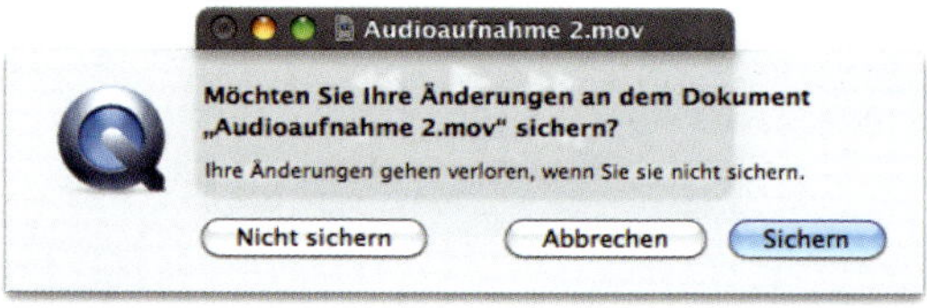

Praktisch: Beim Schließen einer von Ihnen veränderten Datei werden Sie zum Sichern aufgefordert.

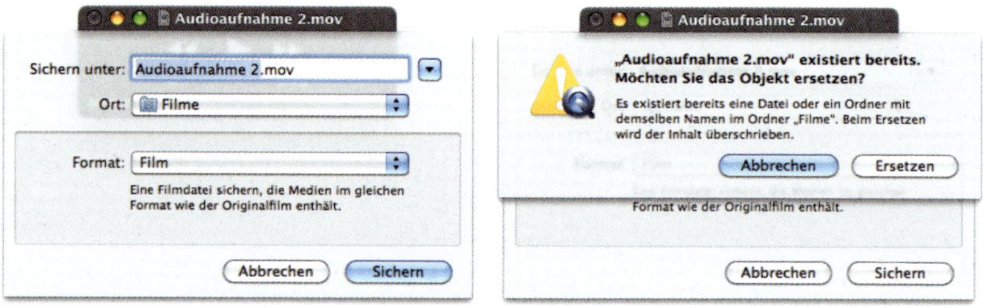

Im erscheinenden Sichern-Dialog lässt sich nun ein neuer Titel vergeben. Belassen Sie es beim vorgegebenen Namen, so wird die Original-Datei ersetzt. Damit Ihnen das nicht aus Versehen passiert, spricht Apple eine Warnung aus, die Sie explizit bestätigen müssen.

Der *Sichern*-Dialog weist jedoch eine weitere Besonderheit auf: Über das Popup-Menü bei *Format* ist es Ihnen nun möglich, Ihre aufgenommene Datei in einem anderen Format auszugeben. Bei Audioaufnahmen stehen Ihnen die Möglichkeiten *Film* (hierbei wird die Aufnahme nicht verändert und behält sein Format), *iPhone* und *iPhone (Funknetz)* zur Verfügung. Letztere beiden Formate unterscheiden sich hinsichtlich der Datengröße und Verwendungszweck. *iPhone (Funknetz)* trägt dabei die Endung ».3gp« und ist ein Standard-Video-Dateiformat bzw. Containerformat, das sowohl Audio- als auch Video-Informationen enthält. Letzteres eignet sich auch zur Weitergabe oder dem Transfer an Apple-fremde Abspielgeräte. Das Format *iPhone* wiederum generiert eine Datei mit der Endung ».m4v«, wobei es sich um ein *QuickTime*-Format (*MPEG4*) handelt, das ebenso Audio- und Videospuren enthält. Wird eine Audio-Datei mit dieser Endung doppelgeklickt, so öffnet sich automatisch *iTunes* und importiert diese in die *Musik-Mediathek*. Von dort aus kann die Audio-Datei nun auf den iPod oder Ihr iPhone transferiert werden.

Bei Audioaufnahmen haben Sie beim Sichern die Wahl zwischen dem Original-Format (»Film«), »iPhone (Funknetz)« für Handys von Drittherstellern sowie »iPhone« für Apple-typische Geräte wie iPod oder iPhone.

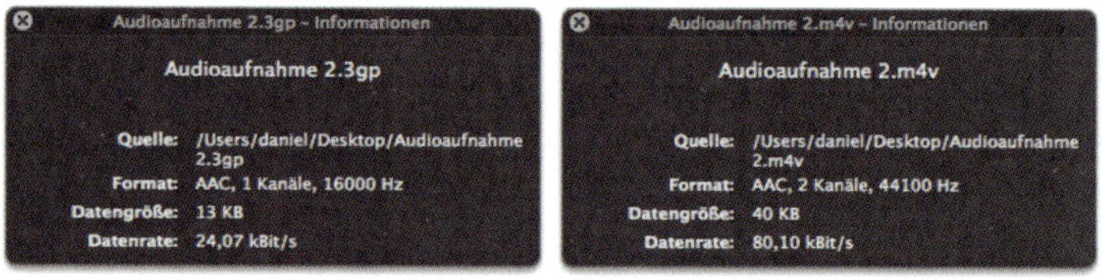

Möchten Sie eine aufgenommene Datei – auch ohne vorherige Veränderung – unter einem neuen Namen oder in einem neuen Format abspeichern, so können Sie dies auch über den Befehl *Ablage | Sichern unter* (⌘-⇧-S) erledigen. Auch hier erscheint der Dialog zum Speichern und Auswählen von *Titel*, *Speicherort* und *Format*.

Für Videoaufnahmen gilt im Grunde das Gleiche wie für Audioaufzeichnungen, nur dass in diesem Fall weitere Format-Alternativen hinzukommen – darunter *iPod*, *Apple TV* und *Computer*, die allesamt über das MPEG4-Format mit der Endung ».m4v« verfügen und sich hauptsächlich in der verwendeten Auflösung unterscheiden: *iPhone* (480 x 300 Pixel), *iPod* (640 x 480 Pixel), *Apple TV* (1152 x 720 Pixel), *Computer* (1272 x 794 Pixel). Allen diesen Formaten ist weiterhin gemein, dass sie auf Doppelklick hin in *iTunes* geladen werden und von dort aus auf die jeweiligen Geräte (iPod, iPhone, Apple TV) beim Synchronisieren verteilt werden.

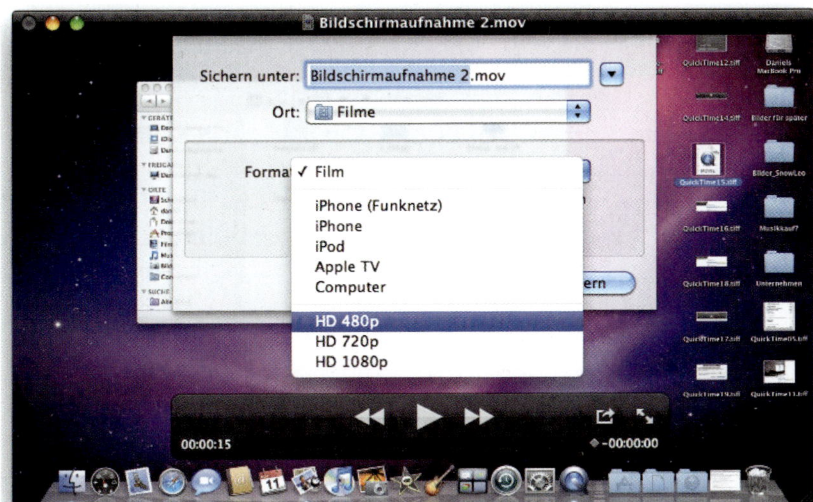

Für Videoaufnahmen stehen weitere Formate für die Weitergabe zur Verfügung.

Die Formate *HD 480p*, *HD 720p* und *HD 1080p* belassen hingegen das Original-Format, verändern aber je nach Einstellung die Auflösung. Die Zahlen betreffen hierbei die vertikale Auflösung in Pixeln. Diese Möglichkeit eignet sich daher besonders zum Skalieren von Filmen.

Neben dem Ausgeben von Filmen in anderen Formaten über den *Sichern unter*-Dialog besitzt *QuickTime* auch noch das *Bereitstellen*-Menü. Darüber lassen sich Ihre Filme zusätzlich für *MobileMe* oder *YouTube* aufbereiten. Auch hier stehen alle *iTunes*-Möglichkeiten für iPod/iPhone, Apple TV und Computer bereit.

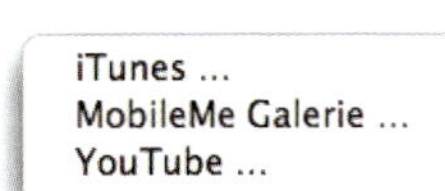

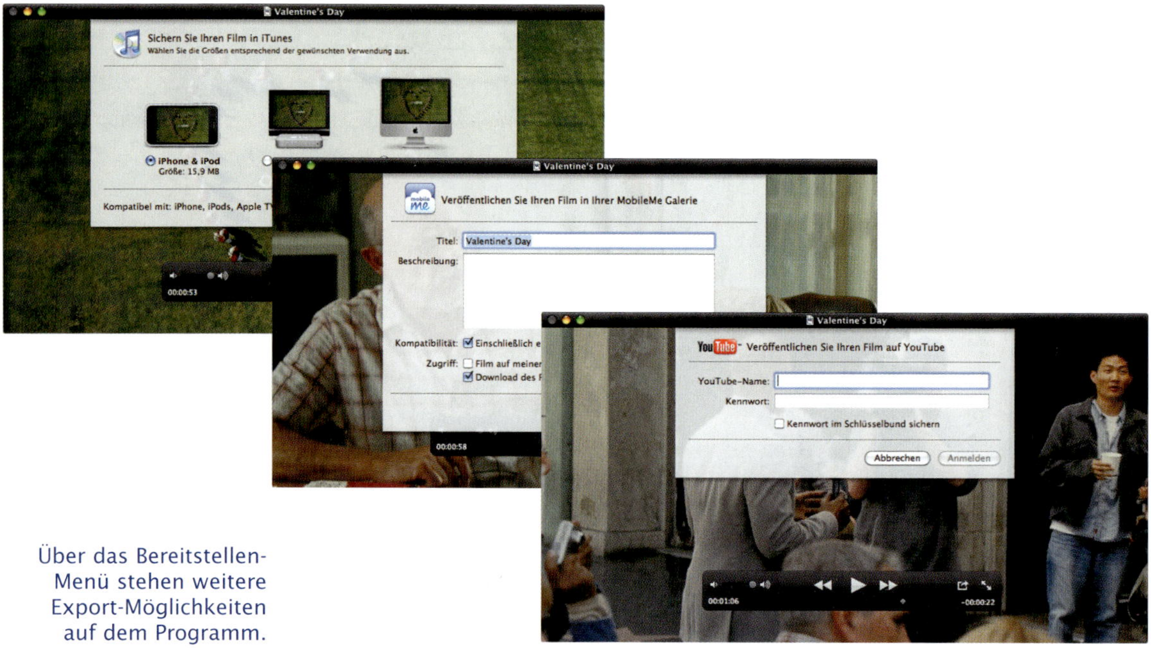

Über das Bereitstellen-Menü stehen weitere Export-Möglichkeiten auf dem Programm.

Falls Ihnen der Weg zum *Bereitstellen*-Menü zu umständlich oder zu langwierig erscheint (vielleicht benutzen Sie ja einen 150-Zoll-Bildschirm), so können Sie bei geöffneter Film-Datei auch direkt über die Bedienleiste die zugehörigen Export-Möglichkeiten angehen. Klicken Sie dazu auf das Symbol , um das Menü aufzurufen. Auch daraus lassen sich nun die Einträge wählen.

Sozusagen die Schnellvariante zum Exportieren von Film-Inhalten.

Wurde der Eintrag *iTunes* gewählt, so bestimmen Sie auf Mausklick hin den jeweiligen Verwendungszweck und *QuickTime* übernimmt sogleich die Konvertierung. Die Einstellungen entsprechen dabei dem Dialog *Sichern unter* aus dem *Ablage*-Menü.

Um nun Ihren Film auf *MobileMe* zu veröffentlichen (wozu Sie einen *MobileMe*-Account benötigen), müssen Sie wieder das entsprechende Projekt aufrufen und dann über *Bereitstellen* den Befehl *MobileMe-Galerie* bemühen. Es erscheint daraufhin ein Dialog, der weitere Optionen anbietet: Zum einen sollten Sie wieder einen aussagekräftigen Titel vergeben und eventuell eine Beschreibung eintragen, damit die Zuschauer gleich wissen, was sie erwartet. Weiterhin sollten Sie sich entscheiden, für wen Ihr Film gedacht ist. Sofern Sie nicht möchten, dass alle Welt auf den Film zugreift, so sollten Sie die Option *Film auf meiner Galerie-Seite ausblenden* aktivieren. Das Gleiche gilt auch für die Einstellung *Download des Filmes erlauben*, die es ansonsten allen Besuchern ermöglicht, den Film auf die eigene Festplatte herunterzuladen.

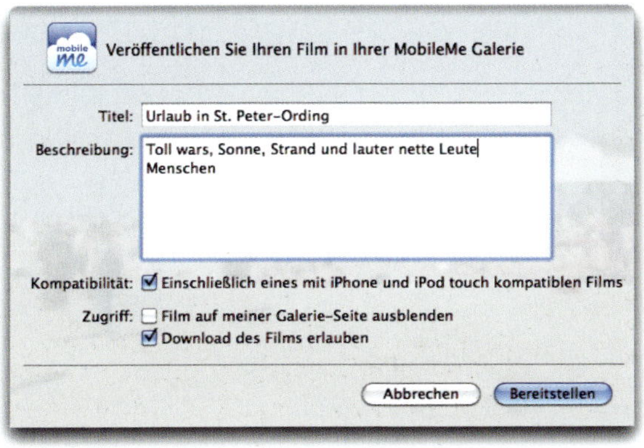

Tragen Sie Titel und Beschreibung ein und legen Sie fest, wie der Film erscheinen oder was der Besucher damit anstellen darf.

Gerade wenn es sich um den Transfer eines Filmes für die Veröffentlichung im Internet dreht, denken Sie daran, die Filmlänge auf ein erträgliches Maß zu beschränken. Nicht alle Nutzer des WWW besitzen eine schnelle Datenleitung, so dass der ein oder andere mit ziemlicher Sicherheit einer Geduldsprobe unterzogen wird. Wir empfehlen Ihnen hierbei, das Video über die Funktion *Trimmen* auf eine Länge von 10 bis 15 Minuten zu verkürzen.

Über den Knopf *Bereitstellen* geht's dann schließlich los. Der Film wird auf den Server übertragen, was je nach Geschwindigkeit Ihres Internet-Zugangs sowie der Größe wie Spiellänge einige Zeit in Anspruch nimmt. Zur besseren Kontrolle öffnet *QuickTime* hierbei automatisch das Fenster *Exportstatus* (*Fenster | Exportstatus einblenden* / ⌘-⌥-P), über das Sie die noch verbleibende Zeit ablesen können. Ist alles erledigt, so wird Ihnen schließlich die zugehörige Web-Adresse angezeigt, die auf Klick den Internet-Browser startet und den Film präsentiert.

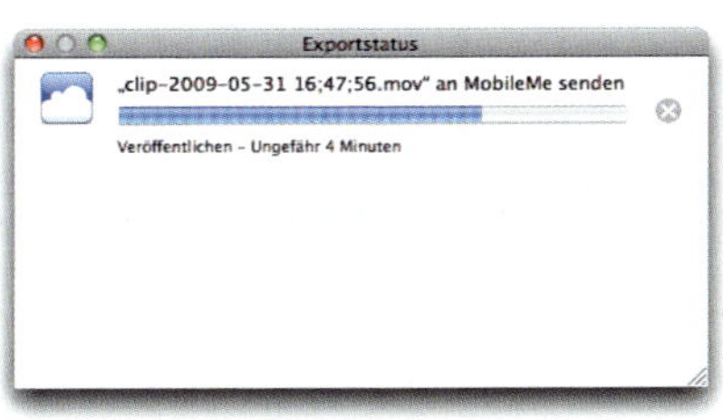

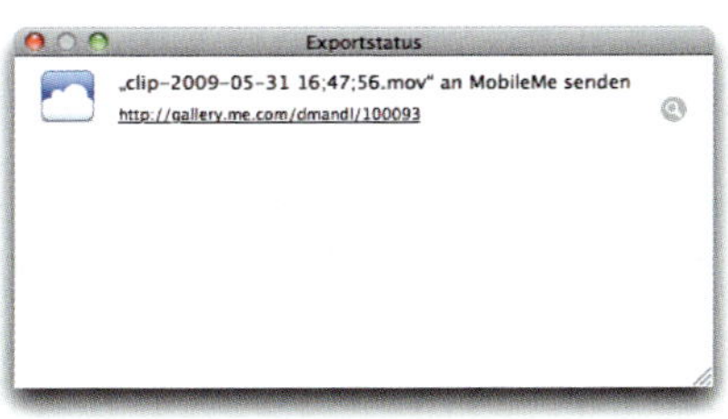

Über die Taste »Bereitstellen« beginnt QuickTime sowohl mit der Anpassung des Formates als auch mit dem Upload (mit dem Herauf laden) auf den MobileMe-Server. Nach Abschluss wird Ihnen die Web-Adresse genannt.

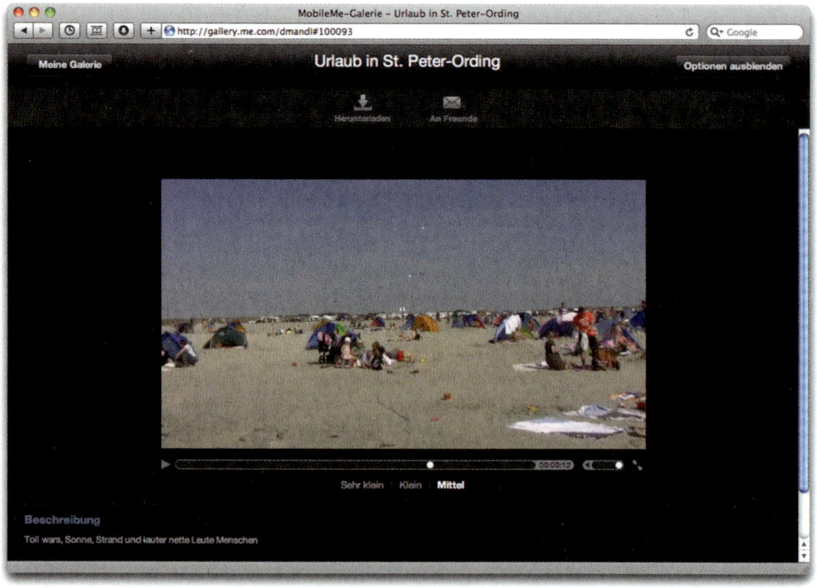

Schick und edel: Unser Film kann nun von Besuchern in verschiedenen Größen betrachtet als auch heruntergeladen werden. Unsere 25-sekündige Film-Sequenz mit 54 Megabyte und einer Auflösung von 960 x 540 Pixel wurde dabei auf 5 Megabyte sowie 640 x 360 Pixel reduziert.

Möchten Sie dieses Highlight gleich weiterverbreiten, so brauchen Sie nur die Web-Adresse in eine E-Mail zu kopieren und weitersenden. Oder Sie klicken in der *MobileMe*-Galerie auf den Knopf *An Freunde*, was einen Dialog öffnet. Dort tragen Sie Ihre Absender- und Empfänger-Adresse(n) ein und schreiben einen kurzen Benachrichtigungstext. Nach der Eingabe des Sicherheits-Codes wählen Sie *Senden* und der oder die Beglückten dürfen sich über eine nette Mail freuen.

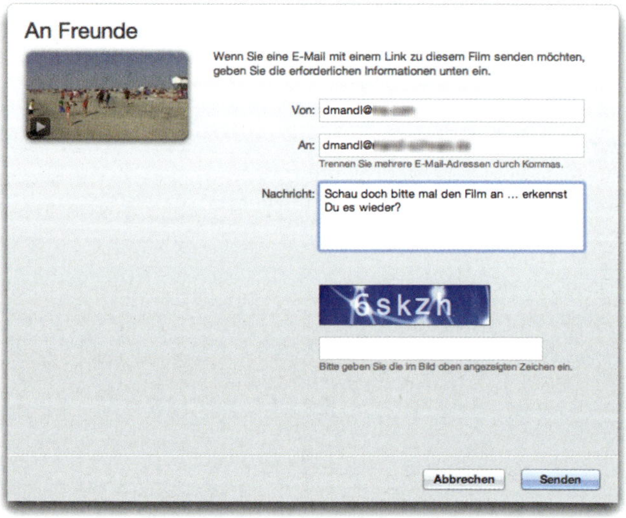

Als Service lassen sich veröffentlichte Filme auch gleich ankündigen.

Der Übertrag eines Filmes hin zum wohl größen Video-Portal *YouTube* gestaltet sich ebenso einfach: Rufen Sie *Bereitstellen | YouTube* auf und tragen Sie Ihren Benutzer-Namen und das Kennwort ein. Über *Anmelden* gelangen

Sie einen Dialog weiter, in dem Sie dann noch eine *Kategorie* auswählen (*Film & Animation*) und die Punkte *Titel*, *Beschreibung* und *Attribute* (das sind Schlüsselwörter, die Sie vergeben und nach denen andere suchen können) ausfüllen. Als vorsichtiger Anwender sollten Sie auf die unten stehende Option *Film als privat festlegen* klicken, da ansonsten eine Horde von Millionen Film-begieriger Nutzer auf Sie losgelassen wird.

Sofern Sie weder Benutzer-Namen noch Kennwort besitzen, so besuchen am besten ganz schnell die Webseite `www.youtube.com` und legen sich dort einen Account an (bzw. ein *neues Konto*, wie man sich dort ausdrückt). Dort müssen Sie eine E-Mail-Adresse angeben und ein Passwort wählen. Danach erhalten Sie wiederum eine E-Mail an die angegebene E-Mail-Adresse, die Sie bestätigen müssen – dann sind Sie vollwertiges *YouTube*-Mitglied (darauf können Sie sich aber auch was einbilden).

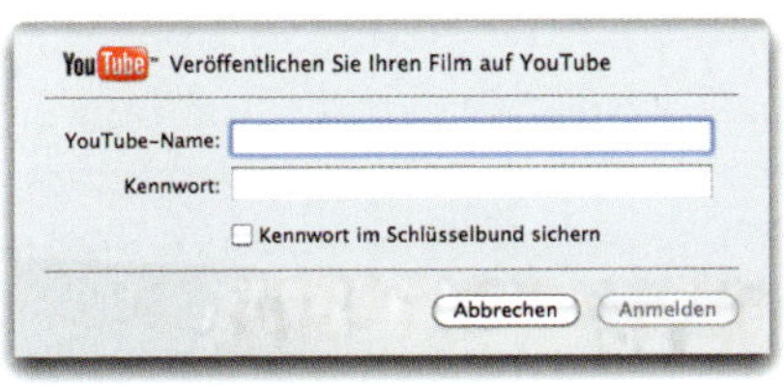

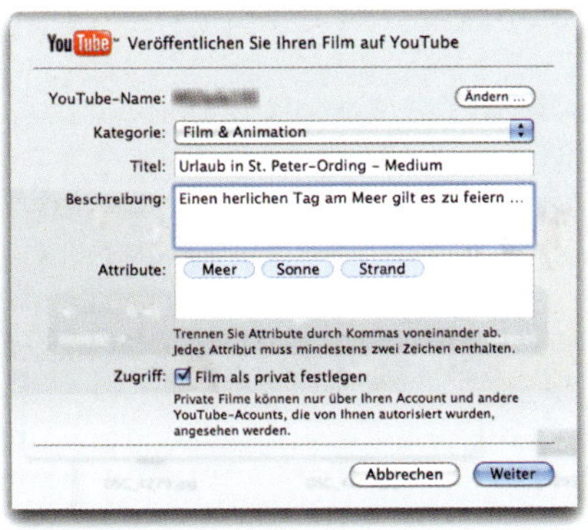

Es gibt viel auszufüllen – packen wir es an …

Über den Knopf *Weiter* erhalten Sie noch einen kurzen Einblick in die *YouTube AGBs* (die allgemeinen Geschäftsbedingungen) und schon kann die Veröffentlichung starten. Das Projekt wird aufbereitet und dann auf die *YouTube*-Webseite übertragen – was je nach Länge und Geschwindigkeit der Internet-Verbindung ein wenig dauern kann.

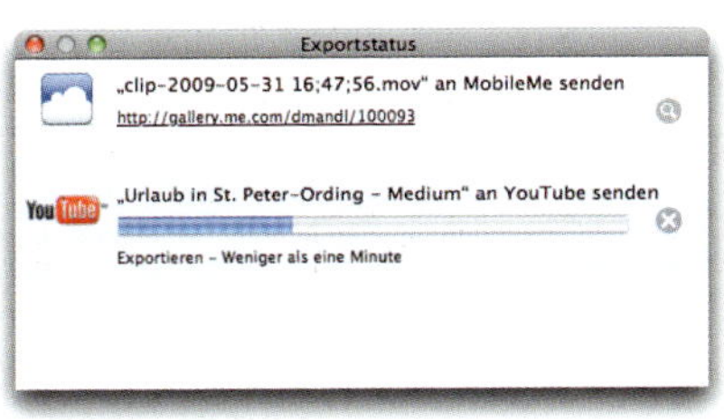

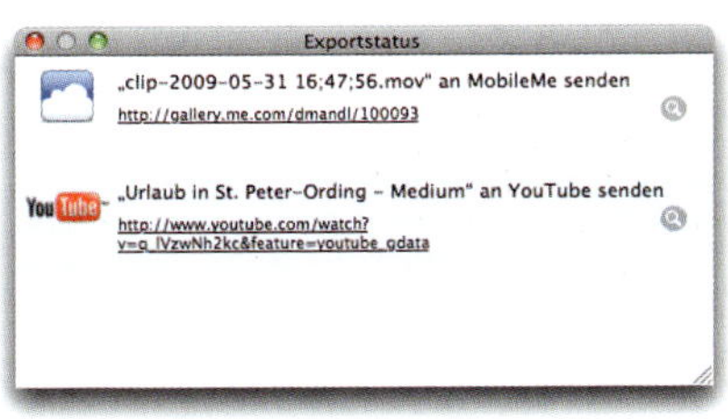

Alles im Fluss … Die YouTube-Gemeinde darf sich über das zig Millionste Film-Highlight freuen. Die entsprechende Webseite erscheint ebenfalls im Exportstatus-Fenster.

Das Video wurde veröffentlicht. Löschen können Sie Ihre Filme natürlich auch wieder, und zwar auf der YouTube-Seite unter Ihrem Account -> Mein Konto -> Videos, Favoriten, Playlists.

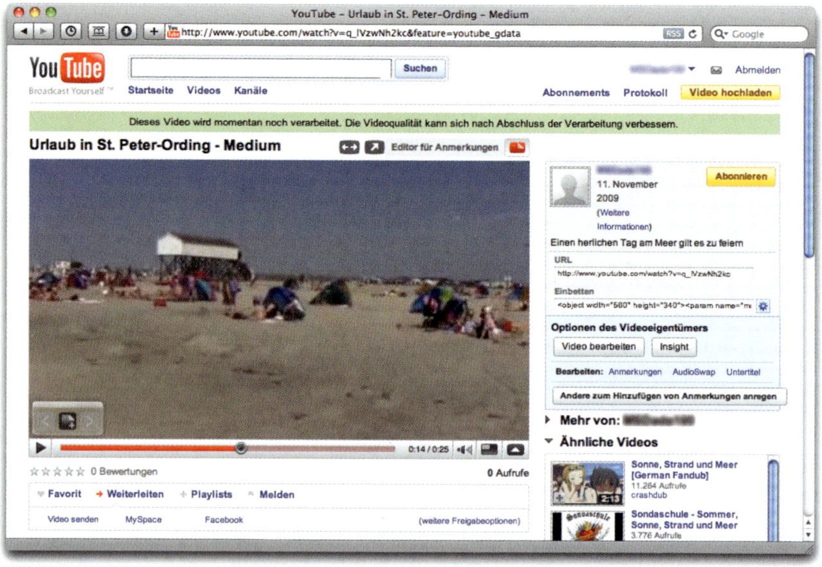

Last but not least steht noch der Export für das Web an. Über *Ablage | Für Web sichern* können Sie Exportversionen Ihres Films für *iPhone*, *iPhone (Funknetz)* sowie den *Computer* optimal erstellen, so dass das Ergebnis ein guter Kompromiss aus Datengröße und Qualität ist. Mit dieser Vorgehensweise erhalten Sie neben den Filmen auch die zugehörigen Daten (unter anderem eine HTML-Code-Datei), um diese in eine Webseite einbinden zu können. Die Filme selbst werden für das Web angepast, so dass Besucher Ihrer Webseite für die bestimmten Zwecke die optimale Vorlage erhalten.

Der Dialog zum Sichern der Filme für das Web.

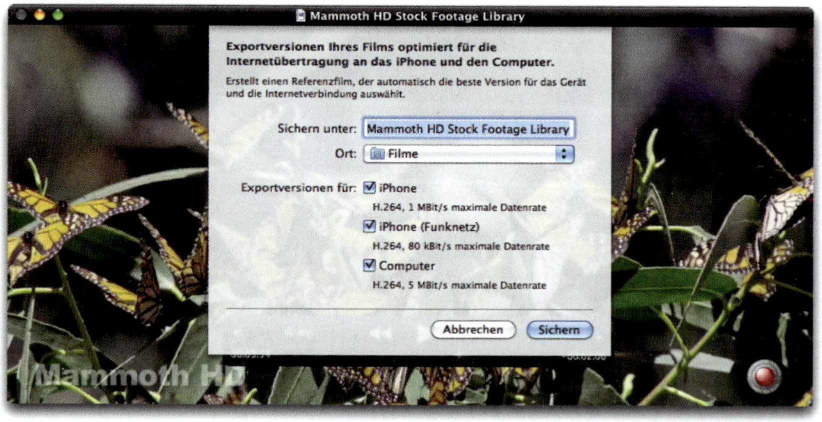

Beim Erstellen der Film-Daten erscheint im Fenster *Exportstatus* der Eintrag *Für Web sichern*. Wird nach Fertigstellung der Konvertierung darauf geklickt, so öffnet sich der Webbrowser *Safari* und gibt Ihnen eine Anleitung mit auf den Weg, um die Videos nun ohne größere Probleme in eine Webseite einbinden zu können.

Der Exportstatus führt während und nach dem Konvertieren den Eintrag »Für Web sichern« auf. Wird darauf geklickt, so öffnet sich der Browser »Safari« mit Tipps zur Veröffentlichung Ihrer Filme auf Ihrer Webseite.

Das nennt man Service: Wenn Sie sich mit HTML (der Programmiersprache für Webseiten) auskennen, so dürfte es ein Leichtes sein, den angegebenen Code darin einzubauen. Falls Sie über keinerlei Kenntnisse verfügen, so sollten Sie sich an Ihren bisherigen Webseiten-Bastler wenden oder aber Services wie MobileMe oder eines anderen Dienstleisters in Anspruch nehmen.

Sie sehen schon, *QuickTime* vermag eine ganze Menge. Dennoch können kleine Probleme auftreten, etwa wenn Sie noch ältere Filme besitzen oder solche, die mit eigenen Einstellungen über *QuickTime 7* abgespeichert wurden. Hier kann es durchaus vorkommen, dass sich der aktuelle *QuickTime Player X* weigert, die Filme zu öffnen. Denken Sie also bitte daran, dass Sie zum einen die Möglichkeit haben, das ältere *QuickTime 7* über Ihre Installations-DVD nachzuinstallieren bzw. es über die Webseite `www.apple.com/de/quicktime` herunterzuladen. Nach der Installation befindet sich das Programm dann – ein wenig gewöhnungsbedürftig – im Ordner *Dienstprogramme.*

Rechner – Mit Mehrwert unter der Oberfläche

Rufen Sie das Programm auf, so erscheint vorrangig erst einmal ein ganz normaler Taschenrechner, wie man ihn eben kennt zum Berechnen beispielsweise der Inflationsrate oder der Haushaltsverschuldung … Aber täuschen Sie sich nicht, denn hinter dem unscheinbaren ersten Auftreten stecken viele weitere Funktionen, die Sie über die Menüleiste in Erfahrung bringen.

Neben der *Standard*-Darstellung (⌘-1) gibt der Rechner über das *Darstellungs*-Menü die Ansichten *Wissenschaftlich* (⌘-2) sowie *Programmierer* (⌘-3) preis. So lassen sich zig weitere Berechnungsmöglichkeiten einblenden, die selbst uns verblüffen (ganz davon abgesehen, dass wir nicht alles verstehen – weil wir im Mathe-Unterricht nicht immer aufgepasst haben …)

Von »Alles klar« über »Das sind aber schöne Knöpfe« bis hin zu »Verstehe nur Bahnhof« – der Rechner hat wohl für jeden Zahlen-Freak etwas Passendes im Gepäck.

Aber das ist immer noch nicht alles: Denn Sie können mit dem Apple-Rechner zusätzlich die Anzahl der *Nachkommastellen* (*Darstellung* | *Nachkommastellen*) festlegen als auch eine so genannte *Umgekehrte polnische Notation* (⌘-R) einblenden. Diese Nennung, die uns zuerst einmal an das wunderschöne Polen erinnert, ist ganz klar ein Begriff für *Wikipedia* (denken Sie an das Apple-Lexikon!) und erklärt uns, dass es sich hierbei um die »Eingabelogik für die Anwendung von Operationen« handelt (das ist so simpel, da hätten wir ja nun selbst draufkommen können).

Eine gute Sache ist auch der *Beleg* (wie an der ALDI-Kasse, wenn Sie wieder mal Kaufmannsladen spielen), der über das Menü *Fenster* eingeblendet wird (⌘-T) und der Ihre Rechenkünste aufzeichnet. Ist die Arbeit erledigt, lässt er sich über *Ablage* | *Beleg sichern unter* speichern bzw. drucken (*Ablage* | *Beleg drucken*) oder Sie kopieren über *Alles Auswählen* (⌘-A) -> *Kopieren* (⌘-C) den Inhalt und fügen ihn über *Einsetzen* (⌘-V) woanders wieder ein.

Wenn Sie Ihrem Sohn 12 Monate je 24 Euro auf das Konto überweisen, die Oma 489 Euro schenkt und Sie 95,32 Euro für die kaputt geschossene Glasscheibe abziehen, so hat er exakt 681,68 Euro.

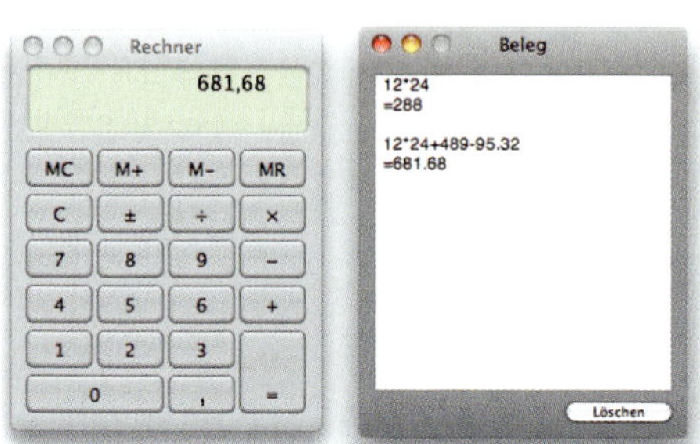

Und vergessen Sie bitte auf keinen Fall, einen ausführlichen Blick in das Menü *Umrechnen* zu werfen. Aus den Bereichen *Fläche*, *Währung*, *Gewicht*, *Geschwindigkeit*, *Temperatur* und so weiter lassen sich diverse Werte umrechnen, indem Sie Ausgangswerte in den *Rechner* eintippen, dann die Umrechnungs-Rubrik samt Kategorien wählen und bestätigen – das Ergebnis erscheint dann im Anzeige-Bereich.

Damit Sie immer auf dem Laufenden sind – gerade in Sachen *Währung* – sollten Sie vor dem Umrechnen in Geldangelegenheiten online gehen, da in diesem Fall die aktuellen Devisenkurse automatisch aktualisiert werden. Klicken Sie dazu auf den *Aktualisieren*-Button und Sie sind wieder auf dem neuesten Stand.

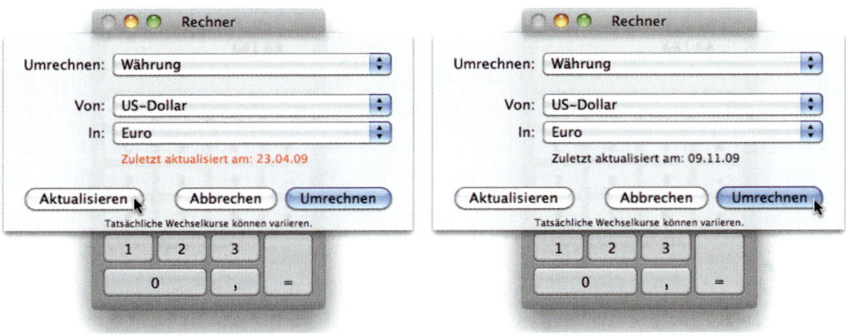

Damit Sie kein Geld verlieren – denken Sie bei Währungs-Umrechnungen an das vorherige Aktualisieren über das Internet.

Mehrwert: Aus zig verschiedenen Rubriken lassen sich eingegebene Werte in Sekundenschnelle umrechnen.

Denken Sie auch immer an das *Dashboard* mit seinen vielen Widgets, welches ebenso vielfältige Funktionalitäten auf Knopfdruck bietet – um beim Beispiel zu bleiben: etwa den *Rechner* oder das *Umrechnen*-Programm.

Schriftsammlung – Zeichensätze verwalten

Mac OS X installiert Ihnen schon einmal eine Menge an Schriften, die jedoch in unterschiedlichen Ordnern untergebracht sind. Da gibt es beispielsweise den Ordner *Fonts* mit den Systemschriften, der im Verzeichnis *System/Library/Fonts* liegt und der von Mac OS X benötigt wird. Weiterhin finden Sie einen *Schriften*-Ordner über den Pfad *Ihr Startvolume/Library/Fonts*. Installieren Sie in diesen Ordner weitere Schriften, so stehen diese allen auf dem Computer angemeldeten Benutzern zur Verfügung. Im Gegensatz zu jenem *Font*-Ordner, den Sie über den Pfad *Benutzer/»Benutzername«/Library/Fonts* finden. Diese Schriften sind wiederum einzig für den jeweiligen Benutzer von Belang. Sie müssen also im Vorfeld abklären, wer welche Schriften benutzen soll. Der *Systemschriften*-Ordner sollte dagegen tabu sein – hier sollten Sie weder Schriften entfernen noch hinzufügen, da das Betriebssystem solcherlei Eingriffe oftmals mit Komplikationen bestraft.

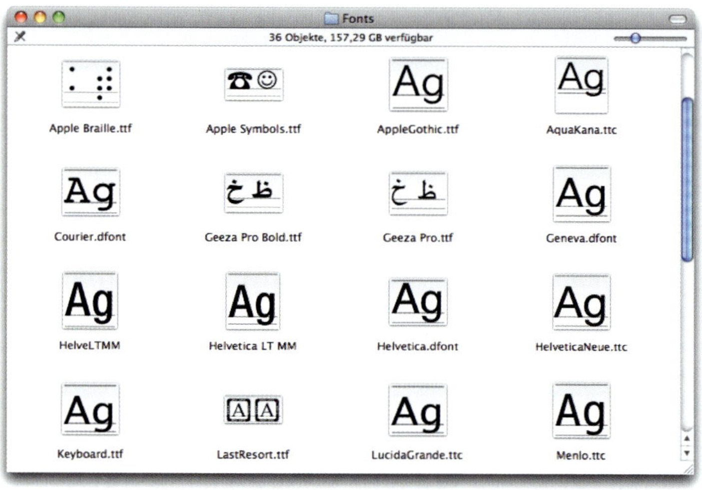

Schriften über Schriften – für jeden Anlass und Zweck finden Sie geeignete Zeichensätze.

Wenn Sie Schriften kaufen, werden diese meist als Installations-Paket geliefert. Doppelklicken Sie diesen, so läuft das ganz normale Prozedere wie bei einem Programm ab. Jenes Verzeichnis, in das die Schriften standardmäßig gelegt werden sollen, stellen Sie in den *Schriftsammlung-Einstellungen* (*Befehlstaste-Komma*) unter *Standardort zur Installation* ein. Als Option können Sie unter anderem noch bestimmen, dass alle Schriften vor der Installation überprüft werden.

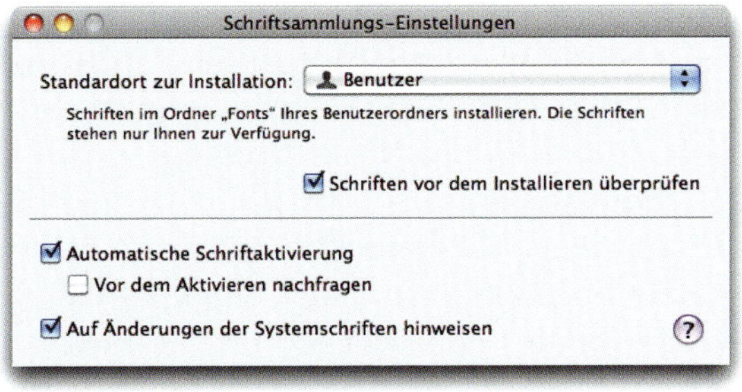

In den »Schriftsammlung-Einstellungen« bestimmen Sie den Standardort für neu hinzugefügte Schriften.

Das Programm *Schriftsammlung* ist folglich erste Anlaufstelle, wenn es ums Organisieren und das Abrufen von Informationen geht. Linker Hand befindet sich die Spalte *Sammlung*, in der die Schriften zu einander passenden Gruppen zusammengefasst werden können. Während die *Bibliotheken* namens *Alle Schriften*, *Deutsch*, *Benutzer* und *Computer* jene Schriften aus den *Font*-Ordnern wiedergeben, lassen sich darunter *Sammlungen* bilden, die aus den zuerst genannten *Bibliotheken* gespeist werden.

Die bereits vorgegebenen Sammlungen führen folgende Schriften auf:

- Feste Laufweite
  Hier handelt es sich um Schriften, deren einzelne Buchstaben oder Ziffern alle denselben Platz beanspruchen. Ein »a« ist also genauso breit wie etwa ein »Z«.

- Moderne
  Bekannte serifenlose Schriften, also ohne Schnörkel.

- PDF
  Hier finden Sie Schriften, die sowohl am Bildschirm als auch im Ausdruck eine gute Figur machen.

- Spaß
  Ob Comic oder Heirats-Anzeige – die Schrifttypen eignen sich für ausgefallene Zwecke. Die Schriften dieses Genre sollten im geschäftlichen Brief-Verkehr vermieden werden.

- Traditionell
  Die üblichen Verdächtigen (Serifen-Schriften), die in der Schrift-Historie Weltruhm erlangten und je nach Anlass dem Benutzer einen guten Geschmack anheften. Unter *Serifen* versteht man die kleinen Endstriche, die die einzelnen Buchstaben verzieren.

- Web
  Auch dies sind allesamt Schriften, die sich hervorragend am Bildschirm lesen lassen und sich daher auch besonders für Internet &

Co. eignen. Weiterhin finden Sie dort jene Zeichensätze (nicht alle), die sich häufig Plattform-übergreifend auch auf PCs befinden und somit auch dort ohne Darstellungsfehler daherkommen.

- Windows Office-kompatibel
  Diese Schriften eignen sich besonders gut, wenn Sie etwa mit Programmen arbeiten, die es auch in der Windows-Welt gibt (Microsoft Word, PowerPoint etc.) oder Sie Text-Dateien mit PC-Usern austauschen möchten. Gerade dann, wenn Formatierungen vorgenommen wurden, kann es sein, dass es Verschiebungen im Umbruch und ähnliches gibt. Benutzen Sie diese Schriften, so wird zumindest das Risiko etwaiger Darstellungsfehler gemindert.

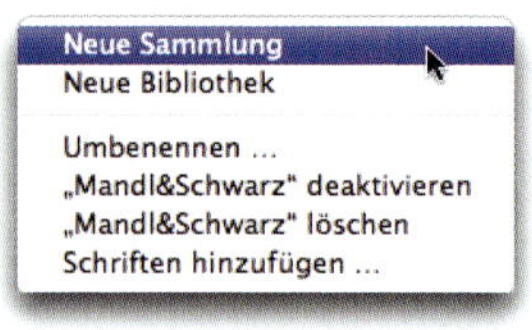

Im Unterschied zu *Bibliotheken*, die beim Entfernen die Schriften später nicht mehr zur Verfügung stellen, bleiben beim Löschen von *Sammlungen* die Schriften weiter verfügbar, da es sich hierbei nur um Verlinkungen zur Original-Schrift handelt. Über *Ablage | Neue Bibliothek* (⌘-⌥-N) bzw. auch über das *Aktionen*-Menü (⚙▾) wird eine solche angelegt, die Sie auch gleich sinnvoll benennen sollten. Über einen Mausklick auf den *Plus*-Button (+) unterhalb der *Schriften*-Liste fügen Sie nun einzelne Fonts oder ganze Schrift-Ordner hinzu. Dabei können Sie auch einen anderen Speicher-Ort als die *Fonts*-Ordner von Mac OS X angeben – dieser wird unabhängig verwaltet.

Das Füllen neuer Bibliotheken mit Schriften geht schnell vonstatten.

Ob nach Schriftbild, Genre oder eigenen Projekten – über den »berühmten« *Plus*-Button (+) unterhalb der Liste mit den *Bibliotheken* erstellen Sie neue *Sammlungen*, die selbstverständlich ebenso einen intelligenten Namen bekommen sollten. Klicken Sie nun in *Alle Schriften*, so werden in der Spalte *Schrift* sämtliche verfügbaren Fonts aufgeführt. Nun können Sie daraus einzelne Schriften auf Ihre persönliche Gruppe ziehen.

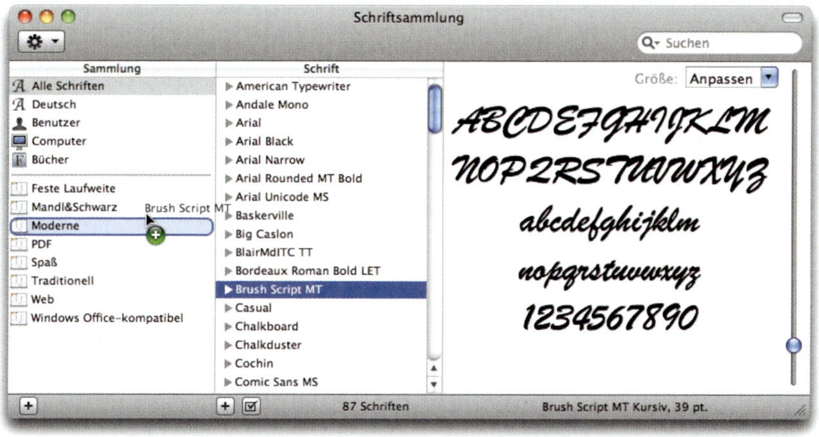

Die »Schriftsammlung« bietet einen Überblick über alle auf dem Rechner installierten Schriften sowie deren Schriftbild. »Sammlungen« werden per Drag & Drop (Schrift packen und auf die Sammlung ziehen) aus der Schriften-Liste befüllt.

Manchmal ist es nicht verkehrt, Schriften, die man nicht benötigt, zu deaktivieren. Dies kann beispielsweise der Fall sein, wenn Sie mit einem Programm arbeiten, das die verschiedenen Schriftstile (fett, kursiv, unterstrichen etc.) eines Fonts nicht in einem Ordner zusammenfasst, so dass das Schriften-Menü überbordend voll ist. Das Deaktivieren erledigen Sie, indem Sie einen Schrift-Ordner in der Spalte *Schrift* markieren (oder auch mehrere) und auf den *Deaktivieren*-Button (☑) klicken. Nach einer Bestätigungs-Anfrage erhält der jeweilige Schriftschnitt nun das Kürzel *Aus* angehängt. Schriften, hinter denen sich ein Warndreieck (⚠) befindet, deuten auf Komplikationen hin, etwa dass sich dort Duplikate (also doppelt oder mehrfach installierte Schrifttypen) eingeschlichen haben. Auch in diesem Fall ist es angebracht, diese zu deaktivieren.

Ein Klick auf den richtigen Knopf und die Schrift wird auf Nachfrage deaktiviert.

Bei mehreren Kopien von ein und derselben Schrift wird eine Warnung ausgegeben.

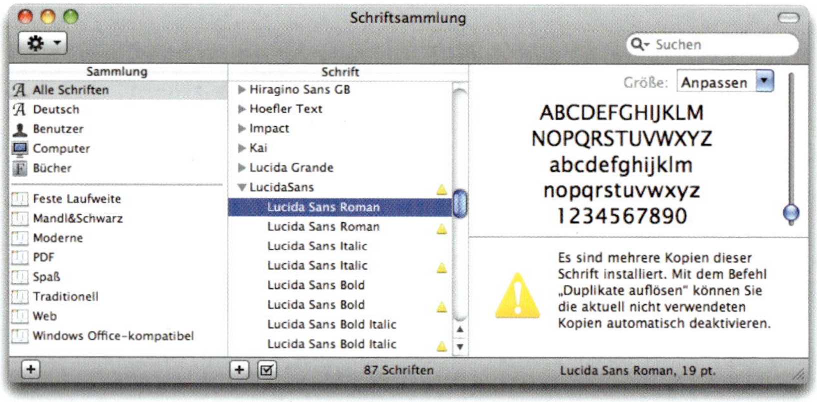

Ehe Sie nun Schrift für Schrift überprüfen und jedes einzelne Duplikat deaktivieren, geht es natürlich viel schneller über den Befehl *Duplikate auflösen* im *Bearbeiten*-Menü.

Schriften, die vom System benutzt werden und die Sie deaktivieren möchten, lassen sich das natürlich nicht so ohne Weiteres gefallen. Anstatt dessen gibt es erst einmal eine Warnmeldung, die Sie gehörig wachrüttelt:

Lassen Sie am besten die Finger davon, damit Ihr System keinen Schluckauf (oder Schlimmeres) bekommt.

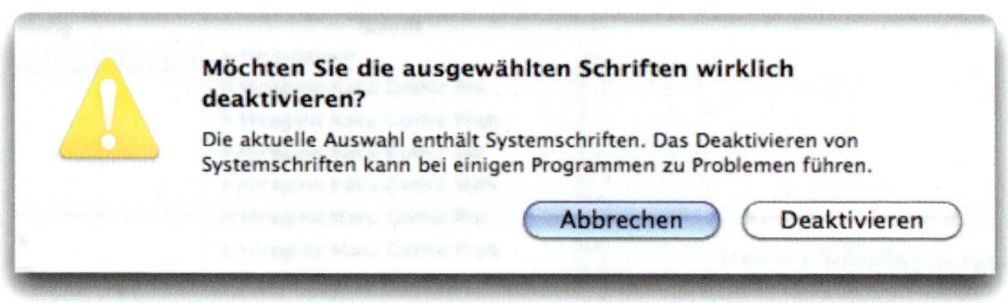

Wenn Sie neue Schriften installieren möchten, so legen Sie sie entweder in die dafür vorgesehenen Schrift-Ordner oder ziehen sie einfach in die Spalte *Schrift*. Oder Sie packen einen ganzen – aussagekräftig benannten – Ordner mit Schriften in die Spalte *Sammlung*, so dass dieser als Gruppe mitsamt den Schriften eingepflegt wird.

Klicken Sie nun eine Schrift an, so sehen Sie ganz rechts eine Vorschau des Schriftbilds. Ist diese nicht vorhanden, so wählen Sie im *Vorschau*-Menü den Befehl *Vorschau einblenden*. Neben der Auflistung des Alphabets sowie der Ziffern in der entsprechenden Schrifttype (*Vorschau* | *Beispiel* oder ⌘-1) können Sie nun über *Vorschau* | *Repertoire* (⌘-2) den vollständigen Satz an darstellbaren Zeichen oder über *Vorschau* | *Eigene* (⌘-3) eine individuelle Anzeige einstellen. Die *Schriftgröße* regulieren Sie dabei über den Regler ganz rechts außen oder über das Popup-Menü *Größe* innerhalb des Anzeige-Bereiches. Möchten Sie Näheres über eine Schrift erfahren (*Voller Name*, *Art*, *Version*, *Copyright* etc.), so wählen Sie über das *Vorschau*-Menü den Befehl *Schriftinformationen einblenden* (⌘-I).

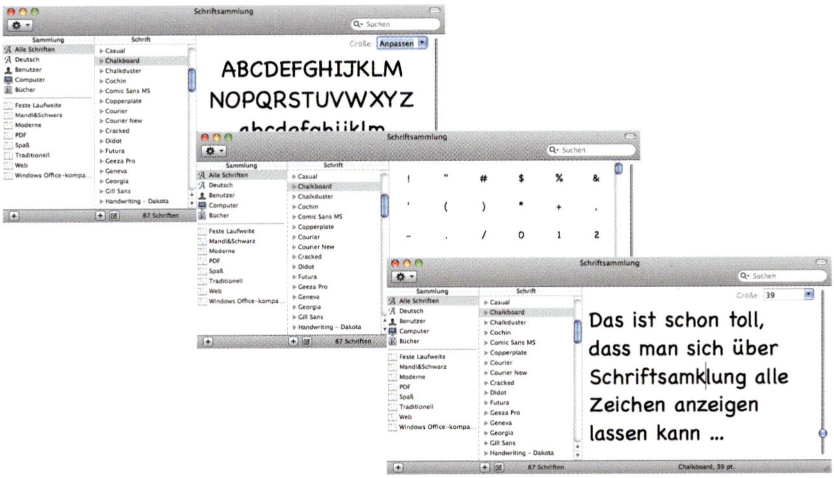

Die Vorschau bietet unter anderem die Ansichten »Beispiel«, »Repertoire« und »Eigene«.

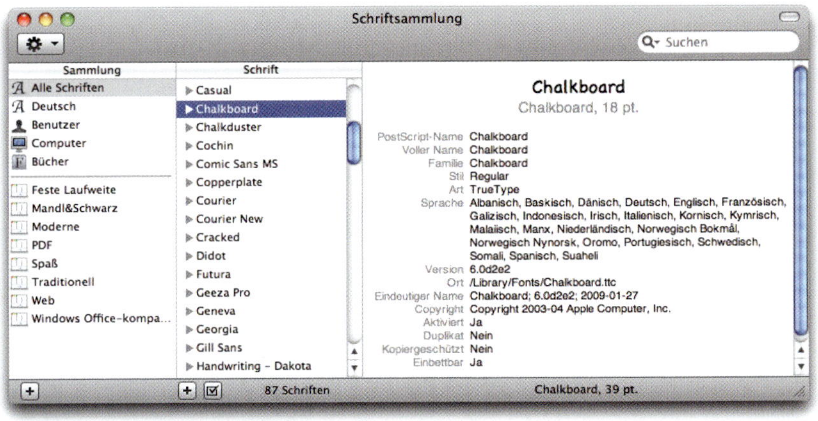

Die Schriftinformationen lassen wohl keinen wichtigen Punkt aus.

Wenn Ihnen das Bewerten einer Schrift am Bildschirm schwer fällt und Sie stattdessen lieber eine gedruckte Version in den Händen halten, so markieren Sie einfach eine Schrift oder eine Sammlung und wählen dann *Ablage | Drucken*. Im sich öffnenden *Drucken*-Dialog haben Sie nun drei verschiedene Möglichkeiten, das Schriftbild darstellen zu lassen: *Katalog* etwa druckt pro Schrift eine Zeile, wobei Sie selbst die Größe bestimmen können. *Repertoire* wiederum gibt Ihnen einen Überblick über alle darzustellenden Zeichen einer Schrift. Sie können in diesem Fall die Größe der *Glyphen* (Bildzeichen) einstellen. Passen Sie hier jedoch auf, wie viele Zeichen eine Schrift zur Verfügung stellt, denn ansonsten bekommen Sie – je nach ausgewählter *Glyphengröße* – Dutzende an Seiten ausgedruckt. *Wasserfall* (ein etwas komischer Name ...) druckt Ihnen letztlich eine Zeile Mustertext in verschiedenen Größen auf eine Seite Papier, wobei Sie selbst weitere Größen hinzufügen oder entfernen können.

Um sich davon ein Bild zu machen, wie die gewünschte Schrift auf dem Papier wirkt, lässt sich diese unprobematisch und in verschiedenen Ansichten ausdrucken.

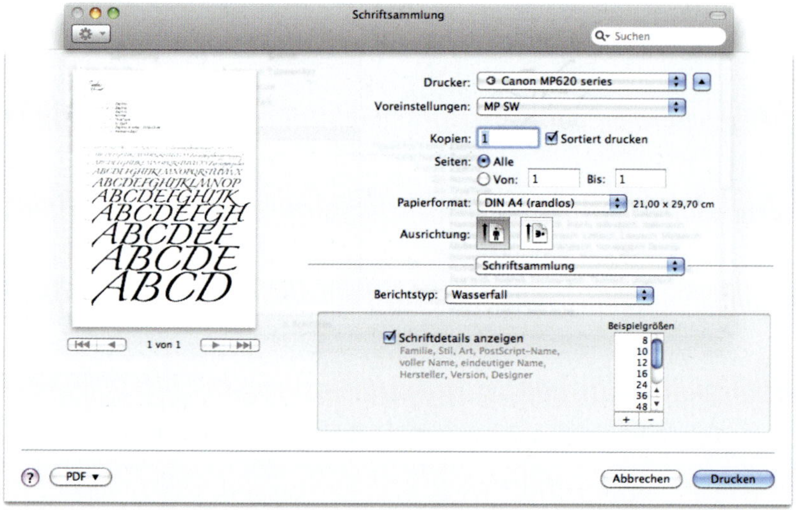

Was bietet Ihnen die *Schriftsammlung* sonst noch? Zum Beispiel das schnelle Auffinden des Speicherplatzes von Schriften. Klicken Sie in der Spalte *Schrift* den gewünschten Font an und wählen Sie dann aus dem *Ablage*-Menü den Befehl *Im Finder zeigen* (⌘-R). Voilá – jener Ordner, der die Schrift beherbergt, öffnet sich in Sekundenbruchteilen.

Oder möchten Sie einem Kollegen die zu einem bestimmten Dokument gehörenden Schriften mitgeben? Ganz einfach: Markieren Sie beispielsweise in *TextEdit* den Text über *Bearbeiten | Alles auswählen.* Wählen Sie dann im *Programm*-Menü den Befehl *Dienste* und dort wiederum die Option *Sammlung aus Text erstellen* bzw. *Schriftbibliothek aus Text erstellen* (die Optionen des *Dienste*-Befehls stehen leider nicht in allen Programmen zur Verfügung). Es wird nun im Programm *Schriftsammlung* eine *Sammlung* bzw. eine neue *Bibliothek* mit den im Text verwendeten Schriften angelegt, die nun über das *Ablage*-Menü und dem Befehl *Sammlung exportieren* extern abgespeichert werden können.

Fehlen Ihnen eben genannte Befehle *Sammlung aus Text erstellen* bzw. *Schriftbibliothek aus Text erstellen* aus dem *Dienste*-Menü, so rufen Sie darüber die *Dienste-Einstellungen* auf. Es öffnet sich dabei die Systemeinstellung *Tastatur* | Reiter *Tastaturkurzbefehle.* Wählen Sie dort in der linken Spalte die Rubrik *Dienste* und scrollen Sie dann rechter Hand bis zum Punkt *Text.* Dort aktivieren Sie nun die beiden Dienste *Sammlung aus Text erstellen* bzw. *Schriftbibliothek aus Text erstellen,* die danach im *Dienste*-Menü aufgeführt werden.

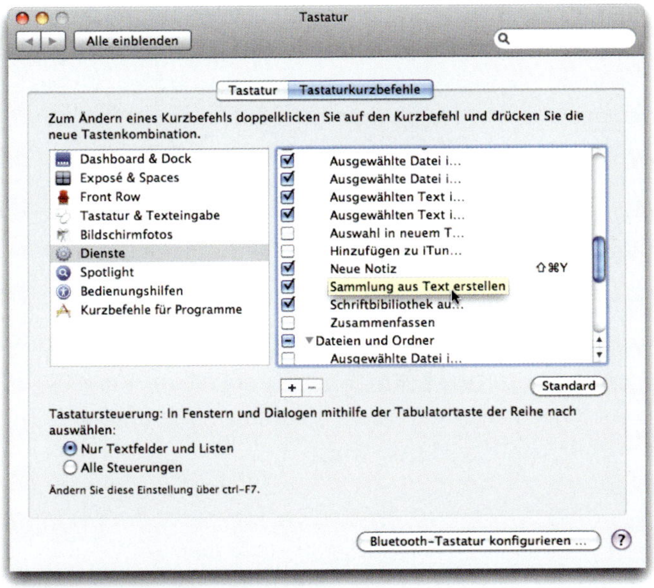

Die Systemeinstellung »Tastatur« | Reiter »Tastaturkurzbefehle« führt die verfügbaren Optionen für das Dienste-Menü auf.

Arbeiten Sie beispielsweise mit dem Text-Programm *Microsoft Word*, so werden Sie schnell feststellen, dass dort auf keine Dienste zugegriffen werden kann. Sie können sich jedoch behelfen, indem Sie einfach den Text aus einer Word-Datei in ein *TextEdit*-Dokument hineinkopieren (*Bearbeiten* | *Alles auswählen* -> *Bearbeiten* | *Kopieren* -> dann das *TextEdit*-Dokument anklicken –> *Bearbeiten* | *Einsetzen*). Dabei bleiben alle Formatierungen erhalten und Sie können nun auf das *Dienste*-Menü zurückgreifen. Die zu einer Datei passenden *Dienste* werden im Übrigen auch über das Kontext-Menü angeboten.

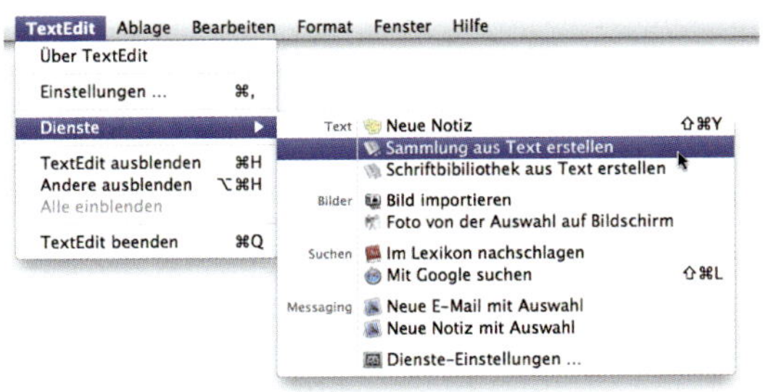

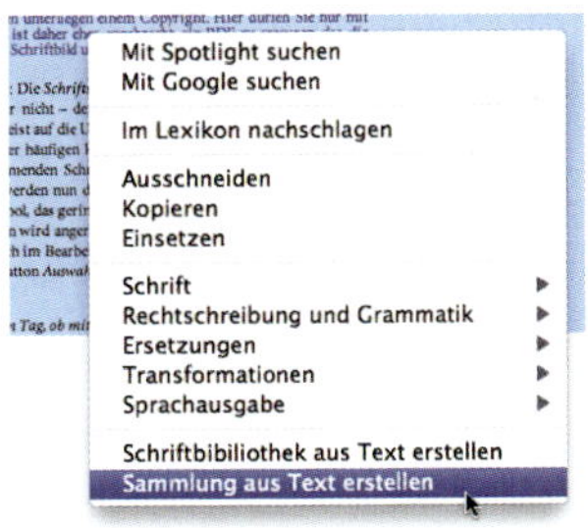

Ob über das Dienste- oder Kontext-Menü – viele hilfreiche Optionen werden je nach Arbeitsgebiet offeriert.

Mit Schriften ist es wie mit der Musik – diese Medien unterliegen einem Copyright. Hier dürfen Sie nur mit Zustimmung des Herstellers Daten weiterreichen. Es ist daher eher angebracht, ein PDF zu erzeugen, das die Schriften integriert und somit dem Benutzer genau das Schriftbild und Layout wiedergibt.

Eine letzte Option sei der Vollständigkeit halber noch erwähnt: Die *Schriftsammlung* fungiert auch als Kontrolleur, ob denn Schriften beschädigt sind.

Denn – ob Sie es glauben oder nicht – defekte Schriften können dem Computer mächtig Probleme bereiten. Das Dumme daran ist nur, dass man meist auf diese Ursache nicht kommt. Nichtsdestotrotz sollten Sie bei Schwierigkeiten beim Speichern von Dokumenten oder häufigen Programm-Abstürzen auch diese Möglichkeit in Betracht ziehen. Markieren Sie dann die in Frage kommenden Schriften und betätigen Sie den Befehl *Ablage | Schriften überprüfen.* In einem eigenen Dialog-Feld werden nun die Schriften auf Herz und Nieren gecheckt und aufgeführt – beschädigte Schriften erhalten dabei ein Symbol, das geringfügige (!) oder schwerwiegende Fehler (✕) aufweist. Im Falle von schwerwiegenden Fehlern wird angeraten, diese Schriften nicht zu benutzen und sie zu entfernen bzw. zu ersetzen. Dies können Sie auch gleich im Bearbeitungsfenster erledigen, indem Sie den Übeltäter über das Setzen eines Häkchens auswählen und über den Button *Auswahl entfernen* in den Papierkorb legen.

Die Überprüfung der Schrift legt es an den Tag, ob mit Schwierigkeiten zu rechnen ist.

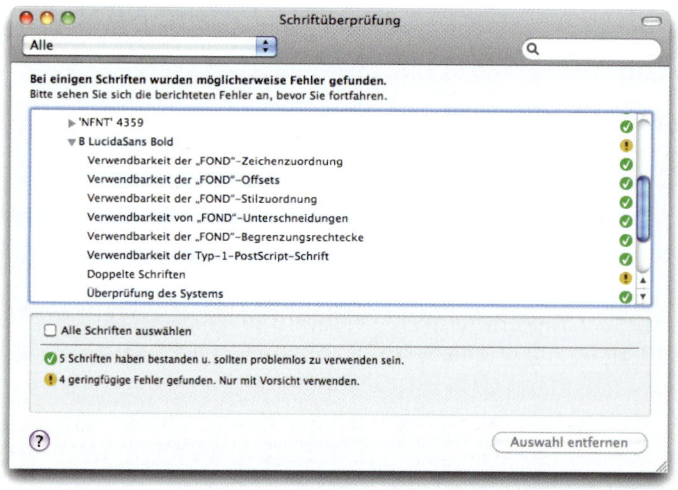

Sie können sogar vor dem Installieren neuer Schriften diese checken lassen. Dazu wählen Sie den Befehl *Ablage | Datei überprüfen* und weisen dann über *Öffnen* den entsprechenden Zeichensatz zu.

TextEdit – Textverarbeitung unter Mac OS X

Der Name ist Programm: In der Tat können Sie mit *TextEdit* Text editieren, ihn also bearbeiten, anpassen, ganz neu erstellen und ihn in verschiedenen Formaten – beispielsweise zum Austausch – abspeichern. Nach dem Start wird ein leeres Dokument angelegt, in das Sie nun Text eingeben oder Inhalte aus anderen Dokumenten hineinkopieren. Am besten sollten Sie zu Anfang wie üblich einen Blick in die *Einstellungen* werfen, da Sie dort die Grundmerkmale für das geöffnete Dokument festlegen.

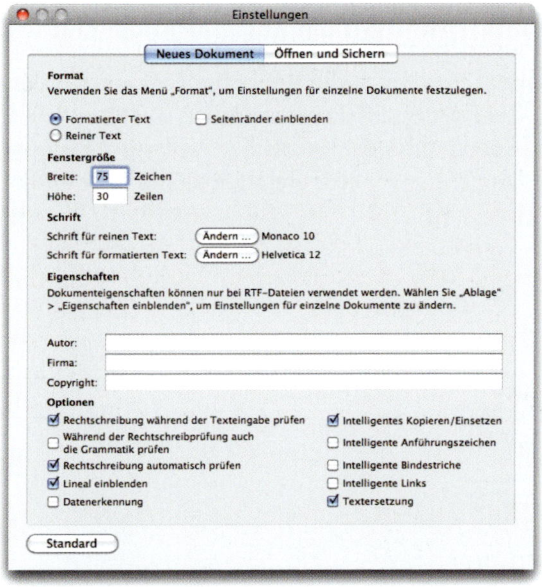

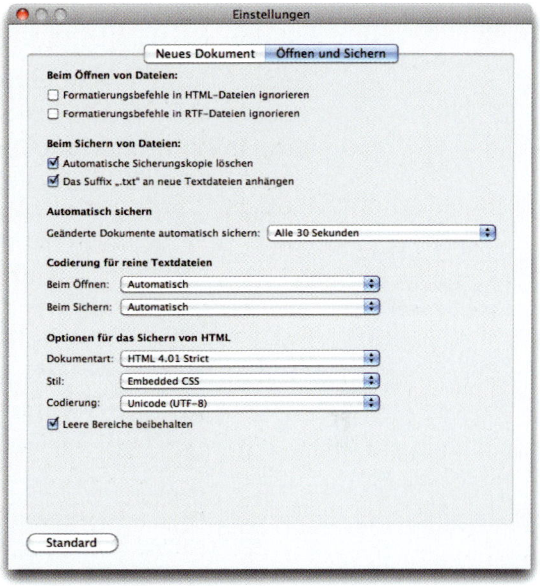

Zwei Reiter für die allumfassende Definition Ihrer künftigen Dokumente.

Vor Beginn steht wie immer die Frage an, welchen Zweck Sie verfolgen. Möchten Sie einen Brief oder ein Manuskript anfertigen, so sollten Sie *Formatierter Text* (*RTF*) benutzen, da Sie damit Text auszeichnen, also mit verschiedenen Schriften und Stilen (*kursiv*, **fett**, unterstrichen etc.) belegen können. Das *RTF*-Format (**R**ich **T**ext **F**ormat) eignet sich auch dazu, wenn Sie Text an Personen reichen, die mit einer Textverarbeitung wie *Microsoft Word* arbeiten oder das Dokument in eine Layout-Software einfließen lassen möchten. Fügen Sie einem *RTF*-Dokument Bilder hinzu, wird daraus eine *.rtfd-Datei*.

Soll ein Text dagegen weitergereicht werden und es scheint nicht sicher, dass auf dem anderen Rechner dieselben Schriften vorliegen, so dürfte *Reiner Text* (oder noch besser PDF – dazu später mehr) die schlauere Wahl sein, wobei etwaige Auszeichnungen nicht möglich sind. Auch für das Programmieren von Skripten oder HTML-Seiten fällt die Wahl auf *Reiner Text*, da beim Schreiben von Code keine Stile verwendet werden dürfen.

Wenn Sie ein Dokument erstellt haben, können Sie es über den Befehl *Sichern unter* in einem anderen Format abspeichern. Zur Verfügung stehen unter anderem die Datei-Formate *Formatierter Text (RTF)* mit dem Suffix *.rtf*, *RTFD* für RTF mit Bildern (Suffix *.rtfd*), *HTML* (Suffix *.html*) für die Webseiten-Erstellung, *Webarchiv* zum Lesen der Dokumente beispielsweise im Browser *Safari*, *OpenDocument-Text* (Suffix *.odt*) für eine Textverarbeitung der OpenSource-Gemeinde wie *OpenOffice* oder *NeoOffice* sowie die Word-Formate *Word 2007* (*.docx*), *Word 97* (.doc) und *Word 2003-XML-Format* (*.xml*). Daneben haben Sie über den *Drucken*-Dialog jederzeit die Möglichkeit, das Dokument in ein PDF zu konvertieren.

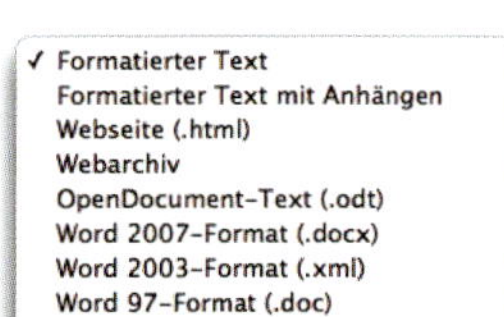

Das Einblenden von *Seitenrändern* ist für Anschreiben und Briefe von Vorteil, da Sie somit das Layout sowie die Proportionen besser beurteilen können. Ist die Option nicht gewählt, passt sich die Breite des Dokuments der Fensterbreite an. Ziehen Sie das Dokument-Fenster größer, so verteilt sich der Inhalt neu. Beim Drucken wird dann der Inhalt der Papiergröße angepasst, so dass Sie je nach Umfang entweder eine ziemlich kleine oder große Schrift erhalten.

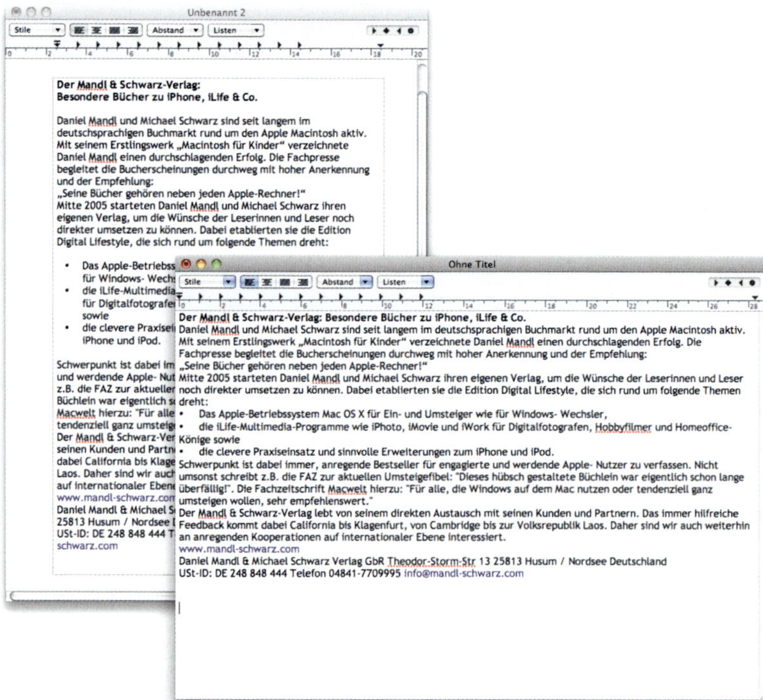

Dasselbe Dokument mit und ohne Seitenränder.

Die Auswahl der Schrift bleibt natürlich Ihnen überlassen, so dass Sie ganz Ihrem Geschmack vertrauen sollten, zumal Sie jederzeit die Möglichkeit besitzen, Schriftanpassungen vorzunehmen. Entweder Sie klicken in den *TextEdit-Einstellungen* auf *Ändern* und wählen aus dem Schrift-Menü eine Alternative zur vorgeschlagenen, oder Sie formatieren gleich im laufenden Text des Dokuments über *Format | Schrift | Schriften einblenden* (⌘-T).

Die *Eigenschaften* gestatten Ihnen das Identifizieren Ihrer Dokumente, indem Sie die Eintragungen (Autor, Firma, Copyright) vornehmen und so Ihrem Schreiben zu mehr Aufmerksamkeit verhelfen – zumindest was das Auffinden angeht. Blenden Sie über das *Ablage*-Menü und den Befehl *Eigenschaften einblenden* das Fenster *Dokumenteigenschaften* ein, so lassen sich dort auch *Schlüsselwörter*, *Titel*, *Betreffzeilen* oder *Kommentare* hinzufügen. Über die *Spotlight*-Suche wird dann das Dokument leichter gefunden. Reichen Sie Ihr Dokument weiter, so haften diesem weiterhin die Eigenschaften an – das Dokument kann aber jederzeit umbenannt und verändert werden. Möchten Sie es dagegen vor Veränderungen schützen, so wählen Sie *Format | Vor Bearbeitung schützen.* Einen noch weitreichenderen Schutz – beispielsweise vor dem versehentlichen Löschen – erhalten Sie, wenn Sie das Dokument-Icon markieren und *Ablage | Information* (⌘-I) aufrufen. Im auftauchenden Dialog wählen Sie die Rubrik *Allgemein* und klicken dort die Option *Geschützt* an. Möchte nun jemand das Dokument löschen, so erhält er eine Sicherheitswarnung, die bestätigt werden muss, da ansonsten das Befördern in den Papierkorb nicht möglich ist. Das Gleiche gibt's noch einmal, wenn der Papierkorb geleert werden soll. Sie haben nun noch einmal die Chance, die geschützten Dokumente aus dem Papierkorb zu entfernen.

Die Dokumenteigenschaften werden der Datei angeheftet und bleiben auch beim Weiterreichen erhalten.

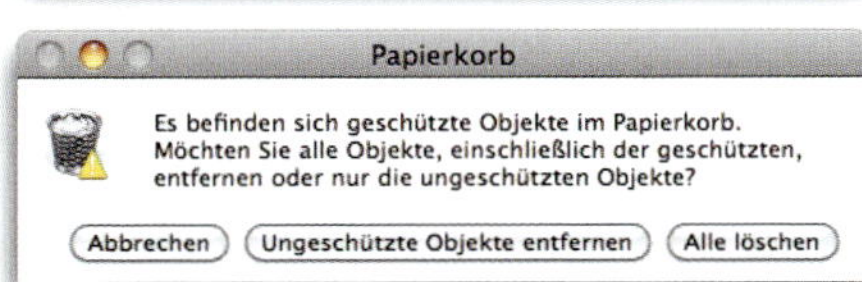

Das Dokument wird vor dem versehentlichen Löschen geschützt.

Das mit dem Schützen von Dokumenten ist so eine Sache … Legen Sie ein *TextEdit*-Dokument (ohne Option *Geschützt*) beispielsweise in den Ordner *Für alle Benutzer* oder in Ihrem Benutzer-Ordner in *Öffentlich*, so können auch andere Benutzer des Rechners auf das Dokument zurückgreifen, es öffnen und Änderungen vornehmen, selbst wenn von einem anderen Benutzer über *Format | Vor Bearbeitung schützen* dieses eigentlich verhindert werden sollte. Das heißt, der aktuelle Nutzer muss zumindest vor einer Veränderung wieder über das *Format*-Menü die *Bearbeitung zulassen* – aber immerhin. Selbst wenn das Dokument über den *Informationen*-Dialog geschützt wird, kann ein Zweiter darin herumfuhrwerken, auch wenn es beim Sichern oder Schließen eine Warnmeldung erhält. Nichtsdestotrotz – er kann es dennoch überschreiben.

Mal wieder eine Warnung, die jedoch den einen oder anderen wenig abschrecken wird.

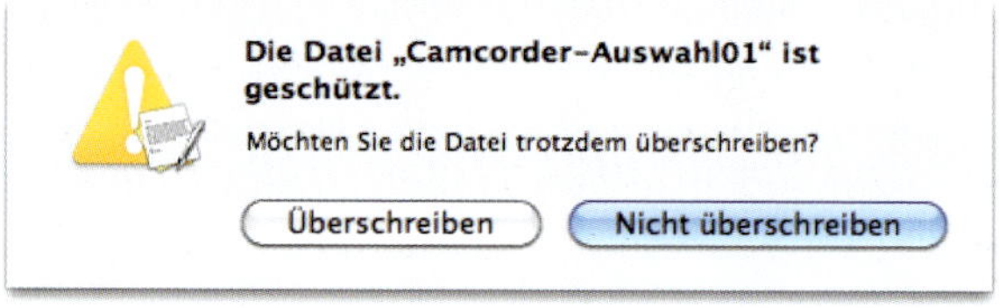

Um sicher zu gehen, dass auch ja alle Einstellungen in einem Dokument erhalten bleiben und dass am Original keine Änderungen vorgenommen werden, sollten Sie Ihr Dokument als PDF sichern und erst dann weitergeben. Dazu wählen Sie über das Ablage-Menü den Befehl *Als PDF sichern*, vergeben einen Namen und bestimmen den Speicher-Ort. Das Gleiche funktioniert auch über *Ablage | Drucken* (⌘-P): Dort treffen Sie Ihre Drucker-spezifischen Einstellungen und wählen dann links unten aus dem Popup-Menü *PDF* die Option *Als PDF sichern*. Vergeben Sie nun wieder einen Namen und den Speicher-Ort und fertig ist die Angelegenheit. Wählen Sie anstatt dessen *PDF senden*, so wird das Dokument gleich als PDF in eine E-Mail verpackt und kann auf die weite Reise zu Kollegen und Freunden gehen. Das PDF kann dann wiederum im Programm *Vorschau* mit Anmerkungen versehen werden, wie Sie später noch erfahren werden.

Das PDF-Format eignet sich hervorragend zum plattformübergreifenden Austausch.

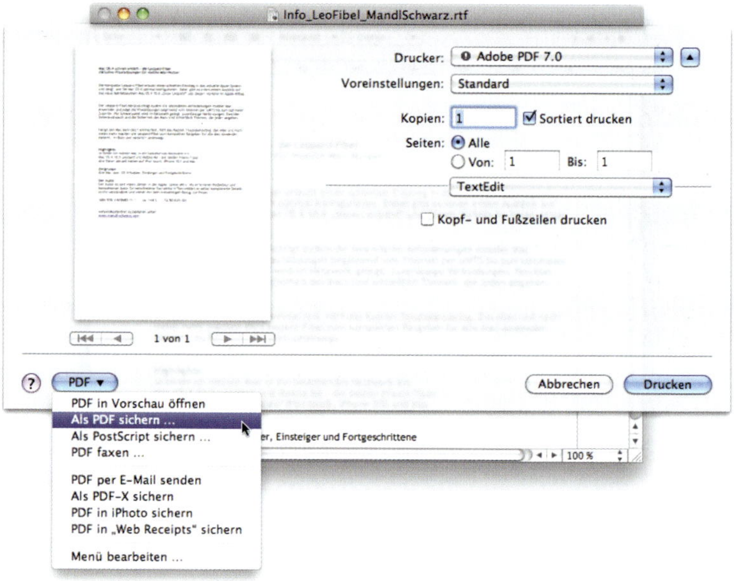

Zurück zu den *Einstellungen:* Die weiteren Optionen betreffen die Prüfung der Rechtschreibung sowie der Grammatik, die bereits während der Texteingabe stattfinden kann. Bemängelte Wörter werden hierbei mit roter Farbe unterkringelt und sollten Ihnen auf jeden Fall einen zweiten Blick wert sein. Nicht alles, was *TextEdit* markiert, muss zwangsläufig falsch sein, denn auch unbekannte Worte oder Namen werden als Fehler markiert.

Unten rechts finden Sie noch die »Intelligent«-Abteilung, in der vom *Kopieren/Einsetzen* über das *Anführungszeichen* auch von *Links* die Rede ist. Erstere Funktion erlaubt das Kopieren/Einsetzen von Worten oder Sätzen mit einem so genannten Leerstellen-Ausgleich – es werden also automatisch korrekte Leerzeichen gesetzt, sobald Sie Text zwischen zwei Worte einfügen. Die *intelligenten Anführungszeichen* erlauben das korrekte Setzen *typografischer Anführungszeichen*, indem im Text nicht die geraden Zeichen ("Beispiel"), sondern die typografischen („Beispiel“) verwendet werden.

Links sind Adressen, über die man direkt bestimmte Internet-Seiten anspringen kann. Fügen Sie beispielsweise `www.apple.com/de` in ein Text-Dokument ein, so wird dieses als reine Buchstabenfolge gehandhabt. Ist jedoch die Option *Intelligente Links* aktiviert, so wird die Adresse aktiv geschaltet. Klickt nun ein Leser des Dokumentes auf diesen Link, so startet automatisch der Browser und sucht die Web-Seite auf. Das klappt im Übrigen auch mit E-Mail-Adressen. Beenden Sie beispielsweise ein Anschreiben mit Ihrem Absender und schreiben noch dazu `mailto:mustermann@mustermann.de` (Sie verwenden natürlich anstatt »mustermann« Ihre eigene Mail-Adresse, es sei denn, Sie heißen Mustermann), so braucht der Leser nur darauf zu klicken, um das Mail-Programm anzuwerfen und eine Antwort zu formulieren.

Möchten Sie sich nicht für jedes Dokument festlegen (und dies sozusagen in den Einstellungen festzurren), so lassen sich die eben genannten Funktionen auch über die Menüleiste *Bearbeiten | Ersetzungen* von Fall zu Fall regeln. Möchten Sie hingegen nur Teile Ihres Dokuments mit *typografischen Anführungszeichen* oder *intelligenten Links* versehen, so markieren Sie diesen Text-Bereich mit gedrückter Maustaste (so dass dieser hervorgehoben ist) und wählen *Bearbeiten | Ersetzungen | Ersetzungen einblenden.* Im auftauchenden Dialog haken Sie dann die entsprechenden Optionen an bzw. wählen die gewünschten Anführungszeichen und klicken dann *In Auswahl ersetzen.* Nur der vorher ausgewählte Bereich wird nun überarbeitet.

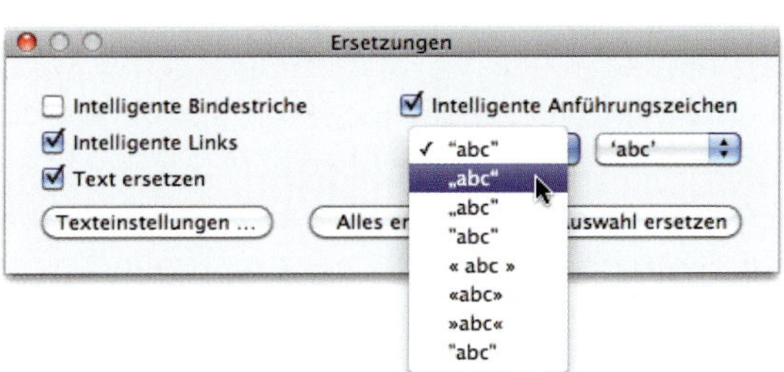

Sollen nur bestimmte Bereiche eines Textes überarbeitet werden, so markieren Sie diesen und wählen dann »Bearbeiten | Ersetzungen | Ersetzungen einblenden«.

Wenn Sie einen Link aus einer Webseite kopieren und diesen in ein *TextEdit*-Dokument einsetzen, so bleibt der Link weiterhin aktiv. Kopieren Sie hingegen eine Web-Adresse aus einem Text-Dokument (etwa Word), so wird der Link selbst dann nicht aktiv geschaltet, wenn Sie *Bearbeiten* | *Ersetzungen* | *Intelligente Links* wählen. Sie müssen in diesen Fällen die Internet-Adresse wirklich Buchstabe für Buchstabe eingeben, da ansonsten das Programm die URL nicht als Link erkennt. Eine weitere Möglichgkeit besteht darin, dass Sie die Web-Adresse markieren und dann aus dem *Bearbeiten*-Menü den Befehl *Link hinzufügen* wählen. Tragen Sie dann die gewünschte URL ein und bestätigen Sie mit *OK* – der Link ist nun freigeschaltet. Umgekehrt klappt das auch: Markieren Sie einen Link und wählen Sie *Link bearbeiten.* Im Dialog klicken Sie dann auf *Link entfernen* und der Internet-Verweis gehört der Vergangenheit an.

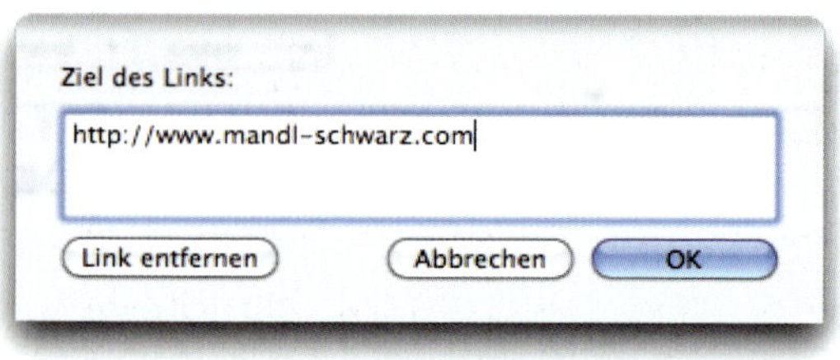

Das Umwandeln auch internetfremder Worte oder Sätze zu verlinkten Internet-Adressen lässt sich über »Bearbeiten | Link hinzufügen« sowie die Eingabe eine Internet-Adresse erledigen.

Im Reiter *Öffnen und Sichern* der *TextEdit-Einstellungen* finden Sie weitere Anpassungsmöglichkeiten. So legt das Programm automatisch Sicherheitskopien auf die Festplatte, so dass im Falle eines Stromausfalls dennoch die meisten Daten gerettet würden. Damit diese später nicht unnütz auf der Platte liegen, sollten diese nach jedem Speicher-Vorgang wieder gelöscht werden (*Automatische Sicherungskopie löschen*). Über *Automatisch sichern* können Sie zudem einen Zeitraum festlegen, der Ihre Arbeit im Falle des Änderns automatisch speichert. Letzteres ist eine gute Sache, denn nicht jeder denkt an die überaus gewichtige Tastenkombination *Befehlstaste-S* (⌘-S) für *Ablage* | *Sichern*, die das Fortbestehen der eigenen Werke gewährleistet. Kommt irgendetwas dazwischen, so kann schon einmal das Geschriebene der letzten 30 Minuten spurlos verschwinden, während Sie im Falle des *automatischen Sicherns* »nur« jenen Zeitraum verlieren, der von Ihnen festgelegt ist.

Weiterhin können Sie *TextEdit* auch anweisen, beim Öffnen etwaige Formatierungen zu ignorieren sowie die Codierung automatisch bestimmen zu lassen. Einzig das Schreiben eines Textes in das leere Dokument bleibt Ihre Arbeit, die Auszeichnungen oder Formatierungen gehen jedoch einfach von der Hand. Um einen einzelnen oder mehrere Absätze neu zu formatieren, ziehen Sie mit gedrückter Maustaste über den gewünschten Text, so dass dieser hervorgehoben wird. Über das Menü *Format* | *Text* lässt sich so der Text *linksbündig*, *zentriert*, als *Blocksatz* oder *rechtsbündig* setzen. Das Gleiche funktioniert auch über die entsprechenden Buttons ([Buttons]) in der Symbolleiste des Dokuments.

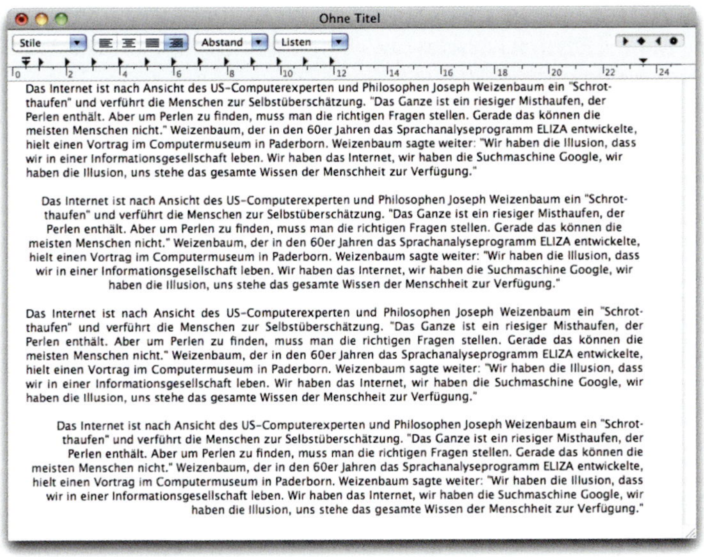

Die Formatierungen von oben nach unten: linksbündig, zentriert, Blocksatz und rechtsbündig.

Über das Popup-Menü *Stile* in der Symbolleiste nehmen Sie Einfluss auf das Aussehen der Schrift. Dazu markieren Sie ebenfalls ein Wort durch Doppelklick, einen Absatz durch Dreifachklick oder mehrere durch Überfahren mit gedrückter Maustaste und wählen dann den Stil. Alternativ klappt das auch über das Menü *Format | Schrift*. Gefällt Ihnen das angebotene Repertoire nicht, so suchen Sie sich über *Format | Schrift | Schriften einblenden* kurzerhand eine andere aus.

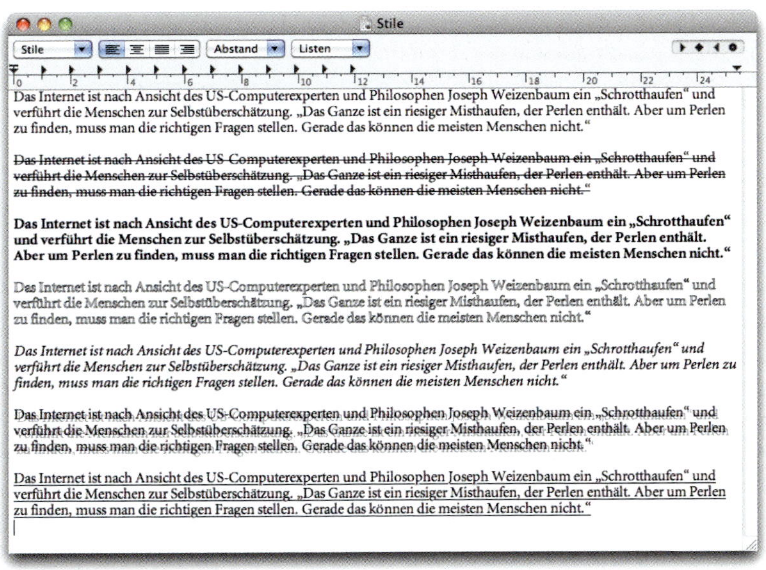

Die Stile von oben nach unten: Standard, Durchstreichen, Fett, Konturschrift, Kursiv, Schattenwurf und Unterstrichen.

Über *Abstand* wählen Sie den Zeilen-Abstand zwischen den einzelnen Zeilen (*Einfach*, *Doppelt* oder nach eigenem Wunsch) und über *Listen* lassen sich Aufzählungen ganz hervorragend auszeichnen. Dazu markieren Sie wieder die entsprechenden Text-Stellen und wählen eine Aufzählungsart (Punkte und Nummerierungen) aus. Nach jedem Drücken des *Zeilenschalters* (↩) wird dann das Zeichen gesetzt. Um von der *Listen*-Formatierung wieder in den *Standard-Stil* zu wechseln, drücken Sie entweder zwei Mal den *Zeilenschalter* oder *Wahltaste-Zeilenschalter* (⌥-↩).

Auch Aufzählungen lassen sich ganz professionell auf Vordermann bringen.

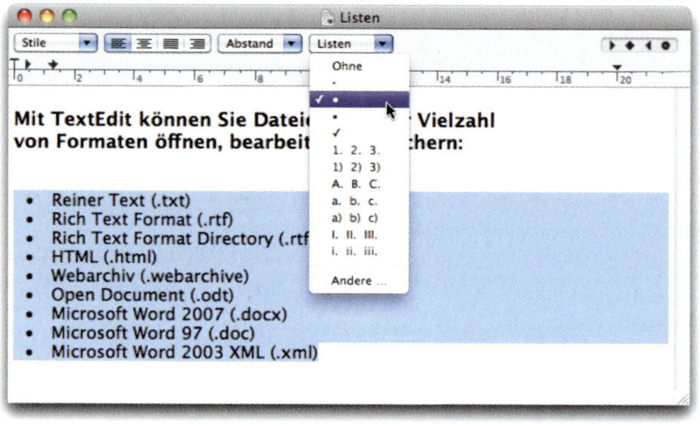

Sowohl beim Zeilenabstand als auch bei den Listen lassen sich eigene Einstellungen verwenden. Den Zeilenabstand können Sie über *Format* | *Text* | *Zeilenabstand* bzw. über das Popup-Menü *Abstand* | *Andere* in der Symbolleiste manuell eingeben, individuelle Listen-Auszeichnungen erreichen Sie über *Format* | *Liste* bzw. das Popup-Menü *Listen* | *Andere* in der Symbolleiste.

»TextEdit« lässt Ihnen eine Menge Spielraum, was persönliche Anpassungen angeht.

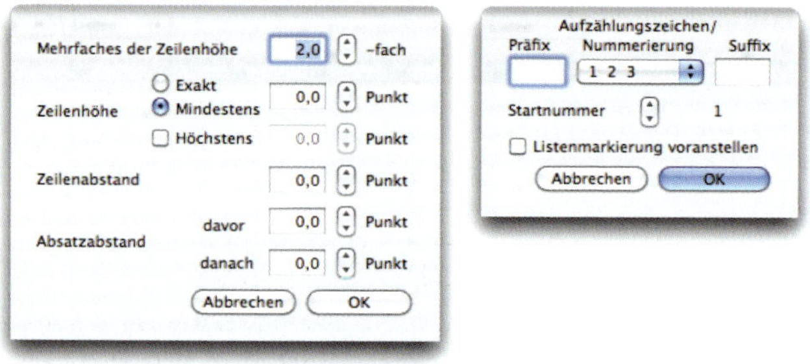

Einrückungen nehmen Sie über das Setzen von *Tabulatoren* (▸ ◆ ◂ ●) vor, die Sie in der Symbolleiste ganz rechts finden. Je nach Wunsch wird beispielsweise das nach rechts ausgerichtete Dreieck auf dem Lineal abgelegt. Drücken Sie dann die *Tabulator-Taste* (⇥), springt der Text bis zu dieser Stelle. Das Ganze klappt natürlich auch mit ganzen Absätzen, indem Sie diese markieren und dann etwa den ganz links stehenden, waagerechten Balken ein wenig verrücken. Die erste Zeile eines jeden Absatzes wird an diese Stelle versetzt. Soll auch der Rest eingerückt werden, schieben Sie das nach unten zeigende Dreieck nach.

Die Raute lässt den Text zentriert an der gesetzten Stelle erscheinen, während der Kreis einen *Dezimal-Tabulator* darstellt, der Ziffern nach der Dezimalstelle ausrichtet. Zum Löschen von Tabulatoren ziehen Sie diese einfach aus dem Lineal heraus.

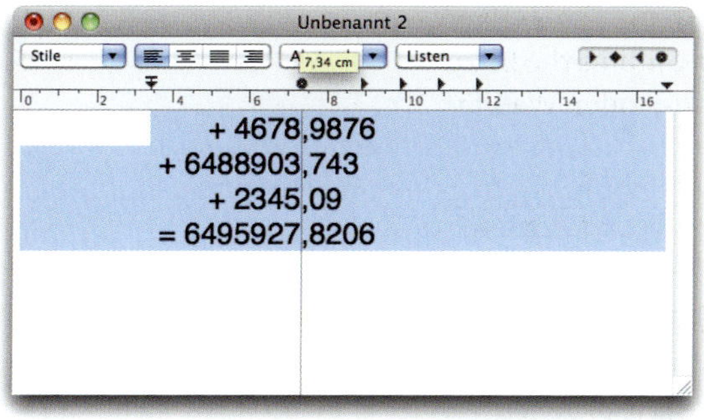

Der Dezimal-Tabulator richtet die Zahlen nach dem Komma aus.

Gerade bei längeren Dokumenten, die Sie formatieren und ausdrucken möchten, sollten Sie nicht vergessen, den Seitenrand über *Format | Seitenränder einblenden* anzeigen zu lassen sowie im Voraus das *Papierformat* über das *Ablage*-Menü festzulegen. Finden Sie kein passendes Format, so wählen Sie die Option *Eigene Papierformate*, klicken auf den *Plus*-Button und vergeben einen Projekt-Namen. Danach können Sie schalten und walten, wie es Ihnen gefällt.

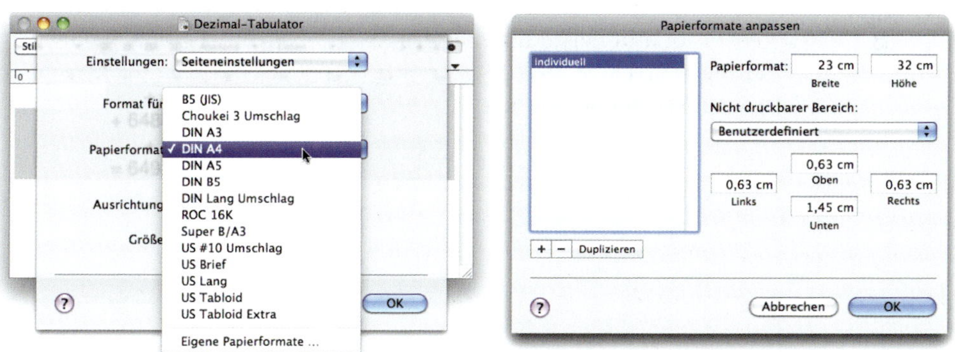

Die Auswahl an Papierformaten ist reichlich und sollte eigentlich keine Wünsche offen lassen. Möchten Sie dennoch etwa ganz Exotisches, so richten Sie es über »Eigene Papierformate« ein.

Selbstverständlich lässt sich auch die Schrift vergrößern (⌘-+) sowie verkleinern (⌘--), wobei Sie immer erst die entsprechenden Text-Teile markieren müssen. Verwechseln Sie diese Vorgehensweise aber nicht mit der Zoom-Funktion rechts unten im Bearbeitungsfenster, mit der Sie nur die Ansicht, nicht aber den Text als solches verändern. Die Zoom-Funktion ist nur wählbar, wenn Sie die Option *Format | Seitenränder einblenden* gewählt haben.

Zum Überprüfen des Textes auf Rechtschreibfehler wählen Sie über das *Bearbeiten*-Menü den Befehl *Rechtschreibung und Grammatik* und dort den Befehl *Dokument jetzt prüfen*. Das können Sie auch bei einem einzigen Wort machen, wenn Sie sich unsicher sind, ob Sie es richtig geschrieben haben.

Haben Sie in den *Einstellungen* die Option *Rechtschreibung während der Texteingabe prüfen* aktiviert, so startet diese Funktion automatisch beim Anlegen eines neuen Dokuments. Hierbei werden unbekannte oder falsch geschriebene Wörter mit einer rot gestrichelten Linie gekennzeichnet.

Denken Sie auch an die Möglichkeit, Wörter im *Lexikon* nachzuschlagen. Gerade dann, wenn Sie Ihr *Lexikon* mit dem deutschen Synonym-Wörterbuch aufgewertet haben, kann das von Vorteil sein, denn bei längeren Texten macht es sich immer gut, wenn Sie ein wenig Abwechslung in die Wortwahl hineinbringen.

Auch über die Tastatur-Kombination ⌘-⇧-: lässt sich die *Rechtschreibprüfung* starten, während Sie über ⌘-⇧-; von Eintrag zu Eintrag springen. Im angezeigten Dialogfeld werden bei unbekannten wie fehlerhaften Worten Vorschläge unterbreitet, die Sie sogleich übernehmen (Button *Ändern*) können. Taucht kein Vorschlag auf, so korrigieren Sie selbstständig das Wort und klicken dann *Ändern*. Über *Ignorieren* werden unbekannte, aber fehlerfreie Einträge bzw. solche, bei denen keine Vorschläge gemacht werden, übergangen, über *Weitersuchen* springen Sie zum nächsten angemahnten Wort. Links unten wählen Sie das gewünschte Wörterbuch aus, das sich über den Button *Lernen* auch ziemlich wissbegierig zeigt. Erscheint ein Eintrag, der von der Rechtschreibung als falsch (weil unbekannt) getadelt wird, so lässt sich dieses Wort über den Button *Lernen* dem Wörterbuch hinzufügen – das Wort wird künftig nicht mehr als falsch ausgewiesen werden.

Nie mehr Fehler in Texten – verraten Sie das nur nicht Ihren Kindern ...

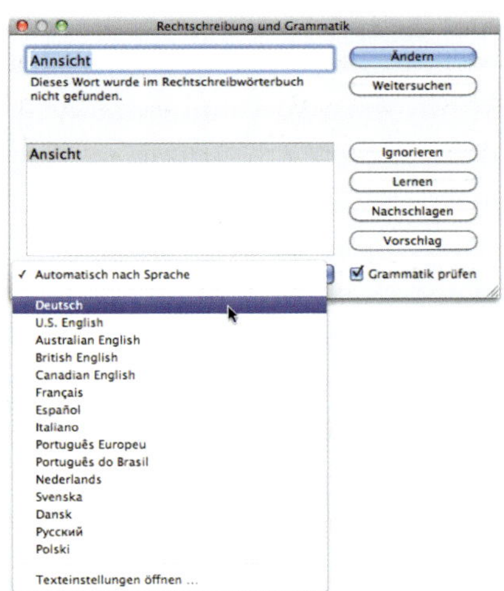

Wenn Sie sich häufig über die immer gleichen Buchstabendreher ärgern oder Sie sich partout nicht merken können, wie man denn ein korrektes Akut bei »Liberté, Égalité, Fraternité« für's nächste Demonstrations-Plakat setzt, so denken Sie bitte an die Systemeinstel-

lung *Sprache & Text* | Reiter *Text.* Dort tragen Sie in der Spalte für die Symbol- und Textersetzung Ihre Problemfälle ein und *TextEdit* berichtigt diese über seine automatische Fehlerkorrektur.

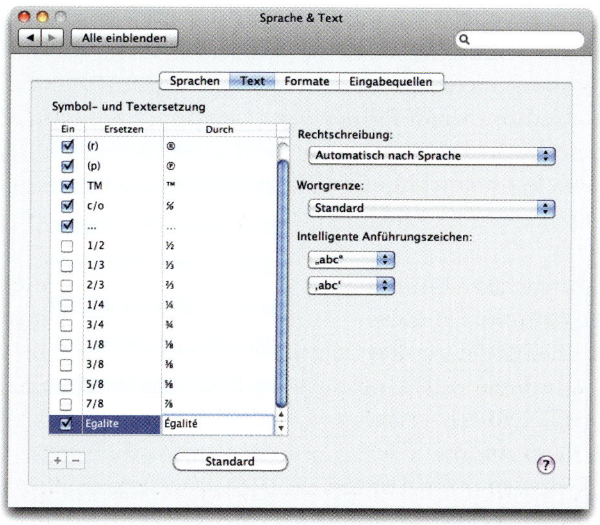

Wäre doch gelacht, wenn wir das nicht hinkriegen ...

Eine Menge Arbeit können Sie sich weiterhin sparen, wenn Sie die Funktion *Suchen* (⌘-F) im *Bearbeiten*-Menü im Auge behalten. Damit lässt sich nicht nur gezielt nach Begriffen suchen, sondern es besteht auch die Möglichkeit des raschen Ersetzens aller im Dokument vorkommenden Schreibweisen. Nehmen wir an, Sie hätten in Ihren Texten das Wort »Internet« verwendet und möchten dies nun lieber in »World Wide Web« umgestalten. Anstatt nun mühsam sämtliche Begriffe herauszusuchen, tragen Sie im Dialogfeld *Suchen* bei *Suchen nach* den Begriff »Internet« und bei *Ersetzen durch* den Eintrag »World Wide Web« ein. Auf diese Weise können Sie auf einen Schlag sämtliche Begriffe auf Vordermann bringen (Button *Alles Ersetzen*). Gehen Sie die Sache lieber schrittweise an, um mehr Kontrolle zu haben, so klicken Sie auf *Ersetzen & Suchen*, so dass immer das aktuell markierte Wort ersetzt und sogleich das nächste angezeigt wird. Über *Weiter* und *Zurück* springen Sie im Dokument vorwärts oder rückwärts.

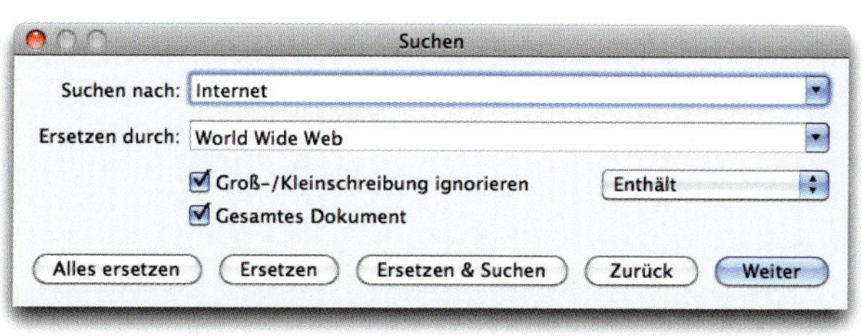

Die Suchen & Ersetzen-Funktion ist in umfangreichen Texten ein wahres Juwel.

Weitere hilfreiche Funktionen sind noch die *Silbentrennung* (*Format* | *Mit Silbentrennung*), die oftmals eine harmonischere Darstellung von Text-Seiten erreicht und die Sätze gleichmäßiger an den verfügbaren Platz anpasst.

Aber Achtung: Keine Software ist perfekt, so dass Sie im Falle der *Silbentrennung* diese nochmals überprüfen sollten. Gerade im Hinblick auf die neue deutsche Rechtschreibung können doch kleinere Unfälle passieren.

Machen Sie auf gar keinen Fall den Fehler und setzen Sie einfach einen neuen Bindestrich. Das Wort wird dann vielleicht im Moment richtig getrennt, nur wenn Sie beispielsweise die *Schriftgröße* bzw. die *Schrifttype* ändern, die *Silbentrennung* wieder deaktivieren oder die Seitenränder neu justieren, verändert sich das Schriftbild samt Umbruch – der Bindestrich bleibt jedoch im Text und sitzt nun an der falschen Stelle.

Möchten Sie einen Text-Teil auf die nächste Seite verfrachten, so sollten Sie das nicht über häufiges Drücken des *Zeilenschalters* (↩) erledigen, sondern über den Befehl *Bearbeiten | Einfügen | Seitenumbruch*. Letzterer ist aber nur im Dokument erkennbar, wenn im *Format*-Menü die Option *Seitenränder einblenden* aktiviert ist.

Es ist mal wieder an der Zeit, auf die wichtige Tastenkombination *Befehlstaste-Z* (⌘-Z) für *Bearbeiten | Widerrufen* hinzuweisen, über die Sie die zuletzt getätigten Schritte rückgängig machen können. Als Alternative ist hier noch der Befehl *Ablage | Zurück zur letzten Version* zu nennen, der bis zum letzten Sicherungsschritt zurückgeht. Das Gleiche funktioniert auch, indem Sie das Dokument über *Ablage | Schließen* (⌘-W) zumachen und im anschließenden Sicherungshinweis auf *Nicht sichern* klicken (dieses Prozedere aber nur wählen, wenn der Text schon einmal gespeichert wurde, da ansonsten alles weg ist!). Auch in diesem Fall werden die letzten Schritte nicht berücksichtigt.

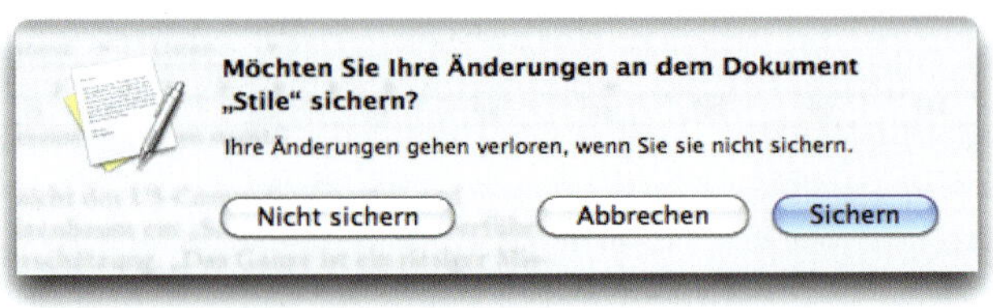

Der Sicherungshinweis regt zum Nachdenken an – über Gott, die Welt und hoffentlich auch Ihr Dokument: Möchten Sie die Änderungen sichern oder lieber verwerfen?

Auch Tabellen lassen sich in *TextEdit* anlegen – und dies relativ schnell (aber auch nur einfache Strukturen): Wählen Sie den Befehl *Format | Tabelle* und geben Sie im eingeblendeten Tabellen-Dialog die gewünschten Werte für *Zeilen* und *Spalten* ein. Über die *Ausrichtung* bestimmen Sie, wie der Inhalt verlaufen soll. Möchten Sie einen *Zellenrahmen* oder gar einzelne Zellen farbig, so wählen Sie die gewünschte *Rahmenstärke* in Pixel bzw. wählen bei *Zellenhintergrund* die Option *Füllfarbe* und aus der *Farbpalette* den Farbton. An der Stelle der Einfügemarke (I) wird die Tabelle dann eingebaut. Befindet sich die Einfügemarke bereits im Text, so wird dieser automatisch eingebunden. Die Tabelle können Sie auch noch nachträglich in der Breite verändern, indem Sie den Mauszeiger seitlich am Zellenrahmen justieren und mit gedrückter Maustaste ziehen. Den Abstand des Textes vom Zellenrahmen justieren Sie über den Zeilenabstand bzw. die Option *Andere*, da dort weitere Möglichkeiten angeboten werden.

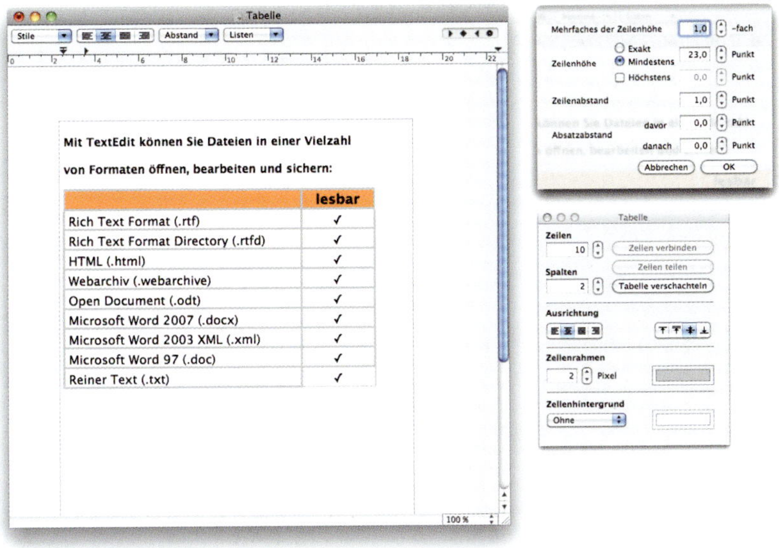

Auch Tabellen können ihren Charme besitzen, sobald ein wenig Farbe ins Spiel kommt.

Achten Sie darauf, wenn Sie einzelne Zellen farbig gestalten möchten, dass bei *Zellenhintergrund* die Option *Füllfarbe* gewählt und das *Farbfeld* aktiviert ist (dazu bitte hineinklicken), da Sie ansonsten den Text einfärben, was in diesem Kontext nicht unbedingt beabsichtigt ist.

Das Farbfeld im linken Beispiel ist nicht aktiv, während das rechte Bild über die dicke graue Umrandung die Aktivierung zeigt.

Sie können Tabellen auch in separaten Dateien entwerfen und formatieren und diese dann in andere Dokumente kopieren. Dazu klicken Sie links vom ersten Zeichen des Tabellen-Inhaltes in die Tabelle und ziehen mit gedrückter Maustaste nach rechts unten bis zum letzten Zeichen. Wählen Sie dann *Befehlstaste-C* und gehen Sie zum gewünschten Dokument. Die Tabelle befindet sich derweil in der Zwischenablage und wird erst wieder herausgegeben, wenn Sie über *Befehlstaste-V* den Befehl dazu ausführen.

Noch ein Beitrag zum Verständnis: Der Unterschied zwischen *Ausschneiden* (⌘-X) und *Kopieren* (⌘-C) im *Bearbeiten*-Menü besteht darin, dass beim *Kopieren* der entsprechende Teil weiterhin im Original verbleibt, während beim *Ausschneiden* dieser Bereich aus dem Ursprungs-Dokument entfernt wird. Bei beiden Varianten wird über die

Zwischenablage der Bereich zwischengespeichert und kann an einer anderen Stelle wieder eingefügt werden.

Zum Einfügen von Inhalten in die einzelnen Zellen brauchen Sie nur hineinzuklicken und dann loszuschreiben bzw. etwas hineinkopieren. Über die *Tabulator*-Taste (⇥) springen Sie dann bequem von Feld zu Feld.

TextEdit ist aber nicht nur ein »trockenes« Textprogramm, sondern es steht Ihnen frei, auch Bilder, PDFs oder Filme in ein Dokument einzubetten. Die Vorgehensweise ist dabei mehr als einfach, denn Sie brauchen die entsprechende Datei nur mit der Maus zu packen und in das Dokument hineinzuziehen. Oder Sie markieren ein Bild oder einen Film im *Finder*, wählen *Bearbeiten* | *Kopieren* (⌘-C) und wechseln dann ins *TextEdit*-Dokument. Dort klicken Sie nun mit der Maus an jene Stelle, an der die Datei eingefügt werden soll. Wählen Sie nun *Bearbeiten* | *Einsetzen* (⌘-V) und der Inhalt wird aus der Zwischenablage eingefügt.

Ob Bild oder Film – TextEdit ist hier ziemlich kulant und integriert fast alles.

Aber es gibt auch Nachteile zu berichten, denn ein nachträgliches Bearbeiten von Bild oder Video ist innerhalb *TextEdit* nicht möglich. Sie müssen also schon im Voraus die Medien so aufbereiten, dass die Größe stimmt. Es bringt hier auch einen Vorteil, wenn Sie die Seitenränder nicht einblenden, da ansonsten größere Bilder oder Filme einfach auf die nächste Seite ausgelagert werden. Zum Verändern von Film-Daten denken Sie bitte an das Programm *QuickTime Player*, in dem Sie hervorragend kleinere Versionen (*Format* für *iPhone/iPod*) erstellen können. Bilder wiederum skalieren Sie in *Vorschau*, das ein wenig später ausführlich beschrieben wird.

Dokumente, die Bilder oder Filme enthalten, werden als *Formatierter Text mit Anhängen* (Suffix *.rtfd*) gesichert. Je größer die Anzahl der eingebetteten Medien und je umfangreicher die Datei, desto größer wird letztlich auch das Dokument selbst. Bedenken Sie das bitte, wenn Sie ein *TextEdit*-Dokument beispielsweise per E-Mail versenden möchten. Haben Sie eine Datei geöffnet, die als reiner Text vorliegt (Endung *.txt*), so ist ein Integrieren von Medien nicht möglich, Sie müssen die Datei zuvor in ein *RTF* umwandeln (über *Sichern unter* oder über *Format | In formatierten Text umwandeln*).

Neben Bildern und Filmen lassen sich jedoch auch Dateien wie beispielsweise Excel-Tabellen oder andere Text-Dokumente einbauen, ja sogar Ordner oder Programme können eingefügt werden. Dies erledigen Sie ebenso per Drag & Drop (Ziehen und Loslassen) über den Finder oder über den Befehl *Ablage | Anlage hinzufügen* (⌘-⇧-A). Es zeigt sich der übliche Öffnen-Dialog, aus dem Sie nun die Anhänge bestimmen und über *Öffnen* ins *TextEdit*-Dokument integrieren. Im Gegensatz zu Bildern oder Filmen liegen die Anhänge jedoch nur als Vorschauen (mit den jeweiligen Erkennungs-Icons) im Dokument.

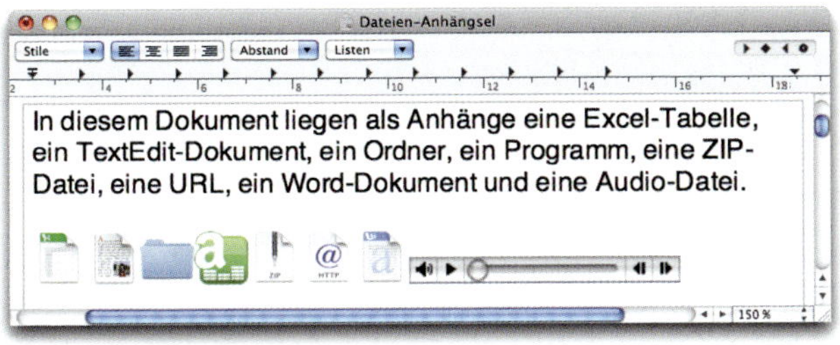

Fast alles ist machbar – es sollte nur Sinn machen und selbstverständlich auch ausprobiert werden.

Alle Dokumente und Ordner, die als Anhänge in *TextEdit* eingefügt werden, lassen sich per Doppelklick aufrufen oder beispielsweise auf den Schreibtisch ziehen. Dazu muss das Dokument jedoch zuerst gespeichert werden. Legen Sie dann ein derart aufbereitetes *TextEdit*-File in den Ordner *Für alle Benutzer*, so können auch andere Account-Inhaber auf dem Rechner die Datei öffnen und die darin enthaltenen Dokumente nutzen.

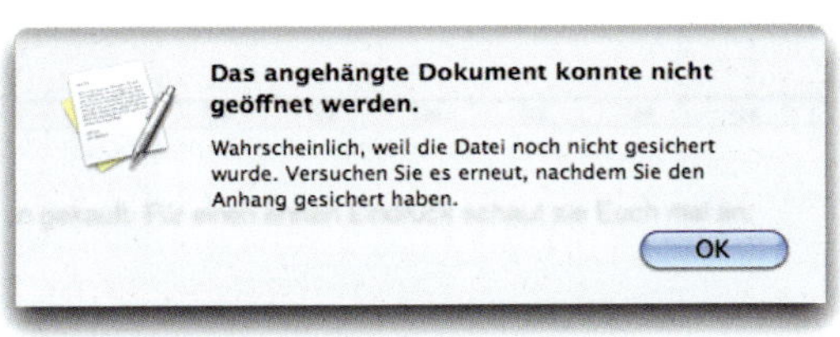

Vor dem Öffnen von eingebetteten Anhängen steht das Sichern der Datei.

Abschließend sei wieder auf das *Dienste*-Menü hingewiesen, das Sie über die Menüleiste *TextEdit* aufrufen können. Darüber lassen sich weitere Funktionen entdecken, etwa einen markierten Text als Notiz zu speichern oder als E-Mail verschicken zu lassen. Denken Sie auch wieder an die *Dienste-Einstellungen* (Systemeinstellung *Tastatur* | *Tastaturkurzbefehle*), über die Sie weitere Dienste freischalten können.

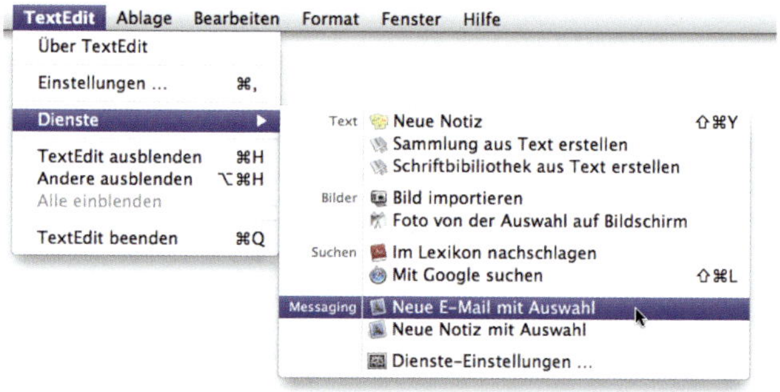

Das Dienste-Menü offeriert Ihnen wieder zusätzliche, meist Nutzen bringende Funktionen.

Time Machine – Auf Nummer Sicher gehen

In den *Systemeinstellungen* bereits angesprochen, nun im *Programme*-Kapitel zu Ende gebracht – die Rede ist von *Time Machine*, der genialen Backup-Lösung in OS X Snow Leopard. Kommen Sie nun in die – hoffentlich nie eintretende – Situation, dass Ihnen wichtige Dokumente abhanden gekommen sind (aus Versehen gelöscht, durch einen Systemabsturz beschädigt, in Geistesumnachtung überschrieben etc.), so haben Sie hier gute Karten: Öffnen Sie den Ordner, in dem sich dieses Dokument befand und klicken Sie dann auf das Programm-Icon von *Time Machine* im Dock. Und wie von Geisterhand ändert sich der Bildschirm und Sie blicken ins All – das heißt nicht ganz, denn im Vordergrund befindet sich ja Ihr geöffnetes Fenster. Letzteres können Sie wie im *Finder* bedienen, also auch darin enthaltene Ordner doppelklicken oder in der Seitenleiste andere Pfade öffnen.

Der Flug in die Vergangenheit kann beginnen – vorausgesetzt, Ihre Festplatte mit den Time Machine-Backups ist eingeschaltet.

Sie haben nun mehrere Möglichkeiten zum Suchen: Entweder Sie benutzen die beiden Pfeile zum Vor- und Zurückgehen, klicken sich mit der Maus von Fenster zu Fenster oder benutzen die seitliche (rechts stehende) Zeitleiste. Überfahren Sie mit der Maus die einzelnen Blöcke, so wird zu jedem das zugehörige Datum eingeblendet. Klicken Sie darauf, so wandern Sie in die Vergangenheit zu genau diesem Zeitpunkt.

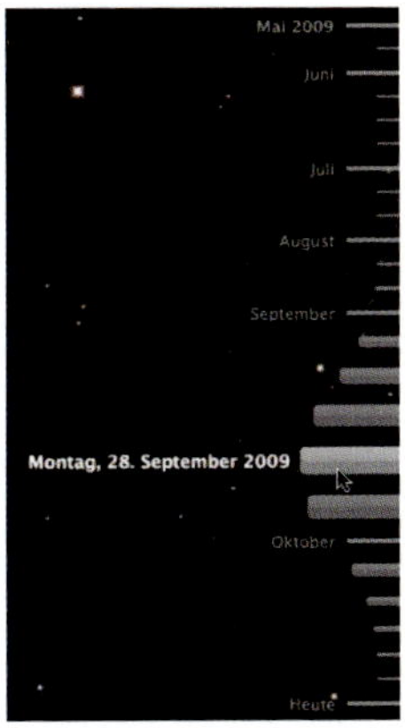

Jeder Balken entspricht einem Backup-Tag (oder größer). Klicken Sie darauf, so sausen Ihnen die Fenster nur so um die Ohren, bis der Zeitpunkt erreicht ist.

Wenn Ihre Backup-Festplatte schon einmal voll war und *Time Machine* nunmehr damit beginnt, ältere Einträge zu überschreiben, damit für die aktuellen Sicherungen Platz ist, so werden die Abstände mit der Zeit immer größer. Aus zuvor täglich angelegten Backups werden im Zurückgehen in die Vergangheit dann Wochen-Abstände, später sogar noch größere zeitliche Entfernungen.

Haben Sie Ihre Datei gefunden, so markieren Sie sie mit der Maus und klicken Sie dann auf den *Wiederherstellen*-Knopf – in Windeseile rauscht Ihr vermisstes Objekt über die vielen Fenster und liegt schließlich im aktuell geöffneten (das klappt natürlich auch bei mehreren markierten Objekten). Wenn Sie ein Dokument wiederherstellen, das denselben Namen wie ein bereits im Ordner vorkommendes Objekt trägt, so wird dieses nicht einfach überschrieben, sondern Sie erhalten eine Warnmeldung, die um Aufklärung bemüht ist.

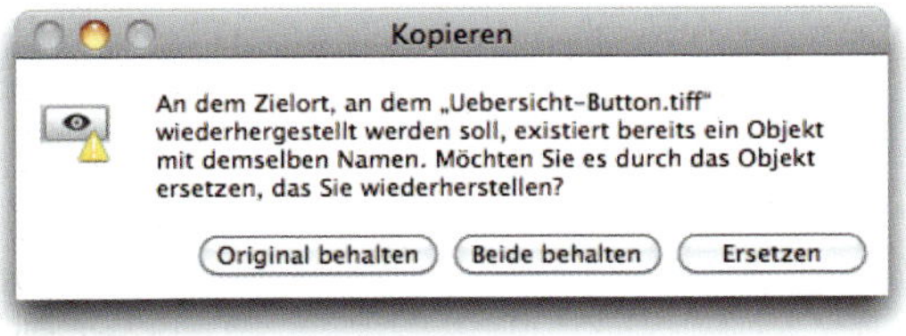

Sie haben drei Möglichkeiten: Entweder Sie behalten das bestehende Objekt (»Original behalten«), beide Objekte (»Beide behalten«) oder ersetzen das Bestehende durch das Wiederhergestellte (»Ersetzen«).

Sollten Sie Schwierigkeiten im Auffinden der gesuchten Datei haben, so können Sie auch über *Spotlight* danach fahnden. Sie brauchen also im von *Time Machine* gezeigten Fenster nur in das Such-Feld den Begriff eingeben und schon macht sich das Programm auf die Suche. Auch hier stehen Ihnen dann wieder die verschiedenen Rubriken (auf die Spalten klicken) wie *Name, Art, Zuletzt geöffnet* oder die ausschließliche Suche nur im Benutzer-Ordner, über den Inhalt etc. zur Verfügung.

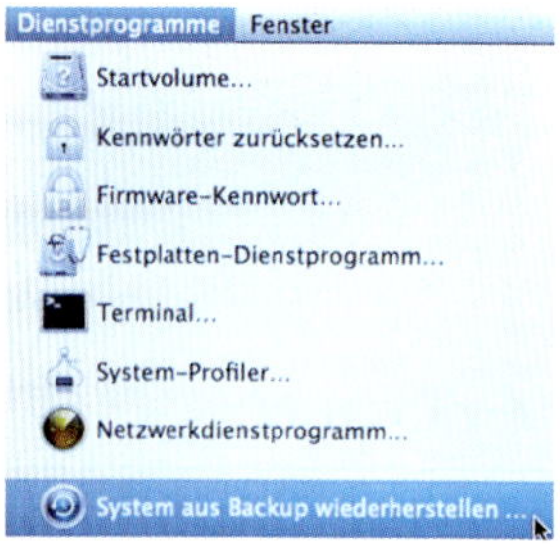

Das *Wiederherstellen* klappt jedoch nicht nur bei einzelnen oder mehreren Objekten, sondern auch mit dem gesamten Betriebssystem. Ist dieses außer Gefecht gesetzt (beschädigt), so müssen Sie allerdings einen anderen Weg einschlagen. Legen Sie Ihre Installations-DVD und doppelklicken Sie das Icon *Mac OS X Installation*. Im erscheinenden Dialog drücken Sie dann den Button *Dienstprogramme* und danach auf *Neustart*. Sobald der Rechner hochgefahren ist und Sie die Standardsprache bestimmt haben, wählen Sie aus der angezeigten Menüleiste den Punkt *Dienstprogramme* und dort den Befehl *System aus Backup wiederherstellen*. Es erscheint eine Art Assistent, der Sie nun Schritt für Schritt begleitet.

Bitte unbedingt beachten: »Beim Wiederherstellen Ihres Systems werden alle Inhalte auf dem ausgewählten Volume gelöscht« – so schreibt es Apple und wir wollen dem Glauben schenken. Mit anderen Worten: Wenn Sie noch die Möglichkeit haben, sollten Sie zuvor alle Daten in Sicherheit bringen.

Als Erstes heißt es dann die *Backup-Quelle* zu wählen. Jene dafür in Frage kommenden Festplatten werden automatisch angezeigt. Im nächsten Schritt bestimmen Sie dann das gewünschte *Backup-System*, wobei alle bisherigen mit Datum und Uhrzeit angezeigt werden. Zum Schluss heißt es das *Zielvolume wählen* und dann den Button *Wiederherstellen* zu drücken. Den Rest übernehmen Soft- wie Hardware und Sie können sich erst einmal wieder beruhigen, denn die ganze Geschichte ist doch ziemlich aufregend und dauert ziemlich lange (je nach Menge der zu übertragenden Daten). Wir wollen dennoch ganz stark die Daumen drücken, dass danach alles wieder in Ordnung ist bzw. Sie nie in den »Genuss« einer Wiederherstellung kommen werden.

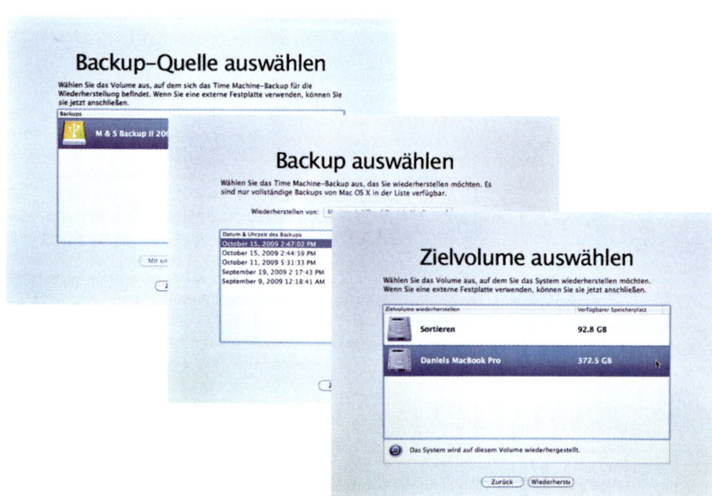

Auszug aus den einzelnen Stationen zur System-Wiederherstellung.

Vorschau – der PDF- und Bilder-Tausendsassa

Das Programm *Vorschau* werden Sie mit Sicherheit sehr häufig gebrauchen. Es gehört mit in die Gruppe der (fast) Alleskönner – zumindest was die Anzeige von verschiedenen Bild-Formaten angeht. Dazu gehören unter anderem:

- JPEG, JPG (*Joint Photographic Experts Group*)
- HDR (*High Dynamic Range*)
- GIF (*Graphics Interchange Format*)
- TIFF, TIF (*Tagged Image File Format*)
- PSD (*Photoshop Document*)
- PICT (*Pictures*)
- PNG (*Portable Network Graphics*)
- BMP (*Bitmap*)
- RAW (Rohdatenformat)

Daneben ist das Programm auch hervorragend zur Darstellung von *PDF*-Dokumenten geeignet. Das so genannte *Portable Document File* ist aufgrund seiner Plattform-Unabhängigkeit sowohl auf PCs wie auch auf Macs weit verbreitet. Nicht nur im Internet, sondern auch als *Hilfe*- oder *Read me*-Dokument ist es meist Programmen beigelegt. Über beispielsweise eingefügte *Lesezeichen* (Verlinkungen) können Sie auf diese Weise zu verschiedenen Text-Stellen springen.

Aber auch *PostScript*- (PS) oder *EPS*-Dateien (*Encapsulated PostScript* – ein Grafik-Format) lassen sich begutachten, indem sie automatisch in das PDF-Format konvertiert werden.

Gerade im professionellen Bereich (Daten-Weitergabe an Druckereien) finden Sie *PostScript* als Seitenbeschreibungssprache. Über ein *RIP* (*Raster Image Processor*) wird der Drucker angewiesen, wo welche Elemente (Bild, Text, Auszeichnungen etc.) erscheinen sollen. Auch *Vorschau* kann eine *.ps*-Datei interpretieren und daraus ein *PDF* erzeugen, das jedoch nicht für allerhöchste Ansprüche genügt. Möchten Sie PDFs an eine Druckerei weitergeben, so benötigen Sie den *Acrobat Distiller* von Adobe.

Das Arbeiten mit *Vorschau* ist relativ simpel: Zum Anzeigen von einem oder mehreren Bildern markieren Sie diese und ziehen sie auf das *Vorschau*-Icon im Dock. Meist tut es auch ein Doppelklick, wenn die Bilder nicht von einem anderen Bildbearbeitungs-Programm abgespeichert wurden, das sich ebenfalls im Ordner *Programme* befindet.

Bei Bildern werden Miniaturen über die Option »Darstellung | Seitenleiste« bzw. durch das Klicken auf das Seitenleiste-Symbol ( ) in der Symbolleiste eingeblendet.

Erscheint Ihnen die Seitenleiste zu schmal und möchten Sie dadurch die Miniaturen anpassen, so setzen Sie die Maus an die Trennlinie zwischen Leiste und Bild-Ansicht und ziehen sie bei gedrückter Maustaste nach links oder rechts (der Mauspfeil zeigt dabei wieder das ✣-Symbol). Alternativ funktioniert auch das Verschieben des geriffelten Feldes ( ) ganz unten. Die Seitenleiste bietet Ihnen weiterhin verschiedene Darstellungen, darunter den *Katalog* ( ), die *Miniaturen* ( ) sowie das *Inhaltsverzeichnis* ( ).

Der *Katalog* gibt hierbei eine Übersicht über alle Bilder, die über einen Größen-Regler ( ) variiert werden kann. Über einen Doppelklick auf eine Miniatur zeigt sich dann das Bild in der großen Vorschau. Die Ansicht *Miniaturen* wiederum gibt einen schnellen Überblick über alle geöffneten Medien und erlaubt das schnelle Navigieren zu einer bestimmten Datei – das große Vorschau-Fenster bleibt dabei stets eingeblendet. Das *Inhaltsverzeichnis* ist im Grunde weniger für Bilder als eher für PDF-Dateien gedacht, da in diesem Falle aussagekräftigere Titel stehen.

Die Ansichten »Katalog«, »Miniaturen« sowie »Inhaltsverzeichnis«: Für jeden Zweck gibt's den geeigneten Überblick.

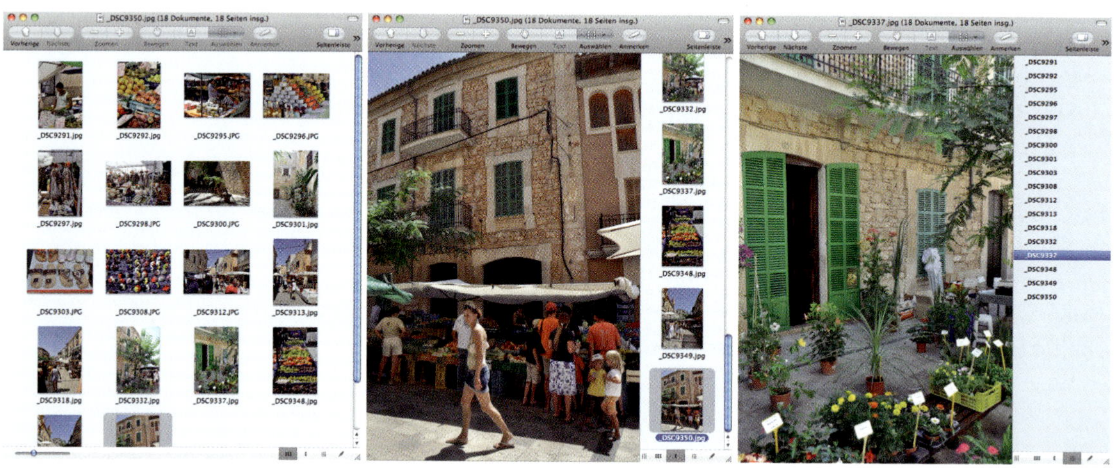

Wir möchten bei den Ansichten *Katalog* sowie *Miniaturen* auf das *Kontext-Menü* hinweisen, über das Sie weitere Befehle zur Sortierung (nach *Name*, *Pfad*, *Datum*, *Größe* usw.), zur Anzahl der Miniatur-Spalten bzw. zum Übergeben an weitere Programme erhalten.

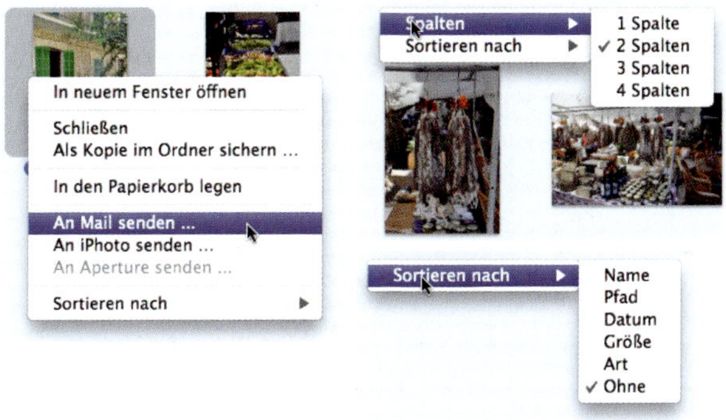

Über das Kontext-Menü lassen sich verschiedene Aufgaben bewältigen, unter anderem das Sortieren der Bilder oder das direkte Senden an »iPhoto«, »Aperture« oder an »Mail« (Befehl »Bild verschicken«).

Grundsätzlich lassen sich die wichtigsten Vorgaben, wie sich das Programm beim Öffnen von Bildern verhalten soll, wieder über die *Einstellungen* (*Vorschau* | *Einstellungen*) erledigen. Dort bestimmen Sie unter *Allgemein* zum Beispiel die *Hintergrundfarbe* des Ansichts-Fensters und legen fest, wie sich die Dateien beim Öffnen verhalten sollen: Entweder separat jedes Bild in einem eigenen Fenster oder alle Bilder zusammen, so dass Sie mit Hilfe der *Miniaturen* in der *Seitenleiste* navigieren können. Aber auch Bildergruppen, also verschiedene Bild-Ordner, lassen sich in einem Fenster anzeigen.

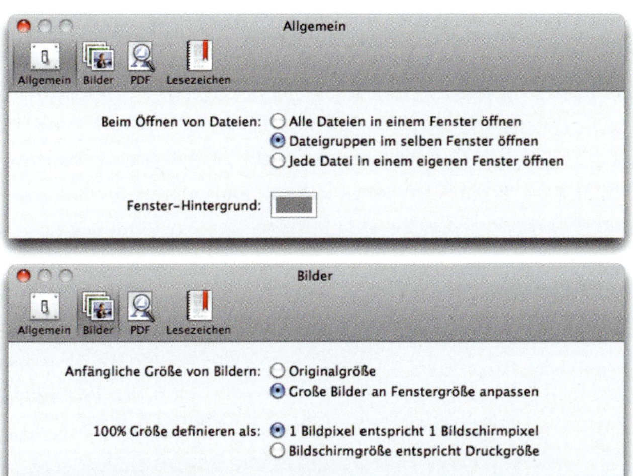

Die Vorschau-Einstellungen der »Allgemein«- und »Bilder«-Abteilungen.

In der *Bilder*-Abteilung können Sie je nach Größe zwischen *Originalgröße* sowie dem Anpassen großer Bilder an die *Fenstergröße* wählen. Letztere Einstellung hat den Vorteil, dass Sie Ihre Fotos immer vollständig angezeigt bekommen, auch wenn Sie das Fenster in der Größe ändern – das Bild wird automatisch auf Fenster-Größe skaliert. Wählen Sie stattdessen *Original-*

größe, so kann es durchaus passieren, dass Sie nur einen kleinen Ausschnitt sehen, da der Fenster-Umfang einfach zu gering ist. Auch hier lässt sich aber gegensteuern, indem Sie bei *100% Größe definieren als* die Option *Bildschirmgröße entspricht Druckgröße* aktivieren (im Kästchen einen Haken setzen).

Fotos, die Sie beispielsweise von Ihrer Digitalkamera auf die Festplatte transferieren, legen mittlerweile enorme Pixel-Werte an den Tag. Eine 12-Megapixel-Kamera weist bei Fotos etwa eine Datendichte von 4288 x 2848 Pixel auf, was einem Umfang von 36,31 x 24,11 cm bei 300 dpi (Dots per Inch, also 300 Pixel pro 2,54 cm) entspricht (ganz davon abgesehen, dass es bei Bildern eigentlich *ppi* – Pixel pro Inch – heißen müsste). Wird nun in den Einstellungen der dpi-Wert (sprich die Auflösung) berücksichtigt, so wird das Bild in diesen (Zentimeter-) Maßen gezeigt. Ist die Option dagegen deaktiviert, so stellt das Programm die Bilder in der Original-Pixelgröße dar. Das heißt mit anderen Worten: Da Ihr Bildschirm nur eine Auflösung von vielleicht 72 dpi (oder vielleicht sogar 100 dpi) aufweist, werden nicht 300 Pixel pro Inch, sondern eben nur 72 (oder eben 100) aufgeführt – das Bild wird dementsprechend groß skaliert. Dasselbe Bild der 12-Megapixel-Kamera (bei gleicher Pixeldichte) würde nun bei 72 dpi eine Größe von 151,27 x 100,47 cm aufweisen.

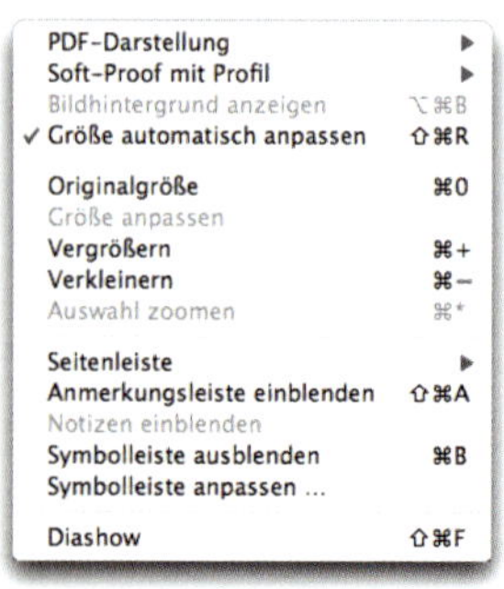

Zum Betrachten bzw. Durchblättern der Bilder können Sie nun auf die Miniaturen in der *Seitenleiste* klicken, die Pfeil-Tasten Ihrer Tastatur verwenden oder die beiden Knöpfe *Vorherige* ( ) bzw. *Nächste* ( ) in der Symbolleiste drücken. Möchten Sie Ihre Bilder drehen (beispielsweise vom Quer- in das Hochformat), so erledigen Sie das über die Menüleiste *Werkzeuge:* | *Links drehen* (⌘-L) oder *Rechts drehen* (⌘-R). Das müssen Sie im Übrigen nicht Bild für Bild vornehmen, sondern können das auch auf mehrere, zuvor markierte (mit gedrückter Befehlstaste angeklickte) Bilder anwenden. Neben dem Drehen lassen sich Bilder jedoch auch horizontal wie vertikal spiegeln. Zum *Zoomen* (Vergrößern oder Verkleinern der Ansicht) klicken Sie einfach auf die Tasten *Plus* ( ) oder *Minus* ( ), die Originalgröße stellen Sie über *Darstellung* | *Originalgröße* wieder her. Schneller geht's wie üblich über die Tastatur-Kürzel wie etwa *Befehlstaste-Plus* (⌘-+) für *Vergrößern*, *Befehlstaste-Minus* (⌘—) für *Verkleinern*, *Befehlstaste-0* (⌘-0) für *Originalgröße*. Der Befehl *Größe automatisch anpassen* (⌘-⇧-R) im Menü *Darstellung* gleicht das Bild hingegen immer der Fenstergröße an. Ziehen Sie das Fenster größer, so wird auch das Bild aufgezoomt und umgekehrt.

Die Größen-Änderungen über die Symbol- oder Menüleiste betreffen rein die Darstellung am Bildschirm – die Original-Daten werden hierbei nicht angetastet. Die Ausnahme von der Regel ist einzig der Befehl *Größenkorrektur* in der Menüleiste *Werkzeuge* (dazu später mehr).

Nutzer eines Multi-Touch-Trackpads haben es hier natürlich besonders einfach, sofern sie die Finger-Akrobatik beherrschen: Auseinanderziehen bzw. Zusammenziehen von Daumen und Zeigefinger vergrößern bzw. Verkleinern die Ansicht, mit Daumen und Zeigefinger eine Vierteldrehung nach links oder rechts dreht das Bild. Sehen Sie ruhig in der Systemeinstellung *Trackpad* nach, wo eine reizende Frauenhand die Vielfalt der Möglichkeiten demonstriert.

Wenn Sie gerne und häufig mit der Maus arbeiten, so bietet es sich an, über *Darstellung | Symbolleiste anpassen* diese an die eigenen Bedürfnisse anzupassen. Sie müssen nur die optionalen Knöpfe in die Symbolleiste ziehen und fertig ist Ihre ganz persönliche Arbeits-Oberfläche.

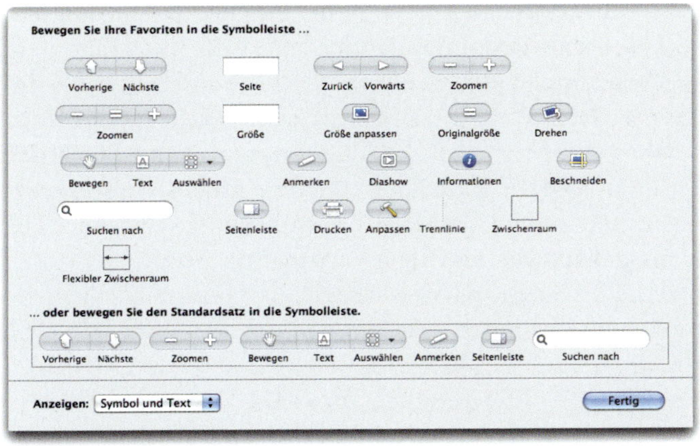

Indem Sie die Symbolleiste erweitern, lassen sich die meisten Funktionen per Mausklick erreichen.

Haben Sie Ihr Bild mächtig aufgezoomt, um beispielsweise Details genauer betrachten zu können, so lässt sich mit gedrückter *Leer-* und *Maustaste* (der Mauszeiger bekommt ein Hand-Symbol – ✋) der Inhalt des Fensters hervorragend bewegen. Oder Sie wählen schnell das Werkzeug zum Blättern (⌘-1) über die Menüleiste *Werkzeuge*, was im Grunde den gleichen Effekt bewirkt.

Bilder, die größer als der Fenster-Ausschnitt dargestellt werden, können Sie über die gedrückte Leer- und Maustaste bewegen.

Egal, was Sie mit Ihren Bildern anstellen – prägen Sie sich wieder die nachfolgende Tastatur-Kombination gut ein: *Befehlstaste-Z* (⌘-Z) für *Widerrufen*. Damit lassen sich die zuletzt ausgeführten Schritte zurücknehmen, so dass fehlgeschlagene Drehungen oder sonstige Änderungen keinen Schaden anrichten können. Einzige Voraussetzung, die Sie unbedingt beachten müssen: Die *Rückgängig*-Funktion reicht immer nur bis zum letzten Speichern zurück, danach wird von Neuem protokolliert.

Da Bilder aus der Digitalkamera oder aus dem Internet meist im *JPEG*-Format vorliegen, sollten Sie sich angewöhnen, diese vor einer ausgiebigen Bearbeitung in das TIFF-Format zu konvertieren. Der Hintergrund: JPEG-Bilder haben den Vorteil, dass Sie bei guter bis sehr guter Qualität nur geringe Datengrößen aufweisen. Dies liegt an der Art und Weise, wie das Format speichert. Die Daten-Reduktion erfolgt aufgrund einer Kompression, die die Bild-Informationen runterrechnet. Dabei werden Bild-Informationen wie Helligkeit oder Farbe, die nah beieinander liegen, zusammengefasst, so dass der Informationsgehalt des Bildes abnimmt. Feine Strukturen gehen dabei allerdings verloren. Bitte gut merken: Je nach Kompressionsgrad fällt auch die Qualität aus – je höher die Kompression, desto eher fallen auch Bild-Unregelmäßigkeiten ins Auge. Mehrmaliges Abspeichern des gleichen Bildes im *JPEG*-Format macht das Ganze nicht besser, da ja jedes Mal Bildinformationen verschwinden – das Bild verliert von Mal zu Mal an Qualität.

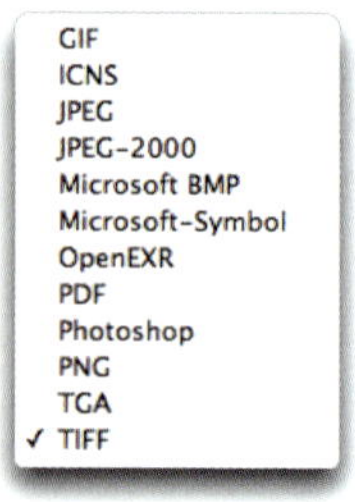

Über den »Sichern unter«-Dialog lassen sich Daten verschiedenster Herkunft in andere Formate konvertieren.

Haben Sie ein JPEG-Bild geöffnet, so wählen Sie *Ablage | Sichern unter* (⌘-⇧-S), vergeben einen aussagekräftigen Namen, bestimmen den Speicher-Ort und verwenden aus dem *Format*-Menü die Eintragung *TIFF*. Auch in diesem Format können Sie eine Komprimierung (*LZW*) vornehmen, die jedoch nicht verlustbehaftet ist. Drücken Sie dann den *Sichern*-Button, sind Sie auf der »sicheren« Seite.

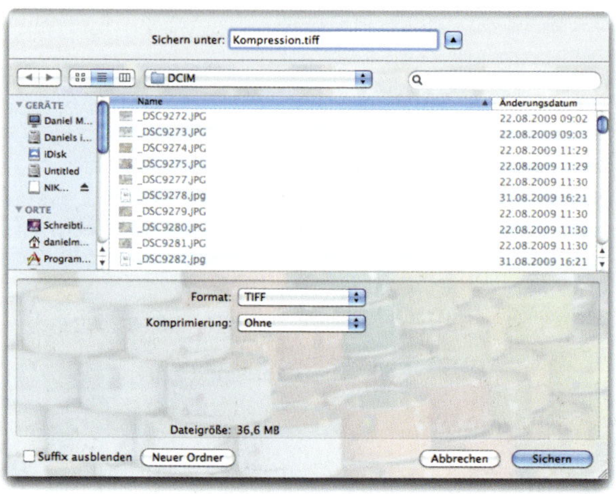

Ein Nachteil des *TIFF*-Formates soll jedoch nicht verschwiegen werden: die Datengröße. Unser 2,5 Megabyte großes *JPEG*-Foto weist als *TIFF* nunmehr 36,5 MB, mit der Kompimierung *LZW* immerhin noch 15,2 MB auf. Die Frage sollte hier ganz klar sein, wie viel Ihnen Qualität wert ist bzw. für welche Zwecke Sie die Bilder verwenden möchten. Im Layout-Bereich (wenn Sie Bücher, Flyer, Broschüren oder ähnliches gestalten und diese an einen Dienstleister weitergeben) wird hauptsächlich mit Bild-Dateien im *TIFF*-Format gearbeitet, während Zuhause und im Internet das JPEG-Format vorherrscht.

Nebenbei: Sollten Sie Bild-Daten an Freunde oder Geschäftspartner weitergeben wollen, die mit Windows-PCs arbeiten, so sollten Sie darauf achten, dass Ihre Daten ein so genanntes *Suffix* angeheftet bekommen. Suffixe sind die kleinen Anhänge wie *.jpg*, *.tif*, *.pdf* usw., die das Windows-Betriebssystem benötigt, um die Daten korrekt zu erkennen. Wird das Suffix bei Ihnen nicht automatisch angehängt, so achten Sie im *Sichern unter*-Dialog links unten auf die Option *Suffix ausblenden.* Befindet sich dort ein Haken, sollten Sie ihn entfernen.

Der Import von Bildern über eine Digitalkamera

Aber *Vorschau* kann wesentlich mehr als nur Bilder anzeigen. Das Programm beherrscht ebenso wie *Digitale Bilder* den Import von Fotos einer Kamera. Ist diese angeschlossen, so sollten Sie zuvor über *Digitale Bilder* in den *Geräte-Einstellungen* (links unten liegend, bei *Anschließen einer Kamera öffnet*) das Programm *Vorschau* als Bild-Importeur auswählen. Ist das erledigt, so taucht im Menü *Ablage* der Befehl *Importieren von <Kamera-Modell>* auf. Wird dieser nun angewählt, so öffnet sich der *Importieren*-Dialog, der demjenigen von *Digitale Bilder* stark ähnelt. Auch dort können Sie nun wieder den Speicherkarten-Inhalt als *Liste* (☰) oder als *Symbole* (⊞) anzeigen lassen, einzelne Bilder drehen (↺/↻) oder löschen (⊘). Bestimmen Sie dann noch bei *Importieren nach* den Speicher-Ort oder über *Weitere* ein Programm und klicken Sie dann auf *Importieren* (sofern Sie eine Auswahl wünschen) oder *Alle importieren.*

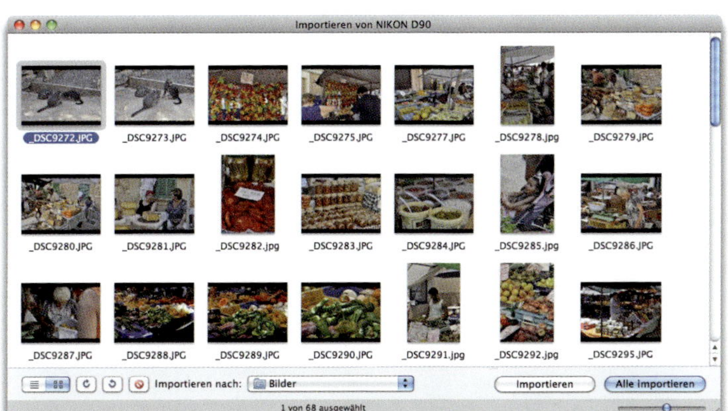

Erinnert stark an das Programm »Digitale Bilder« und lässt sich auch genauso bedienen.

Einscannen von Bildern

Und ebenso von *Digitale Bilder* abgeguckt: Über *Ablage | Aus Scanner importieren* sowie dem Anwählen des entsprechenden Gerätes lassen sich wieder Bilder oder Text-Dokumente rasch und problemlos digitalisieren. Es öffnet sich das Import-Fenster, das im Grunde dieselben Funktionen wie dasjenige von *Digitale Bilder* anbietet – entweder die Schnell-Methode oder über *Details einblenden* eine manuelle Anpassung an (fast) alle erdenklichen Aufgaben. So lässt sich wieder der Speicher-Ort festlegen oder ob die Scans gleich an ein entsprechendes Programm wie beispielweise *iPhoto* oder *Mail* weitergeleitet werden sollen. Auch eine Bildkorrektur ist möglich, indem Sie die Regler für Helligkeit, Färbung, Temperatur oder Sättigung betätigen.

Sollte Ihr Scanner nicht sofort erkannt werden, so hilft oftmals das einfache Herausziehen und wieder Anschließen des USB- oder FireWire-Kabels.

Vielleicht zum Verständnis: Bei der Option *Separate Objekte suchen* verwenden die Programme *Digitale Bilder* und *Vorschau* weiße Bereiche als Trennungsmerkmal zum Bestimmen der verschiedenen Objekte. Liegen also Bilder verstreut auf der Scan-Oberfläche, so kann die Software anhand der Kontrastunterschiede die einzelnen Bilder herausfiltern. Das kann jedoch auch in die Hose gehen, wenn beispielweise ein Bild größere weiße Flächen aufweist. Unsere bezaubernde Postkarte des Eisbären Knut etwa zeigt mehrere Bilder des süßen Fellknäuels, die nun allesamt als separate Scans von Vorschau eingelesen werden. Das Gleiche gilt für die Maus, die umfangreiche weiße Rände besitzt, die von der Software nicht erkannt werden. In diesen und ähnlich gelagerten Fällen heißt es also Hand anlegen und die Scan-Rahmen anzupassen.

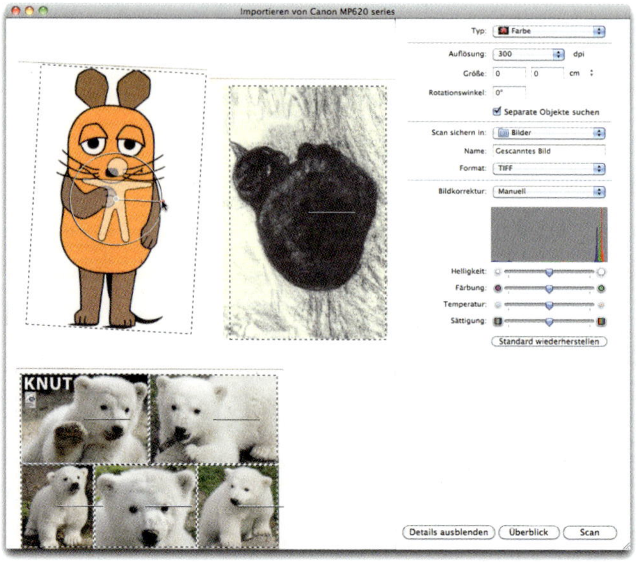

Die einzelnen Bilder werden im Vorschau-Scan separat eingelesen, allerdings nicht korrekt erkannt. So müssen wir bei der Maus den Rahmen ein wenig rotieren und ausdehnen und »Knut« wurde in lauter Einzel-Objekte gesplittet.

Nach einer etwaigen *Bildkorrektur* und Ausschnitts-Bestimmung heißt es dann wieder auf den Button *Scan* zu klicken und die Bilder wandern in den von Ihnen bevorzugten Speicher-Ort.

Bild-Informationen anzeigen

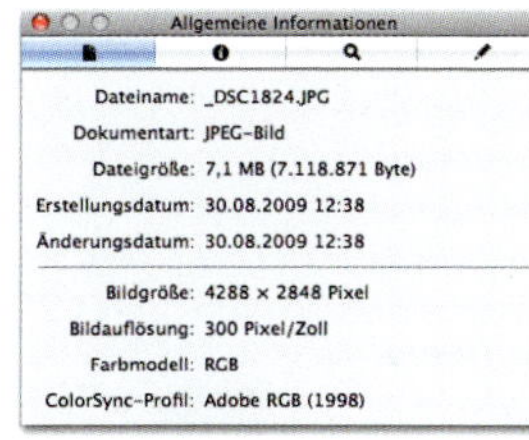

Neben dem Importieren und Anzeigen können Sie Ihre Bilder auch auf Vordermann bringen. Werfen Sie dazu einen Blick in das Menü *Werkzeuge*, finden Sie beispielsweise die Befehle *Informationen einblenden*, *Farbkorrektur* oder *Größenkorrektur*. Die *Informationen* (⌘-I) gliedern sich in die vier Rubriken *Allgemeine Informationen* ( ), *Weitere Informationen* ( ), *Schlagwortinformationen* ( ) sowie *Anmerkungsinformationen* ( ). Während Sie in den *Allgemeinen Informationen* eher eine Zusammenfassung wie *Dateiname*, *Dokumentart*, *Datei-* und *Bildgröße* sowie *Auflösung* erhalten, geht's bei *Weitere Informationen* ans Eingemachte. Hier finden Sie sämtliche Daten – wiederum unterteilt in Reiter –, die Ihre Digitalkamera beim Anlegen des Bildes mit abspeicherte (so genannte *EXIF-Informationen*): Datum und Uhrzeit, Belichtungskorrektur, Belichtungszeit, Blendenwert, Brennweite (digital und analog), Weißabgleich, Objektiv-Modell und vieles weitere mehr. Dies ist mitunter ein Eldorado für ambitionierte Fotografen, die alles und jedes in Erfahrung bringen möchten und auch Fehlbelichtungen untersuchen. Wie gesagt, diese Informationsfülle gibt es nur dann, wenn Ihre Kamera in der Lage ist, *EXIF*-Eigenschaften mit aufzuzeichnen.

Infos satt zum Nulltarif: Jeder interessierte (Hobby-) Fotograf sollte sich in diesen Dialogen einmal umsehen.

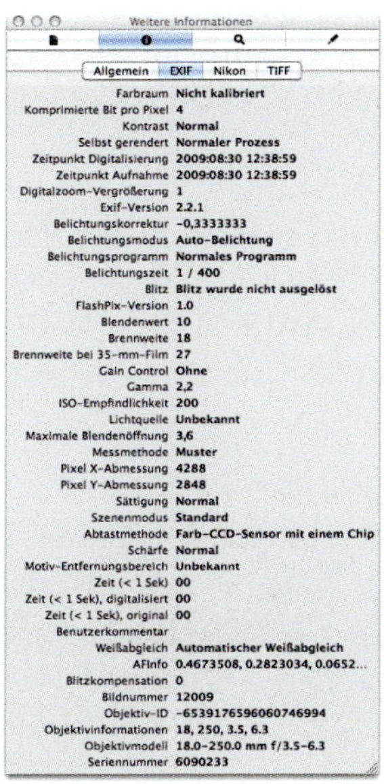

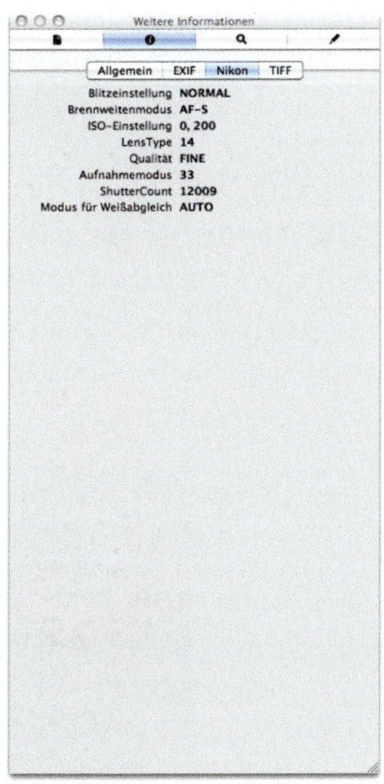

Ist Ihre Kamera mit einem GPS-Modul ausgestattet (intern oder extern) oder waren Sie mit einem iPhone auf Foto-Pirsch unterwegs, so werden auch diese aufgezeichneten Koordinaten (Längengrad, Breitengrad sowie Höhe) mit aufgeführt, und zwar beim Eintrag *GPS*. Der Clou hierbei ist, dass Sie über den Button *Suchen* blitzschnell ins Internet auf die Seite *Google Maps* (`http://maps.google.com`) verwiesen werden, wo bereits die GPS-Daten eingetragen und der genaue Standpunkt in verschiedenen Darstellungen (als *Landkarte*, als *Satellitenbild* oder als *Gelände*) präsentiert wird. Mit Hilfe von GPS sind daher die Zeiten vorbei, in denen man nach Tausenden von Aufnahmen nicht mehr zuordnen kann, wo denn nun dieses oder jenes Bild genau geschossen wurde.

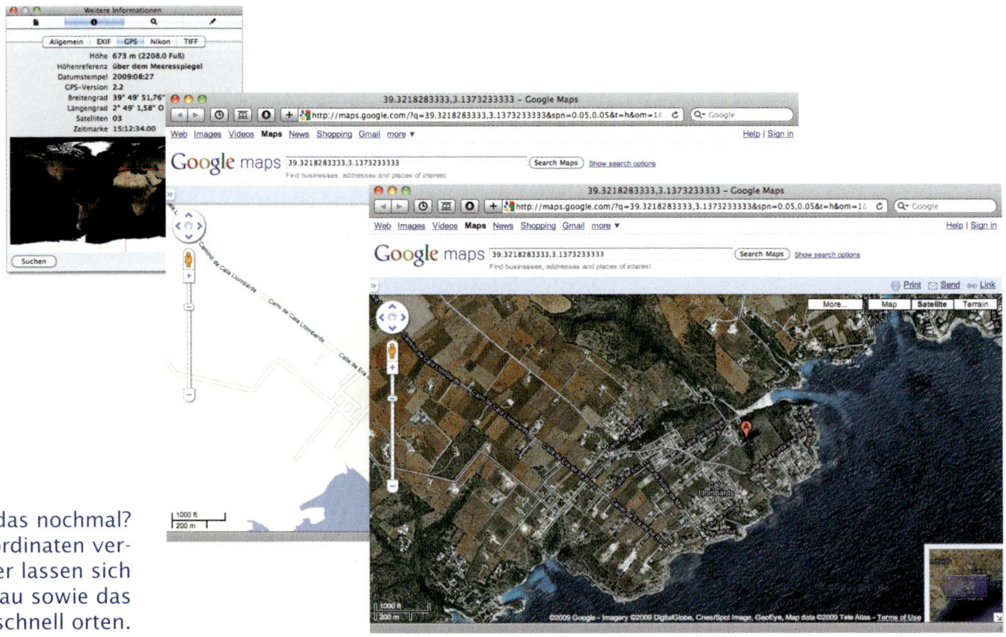

Wo war das nochmal? Mit GPS-Koordinaten versehene Bilder lassen sich über Vorschau sowie das Internet schnell orten.

Die Rubrik – *Schlagwortinformationen* – ist für uns ordnungsliebende Deutsche (natürlich gilt das auch für Österreicher oder Schweizer) wie geschaffen. Über die Eingabe von Begriffen (über den *Plus*-Button) wie Landschaft, Wasser, Urlaub, Strand usw. lässt sich Ihr Bild-Bestand verschlagworten, so dass eine Suche über *Spotlight* nach einem dieser Begriffe von Erfolg gekrönt sein wird.

Eine intelligente Verschlagwortung über Schlüsselwörter verhilft Ihnen bei einer späteren Suche zu schnelleren und vor allem genaueren Erfolgserlebnissen.

Sofern Sie häufig Funktionen gebrauchen, die Sie erst umständlich über die Menüleiste aufrufen müssen, so denken Sie bitte wieder an das Anpassen der Symbolleiste, womit Sie viele Features auf Knopfdruck (bzw. Mausklick) parat haben.

Ob Informationen, das Drehen der Bilder oder die Diashow – über das Anpassen der Symbolleiste kann man sich manchen Weg ersparen.

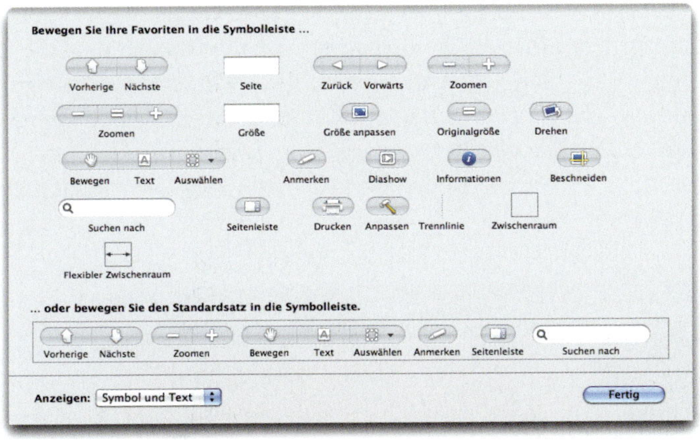

Bilder über die »Farbkorrektur« bearbeiten

Sind Sie mit Ihren Bildern nicht zufrieden, so gibt es dafür die *Farbkorrektur*, die im Übrigen auch in *iPhoto* gute Dienste leistet. Diese kann zwar missratene Motive nicht ändern, doch zumindest die Belichtung, Farben sowie Schärfe aufpeppen. Über die Regler passen Sie dabei die Werte entsprechend an, indem Sie sie nach links oder rechts ziehen. Seien Sie dabei aber lieber zurückhaltend, nicht dass Ihr Bild sich in ein PopArt-Kunstwerk verwandelt.

Wenn Sie Gefallen an Bildbearbeitung finden, so sollten Sie auf jeden Fall einmal einen Blick auf *iPhoto* werfen, zumal das Programm hervorragende Verwaltungseigenschaften aufweist. Auch die Verzahnung mit den anderen *iLife*-Applikationen oder über den *MobileMe*-Dienst sind sehr gut gelöst. Noch besser lassen sich Bilder allerdings optimieren mit Programmen wie *Aperture* oder der Profi-Software *Adobe Photoshop* (bzw. dem kleineren Bruder *Adobe Photoshop Elements*), die auch teilweise mit Ebenen umgehen können und daher eine wesentlich feinfühligere Optimierung/Manipulation anbieten (aber auch um ein Vielfaches mehr kosten).

Mit den beiden Reglern zu *Helligkeit* und *Kontrast* wird die Bildqualität angehoben, indem Sie beispielsweise Fotos, die zu dunkel oder zu hell geraten sind, schnell optimieren; dazu müssen Sie nur den Regler *Helligkeit* leicht nach links oder rechts verschieben. Das Ergebnis vollzieht sich über das gesamte Bild, indem alle Farbnuancen angehellt oder eben abgedunkelt werden. Sie sollten hier nur in kleinen Dosen arbeiten und auch darauf achten, auf welche Helligkeit Ihr Bildschirm eingestellt ist. Scheint dieser gleißend hell, so kann es durchaus passieren, dass Sie ein Foto, dessen Belichtung eigentlich in Ordnung war, nunmehr zu dunkel gestalten. Umgekehrt können die schon hellen Bildbereiche in Richtung Weiß tendieren, was ebenso nicht richtig ist und ein Bild somit verschlimmbessern kann.

Über *Kontrast* beeinflussen Sie beispielsweise die Intensität von Farbübergängen und somit den Gesamteindruck. Erscheinen Ihnen die Bilder ein wenig fade und mit zu geringen Konturen, so können Sie die hellen Töne intensivieren, indem Sie den Regler nach links ziehen. Um die tiefen Töne zu beeinflussen, gehen Sie genau den umgekehrten Weg – der Regler wird nach rechts geschoben.

Die Farbkorrektur stellt Ihnen umfangreiche Hilfsmittel zur Bildoptimierung bereit.

Die *Belichtung* bietet eine etwas augewogenere bzw. dezentere Möglichkeit der Optimierung. Sie berücksichtigt neben dem *Kontrast* auch die *Farbe*, währenddessen bei *Kontrast* nur Farbübergänge bearbeitet werden. Beiden Einstellungen ist gemeinsam, dass dem hellsten Punkt im Bild die Farbe Weiß, dem dunkelsten Punkt die Farbe Schwarz zugeordnet wird. Durch das Verändern der Regler erfolgt eine Spreizung der Tonwerte und somit eine gleichmäßigere Abdeckung aller zur Verfügung stehenden Tonwertstufen. Die Folge sind Kontrastanhebung und somit leuchtendere Farben, das Bild wirkt insgesamt knackiger.

Mit Hilfe des *Sättigungs*-Reglers verleihen Sie Bildern mehr Glanz, indem Sie den Regler nach rechts ziehen. Bei schon mit Farben übersättigten Bildern schieben Sie den Regler nach links, die Intensität nimmt ab. Wird der

Regler bis zum Anschlag nach links gezogen, so werden dem Bild sämtliche Farben entzogen. »Entsättigen« sollten Sie dann anwenden, wenn eine durch tief stehende Sonne erzeugte rötliche Gesichtsfarbe der Person ihre Natürlichkeit nimmt. Auch trübes Wetter lässt Landschaften und Gegenstände ohne Ausstrahlung wirken und ist daher ebenso ein hervorragendes Betätigungsfeld für eine Auffrischung der *Sättigung*.

Die *Temperatur* der Farben bestimmt die Ausstrahlung Ihrer Fotos. Objekte bei Kerzenschein oder ein Sonnenuntergang wirken daher eher warm (niedrige Temperatur – gemessen in der Einheit *Kelvin*), strahlende Sonne oder gar gleißendes Mittagslicht empfindet man eher als kühl. Wird der Regler in den linken Bereich gezogen, so erscheinen die Farben kühler, nach rechts wird es zunehmend wärmer. Auf diese Weise können Sie auch recht gut Farbstiche in den Griff bekommen, indem Sie die Regler vorsichtig auf das Bild anwenden.

Der Regler *Färbung* ermöglicht die Erhöhung der *Grün-Anteile* (Regler nach links ziehen) bzw. die Anhebung der *Magenta-Anteile* (Regler nach rechts ziehen), wodurch Sie Einfluss auf das Gesamt-Erscheinungsbild nehmen. Durch Hinzufügen von *Magenta* wird eher die warme Stimmung unterstrichen, da der Rot-Ton weiter zunimmt, im Gegensatz zum Grün-Anteil, der das Bild ein wenig neutralisiert. Bei Wiesen und Wäldern beispielsweise erhalten Sie auch durch das Hinzufügen von Grün saftigere, knackigere Farben, ohne dass die anderen Farben beeinträchtigt werden. Doch lassen Sie wie üblich Vorsicht walten und beobachten Sie genau die umgebenden Farben, nicht dass Sie einen Grün- oder Magentastich produzieren.

Neben dem Regler *Färbung* versteckt sich in Form eines kleinen Knopfes () ein kleines Highlight: Die Rede ist von der *Graubalance*, mit der sich unschöne Farbstiche teilweise per Mausklick beseitigen lassen. Eine wichtige Voraussetzung hierbei sollte jedoch sein, dass sich in den zu bearbeitenden Bildern Stellen finden, die sich einem neutralen Grau oder einem weißen Bereich zuordnen lassen. Haben Sie ein farbstichiges Bild aufgerufen, so schauen Sie sich genau die Farbverteilung an und überlegen sich, welchen Objekten man die Farbe Grau zuteilen könnte. Klicken Sie dann auf den kleinen Knopf (), der daraufhin unterhalb des Bildes eine Leiste einblendet, die genau sagt, was Sache ist.

Positionieren Sie dann den Mauszeiger über dieser Stelle und klicken Sie darauf – das Bild wechselt sein »Kleid« und der *Farbkorrektur*-Dialog zeigt die getätigten Anpassungen bei *Temperatur* und *Färbung* an. Entspricht das Resultat nicht Ihren Vorstellungen, so stellen Sie über *Alle zurücksetzen* den Ausgangszustand wieder her und starten einen neuen Anlauf.

Befolgen Sie die Anweisung, so lässt sich binnen Sekunden einen Farbstich entfernen.

Mit *Sepia* können Sie dem gesamten Bild einen »bräunlichen« Farbschleier überziehen. In feiner Dosierung erreichen Sie damit eine wärmere, »heimelige« Grundstimmung, während bei einer weiteren Zunahme des *Sepia*-Anteils die Bilder an alte, antiquarische Fotografien erinnern.

Jedes Bild weist zudem eine gewisse *Tonwertverteilung* auf, deren Spektrum dabei 255 Stufen abdeckt: 0 (0 %) entspricht dem dunkelsten Wert, 255 dem hellsten (100 %). Die Werte für den Schwarz- und Weißpunkt lassen sich neu festlegen, indem der dunkelste Wert in einem Bild der Farbe Schwarz, der hellste Weiß gleichgesetzt wird. Die Tonwerte zwischen diesen beiden Polen werden dann durch die Tonwertspreizung angeglichen. Das oben stehende Histogramm gibt daher als grafische Darstellung die exakten Informationen über die Häufigkeit und Verteilung der Pixel in den jeweiligen Farbkanälen sowie den Umfang derselben in den Tiefen, Mitteltönen und Lichtern wieder.

Möchten Sie nun Einstellungen händisch vornehmen, so ziehen Sie den linken Regler (⏏) für den Schwarzpunkt so weit nach rechts, bis das Tonwertspektrum der dunklen Töne beginnt. Für den Regler des Weißpunktes (⏏) gilt das Gleiche, nur umgekehrt: Ziehen Sie diesen nach links bis an den Anfang des Tonwert-Bereiches für die hellen Töne. Die Mitteltöne (⏏) lassen sich ebenso anpassen, so dass das Bild insgesamt dezent aufgewertet werden kann. Nach dem Speichern des Bildes besitzt es nun wieder eine ausgeglichene Tonwertverteilung und sollte sowohl in den Tiefen als auch in den Lichtern mehr Details zeigen.

Der *Automatisch anpassen*-Button zur automatischen Optimierung handhabt das im Übrigen genauso, nur ist das manuelle Optimieren meist genauer bzw. können Sie das visuelle Gesamtergebnis besser beurteilen.

Leicht unscharf wirkenden Bilder rücken Sie mit dem *Schärfe*-Regler zu Leibe. Dabei wird durch Kontrastanhebung der Kanten der Allgemeineindruck erweckt, dass das Foto einfach schärfer wirkt. Wurde jedoch schon von Seiten Ihrer Digitalkamera falsch fokussiert, indem beispielsweise auf den Hintergrund anstatt des eigentlichen Objektes scharf gestellt wurde, so können Sie wahrscheinlich nicht viel ausrichten. Beim Betätigen der *Schärfe*-Funktion wird der Hintergrund nur schärfer und schärfer, bis er irgendwann zerfransen würde – das Bild wäre damit ganz unbrauchbar. Wie bei allen Optimierungsversuchen sind auch in diesem Bereich der Software einfach Grenzen gesetzt. Ist ein Bild dagegen insgesamt – also flächig – unscharf, so haben Sie gute Chancen auf einen Erfolg.

Bei all den eben genannten Punkten sei noch einmal darauf hingewiesen, mit vorsichtiger Dosierung und am besten in der 100 Prozent-Ansicht (*Originalgröße*) zu arbeiten.

Zur Erinnerung: Sie können alle Manipulationen in der *Farbkorrektur* über den *Zurücksetzen*-Button rückgängig machen. Haben Sie aber bereits mehrmals die *Farbkorrektur* verwendet oder inzwischen auch noch das Bild gedreht, was Sie letztlich bereuen, so kommen Sie über *Ablage | Zurück zur letzten Version* wieder zum Original zurück, indem alle Änderungen verworfen werden. Aber: Diese Rettungs-Versuche klappen nur so lange, wie Sie nicht speichern. Arbeiten Sie mit wichtigen Bildern, so sollten Sie lieber mit Kopien der Fotos arbeiten, indem Sie sie mit *Sichern unter* unter einem anderen Namen und im Tiff-Format abspeichern.

Für einen ersten Check Ihrer Bilder bietet es sich, diese alle in *Vorschau* zu öffnen und sie dann über *Darstellung | Diashow* (⌘-⇧-F) im bildschirmfüllenden Format durchzusehen. Über die Möglichkeit der Index-Ansicht (die miniaturisierte Voransicht aller Bilder) lässt sich auch gezielt der ein oder andere Schnappschuss anspringen.

Die Diashow erlaubt eine großflächige Durchsicht Ihrer Bildbestände. Selbstverständlich taugt diese auch zum Präsentieren vor heimischem Publikum.

Über die Index-Ansicht können Sie gezielt Bilder anspringen.

Die Knöpfe der Navigationsleiste von links nach rechts: Zurück, Wiedergabe/Pause, Weiter, Index-Seite anzeigen, Originalgröße/An Bildschirm anpassen, zu iPhoto hinzufügen sowie Schließen.

Bild-Bereiche freistellen

Möchten Sie Ihre Bilder zuschneiden bzw. Auswahlen vornehmen, so stehen Ihnen drei verschiedene Optionen zur Verfügung: Dazu wählen Sie die Menüleiste *Werkzeuge* und darüber *Werkzeuge zum Auswählen* (⌘-3). In der Symbolleiste des Bild-Fensters finden Sie zudem den Knopf *Auswählen*, der auf Mausklick hin einen Dialog ausfährt und Ihnen die Wahl zwischen einer *rechteckigen Auswahl* ( ), einer *elliptischen Auswahl* ( ) oder der *Lasso-Auswahl* ( ) offeriert.

Ausschnitte lassen sich über die verschiedenen Auswahlen bestimmen.

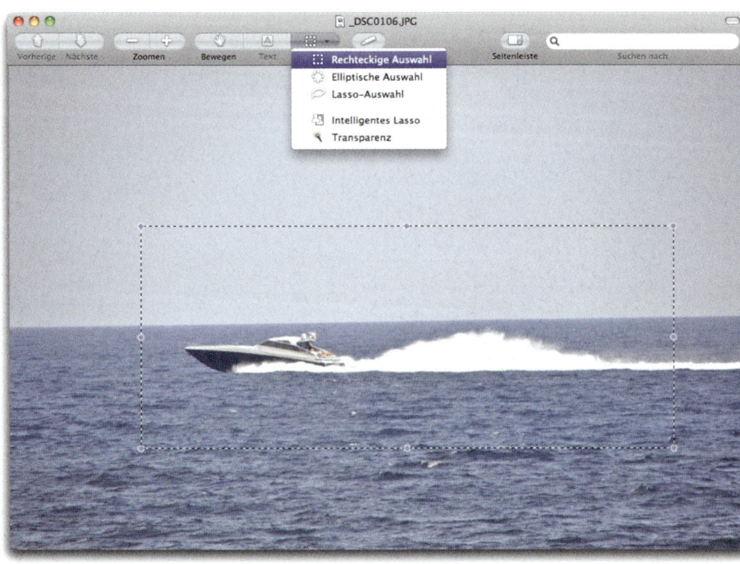

Sowohl bei der *rechteckigen* als auch bei der *elliptischen Auswahl* setzen Sie nun den Mauszeiger an der gewünschten Stelle an und ziehen bei gedrückter Maustaste einen Rahmen bzw. ein Oval auf. Beide Formen lassen sich auch noch im Nachhinein über die acht Anfasser verändern bzw. insgesamt verschieben. Liegen Sie völlig daneben und möchten die Auswahl wieder loswerden, so klicken Sie einfach außerhalb davon in das Bild. Über *Werkzeuge | Beschneiden* (⌘-K) stellen Sie dann letztendlich den ausgewählten Bereich frei, der Rest des Bildes fällt weg. Speichern Sie dann das Bild über *Sichern unter*, einem aussagekräftigen Namen sowie dem bevorzugten Format ab und Ihr Meisterwerk ist fertig – ganz davon abgesehen, dass über *Sichern unter* sowie dem Vergeben eines neuen Namens das ursprüngliche Original nicht angetastet wird.

Sie können einen Ausschnitt auch herauskopieren. Wählen Sie dazu *Bearbeiten | Kopieren* (⌘-C) und dann *Ablage | Neu aus der Zwischenablage* (⌘-N). In diesem Fall wird ein neues Dokument angelegt, das Sie nun ebenso sichern und benennen sollten. Einen witzigen Effekt können Sie auch bewirken, wenn Sie den kopierten Auschnitt in ein anderes Bild einsetzen. Dazu öffnen Sie das zweite Bild und wählen dann *Bearbeiten | Einsetzen* (⌘-V) – der Bildausschnitt wird nun der neuen Abbildung hinzugefügt. Allerdings sollten Sie hierbei auch auf das Bild-Umfeld achten, nicht dass alle Welt gleich merkt, dass es sich hier um eine Manipulation handelt.

Während *rechteckige* und *elliptische Auswahl* gut geeignet sind, um störendes Beiwerk an den Bildrändern zu entfernen, eignet sich die *Lasso*-Auswahl hervorragend zum Ausschneiden einzelner Objekte aus einem Bild. Voraussetzung ist allerdings ein wenig Geduld und eine ruhige Hand, denn Sie müssen das Wunsch-Objekt mit gedrückter Maustaste umfahren und somit die Umrisse nachzeichnen. Ist ein Bereich markiert, so lässt sich dieser auch umkehren – und zwar über *Bearbeiten | Auswahl umkehren* bzw. ⌘-⇧-I. Manchmal ist diese Vorgehensweise geeigneter, um Objekte aus einem Bild herauszulöschen.

Über die Lasso-Auswahl ziehen Sie eine gestrichelte Auswahl-Linie um das Objekt.

Haben Sie Ihr Werk erledigt, so können Sie wieder die Umgebung entfernen (»Beschneiden«), es in einer neuen Datei anlegen (»Neu aus der Zwischenablage«) oder eben in ein anderes Bild einfügen (»Einsetzen«). Jetzt schaut die Katze zum Fenster raus, auch wenn unser »Kunstwerk« leicht zu durchschauen ist.

Haben Sie über das *Auswahl-Werkzeug* einen Ausschnitt aufgezogen, so lässt sich dieser Teil auch herauskopieren und in einem anderen Programm wie etwa *TextEdit* oder einer Bildbearbeitungssoftware wie *Photoshop* oder *GraphicConverter* wieder einbauen (*Bearbeiten* | *Einfügen* bzw. ⌘-V).

Wenn Sie Ihr Objekt in einem anderen Kontext einfügen, so kann es durchaus passieren, dass die Größenverhältnisse nicht mehr korrekt übereinstimmen. Über die Anfasser lässt sich jedoch das eingefügte Gebilde verkleinern oder vergrößern. Halten Sie dabei die *Umschalttaste* (⇧) gedrückt, so passiert dies proportional – sprich es findet keine Stauchung oder Verzerrung statt. Falls Sie ein freigestelltes Objekt für weitere Zwecke sichern möchten, so speichern Sie es über *Sichern unter* im Format *TIFF*, *Photoshop* oder *PNG*, da nur in diesem Fall der *Alphakanal* und somit der gewünschte Ausschnitt ohne Hintergrund erhalten bleibt.

Zwei weitere Auswahlen in Snow Leopards *Vorschau* sollten Sie weiterhin beachten: *Intelligentes Lasso* (– in der Vorgänger-Version *Form extrahieren* genannt) sowie *Transparenz* (– vormals *Farbe extrahieren*). Mit diesen beiden Funktionen fällt es in vielen Situationen noch leichter, einzelne Bereiche eines Bildes herauszufiltern. Bei schwierigeren Unterfangen – etwa wenn der Hintergrund unübersichtlich ist und sich nur wenig vom auszuschneidenen Objekt unterscheidet – sollten Sie das *intelligente Lasso* verwenden. Hierbei umfahren Sie (mit gedrückter Maustaste) die gewünschte Auswahl mit einem dicken roten Strich, was gar nicht so einfach ist, da man sozusagen in einem Rutsch (ohne die Maustaste loszulassen) den Rand des Objektes nachzeichnen muss, bis sich Anfang und Ende wieder treffen. Achten Sie darauf, dass sich dabei die Ränder des Objektes innerhalb der roten Linie befinden.

Falls Sie noch keine langjährige Maus-Routine besitzen, so räumen Sie schon einmal den Schreibtisch frei, da Sie mit Sicherheit zum Nachzeichnen von Umrissen viel Platz benötigen. Der Maus-Profi dagegen schiebt weniger, sondern hebt stattdessen die Hand, um dann vorsichtig wieder aufzusetzen.

Das Objekt wird mit einer roten Linie nachgezeichnet. Das intelligente Lasso orientiert sich hierbei an den Farbübergängen, um zusammengehörende Teile zu erkennen.

Wenn Sie nun die *Rückschritt-Taste* drücken, wird das umrandete Objekt aus dem Gesamtkontext gelöscht, wählen Sie jedch zuvor *Auswahl umkehren*, so wird der Hintergrund entfernt. Es lässt sich selbstverständlich auch wieder kopieren und in einem anderen Dokument einsetzen.

Die *Transparenz* eignet sich dagegen eher für einfachere Bild-Situationen, in denen sich die Objekte von einem sich klar unterscheidenden (einfarbigen) Hintergrund absetzen. Mit gedrückter Maustaste und dem Ziehen (*Click & Drag*) werden nun all jene Bildstellen markiert, die annähernd derselben Farbe entsprechen. Ist ein Bereich markiert, so drücken Sie die *Rückschritt-Taste*, um diesen zu entfernen. Sind weitere Teile vorhanden, die gelöscht werden sollen, so wiederholen Sie das Prozedere. Auch diese Vorgehensweise braucht ein wenig Eingewöhnungszeit und arbeitet leider nur in ganz einfach gestrickten Strukturen zur Zufriedenheit.

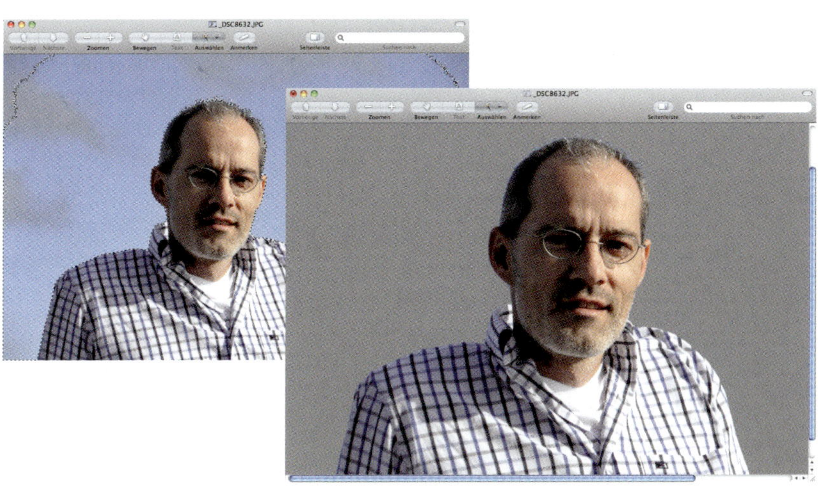

Ein einigermaßen gleichmäßig blauer Himmel lässt sich meist problemlos über die »Transparenz« auswählen.

Offen gesprochen sind wir nicht so recht begeistert von der Arbeitsweise der Auswahlen *Intelligentes Lasso* und *Transparenz. Vorschau* wird zwar durch diese Funktionen bereichert, doch stellt sich keine ausbordende Freude ein. Die Ausschnitte wirken teils zerfranst und ungenau und eignen sich so wirklich nur für Hobby-Basteleien. Wer Perfektion möchte, muss hier leider noch ein paar Euro (oder auch Schweizer Franken) investieren und beispielsweise in *Adobe Photoshop (Elements)* investieren, das mit weitaus professionelleren Werkzeugen und Ergebnissen aufwartet.

Bilder in der Größe anpassen

Fotos von der Digitalkamera nehmen mittlerweile Ausmaße an, die dem »Normalbürger« fast schon überdimensioniert erscheinen. Möchte man nun Bilder per E-Mail weiterleiten oder in eine Webseite einbauen, so sollten Sie diese zuvor skalieren (in der Größe anpassen). *Vorschau* bietet Ihnen dazu die Funktion *Größenkorrektur*, die über das *Werkzeuge*-Menü aufzurufen ist.

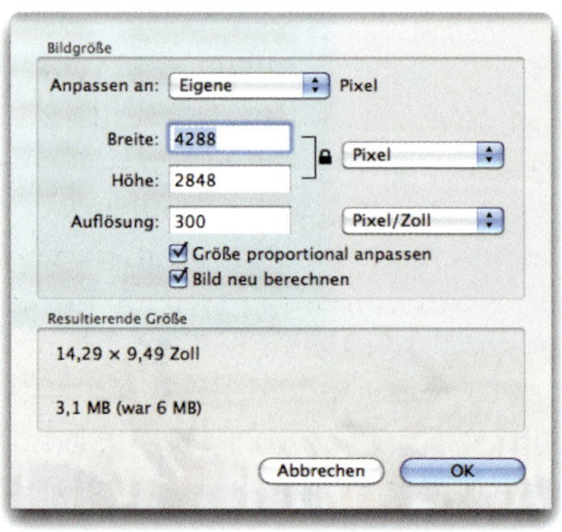

Bilder einer 12 Megapixel-Kamera lassen sich so schnell verkleinern, wenn Sie etwa auf einer Webseite eingebaut werden sollen.

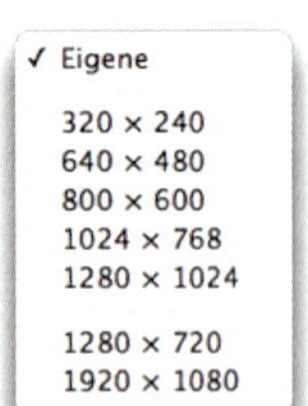

Das Ändern der Bildgröße erledigen Sie entweder über das Eingeben von eigenen Werten bei Breite, Höhe und Auflösung, oder indem Sie einen schon vorgegebenen (Größenangabe in Pixel) wählen. Nehmen Sie die Eintragungen manuell vor, so werden Sie feststellen, dass sich nach Eingabe eines Zahlenwertes in Breite oder Höhe automatisch der zweite Wert ändert. Dies passiert, wenn die Option *Größe proportional anpassen* aktiviert ist, die ein unabsichtliches Beschneiden des Bildes verhindert (erkennbar am geschlossenen Schloss-Symbol), indem die Seitenverhältnisse stets gleich bleiben. Klicken Sie auf das Schloss bzw. deaktivieren Sie die proportionale Größenanpassung, so können Sie auch Bildteile entfernen.

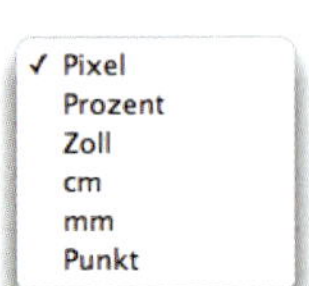

Anstatt der Angabe in *Pixel* lassen sich auch andere Werte verwenden, darunter *Prozent, Zoll, cm, mm* und *Punkt.* Je nach Auswahl verändern sich folglich die Angaben und Sie können jene Einstellung verwenden, mit der Sie am besten zurechtkommen.

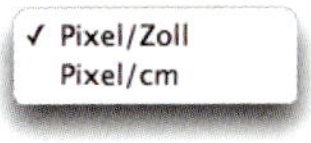

Die Auflösung beschreibt wieder die Detailgenauigkeit bzw. exakter, wie viele Pixel pro Zoll (Zoll = Inch = 2,54 cm) bzw. pro Zentimeter (je nach Einstellung) erhalten bleiben sollen. Werden Bilder nur zur Darstellung auf einem Monitor weitergereicht, so müssen es keine 300 Pixel/Zoll sein, hier reichen auch 72 oder 100 Pixel/Zoll. Verringern Sie die Auflösung, so bleiben die Maße von Breite und Höhe gleich, während jedoch gleichzeitig Details im Bild verloren gehen. Bei einem Druck würden anstatt 300 Pixeln pro Inch nur mehr 200, 100 oder noch weniger ausgegeben, während die Größe als solches beibehalten würde. Wenn Sie also vorhaben, ein Bild auf Papier zu drucken, so darf die Auflösung ruhig 150 bis 300 ppi (Pixel per Inch) betragen.

Deaktivieren Sie die Funktion *Bild neu berechnen*, so bleibt die Pixel-Anzahl eines Bildes immer dieselbe, egal, welche Werte Sie auch verändern. Wird die Auflösung auf 150 ppi heruntergesetzt, so werden die Pixel eben auf eine größere Fläche verteilt, um weiterhin die gleiche Pixelzahl des Bildes zu erhalten. Unser Bild mit 4288 x 2848 Pixel bei 300 ppi streckt sich auf 36,31 cm x 24,11 cm, bei nur 200 ppi jedoch auf 54,46 x 36,17 bei gleicher Pixel-Dichte. Bitte berücksichtigen Sie dies bei Ihren Anpassungen.

Im unteren Bereich des Dialoges bei *Resultierende Größe* können Sie im Übrigen schnell Ihre Ergebnisse überprüfen. Je nachdem, welche Werte Sie nun vorgeben, wird das Bild neu berechnet und in der gewünschten Bildgröße angepasst. Damit Sie nun nicht Bild für Bild über die *Größenkorrektur* optimieren müssen, können Sie auch mehrere auf einmal bearbeiten. Wählen Sie daher zuvor Ihren gewünschten Bilder-Pool aus und öffnen Sie ihn in einem Fenster in *Vorschau*. In den Miniaturen markieren Sie nun jene Bilder (mit gedrückter *Befehlstaste* einzeln anklicken oder ⌘-A für *Alle auswählen*) und rufen dann die *Größenkorrektur* auf. Geben Sie nun die Werte ein und klicken Sie auf OK – es werden nun alle entsprechenden Fotos skaliert.

Zeit sparen mit der Anpassung der Größe auf einen Bilder-Stapel.

Unterschiedliche Größenangaben resultieren zum einen aus dem Hoch- und Quer-Format der ausgewählten Bilder, zum anderen – gerade bei den vorgegebenen Werten – aus den unterschiedlichen Seitenverhältnissen (4:3, 3:2, 16:9) des jeweiligen Kamera-Modells.

Klicken Sie mit der Maus in das Feld bei *Resultierende Größe*, so werden zu allen möglichen Werten (in Prozent, Pixel, Zentimeter usw.) abwechselnd die jeweiligen Angaben eingeblendet.

Anmerkungen in einem Bild einbetten

In Bildern können Sie auch Anmerkungen oder Hervorhebungen hinterlassen. Hierzu klicken Sie in der Symbolleiste auf das *Anmerken*-Feld ( ), so dass unterhalb des Bildes weitere Tasten eingeblendet werden. Während Sie über *Oval* ( ) und *Rechteck* ( ) nur diese Formen aufziehen können, lassen sich über *Text* ( ) zumindest kurze Notizen eingeben. Eine weitere Möglichkeit sieht der *Pfeil* ( ) vor, der etwa auf Unstimmigkeiten oder Sehenswürdigkeiten hindeuten könnte. Die Dicke der Linien (sowohl bei *Pfeil*, *Rechteck* als auch *Oval*), die Farbe (wenn gewünscht auch eine eigene Kreation über die *Farb-Palette*) und die Schriftart erreichen Sie über die ebenso unten liegenden Tasten für *Farbmenü* ( ), *Linienstärkemenü* ( ) und *Schriftfenster anzeigen* ( ).

Wichtige Mitteilungen lassen sich auch in Bilder schreiben – wenn möglich jedoch nur in Kopien der Originale.

Zum Anpassen stehen verschiedene Farben sowie die Möglichkeit der Strichstärke-Wahl bereit.

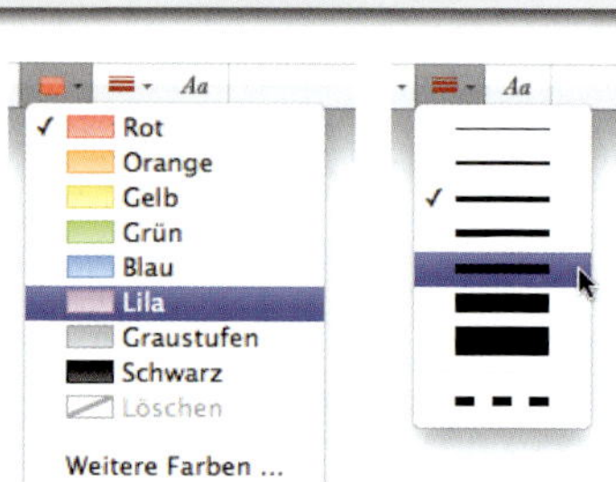

Nun noch das dicke Ende: Wenn Sie in einem Bild Anmerkungen oder Pfeile einfügen und das Bild speichern, lassen sich Ihre eingearbeiteten Markierungen oder Pfeile nicht mehr herauslöschen – was natürlich den Sinn dieser *Anmerkungen*-Methode in Frage stellt. Das heißt für Sie also: Auf jeden Fall nur mit Kopien (*Sichern unter*) arbeiten oder das Bild zuvor in ein PDF umwandeln, da dort wiederum auch spätere Änderungen möglich sind (siehe nachfolgenden Abschnitt).

Die Arbeit mit PDF-Dateien

Ein weiteres Highlight von *Vorschau* ist die schnelle Anzeige von *PDF*-Dokumenten, die sich mittlerweile zum Plattform-unabhängigen Standard zur Weitergabe von Handbüchern, Read me-Texten, aber auch Magazin-Artikeln oder selbst erstellten Informationen entwickelt haben. Meist lassen sich diese komfortabel über das Internet herunterladen und offline am Bildschirm lesen oder für Austausch-Zwecke verwenden. Haben Sie nun eine Datei mit der Endung *.pdf* vor sich, so brauchen Sie diese nur doppelzuklicken, um in den Genuss zu kommen. *Vorschau* bietet Ihnen nun über *Darstellung | PDF-Darstellung* verschiedene Ansichten wie *Einzelseiten (kontinuierlich)*, *Doppelseiten (kontinuierlich)*, *Ausschnitt* oder *Dokument* an. Am besten, Sie probieren einmal alle nacheinander aus, damit Sie die Unterschiede sehen.

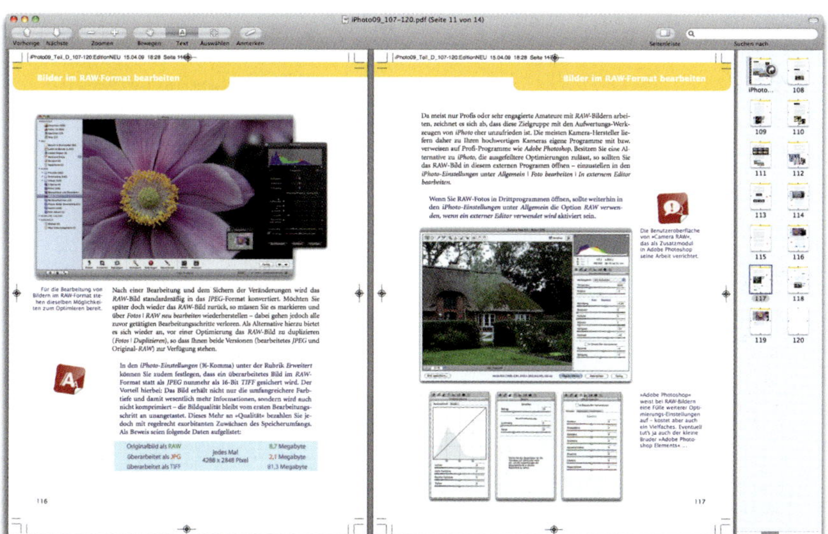

Die Anzeige von PDF-Dateien erfolgt blitzschnell.

Auch bei PDFs ist der Befehl *Darstellung | Diashow* aktiv, so dass Sie mit edlem schwarzen Hintergrund und über die Navigation (oder die Pfeiltasten) in Ihrem Dokument blättern können.

Bei mehrseitigen PDF-Dokumenten gilt ebenso die Alternative, sich in der *Seitenleiste* die Seiten als *Katalog*, als *Miniaturen* oder – wenn vorhanden – als *Inhaltsverzeichnis* anzeigen zu lassen, so dass Sie einen ersten Überblick erhalten und direkt einzelne Themen ansteuern können.

Apples digitale Handbücher zu den Geräten besitzen ein Inhaltsverzeichnis. Klicken Sie auf einen Eintrag, so springen Sie automatisch an diese Stelle im PDF.

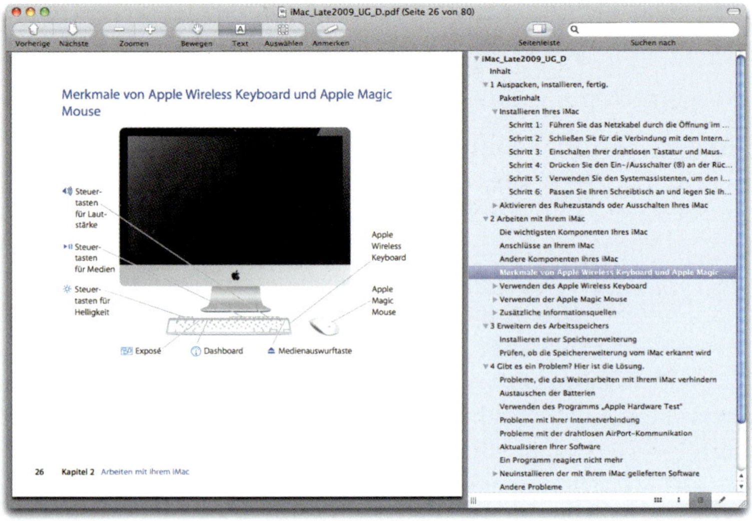

Als Werkzeuge zum Bearbeiten stehen Ihnen das *Werkzeug zum Blättern* (– ⌘-1), das *Werkzeug für Text* (– ⌘-2) sowie das *Werkzeug zum Auswählen* (– ⌘-3) zur Verfügung, die Sie über das *Werkzeuge*-Menü oder über die Buttons in der Symbolleiste erreichen. Mit *Blättern* bewegen Sie den Inhalt im Fenster bzw. bei der PDF-Darstellung *kontinuierlich* die einzelnen Seiten vorwärts oder rückwärts, was letztlich auch dem *Hand*-Symbol entspricht. Das *Text-Werkzeug* lässt Sie einzelne Worte, Sätze, Abschnitte oder ganze Seiten markieren (mit gedrückter Maustaste über die entsprechenden Bereiche fahren) und beispielsweise kopieren und woanders (in einer anderen Textverarbeitung wie etwa *TextEdit*) wieder einfügen. Am schnellsten arbeiten Sie hierbei mit den Tasten-Kombinationen ⌘-C für *Kopieren* und ⌘-V für das *Einsetzen*. Das *Auswählen-Werkzeug* (nur eckig) verhält sich wie bei Bildern, indem Sie einen Rahmen aufziehen und diesen Ausschnitt über ⌘-K (*Werkzeuge* | *Beschneiden*) freistellen – der restliche Teil fällt dann wieder weg. Aber auch das Kopieren und das Wiedereinsetzen dieses Ausschnitts ist möglich, wobei der Text jedoch nachträglich nicht bearbeitet werden kann (im Gegensatz zum Kopieren über das *Text-Werkzeug*).

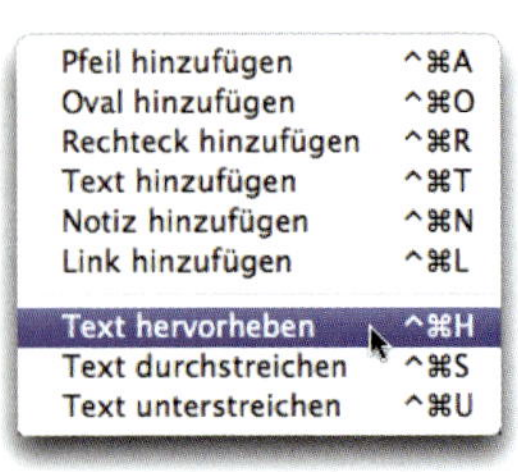

Haben Sie das Text-Werkzeug gewählt, so stehen Ihnen über das *Werkzeuge*-Menü und dort über den Befehl *Anmerken* bzw. den gleichnamigen Knopf in der Symbolleiste neben den schon besprochenen weitere Optionen zur Verfügung: Zum einen können Sie einzelne Worte oder ganze Textstellen besonders kennzeichnen (*Text hervorheben*), die dann wie mit einem Text-Marker überzogen scheinen. Klicken Sie dazu auf den Knopf *Hervorhebung*

( ) und überfahren Sie mit gedrückter Maustaste den Text. Das Durchstreichen (*Text durchstreichen*) erledigen Sie über den Knopf sowie das Unterstreichen (*Text unterstreichen*) über . Bei allen Varianten können Sie sich wieder eine Farbe aussuchen oder bei Durchstreichen/Unterstreichen die Strichstärke wählen.

Leicht unscharf wirkenden Bilder rücken Sie mit dem *Schärfe*-Regler zu Leibe. Dabei wird durch Kontrastanhebung der Kanten (aber wiederum feinfühliger als bei *Auflösung*) der Allgemeineindruck erweckt, dass das Foto einfach schärfer wirkt. Wurde jedoch schon von Seiten Ihrer Digitalkamera falsch fokussiert, indem beispielsweise auf den Hintergrund anstatt des eigentlichen Objektes scharf gestellt wurde, so können Sie wahrscheinlich nicht viel ausrichten. Beim Betätigen der *Schärfe*-Funktion wird der Hintergrund nur schärfer und schärfer, bis er irgendwann zerfransen würde – das Bild wäre damit ganz unbrauchbar. Wie bei allen Optimierungsversuchen sind auch in diesem ~~Bereich der Software einfach Grenzen gesetzt~~. Ist ein Bild dagegen insgesamt – also flächig – unscharf, so haben Sie gute Karten auf Erfolg. Und denken Sie daran, Ihr Bild am besten in der 100-Prozent-Ansicht (Taste »1« drücken) zu betrachten und zu schärfen.

Die Optionen »Text hervorheben«, »Text durchstreichen« sowie »Text unterstreichen« in einem Absatz.

Zum späteren Entfernen müssen Sie wieder die entsprechenden Hervorhebungen markieren und dann über das Kontext-Menü den Befehl *Anmerkung löschen* wählen.

Bei uns hat das Entfernen gerade bei durch- und/oder unterstrichenen Textstellen nicht immer komplikationslos funktioniert. Oft mussten wir erst die jeweiligen Stellen neu markieren und dann die zugehörigen Knöpfe verwenden. Eine unterstrichene Markierung ließ sich überhaupt nicht mehr entfernen. Wir empfehlen Ihnen daher, nicht mit Original-Dokumenten, sondern nur mit Kopien davon zu arbeiten. Über *Sichern unter* und einem neuen Namen ist eine Zweitversion schnell angefertigt und Sie gehen sicher, dass das Original unberührt bleibt.

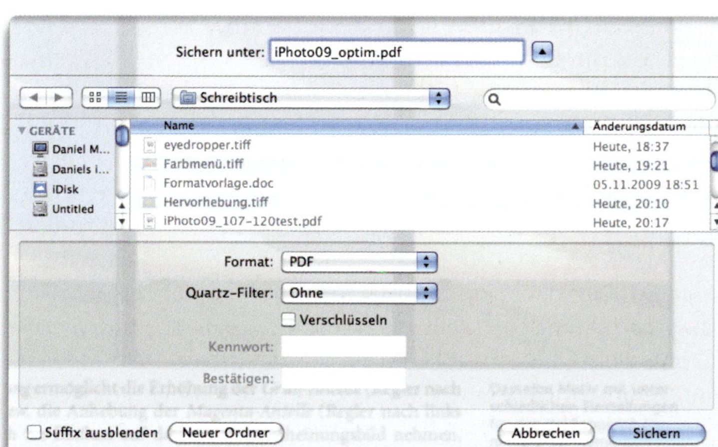

Das Sichern unter einem anderen Namen schützt das Original vor unabsichtlichen Veränderungen.

In PDF-Daten lassen sich ebenso Hervorhebungen wie *Pfeil hinzufügen, Oval hinzufügen, Rechteck hinzufügen, Notiz hinzufügen* sowie *Link hinzufügen* einbauen. Bei den beiden Optionen *Oval hinzufügen* ( ) und *Rechteck hinzufügen* ( ) ziehen Sie mit gedrücktem Mauszeiger ein Rechteck/Oval auf, um bestimmte Teile in einem PDF zu kennzeichnen. Über das *Farbmenü* ( ) sowie das *Linienstärkemenü* ( ) lassen sich diese Formen wieder anpassen. Um die Rechtecke/Ovale nachträglich zu verändern, klicken Sie diese an und ziehen Sie sie (dabei immer am Rand packend) an eine neue Stelle, ändern Sie die Größe über die Anfasser oder löschen Sie sie. Das Gleiche gilt selbstverständlich auch für das Einmontieren eines Pfeiles.

Über die Menüleiste *Werkzeuge* | *Informationen einblenden* lassen sich in der Abteilung *Anmerkungsinformationen* ( ) neben *Farbe* und *Strichstärke* auch die Position der Pfeilspitze (*beim Start, beim Ende, an beiden Enden*) einstellen.

Oval, Rechteck und Pfeil taugen recht gut zur Hervorhebung.

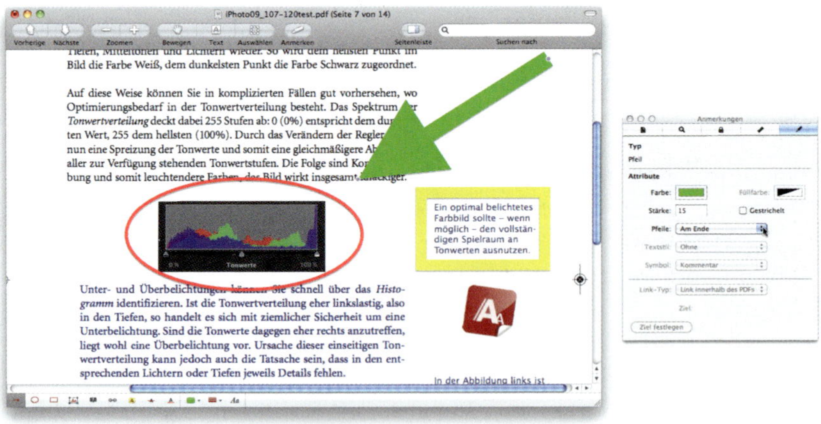

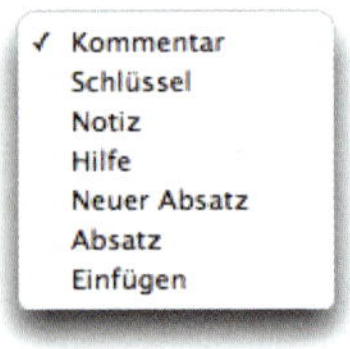

Weitaus sinnvoller – gerade für Korrektur-Aufgaben oder zwecks Anmerkungen – ist jedoch die Option *Notiz hinzufügen*. Wählen Sie dazu *Werkzeuge* | *Anmerken* | *Notiz hinzufügen* oder klicken Sie auf den unten stehenden Knopf und anschließend an diejenige Stelle im PDF, an der Sie einen Kommentar eingeben möchten. Hierzu wird ein Symbol sowie ein Textfeld an den Rand des Dokumentes gesetzt, in das Sie nun eine Nachricht eingeben können. Zum Anpassen rufen Sie wieder die *Informationen* (⌘-I) zum Dokument auf und klicken auf den Reiter für die *Anmerkungsinformationen* ganz rechts ( ). Ist ein Anmerkungs-Symbol im PDF markiert, so kann dieses sowohl in der Form als auch farblich verändert werden. Dazu stehen Ihnen über den Informationen-Dialog etliche Möglichkeiten zur Verfügung (Verändern der Symbol-Farbe, Eingabe weiterer Symbole für Notiz, Schlüssel, Hilfe und ähnliches).

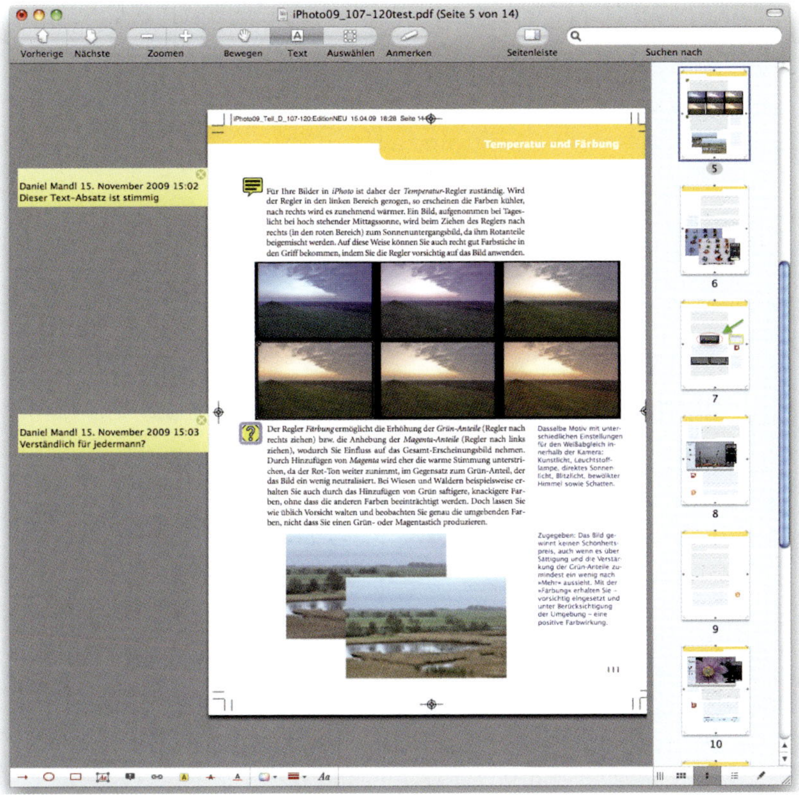

Über Notizen oder Mitteilungen können Sie zum Austausch bestimmte Dokumente für Dritte kommentieren.

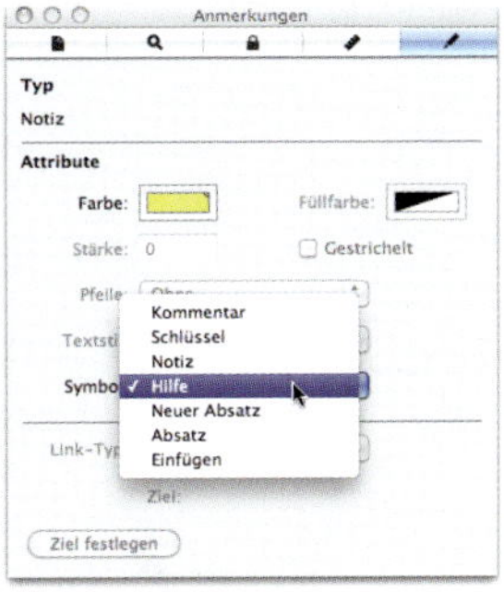

Die »Anmerkungsinformationen« bieten verschiedene Notiz-Symbole an, so dass ein Bearbeiter auf einen Blick erkennen kann, was Sache ist. Von links nach rechts: Kommentar, Schlüssel, Notiz, Hilfe, Neuer Absatz, Absatz und Einfügen.

Die *Anmerkungen* lassen sich auch nachträglich bearbeiten, selbst wenn Sie das PDF-Dokument gespeichert haben – im Gegensatz zu Bildern (wie weiter oben beschrieben).

Wenn Sie Bilder etwa im Format *JPEG, TIF* oder *PSD* etc. vorliegen haben, in denen Sie auch gerne Anmerkungen wünschen, die sich nachträglich wieder entfernen lassen, so öffnen Sie einfach dieses Bilder in *Vorschau*, wählen *Sichern unter* und vergeben nun als Format *PDF* – die Sache wäre somit geritzt.

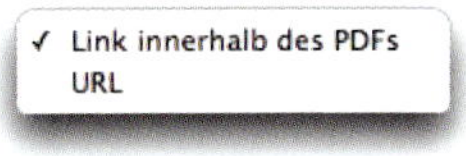

Übrig bleibt noch die Vergabe von Links (⚯ – *Link hinzufügen*) – die sich sowohl auf das Internet beziehen als auch innerhalb eines Dokumentes angebracht werden können. Nach Auswahl des Befehls *Link hinzufügen* verwandelt sich Ihr üblicher Mauspfeil in eine Art Fadenkreuz (+), mit dessen Hilfe Sie nun ein Wort, einen Satz, Abschnitt oder auch ein Bild umranden und dabei ein grau gestricheltes Feld aufziehen. In den *Informationen* (⌘-I) | Reiter *Anmerkungsinformationen* wählen Sie dann bei *Link-*

Typ den Eintrag *URL*. Im erscheinenden Feld tragen Sie nun eine Internet-Adresse ein, auf die der gekennzeichnete Bereich später verweisen wird. Der künftige Leser wird also per Mausklick automatisch auf diese Webseite geschickt (der Browser startet und im Falle einer bestehenden Internet-Verbindung wird die Website unmittelbar aufgerufen).

Zum interaktiven Navigieren gut geeignet: Das Anlegen von URLs im Text geht schnell und ist wirkungsvoll.

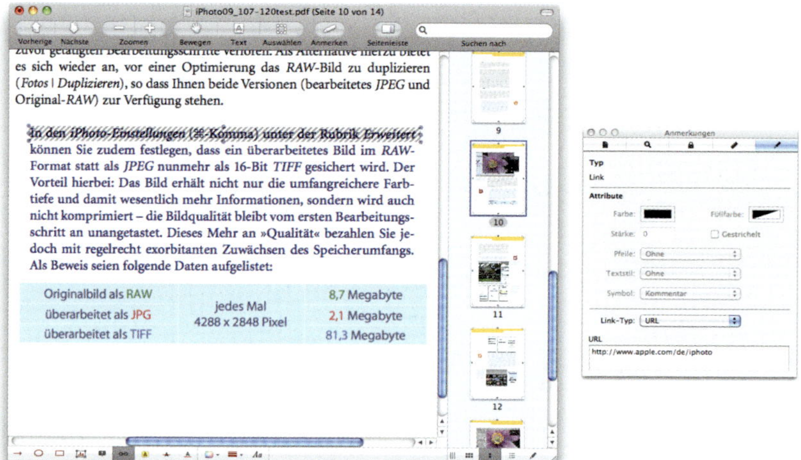

Die Vorgehensweise beim Setzen von Verlinkungen innerhalb eines PDF-Dokumentes gestaltet sich ein wenig anders. Im Popup-Menü des *Informationen*-Dialoges wählen Sie nun den Eintrag *Link innerhalb eines PDF* und ziehen wieder ein Aktiv-Feld auf. Gehen Sie dann auf die Seite im Dokument, auf die verwiesen werden soll. Danach müssen Sie nur noch im *Anmerkungen*-Dialog auf den Button *Ziel festlegen* klicken und die Verlinkung sitzt.

Über den »Link innerhalb eines PDFs« können Sie Verweise auf andere Seiten innerhalb eines Dokumentes setzen.

Wenn Sie einen Überblick haben möchten, welche Anmerkungen (egal, ob *Links*, *Notizen*, *Rahmen*-Kennzeichnungen, *Pfeile* etc.) denn nun eingebettet wurden und wo sie sich letztlich befinden, so sollten Sie den Blick auf die Seitenleiste richten. Ganz unten, wo sich auch die Knöpfe für die verschiedenen Ansichten (*Katalog*, *Miniaturen*, *Inhaltsverzeichnis*) befinden, steht ganz rechts der Button *Anmerkungen* ( ), der auf Klick hin alle vergebenen Einträge samt Seitenzahlen auflistet. Möchten Sie auch gesetzte Links einblenden, so müssen Sie allerdings zusätzlich den Knopf *Link* ( ) drücken.

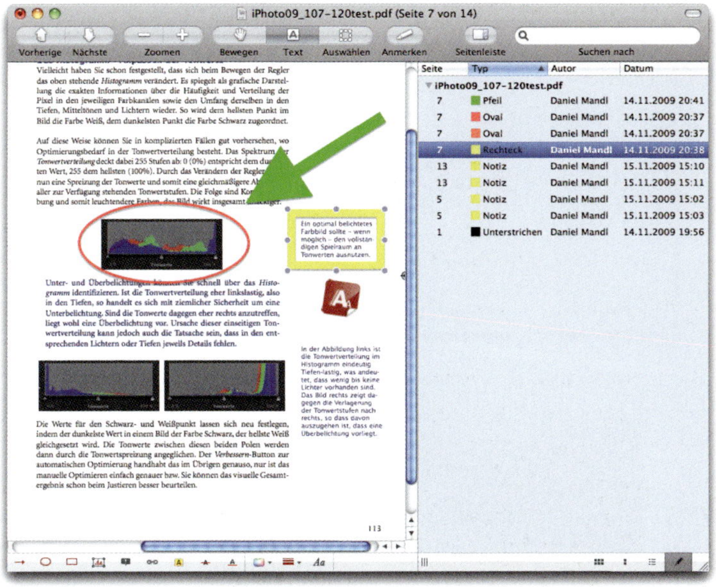

Eine Übersicht über alle im Dokument befindlichen Anmerkungen erhalten Sie über den »Anmerkungen«-Knopf rechts unten bzw. über die Menüleiste »Darstellung | Seitenleiste | Anmerkungen« (⌘-⌥-4).

Auch bei PDFs lassen sich weitere Informationen abrufen sowie *Schlagwörter* vergeben, wenn Sie *Werkzeuge | Informationen* aufrufen (⌘-I). Zudem gibt es auch so genannte Verschlüsselungsinformationen, die über die Art und Weise mit dem Umgang der PDF-Datei Auskunft geben. Gerade bei kostenpflichtigen PDF-Downloads sind die Zugriffsrechte oftmals beschnitten, so dass sich diese nicht drucken oder bearbeiten lassen. Nur nach Eingabe eines Kennwortes erhält man dazu die Erlaubnis.

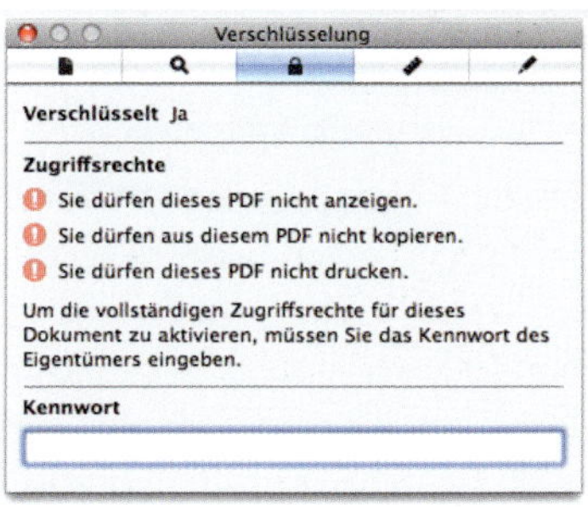

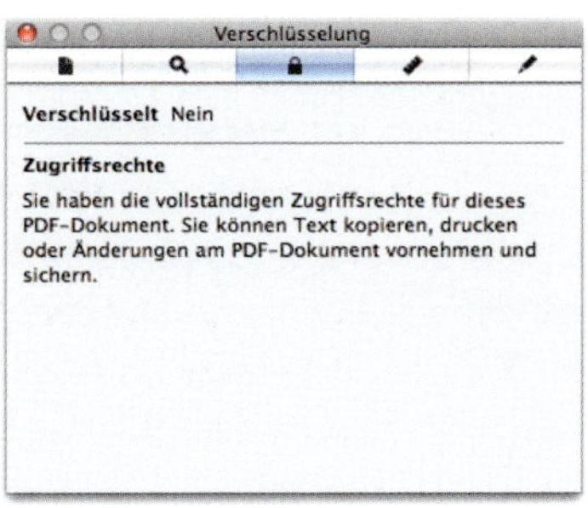

Die Verschlüsselungsinformationen: Links eine geschützte Datei, rechts ein eigenes PDF, das mit vollen Zugriffsrechten ausgestattet ist.

Zum Verschlüsseln eines PDFs über ein Kennwort brauchen Sie nur den *Sichern unter*-Dialog aufrufen und als Format *PDF* zu vergeben. Darunter finden Sie die Option *Verschlüsseln*, die, wird ein Haken in das Kästchen gesetzt, die Vergabe eines Passwortes ermöglicht. Zum Öffnen braucht der Empfänger dieses Kennwort, da er ansonsten keinen Zugriff darauf bekommt.

Die Vergabe eine Kennworts sollten Sie immer dann in Betracht ziehen, wenn es sich um Dokumente handelt, die nicht für die Allgemeinheit bestimmt sind.

Der Passwortschutz funktioniert perfekt – ohne Kenntnis des Passwortes gibt es kein Reinkommen.

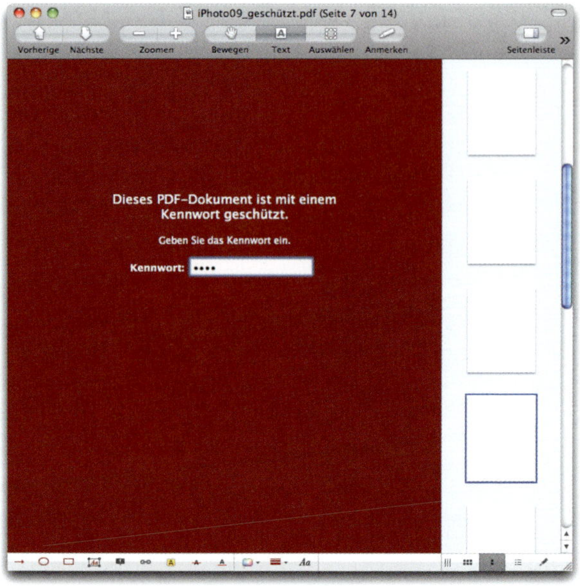

Eine weitere Hilfe bei *PDFs* mit vielleicht sogar Hunderten von Seiten ist die Vergabe von *Lesezeichen*. Wie in einem richtigen Buch lassen sich so Kennzeichnungen einfügen, die Sie ebenfalls – wie Verlinkungen – direkt anspringen können: entweder als Merkhilfe oder als Unterstützung für wichtige Inhalte, die Sie unbedingt festhalten wollen. Über das Menü *Lesezeichen* und den Befehl *Lesezeichen hinzufügen* (⌘-D) fährt ein Dialog aus, in den

Sie nun einen Titel eingeben können. Sind diese vergeben und Sie öffnen vielleicht eine Woche später erneut das PDF-Dokument, so finden Sie im *Lesezeichen*-Menü Ihre Einträge, die Sie nun wählen und sofort an der gewünschten Stelle landen. Im selben Menü lassen sich diese Leszeichen dann auch bearbeiten (*Lesezeichen bearbeiten*), indem die *Vorschau-Einstellungen* und dort die Rubrik *Lesezeichen* dargestellt wird. Klicken Sie in der Spalte *Name des Lesezeichens* den Titel doppelt an, so lässt er sich überschreiben, eine einfache Markierung sowie ein Klick auf den Button *Entfernen* löscht das Lesezeichen wieder aus dem Dokument.

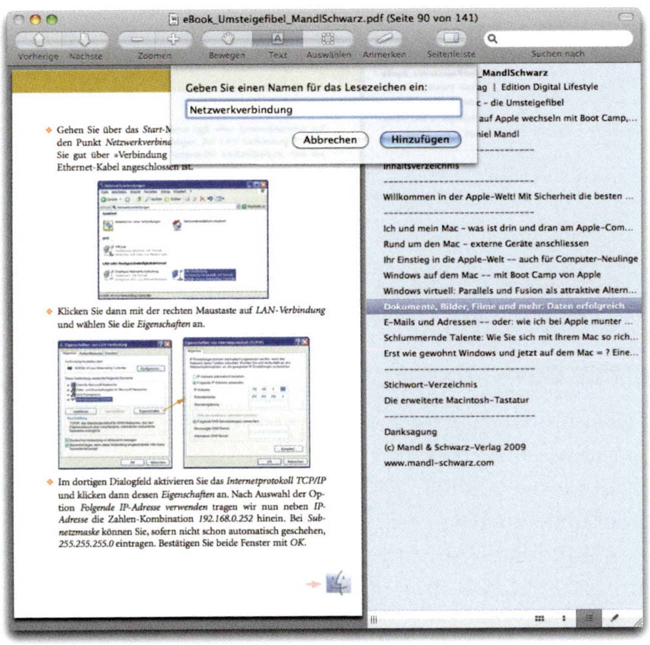

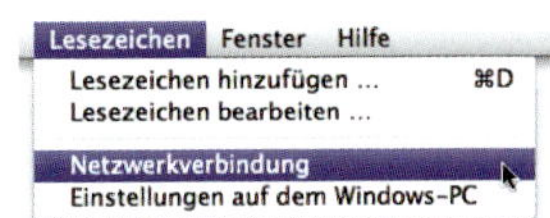

Damit ja nichts verloren geht und Sie immer wissen, auf welcher Seite Sie schon waren: die Lesezeichen.

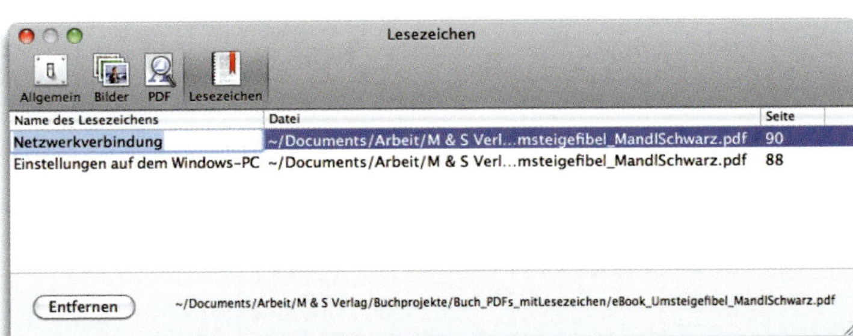

Das Bearbeiten/Umbenennen bzw. das Entfernen von Lesezeichen tätigen Sie in den Vorschau-Einstellungen.

Auch das Suchen innerhalb eines PDFs ist einfach zu handhaben. Fahnden Sie beispielsweise nach bestimmten Begriffen oder Textstellen, so brauchen Sie diese nur in das *Suchen*-Feld (oben rechts in der Symbolleiste) eingeben. Die gefundenen Seiten werden dann als Ergebnisse mit Seitenzahl und Text-Auszug aufgelistet. Über einen Mausklick auf die Einträge können Sie wieder direkt darauf zurückgreifen.

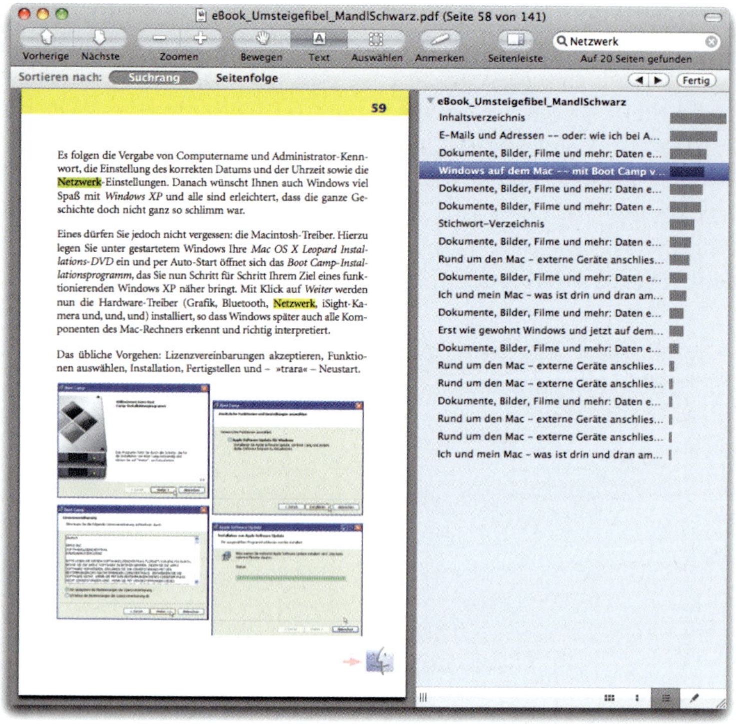

Suchen im Eiltempo – innerhalb von Sekunden listet »Vorschau« alle Vorkommnisse des gesuchten Begriffes auf.

Als Programm-Alternative zum Öffnen von PDFs gibt es auf der Webseite `www.adobe.com/de/products/reader` bzw. direkt über `http://get.adobe.com/de/reader` den *Adobe Reader*. Dieser macht zwar ebenfalls seine Sache ganz gut, ist aber merklich langsamer und nicht so schön Mac OS X-like. Haben Sie den *Reader* bereits auf der Festplatte und laden fleißig PDFs aus dem Internet, so tragen diese PDFs meist ein anderes Programm-Icon. Auf Doppelklick hin öffnet sich nun das Dokument nicht in *Vorschau*, sondern eben im *Adobe Reader*, was aber nicht sein soll. Als Trick markieren Sie nun die Datei und wählen im Finder *Ablage* | *Informationen* (⌘-I). Im auftauchenden Dialogfeld suchen Sie nun den Eintrag *Öffnen mit* und stellen im Popup-Menü das Programm *Vorschau* ein. Ab nun werden alle PDF-Dokumente nur mehr mit *Vorschau* gestartet. Wollen Sie das auch auf bestehende Dateien auf Ihrem Rechner ausweiten, so klicken Sie auf *Alle ändern* und bestätigen den Hinweis mit *Fortfahren*.

Und das Programm *Vorschau* ist immer noch nicht ausgereizt, denn Sie können innerhalb eines Dokumentes auch *leere Seiten einfügen* (jeweils im *Bearbeiten*-Menü). Je nachdem, an welcher Stelle Sie sich gerade im Dokument befinden, wird die leere Seite vor die bestehende eingefügt. Dazu wählen Sie *Bearbeiten* und weiter den Befehl *Leere Seite einfügen*.

Sie können auch innerhalb eines mehrseitigen PDFs einzelne Seiten umstellen oder diese in ein anderes PDF transferieren. Im Falle des einfachen Umstellens packen Sie einfach eine oder mehrere Seiten und ziehen Sie diese an eine andere Stelle. Beim Verschieben in ein anderes Dokument öffnen Sie das Zweite und lassen beide mit *Miniaturen* oder als *Kontaktbogen* anzeigen. Dann kann es auch schon losgehen, indem Sie die betreffenden Seiten packen und in das andere PDF befördern. Zur Orientierung zeigt sich dabei immer eine dicke blaue Linie, die den genauen Ablageort der Seite symbolisiert. Auf diese Weise lassen sich so ganz neue PDFs erstellen.

Durch die Möglichkeit, Seiten innerhalb eines PDFs zu verschieben oder zwischen mehreren PDF-Dokumenten austauschen zu können, erhalten Sie einen beachtlichen Mehrwert.

Das Drucken eines PDFs ist ebenso schnell erledigt: Wählen Sie über die Menüleiste *Ablage | Drucken* (⌘-P) für das gesamte Dokument oder Bild bzw. *Ausgewählte Seite drucken* (⌘-⌥-P) für die gerade aufgerufene PDF-Seite und tätigen Sie Ihre Einstellungen. Über den unten liegenden Button *PDF* können Sie wieder das Dokument direkt als E-Mail versenden, es in *iPhoto* sichern oder gar faxen. Klicken Sie hingegen auf *Drucken*, so wird die Datei auf dem gewünschten Gerät ausgegeben.

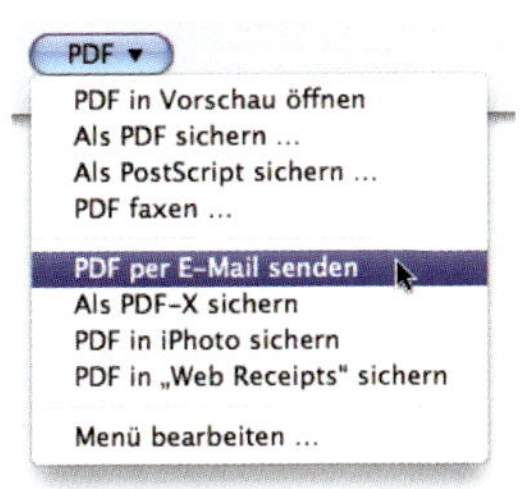

Als letztes Highlight von *Vorschau* möchten wir noch die *Bildschirmfoto*-Funktion vorstellen. Damit bekommen Sie die Möglichkeit an die Hand, Fenster, Dokumente, den ganzen Bildschirm oder auch nur Ausschnitte davon abzufotografieren. Die Bilder, die dabei entstehen, werden als Datei *Ohne Titel* geöffnet und können über *Sichern* bzw. *Sichern unter* ins Wunsch-Format konvertiert werden. Aus folgenden Optionen können Sie wählen:

- *Von der Auswahl*
  Mit einer Art Fadenkreuz ziehen Sie mit der gedrückten Maustaste einen Rahmen um jenen Teil, den Sie abfotografieren möchten. Sobald Sie die Taste loslassen, wird das Foto angefertigt und geöffnet dargestellt.

- *Vom Fenster*
  Nach dem Aufrufen des Befehls bewegen Sie die symbolisierte Kamera über jenes Fenster, das Sie abfotografieren möchten. Sobald Sie mit der Maus klicken, wird der Auslöser gedrückt und das Bild erstellt.

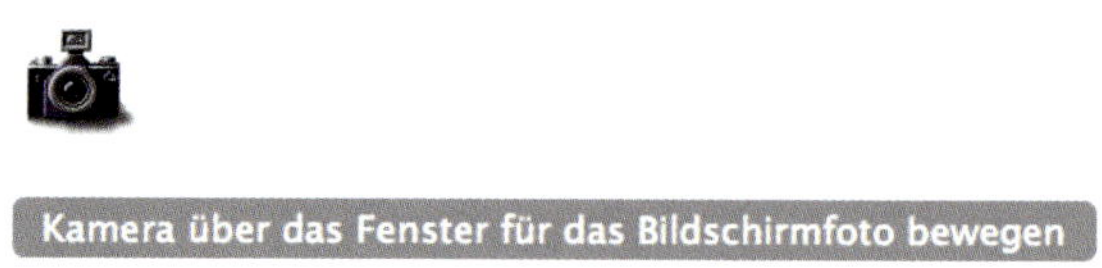

- *Vom ganzen Bildschirm*
  Wie bei einer richtigen Kamera haben Sie ein paar Sekunden Vorlauf, ehe das Bild geschossen wird. Der Vorteil ist ganz klar, dass Sie verschiedene Fenster oder Dokumente auf dem Bildschirm anordnen können, bevor dann der Bildschirm fotografiert wird.

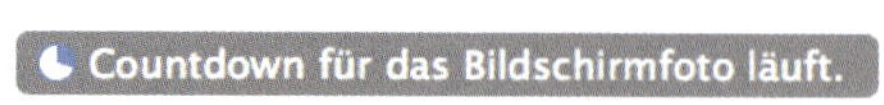

Eben genannte Möglichkeiten zum Abfotografieren von Bildschirm-Inhalten lassen sich normalerweise aus jedem Programm heraus über folgende Tastatur-Kürzel erreichen: ⌘-⇧-3 für gesamten Bildschirm, ⌘-⇧-4 für einen Ausschnitt und ⌘-⇧-4 plus zusätzlichem Drücken der Leertaste für Fenster. In diesem Fall werden die Bilder im Format *PNG* auf dem Schreibtisch abgelegt und erhalten als Titel das aktuelle Datum samt Uhrzeit – beispielsweise *Bildschirmfoto 2009-11-15 um 17.22.23.* Über die Freeware *TinkerTool* lässt es sich einrichten, dass die Bildschirmfotos in einem anderen Format (TIFF, JPEG, PSD etc.) absgespeichert werden.

Zum Abschied dieses Kapitels noch ein heißer Tipp: Wenn Sie mehrere Programme gleichzeitig geöffnet haben, so lässt sich über das Drücken der *Befehlstaste* (⌘) und dem mehrmaligen Antippen der *Tabulator-Taste* (⇥) schnell und unkompliziert von einem Programm zum Nächsten springen. Oder Sie drücken *Befehlstaste* und *Tabulator-Taste*, so dass die Programm-Symbole eingeblendet werden. Nun lässt sich bei weiterhin gedrückter *Befehlstaste* mit den Pfeil-Tasten (← und →) oder mit der Maus das gewünschte Programm aussuchen. Toll, gell?

Der schnelle Wechsel zwischen den Programmen ist eines unserer Lieblingskürzel und spart eine Menge an Zeit, ehe man ständig im Dock hier und dort klickt.

Wir freuen uns, dass Sie bis hierhin durchgehalten haben. Die Programme sind doch dermaßen mit Funktionen und Befehlen vollgestopft, dass einem ganz schön der Kopf rauchen kann. Aber je mehr Sie sich damit beschäftigen bzw. je öfter Sie Ihr Haupt-Programm benutzen (denn alle Programme braucht wahrscheinlich kein Mensch), desto routinierter werden Sie, auf dass Sie bald auch anderen Mac-Anwendern unter die Arme greifen können. Nichtsdestotrotz: Wie sind noch lange nicht am Ende unserer Entdeckungsreise durch Mac OS X. Im nächsten Kapitel durchleuchten wir die *Dienstprogramme*, also jene Applikationen, mit denen Sie Ihr System in Schuss halten, Hardware wie Software unter die Lupe nehmen oder eigene Unternehmungen wie Installationen oder Systemeinrichtungen durchführen können. Nicht alle werden im folgenden Text aufgeführt, da einige bereits angesprochen bzw. erst in späteren Kapiteln und dann in sinnvollem Zusammenhang erklärt werden.

Dienstprogramme – von Assistenten und Festplatten-Doktoren

Dienstprogramme – das klingt schon mal ziemlich trocken (und die Anwendung erst: die ist oft sogar staubtrocken). Und in der Tat finden Sie in diesem Unterordner des *Programme*-Ordners allerlei Anwendungen, die sich auf Netzwerk-Dienste, Diagnose der Hardware, Datenbanken usw. spezialisiert haben. Vieles davon erfordert eine Menge an Hintergrundwissen, so dass ein Informatik-Studium oder eine gehörige Portion Lust an Fach-Know-how fast schon Grundvoraussetzung zum besseren Verständnis ist. Mit anderen Worten: Unser Buch richtet sich in erster Linie an Neueinsteiger und Umsteiger, die den Mac und sein Betriebssystem (die Grundlagen) kennen lernen möchten. Aus dieser Sicht möchten wir uns auf jene Programme konzentrieren, die im Arbeitsalltag des ganz gewöhnlichen Anwenders eventuell mit dazugehören und über die Sie Bescheid wissen sollten. Alles andere wird im Schnelldurchgang erwähnt und kurz gezeigt – Programme eben, die nach unserem Dafürhalten von Ihnen weder jemals benötigt geschweige denn freiwillig gestartet werden.

Weiterhin finden Sie dort unter anderem das *AirPort-Dienstprogramm*, das uns erst im Kapitel »Mit dem Mac ins Internet« beschäftigen wird. Dennoch bleiben noch einige andere Anwendungen übrig, so dass Sie keine Angst haben müssen, dass das Kapitel auf der übernächsten Seite schon wieder zu Ende ist. Legen wir also los …

Aktivitätsanzeige – Prozesse im Hintergrund

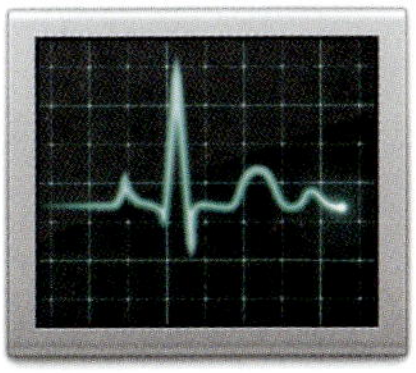

In einem Computer laufen ständig Prozesse (so genannte *Threads*) ab: Daten werden auf der Festplatte abgespeichert, die Programme lagern Ihre Dateien im Arbeitsspeicher aus, der Prozessor verarbeitet Befehle, die ihm zugeteilt werden usw. Davon bekommen Sie als Anwender normalerweise nichts mit, es sei denn, der Lüfter springt an (weil der Prozessor ein wenig Kühlung benötigt) oder die Festplatte rattert leise, weil gerade auf Daten zugegriffen wird. Damit Sie einen Einblick bekommen, was so alles im Hintergrund passiert und wie welches Bauteil gerade ausgelastet ist, gibt es die *Aktivitätsanzeige.*

Per Doppelklick startet das Programm, das in seinem Fenster jene Prozesse aufzeigt, die im Moment am Laufen sind. Hierbei wird genau Buch geführt, wer wie viel Prozessorleistung (*CPU*) und wie viel Speicher verschlingt. Unterschieden wird hierbei zwischen dem *Physikalischen Speicher* (dem eingebauten Arbeitsspeicher) sowie dem *Virtuellen Speicher* (das entspricht jenem Platz, den der Prozess auf die Festplatte auslagert). Unten stehend finden Sie weitere Rubriken-Reiter wie *CPU* (Abkürzung für *Central Processing Unit* –

der Prozessor), *Speicher* (gemeint ist der Arbeitsspeicher), *Festplattenaktivität, Festplattenauslastung* sowie *Netzwerk.*

Egal, was Sie am Computer auch machen – die Aktivitätsanzeige protokolliert genau den Verlauf der CPU-Auslastung sowie den Verbrauch an Speicher.

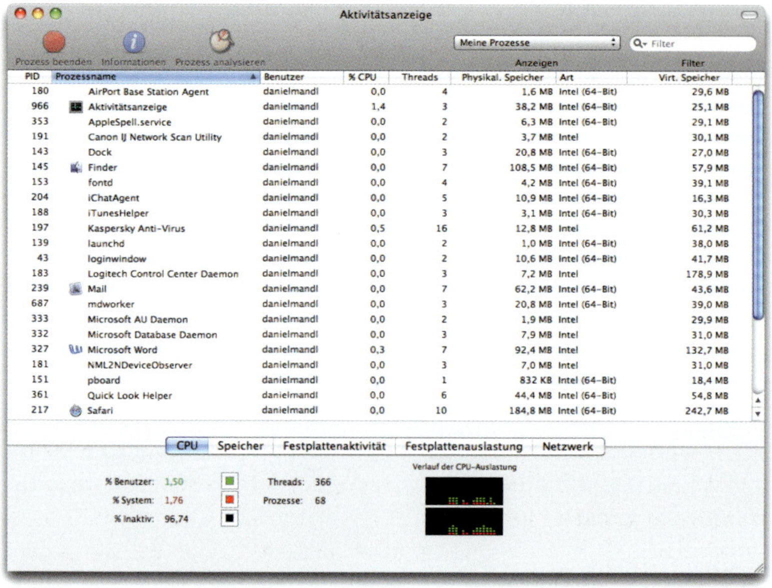

Die *Prozessor*-Anzeige (*CPU*) führt dabei alle aktuell laufenden Prozesse auf, also etwa jene Programme, mit denen Sie gerade arbeiten, aber auch jene, die das *System* im Hintergrund verwendet. So kann es durchaus passieren, dass Sie vielleicht gerade einmal ein einziges Programm gestartet haben, das Betriebssystem jedoch im Hintergrund Dutzende weiterer Prozesse ablaufen lässt. Über den Punkt *Darstellung* der Menüleiste und der Auswahl bei *Spalten* bestimmen Sie, welche Werte im Übersichts-Fenster angezeigt werden. Wünschen Sie hier weitere Details, so markieren Sie einen Prozess und klicken dann auf den *Informationen*-Button (ⓘ). Um eine fortwährende Kontrolle über die Auslastung der CPU zu erhalten, lassen sich über das *Fenster*-Menü weitere Analyse-Fenster für die *aktuelle CPU-Auslastung*, den *Verlauf der CPU-Auslastung* sowie *Balken für die CPU-Auslastung* einblenden. Diese Info-Dialoge bleiben immer im Vordergund und Sie können sämtliche *Prozessor*-Bewegungen bewerten. Wie oft eine Überprüfung bzw. Aktualisierung stattfinden soll, stellen Sie über *Darstellung* | *Darstellung aktualisieren* ein.

Wie im Studio: Überall blinkt's und flattert's – der Prozessor lebt also noch.

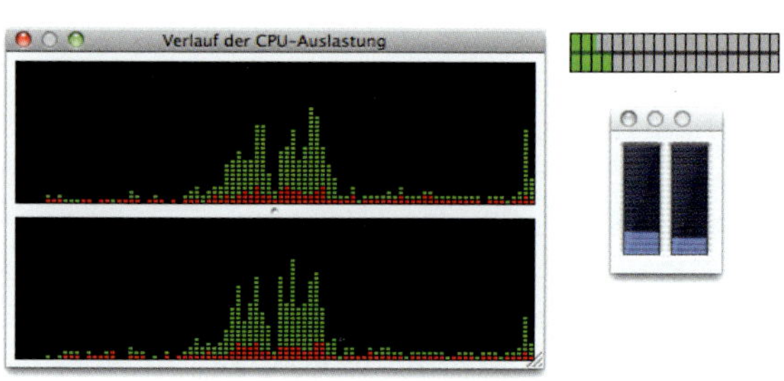

Möchten Sie die *Aktivitätsanzeige* sowie deren verschiedene Anzeigen ständig im Blick haben, so können Sie anstatt des *Aktivitätsanzeige*-Icons auch diese Fenster im Dock anlegen: entweder per *ctrl*-Klick auf das Programm-Icon im Dock oder über die Menüleiste *Darstellung* | *Symbol im Dock*.

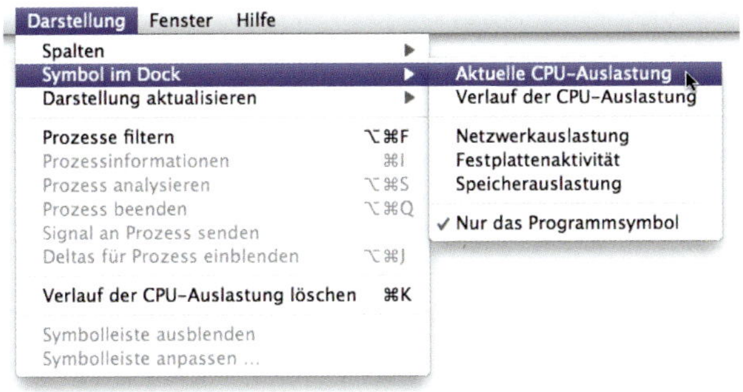

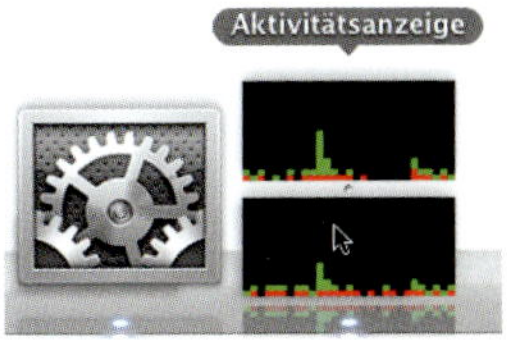

Auch das Dock kann zur Kontroll-Station umgebaut werden.

Die Rubrik *Speicher* überprüft die Vorgänge im Arbeitsspeicher. Je mehr Sie davon in Ihrem Mac eingebaut haben, desto besser (also 2 Gigabyte sollten es schon sein), arbeitet der Rechner doch flüssiger und muss nicht zu oft auf den virtuellen Speicher der Festplatte auslagern, der merklich langsamer ist. Rufen Sie zum Überprüfen am besten Ihr Standard-Repertoire an Programmen im Arbeitsalltag auf und werfen Sie dann einen Blick in die *Aktivitätsanzeige*. Hierbei wird genau aufgelistet, wie viel Arbeitsspeicher frei, reserviert, aktiv oder insgesamt genutzt ist. Sollte es des Öfteren hier zu Kapazitätsengpässen kommen, sollten Sie einmal mit Ihrem Mac-Händler Kontakt aufnehmen, um eine Speicher-Aufrüstung am Runden Tisch zu besprechen – vorausgesetzt natürlich, dass der Kosten-Voranschlag Sie nicht vom Stuhl fallen lässt.

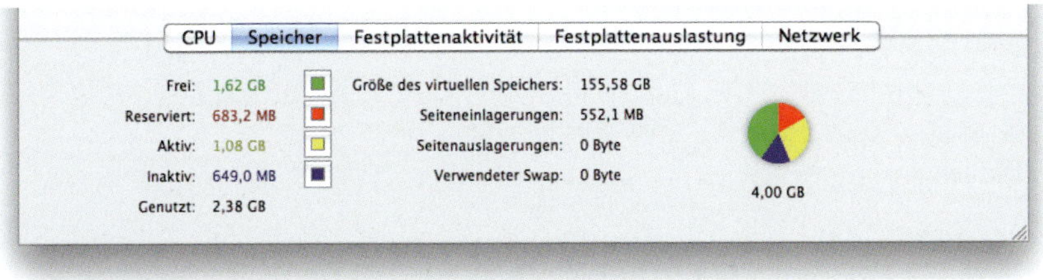

Wenn Ihr Rechner mit geöffneten Programmen oftmals langsam reagiert und die Aktivitätsanzeige weniger als 100 MB freien Arbeitsspeicher meldet, sollten Sie eine Aufrüstung durchaus in Erwägung ziehen.

Das Gleiche gilt auch für die Punkte *Festplattenaktivität* sowie die *Festplattenauslastung*. Auf der einen Seite können Sie beobachten, wie viele Lese- und Schreibzugriffe ausgeführt werden, also wie aktiv der Schreib-/Lese-Kopf über die verbauten Platten rauscht, auf der anderen Seite sehen Sie auf einen Blick, wie viel Speicher-Kapazität bereits verbraucht und wie viel noch frei ist. Bei Letzterem sollten Sie nie an das Limit gehen, da Programme auch immer virtuellen Speicher in Anspruch nehmen und im schlimmsten Fall eine Arbeitsverweigerung an den Tag legen können (Fehlermeldung: Dieser und jene Prozess konnte nicht ausgeführt werden …).

Aktivität wie Auslastung der Festplatte(n) auf einen Blick.

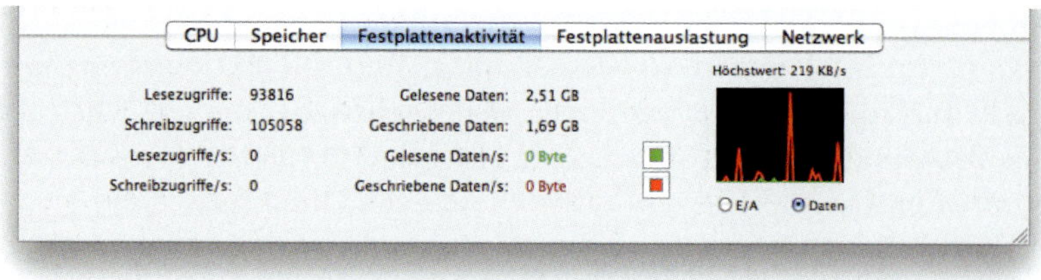

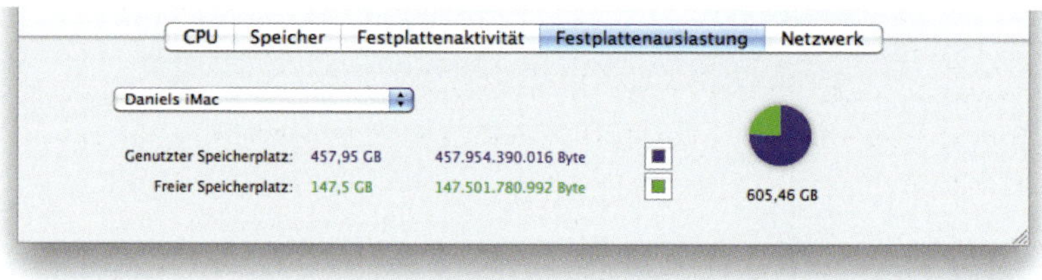

Haben Sie sich ein Netzwerk aufgebaut, indem Sie mehrere Macs (oder auch PCs) zusammenschließen, so werden diese Aktivitäten (empfangene Daten, gesendete Daten) unter *Netzwerk* aufgezeichnet. Sie sehen also genau, was für Datenmengen über die Leitungen laufen.

Zu jedem Prozess lassen sich nun weitere Informationen über den gleichnamigen Button abrufen und auch einzelne Prozesse analysieren.

Informationen sowie Prozess-Analyse werden den Normalanwender wohl eher weniger tangieren.

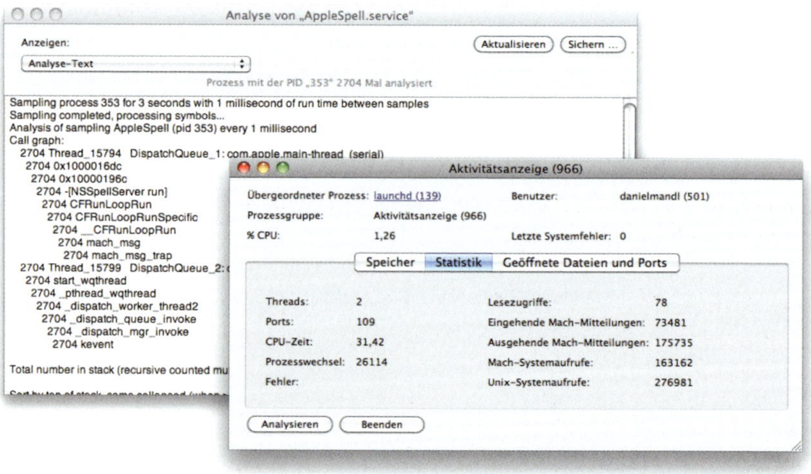

Im Großen und Ganzen ist das Programm für den Normal-Anwender sicherlich einen Blick wert, auch wenn er es nicht allzu oft benötigen wird – im Gegensatz zu Programmierern und Netzwerk-Administratoren, die damit Optimierungen vornehmen oder Fehlern auf die Spur kommen können.

Bildschirmfoto – Fotos vom Monitor

Ab und an möchte man vielleicht einen Dialog (etwa eine kryptische Fehlermeldung), ein Fenster oder gar den gesamten Schreibtisch (Guck mal mein tolles Hintergrund-Bild an …) im Bild festhalten, um es weiterzureichen, für den Support oder für Freunde. Damit das alles mit den Hausmitteln klappt, gibt Ihnen Apple das Programm *Bildschirmfoto* mit an die Hand.

Was wie abfotografiert werden soll, entscheidet letztlich die Situation. Über das Menü *Foto* wählen Sie dann aus den angebotenen Optionen das Passende heraus:

- *Ausgewählter Bereich* (⌘-⇧-A)
  Hiermit lassen sich Ausschnitte wählen, indem Sie den Mauszeiger ansetzen und dann mit gedrückter Maustaste einen Rahmen aufziehen. Sobald Sie die Maustaste loslassen, wird dieser Ausschnitt abfotografiert.

Nicht zu übersehen: der rote Rahmen bestimmt den Ausschnitt.

- *Fenster* (⌘-⇧-W):
  Wie der Name schon verrät, fotografieren Sie damit Fenster ab. Im auftauchenden Dialog klicken Sie in *Fenster auswählen* und dann auf das abzulichtende Fenster. Fertig.

- *Bildschirm* (⌘-Z):
  Alles, was auf Ihrem Monitor zu sehen ist, wird abgelichtet.

- *Selbstauslöser* (⌘-⇧-Z):
  Damit wird ebenfalls der Bildschirm abfotografiert, jedoch haben Sie im Vorfeld 10 Sekunden Zeit, um alles zu arrangieren. Über eine symbolisierte Stopp-Uhr wird Ihnen aufgezeigt, wann es Klick macht.

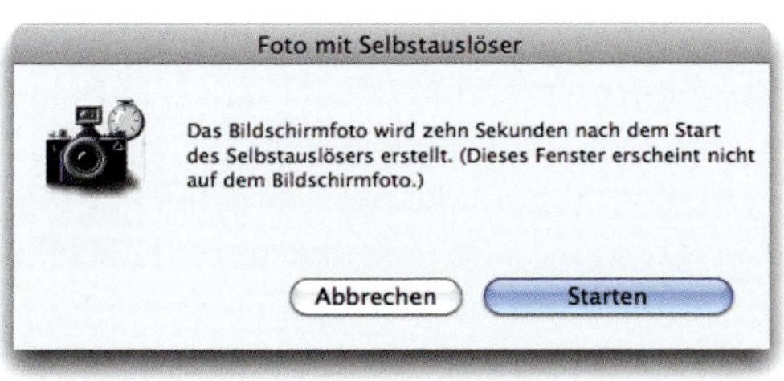

Bitte lächeln, denn gleich klickt's.

In allen vier Fällen wird nach dem Anfertigen des Screenshots das Bild eingeblendet. Möchten Sie beispielsweise die Größe überprüfen, so wählen Sie *Bearbeiten | Information* (⌘-1) – das Fenster zeigt Ihnen *Höhe* wie *Breite* in Pixel auf und gibt die *Farbtiefe* an. Ist es für Sie in Ordnung, sollten Sie das Bild selbstverständlich sichern. Über *Ablage | Sichern* (⌘-S) bzw. *Sichern unter* (⌘-⇧-S) vergeben Sie einen Namen und legen einen Speicher-Ort fest – das Bild wird dann im TIFF-Format gespeichert.

Zum Konvertieren in ein anderes Format öffnen Sie das Bild mit dem Programm *Vorschau* und wählen den Befehl *Sichern unter* (⌘-⇧-S). Dort steht Ihnen nun die ganze Latte weiterer Formate zur Verfügung.

Manchmal ist es nötig, beim Abfotografieren den künftigen Betrachter auf irgendetwas hinzuweisen – sei es auf eine Datei, einen Knopf oder einen Missstand. Sowohl bei *Bildschirm* als auch dem *Selbstauslöser* ist es daher möglich, den Mauszeiger mit abzulichten. Wie dieser aussehen soll, bestimmen Sie in den *Einstellungen* (⌘-*Komma*) im *Bildschirmfoto*-Menü.

Die Mauszeiger-Parade für jeden Zweck.

Wir möchten auch noch einmal daran erinnern, dass es neben dem Programm *Bildschirmfoto* noch zwei weitere hauseigene Alternativen dazu gibt. Zum einen finden Sie dieselben Optionen bei gestarteten Anwendungen (allerdings nicht bei allen) im *Programm*-Menü (das ist das Menü rechts vom Apfel-Symbol) unter *Dienste | Bildschirmfoto*, zum anderen über die nachfolgenden Tasten-Kombinationen:

⌘-⇧-3: der gesamte Bildschirm wird abgelichtet;

⌘-⇧-4: über ein Fadenkreuz kann ein Ausschnitt angefertigt werden, über das zusätzliche Drücken der *Leertaste* wird ein Fenster abfotografiert.

Hierbei werden die Bilder als *PNG*-Dateien auf dem Schreibtisch abgelegt, die dann noch umbenannt und eventuell in ein anderes Format gebracht werden sollten. Gefallen Ihnen die verwendeten Tasten-Kombinationen nicht, so werfen Sie doch einen Blick in die Systemeinstellung *Tastatur* und dort in die Rubrik *Tastaturkurzbefehle -> Bildschirmfotos*.

Bluetooth-Datenaustausch

Dieses Programm macht genau das, was der Name verspricht: Es tauscht Daten aus – allerdings nur in eine Richtung (*senden*). Vorher sollten Sie jedoch Ihre Bluetooth-Geräte konfigurieren, sprich über die Systemeinstellung *Bluetooth* bzw. den *Bluetooth-Assistenten* anmelden (siehe hierzu den erklärenden Text im Kapitel über die *Systemeinstellungen*). Ist das alles erledigt, so brauchen Sie nur das Programm *Bluetooth-Datenaustausch* zu starten und aus dem sich öffnenden Dialog-Fenster namens *Wählen Sie die zu sendende Datei aus* das oder die Objekte zu markieren. Mit der Bestätigung über den Knopf *Senden* werden dann alle gefundenen Geräte aufgeführt. Suchen Sie sich Ihr gewünschtes Gerät aus und ab geht die Post.

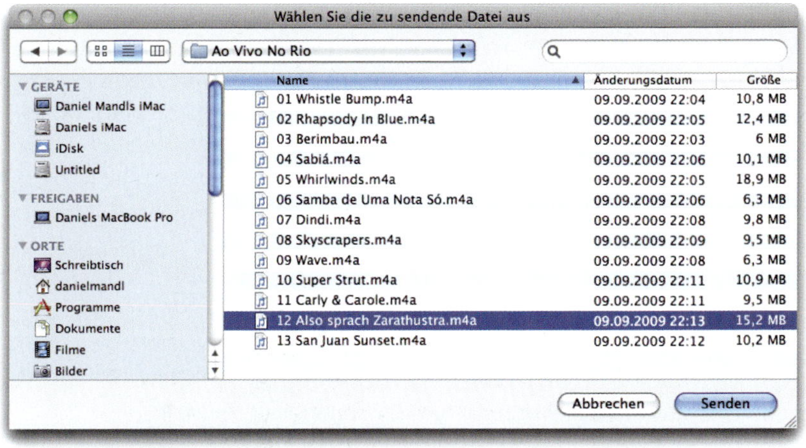

Zuerst werden die Daten ausgewählt …

… und dann das entsprechende Gerät ausgewählt. Über »Senden« werden die Daten verschickt.

Haben Sie in der Systemeinstellung *Bluetooth* die Option *Bluetooth-Status in der Menüleiste anzeigen* aktiviert, so geht das Versenden wesentlich schneller, wenn Sie zuvor die Objekte auswählen und dann über die Menüleiste auf das entsprechende Symbol (✱) klicken. Auf diesem Wege können Sie direkt die Sachen verschicken, ohne erst umständlich das Programm *Bluetooth-Datenaustausch* starten zu müssen.

Boot Camp Assistent – einmal die Windows-Welt schnuppern

Dieses kleine Programm ermöglicht Ihnen die Installation von *Microsoft XP*, *Microsoft Vista* oder *Windows 7* auf Ihrem Mac. Und ob Sie dies nun für einen Frevel halten oder nicht – beeindrucken kann man damit allemal und wir sind ja schließlich alles weltoffene Gesellen, die auch gerne mal ihre Nasen in fremde Sachen stecken.

Der Windows-Umsteiger hingegen, der nur auf das Design eines Apple-Rechners schielt, nichtsdestotrotz aber an seiner Windows-Umgebung festhalten möchten, sei daher nicht verdammt, sondern eingeladen zum Schnuppern. Und wir wissen ja alle: Früher oder später kriegen wir Euch alle :-)

Als »alter Hase« in Sachen Windows & Co. oder auch nur als neugieriger Mac-Nutzer stellt sich nach der Einrichtung des Apple-Rechners die Frage, wie nun Windows auf den Rechner gelangen soll. Im Grunde ein »Klacks«, in der Praxis jedoch manchmal auch mit ein paar Hürden behaftet – besonders dann, wenn man sich das erste Mal an derlei Dinge wagt. Die wichtigste Regel sollte daher lauten: Halten Sie sich an die von Apple und den Drittherstellern vorgegebenen Systemvoraussetzungen, dann ist das schon einmal die halbe Miete – die andere Hälfte gewinnen Sie mit Hilfe der nachfolgenden Seiten.

Bevor Sie jedoch loslegen, sollten Sie sich ein paar strategische Gedanken machen, um so auch ein wenig über den Tellerrand zu blicken:

- Wollen Sie actionreiche Games auf dem Rechner spielen oder weiterhin nur Ihre Korrespondenz in gewohnter Manier erledigen?
- Oder haben es Ihnen Excel-Tabellen angetan oder gar nur das Internet?
- Möchten Sie parallel mit beiden Betriebssystemen arbeiten, um Daten auszutauschen und um etwa Web-Seiten auf Windows und Macintosh zu überprüfen?

Je nach Leistungsanforderung können Sie auswählen oder gar beides einrichten. *Boot Camp* ist dann die richtige Entscheidung, wenn Sie sich noch nicht so recht mit Mac OS X anfreunden können und einen kompletten Windows-Rechner wünschen. Windows wird dabei auf einem separaten Teil Ihrer Festplatte – einer so genannten »Partition« – installiert und läuft nach einem Neustart Ihres Apple-Rechners als alleiniges Betriebssystem völlig autark. Es profitiert dabei von einem schnellen Prozessor, dem direkten Zugriff auf die Festplatte und überhaupt vom schicken Design der Apple-Kreativen.

Bei *Parallels Desktop* von der gleichnamigen Software-Schmiede oder *Fusion* von *VMware* spricht man hingegen von einer Virtualisierung, bei der der Windows-PC per Software sozusagen vorgegaukelt wird. Der Vorteil ist ganz klar, dass Sie beide Betriebssysteme – *Windows* und *Mac OS X* – nebeneinander laufen lassen können; das lästige Neustarten des Rechners entfällt hierbei. Der Nachteil liegt jedoch in der Tatsache, dass sich beide System-Welten bei diesem gleichzeitigen Betrieb das »Herz des Rechners«, den Prozessor, teilen müssen – die Arbeitsgeschwindigkeit des Rechners insgesamt wird leicht ausgebremst. Für Büro-Arbeiten und für Surf-Touren durch's Internet ist das zwar kaum von Belang, für anspruchsvolle Spiele oder Grafik-Anwendungen jedoch weniger geeignet.

Wenn Sie sich für die Virtualisierungen *Parallels Desktop* und *Fusion* von *VMware* interessieren, so sei Ihnen auch unsere *Umsteigefibel* an's Herz gelegt. Darin erfahren Sie weitere Hintergründe zum Umzug von Windows auf den Mac, erhalten Anweisungen zum Installieren eben genannter Vitualisierungen und lernen ganz nebenbei die mannigfachen Möglichkeiten zum Datenübertrag vom Windows- auf den Mac-Rechner kennen. Blättern Sie mal an den Schluss des Buches zu unseren Werbeseiten – da finden Sie weitere Informationen zur Umsteigefibel in Wort und Bild.

Die Vorbereitungen

Der Rechner sollte immer auf dem aktuellen Stand sein sowie alle Firmware-Aktualisierungen beinhalten. Am besten funktioniert dies über die *Systemeinstellungen | Softwareaktualisierung*, zu der Sie jedoch über einen Online-Zugang (Breitband-Geschwindigkeit per DSL ist empfehlenswert) verfügen sollten.

Surfen Sie üblicherweise per Modem oder ISDN im Internet, so bitten Sie doch Freunde oder Verwandte mit einem Mac-Rechner, Ihnen die oft Dutzende von Megabyte schweren Update-Dateien herunterzuladen. Alternativ funktioniert dies auch über die Webseite `www.apple.com/de/downloads.`

Bei etwaigen Firmware-Updates halten Sie sich bitte unbedingt an die eingeblendeten Verhaltensregeln. Da der normalsterbliche Anwender manchmal vor lauter Aufregung die ein oder andere Anweisung vergisst, empfehlen wir diese auszudrucken, damit Sie die einzelnen Schritte genau abarbeiten können.

Zusammengefasst hier noch einmal die Voraussetzungen für einen gelungenen *Boot Camp*-Einstieg. Sie brauchen:

- Einen Macintosh-Computer mit Intel-Prozessor, eine USB-Tastatur und Maus bzw. Tastatur und Trackpad eines Mac Book (Pro);
- Mac OS X Version 10.6 oder neuer sowie alle Firmware-Aktualisierungen;
- Mindestens 10 GB freier Festplattenspeicher auf dem Volume, auf dem die Software installiert werden soll.
- Die *Mac OS X Snow Leopard Installations*-DVD sowie *Windows XP Home Edition* oder *Professional* mit *Service Pack 2* oder neuer, *Microsoft Vista Home Basic*, *Home Premium*, *Business* oder *Ultimate* bzw. *Windows 7*.
- Apple schreibt die Verwendung ausschließlich von 32-Bit-Versionen von Windows vor. Erst die Mac Pro-, MacBook Pro- und iMac-Modelle ab Anfang 2008 lassen die Installation einer 64-Bit-Version von *Windows Vista* oder *Windows 7* zu.

Der »Boot Camp Assistent« – Ihr freundlicher Begleiter

Besitzen Sie bereits eine *Boot Camp*-Partition, die Sie unter Mac OS X 10.5 Leopard eingerichtet haben, so brauchen Sie die folgenden Abschnitte zum Partitionieren bzw. Formatieren nicht zu beachten. Im Gegenteil: Sie brauchen eigentlich nur unter Windows zu starten und dann die *Mac OS X Snow Leopard-Installations*-DVD einzulegen. Im eingeblendeten Dialog klicken Sie auf *Boot Camp-Treiber* und gelangen so zum *Boot Camp-Installationsprogramm.* Über *Weiter* und dem Akzeptieren der *Lizenzvereinbarung* beginnt die eigentliche Installation aller neuen wie wichtigen Treiber.

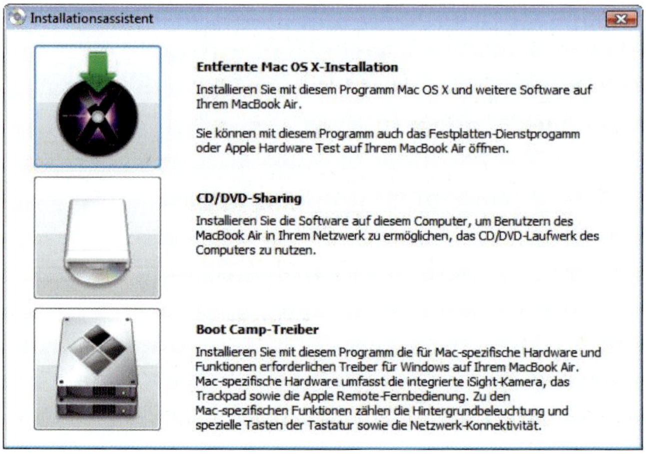

Eigentlich kinderleicht: Nach dem Einlegen der Snow Leopard-Installations-DVD klicken Sie auf »Boot Camp-Treiber laden« …

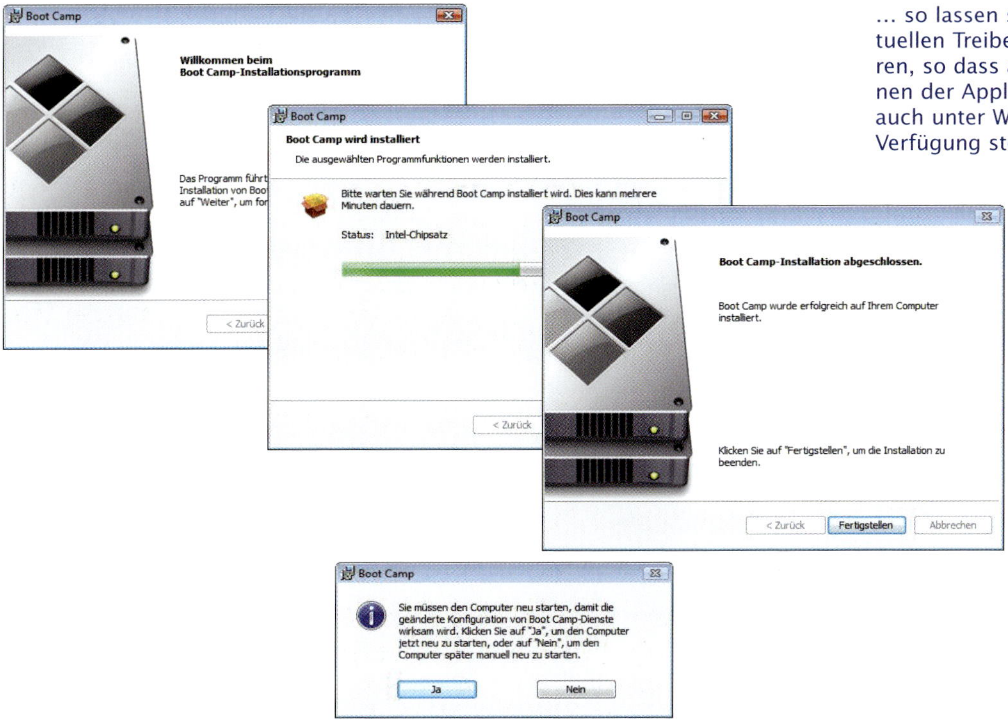

… so lassen sich die aktuellen Treiber installieren, so dass alle Funktionen der Apple-Hardware auch unter Windows zur Verfügung stehen.

Bevor Sie nun engagiert und voller Elan ans Werk gehen, gehören leider noch einige weitere kurze Grundvoraussetzungen in Ihr Brevier. Zum einen möchte der *Assistent* von *Boot Camp* auf Ihrem Rechner eine eigene Partition extra für *Windows* anlegen. Ihre Festplatte darf daher nicht bereits partitioniert (also in mehrere Teilstücke separiert) sein. Haben Sie (oder wer war's?) dies bereits getan, so sollte Ihr erster Schritt nicht zu *Boot Camp*, sondern über das *Festplatten-Dienstprogramm* laufen (ebenfalls zu finden im Ordner *Dienstprogramme*, der wiederum im Ordner *Programme* liegt).

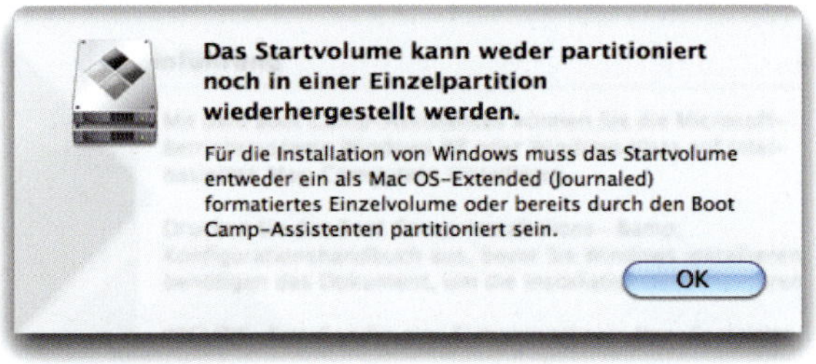

Da müssen Sie jetzt tapfer sein.

Das *Festplatten-Dienstprogramm* unter Mac OS X Snow Leopard kann auch nachträglich die Festplatte neu einrichten, ohne dass das Startvolume als solches in Mitleidenschaft gezogen wird. Werden jedoch aus zwei oder mehreren Partitionen wieder ein einziges Volume-Schema, so werden dennoch die Daten auf diesen weiteren Partitionen gelöscht. Mit anderen Worten:

Bringen Sie auf jeden Fall jene Daten, die sich außerhalb des Startvolumes auf den weiteren Partitionen befinden, in Sicherheit, da diese nach der Umstellung nicht mehr existent sind.

Ganz wichtig: Ziehen Sie bitte die Daten von der zweiten oder den weiteren Partitionen auf eine externe Festplatte oder auf das erste Volume-Schema (Startvolume) bzw. brennen Sie sich Sicherheits-DVDs.

Rufen Sie dann das *Festplatten-Dienstprogramm* auf und klicken Sie dort auf den Reiter *Partitionieren*. Markieren Sie Ihre interne Festplatte, so dass unterhalb von *Volume-Schema* die Aufteilung angezeigt wird.

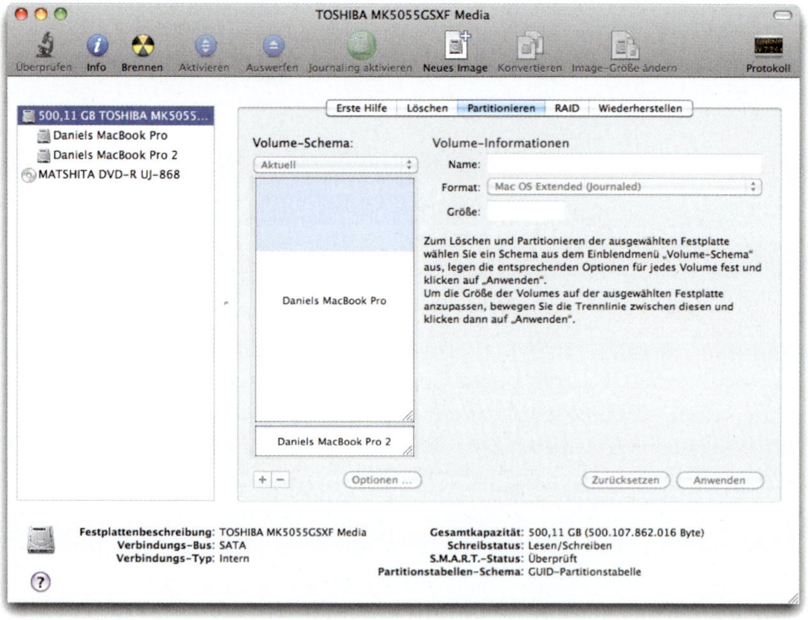

Das Festplatten-Dienstprogramm zeigt über den Reiter »Partitionieren« die aktuelle Aufteilung der Festplatte an.

Markieren Sie danach beispielsweise die zweite Partition per Mausklick und betätigen Sie dann den unten liegenden *Minus*-Button (−). Daraufhin fährt ein Dialog aus, der Ihr Tun noch einmal genau auflistet: Bitte jetzt den Schweiß von der Stirn tupfen …

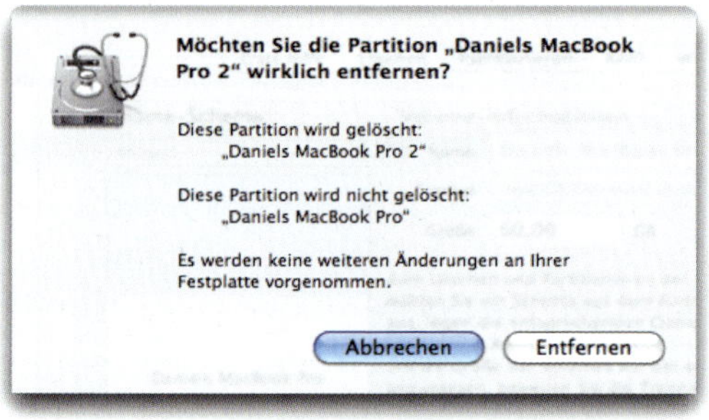

Das zu entfernende Volume wird gelöscht, während das Startvolume auf der ersten Partition unberührt bleibt.

Klicken Sie nun auf *Entfernen*, so wird die Partitionstabelle neu angelegt und das Volume verschwindet. Um die ursprüngliche Größe wiederherzustellen, müssen Sie nun noch das bestehende Volume bearbeiten, indem Sie es am geriffelten Anfasser mit der Maus packen und ganz nach unten ziehen. Ein weiterer Klick auf den Knopf *Anwenden* stellt den Ursprungszustand wieder her.

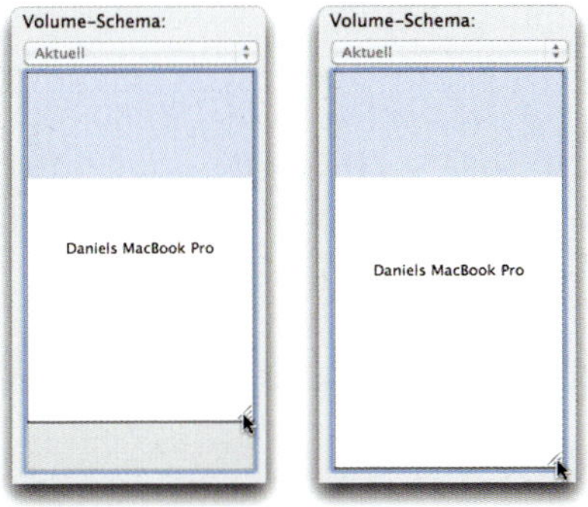

Das Volume wird neu aufgezogen und an die volle Größe angepasst.

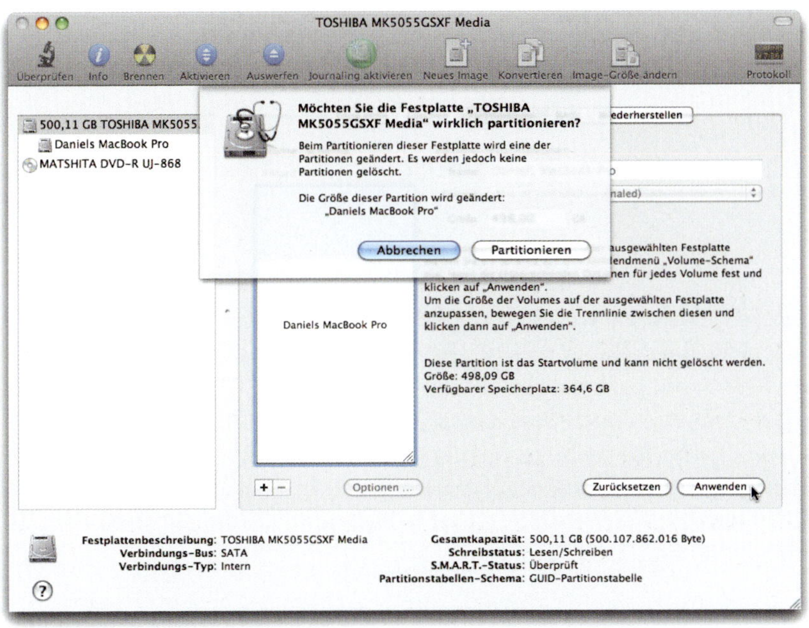

Über den Knopf »Anwenden« werden weiterhin keine Daten gelöscht, sondern nur die Einzelpartition an die volle Größe angepasst. Nach diesem Vorgang können Sie nun endlich mit »Boot Camp« loslegen.

Bei mehreren internen »Volumes« (gemeint sind hier Festplatten – keine Partitionen) sollten Sie eines davon so aufbereiten, dass es problemlos bespielt werden kann. Die Formatierung der Festplatte muss dabei das Format Mac OS X Extended (Journaled) aufweisen. Mit anderen Worten bedeutet das auch in diesem Fall: Bringen Sie Ihre Daten in Sicherheit, denn ist etwa am Ende falsch formatiert, so müssen Sie in der Tat alles neu einrichten.

Bevor Sie nun den *Boot Camp-Assistenten* starten, ziehen Sie bitte alle externen Geräte wie Festplatten oder sonstige Speichermedien (etwa einen iPod) ab. Da Windows bekanntlich Laufwerksbuchstaben verteilt (Windows installiert sich standardmäßig auf dem Volume mit dem Buchstaben »C«), soll auf diese Weise ausgeschlossen werden, dass der Laufwerksbuchstabe C einem falschen Volume zugeordnet wird. Weiterhin sollten Sie bereithalten: Eine Packung Taschentücher, falls Ihre Unternehmung misslingt (der war aber ganz schön böse ;-)).

Beim ersten Start von *Boot Camp* erhalten Sie eine kleine Einführung und die Möglichkeit, das zugehörige Installations- & Konfigurationshandbuch auszudrucken. Dieses enthält eine Vielzahl an wichtigen Informationen und sollte auf jeden Fall einmal eingesehen werden.

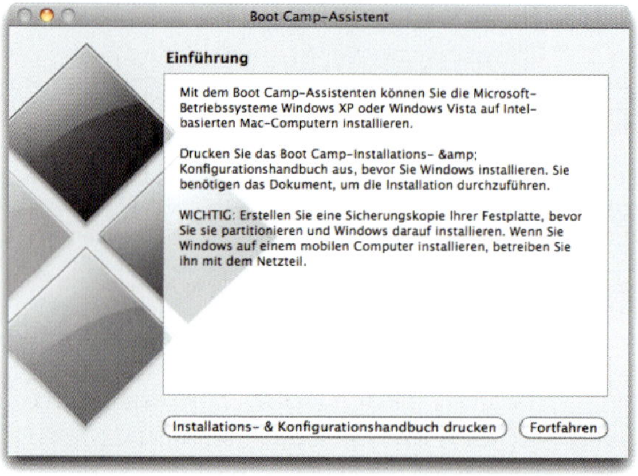

Die Einführung mit dem Herzenswunsch seitens Apple, das Installations- & Konfigurationshandbuch auszudrucken sowie eine Sicherheitskopie Ihrer Festplatte anzulegen.

Über *Fortfahren* gelangen Sie zur Einrichtung der Partition für Windows. Hier ist es nicht unerheblich, welche Größe Sie dort auswählen. Apple empfiehlt mindestens 10 Gigabyte, besser sind jedoch höhere Werte, denn schließlich möchten Sie auch noch Programme, Daten und eventuell Spiele dort unterbringen. Wenn Sie mehrere Festplatten in Ihrem Rechner eingebaut haben, so lässt sich dort ebenso eine zweite Partition bzw. eine ganze Festplatte (außer das Startlaufwerk) als einzelne Partition für Windows einrichten.

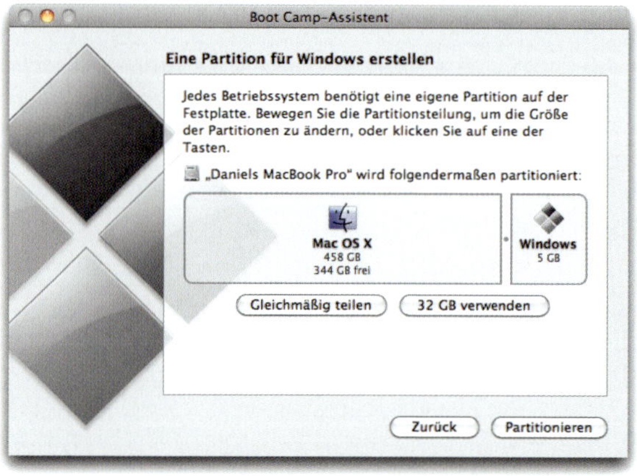

Partitionieren mit Hilfe des »Boot Camp-Assistenten« – entweder per Knopfdruck oder über das Verschieben der Partitionsblöcke mit der Maus.

Wenn Sie später Windows installieren, muss die vom Apple-System eingerichtete Partition noch formatiert werden. Windows unterscheidet hier zwischen den beiden Dateisystemen *FAT* sowie *NTFS*. Die erste Abkürzung steht für *File Allocation Table* und Sie können dieses System nur verwenden, wenn die Größe der Partition 32 Gigabyte nicht übersteigt. Des Weiteren steht dieses Dateisystem nur unter *Windows XP* zur Verfügung. *FAT* ist zwar die ältere Variante, hat aber den entscheidenden Vorteil, dass das Betriebssystem Mac OS X darauf zugreifen kann. Also selbst dann, wenn Sie unter Mac OS X starten, können Sie die Partition einsehen und Daten etwa in Ihren Benutzer-Ordner oder auf den Windows-Schreibtisch legen.

Das *New Technology File System* (*NTFS*) ist das aktuellere Dateisystem und gilt gemeinhin als stabiler, zuverlässiger und auch ein wenig schneller. Die Partitionsgröße ist hier frei wählbar, allerdings unter Mac OS X nicht beschreibbar (jedoch einsehbar und es lassen sich Dokumente aus der Windows-Welt beispielsweise auf den Mac-Schreibtisch kopieren).

Sie können nun entweder den Mauspfeil zwischen die Partitionsblöcke setzen und mit gedrückter Maustaste ziehen, oder Sie klicken auf eine der beiden vorgegebenen Tasten (*Gleichmäßig verteilen* oder *32 GB verwenden*).

Wir wollen ja nicht aufdringlich wirken, doch egal, was Sie nun vorhaben: Wir möchten noch einmal ausdrücklich daran erinnern, dass Sie zuvor ein Backup Ihrer bisherigen Daten anfertigen sollten.

Danach heißt es dann den *Partitionieren*-Button zu betätigen und Mac OS X bereitet Ihre Festplatte auf. Zu guter Letzt erfolgt die Installation von Windows. Hierzu legen Sie bitte Ihre Software mit *Windows XP Home Edition* oder *Professional* mit *Service Pack 2* bzw. *Microsoft Vista Home Basic*, *Home Premium*, *Business* oder *Ultimate* ein – aber bitte nicht alle auf einmal ;-) – und klicken dann auf *Installieren*. Der Rechner startet neu und liest die Daten ein.

Der krönende Abschluss, ehe Sie vom Mac- in den Windows-Bereich wechseln.

Es geht los … Während unter Windows XP die Farbe »Blau« vorherrscht, wird es unter Vista ziemlich bunt. Zuerst werden die auf der Installations-DVD befindlichen Dateien geordnet und geladen, ehe Windows startet und Sie zur Mitarbeit auffordert. Während Sie sich unter XP über die am unteren Bildschirmrand eingeblendeten Tastatur-Kürzel oder per *Zeilenschalter* (↵) fortbewegen, schreiten Sie unter Vista komfortabel per Mausklick voran zum nächsten Bildschirm.

Und dann heißt es wieder Obacht geben, denn nun müssen Sie die korrekte Partition für die Windows-Installation bestimmen. Unter XP bewegen Sie mit den Pfeil-Tasten (rauf ↑ und runter ↓) den weißen Balken bis zum Laufwerksbuchstaben *C*. Der Eintrag muss *C: Partition3 <BOOTCAMP> [FAT32]* heißen, die angegebene Größe in Megabyte sollte dabei dem zuvor im *Boot Camp Assistenten* vergebenen Wert entsprechen – in unserem Fall 32 Gigabyte (32196 MB).

Nach der Auswahl bestätigen Sie wieder per *Zeilenschalter* (↵) und legen im folgenden Fenster das Dateisystem (*FAT* oder *NTFS* – siehe weiter oben) fest. Die Platte wird nach einem weiteren Druck auf den *Zeilenschalter* in diesem Format formatiert.

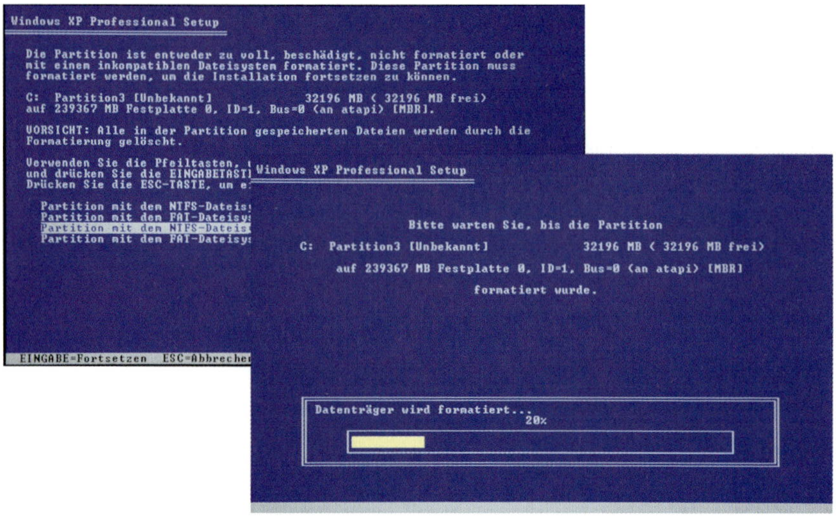

Ihr Wunsch sei Windows XP Befehl: »FAT« oder »NTFS« als Dateisystem. Der Datenträger wird dann formatiert, was ein Weilchen dauern kann …

Gleich im Anschluss werden nun die Daten von der Installations-CD/DVD kopiert und Windows bereitet sich schon einmal auf seinen ersten Auftritt vor – mit einem Neustart des Computers.

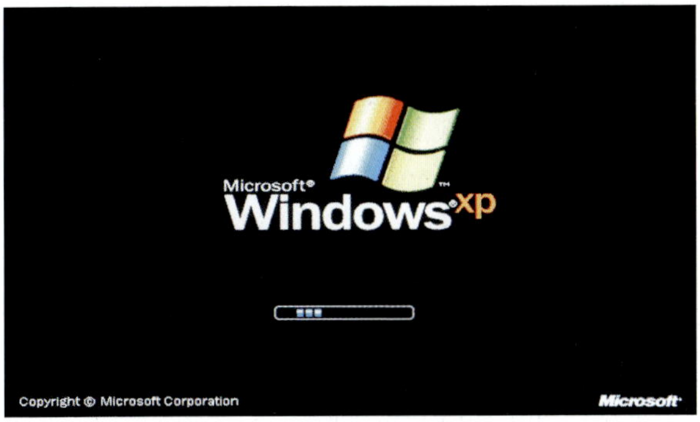

Für bisherige Windows-Anwender ein Augenblick der Erleichterung, für Mac-User ein Moment der Stille (Überraschung, Trauer, Ohnmacht oder so ähnlich).

Bleiben Sie am besten gleich vor dem Bildschirm sitzen, denn Ihre Arbeit ist noch nicht erledigt. *Windows* ist ebenso wie *Mac OS X* neugierig und Sie müssen noch die ein oder anderen Eingaben tätigen. Darunter fallen etwa die Regions- und Sprachoptionen (Sprache, Währungen etc.), die Benutzerinformationen (Name, Firma) sowie – ganz wichtig – der 25-stellige *Product Key*. Es folgen die Vergabe von Computername und Administrator-Kennwort, die Einstellung des korrekten Datums und der Uhrzeit sowie die Netzwerk-Einstellungen. Danach wünscht Ihnen auch Windows viel Spaß mit *Windows XP* und alle sind erleichtert, dass die ganze Geschichte doch nicht ganz so schlimm war.

Unter *Windows Vista* ist die Reihenfolge ein wenig anders, denn nach dem Bestimmen der Installationssprache müssen Sie zuvor schon den *Product Key* (sprich die Seriennummer zur Aktivierung) und dann die Lizenzbedingungen akzeptieren. Danach heißt es dann ebenso die entsprechende Partition zu formatieren. Dazu wählen Sie unter *Vista* den Eintrag *Datenträger 0 Partition 3 BOOTCAMP* und klicken dann rechts unten im Dialog auf *Laufwerksoptionen (erweitert)*. Im folgenden Dialog finden Sie die Option *Formatieren*. Klicken Sie bitte darauf und bestätigen Sie dann den Warnhinweis mit *OK*.

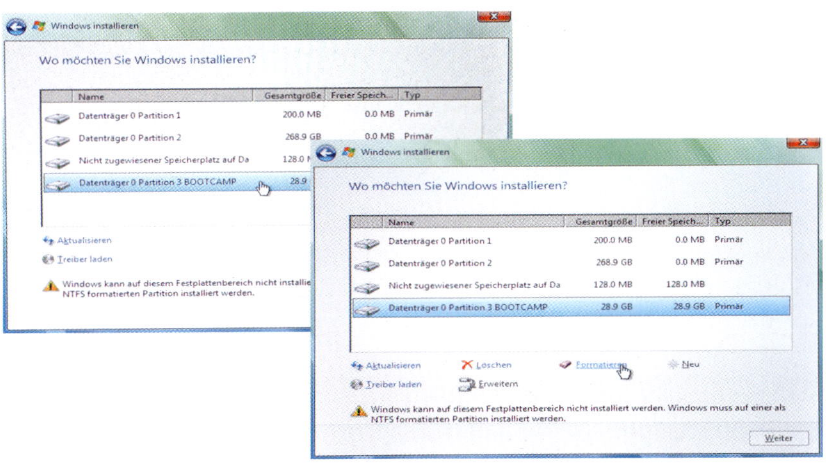

Auch unter Vista muss zuerst die korrekte Partition gewählt und danach formatiert werden.

Danach beginnt der Installationsprozess und *Vista* kopiert fleißig Daten auf die Festplatte. Nach einem Neustart heißt es dann *Windows Vista* einzurichten, indem Sie Ihren Benutzernamen (samt Bild) festlegen, einen Computernamen vergeben, den Schutz über Update-Regeln bestimmen sowie die Zeit- und Datumseinstellungen tätigen. Danach sagt Windows »Vielen Dank« und Sie erhalten Zutritt zum Windows-Land.

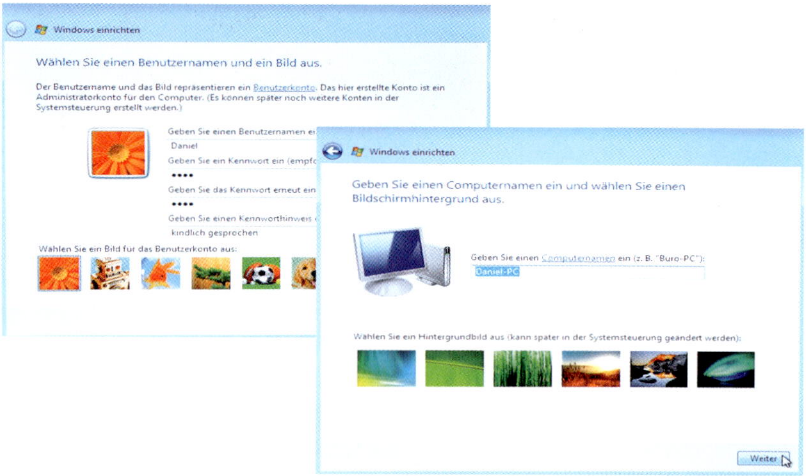

Mal wieder Einstellungen – unter anderem die Vergabe des Benutzer- wie Computernamens.

Nach Eingabe des Administrator-Kennworts lädt Windows Vista zum Erkunden ein.

Eines dürfen Sie jedoch nicht vergessen: Sowohl unter *XP* als auch unter *Vista* müssen Sie noch die Macintosh-Treiber installieren, damit die Apple-Hardware auch korrekt unter Windows funktioniert. Hierzu legen Sie unter gestartetem Windows Ihre *Mac OS X Snow Leopard Installations-DVD* ein und per Auto-Start öffnet sich das *Boot Camp-Installationsprogramm*, das Sie nun Schritt für Schritt Ihrem Ziel eines funktionierenden *Windows XP/Vista* näher bringt. Mit Klick auf *Weiter* werden nun die Hardware-Treiber (Tastatur, Maus, Grafik, Bluetooth, Netzwerk, iSight-Kamera und, und, und) installiert, so dass Windows später auch alle Komponenten des Mac-

Rechners erkennt und richtig interpretiert (siehe dazu auch die Abbildungen zur Überschrift » Der »Boot Camp Assistent« – Ihr freundlicher Begleiter«, erster Absatz).

Ein letzter Neustart und Windows läuft perfekt auf dem Mac – inklusive der richtigen Bildschirm-Auflösung und allem Drum und Dran. In der *Taskleiste* finden Sie zudem das *Boot Camp*-Symbol, das auf Klick hin ein Menü zum Öffnen der *Boot Camp-Hilfe* sowie der *Boot Camp-Systemsteuerung* anbietet.

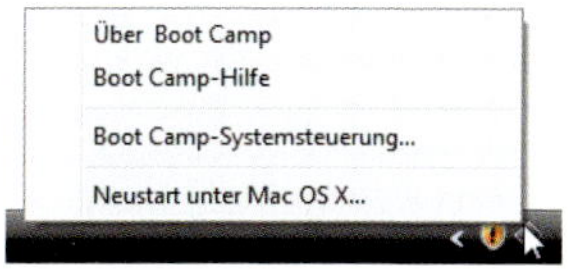

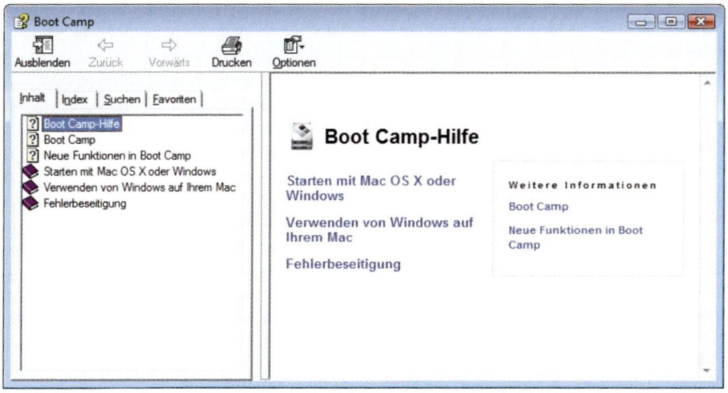

Die Boot Camp-Hilfe wird nach Installation der Treiber sowie einem Neustart automatisch geöffnet. Sie gibt Ihnen weiterführende Informationen über die Bedienung mit auf den Weg.

Über die *Boot Camp-Systemsteuerung* legen Sie fest, über welches System (Mac OS X oder Windows) der Rechner standardmäßig starten soll. Weiterhin lassen sich über die *Boot Camp-Systemsteuerung* Einstellungen zu Helligkeit, der Fernbedienung oder über die Stromversorgung erledigen.

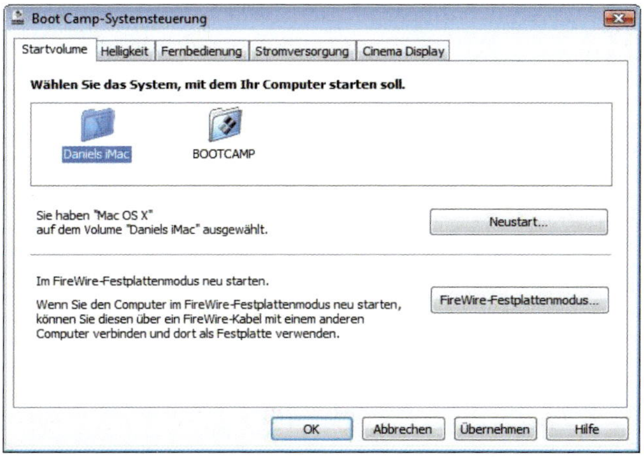

Mac oder Win – wir hoffen doch Ersteres ...

Wenn Sie sich noch nicht so richtig entscheiden oder Sie einfach flexibel sein möchten, so können Sie sich ruhig für ein System festlegen. Wenn Sie nach dem Neustart des Mac-Rechners ganz flink die *Wahltaste* (⌥) gedrückt halten, so können Sie sich bereits vor dem Booten entscheiden, in welche Welt Sie denn heute eintauchen möchten.

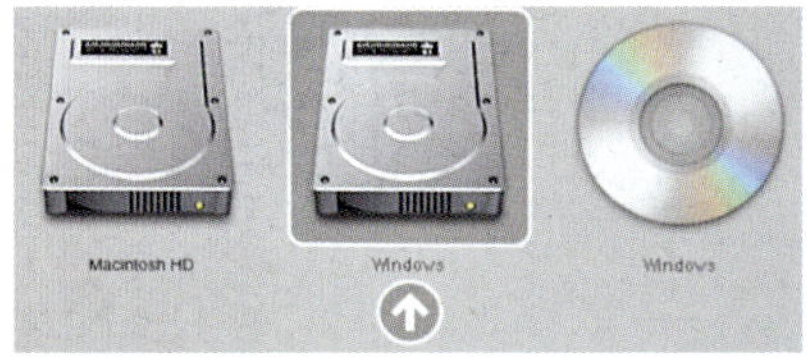

Was hätten's denn gern? Der Mac und seine flexible Handhabung gibt Ihnen in allen Situationen das richtige Werkzeug an die Hand.

Obwohl zum Zeitpunkt der Bucherstellung »offiziell« noch keine Treiber zu *Windows 7* vorlagen, haben wir dennoch den Versuch gewagt und auf einem MacBook Pro die aktuelle Windows-Variante installiert. Nach dem Neustart und dem Booten über die *Windows 7-Installations*-DVD (wir nutzten die 64-Bit-Software) heißt es nach der Bestimmung der Installationsprache wieder die von *Boot Camp* eingerichtete Partition zu formatieren. Dieser Schritt erfolgt ebenso wie bei *Windows Vista*: Suchen Sie sich den Eintrag *Datenträger 0 Partition 3: BOOTCAMP* und klicken Sie dann rechts unten im Dialog zuerst auf *Laufwerksoptionen (erweitert)* und im folgenden Dialog auf die Option *Formatieren*. Bestätigen Sie wieder den Warnhinweis mit *OK* und die eigentliche Installation beginnt.

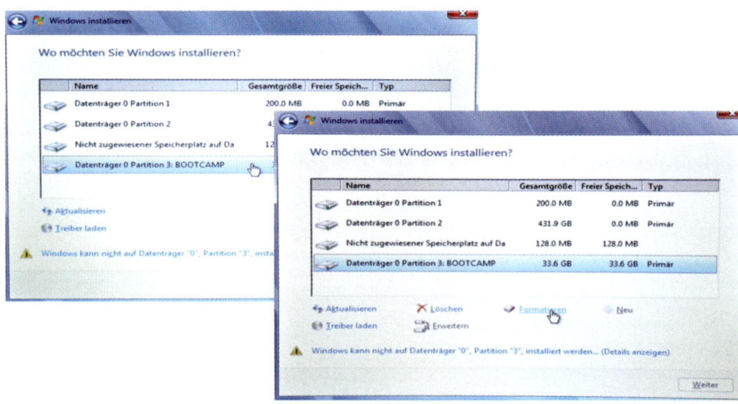

Zuerst heißt es wieder die Partition einzurichten: Wählen Sie » Datenträger 0 Partition 3: BOOTCAMP« und dann über die »Laufwerksoptionen« die Option »Formatieren«.

Nach zwei weiteren Neustarts wird dann der eigentliche Benutzer konfiguriert, indem Sie Benutzer- und Computername vergeben, ein Kennwort festlegen und den *Product Key* eingeben. Danach folgen wieder die empfohlene Schutz-Einrichtung sowie die Zeit- und Datumseinstellungen, ehe sich dann der *Windows 7*-Schreibtisch präsentiert.

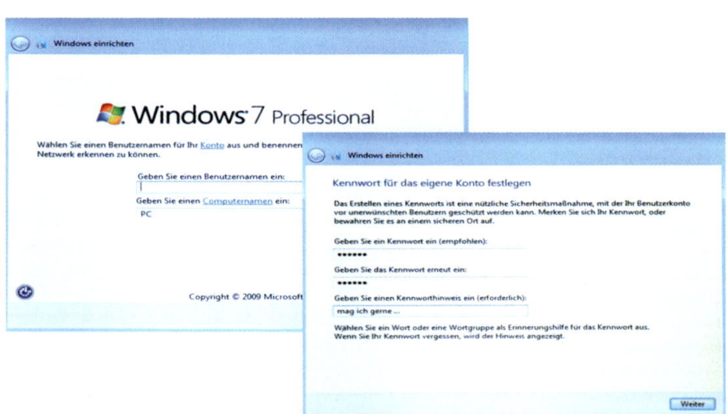

Der Mac wird unter Windows 7 getauft ...

… ehe sich nach weiteren Eingabe-Aufforderungen der neue Schreibtisch zeigt.

Nun heißt es wieder die Mac-Treiber zu installieren, was über die *Snow Leopard-Installations-DVD* ohne Zwischenfälle gelingt. Nach einem weiteren Neustart (mittlerweile der fünfte?) können Sie nun auch Tastatur, Trackpad, Bildschirmauflösung etc. ohne Probleme benutzen, auch wenn der ein oder andere Komfort (wie etwa die Tastatur-Beleuchtung) noch nicht funktioniert. Neben der *Boot Camp-Hilfe* (die sich wieder automatisch öffnet) können Sie auch auf den *Boot Camp-Manager* in der Taskleiste zurückgreifen, über den sich auch die *Boot Camp-Systemsteuerung* starten lässt.

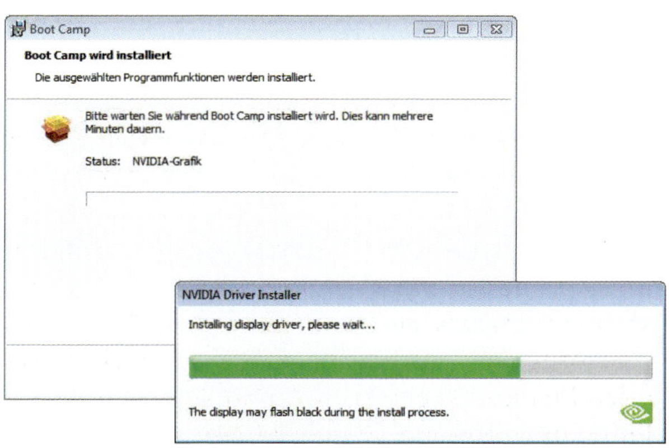

Die Treiber werden über die eingelegte Snow Leopard-DVD installiert.

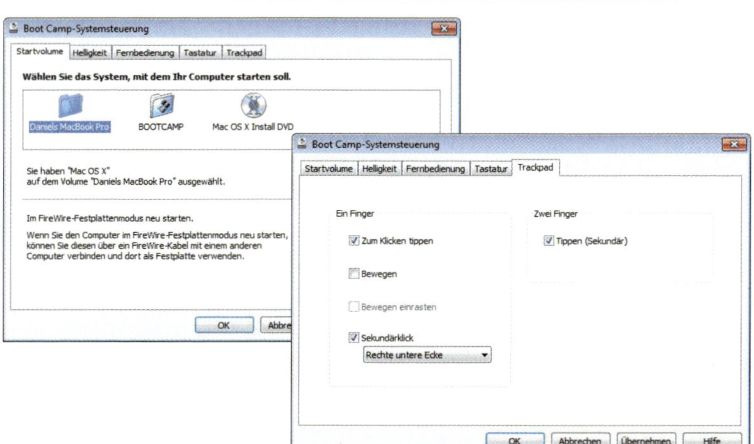

Über die »Boot Camp-Systemsteuerung« legen Sie wieder das Startvolume (Mac oder Win) fest und können weitere Anpassungen (etwa für das Trackpad oder die Tastatur) vornehmen.

ColorSync Dienstprogramm – Farb-Profile erstellen und Quartz-Filter verwalten

Dieses Dienstprogramm kümmert sich um *Farben*. Das war nun sehr einfach gesagt, denn eigentlich wäre das Thema ein eigenes Buch wert. Jedes Gerät, das Sie in Zusammenarbeit mit Ihrem Mac benutzen – etwa Scanner, Digitalkamera, Handy-Kamera etc. – verarbeitet bei Bildern und Dokumenten die Farben auf seine Weise. Und jedes Gerät hat dazu seinen eigenen *Farbraum*, also jenen Umfang an Farben, der darstellbar ist. Weiterhin gibt es die Unterscheidung zwischen Arbeitsfarbraum und Zielfarbraum. Ersterer beinhaltet die Verarbeitung, Letzterer die Ausgabe, etwa über einen Drucker. Kocht nun jeder sein eigenes Süppchen, wird das mit dem tollen Ergebnis wahrscheinlich nichts, denn wenn Sie Ihren Bildern ein Farbprofil zuweisen und gleichzeitig darin Anpassungen der Helligkeit oder der Farbintensität vornehmen, so kann ein Zweiter, der vielleicht ohne Farbprofilierung arbeitet, das Bild ganz anders wahrnehmen. Er findet es vielleicht zu farbgesättigt und dreht wieder an den Reglern. Und dann kommt der Drucker ins Spiel, der wieder mit einem ganz anderen Farbraum arbeitet und so weiter ... Das Ergebnis: Alle sind enttäuscht. Da bleibt nur der Trost, dass einem so etwas zumindest beim Bemalen von Ostereiern nicht passieren kann.

Ganz so schlimm ist es nun wieder auch nicht, denn die meisten der Anwender arbeiten an ein und demselben Computer und wechseln nicht so häufig den Arbeitsplatz, als dass die Gefahr einer Farbverfälschung bestünde. In einem Workflow beginnt jedoch die Arbeit mit der Profilierung der Geräte (das Kalibrieren der Monitore), so dass jeder Anwender dieselben Voraussetzungen vorfindet. Geht nun ein Bild zur Bearbeitung, wird auch diesem das Profil zugewiesen, so dass jeder Mitarbeiter, der es öffnet, die gleichen Farben sieht. Auf diese Weise ist gewährleistet, dass keine Fehler bei der Verarbeitung passieren. Geht das Bild dann zum Drucker, erkennt dieser anhand des eingebundenen Profils die Farben und gleicht sie mit seinem eigenen Farbraum ab – als Ergebnis sollte ein einigermaßen korrekter Abgleich erfolgen und das Bild sollte mit der Bildschirm-Ausgabe übereinstimmen. Zusammengefasst lässt sich also sagen, dass im Falle der Aktivierung von *ColorSync* auf allen verfügbaren bzw. an einer Bearbeitung teilnehmenden Geräten sowie einer durchgängig gleich bleibenden Profilierung eines Bildes die Software den Abgleich der Farben übernimmt – das Resultat kann sich somit durchaus sehen lassen.

Wir wollen ja nicht, dass Sie vorschnell graue Haare bekommen, daher nochmals als Entwarnung: Normalerweise wird nur im professionellen Bereich eine durchgängige Profilierung vorgenommen. In unserem eigenen Bekanntenkreis bekennt sich jeder der Nicht-Profilierung schuldig (bzw. hat damit nichts am Hut) und bekommt dennoch seine ansprechenden Ergebnisse.

Im *ColorSync-Dienstprogramm* finden Sie nun alle auf ihrem Rechner vorhandenen Profile (Rubrik *Profile*). Klicken Sie eines davon an, so erhalten Sie neben den Informationen darüber auch in einer 3D-Darstellung den darstellbaren Farbraum zu Gesicht. Gehen Sie mit der Maus darüber, können Sie diesen mit gedrückter Maustaste drehen. Über die *ctrl-Taste* und dem aufspringenden Kontext-Menü oder per Klick auf das kleine Dreieck können Sie auch die Funktion *Für Vergleich merken* auswählen. Hierbei wird der Farbraum des gerade angewählten Profils gespeichert und mit den darauf folgenden Profilen, die Sie auswählen, verglichen. Auf diese Weise können Sie gut feststellen, dass manche Profile nicht alle Farben unterstützen und die Zuweisung eines solchen auf ein Bild dieses daher im Zweifel falsch – weil angepasst – darstellen würde.

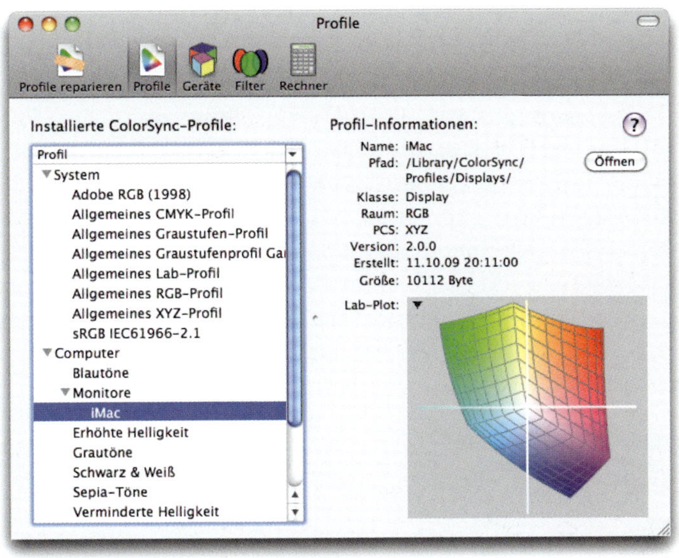

Jedes Profil hat seinen eigenen Farbraum, der über ein 3D-Modell vorgestellt wird.

Installieren Sie nun neue Profile, legen Sie sie entweder ins Verzeichnis *Festplatte/Library/ColorSync/Profiles* oder in *Festplatte/Benutzer/<Ihr Benutzername>/Library/ColorSync/Profiles.* Bei letzterer Version stehen die hinzugefügten Profile nur dem jeweiligen Benutzer zur Verfügung.

Welches Gerät nun mit welchem Profil arbeitet, überprüfen Sie in der Rubrik *Geräte.* Hierbei werden all jene Peripherie-Geräte aufgeführt, deren Treiber installiert wurden. Markieren Sie ein Gerät, so sehen Sie sowohl das werksseitig eingerichtete Profil als auch das aktuell verwendete. Möchten Sie Änderungen vornehmen (ein anderes Profil zuweisen), so klicken Sie in das Dreieck bei *Aktuelles Profil* und wählen *Andere.*

Welches Gerät verwendet welches Farb-Profil? Ein Blick in das »ColorSync-Dienstprogramm« bringt schnell die Erkenntnis.

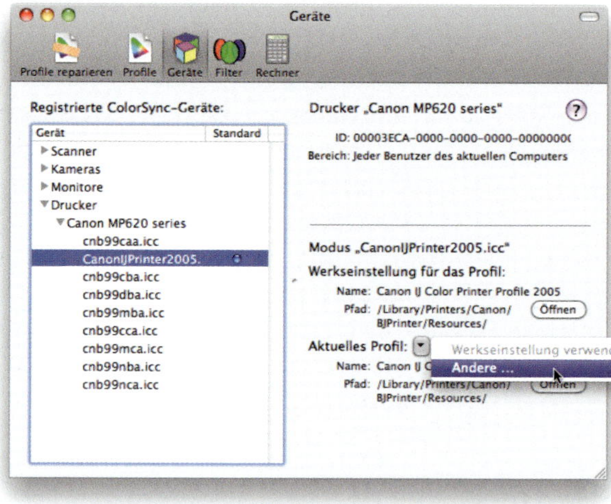

Im Bereich *Filter* finden Sie so genannte *Quartz Filter*, was nichts anderes als Effekte, Konvertierungen oder Bearbeitungsschritte sind. Diese Filter können jedoch nur auf PDF-Dateien angewendet werden. Rufen Sie bei gestartetem *ColorSync-Dienstprogramm* | Rubrik *Filter* über *Ablage* | *Öffnen* eine PDF-Abbildung auf, so können Sie bei *Filter* die verschiedenen voreingestellten Optionen ausprobieren. Erst wenn Sie zusätzlich auf den Button *Anwenden* klicken, wirken sich die Filter auch wirklich auf das Bild aus. Schließen Sie wieder das Dokument, so können Sie entscheiden, ob Sie die Änderungen übernehmen (*Sichern*) oder lieber ablehnen (*Nicht sichern*) möchten.

Dank Quartz-Filter bekommen Bilder weitere Effekte.

Da die meisten Fotos wohl als JPEG oder als TIFF vorliegen, müssen Sie die Bilder zuvor in ein PDF umwandeln. Rufen Sie es daher im Programm *Vorschau* auf, wählen Sie den Befehl *Ablage | Sichern unter* und als Format *PDF*. Bereits im auftauchenden Menü bei *Quartz-Filter* lassen sich nun die vielen Optionen wie *Black & White* (nur schwarz/weiß, keine Zwischentöne – ähnlich eines Linoldrucks), *Blue Tone* (das Bild wird mit einem Blauton überzogen), *Lightness Decrease* (Zurücknahme der Helligkeit), *Lightness Increase* (Aufhellung) etc. zuschalten.

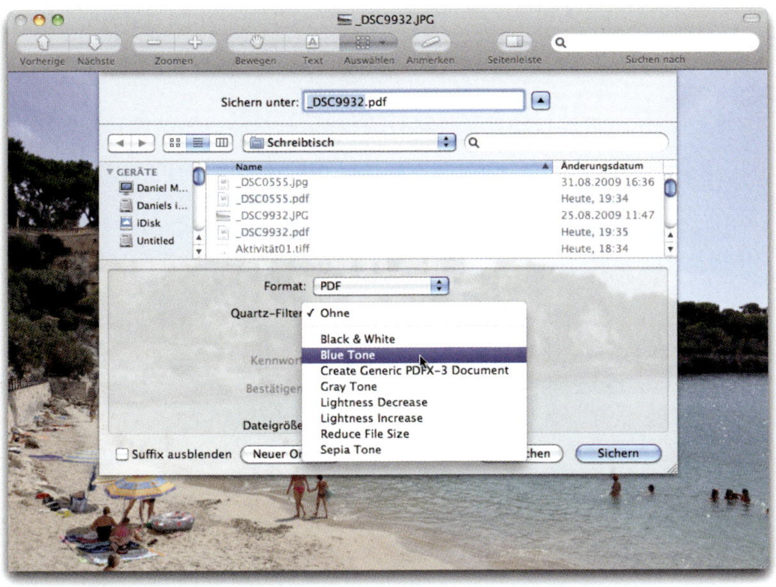

Beim Abspeichern oder Konvertieren in das PDF-Format lassen sich bereits die Filter anwenden.

Dasselbe Bild nach der Anwendung diverser Quartz-Filter.

Wie diese Filter arbeiten bzw. welche einzelnen Schritte bei der Anwendung gegangen werden, sehen Sie unter *Filter* im *ColorSync-Dienstprogramm*. Klicken Sie auf die Dreiecke links neben den Filtern, so können Sie die grau unterlegten Anweisungen der vorgegebenen Filter zwar sehen, sie lassen sich jedoch nicht verändern. Drücken Sie hingegen den rechten Button ( ), so erscheint ein Menü, mit dessen Hilfe Sie über den Befehl *Filter duplizieren* eine genaue Kopie erstellen können. Auf diese Weise kommen Sie an die voreingestellten Werte heran und können diese nun anpassen.

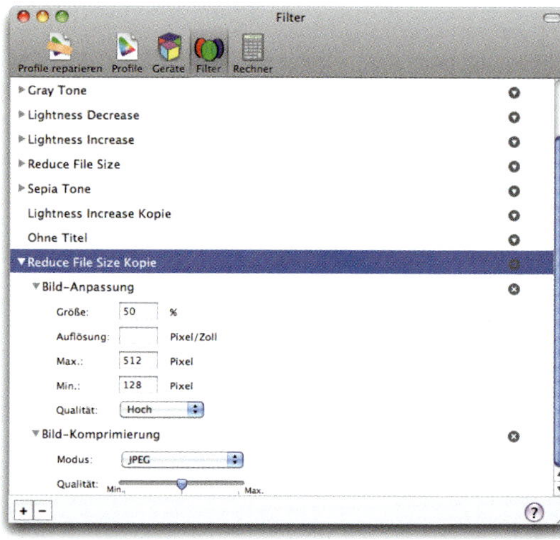

Der Filter »Reduce File Size« wurde dupliziert und kann nun nach eigenen Wünschen verändert werden.

Über die unten stehenden *Plus-* und *Minus-*Buttons entfernen oder fügen Sie Filter hinzu. Bei Letzterem vergeben Sie einen Namen und wählen über den rechten Button ( ) die gewünschte Art und Weise, unter anderem die Zuweisung eines neuen Profils oder auch eine *Bildbearbeitung* wie Weich- oder Scharfzeichnen. Sie können auch mehrere Anweisungen hintereinander unterbringen und das Ganze dann schützen, damit nachträglich keine unabsichtlichen Veränderungen mehr möglich sind. Überprüfen Sie dann anhand eines Ausdruckes Ihre Arbeit und bessern Sie gegebenenfalls nach.

Das Hinzufügen von Komponenten ist schnell erledigt.

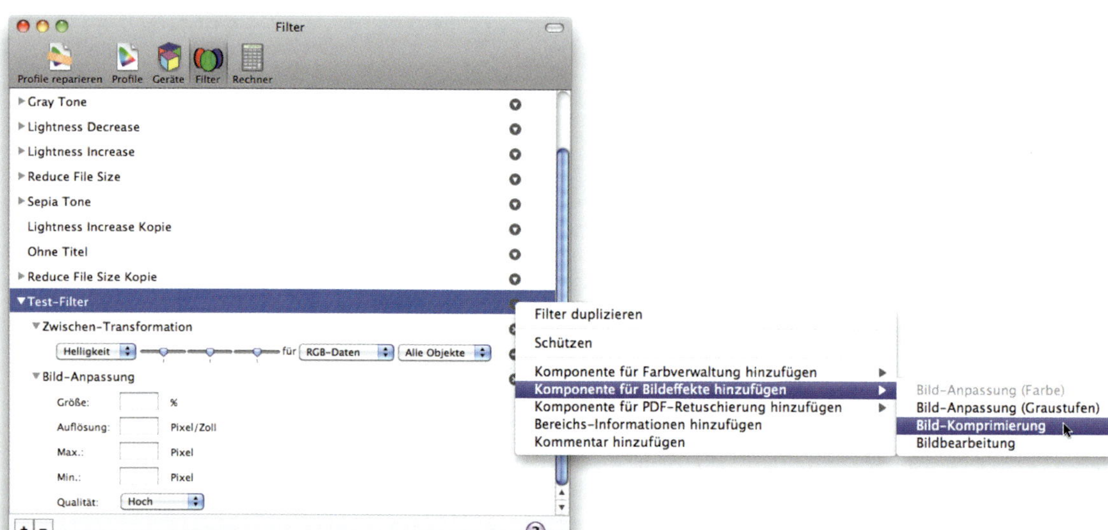

Haben Sie ein PDF über das *ColorSync-Dienstprogramm* geöffnet, so lässt sich bei *Filter* auch in die Echtzeit-Vorschau wechseln. Wählen Sie dazu die Option *Live-Aktualisierung aus den Filterinformationen.* Auf diese Weise können Sie gleich mitverfolgen, wie sich etwa selbst gebaute Filter auf das Bild auswirken.

Neue Filter braucht das Land – Effekte in Echtzeit erstellen.

Die letzte Rubrik im *ColorSync-Dienstprogramm* nennt sich *Rechner*, hat aber mit dem normalen Taschenrechner nicht viel am Hut. Denn dort bearbeiten Sie Profile und verändern Farbwerte, was Sie jedoch lieber den Profis überlassen sollten.

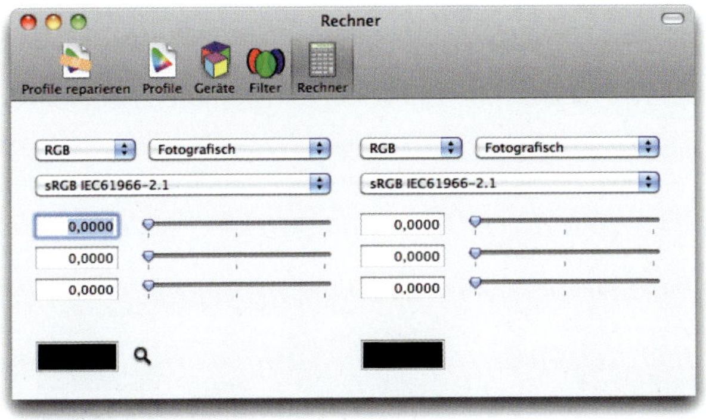

Von wegen addieren oder subtrahieren – in der »Rechner«-Abteilung ist kein mathematisches Wissen erforderlich, sondern waschechtes Farb-Know-how.

Werden im *ColorSync-Dienstprogramm* Bilder im Format TIFF oder JPEG geöffnet, so lassen sich ebenso – bis auf die *Quartz-Filter* – Optimierungen vornehmen. Darunter fallen unter anderem Anpassungen der Belichtung, des Weiß- und/oder Schwarzpunkt, der Gamma-Wert, Sättigung, Kontrast, Helligkeit und Schärfe. Weiterhin lassen sich Bilder skalieren oder Ihnen Profile für die Monitor-Ansicht sowie zur Druckausgabe verpassen.

Apple bietet auch im ColorSync-Dienstprogramm ein Standard-Repertoire an Möglichkeiten zur Optimierung und Anpassung von Bildern an.

Sie sehen, auch wenn sich ein Programm still und leise im *Dienstprogramme*-Ordner versteckt, so heißt das noch lange nicht, dass es unter Funktionsmangel leidet.

DigitalColor-Farbmesser – Farbwerte bestimmen

Auch dieses Dienstprogramm befasst sich mit Farben, indem es die genauen Werte ermittelt. Da Farben – zum Beispiel die auf dem Monitor – im RGB-Farbraum vorliegen, werden diese aus den Grundfarben Rot, Grün und Blau gemischt. Um nun eine Farbe als Wert exakt bestimmen zu können, gibt es verschiedene Möglichkeiten, die je nach Zweck etwa als Prozentwert, als Dezimalwert oder als Hex-Wert angegeben wird – zuzüglich der Angabe der Farbtiefe, etwa 8- oder 16-Bit. Zuerst stellen Sie also das Werte-System ein, danach bewegen Sie Ihren Mauszeiger auf die gewünschte Farbe. Diese wird nun als exakter Wert im *DigitalColor-Farbmesser* angezeigt.

Das angezeigte Blau wird bestimmt und kann als Wert weitergereicht werden – ein anderer Anwender kann nun exakt diesen Farbton nachstellen.

Sind in einem Bild etwa komplizierte Farbübergänge, so verändern Sie die *Größe des Messbereichs* über den Regler. Liegen Sie richtig, so lässt sich der angezeigte Ausschnitt im Voransichts-Fenster kopieren (*Bild | Bild kopieren* – ⌘-C) und woanders einfügen (in ein anderes Bild oder auch eine Textverarbeitung) oder auch als TIFF-Abbildung abspeichern (*Bild | Als TIFF sichern* – ⌘-S). Interessant ist auch die Funktion, dass Sie die gemessenen Farbwerte nicht mühsam abschreiben, sondern direkt als Text kopieren können. Navigieren Sie also Ihren Mauszeiger über die zu bestimmende Farbe und wählen Sie dann ⌘-L für *Position festhalten* aus dem *Bild*-Menü. Sie müssen sich in diesem Fall die Tastenkombination einprägen, da Sie bei jeder Bewegung mit der Maus den Farbwert ansonsten verändern. Danach gehen Sie in das Menü *Farbe* und wählen dort *Farbe als Text kopieren* (⌘-⇧-C). Die Werte befinden sich nun in der Zwischenablage und können somit in ein Text-Dokument oder in eine E-Mail per *Befehlstaste-V* für *Einfügen* einkopiert werden. Die Werte lassen sich dann von einem weiteren Anwender in einem Bildbearbeitungsprogramm wie beispielsweise *Photoshop* eingeben. Anstatt des Textes lässt sich auch die Farbe direkt kopieren: Wählen Sie im Menü *Farbe* den Befehl *Farbe als Bild kopieren* (⌘-⌥-C) und fügen Sie sie in einer Bildverarbeitung ein. Und vergessen Sie nicht, bei aktivem *DigitalColor-Farbmesser* wieder ⌘-L für *Position loslassen* aus dem *Bild*-Menü zu betätigen, da dieser ansonsten wie eingefroren wirkt.

Sie sehen schon, auch dieses Programm ist für Farb-Profis gedacht, die zum Beispiel Webseiten erstellen und auf Exaktheit und Farbgenauigkeit größten Wert legen müssen.

Festplatten-Dienstprogramm zum Überprüfen, Reparieren und mehr ...

Erste Hilfe – der Festplatten-Doktor

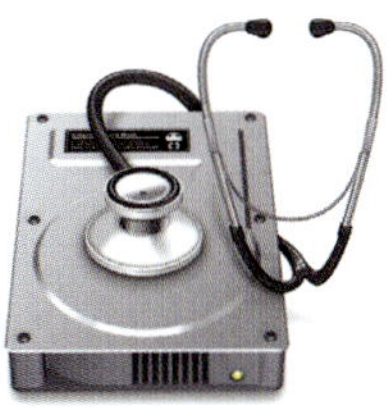

Mit dieser Anwendung sind Sie vielleicht schon beim Installieren des Betriebssystems in Berührung gekommen, etwa weil Sie die Festplatte überprüfen oder diese partitionieren wollten. Die Funktionalität ist selbstverständlich immer noch vorhanden, so dass Sie bei etwaigen Problemen (Systemabstürze, sehr langsame Zugriffsgeschwindigkeit) dieses Programm im Hinterkopf halten sollten. In erster Linie dient es wirklich als »Erste Hilfe«, wobei Sie beachten sollten, dass Sie Ihr *Startvolume* – also jenen Teil der Festplatte, auf dem sich das Betriebssystem befindet – nicht auf konventionelle Weise überprüfen können. Jede andere Partition oder (externe) Festplatte lässt sich dagegen kontrollieren, indem Sie links in der Leiste das entsprechende *Volume* anklicken, den Reiter *Erste Hilfe* wählen und dann den Button *Volume überprüfen* drücken.

Unserem Volume »Backup2009« gibt das Festplatten-Dienstprogramm grünes Licht – es ist nichts zu beanstanden (wäre ja noch schöner ...).

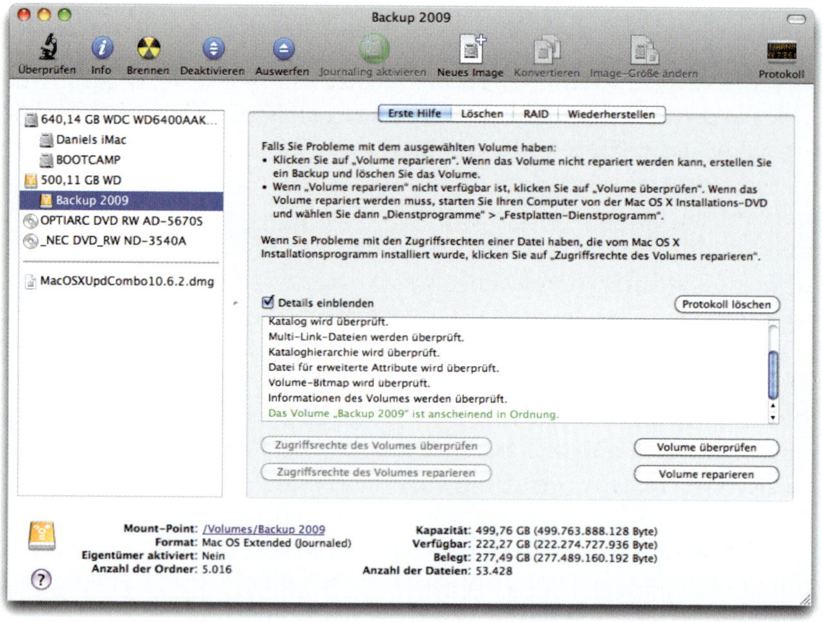

Im Falle einer reibungslosen Überprüfung ohne Einspruch wird dies unmissverständlich mitgeteilt: *Das Volume ist anscheinend in Ordnung* (wobei »anscheinend« nicht unbedingt siegessicher klingt). Im negativen Falle klicken Sie auf den Button *Volume reparieren*, so dass *Erste Hilfe* dieses auf Vordermann bringt.

Im Grunde macht es eigentlich keinen Unterschied, ob Sie zuerst *Volume überprüfen* und dann *Volume reparieren* klicken oder gleich letzteren Button wählen – denn ist nichts kaputt, gibt es auch nichts zu reparieren, und ist ein Fehler vorhanden, wird er sogleich beseitigt. Sie sparen sich aber dadurch ein paar Sekunden wertvolle Zeit.

Schreibgeschützte Volumes bzw. Medien wie CD-R/CD-RW/DVD-R/DVD+R/DVD-RW/DVD+RW lassen sich nicht überprüfen geschweige denn reparieren.

Das *Startvolume* wiederum erfordert eine andere Taktik. Es lässt sich zwar überprüfen, nicht aber reparieren. Da ein Volume zum Reparieren kurzfristig deaktiviert wird, ist das bei laufendem Betriebssystem nicht möglich. Die Folge: Sie müssen von einem anderen Volume aus (das natürlich ebenso ein Betriebssystem aufweist) starten, am einfachsten von einer externen Festplatte oder mit Hilfe der Installations-CD/DVD von Mac OS X 10.6.

Legen Sie dazu die DVD in das Laufwerk und wählen Sie aus dem *Apple*-Menü den Befehl *Neustart.* Gleich nach dem Startgong drücken Sie dann den Buchstaben »C« auf Ihrer Tastatur, der den Mac damit anweist, von der CD/DVD aus zu starten. Der Mac konzentriert sich folglich ausschließlich auf das Laufwerk und bootet brav von der Silberscheibe. Nach Auswahl der Sprache erscheint der erste Dialog des Installationsprogramms, wobei wir schon am Ziel sind. Wählen Sie aus der Menüleiste den Punkt *Dienstprogramme* und dann die Anwendung *Festplatten-Dienstprogramm.* Alle vorhandenen Festplatten werden wieder aufgeführt, nur dass Sie dieses Mal auch Ihr *Startvolume* auswählen können. Klicken Sie wieder in *Volume reparieren* und warten Sie gespannt auf das Ergebnis. Ist alles zu Ihrer Zufriedenheit verlaufen, wählen Sie den Menüpunkt *Festplatten-Dienstprogramm* und dann *Festplatten-Dienstprogramm beenden,* danach *Installationsprogramm | Installationsprogramm beenden.* Im auftauchenden Dialog wählen Sie dann *Neustart* und die Sache ist erledigt.

Als Alternative beim Mounten von der Installation-CD/DVD können Sie auch folgenden Weg einschlagen: Legen Sie die CD/DVD in Ihr Laufwerk ein und bestimmen Sie über die Systemeinstellung *Startvolume* diese als Startplatz. Klicken Sie dann auf *Neustart* und die Sache nimmt seinen Lauf. Einziger Unterschied: Nach der *Erste Hilfe*-Anwendung und dem Beenden des Installationsprogrammes müssen Sie anstatt *Neustart* den Button *Startvolume* drücken und dort wieder Ihr übliches Startvolume auswählen. Ansonsten würden Sie nämlich wieder und wieder von der Installation-CD/DVD starten, da Sie diese ja vorher als das Volume mit der Start-Erlaubnis ausgewählt hatten.

Unterhalb des Protokolls finden Sie weitere Informationen zu Ihrer Festplatte, unter anderem die genaue Modell-Beschreibung, Verbindungstyp und Kapazität. Interessant ist hierbei noch der *S.M.A.R.T.-Status* (*S.M.A.R.T* ist die Abkürzung für *Self-Monitoring Analysis and Reporting Technology*), der bei neueren Festplatten Verwendung findet. Hierbei wird die Festplatte fortwährend auch intern überprüft und Alarm geschlagen, wenn etwas nicht stimmt. Der Status *Überprüft* zeigt dabei an, dass die Festplatte keinerlei Fehler aufweist. Heißt es jedoch bedrohlich in roter Schrift *Droht auszufallen,* sollten Sie schleunigst Ihre Daten in Sicherheit bringen und das baldige Auswechseln der Platte angehen. Noch mehr Informationen erhalten Sie über den *Info*-Button ( ) in der Symbolleiste oder über das Dienstprogramm *System Profiler,* das weiter unten beschrieben wird.

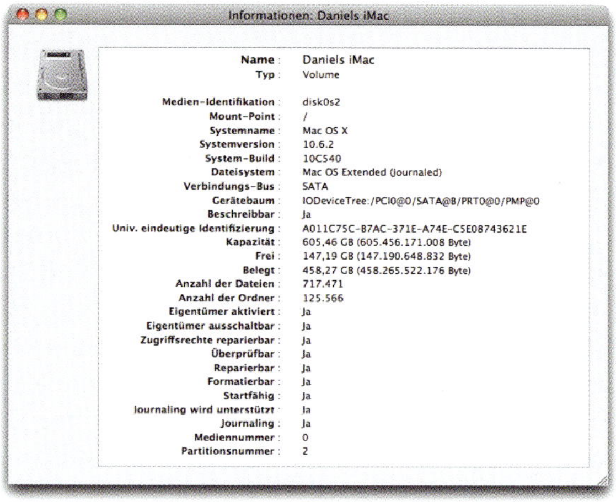

Informationen satt gibt's kostenlos über die Symbolleiste: mit Klick auf den Button »Info«.

Neben der Festplatte lassen sich mit *Erste Hilfe* auch die *Zugriffsrechte überprüfen* und *reparieren*, was Sie in Betracht ziehen sollten, wenn sich Daten auf einmal nicht mehr öffnen bzw. Programme nicht mehr starten lassen oder wenn Ihr Rechner langsamer und langsamer wird. Diese Anwendung funktioniert wiederum nur auf einem *Startvolume*, da sich darauf das System Mac OS X befindet und dieses die Rechte zuteilt. Ab und an sind diese beschädigt, was jedoch kein Beinbruch ist, besitzen Sie doch *Erste Hilfe*. Mit Klick auf *Zugriffsrechte des Volume reparieren* werden diese nun überprüft und neu zugeordnet.

Vor einem Update oder der Installation weiterer Software sollten Sie sicherheitshalber sowohl die Festplatte als auch die Zugriffsrechte überprüfen bzw. reaparieren lassen. Nach der Installation übernimmt meist das Installationsprogramm eine weitere Überprüfung der Zugriffsrechte, wenn es denn heißt: *System optimieren*. Unser Tipp heißt dennoch: Auch nach einer Installation sollten Sie nochmals die Zugriffsrechte überprüfen lassen, da manche Programme nach der Installation diese Rechte beschädigen. Mit anderen Worten: Doppelt gemoppelt ist hier unser Motto, und schließlich wollen wir doch alle nur einen reibungslos funktionierenden Mac.

Gekonnt löschen – aber bitte mit Vorsicht

Unser zweiter Reiter – *Löschen* – ist nicht ganz ohne, so dass Sie hier vorsichtig ans Werk gehen sollten. Denn Löschen ist nicht gleich Löschen, wie Sie gleich sehen werden.

Das *Festplatten-Dienstprogramm* unterscheidet hierbei zwischen dem Löschen einer Festplatte/Partition und dem *freien Speicher*. Letzterer ist jener Platz, der frei zum Abspeichern für weitere Daten oder Programme zur Verfügung steht.

Der Hintergrund: Daten, die Sie über den Papierkorb entsorgen, sind eigentlich nicht wirklich weg. Indem der Schreib-/Lesekopf die Informationen auf Spuren und Sektoren verteilt und diese über Magnetisierungen erfassen kann, werden gelöschte Daten kurzerhand als wieder bespielbar gekennzeichnet. Profis können über Spezial-Software diese Daten wiederherstellen und somit nachprüfen, was da so alles herumliegt. Die einzige Möglichkeit, Daten wirklich unkenntlich zu machen, ist das Überschreiben der Festplatte mit neuen Daten.

Das *Startvolume* (oder im Falle nur einer einzigen Partition die gesamte Festplatte) macht mal wieder eine kleine Ausnahme, denn dieses können Sie nicht löschen. Stattdessen steht ihnen nur die Tür zum Löschen von *freiem Speicher* zur Verfügung, also dem wirklichen Entfernen aller vormals vorhandenen Informationen durch Überschreiben mit neuen Daten. Klicken Sie auf *Freien Speicher löschen*, werden die vorhandenen Optionen eingeblendet. Im Angebot finden Sie das *Gelöschte Daten mit Nullen überschreiben*, ein Prozedere mit 7 Löschdurchgängen und eines mit 35 Durchgängen. Je öfter überschrieben wird, desto sicherer ist die ganze Angelegenheit, das Wiederherstellen von Daten ist somit fast unmöglich.

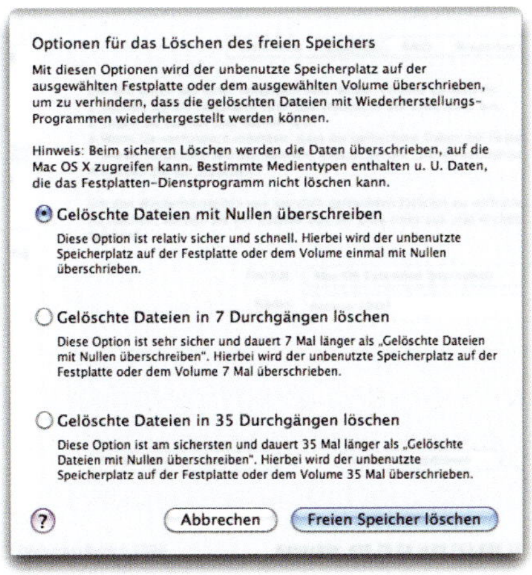

Die Optionen zum Löschen des freien Speichers. Selbst das Löschen ist eine Wissenschaft, die jedoch durchaus einen ernst zu nehmenden Grundgedanken hat: den Umgang mit sensiblen Daten.

Beachten Sie bitte, dass allein der einfache Löschvorgang je nach Größe der Festplatte ziemlich lange dauern kann. Wählen Sie die höchste Sicherheitsstufe mit 35 Durchgängen, so ist zwar kein 14-tägiger Urlaub drin, doch der Rechner ist über zig Stunden blockiert.

Wie beim *Startvolume* klappt das Ganze natürlich auch bei anderen Partitionen oder externen Festplatten. Letztere können jedoch auch vollständig gelöscht werden, also inklusive aller darauf befindlichen Daten. Legen Sie dazu das Volumeformat – üblicherweise *Mac OS Extended (Journaled)* – fest und vergeben Sie einen Namen. Klicken Sie dann auf jeden Fall auch auf den Button *Sicherheitsoptionen*, der wieder die verschiedenen Möglichkeiten zum sicheren Löschen einblendet. Und lassen Sie sich bitte nicht verwirren: Die Option *Daten nicht löschen* entfernt nichtsdestotrotz Ihre Daten in dem Maße, dass Sie nicht mehr darauf zurückgreifen können. Die Daten sind einfach weg – wobei diese jedoch über Spezial-Programme wiederhergestellt werden können. Wählen Sie diesen Schritt des Löschens somit nur, wenn Sie einerseits 500-prozentig davon überzeugt sind, dass Sie Ihren Daten-Bestand nicht mehr benötigen bzw. Sie Ihre Festplatte wieder für eigene Zwecke weiterverwenden möchten. Denn: Befindet sich die Festplatte in fremden Händen und weist noch dazu der neue Besitzer ein wenig kriminelle Energie auf, so lassen sich die Daten rekonstruieren und schnell missbrauchen.

Für den Laien etwas missverständlich ausgedrückt: Egal, was Sie auch auswählen – die Daten sind nach dem Löschen für den Normal-Anwender nicht mehr wiederherstellbar.

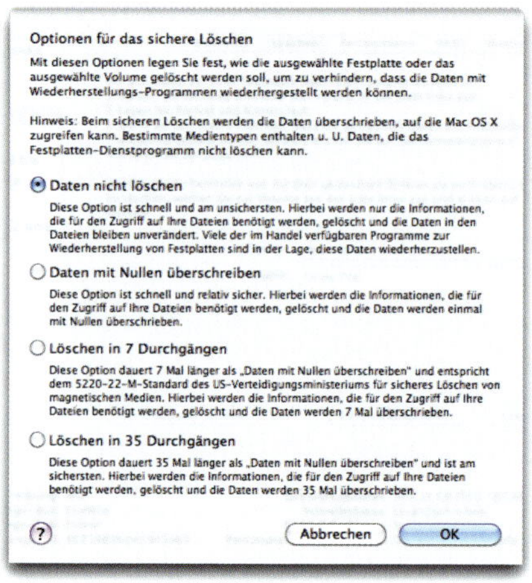

Hinzu kommen auch noch die vielen wiederbeschreibbaren Medien wie CD-RW oder DVD-RW/DVD+RW, die vor einem erneuten Brenn-Vorgang ebenso von ihrem Inhalt befreit werden müssen. Hier lässt sich die Option *Daten löschen: Schnell* anwählen, so dass die Medien nur für einen weiteren Brennvorgang vorbereitet werden, die bereits vorhandenen Daten aber nicht entfernt werden (ist hingegen *Vollständig* ausgewählt, werden die CDs/DVDs mit Nullen überschrieben).

Eine wiederbeschreibbare CD-/DVD±RW muss vor einer erneuten Datenaufnahme erst gelöscht werden – und zwar über das »Festplatten-Dienstprogramm«.

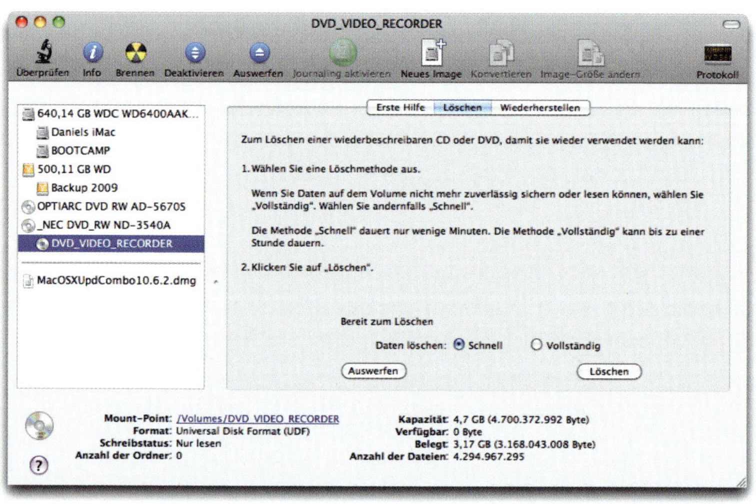

Image-Dateien erstellen

Eine *Image-Datei* müssen Sie sich als eine Art exaktes Abbild einer Festplatte, einer Partition, eines Ordners oder Daten-CD/DVD vorstellen. Dieses *Image* lässt sich an eine andere Stelle kopieren oder weitergeben und kann dort wiederhergestellt werden, indem der Inhalt extrahiert/kopiert wird. Handelt es sich um sensible Daten, lässt sich so ein *Image* auch mit Passwort belegen, damit die Daten keinem Bösewicht in die Hände fallen. Wie das nun genau geht, möchten wir anhand von Beispielen zeigen.

Viele Updates, die über das Internet zum Download bereit stehen, werden als *Images* angeboten (erkennbar an der Endung *.dmg*). Über einen Doppelklick oder automatisiert nach dem Herunterladen entpacken sich diese *Images* und stellen den Inhalt zum Kopieren oder Installieren zur Verfügung.

Leeres Image …

Über *Ablage* | *Neu* | *Leeres Image* oder über den Button *Neues Image* der Symbolleiste erstellen Sie ein *Image* beispielsweise für ein Backup. Sie vergeben einen Namen und bestimmen unten bei den Popup-Menüs Ihre Optionen sowie den Speicher-Ort. Die *Volumegröße* sollte klar sein, wobei Sie hier zwischen selbst zu bestimmenden (*Eigene …*) oder festen Größen (etwa 4,6 GB für DVD-R) wählen können. Das *Volumeformat* sollten Sie dann ändern, wenn Sie beispielsweise das Image für die Windows-Welt aufbereiten möchten (Format: MS-DOS-Dateisystem FAT). Soll nicht jeder an Ihre Daten kommen, so benutzen Sie die *Verschlüsselung 128-Bit-AES*, bei der Sie ein Passwort vergeben, das abgefragt wird, möchte jemand das Image verändern oder aktivieren. Als Standard-Image-Format läuft die Option *Beschreibbares Image* (erhält die Endung *.dmg*), das genau jene Größe beibehält und beispielsweise den Umfang brennt, den Sie zuvor ausgewählt haben. Über *Mitwachsendes Image* (Endung *.sparseimage*) wird nur jener Teil gebrannt, der sich auch wirklich auf dem *Image* befindet, auch wenn die vormals bestimmte Größe davon abweicht. Klicken Sie dann auf *Erstellen*, um Ihre Vorgaben abzuspeichern.

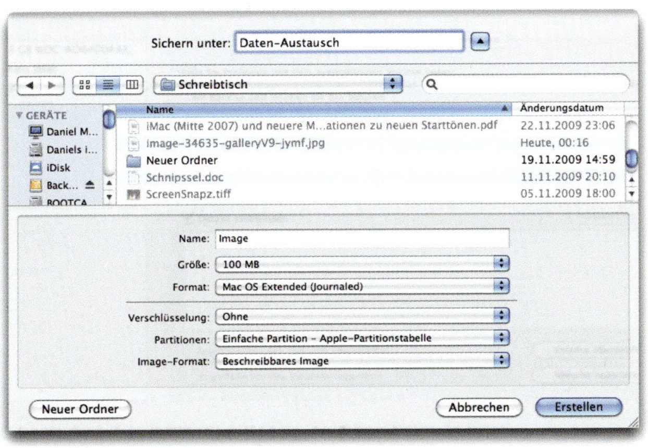

Der Dialog zum Anlegen eines neuen Images.

Zahlreiche Möglichkeiten werden beim Image-Erstellen angeboten – etwa die flexible Imagegröße, Partitionen sowie das Image-Format.

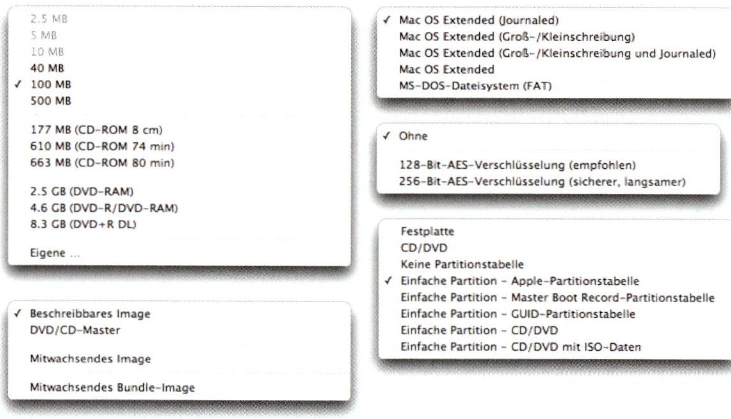

Die Kennwortvergabe bei Wahl der Verschlüsselung 128-Bit-AES.

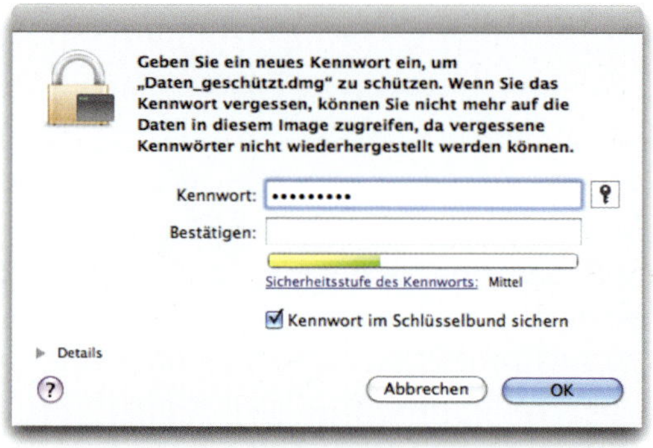

Das *Image* erscheint an Ihrem gewünschten Platz (und auch in der Seitenleiste von Finder-Fenstern sowie im *Festplatten-Dienstprogramm*) und kann nun nach und nach mit Daten gefüllt werden. Wenn Sie darauf klicken, sehen Sie auch, dass das Image sich wie ein Volume verhält und die vorgegebene Größe aufweist. Ist der Platz ausgereizt, ist Schluss – das Volume ist voll. Es sei denn, Sie wählen aus dem *Festplatten-Dienstprogramm* die Option *Image-Größe ändern* (in der Symbolleiste stehend oder über die Menüleiste *Images | Größe ändern*). Um ein *Image* auszuwerfen, brauchen Sie nur auf das *Auswerfen*-Symbol (⏏) zu klicken – das Image verschwindet aus der Seitenleiste des Ordners. Zum Wieder-Aktivieren brauchen Sie nur das *Image-Icon* doppelt anzuklicken bzw. im *Festplatten-Dienstprogramm* zu markieren und das Symbol *Öffnen* in der Symbolleiste zu wählen.

Die Image-Dateien in der Seitenleiste eines Ordners (links) sowie in der Symbol-Ansicht (rechts).

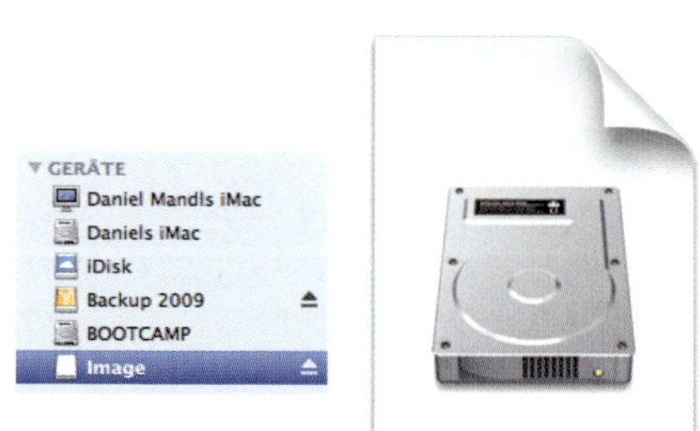

Möchten Sie nun ein *Image* brennen, so markieren Sie es im *Festplatten-Dienstprogramm* und verwenden das Icon *Brennen* ( ) in der Symbolleiste. Der Rechner fordert Sie dann auf, ein beschreibbares Medium einzulegen (CD/DVD). Bei den *Brenn-Optionen* legen Sie dann noch die Geschwindigkeit fest und bestimmen im Falle einer CD-RW oder DVD±RW, ob eventuelle, bereits vorhandene Daten vor dem erneuten Brennen gelöscht werden sollen. Sollten keine Optionen eingeblendet werden, so klicken Sie auf das kleine Dreieck rechts oben im Dialog.

Haben Sie nur ein kleines Image, so lässt sich über die Option *Hinzufügen weiterer Daten ermöglichen* definieren, dass weitere Sessions gebrannt werden können – damit lassen sich auf eine normale CD-R mehrere *Images* brennen, indem Sie diese CD-R beim nächsten Brenn-Vorgang wieder einlegen. Nach dem Rösten Ihrer Silberscheibe können Sie bestimmen, was damit passieren soll: *Gebrannte Daten überprüfen* (empfehlenswert), *Medium auswerfen* oder *Auf Schreibtisch aktivieren*. Das war's auch schon und der Button *Brennen* wartet darauf, endlich gedrückt zu werden.

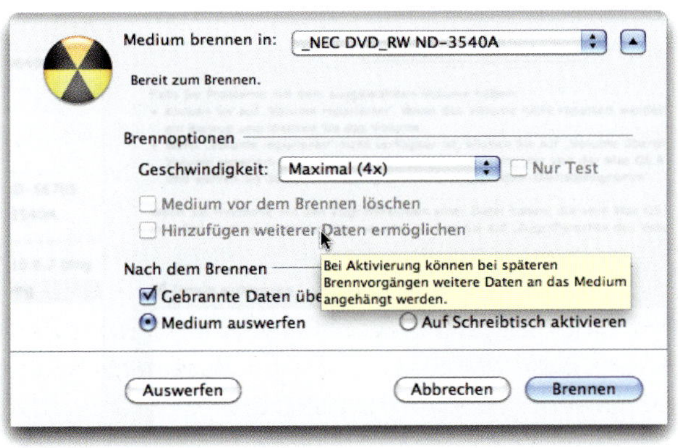

Der Brennen-Dialog: Achten Sie auch auf die Quick-Infos, die bei längerem Verharrren des Mauszeigers über einer Option erscheinen und weitere Erklärungen abgeben. Das funktioniert auch bei anderen Programmen und Dialog-Feldern.

Legen Sie später Ihre CD oder DVD wieder ins Laufwerk, erscheint sie automatisch in der Seitenleiste eines Ordners. Ist dem nicht so, so gehen Sie wieder in das *Festplatten-Dienstprogramm*, markieren das entsprechende *Image* und klicken dann auf den Button *Aktivieren* in der Symbolleiste. Das Image wird nun eingelesen und erscheint in der Seitenleiste.

Sie können ein einmal angelegtes *Image* auch nachträglich andere Optionen zuweisen (siehe den Button *Konvertieren* in der Symbolleiste bzw. über *Images | Konvertieren*), wobei Sie bei *Sichern unter* dann einen anderen Namen vergeben sollten, da ansonsten das bestehende Image ersetzt wird und so alle darauf befindlichen Daten gelöscht werden. Zur Wahl stehen die Image-Formate *Nur lesen*, *Komprimiert*, *Lesen/Schreiben* und *DVD/CD-Master*. Die Alternative zum Ändern des Volume-Formates geschieht über den Reiter *Löschen*, indem Sie bei *Format* die gewünschte Eintragung vornehmen. Auch dabei wird

der gesamte Inhalt gelöscht, so dass Sie gut aufpassen sollten, damit Ihnen kein Daten-Verlust passiert.

Das Löschen bzw. Entfernen von Images von der Festplatte ist simpel: Ziehen Sie das Image einfach in den Papierkorb und entleeren Sie ihn – der Speicher-Platz ist wieder frei.

Image von Ordner …

Das Prozedere ist auch beim Erstellen eines *Images* von einem Ordner dasselbe: Wählen Sie *Ablage* | *Neu* | *Image von Ordner* und weisen Sie diesen dann zu. Bei *Image-Format* wählen Sie Ihre Wunsch-Einstellung und bei Verschlüsselung, ob eine solche eingebaut werden soll. Sichern Sie dann Ihre Einstellungen. Der Inhalt des Ordners wird sozusagen eins zu eins kopiert und als *Image* angelegt. Dieses lässt sich nun ebenfalls brennen oder auch weitergeben. Zum Versenden per E-Mail sollten Sie das Image-Format *Komprimieren* wählen, da somit die Datei klein gehalten wird. Der Empfänger braucht das Image dann nur doppelzuklicken oder über das *Festplatten-Dienstprogramm* zu aktivieren – danach kann er auf die Daten zugreifen.

Image von …

Auch diesen Befehl erreichen Sie über das *Ablage*-Menü und den Befehl *Neu*, wobei Sie hier laut Zusatz ein *Image von einem Gerät* erstellen können. Wir haben das beispielsweise mit dem iPod ausprobiert. Schließen Sie diesen an, so erscheint er in der Seitenleiste im *Festplatten-Dienstprogramm*. Wird der iPod nun mit einem Mausklick markiert, so verändert sich der Dialog zu *Ablage* | *Neu* | *Image von (Name Ihres Gerätes)*. Belassen Sie dabei die Standardeinstellungen (komprimiert und ohne Verschlüsselung), so wird ein Image angelegt, das sich später auf Doppelklick hin öffnen lässt.

Sieht aus wie ein echter iPod, ist jedoch nur ein Image davon.

Die Geschichte mit dem iPod soll nur als Beispiel dienen, denn im Grunde können Sie wenig damit anfangen – nämlich weder auf den Musikinhalt zugreifen noch diesen in *iTunes* aufrufen. Letztlich könnte es wirklich nur als Backup dienen (für alle Fälle), denn wie wir ja alle wissen, gibt es doch das ein oder andere Programm, mit dem die Daten ausgelesen werden können (der Autor hält darüber jedoch Stillschweigen).

Möchten Sie hingegen exakte Kopien von CDs oder DVDs erstellen, so brauchen Sie diese nur einzulegen und dann im *Festplatten-Dienstprogramm* auszuwählen. Klicken Sie dann in der Symbolleiste auf *Neues Image* und wählen Sie als Image-Format *DVD/CD-Master* (das Ganze selbstverständlich ohne Verschlüsselung). Das war's. Das klappt natürlich auch nur mit DVDs, die keinen Kopierschutz aufweisen.

Legen Sie dazu die zu kopierende CD/DVD in Ihr Laufwerk und wählen Sie diese über *Ablage | Neu | Image von* (dann folgt der Name der CD/DVD) aus. Bestimmen Sie wieder Name, Speicherort, Image-Format und Verschlüsselung und sichern Sie Ihre Einstellungen. Der Inhalt wird nun auf die Festplatte übertragen und kann wieder als genaues Abbild gebrannt werden.

Das *Festplatten-Dienstprogramm* weist auch noch den Reiter *Raid* auf. Hierbei können Sie zwei oder mehrere Festplatten zusammenschließen bzw. Ihre Daten spiegeln. Da es sich hier um ein ausgeprägtes Profi-Feature (beispielsweise für Videobearbeitung) handelt, möchten wir diese Funktion außen vor lassen.

Grapher – Gleichungen visualisieren

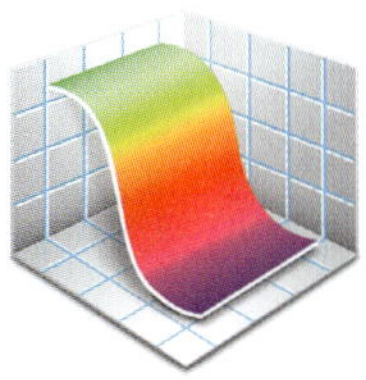

Der Autor muss bei diesem Programm freimütig zugeben, dass es unter der Kategorie »Ich nix verstehen« läuft. Das war schon vorletztes Jahr so, letztes Jahr so und es ist leider immer noch nicht besser geworden. Wer Mathematiker ist oder sich brennend für Graphen, parametrische Kurven oder Differentialgleichungen interessiert, wird wahrscheinlich seine helle Freude daran haben. Was kann man nun alles damit machen? Kurzantwort: Gleichungen visualisieren. Um einen schnellen Einblick zu bekommen, bietet es sich an, im Menü *Beispiele* mal ein wenig zu stöbern. Verstehen Sie nur »Bahnhof«, so geht es Ihnen wie uns und das Programm ist wahrscheinlich weniger für Sie geeignet.

Die Gleichung »Differential Equations« im Bild – das ist jetzt schon verständlich, oder?

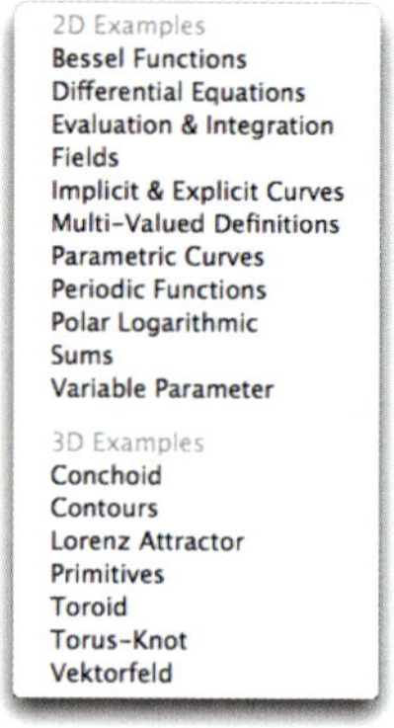

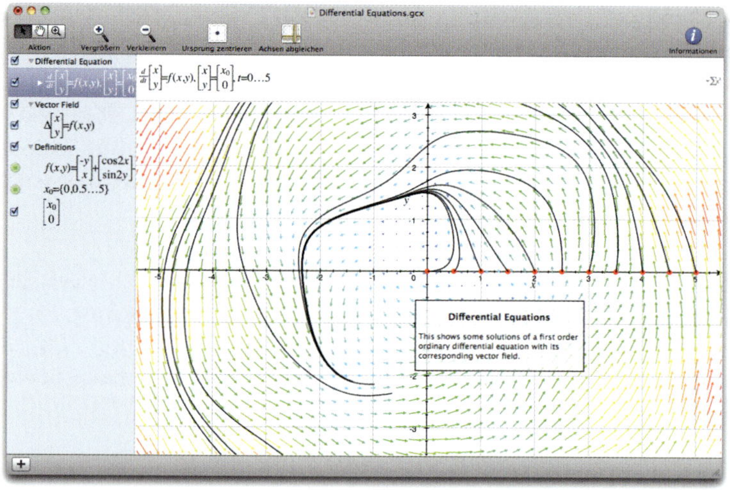

Die Profis hingegen können natürlich eigene Gleichungen anlegen, indem Sie *Ablage | Neu* wählen und sich eine Vorlage – 2D- oder 3D-Graph – aussuchen. Danach geht's dann ans Eingeben der Syntax. Rechter Hand der Eingabe-Zeile werden Ihnen weitere Operatoren unterbreitet und Sie können auch die *Gleichungspalette* einblenden lassen.

Der Zugang zum »Grapher«-Land.

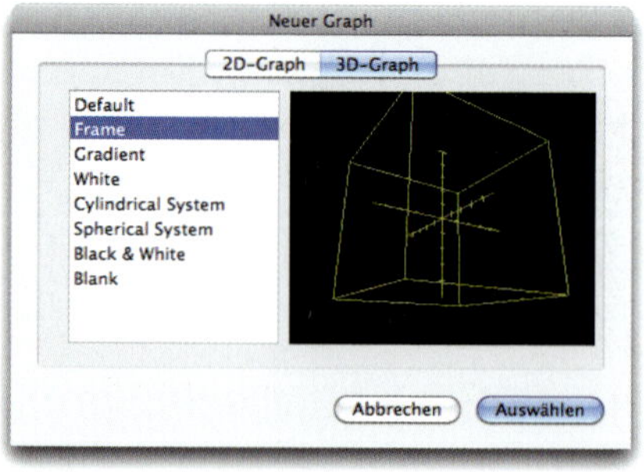

»Grapher« bietet mit zahlreichen Paletten eine komfortable Möglichkeit, Gleichungen zu erstellen und diese visuell zu präsentieren.

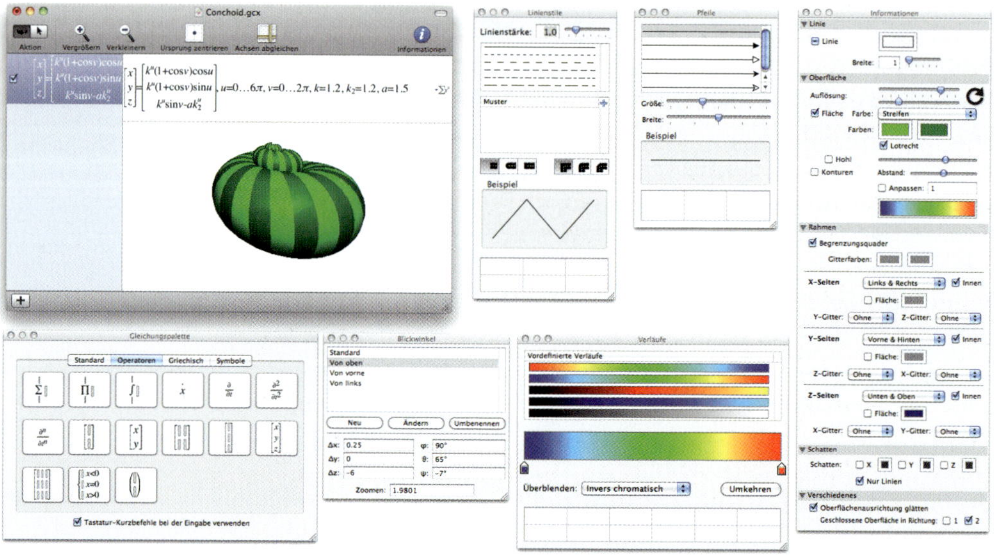

Als Werkzeuge stehen Ihnen in der 2D-Darstellung der *Auswahlpfeil* (⌘-1) zum Auswählen und Verschieben von Objekten (Pfeil, Oval, Rechteck oder Text – jeweils Menüleiste *Objekte*), die *Hand* (⌘-2) zum Bewegen der gesamten Abbildung sowie ein *Zoom* (⌘-3) zum Vergößern zur Verfügung. Möchten Sie Ihre Gleichung in 3D bewundern, so wählen Sie *Darstellung | Zur 3D-Darstellung wechseln* (⌘-⌥-3). Das Gebilde lässt sich dann mit der Maus frei bewegen und von allen Seiten betrachten.

Werden beim Eingeben von Werten Fehler gemacht, wird dies durch ein gelbes Dreieck kenntlich gemacht. Hier müssen Sie also nachbessern, damit Ihr Chemie-Labor nicht in die Luft fliegt und damit Ihre Rechnung wieder stimmt. Mit einem Klick auf das Dreieck wird Ihnen sogar der Fehler verraten, so dass Sie sich nicht den Kopf zermartern müssen.

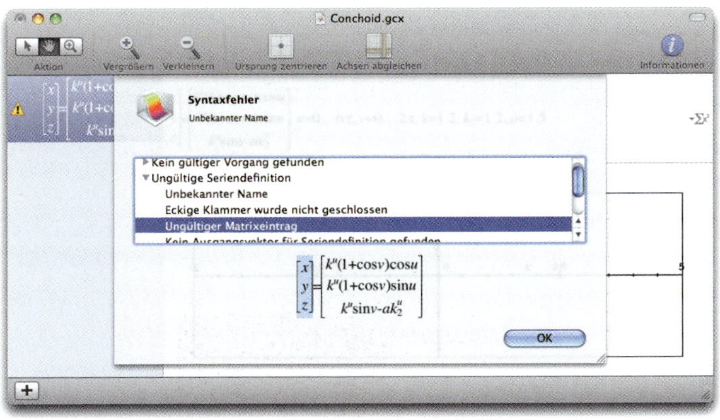

Peinlich, peinlich – wie konnte dieser Syntaxfehler nur passieren? Jetzt muss uns nur noch jemand erklären, wie man die Gleichung eigentlich liest ;-)

Zur Ergänzung Ihrer Arbeit stehen Ihnen über das *Fenster*-Menü weitere Paletten wie *Verläufe*, *Informationen*, *Zahlenformate*, *Pfeile* und *Linienstile* zur Verfügung. In diesem Sinne können Sie also damit mächtig Spaß haben …

Ihre Berechnungen – und zwar sowohl die Syntax als auch die grafische Darstellung – lassen sich in verschiedenen Formaten kopieren (TIFF, PDF, EPS) und beispielsweise in eine Textverarbeitung einfügen. Selbstverständlich klappt auch das einfache Speichern, damit die Arbeit nicht verloren geht: Wählen Sie *Ablage | Sichern* und vergeben Sie einen Namen und die Sache ist abgehakt. Verändern Sie nachträglich eine Datei und möchten dennoch das Original behalten, so benutzen Sie anstatt *Sichern* den Befehl *Sichern unter* und vergeben einen anderen Namen.

So viel also zum Thema Gleichungen, auch wenn das Thema sicherlich viel mehr hergibt. Da Sie jedoch das Buch aktuell zum Betriebssystem Mac OS X 10.6 haben wollten, war uns die Aufnahme eines Mathematik-Studiums leider verwehrt. Aber wenn Sie dann mal berühmt sind, denken Sie an uns und lassen und doch bitte an Ihren Erkenntnissen teilhaben. Wir haben Ihnen ja schließlich auch den *Grapher* schmackhaft gemacht …

Konsole – der Protokoll-Spezialist

Hier handelt es sich um eine Experten-Anwendung, die allerlei Meldungen bei Programmen und dem System intern speichert – und zwar auch solche Fehler und Hinweise, die im Hintergrund stattfinden und von denen Sie üblicherweise nichts merken. Der Normal-Anwender wird wahrscheinlich wenig mit den kryptischen Meldungen anfangen können, der Programmierer von Software oder der Apple-Supporter hoffentlich schon.

Wer gerne hinter die Fassaden schaut, sollte mal einen Blick in die Konsole werfen.

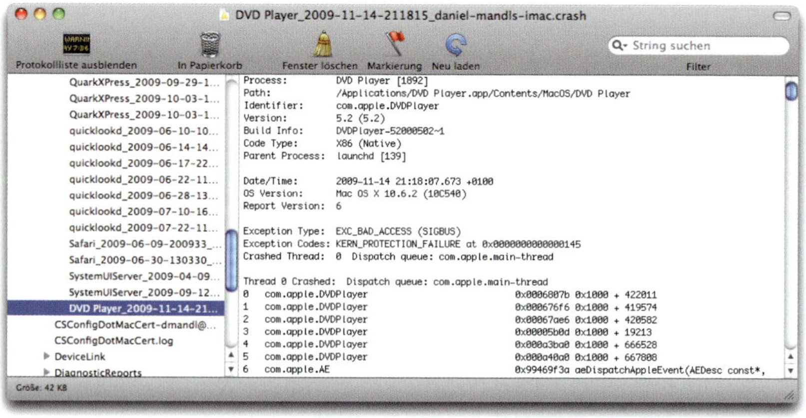

Während sich die Konsolenmeldungen mehr auf laufende Programme beziehen und deren Hintergrundprozesse beschreiben, finden Sie in *system.log* die Abläufe des Betriebssystems. Tauchen nun Probleme auf (etwa, dass sich aus unerfindlichen Gründen ein Programm verabschiedet), so sollten Sie einmal in der *Konsole* nachschauen. Ob Sie den Inhalt dann jedoch dechiffrieren können, ist natürlich die andere Seite der Medaille.

Interessant für Supporter und angehende Mac-Profis ist sicherlich auch der *CrashReporter*, der sich ganz auf Abstürze konzentriert und diese in Form von Protokollen abspeichert. Wie Apple schreibt, wird bei Protokollen üblicherweise die Größe von 128 Kilobyte eingehalten. Suchen Sie jedoch nach Informationen, die noch weiter zurückliegen als die angezeigten, so lässt sich über die unten stehenden Knöpfe *Früher* und *Später* bestimmen, wie viel weiteres Daten-Material dargestellt werden soll.

Haben Sie explizit mit einem Programm Probleme, so sollten Sie folgende Vorgehensweise beachten: Starten Sie die *Konsole* und suchen Sie sich die entsprechende Protokoll-Datei. Im Falle von Abstürzen z. B. den *CrashReporter*. Markieren Sie sie und wählen Sie dann *Löschen* in der Symbolleiste, um ein neues leeres Protokoll zu starten. Gehen Sie dann wieder zur problembehafteten Anwendung und vollziehen Sie die bereits gemachten Schritte nach. Stürzt das Programm wieaer ab oder macht sonstige Zicken, so werfen Sie nun einen Blick ins Protokoll, das die möglichen Fehler aufzeichnet.

Aber auch dann, wenn Sie die Angaben nicht nachvollziehen können, ist noch Land in Sicht. Über *Ablage | Kopie sichern unter* lässt sich das Protokoll abspeichern und es beispielsweise an Fachleute weitergeben, Auszüge aus dem Protokoll (dazu müssen Sie vorher den Text mit gedrückter Maustaste markieren) sichern Sie über *Auswahl sichern unter* (⌘-⌥-S).

Möchten oder müssen Sie des Öfteren Protokoll-Dateien per E-Mail versenden, so lässt sich über *Darstellung | Symbolleiste anpassen* der Button *Datei senden* hinzufügen, der auf Klick hin das Ganze gleich in eine E-Mail verpackt. Oder Sie machen das klassisch über die Menüleiste *Ablage | E-Mail.* Aber Vorsicht: Die Protokoll-Daten können mitunter ganz schön groß werden.

Übrig bleibt der *Markieren*-Button mit der schönen roten Flagge, der auf Klick hin dem Protokoll *Datum* und *Uhrzeit* hinzufügt – damit ist es sozusagen amtlich ...

Migrationsassistent – Daten transferieren

Der *Migrations-Assistent* hilft Ihnen beim Übertragen von Informationen (Benutzer, Programme, Netzwerk- und Computer-Einstellungen, Dateien, Volumes) auf Ihren jetzigen Rechner. Um den Assistenten in Anspruch zu nehmen, müssen Sie sich aufgrund der sensiblen Daten (Benutzer etc.) als Administrator identifizieren. Haben Sie diesen Schritt hinter sich gebracht, heißt es sich noch zu entscheiden, woher die Informationen stammen sollen: *Von einem anderen Mac, Von einem Time Machine-Backup oder einem anderen Volume* oder *Auf einen anderen Mac.* Das *Time Machine*-Backup haben wir bereits im Programme-Kapitel geschildert, und auch im Kapitel über die Mac OS X-Installation war schon vom *Migrationsassistenten* die Rede.

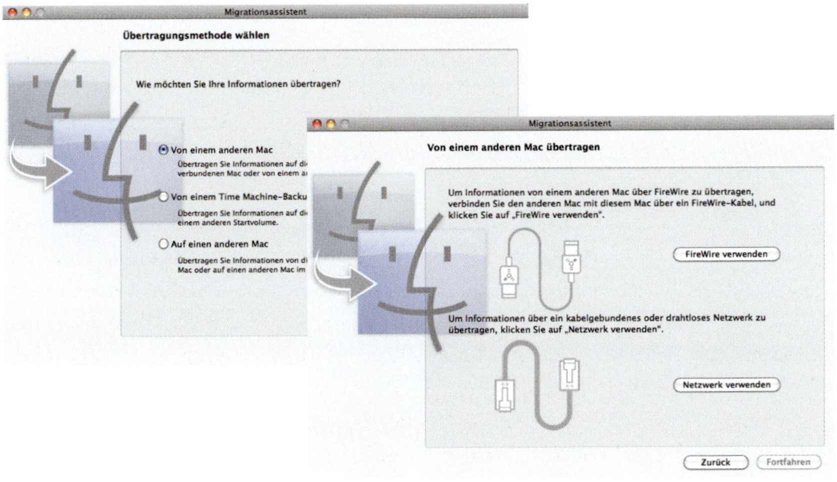

Die Übertragungsmethode will zuerst festgelegt werden.

Im Fall des anderen Macs müssen Sie die beiden Rechner entweder über *Fire-Wire* (400/400, 400/800 oder 800/800), per Netzwerk-Kabel oder über ein drahtloses Netzwerk verbinden, damit ein Kontakt zustandekommt. Danach starten Sie den anderen Mac und drücken bei der *FireWire*-Version nach dem Startgong die Taste »T« auf diesem Rechner, bis das *FireWire*-Symbol auf dem Bildschirm erscheint. Über den Button *Fortfahren* erscheint dann das Fenster mit den zu übertragenden Systemen. Dabei werden alle Volumes aufgeführt, die ein vollständiges System beinhalten.

Die Stationen beim Verbinden zweier Macs per FireWire.

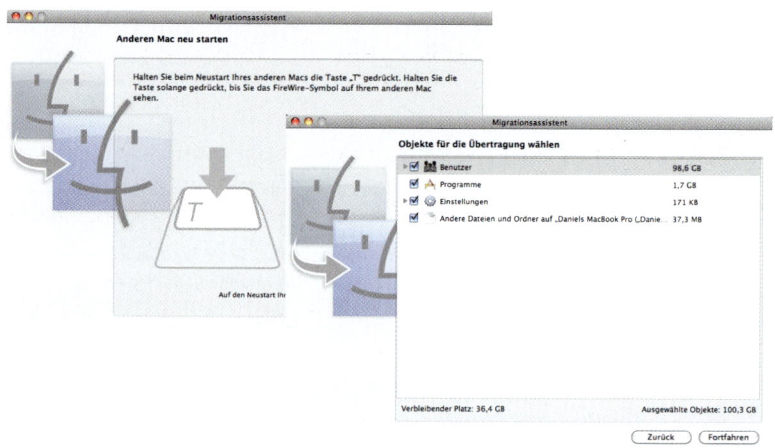

Per Ethernet-Kabel verbundene Rechner müssen hingegen beide gestartet und auf beiden muss der *Migrationsassistent* geöffnet sein. Klicken Sie nun im *Migrationsassistenten* auf *Netzwerk verwenden*, so werden Sie aufgefordert, auf dem anderen Rechner als Übertragungsmethode *Auf einen anderen Mac* auszuwählen. Erkennen sich beide Mac-Rechner, so müssen Sie einen sechsstelligen Code eingeben und die zum Transfer möglichen Daten werden angezeigt.

Bei Verbindung über Ethernet-Kabel sowie Airport müssen beide Rechner den Migrationsassistenten starten. Gegebenenfalls ist ein sechsstelliger Code einzugeben.

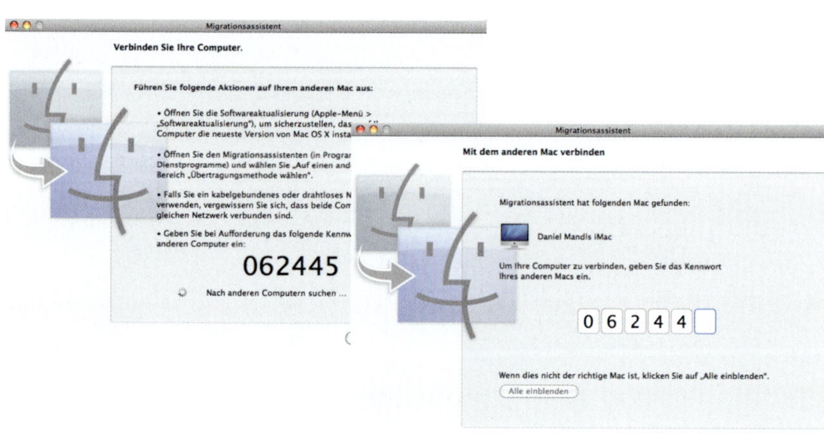

Klicken Sie wieder auf *Fortfahren* und wählen Sie den *Benutzer-Account* beziehungsweise die zu übertragenden Objekte (Programme, Dateien und Ordner, Library). Es folgen im Falle mehrerer Volumes des verbundenen Rechners die Auswahl derselben sowie im Weiteren die Festlegung der Einstellungen (Netzwerkeinstellungen, Zeitzone, Einstellungen zu Sharing), die transferiert werden sollen.

Und dann heißt es *Übertragen* und in der Tat beginnt das große Kopieren. Das kann je nach Menge der Daten ziemlich lange dauern – das ist aber immer noch besser, als alles per Handarbeit zu erledigen. Und auch diese Zeit vergeht und irgendwann heißt es dann: Ihre Informationen wurden erfolgreich transferiert.

Nach erfolgter Übertragung müssen Sie nur noch den anderen Mac ausschalten (bei einer *FireWire*-Verbindung) bzw. den *Migrationsassistenten* beenden – das war's dann aber auch schon. Möchten Sie dagegen Daten von einem anderen Volume (von einer externen Festplatte oder einer Partition) übertragen, so passiert dies ja auf ein und demselben Rechner bzw. über eine FireWire-verbundene Festplatte. Hier wählen Sie ebenso nur das zu übertragende System aus und folgen wiederum dem netten Assistenten.

Wie bereits erwähnt sollten Sie beim Umstieg von einem PowerPC-System auf die Intel-Plattform die Programme von der Übertragung ausschließen, da es ansonsten zu Problemen (Inkompatibilitäten, Programme weigern sich, zu starten bzw. stören den gesamten Arbeits-Workflow) kommen kann. Auch Plug-Ins von Drittherstellern sollten außen vor bleiben, da auch diese oftmals mit Mac OS X Snow Leopard nicht kompatibel sind. Des Weiteren müssen einzelne Anwendungen gelegentlich neu aktiviert bzw. registriert werden.

Bitte daran denken: Wenn Sie im Zuge der Erstinstallation den Migrationsassistenten zum Übertragen von Netzwerkeinstellungen, Benutzer-Account etc. verwenden, so erhalten Sie im Grunde eine vollständige Kopie Ihres alten Rechners und können sich somit viele Arbeitsschritte sparen. Haben Sie jedoch bereits Ihren Rechner konfiguriert und einen Benutzer-Account eingerichtet, so bekommen Sie über den *Migrationsassistenten* einen weiteren Account (den des alten Rechners), der teilweise Ihre bisherigen Daten überschreibt (etwa den Gerätenamen im lokalen Netzwerk oder Ihre Umgebungen).

Schlüsselbundverwaltung – Passworte verwalten

Ebenso, wie an Ihrem Schlüssebund in der Hosentasche alle Schlüssel für die wichtigen Zugänge (fürs Büro, für Zuhause, das Toiletten-Häuschen im Garten ...) hängen, beaufsichtigt das Dienstprogramm *Schlüsselbundverwaltung* Ihre virtuellen Zugangsdaten in Form von *Kennwörtern* und *Zertifikaten*. Alle Passworte, die Sie innerhalb von Mac OS X für Programme oder für Internetzugänge verteilen, liegen hier gut verwahrt und können dennoch auf Wunsch eingesehen werden. Aber auch neue Kennwörter lassen sich eingeben, wenn Sie es denn wünschen.

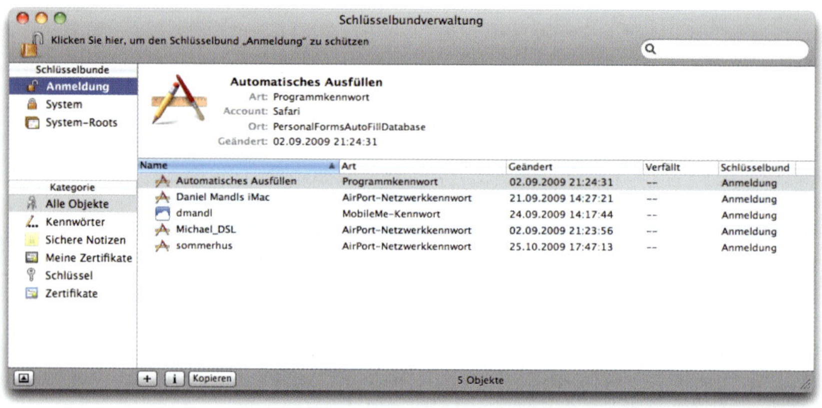

Sauber aufgereiht werden jene Einträge präsentiert, die ein Passwort benutzen.

Standardmäßig erhält jeder Benutzer seinen eigenen *Schlüsselbund*, der so lange geschützt ist, bis sich der jeweilige Anwender über die Anmeldung identifiziert. Das Eingeben des Passworts für den *Benutzer-Account* entsperrt also automatisch auch den *Schlüsselbund*, so dass dieser seinen Inhalt den jeweiligen Programmen zur Verfügung stellt. Möchten Sie dennoch auf Nummer Sicher gehen, so lässt sich das Programm *Schlüsselbund* auch sichern, indem Sie nach Auswahl des jeweiligen Schlüsselbundes in der Symbolleiste auf das *Schloss*-Symbol ( ) klicken. Wird dieses geschlossen, so werden Sie beim Zugriff auf ein Programm, das wiederum auf diesen *Schlüsselbund* zurückgreift, nach dem Kennwort gefragt (das Kennwort für den *Schlüsselbund* ist identisch mit dem des Benutzer-Accounts).

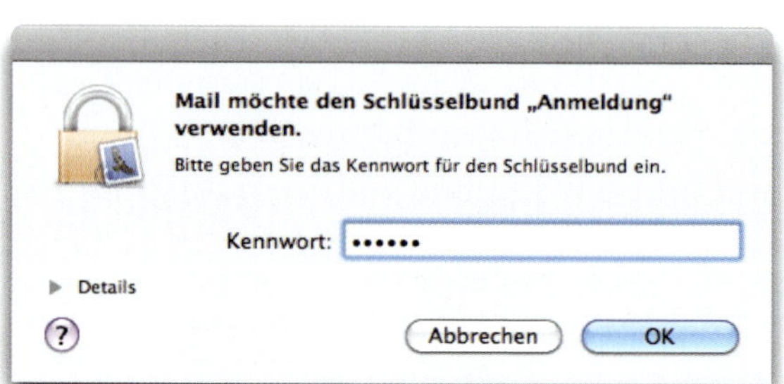

Die Sicherheitsbarriere funktioniert: Nach dem Schützen des Schlüsselbundes »Anmeldung« wird bei Zugriff auf das Programm »Mail« das Kennwort für den Schlüsselbund angefordert.

Neben dem steten Schützen des Schlüsselbundes lässt es sich auch einrichten, dass dieser beispielsweise nach einer gewissen Dauer der Inaktivität des Rechners oder nach einem Ruhezustand automatisch geschützt wird. Dies erledigen Sie über die Menüleiste *Bearbeiten* und dort mit dem Befehl *Einstellungen für Schlüsselbund »Soundso« ändern.*

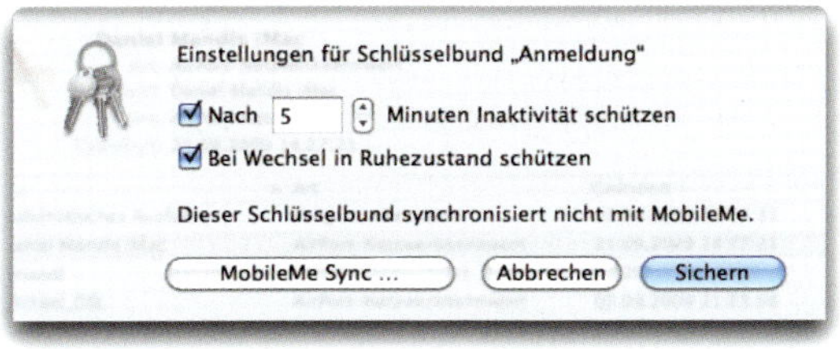

Auch die Schlüsselbund-Einstellungen lassen sich flexibel handhaben.

Wenn Sie in der Fülle Ihrer Passwortvergaben einmal den Überblick verlieren oder gar eines vergessen sollten, so sollte Ihr erster Gang nicht zum Arzt, sondern zur *Schlüsselbundverwaltung* sein. Suchen Sie sich dort den entsprechenden Eintrag und doppelklicken Sie ihn, was letztlich dem Klick auf den kleinen *Info*-Button (i) unten entspricht. Im auftauchenden Fenster können Sie nun unter dem Reiter *Einstellungen* das *Kennwort einblenden.* Mit Klick darauf müssen Sie sich zuerst als Administrator ausweisen und danach bestimmen, wie weiter verfahren werden soll: *Nicht erlauben* beendet die Anfrage und das Kennwort wird nicht freigegeben, *Erlauben* gestattet den Zugriff auf den Schlüsselbund dieses eine Mal (bei der nächsten Abfrage wird wieder nach dem Passwort gefragt), *Immer erlauben* erhält den Freibrief zum ständigen Zugriff auf den *Schlüsselbund* – und zwar ohne vorherige Identifizierung.

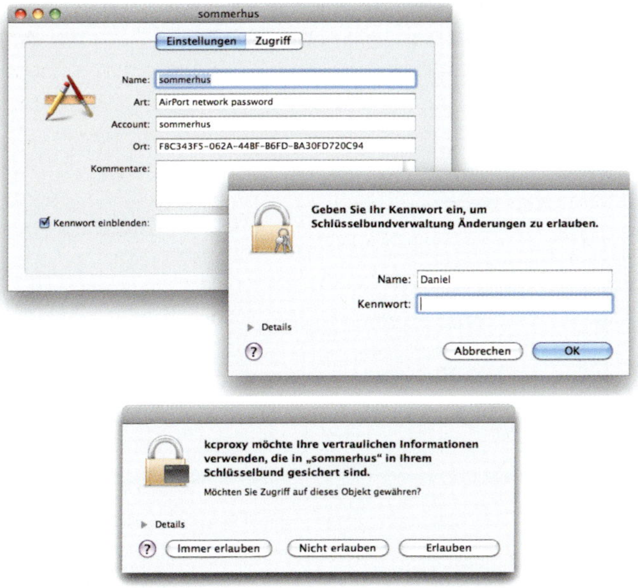

»Kennwort einblenden« in Aktion: Per Doppelklick auf einen Kategorie-Eintrag öffnet sich ein Dialog, der die Ansicht des Passwortes erlaubt – allerdings nur nach vorheriger Eingabe des Administrator-Kennworts.

Über den Reiter *Zugriff* wiederum legen Sie fest, wie das Kennwort erreichth werden kann bzw. welche Programme dafür berechtigt sind – je weniger dies sind, desto zuverlässiger wird Ihr Kennwort geschützt.

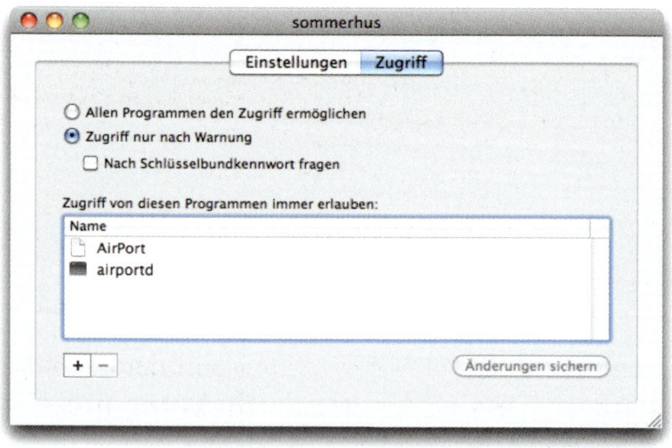

Welche Programme erhalten die Freigabe auf das Kennwort? Über »Zugriff« erlauben und schließen Sie entsprechende Programme aus.

Haben Sie bei sich auf dem Schreibtisch oder der unverschlossenen Schublade noch ein paar wichtige Telefonnummern, PINs, TANs & Co. herumliegen, so bietet es sich an, auch diese in den virtuellen Safe zu legen. Das Dienstprogramm *Schlüsselbundverwaltung* stellt Ihnen hierbei die so genannten *Sicheren Notizen* zur Seite, in denen Sie allerlei wichtiges Schreibgut einerseits verstauen und andererseits hervorragend vor fremden Blicken schützen können. Über *Ablage | Neue sichere Notiz* tragen Sie in ein Notizfeld einen Titel sowie die schützenswerten Nummern etc. ein. Über *Hinzufügen* werden diese nun in der Kategorie *Sichere Notizen* untergebracht. Möchten Sie später wieder darauf zurückgreifen, so brauchen Sie diese nur doppelzuklicken und die Option *Text einblenden* zu aktivieren – nach Eingabe des Schlüsselbund-Kennwortes und dem Bestätigen (*Einmal erlauben*) wird der Inhalt angezeigt.

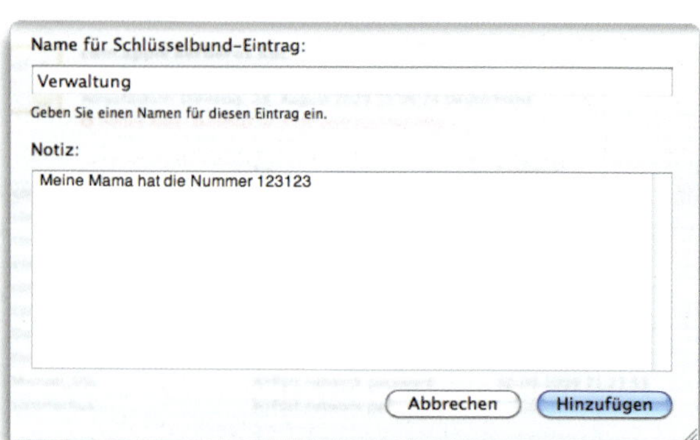

Sichere Notizen lassen sich schnell anlegen – nach Vergabe eines Namens sowie der eigentlichen Notiz.

Auf Nummer Sicher: Wichtiges wird mit Passwort geschützt.

Sollten einmal Probleme im Zusammenhang mit dem Schlüsselbund auftauchen oder Sie möchten nach etwaigen Änderungen des *Schlüsselwort-Kennworts* darin beispielsweise das Passwort Ihres Benutzer-Accountes wieder dem Schlüsselbund zuweisen, so sollten Sie den Befehl *Schlüsselbund – Erste Hilfe* über den Menüleisten-Punkt *Schlüsselbundverwaltung* starten.

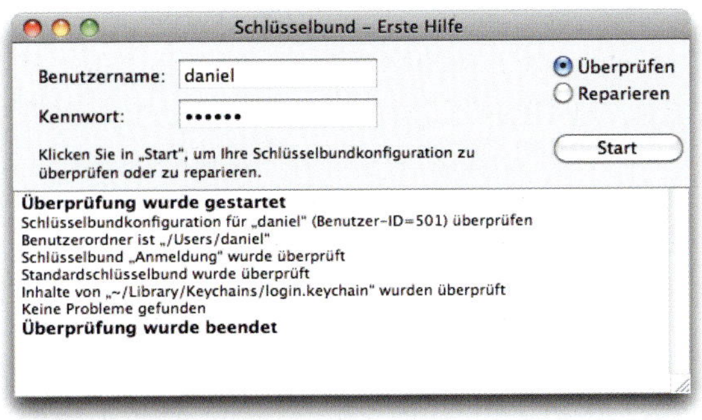

Bei Problemen erste Wahl: Nach Eingabe Ihres Kennworts lassen sich die Schlüsselbundkonfigurationen überprüfen und reparieren.

Über die *Einstellungen* (*Befehlstaste-Komma* oder *Schlüsselbundverwaltung* | *Einstellungen*) und dort die Rubrik *Erste Hilfe* können Sie im Übrigen weitere Funktionen bestimmen. Und wenn Sie schon mal dort sind, ist der Besuch in der Rubrik *Allgemein* ebenso empfehlenswert. Über *Status in der Menüleiste anzeigen* kommt wieder mal ein neues Symbol in der Menüleiste hinzu, über das Sie nun schnell wichtige Funktionen des Schlüsselbundes steuern können. Als besondere Empfehlung möchten wir hier die Option *Bildschirm schützen* erwähnen, die – müssen Sie kurzfristig Ihren Rechner mal im Stich lassen – den Bildschirmschoner anwirft und erst wieder einen Zugriff auf den Rechner freigibt, wenn das Benutzer-Passwort eingetragen wird.

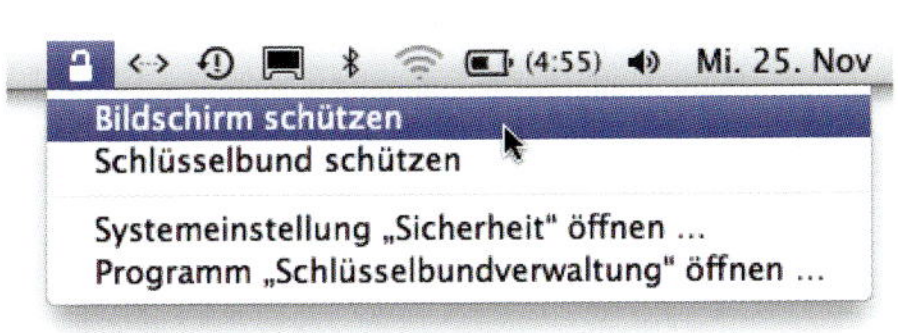

Schnellzugriff dank Menüleiste auf Schlüsselbund & Co.

Nun noch das Schlusswort zum Thema »Zertifikate«. Hier hat uns die Erklärung der Mac-Hilfe so gut gefallen, dass wir diese als Screenshot im Buch ablichten. Bitte nicht sauer sein, doch hat es wenig Sinn, wenn wir das Ganze einfach abschreiben. Und überhaupt: Wir geben wenigstens zu, wenn wir fremde Hilfe in Anspruch nehmen.

Die Mac-Hilfe zum Thema »Zertifikate« erklärt ausnahmsweise mal ausführlich, was Sache ist. Danke Apple :-)

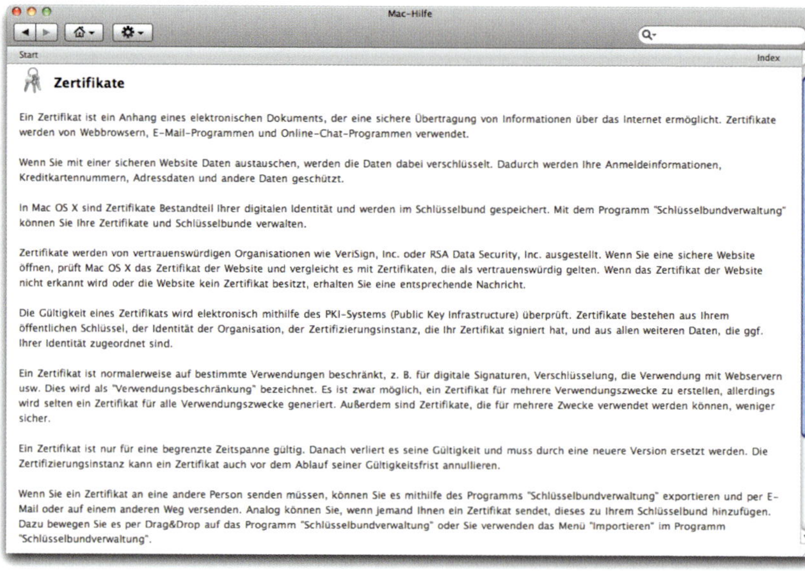

Mac-Hilfe

Start

Index

Zertifikate

Ein Zertifikat ist ein Anhang eines elektronischen Dokuments, der eine sichere Übertragung von Informationen über das Internet ermöglicht. Zertifikate werden von Webbrowsern, E-Mail-Programmen und Online-Chat-Programmen verwendet.

Wenn Sie mit einer sicheren Website Daten austauschen, werden die Daten dabei verschlüsselt. Dadurch werden Ihre Anmeldeinformationen, Kreditkartennummern, Adressdaten und andere Daten geschützt.

In Mac OS X sind Zertifikate Bestandteil Ihrer digitalen Identität und werden im Schlüsselbund gespeichert. Mit dem Programm "Schlüsselbundverwaltung" können Sie Ihre Zertifikate und Schlüsselbunde verwalten.

Zertifikate werden von vertrauenswürdigen Organisationen wie VeriSign, Inc. oder RSA Data Security, Inc. ausgestellt. Wenn Sie eine sichere Website öffnen, prüft Mac OS X das Zertifikat der Website und vergleicht es mit Zertifikaten, die als vertrauenswürdig gelten. Wenn das Zertifikat der Website nicht erkannt wird oder die Website kein Zertifikat besitzt, erhalten Sie eine entsprechende Nachricht.

Die Gültigkeit eines Zertifikats wird elektronisch mithilfe des PKI-Systems (Public Key Infrastructure) überprüft. Zertifikate bestehen aus Ihrem öffentlichen Schlüssel, der Identität der Organisation, der Zertifizierungsinstanz, die Ihr Zertifikat signiert hat, und aus allen weiteren Daten, die ggf. Ihrer Identität zugeordnet sind.

Ein Zertifikat ist normalerweise auf bestimmte Verwendungen beschränkt, z. B. für digitale Signaturen, Verschlüsselung, die Verwendung mit Webservern usw. Dies wird als "Verwendungsbeschränkung" bezeichnet. Es ist zwar möglich, ein Zertifikat für mehrere Verwendungszwecke zu erstellen, allerdings wird selten ein Zertifikat für alle Verwendungszwecke generiert. Außerdem sind Zertifikate, die für mehrere Zwecke verwendet werden können, weniger sicher.

Ein Zertifikat ist nur für eine begrenzte Zeitspanne gültig. Danach verliert es seine Gültigkeit und muss durch eine neuere Version ersetzt werden. Die Zertifizierungsinstanz kann ein Zertifikat auch vor dem Ablauf seiner Gültigkeitsfrist annullieren.

Wenn Sie ein Zertifikat an eine andere Person senden müssen, können Sie es mithilfe des Programms "Schlüsselbundverwaltung" exportieren und per E-Mail oder auf einem anderen Weg versenden. Analog können Sie, wenn jemand Ihnen ein Zertifikat sendet, dieses zu Ihrem Schlüsselbund hinzufügen. Dazu bewegen Sie es per Drag&Drop auf das Programm "Schlüsselbundverwaltung" oder Sie verwenden das Menü "Importieren" im Programm "Schlüsselbundverwaltung".

System Profiler – Hardware-Informationen satt

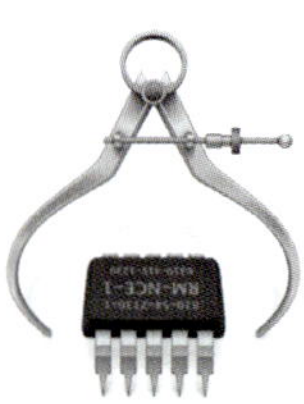

Wenn Sie schon immer mal wissen wollten, was so alles an Hardware und Software in Ihrem Mac steckt, sollten Sie auf den *System Profiler* zurückgreifen. Dort werden über die Rubriken *Hardware*, *Software* und *Netzwerk* sämtliche verbauten Komponenten sowie Software-Bestandteile aufgelistet. Gerade bei Problemen oder wenn Sie Ihren Mac aufrüsten möchten, kann er Ihnen unterstützend zur Seite stehen. Aber auch bei Support-Anrufen fragen oftmals Mitarbeiter nach technischen Daten, die der Laie aus freien Stücken nicht aufsagen kann. Neben dem Start des *System Profiler* über den *Dienstprogramme*-Ordner können Sie auch über das *Apple*-Menü den Befehl *Über diesen Mac* anwählen. Im auftauchenden Fenster lässt sich nun – neben der Erkenntnis über die aktuelle Betriebssystem-Version – über den Button *Weitere Informationen* der *System Profiler* anwerfen.

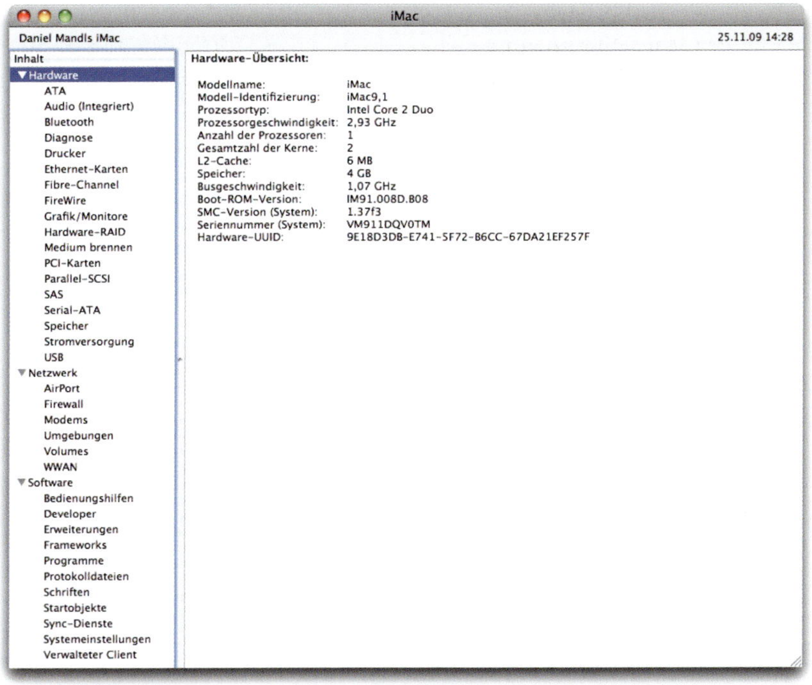

Der »System Profiler« trumpft mit umfangreichem Wissen auf.

Klicken Sie mit gedrückter *Wahltaste* (⌥) auf den Apfel () des Apple-Menüs, so erscheint statt des Eintrags *Über diesen Mac* sofort der *System Profiler*.

Zu allen Hardware-Komponenten finden Sie übersichtlich angeordnet Modell, Hersteller, Seriennummer, Firmware-Version und vieles mehr, so dass sich einzelne Gerätschaften sicher identifizieren lassen und Fachleute daran ablesen können, ob die Gefahr eventueller Inkompatibilitäten aufgrund neu hinzuerworbener Hardware besteht. Aber auch für den Selbsteinbau ist ein Kontrollblick dort unablässig, sehen Sie doch sofort, ob die Systemvoraussetzungen erfüllt werden oder – im Nachhinein – ob die neu eingebaute Hardware auch erkannt wird. Der *System Profiler* weiß auch, welche Geräte an *USB*- und *FireWire*-Schnittstelle hängen oder welcher Arbeitsspeicher-Steckplatz noch frei ist.

Das Gleiche gilt auch für die Rubrik *Netzwerk*. Dort werden alle Komponenten aufgeführt, die zum Übertragen von Daten – wie zum Beispiel *AirPort-Karte* oder *Modem* – geeignet sind. Aber auch die zum Ändern von Netzwerkeinstellungen vorteilhaften Umgebungen oder Volumes sind dort aufgeführt.

Fragen zur installierten Software beantworten Sie am besten über den Punkt *Software*, der unterteilt in *Erweiterungen*, *Programme*, *Protokolldateien* und mehr akribisch alle vorhandenen Bestandteile und Einstellungen auflistet.

Auch dort können Sie auf einen Blick erkennen, etwa welche Programm-Version sich auf Ihrem Rechner befindet oder wann diese zuletzt verändert wurde.

Das Angebot an detaillierten Informationen stellen Sie über das Menü *Darstellung* ein, wobei Sie zwischen *Kurzprofil* (⌘-1), *Standardprofil* (⌘-2) und *Vollständiges Profil* (⌘-3) auswählen können.

Wenn Sie bei einem Händler Fragen stellen möchten oder den Apple-Support in Anspruch nehmen müssen, so sollten Sie stets den *System Profiler* im Hinterkopf behalten bzw. diesen vielleicht sogar geöffnet haben, um schnell die angeforderten Informationen abrufen zu können. Auch haben Sie die Möglichkeit, Ihr aktuelles Hardware- oder Software-Profil über *Ablage | Sichern unter* abzuspeichern. Darin werden mit Datum und Uhrzeit alle derzeit verfügbaren Daten gesichert und können von einer Support-Stelle auf Ungereimtheiten durchforstet werden. Noch einfacher klappt das über *Ablage | An Apple senden*, so dass das Rechner-Profil vollständig automatisiert an Apple geschickt wird. Letzteres sollten Sie aber nur auf Anforderung hin unternehmen.

Terminal – Mac-Wartung und Bedienung über UNIX

Professionelle Anwender mit UNIX-Erfahrung schwören darauf, der Normal-User macht üblicherweise einen großen Bogen darum – die Rede ist vom *Terminal*. Damit lässt sich auf das unter der Mac OS X-Oberfläche schlummernde UNIX-Betriebssystem namens *Darwin* zugreifen, indem Sie in das *Terminal*-Fenster die entsprechenden Befehle eintippen. Wir müssen jedoch gestehen, dass wir mit UNIX wenig bis gar nichts am Hut haben und zugegebenermaßen auch noch niemals in die Verlegenheit kamen, damit zu arbeiten, denn wir wählten Mac OS X, weil es herrlich einfach und intuitiv zu bedienen ist und noch dazu schick aussieht. Weiterhin laufen alle unsere Programme fehlerfrei und schließlich will man doch damit sein Geld verdienen oder zumindest seine Freude am Mac haben.

Möchten Sie das Thema UNIX und Mac OS X vertiefen, so sollten Sie einen Blick in die *Terminal-Hilfe* werfen, in der Sie zumindest UNIX-Grundlagen abrufen können, die vielleicht eine gewisse Lust nach Mehr erwecken. Gefallen haben uns weiterhin zwei Webseiten zum Thema »UNIX-Befehle für Anfänger« (`http://nafoku.de/t/unix.htm`) sowie »Kurzeinführung in UNIX« (`www.chemie.fu-berlin.de/chemnet/general/unix-inf.html`).

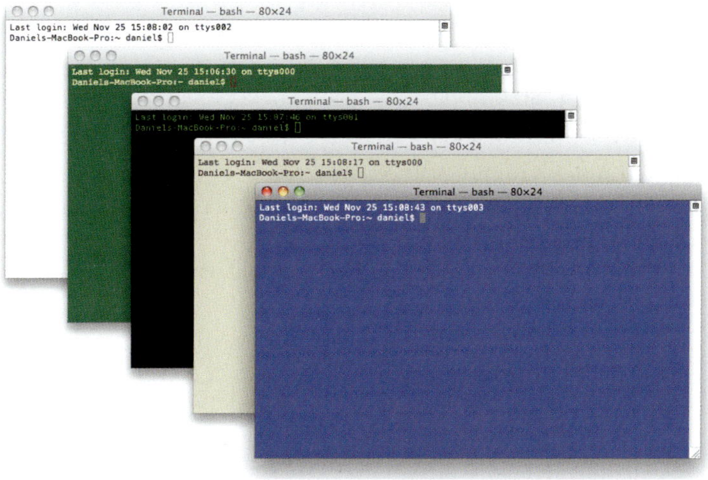

Bitte nicht mit einer Textverarbeitung verwechseln! Das Terminal dient der Eingabe von Unix-Befehlen, um die vielen Hundert UNIX-Programme hinter Mac OS X zu bedienen.

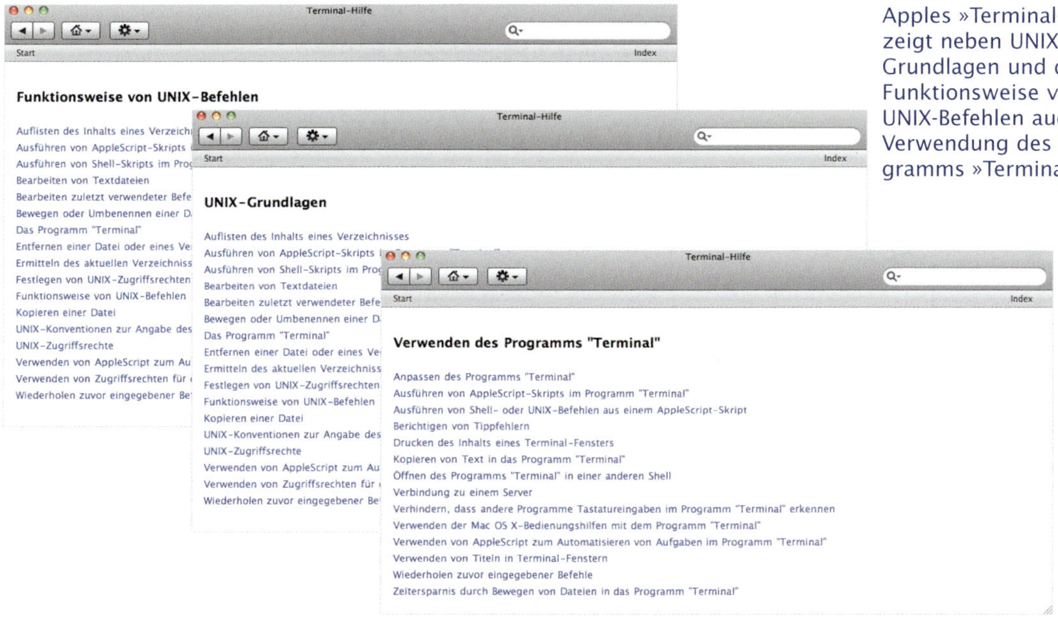

Apples »Terminal-Hilfe« zeigt neben UNIX-Grundlagen und der Funktionsweise von UNIX-Befehlen auch die Verwendung des Programms »Terminal« auf.

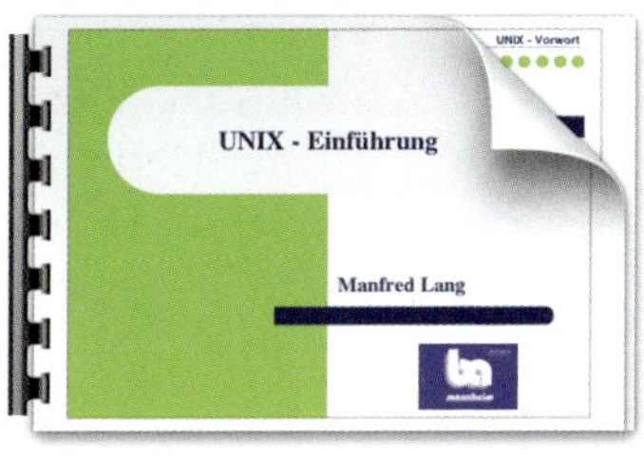

Auch diverse Universitäten (etwa die Technische Universität Darmstadt oder die FernUniversität in Hagen) bieten in Form von PDF-Dateien detaillierte Einführungen in die Grundlagen von UNIX zum Herunterladen an: »ftp://ftp.fernuni-hagen.de/pub/pdf/urz-broschueren/broschueren/a037.pdf« bzw. »http://www1.hrz.tu-darmstadt.de/kurse/unix/unixkurs.pdf«

Geschafft :-)

So, die Dienstprogramme wären geschafft. Als nächstes großes Thema stehen Internet-Zugang, World Wide Web, E-Mail und iChat an – also alles Dinge, die zum weltweiten Kommunizieren und Wissen-Aneignen taugen. Und eines können wir Ihnen versprechen: Wenn Sie erst einmal Routine in Ihre Arbeitsweisen bekommen und sich wie ein alter Fuchs durch den Internet-Dschungel bewegen, dann werden Sie nicht mehr davon lassen können. Denn: Es war noch nie so leicht (und noch dazu meist gratis) an Wissen zu gelangen, so schnell und einfach Daten auszutauschen oder mit Menschen in aller Herren Länder in Kontakt zu treten.

Online mit dem Mac – vom Surfen, E-Mailen und Chatten

Das Internet ist bereits seit Jahren in aller Munde, und wer keine E-Mail-Adresse vorweisen kann, gehört fast schon zum alten Eisen. Damit Ihnen das nicht passiert, möchten wir Ihnen auf den folgenden Seiten das »Wie« erklären: Wie richte ich meinen Internet-Zugang ein? Wie surfe ich im World Wide Web? Wie funktioniert das Programm *Mail?* Wie kann ich unbeschwert virtuell plaudern mit *iChat?*

Zu Ihrer Beruhigung dürfen wir gleich verraten, dass Ihr Mac an Software alles an Bord hat und Sie in wenigen Schritten loslegen können – vorausgesetzt, Sie haben sich bereits um einen Provider gekümmert, der Ihnen die Zugangs-Daten übermittelt – natürlich per Post. Ist dieser Punkt geklärt, so steht einem Besuch im World Wide Web oder einer ersten E-Mail an die Lieben nichts mehr im Wege …

Internet-Zugang konfigurieren

Das Anlegen von Konfigurationen zum Online-Zugang erledigen Sie üblicherweise über die Systemeinstellung *Netzwerk*. Rufen Sie diese auf und wählen Sie dort *Netzwerk* (zu finden in der Rubrik *Internet & Netzwerk*), so finden Sie dort ein Popup-Menü bei *Umgebung*, das die Einstellung *Automatisch* trägt.

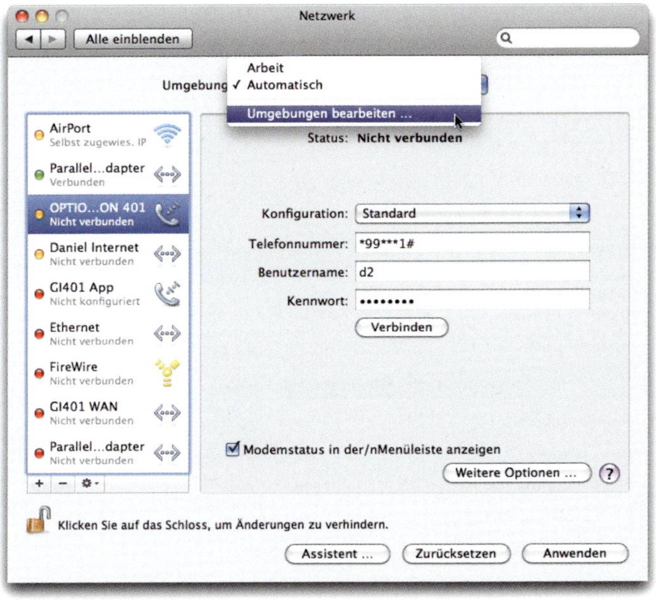

Über »Umgebungen bearbeiten« können Sie sich eigene Bereiche einrichten, die getrennt voneinander das Erstellen unterschiedlicher Konfigurationen erlauben.

Umgebungen sollen Ihnen bei häufig wechselnden Einsätzen Ihres Rechners das ständige Umkonfigurieren ersparen, so dass Sie diesen schnell an die jeweiligen Situationen anpassen können. Surfen Sie beispielsweise zu Hause über ein Modem, in der Arbeitsstätte mit mehreren Filialen aber über DSL, so brauchen Sie nur die Umgebung zu wechseln. Einzige Voraussetzung ist, dass Sie einmal alle Daten vollständig eingeben und so Ihre Zugangs-Varianten Festhalten. Zum Anlegen neuer Umgebungen wählen Sie dafür aus dem Popup-Menü den Befehl *Umgebungen bearbeiten* und klicken dann auf den *Plus*-Button (+). Vergeben Sie gleich anschließend einen Namen wie »Arbeit«, »Vergnügen«, »Unterwegs« oder wie auch immer. Über *Fertig* bestätigen Sie dann Ihre Eintragungen.

Neue Umgebungen erhalten Sie per Klick auf den Plus-Button.

Nun können Sie beispielsweise für die Umgebung »Vergnügen« Ihren DSL-Zugang einrichten. Sind Sie am nächsten Tag an Ihrem Arbeitsplatz, so schalten Sie um auf »Arbeit« und konfigurieren dort sowohl Netzwerk- als auch Internet-Zugang. Wieder Zuhause geht's wieder auf »Vergnügen« und die dort festgelegten Einstellungen werden aktiv. Das Wechseln zwischen den einzelnen Umgebungen nehmen Sie dann im *Apple-Menü* (der Apfel ganz links oben) unter dem Punkt *Umgebungen* vor. Wählen Sie einfach den gewünschten Eintrag und der Rechner übernimmt die voreingestellten Daten. Wenn Sie hingegen Ihren Rechner nur Zuhause betreiben, so brauchen Sie keine Umgebung anzulegen. Je nach angeschlossenem Gerät bzw. aktivem Anschluss verteilt der Rechner die Prioritäten selbstständig – was gerade gebraucht wird, wandert automatisch in der linken Liste ganz nach oben.

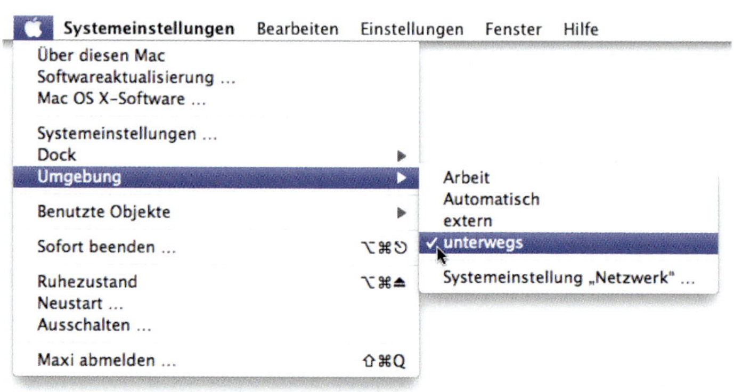

Schnell mal die Umgebung wechseln – dazu müssen Sie noch nicht einmal in ein Flugzeug einsteigen.

Ins WWW über das Modem

Eigentlich nicht mehr so recht zeitgemäß, doch manchmal eben nicht anders möglich. Die Rede ist vom Modem, das als Zugang zum Internet mit zu den langsamsten Verbindungen gehört. Da Apple mittlerweile in den aktuellen Mac-Rechnern keine Modems mehr verbaut, müssen Sie ein externes Modem verwenden (vielleicht haben Sie aber noch ein älteres Modell, das ein internes verwendet). Zuerst sollten Sie natürlich Ihren Rechner mit Hilfe des mitgelieferten Telefonkabels (RJ-11-Kabel) verbinden. Dazu stecken Sie das eine Ende in die Buchse der analogen Telefonleitung, das andere in den dazugehörigen Eingang für den internen bzw. externen Modem-Anschluss (erkennbar am Telefonhörer-Symbol).

Wird es erkannt, so taucht das zugehörige Symbol links in der Schnittstellen-Liste auf. Klicken Sie dieses nun an, so bekommen Sie die Felder angezeigt, in die Sie Ihre Provider-Daten einzutragen haben: Telefonnummer, Benutzername sowie Kennwort. Bei *Konfiguration* vergeben Sie einen Namen für Ihren Anschluss. Wechseln Sie des Öfteren Ihre Örtlichkeiten, so können Sie dort weitere Provider (über *Konfiguration hinzufügen*) eintragen und über das Menü schnell umschalten.

Bei mehreren Providern legen Sie zuerst über »Konfiguration hinzufügen« einen neuen Eintrag an. Danach schreiben Sie die vom Provider übermittelten Daten in die zur Verfügung stehenden Felder hinein.

Über *Weitere Optionen* lassen sich nun noch zusätzliche Annehmlichkeiten in Anspruch nehmen. Im Reiter *Modem* sollten sowohl Hersteller als auch Modell erscheinen, ebenso wie die korrekte *Wählart*. Unter *PPP* gibt es weitere Anpassungen, unter anderem die Möglichkeit des *automatischen Verbindens* (würden wir nicht empfehlen), wenn Sie beispielsweise auf einen Link klicken, der in einem PDF-Dokument vorkommt und auf eine Webseite verweist. Hilfreich ist jedoch die Option *Verbindung trennen, falls sie xx Minuten nicht verwendet wurde.* Gerade bei Tarifen, die über Zeiteinheiten abgerechnet werden, gibt dies doch ein Gefühl der Sicherheit, falls Sie mal das Ausloggen (das Trennen der Online-Verbindung) vergessen sollten. Oder Sie lassen sich einfach alle 30 Minuten (oder in kürzeren Abständen) daran erinnern, dass eine Online-Verbindung besteht – im auftauchenden Dialog-Feld bestimmen Sie dann das weitere Vorgehen. Die anderen Optionen können Sie vorerst so belassen.

Manche Optionen sind durchaus hilfreich – der Rest kann so bleiben.

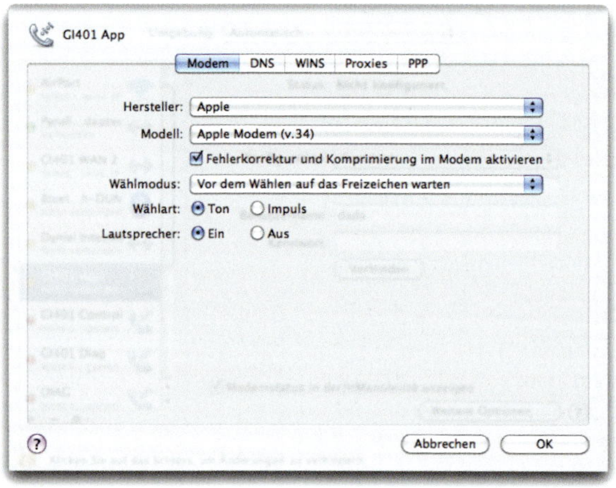

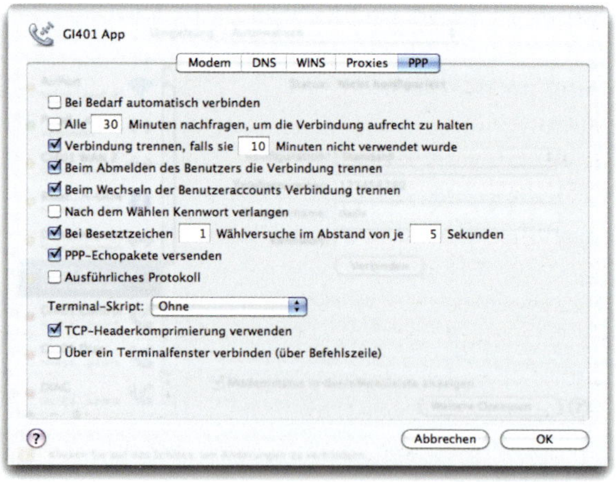

Bestätigen Sie mit *OK* und dann im Status-Fenster auf *Anwenden.* Über *Verbinden* steht Ihnen dann das Tor zur großen weiten Internet-Welt offen – starten Sie also einen Einwahl-Versuch. Die Kontakt-Aufnahme zwischen Modem und Server des Dienstleisters geht im Übrigen ziemlich geräuschvoll vonstatten – erschrecken Sie also nicht, denn das ist völlig normal (so unterhalten sich nunmal zwei Computer). Nach wenigen Sekunden sollte die Online-Verbindung stehen – Sie erkennen es am veränderten Erscheinungsbild. Zum Trennen der Leitung klicken Sie wieder auf den denselben Button, nur dass er sich dieses Mal *Trennen* nennt.

Wenn Sie die Option *Modem-Status in der Menüleiste einblenden* aktivieren, so können Sie von dort aus Ihre *Internet-Verbindung* starten (einfach auf das *Modem*-Symbol ( ) klicken und die gewünschte Konfiguration wählen). Dort sehen Sie auch, wie viel Zeit Sie schon im Internet verbracht haben. Sind Sie fertig mit Ihrer Online-Sitzung, so wählen Sie die Option *Verbindung zu Modem trennen.*

DSL für Ungeduldige – Highspeed auf der Daten-Autobahn

Die Konkurrenz des magenta-farbenen Riesen schläft natürlich nicht und die DSL-Tarife schießen wie Pilze aus dem Boden. Noch dazu wird sich ständig im Preis unterboten, so dass ein ausgiebiger Vergleich oftmals schon graue Haare kostet. Ideal sind natürlich Flatrates, also das Surfen ohne Zeitlimlit oder Volumenbegrenzung. Möchten Sie keine Filme oder Musik downloaden, so können Sie eventuell den Tarif eine Nummer kleiner wählen.

Das Tolle an DSL ist natürlich die Geschwindigkeit, mit der sich große Daten (aber auch der Aufbau der Webseiten als solches) herunterladen lassen – vorbei sind die quälend langsamen Internet-Abende in den neunziger Jahren, in denen man beim Warten auf vollständige Seiten ganze Pullover-Kollektionen stricken konnte.

Voraussetzung für das Funktionieren ist natürlich wieder die ordentliche Verkabelung der Hardware. Bei Bestellung eines DSL-Anschlusses erhalten Sie normalerweise die nötigen Komponenten sowie eine ausführliche Anleitung – bei zwei linken Daumen lassen Sie die Installation lieber einen Fachmann ausführen, da Ihnen sonst schnell die Lust an DSL vergeht. Bei schon bestehenden analogen Telefonen und Fax sollten Sie auch in Erwägung ziehen, sich einen *Router* zu besorgen. Diese Geräte gibt es in verschiedenen Ausführungen und Konfigurationen – so zum Beispiel als ISDN-Router, um die analogen Telefone weiterzuverwenden, als DSL-Router, um mehrere Computer an einem DSL-Zugang unterhalten zu können, oder kombinierte Router, die beides verbinden und die es auch als Wireless-Geräte (schnurlos) gibt.

Wie schon bei der Modem-Verbindung gehen wir auch beim DSL einrichten über die *Systemeinstellungen* und die dortige Rubrik *Netzwerk*. Steckt das richtige Kabel im Mac und sind DSL-Modem bzw. -Router richtig angeschlossen, so sollte in der linken Spalte der Eintrag *Ethernet* ganz oben in der Liste stehen. Bei *IPv4 konfigurieren* sollte weiterhin *DHCP* ausgewählt sein. *DHCP* steht für *Dynamic Host Configuration Protocol* und ermöglicht so eine automatische Vergabe so genannter IP-Adressen. Letztere benötigt Ihr Rechner, damit er im Internet erkannt wird und somit die angesteuerten Webseiten korrekt erhält.

> *IP* steht für *Internet Protocol* und ist eine durch einen Punkt getrennte Zahlenfolge aus vier Ziffern zwischen 0 und 255. Anhand der Zuordung dieser Nummer (beispielsweise 84.141.168.94) wird Ihr Rechner identifiziert, so dass Daten-Pakete durch etwaige Anfragen auch wieder den Weg zurück finden.

Hat der Rechner seine Adresse, so wird dies in der Systemeinstellung *Netzwerk* angezeigt – der Eintrag *Ethernet* steht nun in der Liste ganz oben und führt den Status *Verbunden* (samt grünem Punkt). Der nächste Schritt besteht nun im Eintragen der Provider-Daten.

Der Rechner hat seine IP-Nummer und der Status lautet »Verbunden«.

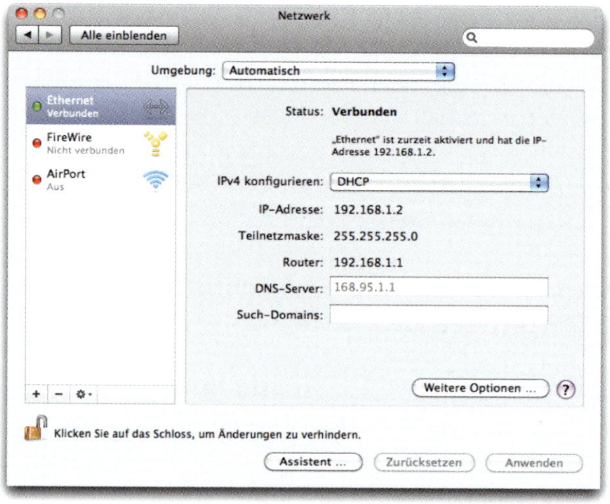

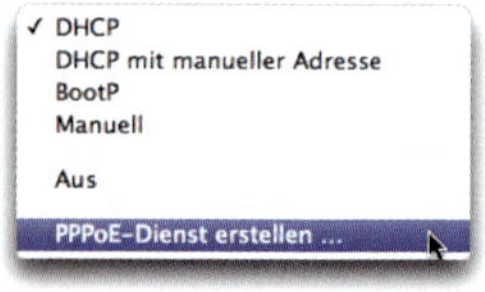

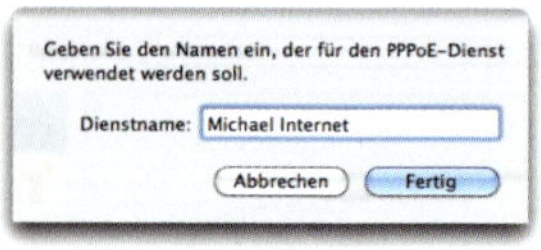

Aus dem Konfigurations-Menü wählen Sie nun den Befehl *PPPoE-Dienst erstellen* und vergeben anschließend einen *Dienstnamen* (dies kann zum Beispiel der Name Ihres Providers sein). In der Dienste-Liste taucht nun dieser als eigenständiger Eintrag mit dem Status *Nicht konfiguriert* auf. Nun müssen die leeren Felder bei *Accountname* und *Kennwort* ausgefüllt werden – die Daten hierzu sollten Sie von Ihrem Provider mitgeteilt bekommen haben. Aktivieren Sie zudem die Option *Dieses Kennwort merken*, so wird es im Dienstprogramm *Schlüsselbundverwaltung* untergebracht und muss nicht jedes Mal eingegeben werden.

Das Feld *PPPoE-Dienstname* ist optional und darf leer bleiben. Die Option *PPPoE-Status in der Menüleiste anzeigen* sollten Sie hingegen anschalten, denn so erscheint das entsprechende Symbol (<··>) in der Menüleiste, so dass Sie von dort aus die Online-Verbindung starten können.

So sollten in etwa die Felder ausgefüllt sein.

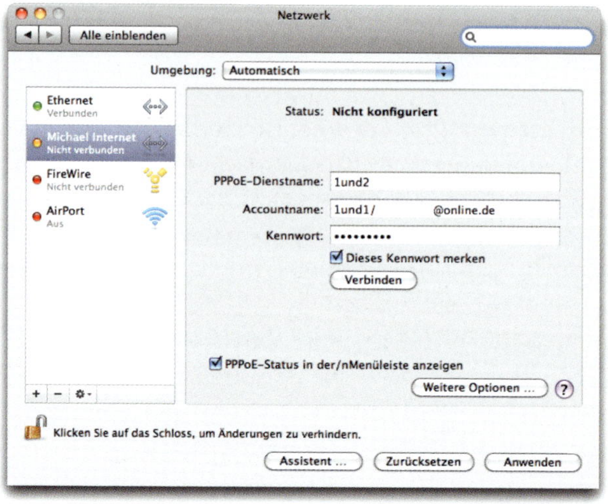

Über die *Weiteren Optionen* finden Sie wieder Möglichkeiten zum Anpassen, die jedoch vorerst zu vernachlässigen sind. Einzig der Reiter *PPP* enthält hier interessante Details wie Einstellungen zur automatischen Verbindung (*Bei Bedarf automatisch verbinden*) sowie zum Erinnern nach festgelegter Online-Zeit (*Alle xx Minuten nachfragen, um die Verbindung aufrecht zu halten*). Im Reiter *TCP/IP* sollten die Einstellungen *PPP* und *Automatisch* stehen.

Und nun – ganz wichtig – müssen Sie auf *Anwenden* drücken, denn ansonsten geht gar nichts und der Knopf *Verbinden* bleibt inaktiv. Klicken Sie nun darauf, so sollte die Verbindung anlaufen.

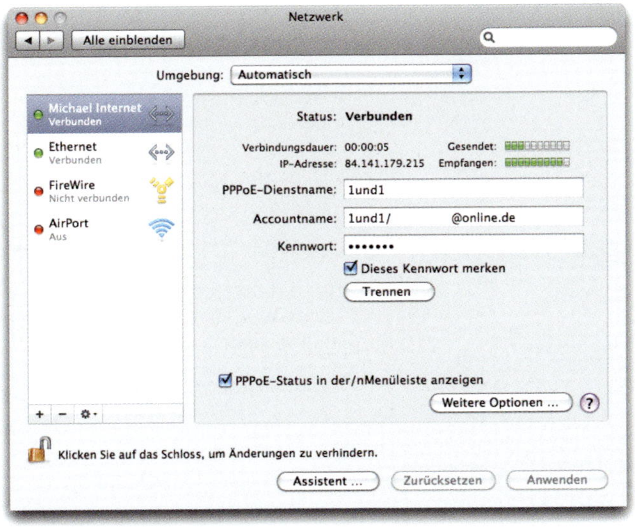

Der Beweis: Bei uns klappt es ohne Beanstandung – User und Provider freuen sich :-)

Sollte Ihr Router nicht in der Lage sein, automatisch IP-Adressen zuzuweisen, so sollten Sie zu Beginn – also noch beim Einrichten von Ethernet – bei *Ipv4 konfigurieren* die Einstellung *Manuell* wählen. Tragen Sie dort Ihre feste IP-Adresse ein und folgen Sie dann den oben genannte Schritten.

Wenn Ihr Rechner direkt mit dem DSL-Modem verbunden ist, Sie aber weitere Rechner besitzen, über die Sie ebenso gerne ins Internet möchten, so brauchen Sie nicht ständig das Kabel von Rechner zu Rechner wechseln. Gehen Sie stattdessen bei jenem Mac, der bereits über eine aktive Internetverbindung verfügt, in die Systemeinstellung *Freigaben*. In den dort aufgeführten Diensten klicken Sie nun auf *Internetfreigabe*, ohne dabei schon den Haken für die Aktivierung zu setzen. Bei *Verbindung freigeben* wählen Sie nun jene Verbindung aus, über die Sie normalerweise online gehen, im Falle eines DSL-Zugangs beispielsweise *Ethernet*. Darunter – bei *Mit Computer über* – wird nun jener Anschluss gewählt, über den Sie den Zugriff auf Ihren Computer erlauben möchten, zum Beispiel *AirPort*. Über die *AirPort-Optionen* wiederum richten Sie – falls noch nicht geschehen – schnell ein Netzwerk ein, indem Sie *Netzwerkname* sowie die *Verschlüsselung* samt Kennwort einrichten. Ist alles erledigt, so starten Sie die *Internetfreigabe* über das Setzen eines Hakens in die kleine Checkbox und bestätigen noch die Sicherheitsnachfrage. Im Gegenzug lässt sich nun mit einem anderen Mac auf diese Online-Verbindung zugreifen, indem dieser sein *AirPort* aktiviert und dann das zur Verfügung gestellte Netzwerk anwählt (inklusive der Eingabe des Kennwortes). Klickt man nun auf *Verbinden*, so wird der Kontakt hergestellt und es lässt sich ganz vortrefflich surfen …

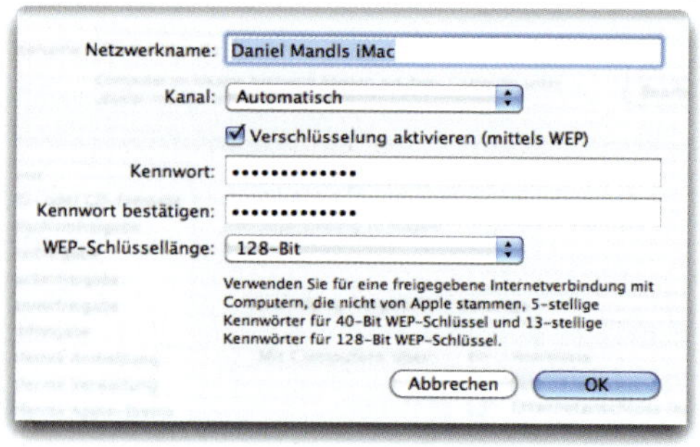

Nach dem Festlegen der Internet-Verbindung sowie des Anschlusses, über den der Kontakt zwischen den Rechnern stattfinden soll, wird noch das Netzwerk angelegt und danach die »Internetfreigabe« aktiviert.

Der zweite (oder auch dritte oder vierte) Rechner stellt nun eine Verbindung zum Netzwerk her und kann danach im Internet agieren.

Bei der Vorstellung von Konfigurationen gehen wir von den Standard-Einstellungen aus, die üblicherweise von den großen Providern verlangt werden. Bei speziellen Konfigurationen wie der manuellen Vergabe von IP-Adressen wenden Sie sich bitte an Ihren Provider, der Ihnen beim Einrichten der Internet-Verbindung sicher gerne Unterstützung bietet.

Drahtlos per AirPort ins Netz der Netze

Auch das ist möglich – das Surfen im Wohnzimmer, während der Rest der Computer-Anlage im Keller steht. Das gilt natürlich insbesondere für die mobilen Apple-Rechner wie MacBook (Pro/Air), PowerBook oder iBook, doch auch ein iMac schaut einfach schicker aus, wenn nicht zig Kabel hinten heraushängen. Als Voraussetzung brauchen Sie neben dem Provider eine *AirPort-Extreme-* oder *AirPort Express-Basisstation* sowie eine im Mac verbaute *AirPort-* oder *AirPort-Extreme-Karte.* Bei den aktuellen mobilen Macs sowie dem iMac ist diese bereits integriert, bei den Mac Pro-Modellen muss sie eventuell hinzugefügt werden. Sind diese Hardware-Voraussetzungen gegeben, lässt sich relativ schnell eine Online-Verbindung aufbauen.

Neben dem drahtlosen E-Mailen und Surfen im Internet können Sie somit auch ein Netzwerk aufbauen, in dem sich ohne Verkabelung andere Computer ansprechen und Daten übertragen lassen. Oder Sie schließen einen USB-Drucker oder eine externe USB-Festplatte an, auf die Sie dann ohne große Umschweife zugreifen oder drucken können.

Die AirPort-Extreme-Basisstation bietet neben dem komfortablen drahtlosen Surfen im WWW auch den Anschluss weiterer Geräte wie Drucker oder anderer Macs/PCs. (Bilder: © Apple)

AirPort-Express-Basisstation – der Clou hierbei ist auch das schnurlose Musikhören über angeschlossene Lautsprecher. (Bild: © Apple)

Bevor Sie nun eine neue Umgebung anlegen, sollten Sie zuvor die Hardware richtig verkabeln. Dazu muss selbstverständlich die *AirPort-Extreme-/AirPort Express-Basisstation* an das Stromnetz sowie das Ethernet-Kabel samt Kabel- bzw. DSL-Modem in die richtige Buchse (trägt die Bezeichnung WAN – siehe auch Betriebsanleitung zum *AirPort*-Gerät). Gehen Sie dann in den

Ordner *Dienstprogramme* (zu finden im Ordner *Programme*) und rufen Sie dort das *AirPort-Dienstprogramm* auf. Dieses führt Sie nun Schritt für Schritt zum gewünschten Ziel. Die Konfiguration von *AirPort-Extreme-* und *AirPort Express-Basisstation* unterscheidet sich nur in einigen wenigen Punkten, wobei wir hier als Beispiel die *AirPort-Extreme-Basisstation* installieren.

Tauchen keine Geräte in der *Airport-Geräteliste* auf, so vergewissern Sie sich bitte, ob denn auch über Ihren Mac *AirPort* aktiviert ist. Das erledigen Sie entweder über die Menüleiste oder über die Systemeinstellung *Netzwerk*, in der Sie über die Dienste-Liste auf *AirPort* und nachfolgend auf *AirPort aktivieren* klicken.

Neben dem korrekten Verkabeln der AirPort-Extreme-/AirPort Express-Basisstation müssen Sie auch auf dem Mac höchstpersönlich »AirPort« aktivieren.

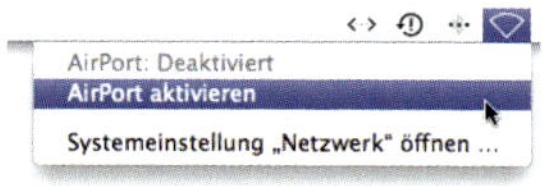

Das »AirPort-Dienstprogramm« hat zwei Geräte gefunden und bietet diese zur Konfiguration an.

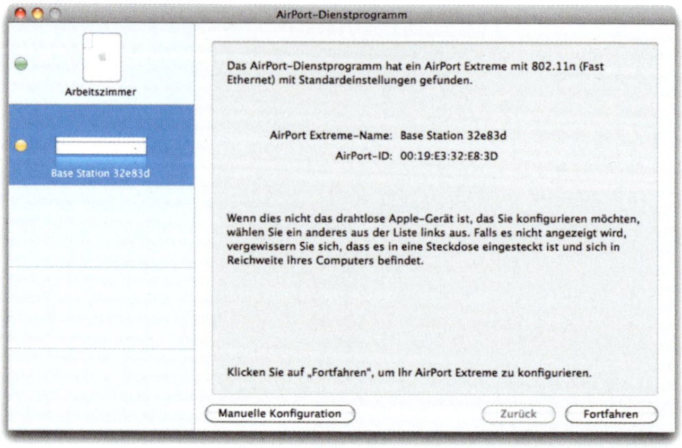

So müssen Sie sich zu Anfang zwischen dem Neu-Konfigurieren der *AirPort-Basisstation* oder der Änderung einer schon bestehenden entscheiden. Wird die *Basisstation* das erste Mal in Betrieb genommen, erscheint diese im Dienstprogramm links oben. Nach dem Klick auf *Fortfahren* vergeben Sie dann einen Namen für die *Basisstation* und vergeben ein Kennwort. Letzteres sollten Sie auf jeden Fall wahrnehmen, damit niemand unberechtigt und ohne größere Hürden Ihre *AirPort*-Station manipuliert. Über *Fortfahren* bestimmen Sie, für welchen Zweck Sie *AirPort* einsetzen möchten – in unserem Fall das Anlegen eines drahtlosen Netzwerks samt Internet-Verbindung.

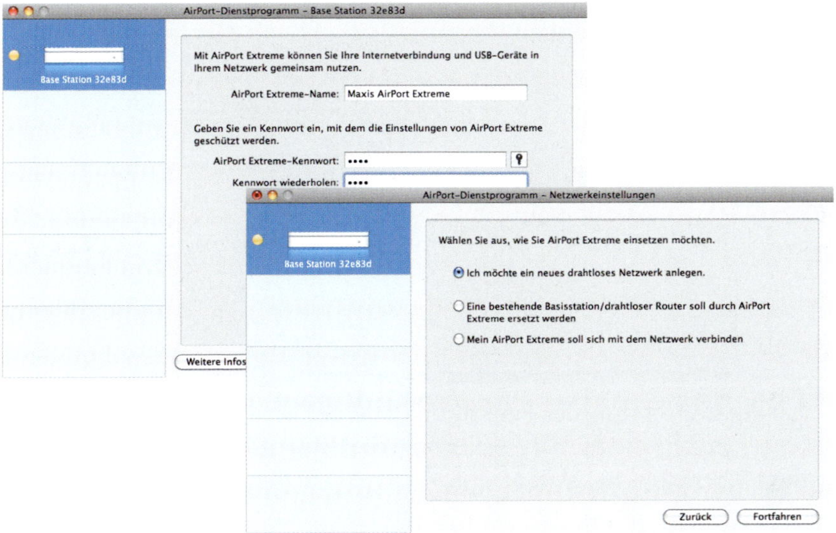

Nach der Vergabe von Name und Kennwort bestimmen Sie das vorrangige Ziel ihrer AirPort Extreme Basisstation.

Und wieder vergeben Sie einen Namen, dieses Mal jedoch denjenigen des drahtlosen Netzwerkes. Der Name sollte eindeutig, aber neutral gewählt sein, falls auch andere Benutzer auf dieses Netzwerk zurückgreifen sollen. Auch heißt es ein weiteres Kennwort zu vergeben, das sich *Persönlicher WPA/WPA2* nennt. Dazu benötigen Sie ein Kennwort zwischen 8 und 63 Zeichen. Tätigen Sie Ihre Eintragungen und vertrauen Sie diese ruhig dem *Schlüsselbund* an – denn im Falle des Vergessens können Sie das Passwort dort wieder in Erfahrung bringen.

Zum Verständnis: Das erste vergebene Kennwort ist für den Fall gedacht, wenn Sie Ihre *AirPort-Extreme-/AirPort Express-Basisstation* schützen möchten, damit dort niemand ungefragt Änderungen vornehmen kann. Das aktuell definierte Passwort bezieht sich wiederum auf das Netzwerk. Benutzer, die auf dieses Netzwerk zugreifen möchten, brauchen daher dieses Kennwort.

Klicken Sie auf *Fortfahren*, erscheint im nächsten Dialog die Rubrik *Netzwerk-Einstellungen*. Hier müssen Sie sich nun entscheiden, welche Verbindung Sie bevorzugen bzw. was für Zugangs-Daten Ihr Provider Ihnen überreicht hat. Haben Sie ein Kabel- bzw. DSL-Modem an die *AirPort Basisstation* angeschlossen, so wählen Sie die zweite Option: *Eine einzige IP-Adresse gemeinsam nutzen über DHCP und NAT*. Im nachfolgenden Dialog wählen Sie dann *Ich verwende ein DSL- oder Kabelmodem mit PPP over Ethernet (PPPoE)*. Daraufhin geben Sie die vom Provider überreichten Daten ein, also *Account-Name* und *Kennwort*. Bei *Verbindung* können Sie dann zwischen *Immer eingeschaltet*, *Automatisch* oder *Manuell* wählen.

In diesem Dialog werden der Name des drahtlosen Netzwerkes sowie das zugehörige Kennwort bestimmt.

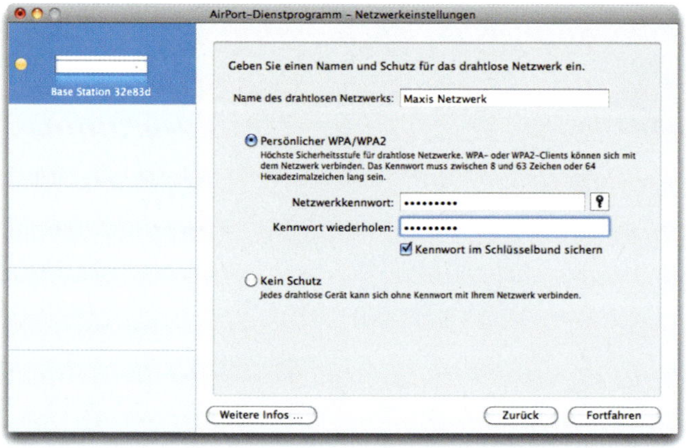

Bei der Einrichtung der Basisstation und der Verwendung von *Immer eingeschaltet* sind Sie bei einer erfolgreichen Konfiguration sofort online. Überlegen Sie sich also gut Ihre Einstellung, denn sollten Sie einen Tarif bei Ihrem Provider gewählt haben, der nach Zeit oder Volumen abrechnet, kann es ziemlich teuer werden. Nur bei Flatrates macht die Auswahl *Immer eingeschaltet* einen Sinn.

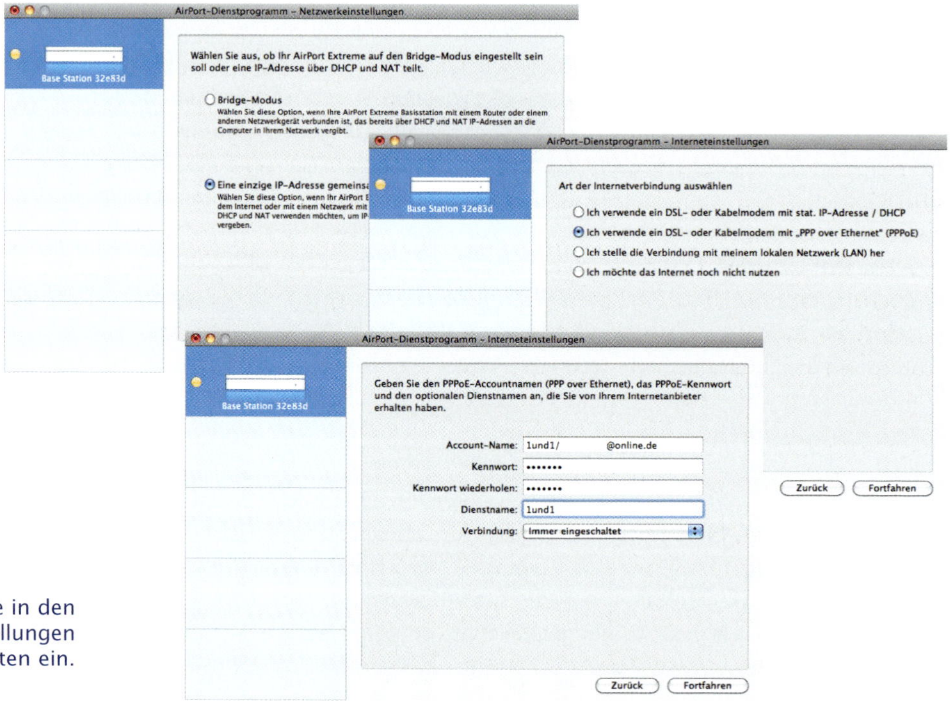

Tragen Sie in den Internet-Einstellungen Ihre Zugangsdaten ein.

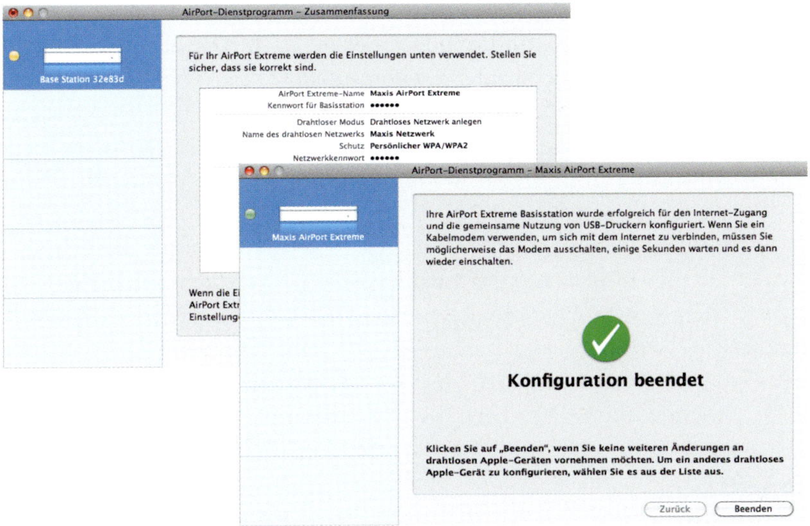

Nach einer Zusammenfassung sowie dem Neustart des Gerätes heißt es nun endlich »Konfiguration beendet«.

Gehen Sie nun noch einmal zur Systemeinstellung *Netzwerk*. In der Dienste-Liste ist nun *AirPort* ganz oben, der Status sollte *Verbunden* sein. Aktivieren Sie auf jeden Fall wieder die Option *AirPort-Status in der Menüleiste anzeigen*, da Sie über das erscheinende Symbol nun schnell und unkompliziert *AirPort aktivieren* (ᯤ) oder *deaktivieren* (ᯤ) bzw. auch auf andere Netzwerke/Hot Spots zugreifen können.

Über *Weitere Optionen* finden Sie den Reiter *AirPort*, in denen Sie im Falle mehrerer Netzwerke die Reihenfolge der bevorzugten Netzwerke einrichten, indem Sie diese mit der Maus packen und mit der Maus verschieben.

Wenn Sie unterwegs sind und zu einem *Hot Spot* Kontakt aufnehmen möchten, so wählen Sie über die Menüleiste das *AirPort*-Symbol und klicken darauf. Alle gefundenen drahtlosen Netzwerke werden dort aufgeführt und können direkt daraus gewählt werden. Ist das Gewünschte nicht dabei, so wählen Sie den Befehl *Mit anderen Netzwerken verbinden*. Hierauf werden Sie aufgefordert, den entsprechenden Netzwerknamen inklusive Kennwort einzutragen. Über *Netzwerke anzeigen* wiederum führt der Rechner alle in Frage kommenden Netzwerke auf. Mit Klick auf das gewünschte Netz werden Sie verbunden.

Über die Menüleiste und das AirPort-Symbol lässt sich nach anderen Netzwerken fahnden. Die Aktivierung erfolgt über die Eingabe des Netzwerknamens (plus eventueller Sicherheitsabfrage, sprich Kennwort) oder über »Netzwerke anzeigen«.

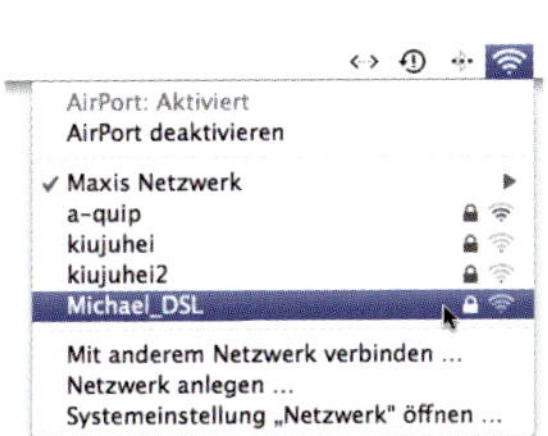

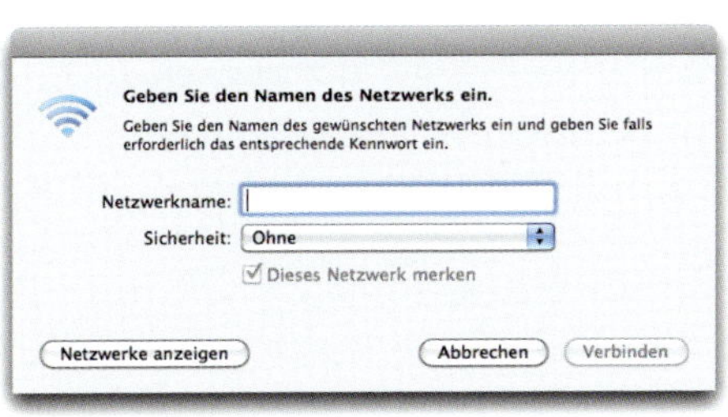

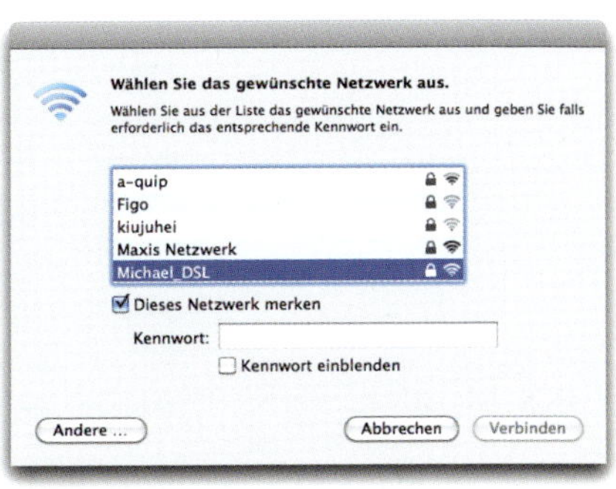

Haben Sie bislang alle Zugriffs-Möglichkeiten mitgelesen und vielleicht sogar die ein oder andere *Umgebung* angelegt, so dürften Sie beim Wechsel der Einwahl-Art eigentlich keine Probleme bekommen: etwa zu Hause über *AirPort*, im Büro über *DSL* und beim besten Freund über Modem. Liegt noch dazu das entsprechende Kabel bereit, so brauchen Sie nur mehr die jeweilige Umgebung zu wählen und los geht's mit dem Surfen oder E-Mailen.

Zum Schluss sei in der Systemeinstellung *Netzwerk* noch auf die Organisation der Dienste hingewiesen. Bei jeder *neuen Umgebung* wählen Sie zu Anfang die entsprechende Schnittstelle, also *AirPort*, *Internes Modem*, *Bluetooth*, *Ethernet*, *FireWire usw*. Je nach Aktivität der Schnittstelle greift beim Aufbau einer Netzwerk-Verbindung der Mac zu und befördert diese dann auf die zuoberst stehende Ebene. Möchten Sie verhindern, dass andere Schnittstellen miteinbezogen werden, so können Sie diese je nach Umgebung deaktivieren, indem Sie sie per Mausklick markieren und dann auf den *Minus*-Button drücken. Weiterhin lassen sich über das *Aktions*-Menü ( ) die vorhandenen Dienste duplizieren, umbenennen oder ganz deaktivieren. Auch die Reihenfolge können Sie ändern, indem Sie im erscheinenden Bearbeitungsfenster die Dienste in die gewünschte Reihenfolge bringen.

Der *Netzwerk-Status* hingegen gibt einen Überblick, welche Schnittstelle aktiv oder noch nicht konfiguriert wurde. Bei Grün ist alles OK, die Verbindung ist aktiv und hergestellt. Gelb weist daraufhin, dass dieser Anschluss zwar aktiv, aber nicht in Verwendung ist. Rot bedeutet, dass der Anschluss weder aktiv noch verbunden ist.

Internet über GPRS, UMTS, HSDPA & Co.

Ja, DSL ist für manchen Bewohner auf dieser Erde ein unerfüllter Traum. Und wir sprechen hier nicht von Entwicklungsländern oder Krisenherden, sondern von Wirtschaftsnationen wie Deutschland, Österreich und der Schweiz. Dumm nur, wenn Sie anstatt in der Großstadt auf dem Land wohnen, etwa weil Sie die Ruhe schätzen oder lieber Natur anstatt asphaltierter Plätze bewundern möchten. Die Krux daran ist, dass fast alle bekannten Anbieter in kleineren Ortschaften den Breitbandzugang DSL nicht anbieten (nach dem Motto »lohnt sich nicht für uns»).

Sei's drum, es gibt eventuelle Alternativen zu Modem und DSL, die zwar von der Übertragungspower nicht ganz mit DSL mithalten (auch wenn es zumeist in der Werbung versprochen wird), dennoch aber einen enormen Geschwindigkeitsgewinn bedeuten können. Die Rede ist von mobilen Breitbandformaten wie *GPRS*, *EDGE*, *UMTS* und als Krönung des Ganzen *HSDPA*. Der Laie schluckt ob dieser Abkürzungen, der Verkäufer kann sie kaum aussprechen und nur der Profi lächelt, weil er die Ausdrücke über Wochen heimlich auszusprechen geübt hat. Der Reihe nach:

GPRS (*General Packet Radio Service*) gilt als Standard, wobei die übertragenen bzw. geladenen Daten in kleine Pakete zerlegt werden, um Sie beim Empfänger wieder zusammenzusetzen. Geschickt gemacht, doch erreichen Sie mit GPRS auch nur Übertragungsgeschwindigkeiten wie mit einem Modem. Ein wenig schneller geht es mit *EDGE* (*Enhanced Data Rates for GSM Evolution*) sowie *UMTS* (*Universal Mobile Telecommunications System* oder auch *3G*), wobei hier Datenübertragungsraten bis zu 384 kbit/s erreicht werden (das entspricht in etwa der 6-fachen ISDN-Geschwindigkeit). Der Star unter den Breitbandformaten nennt jedoch *HSDPA* (*High Speed Downlink Packet Access*) und glänzt mit Geschwindigkeiten von max. 7,2 MBit/s im Download und als HSUPA (*High Speed Downlink Packet Access*) 1,45 MBit/s im Upload – das ist dann schon richtig DSL-Feeling.

Die verschiedenen großen Provider wie Vodafone, Telekom etc. bieten hier schon etliche Tarife an, die sowohl mit Zeit- als auch Volumenbegrenzung (bis zu 5 Gigabyte) aufwarten. Ob Sie nun in den Genuss dieser Techniken kommen können, klärt oft ein Besuch beim entsprechenden Anbieter bzw. auf deren Webseiten, die mit so genannten Verfügbarkeits-Checks über die Angabe von Postleitzahl/Ort und dem Straßennamen dies schnell prüfen können. Wir drücken Ihnen auf jeden Fall ganz doll die Daumen.

Und wie geht das nun im Einzelnen ab? Nach Vertragsabschluss erhalten Sie meist ein kleines Modem, für Notebooks gibt es auch PCMCIA-Karten zum Einstecken oder auch UMTS-USB-Sticks. In allen diesen Fällen muss eine SIM-Karte in die Geräte eingelegt und die mitgelieferte Software installiert werden. Und danach beginnt das Hoffen auf eine schnelle Verbindung …

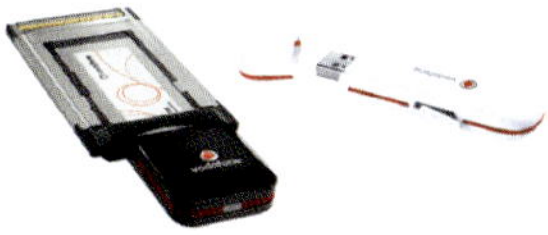

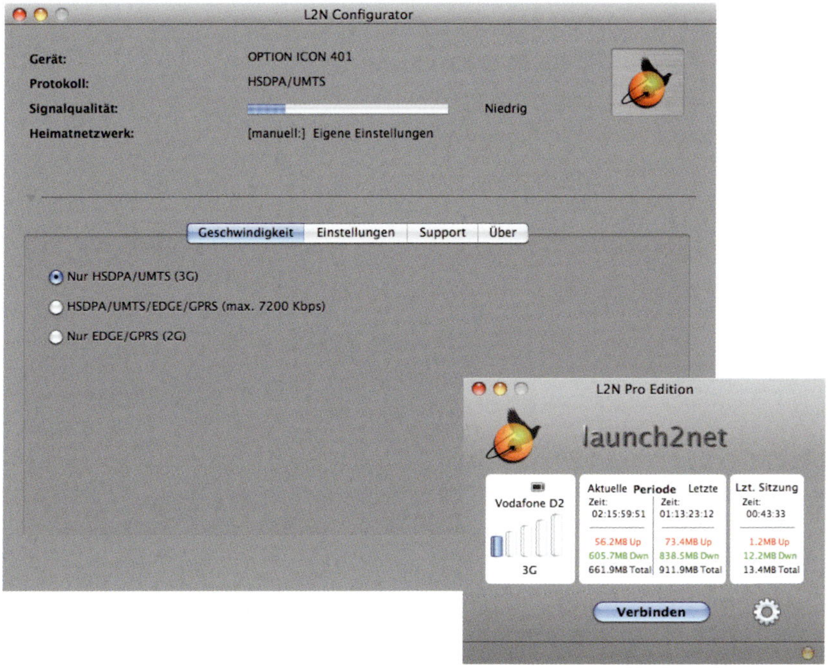

Ist das Modem angeschlossen bzw. die entsprechende UMTS-Karte im PC Card-Steckplatz eingeschoben und die Software gestartet, so müssen Sie sich über die PIN identifizieren. Danach wird der Empfang/die Signalstärke gemessen und das jeweilige Übertragungsformat (automatisch) gewählt.

Bevor Sie irgendwelche Schritte in Richtung mobiles Internet unternehmen, achten Sie bitte darauf, ob die zur Verfügung gestellte Software auch mit Ihrem Betriebssystem kompatibel ist. Unserer Erfahrung nach behandeln gerade die großen Anbieter wie T-Mobile oder Vodafone den Mac-User eher stiefmütterlich, so dass eine Alternativ-Software wie *launch2Net* (`www.novamedia.com`) hier eindeutig die bessere Wahl ist. Hier wird meist schnell mit Updates geholfen, während Größen wie T-Mobile ihrer Klientel lieber Software unterjubeln, die das gesamte System in Schutt und Asche legen.

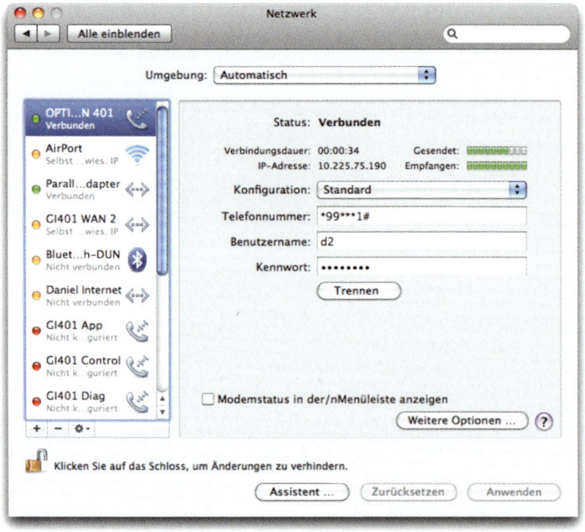

In der Systemeinstellung »Netzwerk« können Sie genau sehen, ob das Modem erkannt wird. Meist konfiguriert sich die Software selbstständig und Sie müssen keinen Finger krumm machen – das heißt, auf »Verbinden« müssen Sie schon selbst klicken.

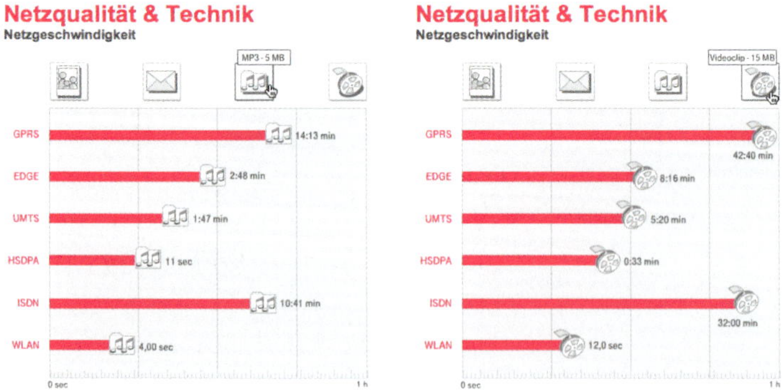

Geschwindigkeitsvergleich für eine MP3-Datei (5 MB) sowie einen Video-Clip (15 MB) beim Download. (Abbildungen: © T-Mobile)

Da wir selbst (mittlerweile) auf dem Land leben – der Ruhe wegen – arbeiten wir per UMTS/HSDPA. Die Übertragung ist aus unserer Sicht im Gegensatz zum normalen Modem wesentlich besser, auch wenn es die ein oder anderen Aussetzer gibt. Letzteres ist jedoch abhängig vom Ort bzw. der Entfernung vom nächsten Mobilfunkmasten. Suchen Sie nach einer Alternative zu DSL, so sollten Sie zumindest mal beim Provider Ihrer Wahl nachfragen – nach den Kosten, nach Tarifen, und ob überhaupt eine Verbindung möglich ist. Fragen Sie außerdem nach einem Rabatt für arg strapazierte Nerven …

Neben den üblichen Tarifen für Geschäftsreisende, die von unterwegs aus auf das Internet bzw. ihre E-Mails zurückgreifen möchten, gibt es auch spezielle Privat-Tarife. Hierbei wird um Ihren Wohnsitz eine virtuelle Grenze (meist zwei Kilometer im Umkreis) gezogen, in der Sie einem so genannten Zuhause-Bereich zugeordnet werden (den Sie jedoch nicht verlassen dürfen – zum Einkaufen natürlich schon, aber nicht zum Internet surfen). Diese Tarife sind meist günstiger zu haben, so dass sich ein Blick über den DSL-Tellerrand eventuell für Sie lohnen kann.

Nach so viel Theorie und Konfigurationen möchten wir nun aber ins Internet gehen. Der Star unter den Web-Browsern heißt bei den Apple-Anwendern *Safari* und liegt im Ordner *Programme* – wie üblich kostenlos und mit mächtigem Funktions-Umfang. Was sich damit alles anstellen lässt, erfahren Sie auf den folgenden Seiten …

Surfen mit Safari

Apples Browser heißt *Safari* und ist **das** Programm, wenn Sie sich durch das Internet bewegen möchten. »To browse« bedeutet so viel wie »durchblättern«, und genau das macht *Safari:* Sie navigieren von Webseite zu Webseite, indem Sie entweder eine *URL* (*Uniform Resource Locator* = Internet-Adresse) eintragen oder auf einer Webseite auf einen *Link* (von *Hyperlink*, was eine Verknüpfung auf eine andere Webseite oder ein Dokument darstellt) klicken. Auf diese Weise können Sie Milliarden von Informationen und Dokumentationen abrufen, aber auch Shopping-Seiten oder unterhaltsame Programme (in jedwede Richtung) aufsuchen.

Apples Browser ist schnell und funktional – wie Sie noch sehen werden.

Starten Sie nach Aufnahme der Online-Verbindung den Browser *Safari*, so wird gleich die Seite `www.apple.com/startpage` aufgerufen. Diese gibt einen Überblick über die aktuellsten Nachrichten und News rund um die Firma Apple – allerdings auf Englisch und eigentlich ungefragt. Klicken Sie nun mit der Maus in die oben liegende Adress-Zeile, so lässt sich diese vorgegebene URL überschreiben: 1 x klicken bedeutet, dass Sie nur den Cursor in die Adress-Zeile setzen, 2 x klicken und Sie markieren ein Wort, 3 x klicken und Sie kennzeichnen die gesamte URL, die so überschrieben werden kann. Drücken Sie dann anschließend den *Zeilenschalter* (↩), so wird die eingetragene Internet-Adresse angesteuert.

Safaris Einstellungen

Wie üblich weist auch *Safari* umfangreiche Einstellungen auf, die das Grundverhalten merklich beeinflussen. Werfen wir also zuerst einen Blick auf die vielen Optionen, damit Sie später ohne größere Hintergedanken gleich loslegen können. Über *Safari | Einstellungen* oder *Befehlstaste-Komma* erhalten Sie darauf Zugriff.

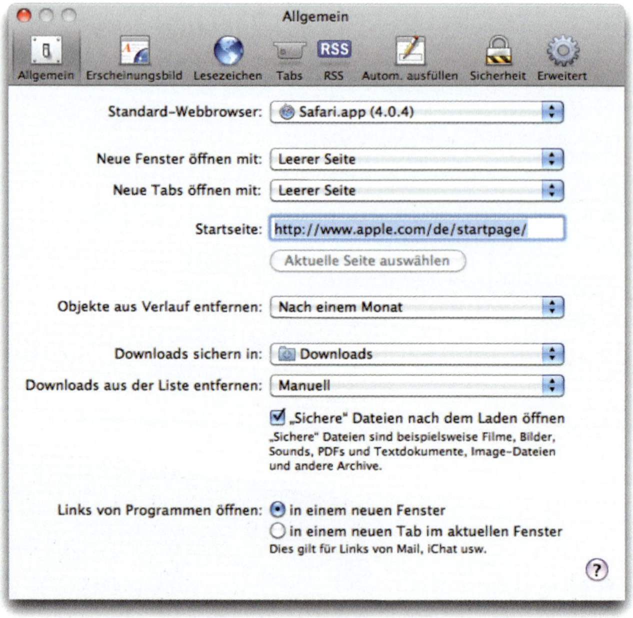

Die Einstellungen von Safari sind sehr umfangreich und brauchen doch die ein oder andere Erklärung.

Unter *Allgemein* legen Sie den *Standard-Browser* fest, der auf Klick auf einen Hyperlink in einem Dokument oder einer Mail starten soll. Als Alternativen zu *Safari* gibt es beispielsweise noch *Firefox* (`www.mozilla-europe.org/de/firefox`), der sehr beliebt ist und durch Erweiterungen weiter angepasst werden kann. Auch bei Internet-Seiten, die Apples hauseigenem Browser *Safari* Schwierigkeiten bereiten, sollten Sie *Firefox* in petto haben, da dieser meist ohne Probleme etwaige Hürden umgeht.

Starten Sie *Safari* oder wählen Sie über *Ablage* den Befehl *Neues Fenster* (⌘-N), so erscheint die unter *Neue Fenster öffnen mit* eingestellte Konfiguration. Hierbei können Sie eine eigene URL (für Ihre ganz persönliche Startseite) eintragen oder aus dem Popup-Menü aus verschiedenen Optionen (*Top Sites*, *Startseite*, *Lesezeichen* etc.) wählen. Unser Favorit heißt hier *Leere Seite*, ist doch jeder Anlass zum Surfen unterschiedlich, so dass wir uns hier gerne aus den persönlich angelegten Lesezeichen bedienen.

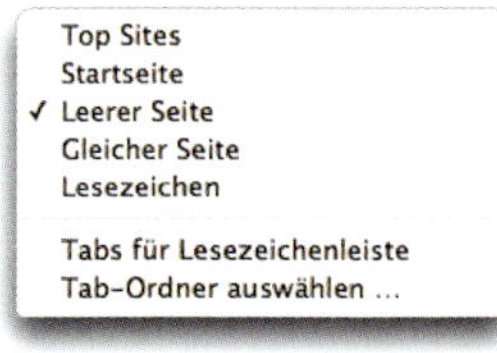

Der *Verlauf* beschreibt Ihren Weg durch das WWW (World Wide Web). Jede Seite, die Sie besuchen, wird erst einmal festgehalten, so dass Sie zum einen wissen, wo Sie waren, und zum anderen diese Seiten schnell wieder anwählen können. Ihren *Verlauf* finden Sie bei *Safari* in der Menüleiste unter gleichnamiger Rubrik. In den *Allgemein-Einstellungen* lässt sich nun einrichten, wie lange der *Verlauf* Ihre Webseiten-Besuche protokollieren soll, ehe die ältesten Einträge gelöscht werden (*Objekte aus Verlauf entfernen*). Je nach Nutzerverhalten ist für jeden etwas dabei – von einem Tag bis zu einem Jahr sowie die manuelle Löschmethode über *Verlauf* | *Verlauf löschen* über die Menüleiste.

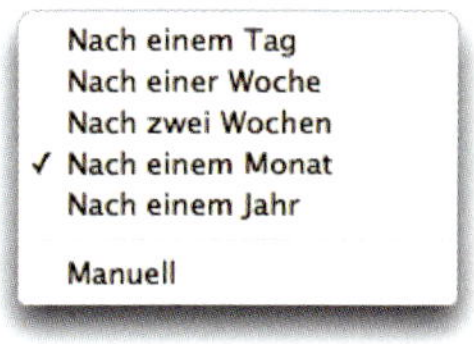

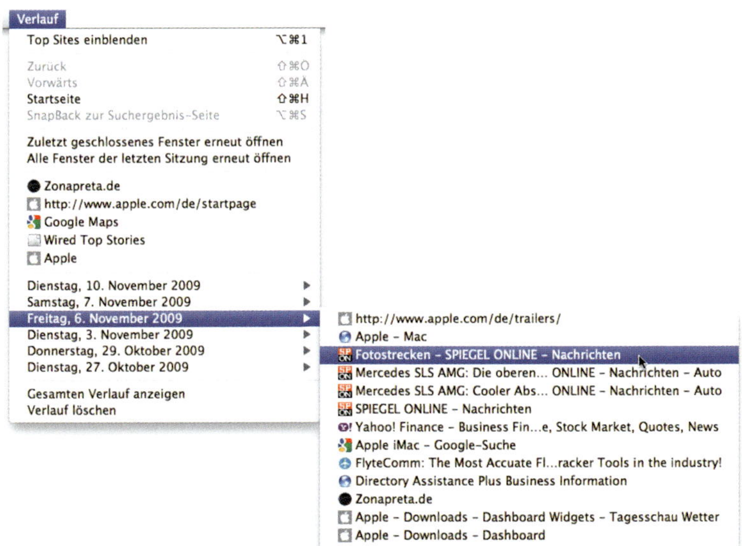

Der Verlauf merkt sich Ihre Wege durch das WWW. Das ist auf der einen Seite sehr praktisch, hat aber auch den Nachteil, dass andere Anwender nachvollziehen können, welche Vorlieben Sie haben (etwa Schokolade essen, Bier trinken, Gummistiefel sammeln …)

Webseiten stellen oftmals auch Dateien (PDFs, Bilder, Programme, Filme und vieles weitere mehr) zum Herunterladen auf den eigenen Rechner zur Verfügung. Die Profis unter den »Internet-Surfern« sprechen anstatt vom »Herunterladen« von *Downloads*, so dass Apple diesen Freaks einen Ordner gleichen Namens spendiert hat. Bei *Downloads sichern in* geben Sie also Ihren bevorzugten Pfad an, so dass die Daten nach dem Laden genau dort landen. Den standardmäßig dafür angelegten Ordner *Downloads* finden Sie im Übrigen auch schon im Dock, so dass auf Mausklick hin alle dorthin verfrachteten Daten zur Verfügung stehen.

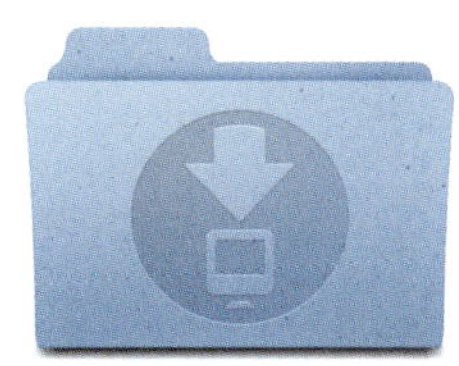

Einen Überblick über Ihre Downloads finden Sie im Dialogfeld *Downloads*, das normalerweise automatisch erscheint, sollten Sie den Befehl zum Herunterladen geben. Als Alternative können Sie diesen Dialog auch über die Menüleiste *Fenster* | *Downloads* (⌘-⌥-L) aufrufen. Die Liste wird wahrscheinlich je nach »Ladelust« mit der Zeit länger und länger, so dass sie ab und zu gelöscht werden sollte. Entweder erledigen Sie das manuell über den *Löschen*-Button im Fenster oder eben mit der Voreinstellung *Beim Beenden von Safari* oder *Nach erfolgreichem Laden* im Popup-Menü bei *Downloads aus der Liste entfernen.*

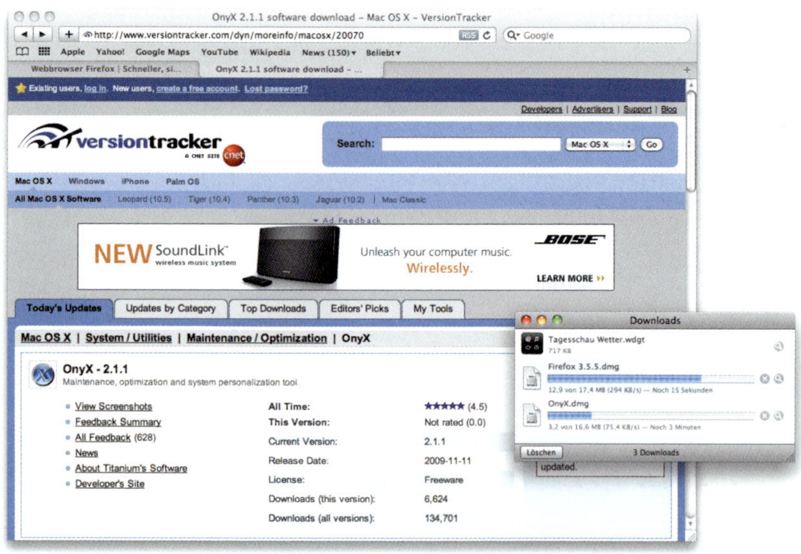

Das Fenster »Downloads« protokolliert alle heruntergeladenen Objekte. Das Löschen der Liste erfolgt entweder manuell oder automatisch.

Wie schon erwähnt stellen auch andere Dokumente oder Programme Internet-Adressen zur Verfügung, auf die nur geklickt werden muss. Erhalten Sie beispielsweise eine E-Mail von Apple, die die aktuellen Hardware-Neuerscheinungen ankündigt, so lässt sich per Mausklick auf die angegebenen Links direkt auf die Webseite springen (normalerweise startet hier automatisch *Safari*). Bei schon laufendem Programm lässt sich nun entweder ein neues Browser-Fenster (*Links von Programmen öffnen: in einem neuen Fenster*) oder ein Tab im aktuell vorliegenden Fenster (*in einem neuen Tab im aktuellen Fenster öffnen*) anlegen. Diese Tabs sehen dann aus wie Registerkarten, so dass Sie eben nicht mit mehreren Fenstern hantieren müssen, sondern nur auf die kleinen Reiter klicken, um zwischen verschiedenen Webseiten hin und her zu springen.

Die Rubrik *Erscheinungsbild* offeriert Ihnen Optionen zum Einstellen der *Standardschrift* sowie der *Standard-Codierung*. Die hier definierten Werte betreffen alle Webseiten, die nicht durch *Cascading Style Sheets* (*CSS*) schon vorgegebene Schrift-Typen und Größen bestimmen. *Cascading Style Sheets* sind Format-Vorlagen, die in HTML-Dokumenten Verwendung finden und dem Webseiten-Programmierer größeren Freiraum in der Gestaltung erlauben. Alle anderen Seiten verwenden die in den *Safari-Einstellungen* festgelegten Werte. Was die Bilder einer Webseite angeht, so lassen sich diese sofort (anfangs meist in geringer Auflösung, jedoch nach dem Laden der vollständigen Seite dann im Original) oder erst nach dem Gesamtaufbau der Webseite anzeigen.

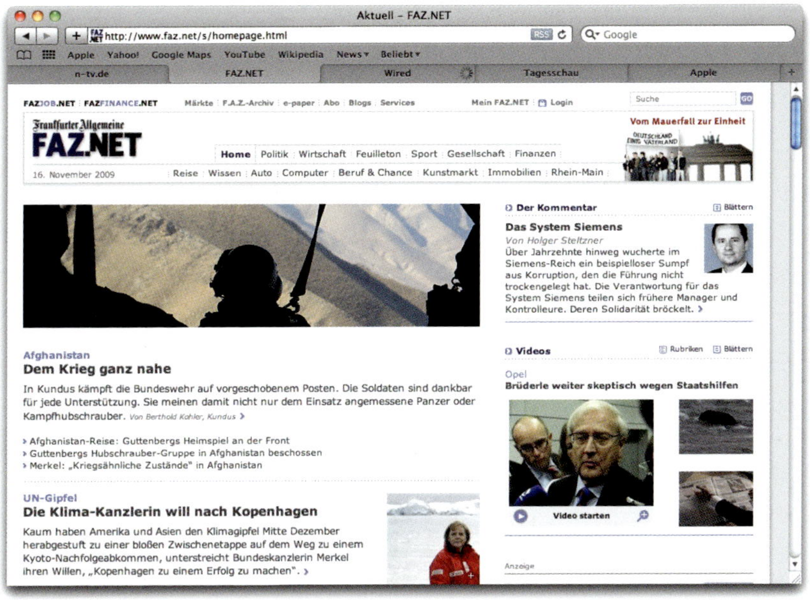

Tabs sind praktisch und halten das allgemeine Fenster-Chaos auf kleinen wie großen Bildschirmen in Schach.

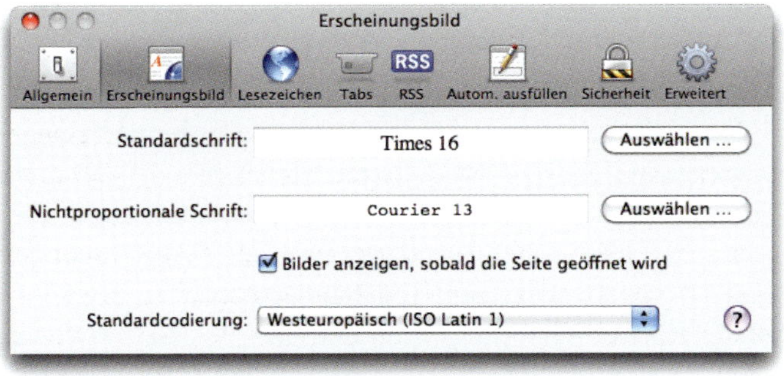

Das Anpassen des allgemeinen Erscheinungsbildes erledigen Sie in den Safari-Einstellungen.

Die *Lesezeichen*-Rubrik stellt dagegen Optionen zur Verfügung, die den Leistungs-Umfang von *Safari* erweitern. So lassen sich neben den *Top Sites* sämtliche im Programm *Adressbuch* verzeichneten Webseiten zugehöriger Personen aufführen, aber auch *Bonjour*-kompatible Drucker oder etwa *iChat*-Teilnehmer im lokalen Netzwerk anzeigen. *Safari* unterscheidet hierbei zwischen der *Lesezeichenleiste*, die Sie direkt unterhalb der Adress-Eingabezeile finden, dem *Lesezeichen-Menü*, welches Sie über die Menüleiste *Lesezeichen* erreichen, sowie den *Sammlungen*, die Sie einsehen können, wenn Sie in der *Lesezeichenleiste* ganz links in das *Buch*-Symbol (📖) klicken. Die letzte

Option – *Lesezeichen über MobileMe synchronisieren* – bewirkt den automatischen Abgleich Ihrer *Lesezeichen*-Sammlung auf allen auf diesen Account angemeldeten Computern.

Die Rubrik »Lesezeichen« erweitert das Spektrum an Möglichkeiten.

Sofern Sie sich Ihren Rechner neu zugelegt haben, finden Sie in *Safari* bereits eine erkleckliche Anzahl vorgegebener Lesezeichen. Bei einem Abgleich über *MobileMe* sollten Sie darauf achten, dass die erste Synchronisierung stets von *MobileMe* aus in Richtung des neuen Computers geht. Ansonsten wird die schon eingerichtete Apple-Linksammlung auch in Ihre persönliche Linkliste übertragen. Letzteres gilt natürlich nur, wenn Sie schon zuvor einen Mac-Rechner besaßen und Ihre persönlichen Daten über *MobileMe* synchronisiert haben.

Weiter geht's zum Reiter *Tabs:* Wie schon erwähnt, sind dies im Zusammenhang mit *Safari* keine Gebissreiniger oder WC-Spülsteine, sondern eine hilfreiche Funktion, über die Sie mehrere Fenster mit unterschiedlichen Webseiten in nur einem geöffneten *Safari-Fenster* anzeigen lassen können. Hierbei werden wie in einem Karteikasten die einzelnen Webseiten nebeneinander geladen und jede enthält sein kleines Register, auf das Sie nur zu klicken brauchen, um diese bestimmte Seite in den Vordergrund zu holen. Mit anderen Worten: Fünf Webseiten nebeneinander sind besser als fünf geöffnete Fenster, die übereinander liegen und über das *Fenster*-Menü organisiert werden müssen.

Arbeiten Sie also im Internet und möchten eine neue Seite aufrufen, so wählen Sie nicht ⌘-N für *Neues Fenster*, sondern ⌘-T für *Neuer Tab* (ebenfalls im *Ablage*-Menü zu finden). Die neu aufgerufene Internet-Adresse wird nun direkt neben der schon bestehenden Seite eingeblendet. Auch bei *Links*, auf die Sie klicken, können Sie die Seiten in *Tabs* darstellen lassen, wenn Sie dies entweder in den *Allgemein-Einstellungen* so eingerichtet haben oder beim Klick auf einen Link die *Befehlstaste* (⌘) gedrückt halten. Möchten Sie zwischen den *Tabs* hin- und herschalten, so wählen Sie *ctrl*-⇥ bzw. *ctrl*-⇧-⇥ für den nächsten bzw. vorherigen Tab. Über *Befehlstaste-W* bzw. Klick in das kleine x-Symbol (☒) lassen sich einzelne Seiten wieder schließen, weitere Raffinessen finden Sie im *Einstellungen*-Fenster (unten stehend, siehe auch nächste Abbildung).

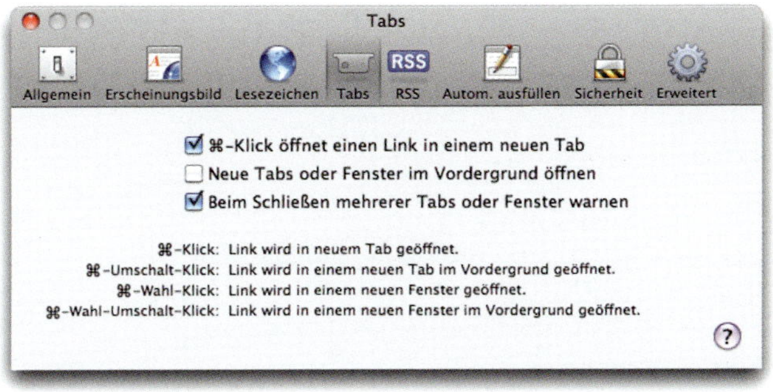

Tabs sind ideal für Surfer, die viele Seiten auf einmal laden und beispielsweise Preise auf unterschiedlichen Webseiten miteinander vergleichen möchten.

Aber *Tabs* können noch mehr: Zum einen lassen sie sich mit der Maus packen und an eine andere Stelle in der Reihenfolge ziehen. Oder Sie befördern einen Tab einfach raus aus dem Browser-Fenster, so dass sich die Seite nun in einem eigenen Fenster zeigt. Haben Sie zwei separate Browser-Fenster geöffnet, die jeweils mehr als zwei Tabs aufweisen, so lassen sich diese auch zwischen den beiden Fenstern hin und her bewegen.

RSS-Feeds (*Really Simple Syndication*) sind im Grunde wie Schlagzeilen, da sie nur einen kleinen Teil einer Gesamt-Nachricht einblenden. Möchte man den gesamten Artikel lesen, so klickt man auf die entsprechenden Links (*Weitere Informationen* oder ähnlich). Der Vorteil ist, dass man in kürzester Zeit einen umfassenden Überblick über das allgemeine Tagesgeschehen oder sonstige Themen erhält, ohne sich erst mühsam durch viele Hierarchien oder mit Werbung überflutete Webseiten hindurchklicken zu müssen. Des Weiteren eignen sich *RSS-Feeds* auch zum Zeit (und Nerven) sparen, wenn Sie nur eine langsame Internet-Verbindung besitzen und das ewige Warten auf vollständig geladene Webseiten samt aufdringlicher Werbung satt haben. Auch *RSS*-Seiten lassen sich als *Lesezeichen* anlegen, so dass sie – sind diese auch in der *Lesezeichenleiste* abgelegt – auf Knopfdruck erreichbar sind. Letztere Funktionalität steuern Sie in den Einstellungen unter *Automatische Aktualisierung der Artikel in: Lesezeichenleiste* oder *Lesezeichen-Menü*. Sobald Sie online sind, werden die entsprechenden RSS-Seiten nach einer festgelegten Zeitspanne (*Nach Updates suchen: Alle 30 Minuten, Stündlich, Täglich* oder *Nie*) neu aufgesucht und auf den neuesten Stand gebracht.

Zur besseren Übersicht lassen sich ungelesene Artikel kennzeichnen, indem diese mit blauer Auswahlfarbe hervorgehoben werden. Welcher Artikel nun als gelesen markiert wird, stellen Sie wieder im Popup-Menü ein: Entweder *nach dem Anzeigen der RSS-Seite* oder *nach dem Klicken* auf die Information.

Last but not least können Sie alte Kamellen auch löschen (*Artikel entfernen*) – selbstverständlich nach einer von Ihnen gewünschten Zeitspanne.

RSS-Seiten geben einen schnellen Blick auf das aktuelle Geschehen. Die Ziffern in den Klammern zeigen die Anzahl neuer Einträge an.

Das ein oder andere Mal werden Sie vielleicht auf einer Webseite Info-Material anfordern wollen oder gar einkaufen gehen. Hierbei müssen Sie meist Ihre Anschrift und Adresse hinterlassen, damit der oder diejenige auch weiß, wohin die Sendung gehen soll. Sind Sie gar Profi-Shopper mit prall gefülltem Konto, so wird Ihnen die hilfreiche Option *Web-Formulare automatisch ausfüllen* über den Reiter *Automatisch ausfüllen* der Einstellungen viel Freude bereiten, denn stoßen Sie auf ein typisches Formular, in dem Sie Name und Anschrift, Telefon-Nummer und Ähnliches angeben müssen, so brauchen Sie nicht immer erst alles einzutragen, sondern wählen *Bearbeiten | Formular automatisch ausfüllen* (⌘-⇧-A) und die Sache ist für Sie erledigt (das klappt allerdings nicht bei allen Formularen).

Wenn Sie etwas von dritter Seite möchten, müssen Sie sich identifizieren und angeben, wer Sie sind und wo Sie wohnen. Schließlich sollen Ihre Pakete ja auch an die richtige Adresse geliefert werden.

Alle Daten, die Sie in Ihrer *Adressbuch-Visitenkarte* zur Veröffentlichung eingegeben haben, werden dann in den leeren Feldern des Formulars eingetragen. Möchten Sie hier einiges lieber für sich behalten, so klicken Sie in *Bearbeiten*, um das *Adressbuch* zu starten und Anpassungen vorzunehmen.

Sie erinnern sich? Im Programm *Adressbuch* markieren Sie in den *Einstellungen* unter *vCard* die Option *Filter für private Daten auf meiner Visitenkarte aktivieren*. Klicken Sie dann im *Adressbuch* auf Ihren Eintrag und wählen *Bearbeiten*, so finden Sie neben den üblichen Angaben wie Adresse oder E-Mail jeweils ein Kästchen, dessen nebenstehenden Eintrag Sie aktivieren oder deaktivieren können. Nur die aktivierten Felder werden in die Visitenkarte übernommen – der Rest bleibt außen vor.

Es müssen ja nicht alle Daten zur Veröffentlichung freigegeben werden.

Auch *Benutzer-Namen* und *Passwörter*, die Sie auf einzelnen Seiten vergeben, lassen sich bei aktivierter Option im *Schlüsselbund* speichern und auf Verlangen automatisch ausfüllen, ebenso wie die Option *Andere Formulare*, die sich Eintragungen bei Web-Seiten merkt. Möchten Sie dies künftig ändern, so drücken Sie den *Bearbeiten*-Button und löschen diejenigen Seiten heraus, von denen Sie nicht wollen, dass sie sich persönliche Daten merken.

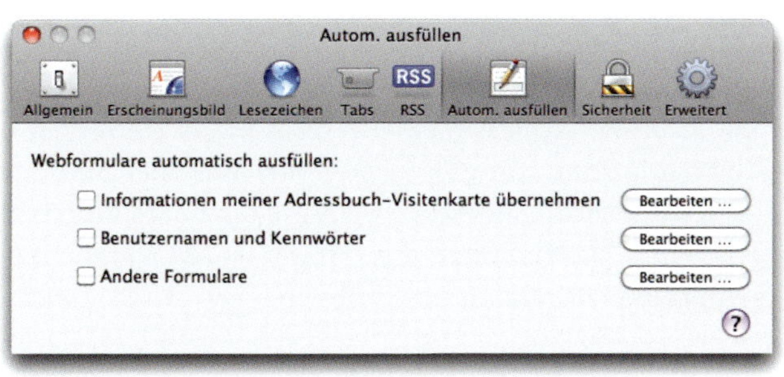

Da wir persönlich dem automatisierten Umgang mit persönlichen Daten im Internet misstrauen, haben wir auch keine Option aktiviert. Lieber tragen wir brav alles per Hand ein, was gleichzeitig auch das Erinnerungsvermögen trainiert: Wo wohne ich nochmal?

Auch das Thema *Sicherheit* findet Gehör, ist es doch mit einer der wichtigsten Punkte beim Surfen im WWW. So können Sie selbst bestimmen, ob auf Komponenten wie *Plug-ins* zurückgegriffen bzw. Java-/JavaScript-Programme ausgeführt werden sollen. Letztere bergen zwar immer ein gewisses Risiko, doch beschneiden Sie sich selbst den Funktions-Umfang bzw. werden manche Internet-Seiten nur mit groben Darstellungs-Fehlern anschauen können. Besser ist hier der Ratschlag, wirklich nur jene Daten herunterzuladen bzw. in Dialogen nur Bestätigungen zu erteilen, von denen Sie genau wissen, was auf Sie zukommt. Dazu müssen Sie zwar oft auch das Kleingedruckte lesen, doch investieren Sie besser Zeit als im Nachhinein eine Menge Geld. Und vor allem gilt: Alle Dialoge, die zum Klicken auffordern, bitte genau durchlesen. Werden Sie mit ausländischen Texten konfrontiert, die Sie nicht übersetzen können, so lassen Sie lieber die Finger davon (im Notfall einfach *Safari* beenden und wieder neu starten).

Plug-ins sind kleine Hilfsprogramme, die den Funktions-Umfang von Programmen – wie im Beispiel *Safari* – erweitern. So lassen sich mit dem Browser nicht nur HTML-Seiten, sondern auch *QuickTime-*, *Flash-* oder *Windows Media Player*-Filme abspielen oder *PDF*-Dokumente anzeigen. Immer dann, wenn Sie auf Dateien stoßen, die sich in der Standard-Ausführung so nicht ausführen lassen, wird Ihnen meist der Download des entsprechenden Plug-ins angeboten. Nichtsdestotrotz sollten Sie immer wachsam sein, was Ihnen da so alles untergejubelt werden will. *Java* als systemunabhängige Programmiersprache sowie die Ableitung und Erweiterung *JavaScript* werden ebenso vom Browser unterstützt und in letzterem Fall direkt ausgeführt. Hierin besteht auch die Gefahr, dass eben Programme auftauchen, die unbemerkt vom Anwender eingeschleust werden und beispielsweise die Festplatte nach wichtigen Daten durchforsten. Doch keine Angst, noch ist Mac OS X mit eines der sichersten Betriebssysteme und in unserer mehrjährigen Arbeit damit ist uns kein Fall bekannt, durch den großer Schaden angerichtet worden wäre. Da der Bekanntheitsgrad von Apple jedoch unablässig steigt, ist es wohl nur eine Frage der Zeit, bis sich ein Bösewicht auf die Mac OS X-Plattform verirrt.

Was wir auf jeden Fall empfehlen, ist das Unterdrücken von Pop-Ups – dies sind die absolut nervigen Fenster, die bei manchen Webseiten zu Dutzenden aufspringen und Werbung beinhalten. Meist verdecken diese den eigentlichen Inhalt der Seiten und bringen den Adrenalinspiegel auf Touren. Und ehe Sie die eine Hälfte weggeklickt haben, springen schon wieder die nächsten auf, letztlich eine Zumutung für jeden Surfer, da der Spaß mit zunehmender Kommerzialisierung abnimmt. Unsere Rache im Gegenzug besteht darin, dass wir jene Unternehmen, die mit derart aufdringlicher Werbung belästigen, grundsätzlich meiden und selbst bei geplanten Einkäufen nicht berücksichtigen. Sei's drum – ist die Option *Pop-Ups unterdrücken* aktiviert, herrscht in 90 Prozent der Fälle Ruhe.

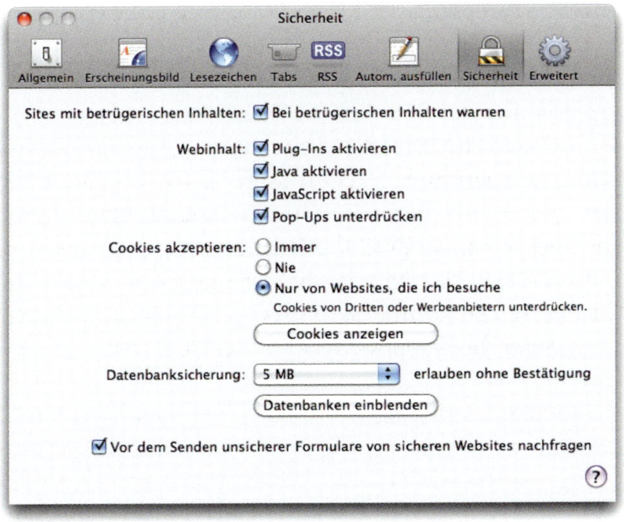

Das Leben wird wohl immer komplizierter – damit es sicherer wird, gibt's die Abteilung »Sicherheit«.

Übrig bleiben die *Cookies* (zu deutsch Kekse oder Plätzchen), die der ein oder andere gerne isst, die jedoch im Zuge des Internet-Zeitalters zu kleinen Dateien mutiert sind. Diese werden beim Besuch von Webseiten (betrifft allerdings nicht alle) auf der Festplatte abgespeichert und beinhalten das individuelle Surf-Verhalten des Nutzers sowie – bei Eingabe persönlicher Daten – dessen Eingaben zur Identifizierung. Sind Sie also auf Shopping-Tour bei einem größeren Online-Händler und interessieren sich für bestimmte Musik-Gruppen, so wird Ihnen bei einem folgenden Besuch ähnliche Musik angeboten. Bei manchen Seiten, die Sie aufrufen, heißt es dann schon »Herzlich Willkommen lieber Herr Mandl«, obwohl Sie doch nur einmal einen Katalog anforderten. Wie üblich sollten Sie immer abwägen, welche Daten Sie wo angeben und sich nicht ins Bockshorn jagen lassen.

Der goldene Mittelweg ist wohl die Option *Nur von Websites, die ich besuche*, so dass zumindest gewährleistet ist, dass Ihnen keine Cookies fremder Webseiten untergejubelt werden. Mit der Einstellung *Niemals* ist das so eine Sache, vermittelt Sie doch eher Anonymität (die es allerdings im Internet so nicht gibt) und Schutz, auf der anderen Seite lassen sich jedoch manche Dienste wie das Internet-Banking oder ein Bestellvorgang nicht durchführen. Im Zweifel rufen Sie doch einfach die *Einstellungen* auf und wechseln Sie je nach Surf-Verhalten – natürlich nur, wenn es nicht allzu häufig vorkommen sollte.

Nach einigen Wochen (meist schon nach ein paar Tagen) sollten Sie mal auf den Button *Cookies anzeigen* klicken und sich darin umsehen, wer welche Cookies abgelegt hat (die man allerdings nicht immer eindeutig zuordnen kann). Oftmals tut auch eine Radikal-Löschung gut – allerdings nur, wenn Sie ein gutes Gedächtnis haben und sich an die vielen Zugangs-Kennwörter sowie Kunden-Nummern erinnern können.

Rutschen wir ein letztes Stückchen weiter zum Punkt *Erweitert*, in dem es eher um den »Komfort« geht. Je höher die Auflösung Ihres Bildschirms, desto kleiner scheint die Schrift. Ist nun von einer Webseite die Schriftgröße 10 Punkt vorgegeben, mag das auf einem 15-Zoll-Monitor wunderbar rüberkommen, auf einem 30-Zoll-Apple-Display ist das Ganze dann schon ein wenig winzig. Stellen Sie also bei *Keine Schriftgrößen verwenden, die kleiner sind als 12 Punkt* diese Punktgröße ein, so wird automatisch die Schrift vergrößert und das Problem ist gelöst. Auch hier werden Sie zwar ab und an auf Darstellungsfehler treffen (da der Umbruch anders verläuft und sich vielleicht mit den Bildern nicht verträgt), die sich aber meist in Grenzen halten.

Zum Vergrößern bzw. Verkleinern von Schriften können Sie auch unmittelbar die Tastenkombinationen *Befehlstaste-Plus* (⌘-+) sowie *Befehlstaste-Minus* (⌘—) aus der Menüleiste *Darstellung* verwenden. Wenn gewünscht, lässt sich auch nur der Text als solches verändern, wenn Sie die Option *Nur Text zoomen* im Menü *Darstellung* aktivieren. Möchten Sie Darstellungsfehler vermeiden, so können Sie auch die Vergrößerung der Bildschirm-Ansicht über das Gedrückthalten der *ctrl*-Taste sowie dem Drehen des Scroll-Rades bzw. dem Wischen mit dem Finger bei einer *Magic Mouse* ins Auge fassen.

Mit dem *Tabulator* (⇥) lässt sich bei eingeschalteter Option *Über Tabulator jedes Objekt auf einer Webseite hervorheben* zu sämtlichen Buttons und Bedienungs-Feldern springen, und halten Sie zusätzlich noch die *Wahltaste* (⌥) gedrückt, suchen Sie nur die Textfelder auf.

Mit *Style Sheets* ordnen Sie Webseiten explizit gewisse Schrift-Typen, Schriftgrößen und Auszeichnungen zu. Um welche auszuwählen, müssen diese allerdings erst programmiert werden. Doch dies ist wieder ein ganz anderes Thema, ebenso wie die Thematik *Proxy*, bei dem es sich um einen Server handelt, der zwischen Ihrem Computer und dem Internet zwischengeschaltet ist. Möchten Sie hier Änderungen vornehmen, so tun Sie das in der Systemeinstellung *Netzwerk* (bzw. in Absprache mit dem Provider oder Ihrem Administrator).

Die Bedienung von Safari

Die Adresszeile

Nach so viel Theorie kommt weitere hinzu, denn *Safari* kann enorm viel. Zu allererst möchten wir uns um das Erscheinungsbild kümmern, denn es gibt eine Menge zu klicken. Im Blick haben Sie als Erstes den Standardsatz an Symbolen – die *Adressleiste* –, die ein wenig an Finder-Fenster erinnert und dementsprechend einfach zu bedienen ist. Über die Rechts- und Links-Pfeile (◄ ►) blättern Sie vor und zurück, das darauf folgende *Plus*-Symbol (+) fügt ein *Lesezeichen* hinzu. Der Ladevorgang einer Webseite lässt sich rechts in der Adressleiste (Laden ...) beobachten und auf Wunsch hin stoppen (×) bzw. aktualisieren (↻). Zum Schluss folgt noch das Feld zum Eintragen von Such-Begriffen, die über die Suchmaschine *Google* abgefragt werden.

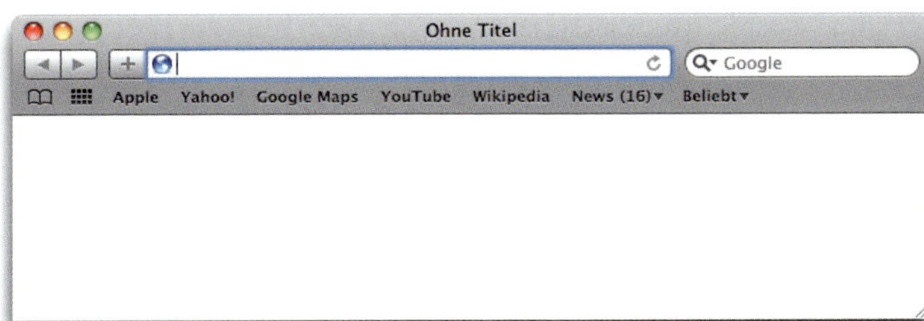

Die Bedienung von »Safari« erfolgt intuitiv und ist relativ simpel.

Wenn Sie die Symbolleiste ein wenig mager bestückt finden, so sollten Sie wieder den Menü-Punkt *Darstellung* in der Menüleiste aufsuchen. Über den Befehl *Symbolleiste anpassen* könnte ein ganzer Schwung neuer Buttons Ihr Browser-Fenster zieren – wenn Sie es denn wollen. Vom *automatischen Ausfüllen* etwaiger Formulare über das *Einstellen der Schriftgröße* bis hin zum Melden seltener *Safari*-Abstürze an Apple ist alles vorhanden. Auch den Knopf zum Auswählen eines Ausschnitts, um diesen dann im *Dashboard* zu öffnen, oder die schnelle Anzeige des Verlaufs finden Sie dort. Sie müssen sich nur entscheiden ...

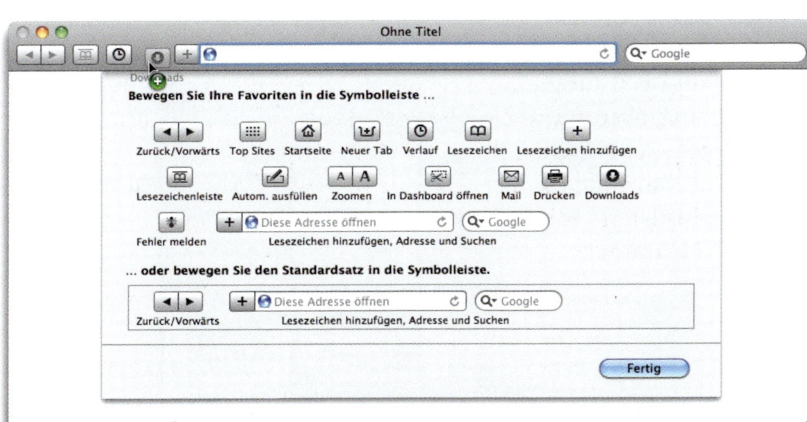

Für Drücker und Mäuse-Liebhaber – Knöpfe ohne Ende, die zum Erweitern einfach in die Symbolleiste gezogen werden.

Lesezeichen und deren Verwaltung

Lesezeichen heißen jene Internet-Adressen, die in *Safari* gespeichert werden und die Sie auf Klick hin aufrufen können. Am Anfang werden Sie vielleicht Ihre URLs noch händisch in das Eingabe-Feld eintragen oder sich über Portale wie *Yahoo* oder *T-Online* durchklicken. Mit der Zeit wird sich jedoch herauskristallisieren, welche Seiten Sie bevorzugen und welche Themengebiete Sie besonders interessieren.

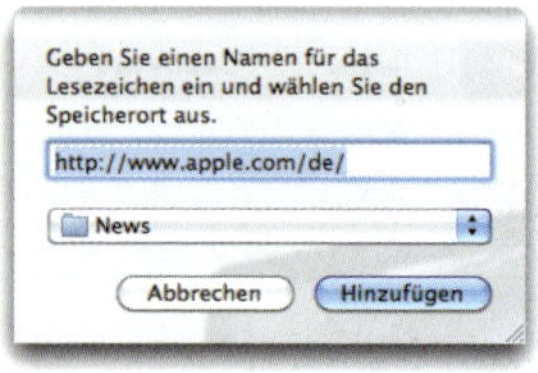

Besuchen Sie folglich des Öfteren eine bestimmte Seite, so sollten Sie diese den Lesezeichen hinzufügen. Dazu klicken Sie auf den *Plus*-Button (+) oder wählen aus der Menüleiste *Lesezeichen* | *Lesezeichen hinzufügen* (⌘-D). Daraufhin werden Sie aufgefordert, einen Namen zu vergeben sowie den Speicherort zu bestimmen. Da oftmals nur die *http*-Seite oder ein ellenlanges Sammelsurium als Name angeboten wird, sollten Sie die Vorgabe entweder stark verkürzen oder durch einen eigenen prägnanten Titel ersetzen. Der Hintergrund hierbei: Legen Sie Ihre Favoriten in die *Lesezeichenleiste*, so passen einfach mehr davon nebeneinander. Ansonsten haben Sie freie Auswahl, wohin das Lesezeichen gespeichert werden soll: Entweder locker drauflos in das *Lesezeichen-Menü*, in die *Lesezeichenleiste*, als *Top Site* oder in einen bereits vorliegenden Ordner. Bei Letzterem liegt der Vorteil schlicht in der Ordnung, da Sie sich sonst im Laufe der Zeit ein ewig langes Lesezeichen-Menü anerziehen (was jedoch auch später noch aufgeräumt werden kann).

Das so genannte Feature *Top-Sites* verhält sich im Grunde wie eine intelligente Lesezeichen-Sammlung. Webseiten, die Sie besonders häufig aufrufen, werden von *Safari* registriert und als *Top Site* markiert. Rufen Sie nun diese Funktion über den Button auf, so erhalten Sie die Voransichten dieser Webseiten zum direkten Ansteuern. Möchten Sie dort Änderungen vornehmen, so klicken Sie einfach auf *Bearbeiten*. Über die eingeblendeten Symbole können Sie nun die angezeigten Seiten als permanente *Top Site* ( ) bestimmen oder sie für alle Ewigkeit ausschließen ( ). Über *Klein*, *Mittel* und *Groß* können Sie weiterhin die Anzahl der angezeigten Seiten bestimmen (Klein = viele Seiten, Groß = wenig Seiten).

»Top Sites« geben einen schnellen Überblick über die meist besuchten Webseiten. Ohne langes Suchen lassen sich damit auf Mausklick hin Ihre Favoriten aufrufen.

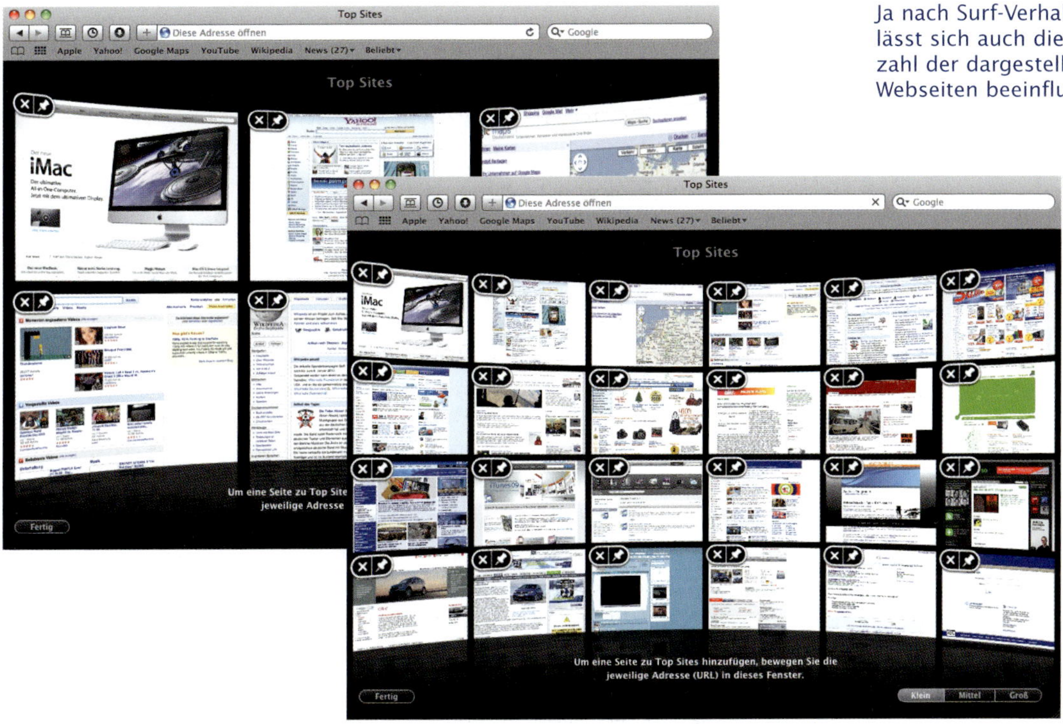

Ja nach Surf-Verhalten lässt sich auch die Anzahl der dargestellten Webseiten beeinflussen.

Über *Hinzufügen* wird nun das Lesezeichen gesichert und steht von nun an zur Verfügung. Aufrufen können Sie es wiederum über das *Lesezeichen-Menü*, indem Sie sich durch Ihre Hierarchien hangeln, oder auf einen einfachen Klick hin, falls Sie es in der *Lesezeichenleiste* abgelegt haben.

Die ersten neun Einträge der *Lesezeichenleiste* können Sie über die gedrückte *Befehlstaste* (⌘) und die Ziffern 1–9 der Reihenfolge nach aufrufen. Und noch ein Tipp: URLs lassen sich auch über das kleine Symbol links neben der eigentlichen Adresse direkt in die *Lesezeichenleiste* ziehen.

Um Ihre bislang nur im *Lesezeichen-Menü* gesammelten URLs etwas zu ordnen, können Sie diese auch in Unterordnern strukturieren. Klicken Sie daher in der *Lesezeichenleiste* in das Symbol für *Alle Lesezeichen einblenden* (📖) ganz links. Hierbei wird eine Liste namens *Sammlungen* eingeblendet, die nun das gesamte Reservoir an URLs auflistet. Klicken Sie einen Eintrag an, so wird der Inhalt aufgeführt, den Sie nun wiederum in der Reihenfolge verschieben oder umbenennen können: Markieren Sie eine Internet-Adresse und klicken Sie leicht verzögert noch einmal darauf, so können Sie Titel sowie URL anpassen oder gegebenenfalls korrigieren. Weiterhin lässt sich auch in der *Cover Flow*-Ansicht durch die Webseiten blättern und diese direkt aufrufen.

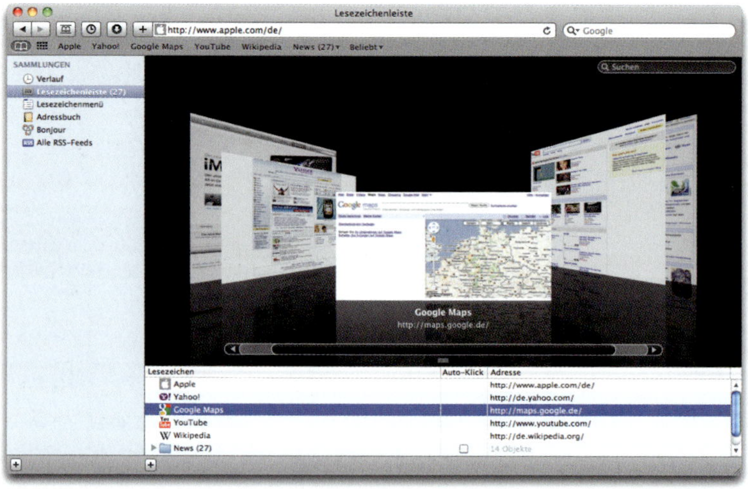

Alle Lesezeichen im Blick – zum Anpassen, Löschen, Umstellen und Ordnen.

Linker Hand können Sie nun über den *Hinzufügen*-Knopf (+) weitere *Sammlungen* anlegen, die Sie wiederum mit Internet-Adressen füllen. Das Gleiche funktioniert auch im rechten Bereich, so dass Sie hier ganz einfach eine sinnvolle Ordnung herstellen. Es lassen sich auch Unterordner einrichten, indem Sie neu angelegte Ordner auf bereits bestehende Ordner ziehen oder bei markiertem Ordner den *Hinzufügen*-Button (+) drücken. Denken Sie auch daran, die neu angelegten Ordner zu benennen und die einzeln abgespeicherten URLs in die jeweiligen Ordner zu ziehen.

Sie können auch Ordner mit umfangreichen Linksammlungen in die *Lesezeichenleiste* ziehen, so dass Sie wie in einem Menü die gewünschten Links aufrufen können. Bei Ordnern in der *Lesezeichenleiste* finden Sie zudem die Funktion *Auto-Klick*. Ist diese aktiviert, so werden in der *Lesezeichenleiste* auf Klick alle im Ordner befindlichen URLs als Tabs zugleich geladen. Seien Sie bei der Zusammenstellung allerdings maßvoll, da Ihnen ein Browser mit 25 gleichzeitig ladenden Webseiten wenig hilft – zum einen wegen der gedrosselten Geschwindigkeit, zum anderen wegen der Unübersichtlichkeit, wenn Sie das Browser-Fenster über drei Bildschirme ausbreiten müssen …

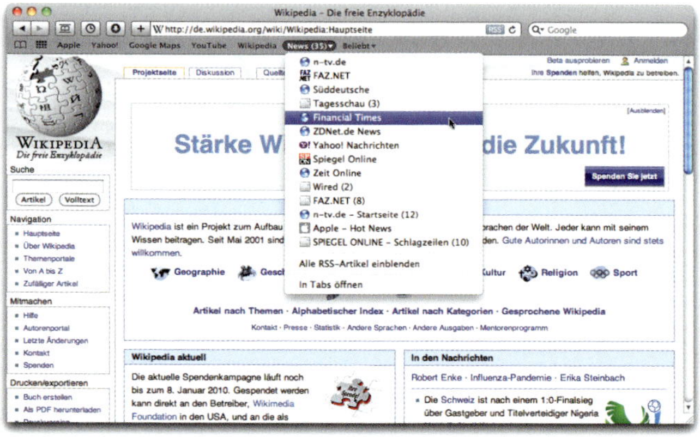

Per Klick öffnet sich der Inhalt des Ordners, so dass Sie schnell auf Ihre Lesezeichen zurückgreifen können.

Lesezeichen können Sie nur direkt über das *Lesezeichen-Menü* in der Menüleiste sowie über die *Lesezeichenleiste* aufrufen. Bei *Lesezeichen-Ordnern*, die Sie in der *Sammlungen*-Liste eingerichtet haben, müssen Sie zuvor in das Symbol für *Alle Lesezeichen einblenden* (📖) klicken, um auf die dort verfügbaren URLs zurückzugreifen. Die Sammlungen *Adressbuch* und *Bonjour* blenden Sie wiederum über die *Safari-Einstellungen* in der Rubrik *Lesezeichen* ein.

Es soll aber auch Anwender geben, die wirklich nur ihr einfaches *Lesezeichen-Menü* möchten. Wenn dem so ist, dann wählen Sie *Darstellung | Lesezeichenleiste ausblenden* (⌘-⇧-B). Das Gleiche gilt auch für die Statusleiste, die Sie ganz unten im Browser vorfinden. Dort lassen sich unter anderem Informationen über den Stand der Dinge in Sachen Seitenaufbau ablesen oder anzeigen, welche URL sich hinter einem Hyperlink versteckt, wenn Sie mit der Maus darauf zeigen. Das Ausblenden erledigen Sie ebenso über die Menüleiste *Darstellung | Statusleiste ausblenden* (⌘-Ü).

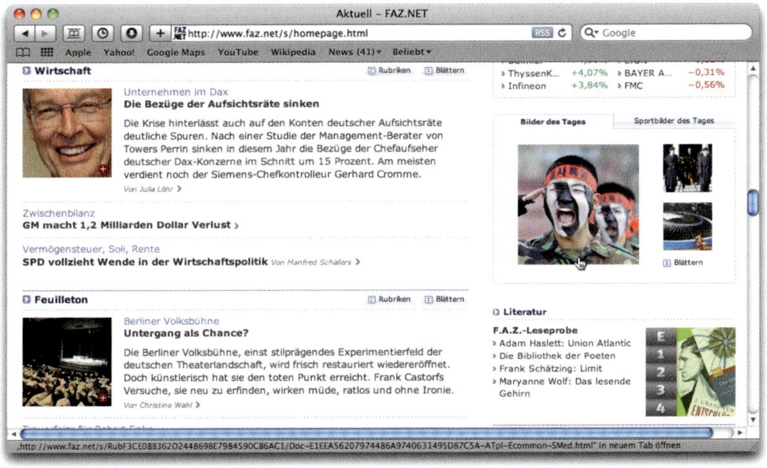

Ob Lade-Status der Webseite oder die Anzeige von URLs, die sich unter Symbolen oder Text-Verknüpfungen verstecken – die Statusanzeige verrät die Informationen.

Verlauf und SnapBack

Als *Verlauf* bezeichnet man die Abfolge der besuchten Webseiten. Wenn Sie also zwei oder drei Stunden im Internet verbringen, sammeln sich so mit der Zeit Dutzende von besuchten Webseiten-Adressen. Über die Menüleiste *Verlauf* finden Sie daher ein Protokoll Ihres Surf-Verhaltens.

Das ist zum einen ein Vorteil, denn so können Sie schnell auf zurückliegende Webseiten springen und deren Inhalte wiederholt betrachten – das klappt auch über mehrere Tage. Schlecht ist es allerdings, wenn es sich um einen Firmen-Computer handelt und somit der Chef nachvollziehen kann, was denn der Mitarbeiter so alles am Tage treibt. Um hier ein wenig die Spuren zu verwischen, sollten Sie den *Verlauf* regelmäßig auf Null setzen, indem Sie über das Menü *Verlauf* den Befehl *Verlauf löschen* wählen.

Egal, welche Seiten Sie aufsuchen – der Verlauf hält sie im Gedächtnis.

Safari sichert zum schnelleren Aufrufen von Webseiten und zur Darstellung der *Top Sites* diese als Voransichten im *Cache* (das ist eine Art Speicher-Reservoire). Selbst wenn Sie den Verlauf löschen, werden nicht alle Spuren beseitigt und es bleiben dennoch einige dieser Voransichten übrig. Bewundern lassen sich diese Objekte über *Ihr Benutzer-Name/Library/Caches/com.apple.Safari/ Webpage Previews.*

Oder Sie gehen gleich von Anfang an auf Nummer Sicher und aktivieren die Option *Privates Surfen* im *Safari*-Menü, die erst gar keinen *Verlauf* zulässt. Nebenbei werden auf diese Weise auch eventuelle Downloads gleich wieder aus dem Dialog *Downloads* gelöscht. Ihre Webseiten werden nur im geöffneten Fenster gespeichert – sobald Sie dieses schließen, sind alle Spuren weg.

Heiße Spuren im Browser – dank der Option »Privates Surfen« wird das Leben ein wenig unauffälliger.

Auch die Option *Privates Surfen* gaukelt Ihnen Anonymität vor. Für einen anderen Benutzer Ihres Rechners mag das zwar zutreffen, für Ihren Provider jedoch nicht. Für Abrechnungszwecke bzw. durch das Gesetz zur Vorratsdatenspeicherung (betrifft vorerst nur Deutschland) wird meist Ihre IP-Adresse gesichert, so dass der Provider stets nachvollziehen kann, wann Sie wo und wie oft waren.

Ehe Sie nun jede Abteilung für sich löschen (also Verlauf, Cookies, Vorschau-Bilder etc.), sollten Sie sich einmal die Funktion *Safari zurücksetzen* aus dem Programm-Menü ansehen. Hierbei erhalten Sie die Möglichkeit, alle von *Safari* gespeicherten Objekte (und vieles weitere mehr) auf Knopfdruck zu löschen. Der Vorteil hierbei: Sie müssen nicht alles händisch vornehmen und *Safari* räumt die Platte auf. Der Nachteil: Viele Einträge (Zugangsdaten, Kennwörter etc.) müssen beim nächsten Aufrufen Ihrer viel besuchten Webseiten neu eingegeben werden (aber das sollte es Ihnen wert sein ...).

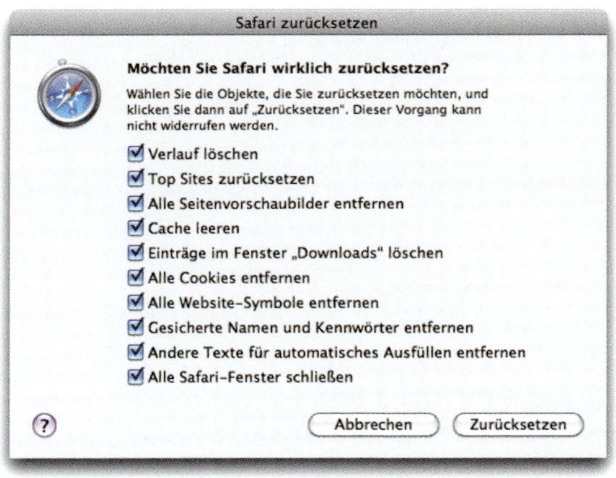

Alles auf einen Klick gelöscht: Sehen Sie sich die vielen Optionen an und lassen Sie diejenigen aktiviert, deren Daten »Safari« entfernen soll.

Zum schnellen Navigieren ist auch die so genannte *SnapBack-Funktion* geeignet, die sich jedoch hauptsächlich auf Websuchen konzentriert. Nach Eingabe eines Suchbegriffes kann es dann schon einmal passieren, dass Sie sich in den Tiefen der vielen Hyperlinks verlieren, so dass es durchaus vorkommen kann, dass Sie den Weg zur ursprünglichen Internet-Seite nicht mehr finden. Über den Befehl *SnapBack zur Suchergebnis-Seite* (⌘-⌥-S) aus dem *Verlauf*-Menü kommen Sie jedoch zurück zur Ausgangsseite. Das Gleiche funktioniert auch über einen Klick auf das in der Suchzeile angezeigte *SnapBack*-Symbol ( ).

Für Viel-Surfer ist eine programmierbare Mehrtasten-Maus empfehlenswert. So lassen sich die auf den Seiten liegenden Knöpfe beispielsweise mit den Befehlen *Vorwärts* (⌘-→) und *Zurück* (⌘-←) belegen, so dass ein schnelles Blättern auf Internet-Seiten gegeben ist, ohne ständig mit der Maus herumfahren zu müssen. Wer mit einem *Trackpad* arbeitet oder die *Magic Mouse* sein Eigen nennt, der kann das auch über einen Drei- bzw. Zwei-Finger-Wisch erledigen. Oder Sie benutzen das Kontext-Menü (per Rechtsklick, per Mausklick bei gedrückter *ctrl-Taste* oder per Zweifinger-Tipp), das ebenso die zugehörigen Befehle auflistet.

Das Kontext-Menü in Aktion.

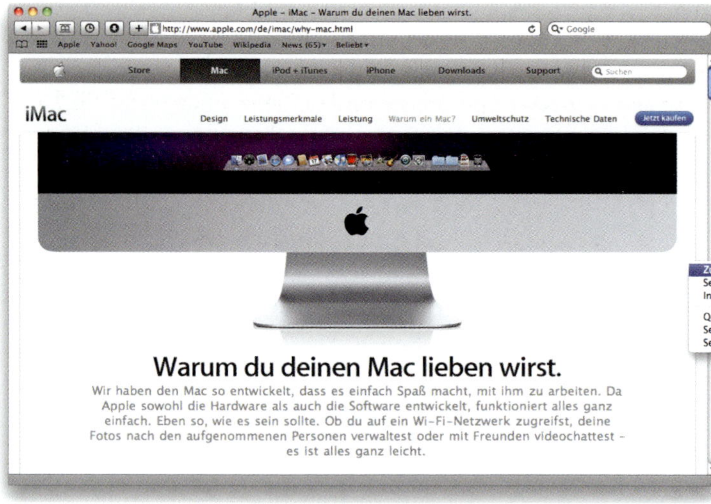

Vom Suchen und Finden im WWW

Ein ganz wesentlicher Punkt ist auch das *Suchen*. *Safari* bietet Ihnen hier mehrere Möglichkeiten an. Zum einen können Sie nach URLs suchen, die in Ihrer Lesezeichen-Sammlung verschollen sind. Dazu klicken Sie auf das Symbol für *Alle Lesezeichen einblenden* (📖) und schreiben dann in das Eingabe-Feld rechts oben einen Suchbegriff (Name oder Teil einer URL) hinein. *Safari* beginnt sofort mit der Suche und listet die Ergebnisse auf. Weiterhin können Sie festlegen, wo gesucht werden soll, indem Sie zuvor in der *Sammlungen*-Liste eine Rubrik (*Lesezeichenleiste*, *Lesezeichenmenü* etc.) markieren oder bei nicht zufriedenstellenden Ergebnissen bei *Durchsuchen* auf *Alle* umstellen. Per Doppelklick auf einen Eintrag wird die entsprechende Webseite sogleich aufgerufen.

Hunderte von gesammelten Lesezeichen bringen selbst Gehirn-Akrobaten an den Rand des Möglichen – gut, dass daher eine vortreffliche Suche existiert.

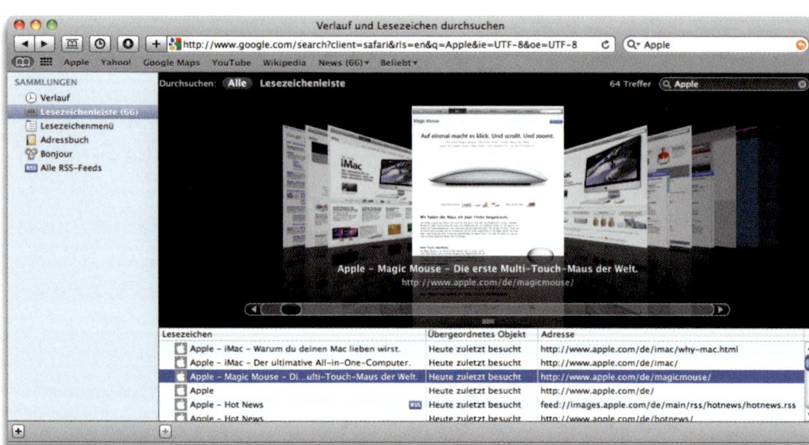

Die Suche nach Informationen im WWW gestaltet sich hier schon ein wenig schwieriger. Und dies nicht etwa wegen einer komplizierten Bedienung des Browsers, sondern eher wegen der meist schier unüberschaubaren Fülle von Ergebnissen. In der Adresszeile finden Sie das Eingabe-Feld für die Suche über *Google*, der wohl bekanntesten Such-Maschine im Internet. Geben Sie dort einen Begriff ein und drücken den *Zeilenschalter* (↩), so finden Sie in Sekunden meist Tausende von Ergebnis-Seiten. Allein der Begriffe »Mac« zaubert 342.000.000 mögliche Treffer auf den Bildschirm, so dass Sie auf diese Weise nicht weiterkommen werden. Bei einer Einschränkung auf nur deutschsprachige Seiten sind es zwar dann »nur« noch 9.980.000 Seiten, doch ein Jahres-Urlaub lässt sich auch damit locker rumkriegen.

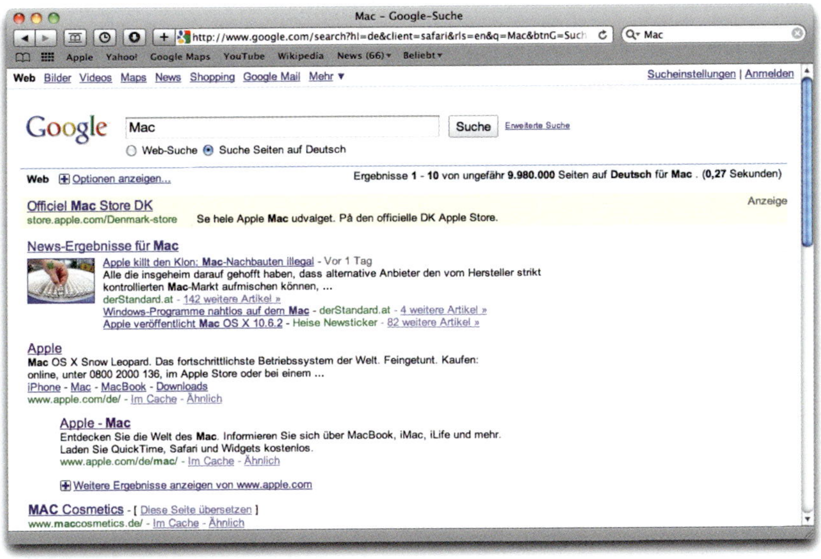

Wer, bitte schön, blickt in diesem Wust an Informationen noch durch? Da muss man sich anders helfen …

Um gegen die Informationsflut anzukämpfen, müssen Sie ein paar Regeln anwenden, denn wie Sie gesehen haben, führt ein einzelner Begriff zum Info-GAU. Zum einen können Sie in *Google* die *Erweiterte Suche* in Anspruch nehmen, da Sie damit mehr differenzieren. Oder Sie schreiben gleich mehrere Such-Begriffe in das Eingabe-Feld, da *Google* dann nur Webseiten auflistet, die alle diese Wörter enthalten. Eine weitere Methode ist das Setzen von Such-Wörtern in Anführungszeichen, da somit nach genau dieser Wort-Kombination gefahndet wird. Die Suche nach »iMac 24-Zoll« forscht genau nach diesem Begriff, während ohne Anführungszeichen auch ein iMac vorkommen könnte, der nur 17-Zoll aufweist, dessen Besitzer jedoch eine 24-Zoll-Garageneinfahrt sein Eigen nennt.

Die »Erweiterte Suche« über Google lässt Sie die Informationsflut schon einmal eingrenzen.

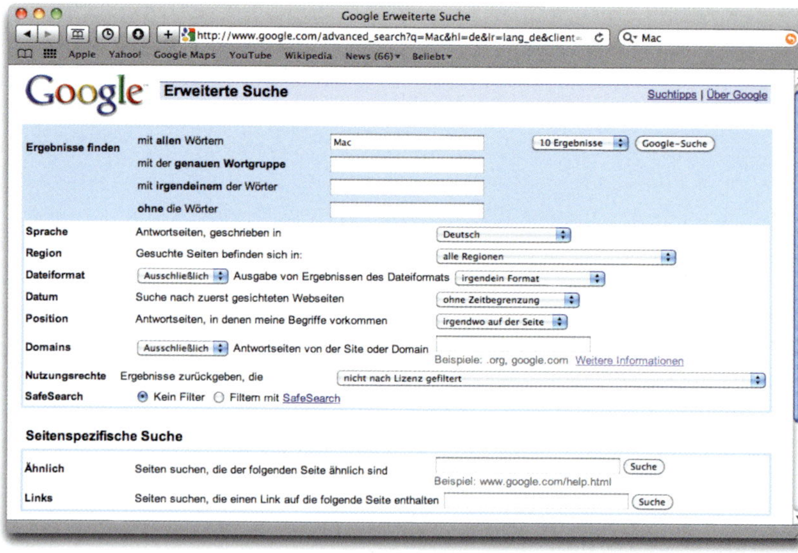

Weitere Hilfestellungen zum Suchen finden Sie auch auf der Webseite »www.google.com/support«, die allgemeine Grundregeln erläutert und Ihnen weitere Tipps gibt.

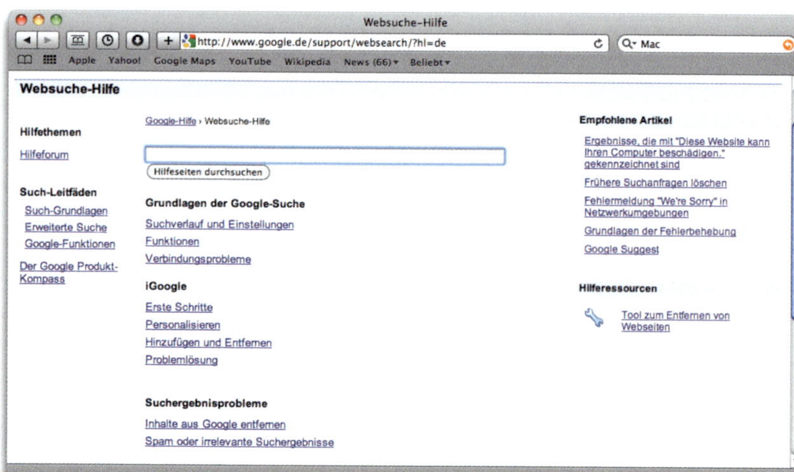

Suchergebnisse erhalten Sie natürlich nicht nur über *Google*, sondern über alle bekannten Portale wie *Yahoo* (`de.yahoo.com`), *bing* (`www.bing.com`) und wie sie alle heißen. Interessant ist hierbei noch der Ansatz von *MetaGer*, einer Meta-Suchmaschine, die nach einem Suchbegriff fahndet, indem Sie gleichzeitig mehrere Suchmaschinen befragt. Die URL hierzu: `www.metager.de`.

Egal, welche Such-Ergebnisse Sie auch erhalten: Über einen Mausklick in die angegebenen Hyperlinks (das sind die unterstrichenen Begriffe) werden Sie automatisch dorthin verlinkt und können somit die ganze Welt des Wissens und des Kommerzes durchschreiten.

RSS-Feeds

Anwender, die unter chronischem Zeitmangel leiden, werden *Safari* lieben. Müssen Sie sich doch nicht mehr durch ellenlange Webseiten nach News hindurchwurschteln, sondern bekommen über so genannte *RSS-Feeds* nurmehr die Überschriften angezeigt. Ein Klick darauf und Sie erhalten den vollständigen Text.

Webseiten mit der Möglichkeit, diese auch als *RSS-Feeds* besuchen zu können, erkennen Sie am eingeblendeten *RSS*-Symbol (RSS) in der Adresszeile neben der URL. Mit Klick darauf werden dann kurzerhand nur die Überschriften der Artikel mit einem kurzen Begleittext angezeigt, so dass Sie schnell einen Überblick über die Infos erhalten. Der Clou ist weiterhin der flexible Umgang mit den Informationen, die je nach persönlichen Vorlieben weiter angepasst werden können. So finden Sie rechts neben den Schlagzeilen umfangreiche Optionen, die neben der Suche innerhalb von Artikeln auch eine individuelle Textlänge der Vor-Ansichten gestattet. Auch eine Neu-Sortierung nach Datum, Titel oder Quelle ist eingebaut.

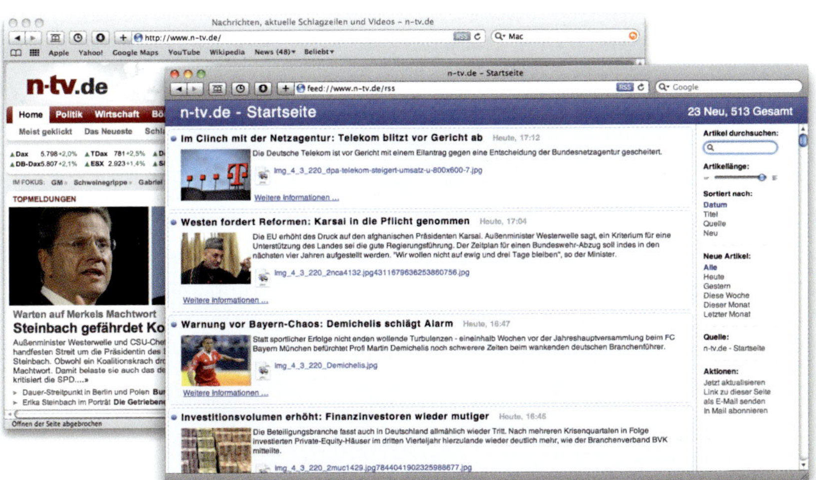

Schlagzeilen bzw. Text-Überschriften verkünden kurz, aber präzise das aktuelle Weltgeschehen oder andere Themen.

RSS-Seiten lassen sich selbstverständlich auch als *Lesezeichen speichern*, indem Sie sie über den *Plus*-Button (+) oder über *Lesezeichen* | *Lesezeichen hinzufügen* integrieren. Haben Sie zudem in den *Safari-Einstellungen* unter *RSS* die Optionen *Automatische Aktualisierung der Artikel in: Lesezeichenleiste* aktiviert, so werden automatisch bei Einwahl ins Internet die Nachrichten aktualisiert – die gezeigten Ziffern neben dem RSS-Feed deuten auf neu hinzugekommene News hin.

Mit Sicherheit erreichen Sie so einen gewaltigen Wissenvorsprung, ist es doch heutzutage fast nicht mehr möglich, alle Artikel nach wertvollen Inhalten durchzulesen. Überfliegen Sie somit die Schlagzeilen und verwerten Sie nurmehr jene Themen, die Ihnen wichtig und vor allem lesenswert erscheinen – der Klick auf den Hyperlink *Weitere Informationen …* verweist dann auf den Gesamt-Text.

Sie können sowohl die RSS-Feeds einzelner Seiten als auch alle zusammen aufrufen – die neuesten Nachrichten werden auf Wunsch hin (einzurichten über die »Safari-Einstellungen«) hervorgehoben.

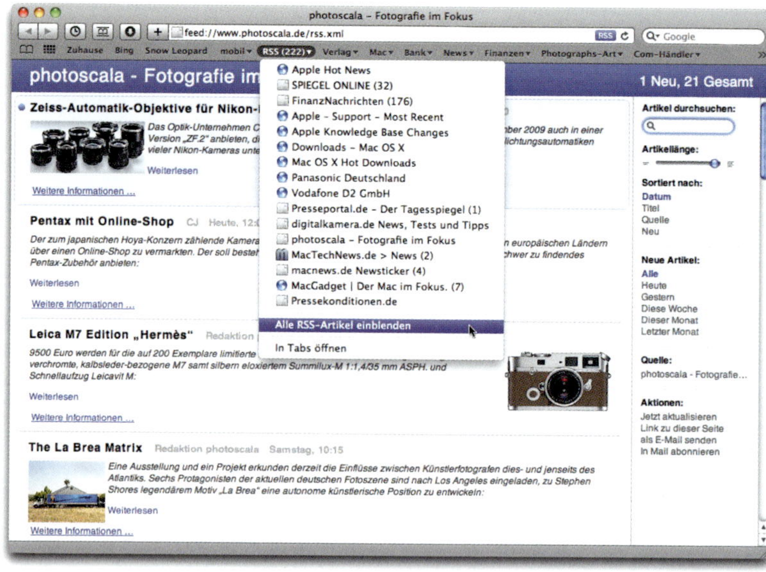

Daten speichern in und über Safari

Ehe Sie nun Stunden im Internet verbringen und während einer Online-Sitzung alles in sich reinsaugen, ist es manchmal vernünftiger, sich gewisse Daten (Texte, Bilder, Handbücher im PDF-Format usw.) herunterzuladen. Das Speichern geht meist recht schnell und ohne große Probleme, so dass Sie auch Tage später noch darauf zurückgreifen können.

Einfache Text-Inhalte speichern Sie am besten so, wie sie sind, und zwar gleich in *Safari*. Ist eine Seite aufgerufen, so wählen Sie *Ablage | Sichern unter* oder *Befehlstaste-S* (⌘-S), vergeben einen Namen (oder übernehmen den vorgegebenen) und wählen als Format *Web-Archiv*. Der *Speicher-Ort* bleibt wie üblich Ihnen überlassen, nur wiederfinden sollten Sie Ihr Dokument. Die Datei wird nun als *Web-Archiv* (siehe auch nebenstehendes Icon) abgelegt und kann durch Doppelklick in *Safari* aufgerufen werden. Im Dokument enthaltene *Hyperlinks* funktionieren im Übrigen weiterhin – mit Klick darauf werden Sie automatisch weitergeleitet – vorausgesetzt, Sie sind online und die Links zu den entsprechenden Seiten sind noch da.

Bei Berichten, die beispielsweise über mehrere Seiten verteilt sind, hat es sich bei uns eingebürgert, diese herauszukopieren und in *TextEdit* einzufügen. Dazu setzen wir den Mauszeiger am Anfang des Textblocks und ziehen dann mit gedrückter Maustaste über den gesamten Bereich. Erstreckt sich der Text über den Fenster-Inhalt von Safari hinaus, so brauchen Sie nur die Maus bis an den unteren Rand des Fensters zu ziehen. Dort angekommen, fängt der Fenster-Inhalt an zu laufen, und zwar so lange, bis Sie die Maus ein wenig nach oben bewegen (oder der Browser ganz außer Puste ist ;-)).

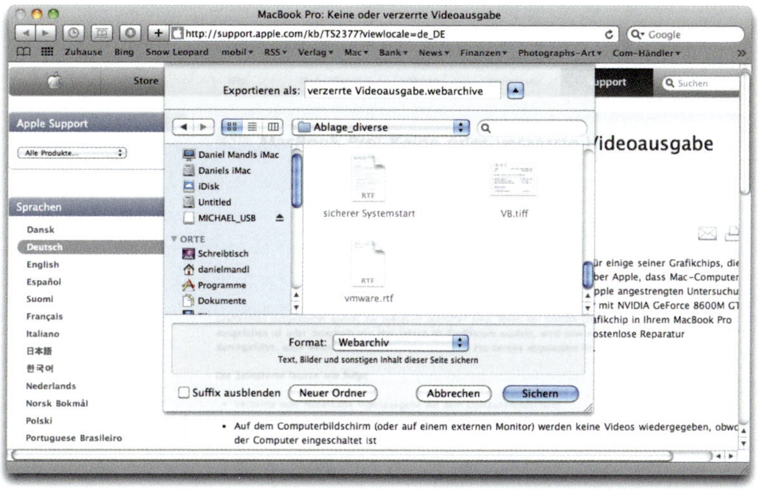

Die Schnell-Methode über »Sichern unter«: Titel-Vergabe und Bestimmung des Formats – fertig ist die Angelegenheit.

Ist alles zur Zufriedenheit markiert, so wählen Sie *Bearbeiten | Kopieren* (⌘-C) und starten dann das Programm *TextEdit*, das ein neues Dokument öffnet. Klicken Sie da rein und wählen Sie *Bearbeiten | Einsetzen* (⌘-V) – der Inhalt der Zwischenablage wird nun eingesetzt – und zwar mit Auszeichnungen und eventuellen Bildern, die aber nicht weiter stören dürften. Holen Sie sich dann wieder *Safari* in den Vordergrund, springen Sie eine Webseite weiter und exerzieren Sie das gleiche Prozedere noch einmal durch. Achten Sie hierbei darauf, dass Sie den Mauszeiger am Ende des schon bestehenden *TextEdit*-Dokumentes ansetzen, damit auch die Reihenfolge später stimmt. Auf diese Weise kopieren Sie nach und nach die Inhalte in ein einzelnes Dokument, was sich auch hervorragend ausdrucken lässt.

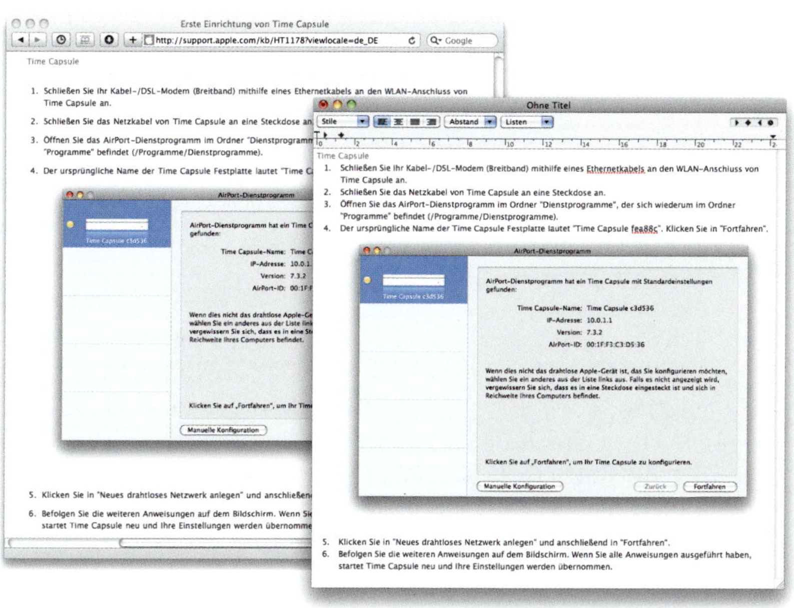

Webseiten-Inhalte übertragen per Copy & Paste (Kopieren und Einfügen).

Zugegeben, manchmal müssen Sie noch ein wenig nachbessern und eventuell Bilder löschen, aber im Großen und Ganzen geht die Sache schnell über die Bühne. Wählen Sie dann noch in *TextEdit* den *Sichern*-Befehl im *Ablage*-Menü (⌘-S) und auch dieser Fall wäre erledigt.

Einfache Texte werden in *TextEdit* besser im *RTF*-Format gesichert, das üblicherweise in jeder anderen Text-Verarbeitung (auch *Microsoft Word* für Windows) geöffnet werden kann. Sobald sich jedoch Bilder im Text befinden, verwendet das Programm das *RTFD*-Format.

Bevor Sie das Prozedere mit Kopieren und Wiedereinfügen exerzieren, sollten Sie immer nach hilfreichen Zusatzfunktionen auf der Webseite Ausschau halten. Oftmals stellen schon die Seiten-Betreiber bei längeren Texten Optionen wie *Text drucken* oder *per E-Mail weiterleiten* zur Verfügung. Bei ersterer Möglichkeit wird der Text vollständig (und nicht auf mehrere Webseiten verteilt) angezeigt, so dass Sie über den *Drucken*-Befehl schnell ein PDF erstellen können. Oder Sie senden sich den Bericht an die eigene Mail-Adresse zum späteren Durchlesen. Aber Achtung: Manche Internet-Seiten wollen auch nur E-Mail-Adressen sammeln und Sie landen so wohlmöglich bei einem Spam-Versender.

Auch *PDF*-Dateien lassen sich in *Safari* anzeigen. Hier können Sie auf Dokumente treffen, die mehrere Hundert Seiten aufweisen, so dass eine Online-Sitzung über Tage zum Lesen eingeplant werden müsste. Stattdessen speichern Sie nach dem Laden der Seiten wie selbstverständlich das große Dokument: Wählen Sie wieder *Ablage* | *Sichern unter* (⌘-S) und das Dokument liegt auf der Festplatte.

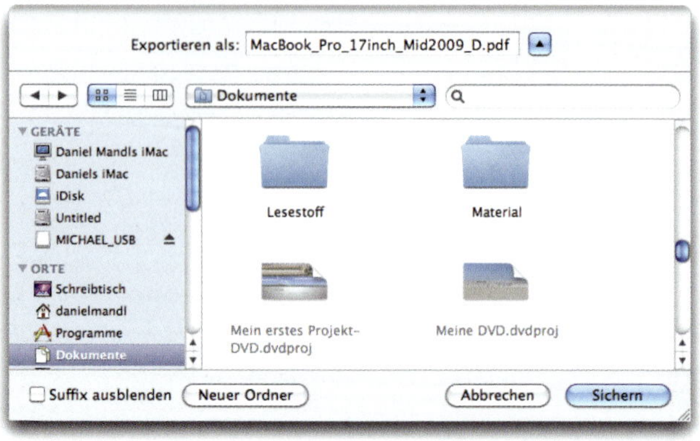

Mit DSL dauert der Download eines PDF-Handbuches mit 100 Seiten nur wenige Sekunden. Gespeichert ist es ebenso in Sekundenschnelle.

Wird ein PDF in *Safari* angezeigt und Sie bewegen den Mauszeiger ins untere Drittel des Browser-Fensters, so wird eine Steuerleiste eingeblendet, die Ihnen mehrere Funktionen anbietet: Zum einen können Sie den PDF-Inhalt vergrößern bzw. verkleinern, das PDF im

Programm *Vorschau* öffnen und bei Gefallen dann erst abspeichern, oder das Dokument sofort in den Ordner *Downloads* herunterladen.

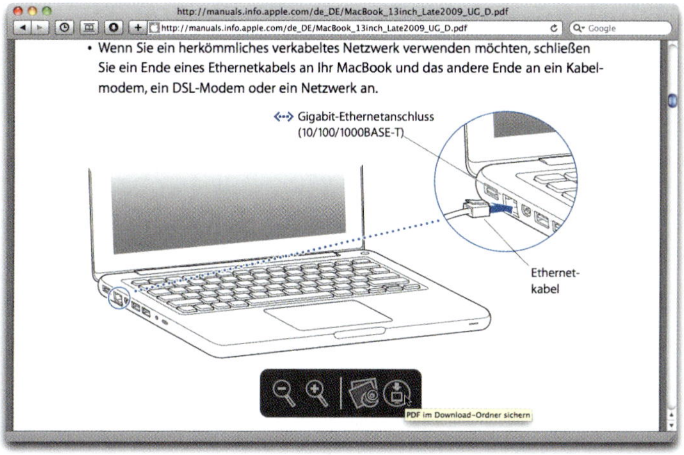

Komfortable Funktionalität beim Sichten und Sichern von PDF-Dokumenten finden Sie in Safari unter Mac OS X Snow Leopard.

Selbst solche Webseiten, die über mehrere Fenster-Seiten laufen, können Sie ganz schnell in ein praktisches PDF verwandeln. Wählen Sie einfach *Ablage | Drucken* (⌘-P) und klicken Sie dann unten links auf das PDF-Popup-Menü. So lässt sich der Inhalt der Webseite zum einen im Programm *Vorschau* darstellen (*PDF in Vorschau öffnen*) und auf Wunsch über *Ablage | Sichern unter* direkt abspeichern. Oder Sie speichern das Dokument gleich als PDF (*Als PDF sichern*) bzw. befördern es in den dafür vorgesehenen Ordner *Web-Receipts* (*PDF in „Web-Receipts" sichern*). Letzterer Befehl legt automatisch im *Dokumente*-Ordner einen Unterordner namens *Web Receipts* an, in dem nun die heruntergeladenen PDF-Dokumente landen (unter 10.5 Leopard hieß der Ordner *Web-Downloads* und befand sich als Unterordner im *Downloads*-Ordner, was eigentlich sinnvoller war). Ganz nebenbei lässt sich die PDF-Datei für die ganz Eiligen auch als Fax (*PDF faxen*) bzw. als E-Mail verschicken (*PDF versenden*).

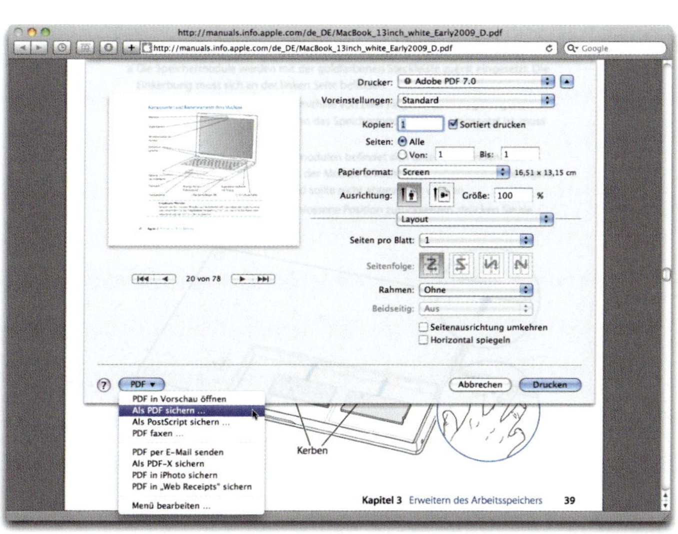

Safari bietet für das PDF-Format viele Raffinessen an.

Wir persönlich finden den Befehl *PDF in iPhoto sichern* ein wenig verwirrend. Zum einen deshalb, weil *iPhoto* mit PDFs gar nichts anfangen kann, zum anderen deswegen, weil beim Importieren des Dokumentes dieses seitenweise in das Programm einfließt – und zwar jede Seite einzeln als JPEG-Datei. Naja, irgendwas wird sich Apple dabei schon gedacht haben …

Unser Dokument wurde in Einzelseiten aufgesplittet und liegt nun als neues Album in Form von JPEG-Bilddateien in »iPhoto« vor.

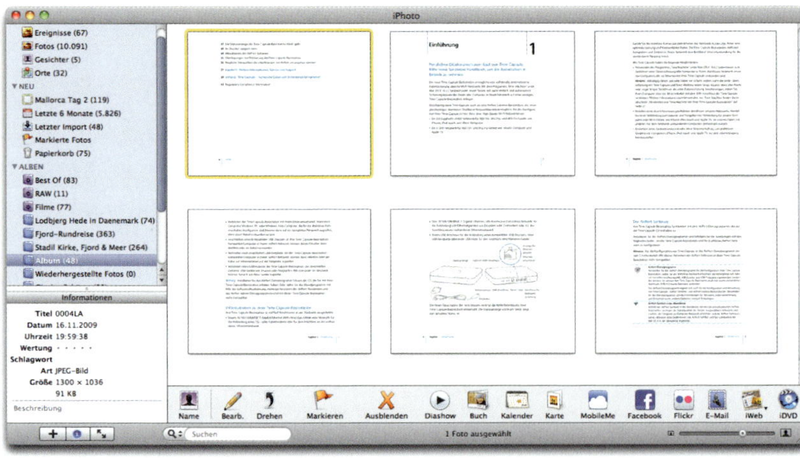

Viele Dateien, die Sie im Internet herunterladen können (meist Programme oder Updates) werden aufgrund ihrer Datengröße als komprimierte Daten (Apple spricht hier von *Archiven*) verschickt. Dabei öffnet sich zuerst das Fenster *Downloads*, in dem Sie den Status des Lade-Vorganges einsehen können. Danach entpackt normalerweise *Safari* automatisch die Datei. Ist dem nicht so, sollten Sie sich ein Programm wie *StuffIt Expander* (über `www.versiontracker.com`) zum Dekomprimieren downloaden. Gibt es dann mit dem Apple-eigenen *Archivierungsprogramm* Probleme, so müssen Sie die komprimierten Daten nur draufziehen, um diese zu entpacken.

»Downloads« gibt einen Überblick über heruntergeladene Dateien – der Klick auf die Lupe führt Sie automatisch an den Speicher-Ort.

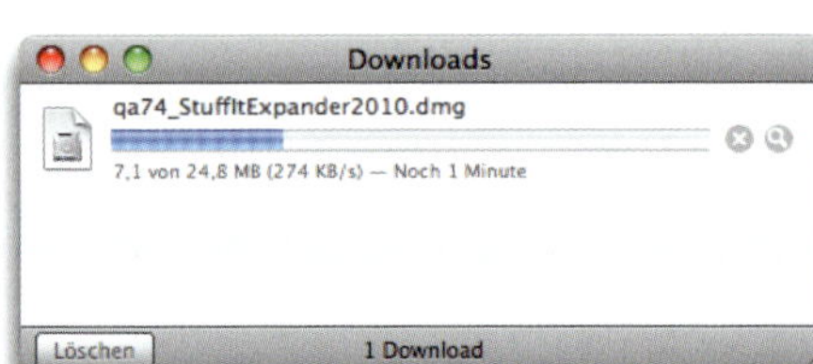

Bei Programmen, die aus dem Internet geladen wurden und die sich anschließend installieren möchten, warnt »Safari«, denn man weiß ja nie, was da so alles drinstecken kann.

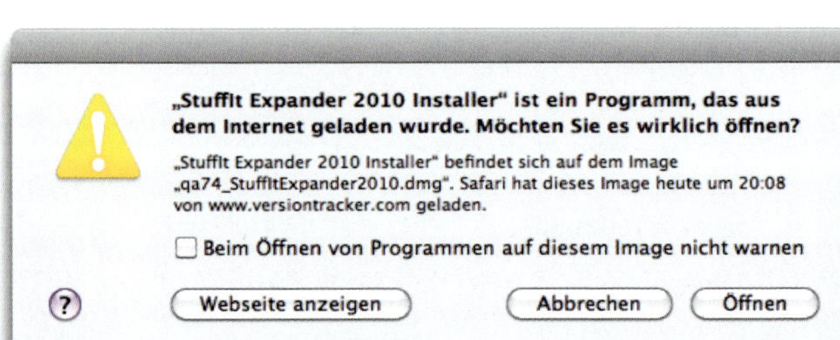

Das hauseigene Programm unter Mac OS X Snow Leopard zum Dekomprimieren wie Komprimieren finden Sie im Übrigen über den Pfad *Festplatte/System/Library/CoreServices/Archivierungsprogramm.* Ist es gestartet, so lässt sich über die *Einstellungen* (*Befehlstaste-Komma*) genau festlegen, wohin entpackte Daten gesichert werden sollen bzw. was mit den Archiven passieren soll (z. B. in den Papierkorb legen). Wenn Sie selbst Daten komprimieren möchten, so erledigen Sie das über den *Finder.* Markieren Sie zuerst ein oder mehrere Objekte und wählen Sie dann *Ablage* | *»Objekte« komprimieren.* Als Standard-Format wird *Komprimiertes Archiv* verwendet, was jedoch im Austausch mit Windows-Anhängern Schwierigkeiten bereiten kann. Wählen Sie stattdessen lieber Zip-Archiv.

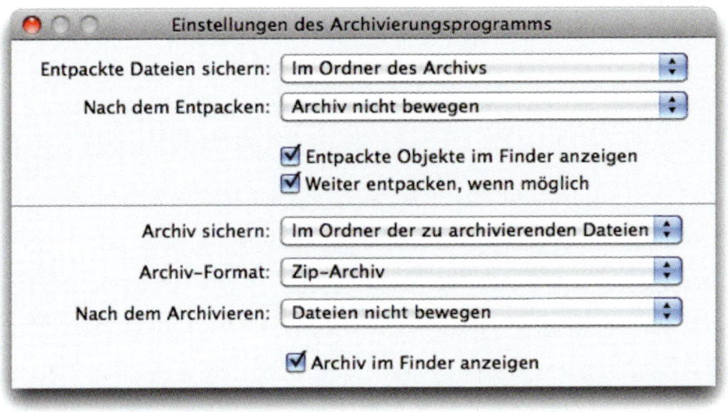

Das »Archivierungsprogramm« dümpelt ein wenig unscheinbar in den Tiefen des Systems herum. Warum eigentlich?

Wenn Sie auf das Programm-Icon des *Archivierungsprogramms* mit gedrückter *ctrl-Taste* bzw. per Rechtsklick klicken und aus dem erscheinenden Kontext-Menü den Befehl *Paketinhalt zeigen* wählen, so finden Sie im Ordner *Contents* und dort wiederum im Ordner *Resources* die Datei *Archives.prefPane.* Wird Letztere doppelgeklickt, so finden Sie eine neue *Systemeinstellung* namens *Archive* vor, deren Funktionsumfang genau den *Archivierungsprogramm-Einstellungen* entspricht – Sie kommen nur schneller daran. Um die Systemeinstellung wieder loszuwerden, besuchen Sie den Pfad Ihre *Festplatte/Library/PreferencePanes* und entfernen die Datei *Archives.prefPane.*

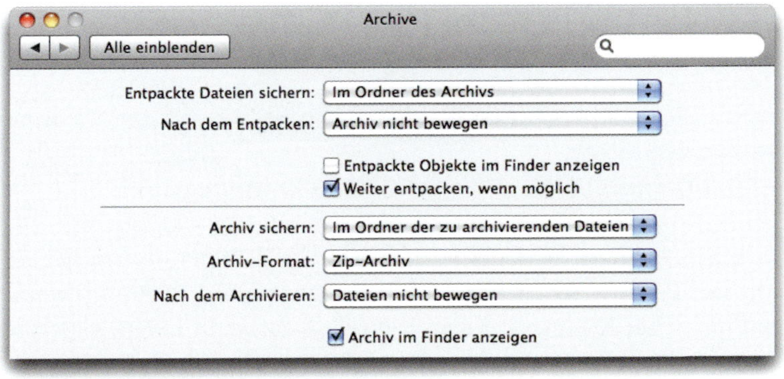

Die Systemeinstellungen bekommen Zuwachs: Ob das nun jeder braucht, ist die Frage. Unser Rat daher: Funktioniert bei Ihnen alles ohne Probleme und brauchen Sie weder Komprimierung noch Dekomprimierung, so sehen Sie die vorangegangenen Zeilen eher als Wissenserweiterung an.

Zurück zu *Safari*: Natürlich lassen sich auch Bilder speichern, und zwar einfacher, als Sie denken. Die schnellste Methode: Packen Sie das Bild mit der Maus und ziehen Sie es aus dem Browser heraus auf Ihre Festplatte (in einen Ordner oder erst einmal zum Sammeln auf den Schreibtisch). Eleganter geht's jedoch über das *Kontext*-Menü, indem Sie mit gedrückter *ctrl*-Taste bzw. per Rechtsklick/Zweifinger-Tipp auf das entsprechende Bild klicken. Das *Kontext*-Menü bietet Ihnen nun eine Reihe von Optionen an, die über das Öffnen des Bildes in einem neuen Fenster oder Tab bis hin zum Sichern auf dem Schreibtisch/als Schreibtisch-Hintergrund oder zum Hinzufügen in das *iPhoto*-Archiv reichen. Auch die Bildadresse, sprich die zugehörige URL können Sie speichern (*Bildadresse speichern*), wenn es sich beispielsweise um geschützte Bilder handelt, die einem Copyright unterliegen. Oder Sie kopieren das Bild einfach in die Zwischenablage (*Bild kopieren*) und fügen es dann in einem anderen Programm wieder ein.

Die meisten Bilder, die Sie im Internet antreffen, sind mit einem *Copyright* versehen, das den Gestalter oder Fotograf vor unbefugtem Zugriff ihrer Werke durch Dritte schützt. Denken Sie also bitte daran, diesen Schutz zu wahren und nicht anderseitig zu veröffentlichen oder gar Handel damit zu treiben. Das kann nicht nur teuer für Sie werden, Ihre Beachtung zollt auch den Künstlern Anerkennung für ihr Schaffen. Das gilt selbstverständlich nicht nur für Bilder, sondern auch für Text-Dokumente und Musik-Dateien.

Bilder kopieren leicht gemacht – dank des Kontext-Menüs ist ein Bild schnell auf der Festplatte.

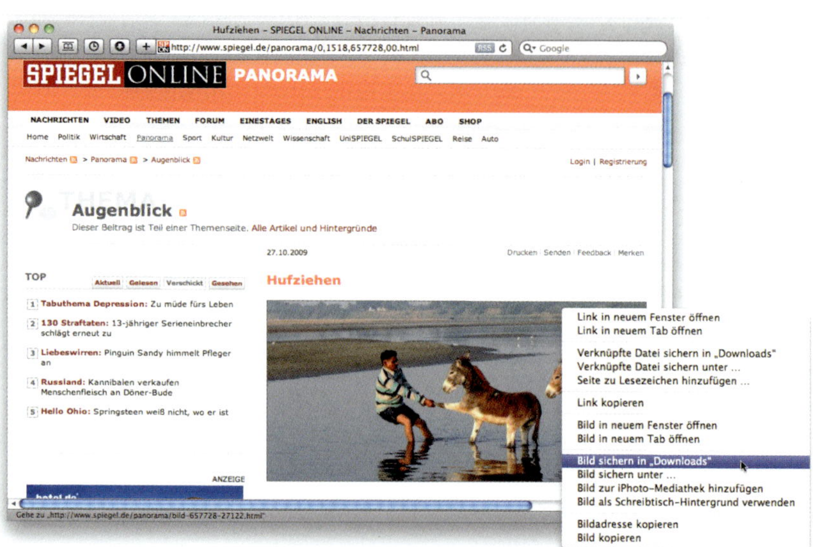

Das *Kontext*-Menü ist auch bei anderen Tätigkeiten hilfreich. So lässt sich – jeweils mit gedrückter *ctrl-Taste* bzw. per Rechtsklick/Zweifinger-Tipp – bei Klick auf einen *Hyperlink* dieser in einem separaten Fenster oder Tab öffnen, die dazugehörige Datei laden oder diese

Seite als Lesezeichen speichern. Bei Anwendung auf der »reinen« Internet-Seite können Sie auf die vorherige Webseite zurückspringen oder die aktuelle neu laden bzw. diese sichern oder drucken. Markieren Sie Text-Abschnitte oder auch nur ein einzelnes Wort, so lässt sich über das Kontext-Menü mit *Spotlight* oder über *Google* suchen oder ein Begriff im Lexikon nachschlagen.

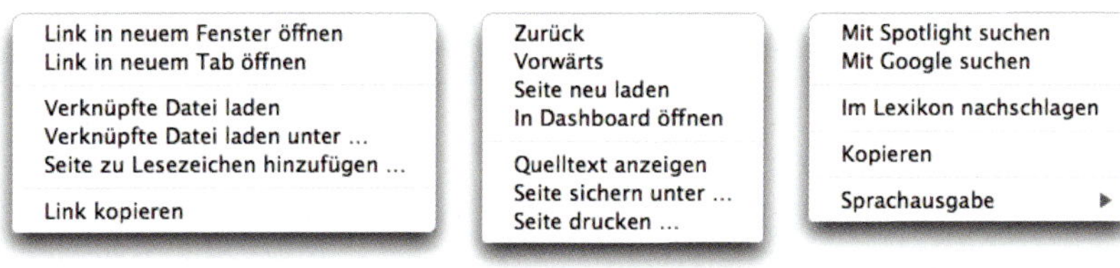

Das Kontext-Menü stellt Ihnen nur diejenigen Befehle zur Verfügung, die bei der augenblicklichen Anwendung Sinn machen.

Und noch eine Funktion zum schnellen Weiterleiten von Internet-Adressen bzw. von Webseiten-Inhalten haben wir in *Safari* gefunden: Über das *Ablage*-Menü und die dort auftauchenden Befehle *Inhalt dieser Seite als E-Mail senden* (⌘-I) bzw. *Link zu dieser Seite als E-Mail senden* (⌘-⇧-I) lassen sich schnell Informationen zu sehenswerten Webseiten verschicken.

Nach diesem ausführlichen Rundgang durch den Internet-Browser *Safari* wenden wir uns nun dem E-Mailen zu. Eine E-Mail ist ein wirklich schnelles Kommunikations-Medium, das Sie nicht mehr missen möchten, haben Sie es einmal ausprobiert. Auch im Geschäftsverkehr ist diese Art des Austausches schon Standard, so dass ein »Sich drücken« vor der Technik zu Nachteilen führen kann. Das Einrichten des Programms sowie der Umgang damit ist gar nicht so schwer, wie Sie auf den folgenden Seiten sehen werden.

Schöner E-Mailen mit dem Programm »Mail«

Starten Sie das Programm *Mail* zum ersten Mal auf, so müssen Sie es erst einmal für den E-Mail-Empfang einrichten – es sei denn, Sie besitzen einen *MobileMe*-Account, der automatisch konfiguriert wird, wenn Sie diesen bereits in der Systemeinstellung *MobileMe* angemeldet haben. Das Anlegen weiterer E-Mail-Accounts bewerkstelligen Sie in den *Mail-Einstellungen*, die Sie über *Mail | Einstellungen* bzw. *Befehlstaste-Komma* (⌘-,) aufrufen (siehe auch weiter unten) oder über *Ablage | Account hinzufügen*. Haben Sie zuvor mit einem anderen E-Mail-Programm gearbeitet oder eine Vorversion von *Mail* für Mac OS X benutzt, so können Sie Ihre schon bestehenden Postfächer importieren. Dazu wählen Sie *Ablage | Postfächer importieren* und bestimmen im *Import-Assistenten* das jeweilige Programm. Danach nimmt *Mail* mit dem ausgesuchten Programm Kontakt auf bzw. erwartet die Zuordung des Speicher-Ortes. Nach Auswahl der Postfächer startet dann der Import, der nach Fertigstellung im Postfach *Importiert* zu finden ist.

Das Importieren von Postfächern geschieht über Anweisungen des Assistenten.

Konfiguration eines Accounts

Ebenso einfach ist die Einrichtung eines Accounts, den Sie benötigen, um E-Mails empfangen zu können. Über *Ablage | Account hinzufügen* bzw. beim ersten Start des Programms *Mail* startet ein Assistent, der Ihnen das Konfigurieren erleichtert. Hierzu sollten Sie Ihre Provider-Unterlagen bereithalten, denen Sie die Daten entnehmen können. Im Zweifel können Sie auch direkt beim betreffenden Unternehmen oder Ihrem Administrator nachfragen, die Ihnen sicherlich gerne bei etwaigen Konfigurationsproblemen behilflich ist.

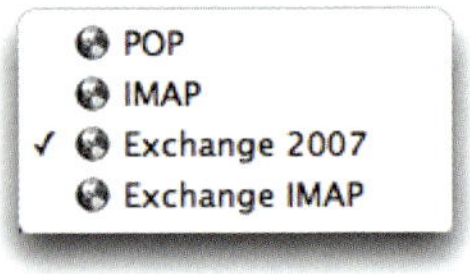

Am Anfang erfolgt die Angabe des Namens, Ihrer E-Mail-Adresse sowie das zugehörige Kennwort. Sowohl Name als auch die E-Mail-Adresse dienen dabei als Absender für E-Mails, die Sie künftig versenden werden. Über *Fortfahren* bestimmen Sie dann den Server für eintreffende Mails. Bei einem *POP*-Server (*Post Office Protocol*) übertragen Sie beispielsweise Ihre Mails direkt auf den Computer, während bei einem *IMAP*-Server (*Internet Messaging Access Protocol*) diese üblicherweise auf dem Server verbleiben. Wenn Sie also häufig unterwegs sind oder mehrere Rechner benutzen, so ist das von großem Nutzen, da Sie stets von allen Orten aus auf Ihre E-Mail-Postfächer zugreifen können. *MobileMe* sei hier als Beispiel für einen *IMAP*-Account genannt.

Neu in Snow Leopard ist die Möglichkeit, auch einen *Exchange*-Account (ab *Exchange 2007*) einzurichten, der in Windows-Umgebungen Zuhause ist. Hierbei wird eine Verbindung zu einem *Microsoft Exchange Server* hergestellt, auf dem alle Postfächer gesichert sind. *Mail* kann sich dort folglich mit seinen Daten versorgen. Aber auch *iCal* kann zum Synchronisieren von Kalendern und Aufgaben verwendet werden und das *Adressbuch* erhält einen Zugriff auf die *Exchange Global Adresslist*. Wählen Sie nun den Servertyp *Exchange 2007*, so müssen Sie bei *Server für eintreffende E-Mails* den Namen des *Client Access Servers* (kurz CAS) eingeben. Am besten fragen Sie hier den Administrator in Ihrer Firma. Bei *Exchange IMAP* müssen Sie weiterhin einen Outlook-Webserver benennen.

Bei *Beschreibung* (gilt für alle Servertypen) sollten Sie einen aussagekräftigen Namen vergeben, wenn Sie etwa mehrere Accounts benutzen. Danach folgen der Benutzername sowie das Passwort für diesen Server.

Der Assistent zum Einrichten des Accounts macht es Ihnen leicht.

Wenn Sie es noch nicht herausgefunden haben: Das @-Zeichen schreiben Sie über *Wahltaste-L* (⌥-L).

Haben Sie schon zuvor ein E-Mail-Programm benutzt, so sollten Sie dort Ihre Konten bzw. Accounts aufrufen und die eingetragenen Daten von dort abschreiben, wenn Sie Ihnen im Moment nicht auf schriftlichem Wege vorliegen. Erinnern Sie sich nicht mehr an die Passworte, so denken Sie an das Dienstprogramm *Schlüsselbund* (Mac OS X Tiger) bzw. *Schlüsselbundverwaltung* (Mac OS X Leopard und Snow Leopard), über das Sie dieses Problem lösen können.

Der zweite Schritt der Konfiguration betrifft den Server für eintreffende Mails. Die Angaben hierzu wie Ihr Benutzer-Name (oder auch Konto-ID genannt) bzw. Ihr Kennwort können Sie aus Ihren Provider-Unterlagen entnehmen.

Zum Abchecken, ob alles funktioniert, sollten Sie jetzt online gehen und dann auf *Fortfahren* klicken. Es erfolgt die Bestimmung der Sicherheits-Richtlinien, die im Normalfall nur die Abfrage des Kennworts beinhaltet. Danach tragen Sie die Daten des Servers für ausgehende Mails ein. Dieser ist dafür zuständig, Ihre Mails zu versenden (auch Postausgangsserver genannt).

E-Mails, die Sie versenden möchten, brauchen ebenso einen eigenen Server.

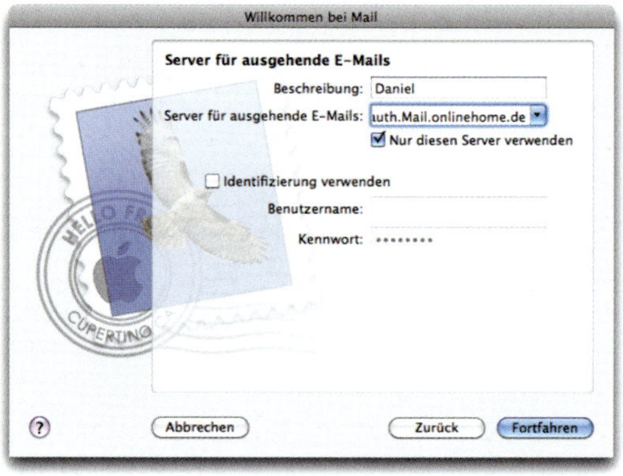

Zum Schluss erhalten Sie eine *Account-Zusammenfassung*, die alle getroffenen Einstellungen noch einmal auflistet. Machen Sie sich davon am besten einen Screenshot, indem Sie ⌘-⇧-4 und dann die *Leertaste* drücken und dann das Fenster auswählen – mit Klick darauf wird der Dialog abfotografiert. Zum Anlegen weiterer Accounts können Sie nun fortfahren oder dies später über denselben Assistenten bzw. über die *Mail-Einstellungen | Accounts* erledigen.

Die Zusammenfassung für Ihre Unterlagen.

Die Einstellungen von Mail

Wie auch bei den anderen Programmen finden Sie dort eine Menge an Optionen und Möglichkeiten, Ihr Programm so einzurichten, dass es Ihren Wünschen entspricht. Unterteilt in mehrere Rubriken ist folglich für jeden Zweck und Anlass etwas dabei, wie Sie gleich sehen werden.

Allgemein

In dieser Rubrik bestimmen Sie das E-Mail-Programm Ihrer Wahl als Standard und legen gleichzeitig fest, ob der Empfang von Mails automatisch nach festgelegten Zeiten (minütlich, alle 5, 15 oder 30 Minuten bzw. stündlich) oder manuell (auf Knopfdruck) erfolgen soll. Geht eine E-Mail ein, können Sie diesem Vorgang einen Ton zuweisen, den Sie sich über das Popup-Menü anhören können. Die Option *Ungelesene E-Mails im Dock anzeigen* blendet direkt im *Mail*-Icon ein kleines Symbol mit der Anzahl der neu eingetroffenen – und eben ungelesenen – Nachrichten ein (siehe auch Abbildung in der Seitenleiste). Bekommen Sie von einem Dritten eine *iCal-Einladung*, so stellen Sie das weitere Prozedere bei *Einladungen zu iCal hinzufügen* ein: *Automatisch* oder *Nie* (Informationen zu *iCal* erhalten Sie im Kapitel »Die Welt der Programme« unter der Überschrift »iCal – der intelligente Kalender«). In ersterem Fall müssen Sie nur auf den Link der *iCal.ics*-Datei klicken, um das Ereignis in *iCal* eintragen zu lassen.

Bei E-Mails mit Anhängen, die Sie empfangen, können Sie einen Ordner festlegen, in dem die Daten gespeichert werden sollen, wenn Sie auf den Button *Sichern* klicken. Als Standard ist der Ordner *Downloads* angegeben, den Sie in Ihrem Benutzer-Ordner finden. Wie mit Downloads weiter zu verfahren ist, stellen Sie bei *Nicht bearbeitete Downloads entfernen* ein.

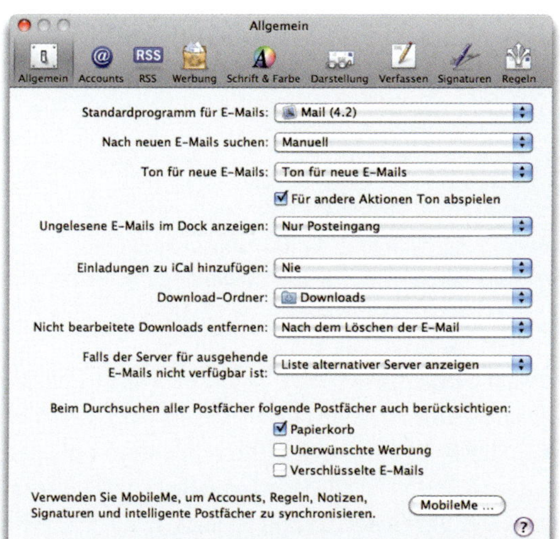

Allerhand Optionen warten auf Sie.

Suchen Sie später in der Fülle Ihrer E-Mails nach einer ganz bestimmten Nachricht, so lassen sich neben den selbst angelegten Ordnern auch die Ordner *Papierkorb, Unerwünschte Werbung* sowie *Verschlüsselte E-Mails* durchsuchen. Ganz unten finden Sie noch den Button für die Synchronisierung über *MobileMe*. Dort draufgeklickt startet die Systemeinstellung *MobileMe*, in der Sie all Ihre Synchronisierungswünsche wie *Regeln, Signaturen* und *Accounts* bestimmen können (siehe auch Kapitel »Die Systemeinstellungen«).

Accounts

In der Rubrik *Accounts* müssen Sie – wie schon erwähnt – jene Daten eintragen, die Sie von Ihrem Provider erhalten haben. Zumeist werden Sie nur einen Account besitzen, den Sie über *Ablage | Account hinzufügen* erstellen sollten. Die gleiche Vorgehensweise erwirken Sie auch über einen Klick auf den kleinen *Plus*-Button links unten, um weitere *Accounts* hinzuzufügen (siehe auch weiter oben). In der Rubrik *Postfach-Verhalten* regeln Sie, wie sich die einzelnen Postfächer für *Entwürfe* (Mails, die Sie schon geschrieben haben, aber noch nicht absenden möchten), *Notizen*, *Gesendete E-Mails* (Mails, die bereits verschickt worden sind), *Werbung* (das können sinnvolle Mails, aber auch Schrott sein) und den *Papierkorb* verhalten sollen. Diese Einstellungen unterscheiden sich je nach Server-Typ – also *IMAP* (die Mails bleiben auf dem Server) oder *POP* (die Mails landen auf Ihrer Festplattte) – und betreffen auch das Lösch-Verhalten. Das Gleiche gilt auch für die Rubrik *Erweitert*, bei der Sie die Einstellungen so belassen sollten.

Links die Einstellungen für einen MobileMe-Account, rechts ein typischer POP-Server.

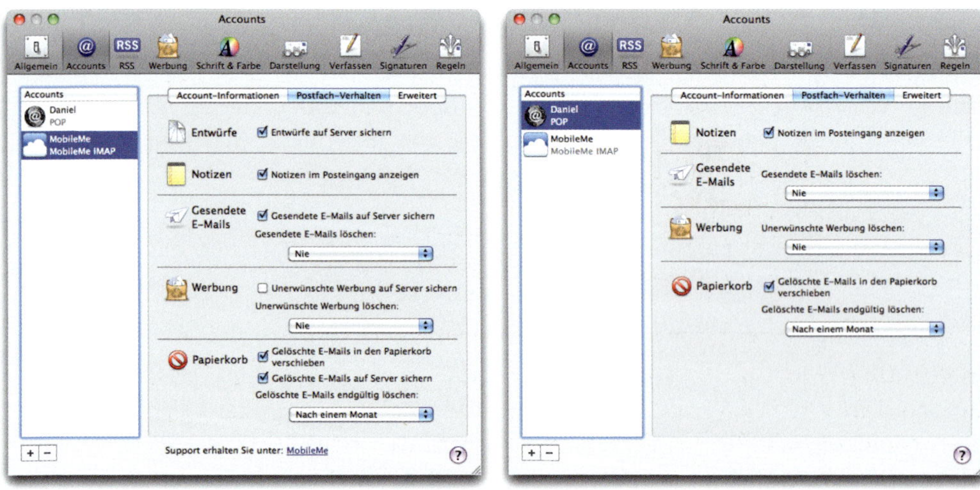

RSS

Neben dem Browser *Safari* lassen sich auch in *Mail* so genannte *RSS-Feeds* verwalten und lesen. Zum Anlegen eines neues *RSS-Feeds* klicken Sie links unten in das Plus-Symbol (+) und wählen aus dem auftauchenden Dialog den Befehl *RSS-Feeds hinzufügen*. Hierbei öffnet sich ein weiteres Dialogfenster, das Ihnen zwei Varianten anbietet: zum einen die Übernahme schon bestehender *RSS-Feeds* aus *Safari* (*Nach RSS-Feeds in Safari-Lesezeichen suchen*) oder die manuelle Eintragung, wobei Ihnen jedoch die Internet-Adresse bekannt sein sollte (*Eigene URL für einen RSS-Feed angeben*).

Zuerst wählen Sie den Befehl »RSS-Feeds hinzufügen« …

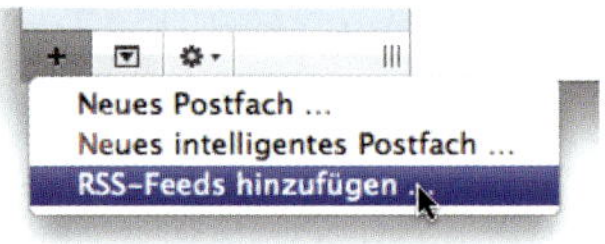

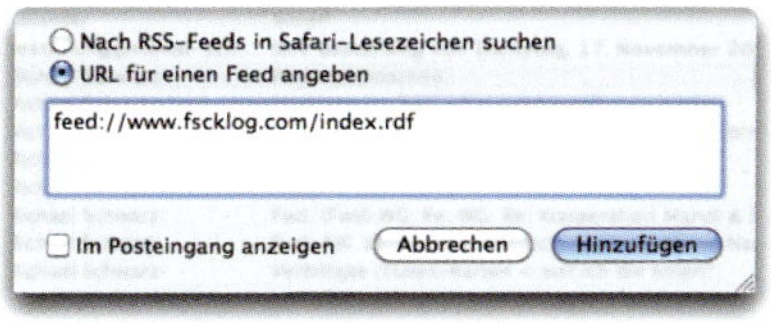

... danach teilen Sie dem Programm »Mail« die Internet-Adressen zu bzw. markieren jene aus Safari, die übernommen werden sollen.

Sind Sie nun online, so lassen sich auch in »Mail« die Nachrichten anzeigen und auf Wunsch – per Klick auf »Weitere Informationen« – der gesamte Beitrag in »Safari« lesen.

In den *Mail-Einstellungen* (Rubrik *RSS*) legen Sie nun fest, wer zum einen Ihr *Standard-RSS-Reader* sein soll und in welchen Zeitabständen nach Updates gesucht bzw. Artikel entfernt werden sollen. Tragen Sie dort das Programm *Mail* als *Standard-RSS-Reader* ein, so werden *RSS-Feeds*, die Sie beispielsweise im Browser *Safari* aufgerufen haben und nun abspeichern möchten, im Programm *Mail* angelegt. Die Vorgehensweise ist dabei ganz einfach: Steht in der *Safari*-Adresszeile eine URL, die auch das *RSS-Symbol* (RSS) trägt, so brauchen Sie nur dort draufzuklicken. Es öffnet sich dann das *RSS-Feed abonnieren*-Fenster mitsamt der *RSS-Feed-URL* und Sie müssen nur auf *Hinzufügen* klicken, um sie in *Mail* zu integrieren. Ist hingegen *Safari* als *Standard-RSS-Reader* ausgewählt, so gehen Sie Ihre gewohnten Wege und speichern die URL als Lesezeichen ab.

Die Mail-Einstellungen mit der Rubrik »RSS«.

Werbung

Mit der Werbung ist das so eine Sache. Da gibt es jene Newsletter und Mails, die Sie vielleicht anfordern, da Sie die Angebote interessieren. Auf der anderen Seite werden jedoch millionenfach Mails verschickt, die Ihnen neben verbilligten Potenzpillen und einer Rolex als Schnäppchen auch einen Geldsegen im Spielcasino versprechen. Letzteren Schrott nennt man *Spam* (übersetzt »Müll«), der ungefragt verschickt wird, in der Hoffnung, dass der ein oder andere eine Bestellung aufgibt. Und weil genau das immer wieder passiert und jemand darauf reinfällt, werden wir wohl auch noch in Jahren mit derlei Postings belästigt.

Die meisten Mails stammen aus Amerika, China oder Russland, so dass man diesen Versendern nur schwer auf die Spur kommt und ihnen oftmals nichts nachzuweisen ist. Hinzu kommt, dass meist Computer von ahnungslosen Anwendern zum Verschicken dieser Mail-Flut missbraucht werden, die davon gar nichts wissen. An Adressen gelangen sie, indem sie entweder diese massenhaft kaufen oder eben über Spy-Software das Internet durchforsten, um diese so einzusammeln. Leider nimmt ein geringer Prozentsatz der Empfänger solcher Mails die Dienste in Anspruch, so dass es sich anscheinend lohnt, diesen für alle anderen nervigen Weg zu gehen. Mit anderen Worten: Geben Sie Ihre E-Mail-Adressen nur an Ihnen bekannte Personen weiter und hinterlassen Sie sie – wenn möglich – nicht auf irgendwelchen Webseiten. Bei Einkäufen oder der Anforderung von Informationen verwenden Sie am besten so genannte Free-Mailer (GMX, Freenet etc.), die Ihnen kostenlos eine E-Mail-Adresse zur Verfügung stellen. Hat es Sie dann erwischt und Sie werden von Hunderten unsinniger Mails zugemüllt, wechseln die einfach die E-Mail-Adresse und Sie haben wieder ein wenig Zeit gewonnen. Ihre Haupt-Adresse geben Sie bitte nur Stellen, denen Sie vertrauen können – beispielsweise dem Mandl & Schwarz-Verlag bei Ihrer nächsten Bestellung ;-)

Es wird Ihnen sicherlich nicht erspart bleiben, dass Sie auch so genannte *Pishing*-Mails erhalten, deren Absender sich mit uns bekannten Banken-Adressen schmücken. Ob Postbank, Deutsche Bank oder Volksbanken etc.: Im Begleittext werden Sie dazu aufgefordert, sich aufgrund von Betrügereien, Kreditkarten- oder Datenbank-Umstellungen neu autorisieren zu müssen. Hierzu werden Sie gebeten, persönliche Bank-Daten sowie TANs zu hinterlassen. Tun Sie das auf keinen Fall, denn keine Bank auf der Welt würde Sie dazu auffordern, sensible Daten per E-Mail oder auf Internet-Formularen einzugeben. Sind Sie schon in die Falle getappt, nehmen Sie am besten umgehend Kontakt mit Ihrer Bank auf und schildern Sie ihr den Fall. Diese sollten wiederum schleunigst Ihre Kontoverbindung für das Online-Banking sperren bzw. die Zugangsdaten ändern.

Wie dem auch sei – in der Rubrik *Werbung* treffen Sie die ersten Vorsichtsmaßnahmen in Sachen Spam & Co. Hierzu bietet Ihnen *Mail* einen Filter an, der anhand der Versender-Adresse diese Mails relativ zuverlässig heraussuchen kann. Was nun damit geschieht, regeln Sie über die dargestellten Optionen. Was also tun, wenn unerwünschte Werbung eintrifft? Zuerst sollten Sie die Standardeinstellung *Als unerwünschte Werbung markieren, aber im Posteingang belassen* verwenden. Hierbei werden fragliche E-Mails farbig gekennzeichnet, die Sie wiederum über die beiden in *Mail* vorliegenden Buttons *Ist Werbung* bzw. *Keine Werbung* zuordnen sollten. In diesem Modus können Sie zudem überprüfen, wie sich das Programm bei Ihren E-Mails verhält und inwieweit Spam von Ihren »richtigen« Nachrichten unterschieden und erkannt wird.

Unerwünschte Werbung, die von »Mail« als solches erkannt wird, wird farbig gekennzeichnet. Des Weiteren verhindert »Mail« auch das Laden von Bildern.

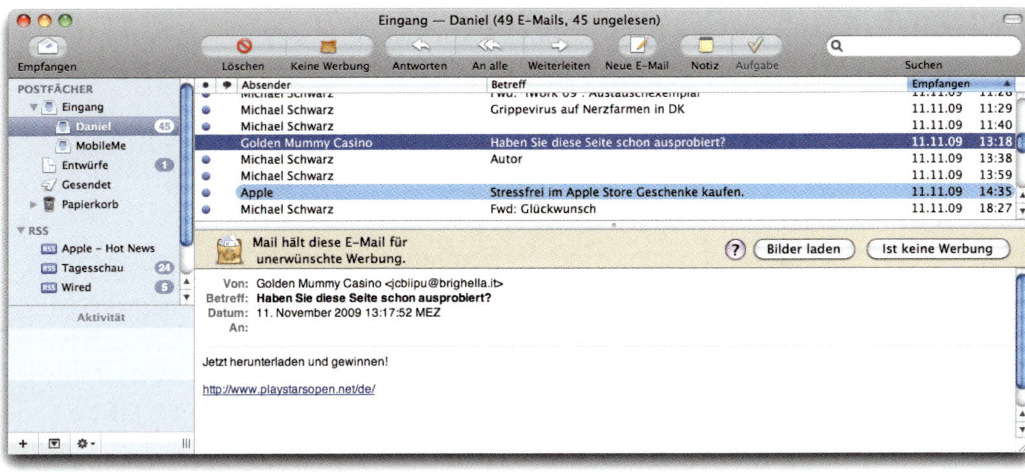

Werden weitere Mails von Ihnen als unerwünscht eingestuft, aber vom Filter nicht erkannt, sollten Sie diese markieren und den Button «Ist Werbung» drücken (auch wenn es noch so verführerisch klingen mag ...).

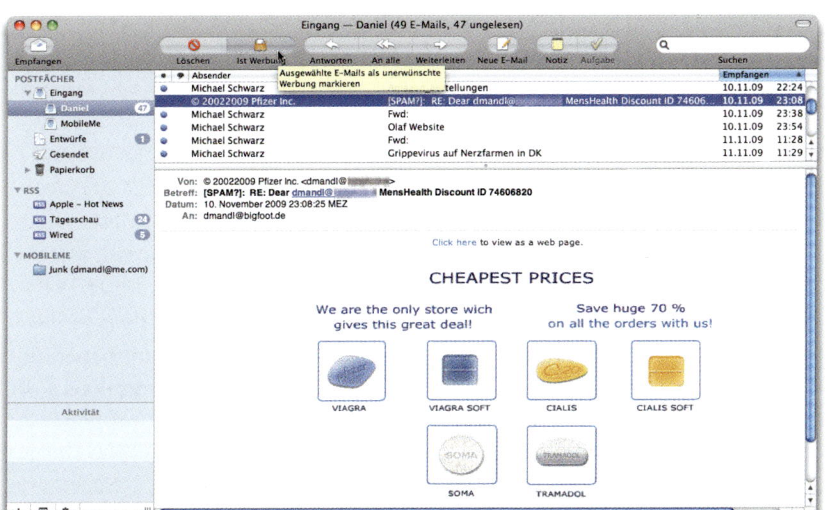

Das Programm *Mail* bekommt sozusagen von Haus aus eine Art interne Datenbank mit, mit deren Hilfe sie Werbung ausfindig machen kann. Und das Beste daran: Diese Datenbank ist lernfähig. Das heißt für Sie als Anwender, dass bei häufigem Gebrauch der Zuteilung von *Ist Werbung* bzw. *Keine Werbung* Ihr Spam-Filter ausgebaut und aktualisiert wird und von Mal zu Mal genauer arbeitet.

Den Kampf gegen Spam werden Sie zwar nie gewinnen, aber Sie können zumindest Teilerfolge erzielen. Ganz davon abgesehen, dass es schon weh tut, wenn mir Frau Doktor unterstellt, ich hätte zu viel Fett …

Ist der Filter über einen gewissen Zeitraum gelaufen und Sie sind zufrieden mit der Erkennungsrate, so können Sie in den Modus *In das Postfach für unerwünschte Werbung bewegen* wechseln, dem Sie allerdings nicht blind vertrauen sollten, denn manchmal rutscht auch eine wichtige Mail dort hinein. Hierbei wird ein weiteres Postfach namens *Werbung* angelegt, in das von nun an sämtliche Werbe-Mails geleitet werden – Ihr eigentliches Eingangs-Postfach wird dabei spürbar entlastet.

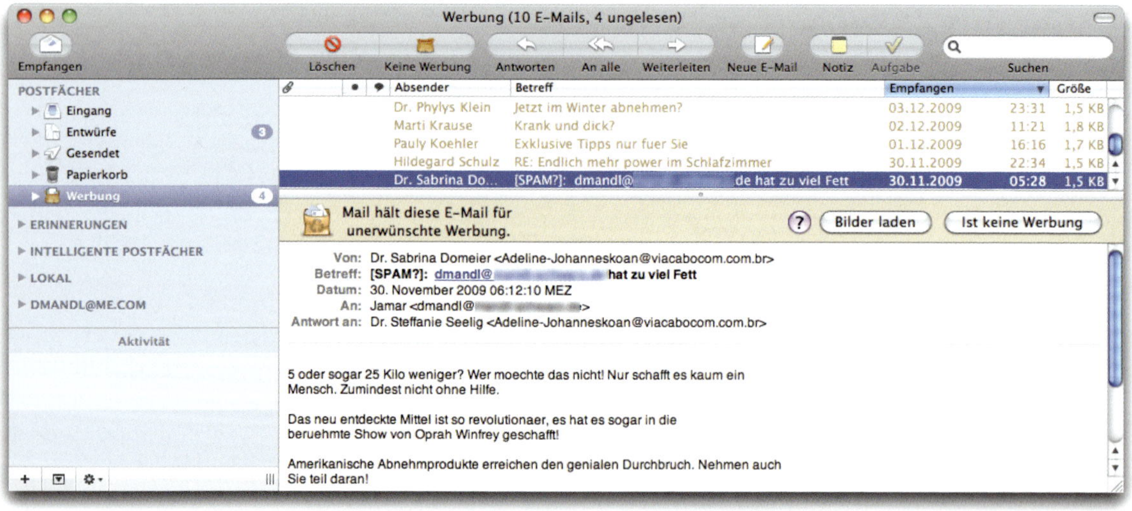

Bei allzu vielen Ungereimtheiten können Sie die leidige Angelegenheit auch selbst in die Hand nehmen, indem Sie die Option *Eigene Aktionen ausführen* wählen. Hierbei stellen Sie Ihre eigenen Regeln auf, indem Sie auf den Button *Weitere Optionen* klicken und im auftauchenden Dialog Ihre Einstellungen eingeben. Dabei legen Sie zum einen fest, welche Bedingungen erfüllt sein müssen, damit die Kategorie *Werbung* erfüllt sein muss. Dies kann unter anderem eine nicht im Adressbuch vorhandene E-Mail-Adresse sein oder eine unvollständige Adressierung an Sie als Empfänger bedeuten. Über den *Plus*-Button können Sie auch noch weitere Regeln bestimmen. Nach diesen Festlegungen definieren Sie dann die Aktion, die bei Erfüllung der erst genannten Bedingungen erfolgen soll. Die Mails können dann etwa in einen bestimmten Ordner verschoben, farbig markiert oder auch gleich gelöscht werden. Mit der Zeit können dann die Regeln immer weiter angepasst werden, so dass eine immer höhere Trefferquote erreicht wird.

Etwas mühsam, aber was tut man nicht alles, um seine Ruhe zu bekommen.

Damit nun eine gewisse Beständigkeit in die Suche und Unterscheidung in Sachen unerwünschte Werbung kommt, lassen sich weiterhin in der *Werbung*-Rubrik einzelne Optionen (*Absender ist in meinem Adressbuch*, *Absender ist in »Vorheriger Empfänger«* und *E-Mail ist an meinen vollständigen Namen adressiert*) aktivieren, die der Spam-Filter zu berücksichtigen hat.

Zusammenfassend lässt sich sagen, dass das Spam-Problem wohl noch eine Weile bestehen bleiben wird, die Programmierer intelligenter Mail-Software jedoch ebenfalls nicht schlafen und ihre Spam-Filter immer besser ausbauen. Nichtsdestotrotz sollten Sie immer auf der Hut sein, damit Sie sich a) keinen Virus auf den Rechner laden und b) Ihnen keine wichtigen Mails durch die Lappen gehen. Und tun Sie sich selbst den Gefallen und antworten Sie nie auf eine Werbe-Mail im Sinne von »Lassen Sie mich gefälligst in Ruhe!« oder »Ich zeige Sie an!«. Das erzeugt bei den Verursachern nur ein müdes Lächeln und sie freuen sich, dass sie nunmehr eine Bestätigung haben, dass Ihre Mail-Adresse existiert. In Zukunft würden Sie noch mehr Werbe-Mails bekommen und Sie müssten folglich eine Arbeitskraft einstellen, die Ihnen beim Abarbeiten Ihrer Postfächer unter die Arme greift.

Sofern Sie bei Mail-Überflutung durch Spam gewisse Rache-Gelüste entwickeln, so lässt sich dem ein wenig Abhilfe leisten. Dazu markieren Sie diejenigen Mails, die besonders nerven, und wählen aus der Menüleiste *E-Mail* den Befehl *Ablehnen*. Hierbei werden die Mails an den Versender zurückgesandt, allerdings nicht unter Ihrem Namen, sondern mit der Begründung, dass Ihre Adresse ungültig sei. Das kann durchaus nützlich sein, kann aber auch jenen Unglücksraben, von deren Rechnern ungefragt versendet wird, eine wahre Mail-Schwemme bescheren – ganz davon abgesehen ist es fraglich, ob derlei Bemühungen überhaupt fruchten …

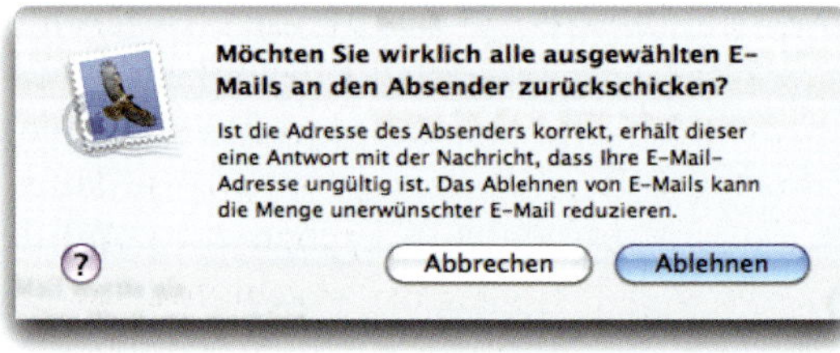

Zurück zum Absender über die »Ablehnen«-Funktion in Mail.

Wenn wir mal eine Woche unterwegs sind und den heimischen Rechner verlassen, sammeln sich in diesen 7 Tagen schon einmal bis zu 500 Mails an, die auf dem Server liegen. Sage und schreibe bis zu 90 Prozent dieser Mails ist als Spam zu betrachten, so dass die Nerven nach der Rückkehr blank liegen. Wir haben uns nunmehr angewöhnt, jenen wichtigen Geschäftspartnern mitzuteilen, von wann bis wann man unterwegs ist, so dass hiervon schon einmal keine wichtigen Mails kommen werden. Als zweiten Schritt gehen wir auch im Ausland ins Internet-Cafe und löschen bereits auf dem Server des Providers den gröbsten Schwung an unerwünschter Werbung, damit das Wieder-Nachhausekommen nicht allzu sehr in Richtung »Alptraum« ausartet. Bitte beachten Sie dabei, dass Sie sich auf fremden Rechnern immer korrekt von Ihrem Mail-Server abmelden (Logout!), damit sich nachkommende Benutzer nicht in Ihren Postfächern tummeln können.

Schrift & Farbe

Wie soll es auch anders sein: Sowohl für die Darstellung der E-Mail-Liste als auch für das Verfassen von Mails können Sie sich Ihre Lieblingsschrift heranholen. Wie Sie noch sehen werden, lässt sich ein Mail-Text formatieren (das sind dann so genannte HTML-Mails) und ganz nach Ihren Wünschen gestalten. Hierbei möchten wir jedoch ebenfalls unseren Senf dazugeben und äußern, dass uns persönlich reine Text-Mails wesentlich lieber sind, da sie zum einen weniger Platz beanspruchen und sie andererseits meist leichter zu lesen sind. Manche »Profis« bringen es auf bis zu fünf verschiedene Schrifttypen, acht unterschiedliche Farben und schreiend große Buchstaben, so dass man sich schon wundert, wie viel Zeit die Menschen zum Formatieren haben. Im Geschäfts-Verkehr sind reine Text-Mails angesagt, und zwar ohne viel Brimborium und in knapper, aber sinnvoller Form.

Das Zitieren von Text-Teilen in Mails ist ebenso Standard. Hierbei wird der Inhalt einer E-Mail, die Sie erhalten und der Sie antworten möchten (E-Mail in der Liste markieren und den Button *Antworten* drücken), beim Rücksenden farblich gekennzeichnet. So können Sie jene Text-Abschnitte, die unwichtig sind, herauslöschen und unter den Rest jeweils Ihren Kommentar schreiben. Verschicken Sie nun die Mail und Sie erhalten sie wieder, so ist der vormals als Zitat gesetzte Text (blaue Farbe) noch eine Ebene weiter nach unten gerutscht. Dieser wird nun in grüner Farbe dargestellt, während Ihre Kommentare in blau gehalten werden. Drücken Sie nun wieder den *Antworten*-Button, so verschiebt sich der Inhalt der Mail wieder um eine Ebene und das erst genannte Zitat ist nun rot, während Ihre vormals getroffenen Antworten grün sind usw. (das kann so lange weitergeführt werden, bis dem Rechner die Farben ausgehen ;-)). Auf diese Weise lässt sich in einem Mail-Verkehr, der hin und her geht und der vielleicht eine anregende Diskussion enthält, nachvollziehen, von wem das Geschriebene stammt und wie alt es ist. Achten sollten Sie nur darauf, dass Sie jeweils unwichtige Text-Stellen herauslöschen, da ansonsten eine Mail einen ewig langen »Rattenschwanz« an Daten nach sich zieht.

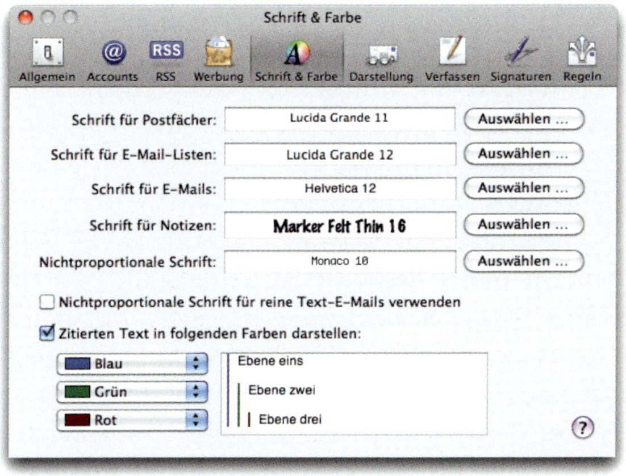

Damit etwas Abwechslung ins Spiel kommt, die jedoch nicht von allen erwünscht ist.

Falls Ihnen nun die vorgegebenen Farben nicht gefallen, so lassen sich diese bei *Zitierten Text in folgenden Farben darstellen* neu einrichten. Wir würden jedoch davon Abstand nehmen, sind doch die bereits bestehenden Farb-Vorschläge in allen E-Mail-Programmen Standard und werden somit von allen Anwendern sofort verstanden (im Gegensatz zu einer völlig neuen Farbgebung).

Darstellung

In dieser Kategorie treffen Sie Entscheidungen hinsichtlich der Darstellung der Benutzer-Oberfläche. Markieren Sie eine E-Mail, so sehen Sie im obereren Drittel den so genannten *Header*, also jenen Teil, in dem die Eintragungen zu Absender, Empfänger, Datum und Betreff stehen. Eben genannte Komponenten sind als Standard definiert, können jedoch angepasst werden, sofern Sie weitere Informationen wünschen. Das erledigen Sie in der Rubrik *Darstellung* und dort bei *Header-Details einblenden*. Auf diese Weise lassen sich beispielsweise auch die Server-Daten anzeigen, über die Ihre Mail hinwegbrauste. Am besten, Sie stellen einmal zur Probe die Option *Alle* ein, damit Sie verstehen, was wir meinen. Aber auch die benutzer-definierte Version *Eigene* ist interessant, da Sie sich dort genau jene Daten einrichten können, die für Sie interessant sind.

Der Header befindet sich über dem eigentlichen Mail-Inhalt und zeigt Ihnen eher technische Details an: oben die Standard-Ausführung, unten mit allen Header-Informationen.

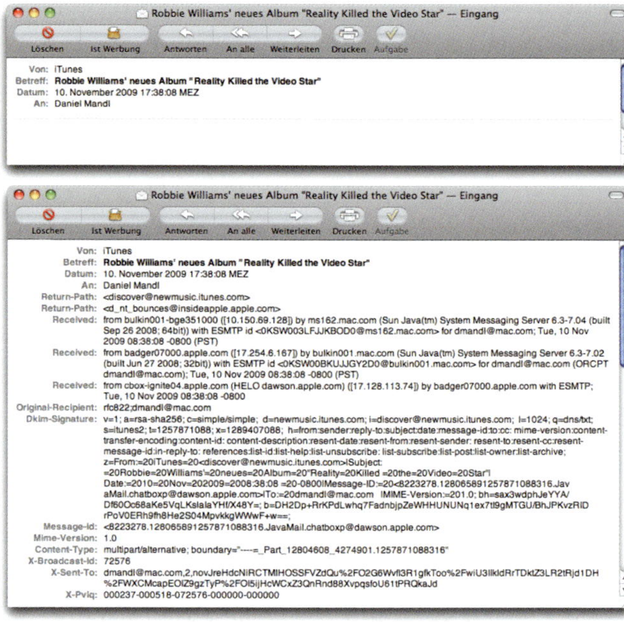

Die Option *Online-Status von Kontakten einblenden* fügt in der Spalten-Ansicht ein weiteres Feld ( ) hinzu, in dem Sie Personen, die sich in Ihrer *iChat-Kontaktliste* befinden und die ebenso online sind, schnell erkennen können. Ein grüner Punkt bedeutet in diesem Zusammenhang, dass diese Person eingeloggt ist und für ein Pläuschchen zur Verfügung steht, während ein gelber Punkt die Nichtverfügbarkeit anzeigt.

Zur Unterscheidung zwischen bereits gelesenen und noch nicht begutachteten Mails bietet es sich an, die ungelesenen Mails in Fettschrift anzeigen zu lassen. Sobald Sie diese anklicken, werden Sie als gelesen betrachtet und in Normalschrift dargestellt. Diese Option sollten Sie ruhig aktivieren, erleichtert sie doch die Übersichtlichkeit. Auch die Bilder kommen nicht zu kurz, wobei diese Einstellung nur für jene interessant ist, die Ihre Mails auf einem Server belassen.

Rufen Sie eine neue Mail auf und geben in der Adress-Zeile die ersten Buchstaben ein, so werden in einem Popup-Menü alle in Frage kommenden E-Mail-Adressen eingeblendet, so dass Sie im positiven Falle gar nicht weiterschreiben müssen, sondern gleich im Menü zugreifen können. Ist nun die Option *Intelligente Adressen verwenden* aktiviert, so steht in der *Empfänger-Zeile* (*An*) anstatt der E-Mail-Adresse nur der vollständige Name – was einfach freundlicher aussieht.

Der letzte Punkt – *E-Mail-Verlauf* – fasst zusammengehörige Mails zusammen, indem er sie farbig hervorhebt. So werden alle Mails mit dem gleichen Betreff-Inhalt als zusammengehörig betrachtet, was gerade bei großem

Mail-Aufkommen ein wenig Erleichterung bringen kann. Über ein kleines Dreieck lassen sich nun diese Mail-Pakete öffnen, die Zahl neben dem Haupt-Betreff zeigt dabei die Anzahl der Mails an.

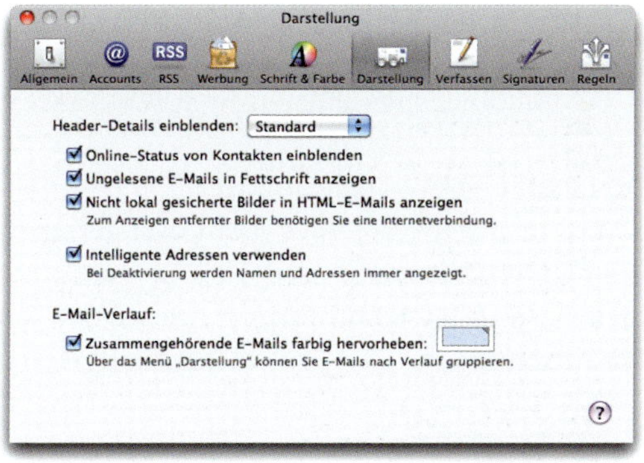

Passen Sie Ihr E-Mail-Programm optimal an.

Verfassen

Hier geht's um das Verhalten Ihrer neu zu erstellenden oder zu beantwortenden Mail. Sie legen also fest, ob Ihre Mail als formatierter oder reiner Text gestaltet werden und wie die Rechtschreib-Kontrolle eingreifen soll. Nebenbei können Sie auch festlegen, ob Sie von Ihrem elektronischen Brief-Verkehr grundsätzlich eine Kopie erhalten möchten (was eigentlich unnötig ist, haben Sie doch automatisch ein Postfach *Gesendet*, das Ihre Ausgänge speichert). Die Adressen lassen sich weiterhin automatisch vervollständigen (Sie tippen ein paar Buchstaben, das Programm blendet die in Frage kommenden Mail-Adressen ein), bei Gruppen alle Mitglieder einblenden sowie der ausgehende Account (bei mehreren Accounts) einrichten (Option *Neue E-Mail senden von*).

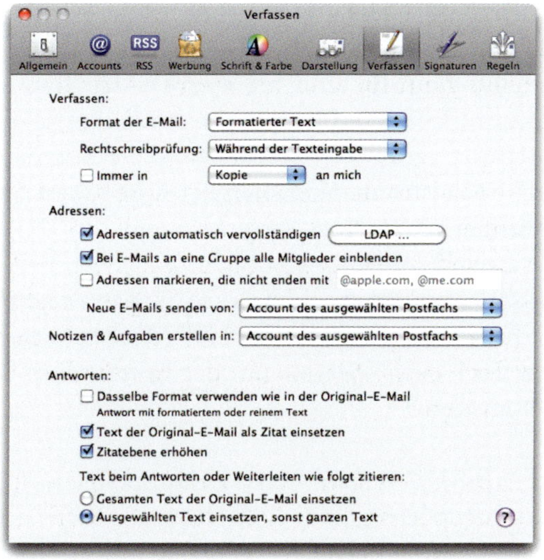

Wie hätten Sie es denn gerne – Verfassen und Antworten leicht gemacht.

Ebenfalls festlegen können Sie auch die Orte, in denen Notizen und Aufgaben (wie das genau geht, erklären wir noch) erstellt und abgelegt werden sollen. Mails, die Sie wiederum beantworten, können ebenfalls eingerichtet werden, indem Sie beispielsweise das Text-Format festlegen (etwa *Dasselbe Format verwenden wie in der Original-E-Mail*) und bestimmen, dass der Antwort-Text grundsätzlich als Zitat erfolgt und bei häufigem Hin- und Hersenden einer E-Mail die Zitatebene automatisch höher gesetzt wird.

Als Tipp sollte noch Folgendes erwähnt werden: Möchten Sie eine vor sich liegende Mail beantworten, aber nicht den gesamten Text übernehmen, so markieren Sie zuvor jene Zeilen, die Ihnen wichtig erscheinen. Drücken Sie danach den Button *Antworten*, so wird nur der markierte Text-Abschnitt in die Antwort-Mail eingefügt.

Signaturen

Die Signatur ist in diesem Zusammenhang eine vorgefertigte Absender-Adresse, die Sie je nach Zweck der Mail gestalten und hintanhängen können. So lässt sich bei geschäftlichen Anlässen Ihre Büro-Adresse angeben, während Sie bei privatem Mail-Verkehr die Ihres Wohnortes verwenden. Auch eine Grußformel lässt sich miteinfügen, so dass Sie sich das leidige »Mfg« künftig sparen können.

Und überhaupt: Auch bei Mails sollten Sie eine gewisse Etikette wahren, denn ständige Abkürzungen, keine ausgeschriebene Anrede oder nur Kleinschreibung lassen manchen Geschäftpartner doch Rückschlüsse von Unhöflichkeit bis Oberflächlichkeit (auch in der Arbeitsweise) ziehen.

Wenn Sie ein Fan von Abkürzungen sind, so denken Sie bitte an die Systemeinstellung *Sprache & Text* | Reiter *Text*. Tragen Sie dort zum Beispiel bei *Ersetzen* »mfg« und bei *Durch* »Mit freundlichen Grüßen« ein, so nimmt Ihnen das Programm *Mail* künftig die Schreibarbeit ab und ergänzt ganz brav mit vollständiger Schreibweise. Sollte es dann immer noch nicht funktionieren, so aktivieren Sie über *Bearbeiten* | *Ersetzungen* die Option *Textersetzung*.

Legen Sie zuerst den Account fest und drücken Sie dann den *Plus*-Button. Vergeben Sie einen Namen für die *Signatur* und gestalten Sie dann Name und Adresse, vielleicht noch eine Grußformel oder einen weisen Spruch – fertig.

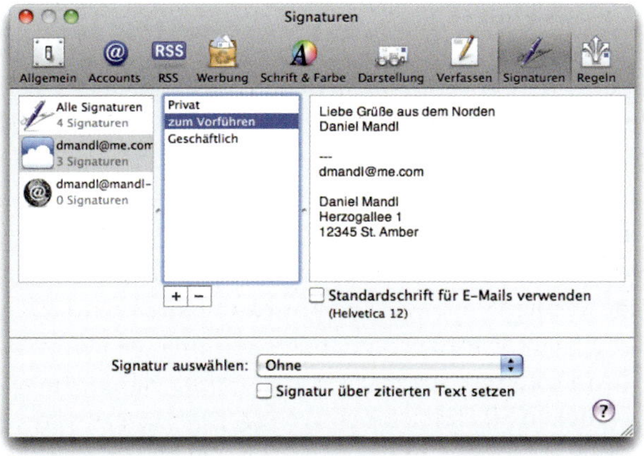

Vorgefertigte Signaturen können mit der Zeit viel Tipperei ersparen.

Rufen Sie nun eine neue Mail auf, so können Sie je nach Ansprechpartner schnell die dazu passende Signatur einstellen. Wählen Sie im Popup-Menü bei *Signatur* Ihre Wunsch-Einstellung, das Programm fügt automatisch Ihre Zeilen ein. Nun brauchen Sie noch eine freundliche Anrede und einen sinnvollen Text und alle Welt freut sich über geistreiche Kommunikation.

Auf Knopfdruck zeigen Sie Stil und Freundlichkeit gegenüber dem Empfänger.

Möchten Sie die Signaturen nicht ständig manuell vergeben, so lässt sich in den *Einstellungen* über *Signatur auswählen* eine Grußformel automatisch eintragen.

Regeln

Alle Welt spielt nach Regeln, so soll es auch beim E-Mailen sein. Auch wenn der Vergleich nicht so recht passt, haben Regeln bei umfangreichem Mail-Verkehr ihren Sinn. So lassen sich Mails mit bestimmtem Absender automatisch in ein vorher festgelegtes Postfach legen oder ungeliebte Angebote gleich in den Papierkorb befördern. Das Vorgehen gleicht dem Einrichten beispielsweise eines intelligenten Ordners, indem Sie Bedingungen aufstellen und bei deren Erfüllung eine Aktion veranlassen.

Dazu klicken Sie zuerst in *Regel hinzufügen* und vergeben einen aussagekräftigen Namen mit Wiedererkennungswert. Danach legen Sie die Bedingungen fest und dann die Aktion – fertig ist die Regel. So lassen sich bestimmte Mails in Postfächer bewegen, farblich kennzeichnen oder mit einem bestimmten Ton untermalen. Wie üblich hilft hier der Forschergeist, indem Sie sich damit ausführlich auseinander setzen. Der Vorteil ist ganz klar eine stete Vorsortierung Ihrer Mails und damit ein enorm entlastetes Eingangs-Postfach. Ist die Regel erstellt, so heißt es diese noch zu bestätigen, damit sie in Kraft treten kann.

Regeln sind leicht zu erstellen und helfen, der Mail-Flut Herr zu werden.

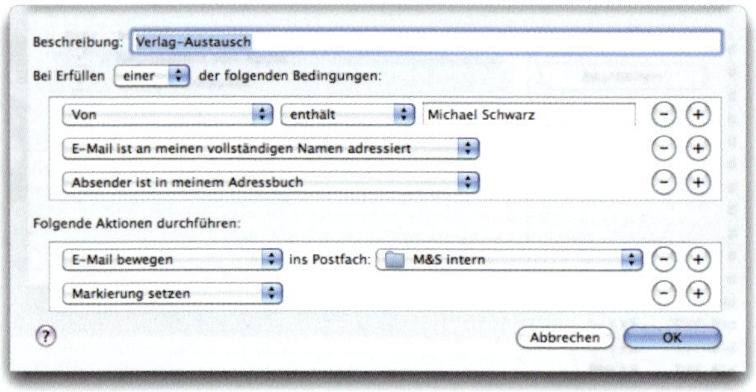

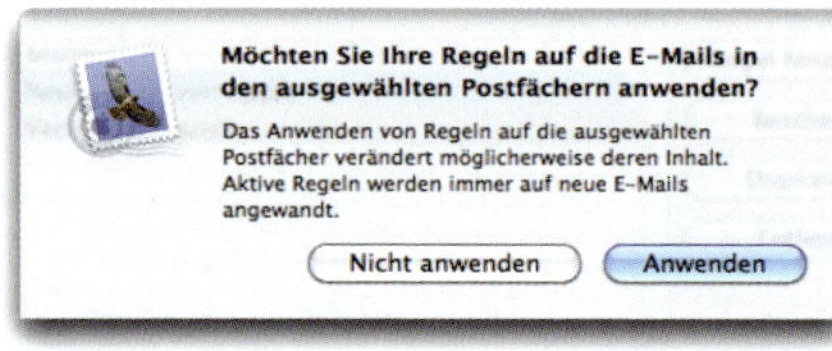

Umfangreiche Kriterien ermöglichen detaillierte Regeln zum Anpassen des E-Mail-Verkehrs.

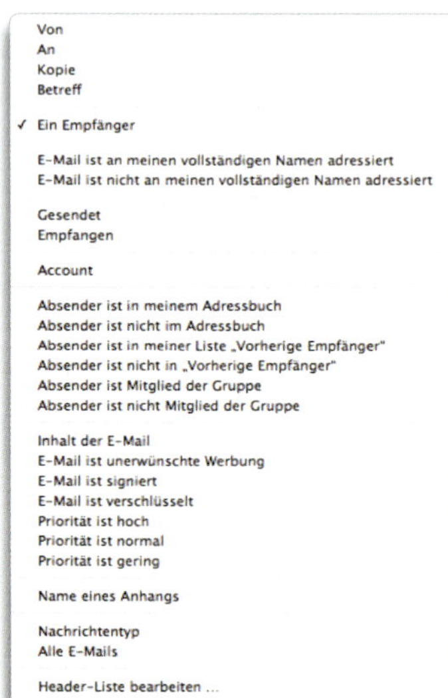

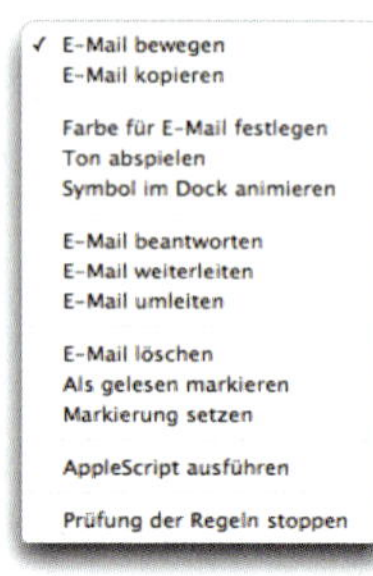

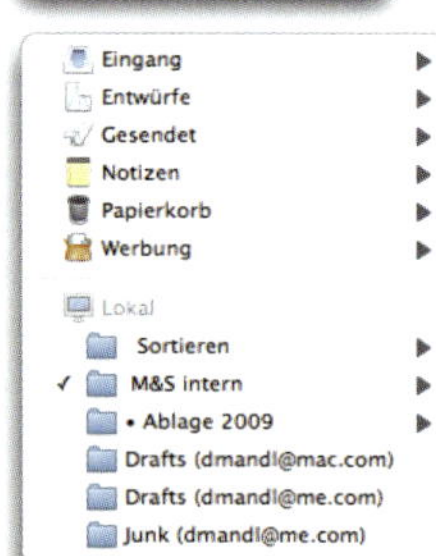

Mails versenden

Im Grunde eine einfache Übung: Sie klicken auf den Button *Neue E-Mail* bzw. wählen *Ablage* | *Neue E-Mail* (⌘-N), woraufhin sich ein neues E-Mail-Fenster öffnet. In die Zeile bei *An* geben Sie die Empfänger-Adresse ein, wenn gewünscht auch mehrere. Sobald Sie Buchstaben eintippen, werden vom Programm Vorschläge von jenen E-Mail-Adresssen unterbreitet, deren Anfang mit dem Geschriebenen übereinstimmt. Ist einer der Vorschläge korrekt, müssen Sie nur den *Zeilenschalter* (↵) drücken, um den Eintrag zu übernehmen. Folgen weitere, tragen Sie einfach den Nächsten ein. In das Feld *Kopie* können Sie ebenso E-Mail-Adressen eingeben. Damit zeigen Sie dem Haupt-Empfänger (*An*), dass auch andere diese Mail erhalten – die Adressen sind jeweils für alle sichtbar. In der *Betreffzeile* sollten Sie eine kurze Inhaltsangabe angeben, worum es sich in der Mail handelt. Bitte keinen Roman, sondern nur wenige Worte à la »Was gibt's zum Essen?« oder »Kunden-Nummer, Rückgabe Bestellung vom 12.3.2010«. So sieht der Empfänger auch bei vielen eintreffenden Mails auf einen Blick, was ihn erwartet und wie hoch die Dringlichkeit ist.

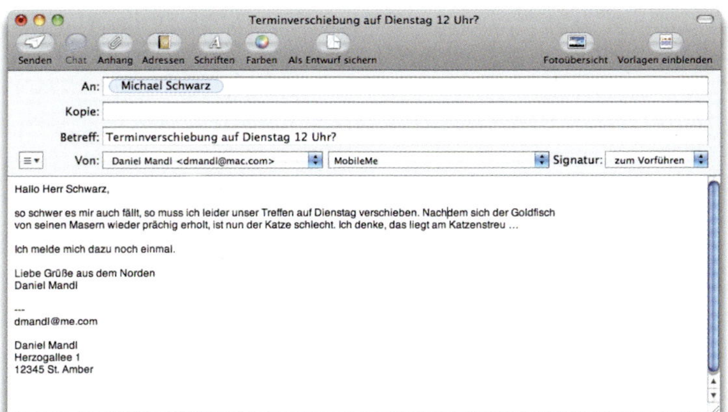

Kurz und schmerzlos – die Mail ist bereit zum Versenden.

Bei mehreren Accounts wird automatisch ein weiteres Feld namens *Von* eingeblendet, in dem Sie zuvor den entsprechenden Account auswählen sollten. Das gilt ebenso für die gewünschte *Signatur*, sofern Sie welche angelegt haben. Linker Hand finden Sie auch noch ein *Aktions*-Menü (≡▾), mit dem Sie die Kopfzeile der E-Mail anpassen können, indem Sie weitere Felder hinzufügen. Entweder Sie steuern direkt die angebotenen Felder *Blindkopie*, *Antwort an* sowie *Prioritätsfeld* an, oder Sie benutzen die Option *Anpassen*, die Ihnen alle Möglichkeiten eröffnet.

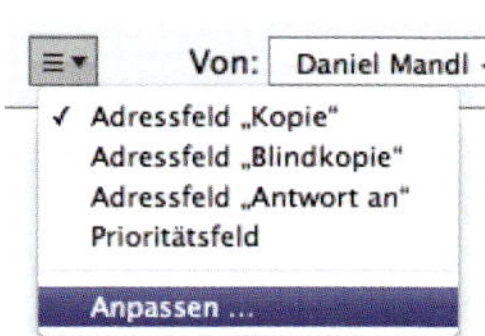

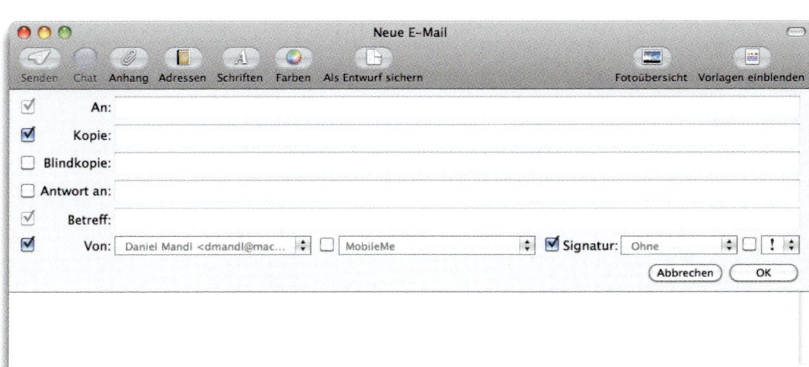

Das Anpassen des E-Mail-Fensters kann durchaus angebracht sein. Über das Setzen von Häkchen werden die betreffenden Punkte im E-Mail-Fenster eingeblendet.

Die *Blindkopie* ist eigentlich eher eine unfreundliche Angelegenheit, da hier eingetragene Adressaten ebenfalls eine Kopie der Mail bekommen, der eigentliche Empfänger jedoch davon nichts mitbekommt. *Antwort an* betrifft den Fall, an welche Adresse die Mail gehen muss, sollte der Empfänger antworten wollen. Tragen Sie also dort eine von der Absender-Adresse abweichende E-Mail-Adresse ein. Der *Prioritäts-Status* gibt dem Empfänger zu verstehen, wie hoch die Dringlichkeit seiner Mail ist. Erwarten Sie in der nächsten Stunde eine Antwort, so sollten Sie *Hohe Priorität* (!!) wählen, im Laufe des Tages *Normale Priorität* (!), einfache Mitteilungen sollten *Geringe Priorität* erhalten (-). Denken Sie jedoch daran, es mit der Einteilung *Hohe Priorität* nicht zu übertreiben, da Sie ansonsten nicht mehr ernst genommen werden. Es bringt also nichts, wenn Sie eine Mail nach Hause schreiben und fragen, was es zum Abendessen gibt und dies unter *Hohe Priorität* laufen lassen (auch wenn der Magen knurrt). Ist ein paar Tage später wirklich Gefahr in Verzug, weil Sie Ihren Autoschlüssel verloren haben und abgeholt werden möchten, so kann es durchaus passieren, dass die ursprünglich *Hohe Priorität* nunmehr ignoriert wird.

Werfen wir noch einen Blick auf die Symbolleiste der E-Mail. Der Button *Senden* ( ) schickt die E-Mail auf Reise, während Sie über *Anhang* ( ) eine Datei (PDF, Bilder, Text-Daten etc.) der E-Mail hinzufügen können. Zum Auswählen öffnet sich ein Dialog, in dem Sie nun die Datei markieren (bei mehreren die *Befehlstaste* drücken) und dann auf *Datei wählen* klicken. Geht die E-Mail auch an Empfänger, die mit einem Windows-Computer arbeiten, so sollten Sie weiterhin die Option *Anhänge Windows-kompatibel senden* aktivieren. Die Daten werden dann augenblicklich der E-Mail beigefügt. Achten Sie jedoch darauf, dass Ihre Anhänge stets eine den Empfängern annehmbare Größe aufweisen, da Modem-Benutzer doch arg Geduld aufbringen müssen, bis solch ein Daten-Paket heruntergeladen ist. Sollte die Datei umfangreicher sein, ist es oftmals nicht verkehrt, dies vorher anzukündigen bzw. um Erlaubnis zu fragen.

Datei-Anhänge einbauen ist ebenfalls eine leichte Sache.

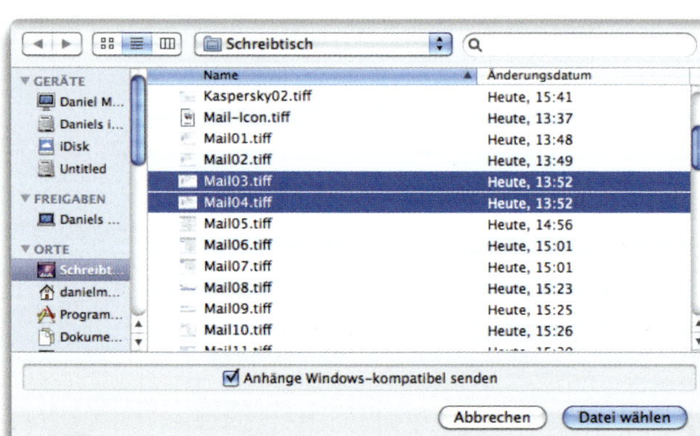

Bei Datei-Anhängen, die mehrere Megabyte groß sind, sollten Sie diese zuvor komprimieren. Dabei werden die Daten verkleinert, indem unwichtige Informationen durch einen Algorithmus herausgerechnet werden. Beim Empfänger werden dann die Daten wieder dekomprimiert, sprich die Informationen wiederhergestellt. Apple bietet Ihnen im *Finder* diese Art der Verarbeitung an, indem Sie zuerst die Datei (oder auch mehrere) markieren (anklicken) und dann im *Finder* über die Menüleiste *Ablage* den Befehl *»Muster-Datei« komprimieren* wählen (»Muster-Datei« soll hier stellvertretend als Platzhalter für den jeweiligen Datei-Namen dienen, bei mehreren Daten wird die Anzahl der Objekte aufgeführt). Dabei wird ein Archiv mit dem Suffix *.zip* erstellt, was der am häufigsten verwandten Komprimier-Methode entspricht. Erhält nun der Empfänger einen »gezippten« Anhang, so muss er diesen nur doppelklicken, um an den Inhalt zu gelangen. *JPEG*-Bilder brauchen Sie im Übrigen nicht mehr zu komprimieren, da es sich dabei schon um ein komprimiertes Format handelt.

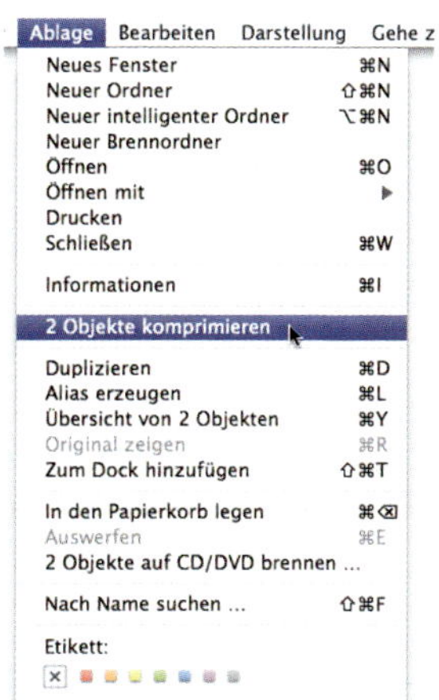

Über »Ablage | Muster-Datei komprimieren« wird eine ZIP-Datei angelegt, die sich auf Doppelklick hin entpackt.

Falls Sie einen Internet-Provider oder ein E-Mail-Programm verwenden, das eine Beschränkung von Datei-Anhängen vorsieht (beispielsweise auf 20 Megabyte wie im Falle von *MobileMe*), so können Sie dieses Manko über *MobileMe* umgehen, indem Sie die betreffende Datei zuerst vom Rechner aus auf die virtuelle *iDisk* kopieren. Danach öffnen Sie Ihren Browser *Safari* und loggen sich über die URL `www.me.com` ein. Dort wiederum öffnen Sie Ihre *iDisk*, wählen die gerade hochgeladene Datei aus und wählen dann *Datei freigeben*. Über das eingeblendete Dialogfenster tragen Sie nun die E-Mail-Adresse des Empfängers sowie eine kurze Nachricht ein (auf Wunsch lässt sich die Datei auch schützen) und klicken auf *Freigeben*. Der Empfänger erhält nun die Nachricht und kann die Datei per Mausklick auf seinen Rechner herunterladen – und das alles ohne Einschränkung in Sachen durchzuleitende Datengröße. Da freuen wir uns aber …

Monster-Daten versenden Sie nicht per E-Mail, sondern Sie »lassen« laden (wie elegant) – dank »MobileMe« geht das schnell und unkompliziert.

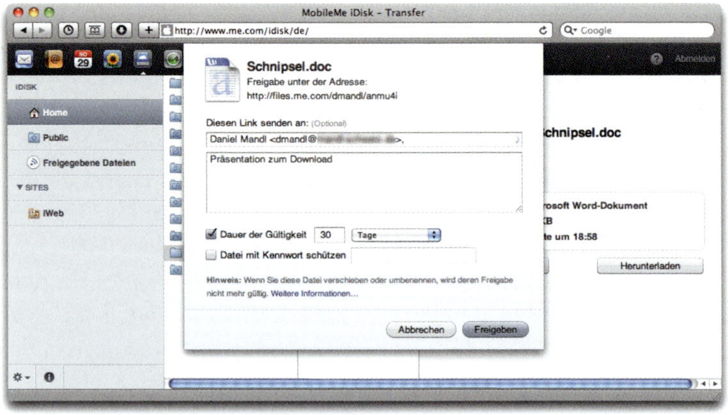

Über den *Adressen*-Knopf ( ) der Symbolleiste erhalten Sie direkten Zugriff auf Ihr *Adressbuch* (siehe auch Kapitel »Die Welt der Programme«), aus dem heraus Sie ebenfalls Adressaten bestimmen und sogar ganze Gruppen als Empfänger bestimmen können. Markieren Sie folglich einen Namen (dessen E-Mail-Adresse jedoch eingetragen sein muss) oder eine Gruppe (bestehend aus mehreren, zusammengehörigen Adressaten) und klicken auf *An*, *Kopie* bzw. *Blindkopie*, so werden diese in der E-Mail eingetragen.

Das Versenden von Mails an viele Empfänger ist am besten über Gruppen zu bewerkstelligen. Aber werden Sie dadurch ja nicht zum »Spammer« ...

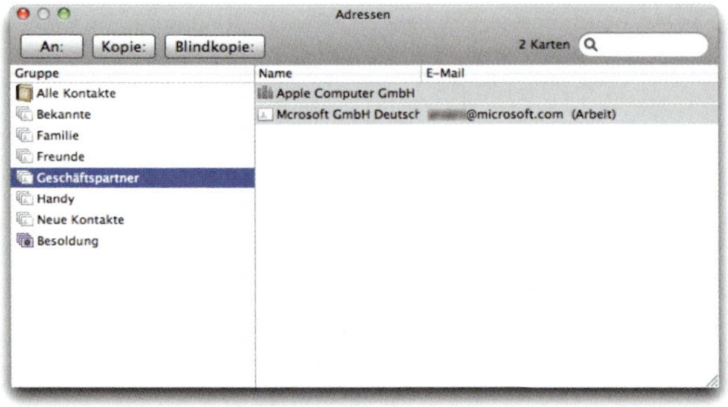

Auch das Formatieren von Mails fällt leicht, indem Sie die beiden Knöpfe für *Schriften* ( ) und *Farben* ( ) bedienen. Hierbei können Sie aus allen auf Ihrem Rechner befindlichen Schrift-Typen wählen und sowohl *Schriftgröße* als auch die *Farbe* bestimmen. Dennoch sei gesagt, dass eine reine Text-Mail im Geschäftsverkehr eher angebracht ist als eine virtuelle Post in schreiend bunten Farben und »haushohen« Lettern.

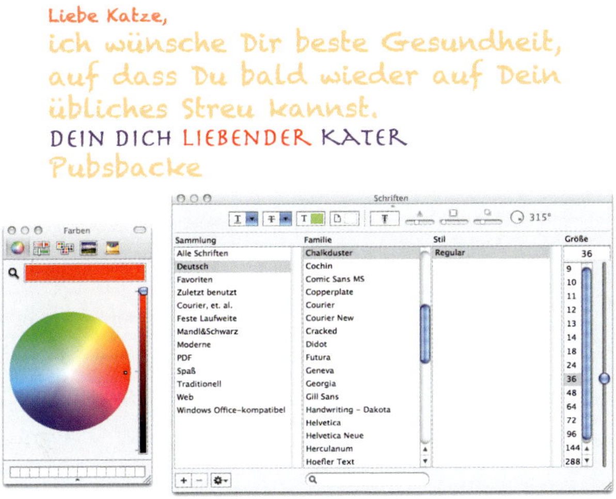

Auch das ist möglich: Bunte Grüße an die Lieben per E-Mail – formatiert mit witzigen Schriften und Farben.

Der Text-Inhalt der Mail wird bei aktivierter *Rechtschreibprüfung* bereits während des Schreibens kontrolliert. Wörter, die unbekannt oder falsch geschrieben sind, werden automatisch rot unterstrichen – hier sollten Sie unbedingt noch einmal einen kritischen Blick darauf werfen. Ist für Sie das Ganze eher unangenehm, so können Sie über das Menü *Bearbeiten | Rechtschreibung und Grammatik | Rechtschreibprüfung* die Korrektur deaktivieren. Noch besser ist es, wenn Sie in den *Mail-Einstellungen* in der Rubrik *Verfassen* bei *Rechtschreibung* die Einstellung *Nie* wählen – dann ist auch bei den folgenden Mails Ruhe.

Zum Vor- und späteren Überarbeiten dient der Button *Als Entwurf sichern* ( ). Hierbei wird die Mail noch nicht verschickt, sondern vorerst in das Postfach *Entwürfe* transferiert. Diese Mails können Sie nun zu einem späteren Zeitpunkt wieder hervorkramen und auf Vordermann bringen. Erst wenn alles sitzt und passt, drücken Sie endgültig auf *Senden.*

Denken Sie bitte immer daran, dass bei einem IMAP-Server (unter anderem auch der *MobileMe*-Account) die Daten auf dem Server und nicht auf der Festplatte liegen. Sie müssen also online sein und eine Verbindung besitzen, damit Sie auf die Daten zugreifen können – es sei denn, Sie haben in den *Mail-Einstellungen* unter *Accounts* die Rubrik *Postfach-Verhalten* so eingerichtet, dass sowohl *Entwürfe* als auch *Gesendete E-Mails* explizit nicht auf dem Server gesichert werden sollen.

Mit ein Highlight im Programm *Mail* sind die beiden Knöpfe *Fotoübersicht* ( ) sowie *Vorlagen* ( ). Über die *Fotoübersicht* öffnen Sie eine Palette, über die Sie auf all Ihre in *iPhoto* archivierten Fotos sowie auf alle in *Photo Booth* angefertigten Bilder zurückgreifen können. Packen Sie einfach ein oder mehrere Bilder und ziehen Sie sie an die gewünschte Stelle. Über das unten liegende Popup-Menü *Bildgröße* stellen Sie nun noch eine entsprechende Größe ein und fertig ist die Überraschungs-Mail.

Die »Fotoübersicht« ermöglicht das rasche Auffinden und Einbauen von Fotos aus Ihrem gesamten Bild-Bestand.

Auch mit den *Vorlagen* können Sie mächtig Eindruck schinden. Klicken Sie auf den Knopf *Vorlagen einblenden*, so finden Sie diverse Themen-Vorschläge für verschiedenste Belange, darunter Geburtstage, Ankündigungen oder Foto-Mails. Suchen Sie sich einfach Ihr gewünschtes Motiv und füllen Sie die Text-Platzhalter mit eigenen Worten. Bilder wiederum können Sie mit eigenen Fotos austauschen – Sie müssen nur Ihre Bilder aus der *Fotoübersicht* oder aus einem anderen Ordner auf die vorgefertigten Abbildungen ziehen: Fertig ist die ganz persönliche Mail.

Vorlage wählen und mit eigenen Inhalten füllen – so schnell kommt keiner an professionelle Mails heran. Klicken Sie auf ein Bild, so lässt es sich weiter auf den gewünschten Ausschnitt optimieren.

Das war aber noch längst nicht alles. Werfen Sie einen Blick auf die Menüleiste und dort insbesondere auf den Menüpunkt *Darstellung*, so finden Sie dort wieder den Befehl *Symbolleiste anpassen*, über den Sie weitere Buttons der Symbolleiste hinzufügen können – und zwar getrennt für das eigentliche E-Mail-Fenster sowie für die Benutzer-Oberfläche des Programms. So finden Sie dort etwa den Button *Anfügen*, über den Sie in der Mail-Übersicht markierte Mails der aktuellen E-Mail anhängen können, oder *Drucken*, über den sich schell die vorliegende Mail ausgeben lässt. Auch für *Formatierter Text/Reiner Text* oder für das Anpassen der Schriftgröße (*Kleiner/Größer*) sind Symbole vorhanden, die ein schnelles Abarbeiten von Funktionen per Mausklick erlauben.

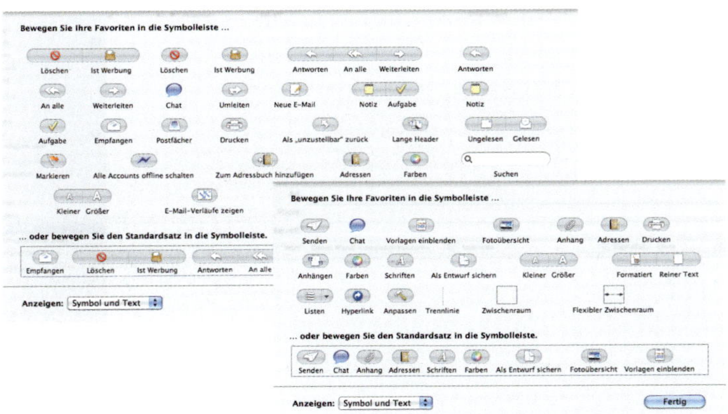

Für jeden Zweck die gewünschte Symbolleiste – »Symbolleiste anpassen« aus dem Menü »Darstellung« für das Programm (oben) sowie das E-Mail-Fenster (unten).

Für alle in der Symbolleiste vorhandenen Knöpfe finden Sie auch in der Menüleiste die entsprechenden Befehle samt Tasten-Kombinationen. So lassen sich über das Menü *Format* sowohl *Schriften* als auch *Farben* einblenden sowie *Stil* und *Ausrichtung* des Mail-Textes formatieren. Das E-Mail-Fenster können Sie über das Menü *Darstellung* und die Befehle *Adressfeld Blindkopie* bzw. *Antwort an* anpassen sowie im Menü *E-Mail* über den Befehl *Markieren* die Priorität bestimmen. Letztlich ist es »gehupft wie gesprungen«, auf welche Weise Sie Ihr Programm bedienen – die Knöpfe eröffnen einen direkteren Weg, das Ergebnis ist jedoch immer dasselbe.

Mails abrufen und empfangen

Auch für das Empfangen sowie das Ordnen von E-Mails stehen Ihnen viele Funktionen zur Verfügung. Als erste Voraussetzung ist wie immer der Online-Zugang und die Verbindung zum Internet zu nennen. Danach müssen Sie nurmehr auf *Empfangen* ( ) klicken und die Mails sollten eintrudeln. Haben Sie in den *Mail*-Einstellungen unter *Allgemein* bei *Empfang von E-Mails* eine Zeiteinheit eingestellt, so läuft der Empfang automatisch ab – Sie müssen sich um nichts kümmern.

Bei neu eingerichteten Accounts wird eventuell noch das Kennwort als Identifikation verlangt, welches Sie gleich im Schlüsselbund sichern sollten (Option *Dieses Kennwort in meinem Schlüsselbund sichern*) – es wird dann kein zweites Mal danach gefragt.

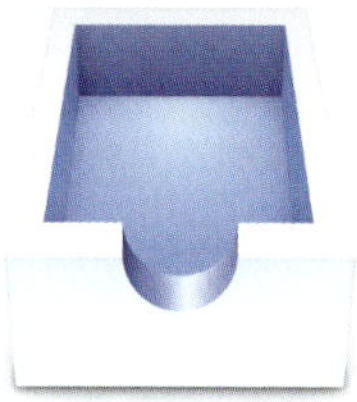

Ist dieser Punkt abgehakt, finden Sie in Ihrem Postfach *Eingang* ( ) die eingelaufenen E-Mails – schön geordnet nach dem jeweiligen Account. Die angezeigten Zahlen geben dabei den Umfang der Neuzugänge an. Klicken Sie Ihren Account oder den übergeordneten Eintrag *Eingang* an, so werden die E-Mails aufgelistet. Indem Sie eine Mail anklicken, wird der Inhalt im unteren Ansichts-Bereich eingeblendet. Sollte bei Ihnen nichts zu sehen sein, so doppelklicken Sie ganz unten auf den kleinen grauen Punkt. Danach können Sie mit der Maus auch die Bereiche der E-Mail-Übersicht (oben) und der Ansichtsfläche (unten) regulieren.

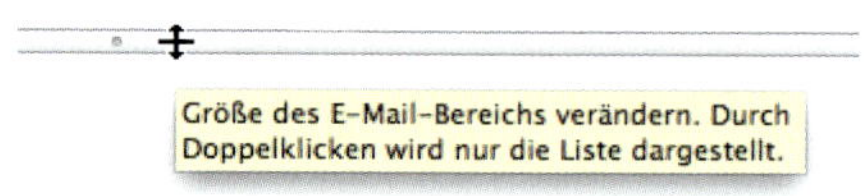

Über einen Doppelklick wird der E-Mail-Bereich verändert. Der Mauspfeil ändert sich dabei und zeigt damit an, dass Sie die Bereiche nach eigenem Wunsch verschieben können.

Was letztlich im Mail-Bereich an Spalten angezeigt werden soll, können Sie über die Menüleiste *Darstellung* | *Spalten* definieren. Neben *Absender* und *Empfangs-Datum* stehen Ihnen auch Informationen zur Mail-Größe, das Postfach, das Gesendet-Datum und vieles weitere mehr zur Verfügung. Denken Sie jedoch dabei immer auch an das Motto »Weniger ist Mehr«, sind doch zu viele Spalten eher unübersichtlich, vom umfangreichen Platzverbrauch ganz zu schweigen.

Eine Sortierung erreichen Sie ebenso über das *Darstellung*-Menü und dort über den Befehl *Sortieren nach*. Auch zu diesem Feature werden Ihnen ein gutes Dutzend Eigenschaften angeboten, die Ihrer Übersicht dienlich sind.

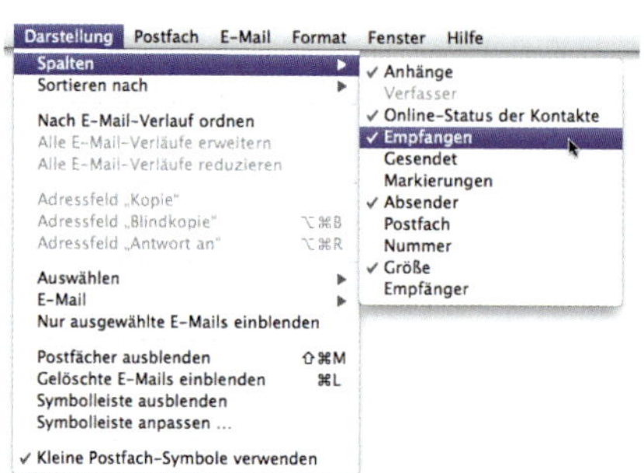

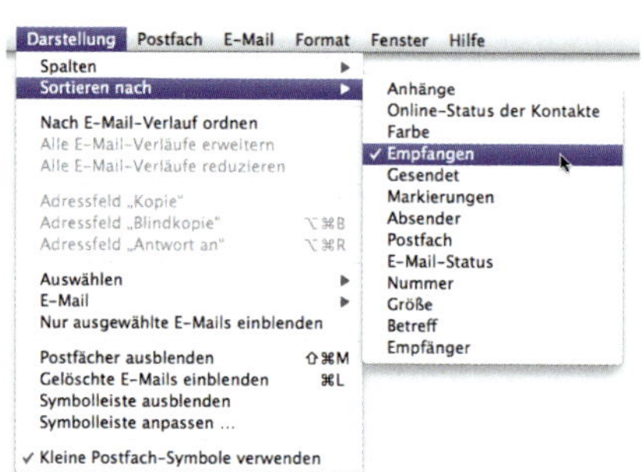

Links die möglichen »Spalten«, rechts die »Sortieren nach«-Kategorien: Ordnung muss halt sein.

Enthält eine Mail *Anhänge*, so lassen sich diese über den *Sichern*-Button (Sichern ▾) auf verschiedenem Wege abspeichern. Klicken Sie einfach nur auf den *Sichern*-Button, so landen die Anhänge schnell und unkompliziert in Ihrem *Download*-Ordner. Wünschen Sie einen anderen Ablage-Platz, so erledigen Sie dies – Sie erinnern sich? – über die *Mail-Einstellungen | Allgemein* und dort über den Punkt *Download-Ordner*. Über den Befehl *Anderer* lässt sich nun jeder erdenkliche Ort festlegen. Eine andere Variante besteht darin, dass Sie ebenfalls auf den *Sichern*-Knopf klicken, dabei jedoch die Maustaste ein klein wenig länger als üblich gedrückt halten. Hierbei öffnet sich ein Menü, was auch am kleinen Dreieck innerhalb des Buttons erkennbar ist. Auch in diesem Fall lässt sich die Datei sichern, jedoch mit dem Unterschied, dass es sich dieses Mal über den normalen Sichern-Dialog vollzieht, das heißt, Sie können sich Datei für Datei vornehmen und jedes Mal neu bestimmen, wohin der Anhang gesichert werden soll.

Über den »Sichern«-Knopf wird der Inhalt der Anhänge angezeigt. Wählen Sie eine Datei aus, so können Sie diese an einem Ihnen genehmen Platz abspeichern.

Im Falle mehrerer Bilder steht Ihnen auch die Möglichkeit zur Verfügung, diese allesamt gleich in das Programm *iPhoto* oder *Aperture* zu transferieren. Das geht schnell und erspart Ihnen das doppelte Hantieren mit diesen Dateien an anderen Orten.

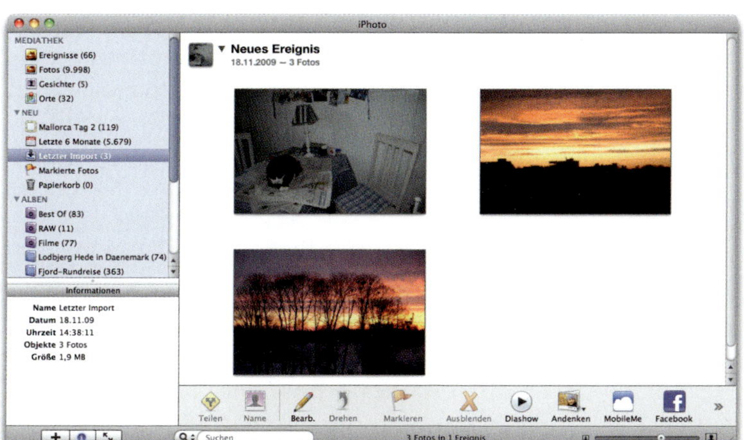

Wird der Befehl »Zu iPhoto hinzufügen« gewählt, wandern alle Bilder ratzfatz zu iPhoto und werden dort als neues Ereignis angelegt.

Und auch die *Übersicht* darf natürlich nicht fehlen. Egal ob PDF-, Bild- oder Text-Datei – über den Button *Übersicht* (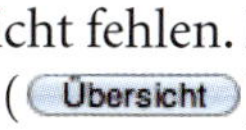) erhalten Sie schon einmal eine Voransicht dessen, was Sie erwartet. Mehrere Bilder lassen sich so wieder als Index-Seite anzeigen, und PDF- sowie mehrseitige Text-Dokumente können Sie schon einmal durchblättern, um zu prüfen, ob es sich lohnt, derartiges auf die Festplatte zu laden. Auch die Diashow-Funktion steht selbstverständlich zur Verfügung.

Die Übersicht: Damit Sie nicht die Katze im Sack auf die Festplatte laden, ist es ratsam, schon einmal vorher einen prüfenden Blick auf die Anhänge zu werfen.

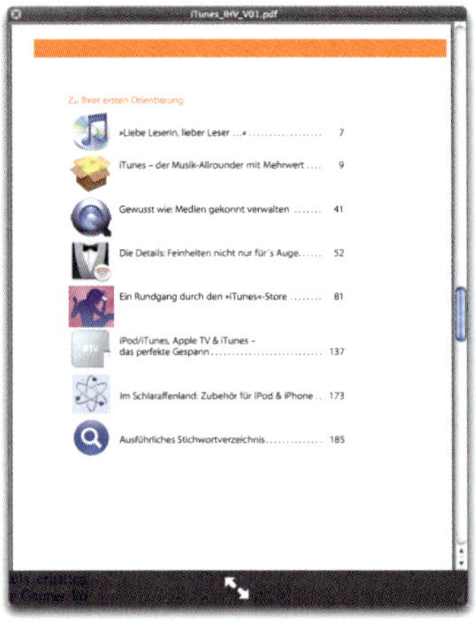

Klicken Sie mit gedrückter *Wahltaste* (⌥) auf den Button *Übersicht* (er heißt stattdessen nun *Diashow*), so werden die Anhänge sogleich in der bildschirmfüllenden Großansicht wiedergegeben.

Bitte achten Sie immer darauf, von wem Sie E-Mails erhalten, denn nicht immer sind Freunde, Verwandte oder Arbeitskollegen am Werk. Gewiefte Gauner können oftmals aufgrund des bloßen Öffnens einer Datei schadhafte Programme auf Ihren Rechner schleusen. Wir wollen Ihnen hier keine Angst einjagen, doch zeigt leider die Geschichte, dass eine kritische Grundeinstellung durchaus hilfreich sein kann. Wenn Sie also E-Mails von unbekannten Absendern erhalten, die noch dazu mit undeutlichen Betreffs versehen sind oder in fremdländischer Sprache Ihnen sonstwas andrehen wollen, so markieren Sie diese Mails als Werbung und löschen Sie sie anschließend.

Viele Werbe-E-Mails werden als HTML-Mails verschickt. Diese enthalten meist auch Bilder im Text, die üblicherweise beim Eintreffen der Mail in das Postfach auch gleich geladen werden – es sei denn, Sie werden vom Spam-Filter korrekt erkannt. Möchten Sie dies verhindern (aus Sicherheitsgründen oder wegen einer sehr langsamen Internet-Leitung), so erledigen Sie dies in den *Mail-Einstellungen* | Abteilung *Darstellung*. Deaktivieren Sie hier die Option *Nicht lokal gesicherte Bilder in HTML-E-Mails anzeigen*. *Mail* präsentiert nunmehr die E-Mail nur mit Text, die Bilder müssen separat geladen werden.

Erst wenn Sie auf »Bilder laden« klicken, werden auch die zugehörigen Bilder mit angezeigt.

Ist nun eine Mail gelesen, heißt es für Sie: Wohin damit? Zum einen können Sie diese natürlich umräumen. Dazu packen Sie die E-Mail mit der Maus und ziehen sie mit gedrückter Maustaste in ein anderes Postfach. Letzteres legen Sie an, wenn Sie links unten auf den *Plus*-Button (+) klicken und dort den Befehl *Neues Postfach* wählen. Bestimmen Sie dann noch den Ort und vergeben Sie wie üblich einen ganz tollen Namen. *Lokal* steht hier für Ihre Festplatte, andere Accounts wie ein IMAP- oder Exchange-Server werden separat aufgeführt. Haben Sie schon Postfächer angelegt, so können Sie auch innerhalb dieser Ordner weitere Unterordner erstellen. Mit der Zeit werden Sie ein Gespür dafür bekommen, was wirklich wichtig ist und aufgehoben werden soll, im Gegensatz zu belanglosem Blabla, das Sie nie wieder hervorkramen werden und besser löschen sollten.

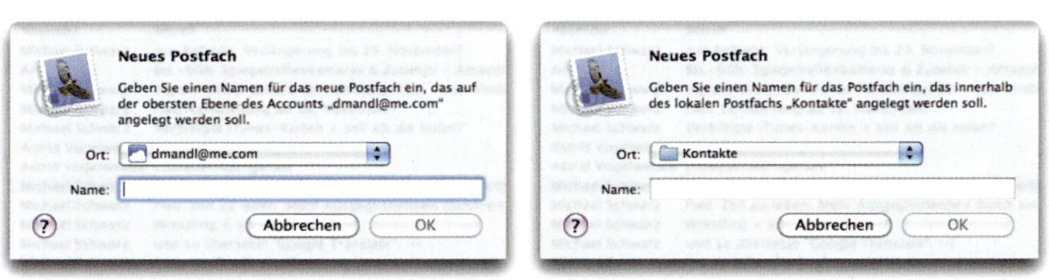

Neue Postfächer braucht das Land – entweder für den jeweiligen Account oder innerhalb eines schon bestehenden Postfachs.

Sofern Sie häufiger zwischen den Postfächern *Eingang, Ausgang, Entwürfe* etc. hin und her wechseln, so sollten Sie sich die Tasten-Kombinationen ⌘-1 bis ⌘-8 gut merken. ⌘-1 steht für *Eingang*, ⌘-2 für *Ausgang*, ⌘-3 für *Entwürfe*, ⌘-4 für *Gesendet*, ⌘-5 für *Papierkorb*, ⌘-6 für *Unerwünschte Werbung*, ⌘-7 für *Notizen* und ⌘-8 für *Aufgaben*. Woher wir das wissen? Schauen Sie mal unter *Postfach* | *Gehe zu* nach …

Bei E-Mails, die Sie beantworten möchten, stehen Ihnen die beiden Buttons *Antworten* ( ) und *An alle* ( ) zur Verfügung. *Antworten* bezieht sich hierbei nur an einen Einzel-Absender, während *An alle* sämtliche Adressaten (also auch jene, die eine Kopie der Mail erhalten haben) betrifft. Die Mail wird neu geöffnet und die ehemaligen Absender werden automatisch als neue Empfänger eingetragen. Die *Betreff*-Zeile erhält ein *Re:* (für *reply* – antworten) vorangestellt und der Mail-Text wird – wie weiter oben schon beschrieben – als *Zitat* und somit farbig wiedergegeben. Haben Sie zuvor nur einen Ausschnitt des Textes markiert, so wird nur dieser als Zitat in der Antwort-Mail eingebettet. Bereits empfangene Anhänge werden im Übrigen beim *Antworten* ausgeschlossen, da diese ja bereits ihren Zweck erfüllt haben.

Das Beantworten geht recht schnell, da Ihnen das Programm »Mail« alles fix und fertig aufbereitet – nur den Antwort-Text müssen Sie noch eingeben.

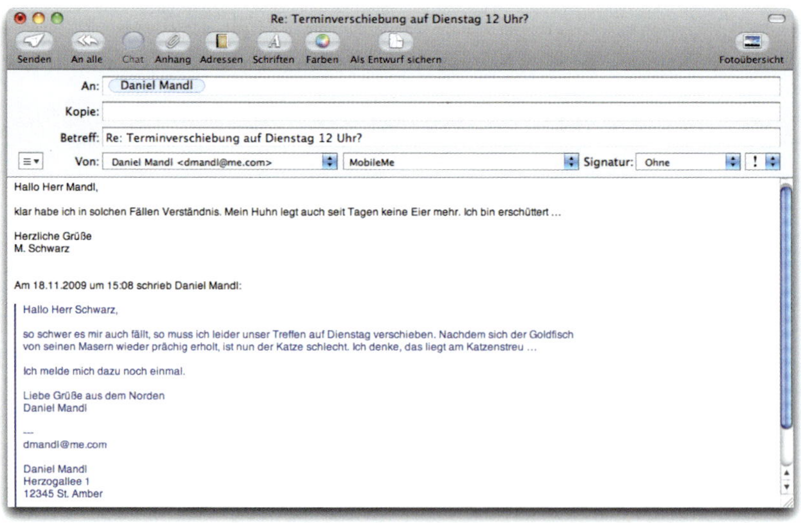

Jene Empfänger, die bei *Blindkopie* eingesetzt wurden, sind nicht ersichtlich und werden auch im Falle von *An alle* nicht berücksichtigt.

Als Alternative zur Antwort-Mail steht Ihnen die *Weiterleitung* ( ) zur Verfügung. Hierbei markieren Sie ebenfalls die betreffende Mail und klicken dann auf den Button *Weiterleiten*. Nun müssen Sie nurmehr einen oder mehrere neue Adressaten eingeben und die Mail kann so, wie Sie sie erhalten haben, versendet werden. Der ursprüngliche Mail-Text ist wieder als Zitat eingefügt und der Empfänger erkennt die Weiterleitung am vorangestellten *Fwd* (für *forward* – weiterleiten). Auch hier bleibt es Ihnen natürlich überlassen, weiteren Text einzufügen oder zu einzelnen Text-Ausschnitten Ihre Kommentare zu hinterlassen. Beim *Weiterleiten* werden übrigens die Anhänge mitgeschickt, also bitte aufpassen, wenn Sie dies nicht wünschen.

Neben den vielen wichtigen Mails gelangen auch unerwünschte Mails in Ihre Postfächer. Denken Sie daran, diese als Werbung (Button *Ist Werbung*) zu kennzeichnen, so dass der Spam-Filter trainiert wird. Oder Sie löschen die Mails gleich – wie sollte es anders sein – über den *Löschen*-Knopf ( ). Die entsprechenden Nachrichten landen dann im

Papierkorb ( ) und werden darin sozusagen zwischengelagert. Erst wenn Sie den Befehl *Postfach | Objekte endgültig löschen* sowie den betreffenden Account (oder *In allen Accounts*) auswählen, verschwinden sie – nach nochmaliger Bestätigung – vollständig von der Bildfläche.

In Postfächern mit umfangreichen Mail-Sammlungen ist es manchmal ziemlich schwierig, überhaupt noch den Durchblick zu wahren. Hier hilft Ihnen die Mail-eigene Suche, indem Sie in das Suchfeld einen Begriff (Betreff, Datum, Absender etc.) eingeben. *Mail* arbeitet hierbei recht schnell und listet Ihnen die Ergebnisse in der Rangfolge der höchsten Treffer-Quote auf. Wenn Sie zuvor ein oder mehrere Postfächer markieren (einfach anklicken, bei mehreren mit gedrückter *Befehlstaste*), findet die Suche explizit darin statt.

Da können Sie nicht mithalten: Die Suche arbeitet effektiv und wird garantiert fündig.

Über die Einträge oberhalb der aufgelisteten Mails lässt sich das Suchergebnis spezifizieren, indem Sie weitere Einschränkungen (*Von, An, Betreff* oder *Gesamte E-Mail* bzw. *Alle Postfächer* oder ein ausgewähltes) festlegen.

Begeben Sie sich häufiger in das Feld *Suchen* – und zwar mit immer denselben Begriffen –, sollten Sie diese Suche sichern. Klicken Sie rechter Hand auf den Button *Sichern*, so wird (als Pendant zum *intelligenten Ordner*) im *Finder* ein *intelligentes Postfach* angelegt. Sie vergeben einen Namen und übernehmen entweder die vorgegebenen Eigenschaften oder passen diese weiter an. Als Ergebnis erhalten Sie einen Ordner, der sich ständig neu aktualisiert und dabei Ihre vorgegebenen Such-Wünsche berücksichtigt.

Intelligente Postfächer lassen sich auch über die Menüleiste *Postfach* und den Befehl *Neues intelligentes Postfach* anlegen. Auch in diesem Fall bestimmen Sie zuerst die Bedingungen, die erfüllt werden müssen, damit eine Mail in den Ordner gelangt. So können Sie beispielsweise alle Mails mit der höchsten Priorität sammeln oder etwa ein Sammel-Postfach für die letzten sieben Tage einrichten – alles was älter ist, fliegt dann wieder raus. Und denken Sie daran: Nichts ist für die Ewigkeit, so dass Sie jederzeit per Klick auf den intelligenten Ordner oder über *Postfach | Intelligentes Postfach bearbeiten* Bedingungen zusätzlich einbauen oder wieder entfernen bzw. per Doppelklick auf den Postfach-Namen diesen umbenennen können.

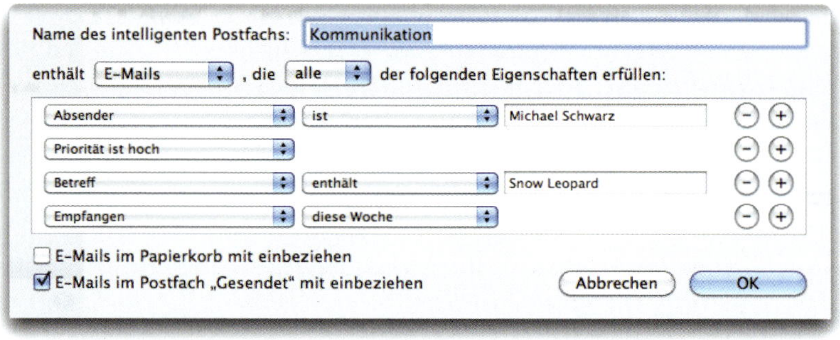

Ein Sammelbecken für wichtige Nachrichten wird eingerichtet – danach geht Ihnen nichts mehr durch die Lappen.

Zu Ihrer Beruhigung: In *intelligenten Postfächern* wird weder gelöscht noch verschoben, denn die dort gesammelten Mails verbleiben nichtsdestotrotz in ihren Original-Ordnern. Sie finden also darin nur Verknüpfungen.

Wird die Liste von intelligenten Postfächern mit der Zeit immer umfangreicher, so sollten Sie diese in Ordner packen, und zwar über *Postfach | Neuer Ordner für intelligente Postfächer*. Hier hinein lassen sich nun diese ziehen bzw. darin auch alle weiteren anlegen. So wird auf der einen Seite Platz gewonnen, auf der anderen Seite ist alles übersichtlicher.

E-Mails sichern bzw. archivieren

Ja nach Umfang Ihrer E-Mail-Tätigkeit sammeln sich über die Monate oder Jahre vielleicht Tausende von E-Mails zuzüglich diverser Anhänge an. E-Mails, die noch aus den Vorjahren stammen, sollten Sie nun – je nach Wichtigkeit – entweder löschen oder archivieren. Neben der Backup-Lösung *Time Machine*, die selbstverständlich automatisch eine Sicherheitskopie Ihrer Postfächer erstellt, kann es aber auch nicht verkehrt sein, diese auch auf DVD gebrannt bzw. auf einer weiteren externen Festplatte zu horten.

Zum Anlegen einer Sicherheitskopie markieren Sie wieder ein oder mehrere Postfächer und wählen dann über die Menüleiste *Postfach* den Befehl *Archivieren*. Bestimmen Sie den Speicher-Ort und ob alle im ausgewählten Postfach enthaltenen Unterordner mit exportiert werden sollen (Option: *Alle Unterordner exportieren*). Der Klick auf *Auswählen* gibt dann den Befehl zum Export und Sie erhalten entweder einen Ordner mit den darin befindlichen Unterordnern oder direkt eine Datei mit der Endung ».mbox«.

Sie können nun entweder das archivierte Postfach aus *Mail* entfernen oder das exportierte ».mbox«-Paket als Sicherheitskopie betrachten und das Postfach in entsprechenden Zeitabständen erneut archivieren. In letzterem Fall wird die bestehende Datei im Übrigen nicht überschrieben, sondern erhält als Unterscheidungsmerkmal eine Ziffer angehängt.

Bestimmen Sie zuerst die gewünschten Postfächer und wählen Sie dann »Postfach | Archivieren«. Alternativ klappt das auch über das Kontext-Menü, das diesen Befehl ebenso bereitstellt.

Zum Wiederherstellen eines Postfaches benutzen Sie entweder *Time Machine*, indem Sie zuerst *Mail* starten und dann *Time Machine* aufrufen. Navigieren Sie dann innerhalb von *Time Machine*, bis Sie zu jener *Mail*-Version gelangen, die das Postfach erhält. Markieren Sie es und klicken Sie dann auf *Wiederherstellen*. Haben Sie stattdessen Ihre Postfächer auf einer externen Festplatte archiviert, so wählen Sie in *Mail* über die Menüleiste *Ablage* den Befehl *Postfächer importieren*. Im auftauchenden Dialog klicken Sie nun bei *Daten importieren von* auf die Option *Apple Mail* und dann auf Fortfahren. Über den *Öffnen*-Dialog weisen Sie nun die entsprechende Datei zu und klicken dann auf *Auswählen*.

Postfächer lassen sich entweder über »Time Machine« oder über »Ablage | Postfächer importieren« wiederherstellen – immer vorausgesetzt, Sie haben zuvor fleißig Sicherheitskopien erstellt.

Auch einzelne E-Mails, die Ihnen besonders wichtig sind, lassen sich abspeichern, indem Sie sie entweder einfach auf den Schreibtisch ziehen oder über *Ablage* den Befehl *Sichern unter* wählen. Zur Auswahl sehen drei Format-Möglichkeiten: Als *formatierter Text* bleiben alle Textauszeichnungen und Farben erhalten, während *reiner Text* genau diese entfernt. Wird bei diesen beiden Formaten zusätzlich die Option *Anhänge anfügen* ausgewählt, so werden auch diese mit in das Text-Dokument integriert. Das Format *Reine Datei der E-Mail* wiederum erhält die E-Mail samt aller Informationen (inklusive Kopfzeilen) und legt eine Datei an, die auf Doppelklick hin im Programm *Mail* geöffnet wird.

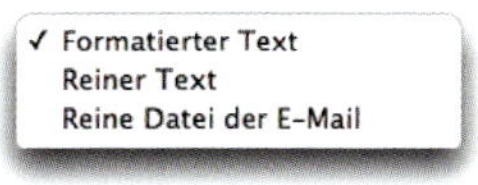

Ob »Reiner Text«, »Formatierter Text« oder »Reine Datei der E-Mail« – E-Mails lassen sich auch außerhalb des Programms »Mail« problemlos abspeichern.

Aufgaben und Notizen anlegen und verwalten

Auch unter *Mail* lassen sich die beiden Funktionen *Notiz* und *Aufgabe*, die Sie bereits aus *iCal* kennen, verwenden. So ist es nun ein Leichtes, auch aus einer E-Mail heraus – beispielsweise mit einer Terminanfrage – diese zu sichern und festzuhalten. Oder Sie legen aus dem Programm *Mail* heraus diese Merkhilfen fest.

Im Fall einer E-Mail markieren Sie mit der Maus den wichtigen Text-Eintrag und klicken dann auf den Knopf für *Aufgabe* (✓) bzw. wählen diesen Befehl über das Kontext-Menü. Die Aufgabe als solches wird nun farbig hervorgehoben und kann weiter angepasst werden, indem Sie auf den links stehenden Pfeil (➲) klicken. So lassen sich das Datum des Termins samt einer Erinnerung bestimmen, die Priorität festlegen sowie der dafür verwendete Kalender in *iCal* auswählen. Starten Sie zur Sicherheit einmal Ihr Kalender-Programm *iCal*, so sehen Sie, dass die Aufgabe auch dort bereits eingetragen wurde. Mit anderen Worten: Termine vergessen überlassen Sie künftig den anderen, denn schließlich arbeiten Sie professionell :-)

Aufgaben lassen sich schnell festlegen …

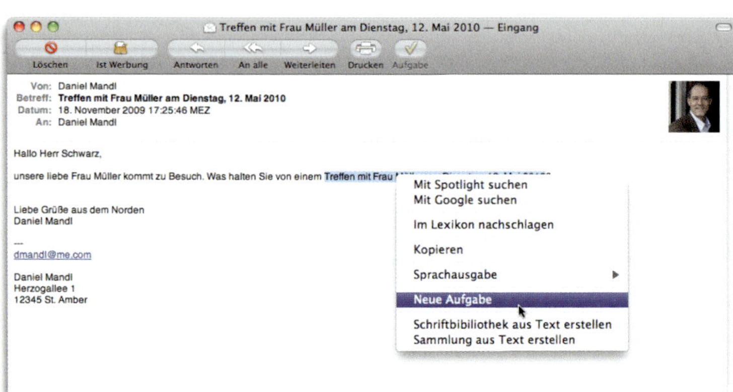

... und weiter anpassen, indem Sie auf den links neben dem Text liegenden Pfeil klicken und Ihre Optionen festlegen.

Auch wenn Sie später den Aufgabentext ändern, um beispielweise eine neue Lokalität einzutragen, so gleichen sich die Programme *Mail* und *iCal* untereinander ab, so dass Sie immer den aktuellen Stand vor Augen haben. Dazu rufen Sie Ihre Aufgabe in der *Quellen*-Liste von *Mail* bei *Erinnerungen* auf. Überfahren Sie nun mit der Maus die Einträge der verschiedenen Spalten, so werden jeweils kleine Symbole (⬍/▾) eingeblendet, die auf Mausklick hin weitere Anpassungen zur Verfügung stellen.

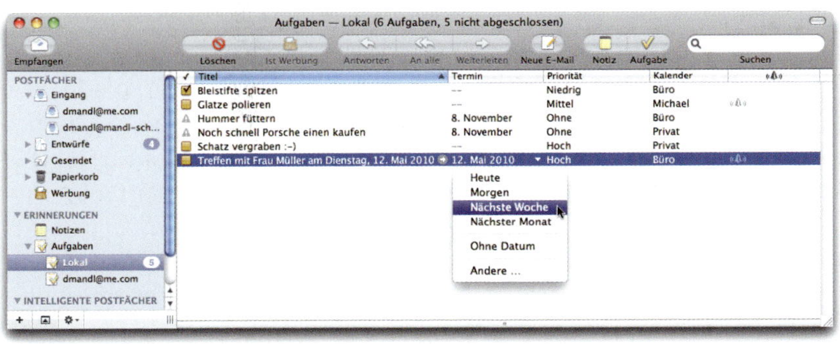

Die Erinnerungen-Abteilung in Mail – wenn Sie denn nachbessern oder ganz neue Aufgaben anlegen möchten.

Notizen eignen sich – wie man es eben kennt – für das schnelle Aufzeichnen und Festhalten von Informationen oder »Gedankenblitzen« (wie auch immer diese aussehen mögen). Klicken Sie dazu auf den in der Symbolleiste liegenden Knopf *Notiz* ( ) und schreiben Sie im erscheinenden *Notizen*-Fenster einfach drauflos. Über die oben liegenden Knöpfe haben Sie nun wiederum mehrere Möglichkeiten zum Weiterverarbeiten. Zum einen lässt sich die Notiz als E-Mail versenden (Knopf *Senden* –), wobei die erste Zeile Ihres Eintrags als *Betreff* verwendet wird. Sie können Ihrer Notiz jedoch auch einen Anhang hinzufügen (Knopf *Anhang* –) und diese erst dann versenden. Über die Knöpfe *Schriften* ( ) und *Farben* ( ) lässt sich – wie soll es auch anders sein – das Aussehen anpassen und aufpeppen und über *Aufgabe* ( ) Ihre Notiz in eine – na, raten Sie mal – Aufgabe umwandeln.

Notizen, die als E-Mail versandt werden sollen, verwenden die erste Zeile Ihres Textes als Betreff.

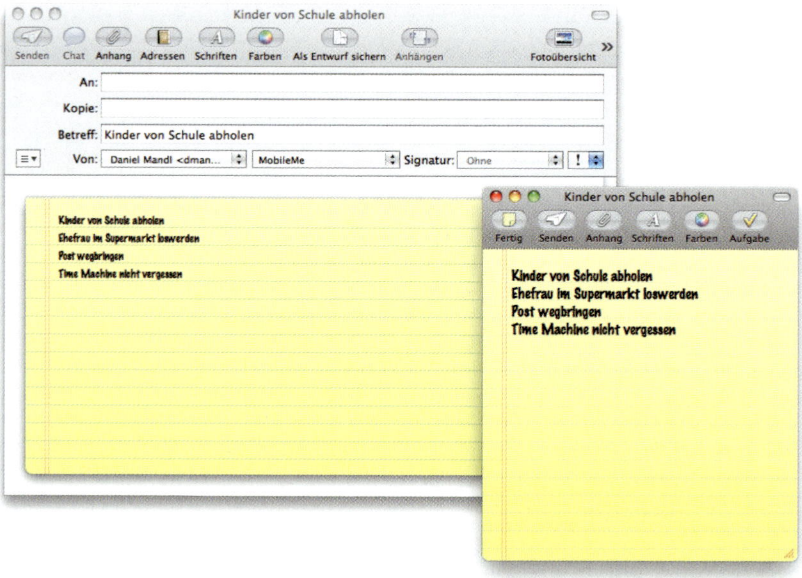

Übrig bleibt der Button *Fertig* ( ), der Ihre Notiz in der *Erinnerungen*-Abteilung der *Quellen*-Liste bzw. im in den *Mail-Einstellungen* | Reiter *Verfassen* bei *Notizen & Senden erstellen in* bestimmten Postfach sichert. Dort hinein sollten Sie also ab und zu mal einen Blick riskieren, damit Ihre Notizen nicht in Vergessenheit geraten. Gehören Sie dennoch zu der eher »zerstreuten Generation« (so ab 40 Jahre geht's schön langsam los), so sollten Sie in der Tat überlegen, wichtige Notizen doch eher in Aufgaben zu verwandeln und diesen eine Erinnerungsfunktion zukommen zu lassen (siehe zwei Absätze darüber).

Wenn Sie bei geöffnetem Notiz-Fenster den Befehl *Darstellung* | *Symbolleiste anpassen* wählen, so können Sie zusätzlich den Knopf *Listen* ( ) einblenden lassen, über den Sie weitere Möglichkeiten zur Formatierung (*Aufzählungsliste einfügen* bzw. *Nummerierte Liste einfügen*) Ihrer Notiz erhalten.

Sie können Ihre Notizen aufpeppen, indem Sie über »Symbolleiste anpassen« neue Funktionen hinzufügen.

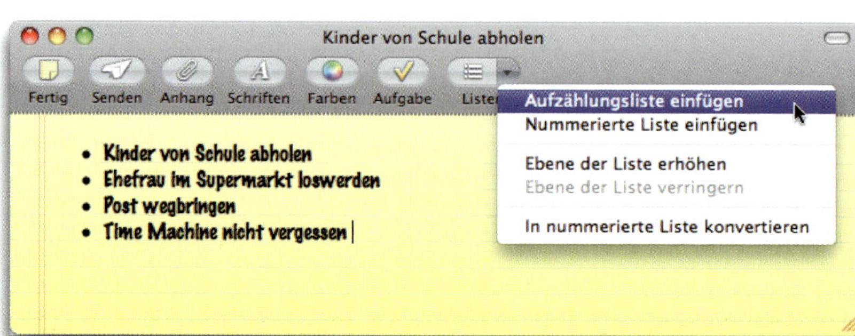

Denken Sie bitte an das *Dienste*-Menü (zu finden in der Menüleiste »Programme-Name«), das Sie in (fast) allen Apple-Applikationen vorfinden. Wird nun Text markiert (beispielsweise in *TextEdit* oder in *Safari*), so lässt sich darüber der Dienst *Neue Notiz aus Auswahl* (bei *Messaging*) wählen. So haben Sie in Sekundenschnelle einen Merkzettel in *Mail* parat.

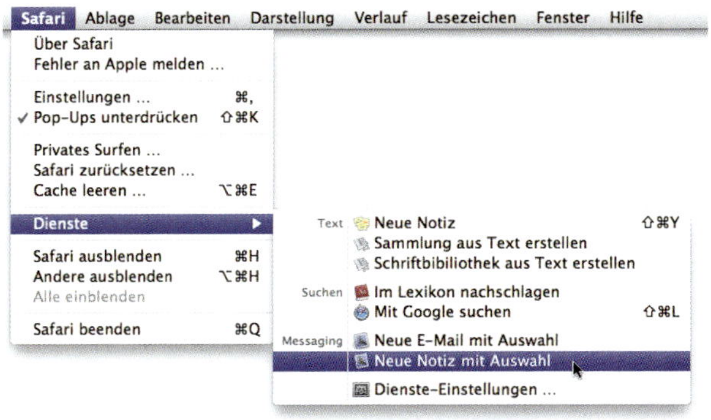

Schnell mal eine Mitteilung in Gedanken halten – das »Dienste«-Menü hat wieder den passenden Befehl.

Zum Schluss sei zum einen noch einmal auf das *Kontext-Menü* hingewiesen. Über einen Mausklick mit gedrückter *ctrl-Taste* bzw. per Rechtsklick rufen Sie es auf und erhalten so – je nach Anwendungsbereich – die dazu passenden Befehle zum Schnellausführen geliefert. Als Zweites wollen wir an die *Kindersicherung* in den *Systemeinstellungen* erinnern, mit der Sie ausgewählte E-Mail-Adressen sperren oder einrichten können.

iChat – bitte lächeln

Chatten ist ein beliebter Freizeitspaß, wie Millionen von fleißig plaudernden Anwendern aller Herren Länder täglich beweisen. Aber neben dem eher belanglosen Talk am Abend kann ein Chat auch für Geschäftsleute auf internationalem Terrain interessant sein, die eher unter dem Namen Video- oder Audio-Konferenz laufen. Und auch innerhalb eines Computer-Netzwerks ist diese Kurz-Absprache oftmals eine Überlegung wert, ist doch somit eine direkte Kommunikation möglich.

Eine Form des Chat nennt sich auch *Instant Messaging*, also eine Art von Sofortbenachrichtigung. Hierbei legen Sie eine *Buddy List* (Kontaktliste) an, in der jene Namen stehen, die ebenso über dasselbe Programm verfügen. Sobald nun jemand dieser Personen online ist, wird dies in Ihrer *Buddy List* kenntlich gemacht – Sie können also sofort Kontakt aufnehmen.

Apple hat die Software *iChat* im Gepäck, die Ihnen oben erwähnte Funktionalität bietet – und zwar sowohl als auch. Einzig für die Video-Übertragung, mit der Sie Ihren Gesprächspartner auch visuell unter die Lupe nehmen können, ist eine *iSight*-Kamera (oder ein anderes Gerät mit FireWire-Anschluss wie eine DV-Kamera) Voraussetzung. Besitzt Ihr Mac kein internes Mikrofon, so müssen Sie zusätzlich ein externes Modell anschließen. Wie das nun alles funktioniert, gibt's auf den folgenden Seiten …

iChat AV konfigurieren

Beim ersten Start von *iChat* werden Sie freundlich Willkommen geheißen und richten über einen Assistenten die Software ein. Dabei wird unterschieden zwischen einem *MobileMe-Account* und einem *AIM-Account.* Im Falle von *MobileMe* müssen Sie – verfügen Sie bereits über einen Account – nichts unternehmen, da bereits alles ausgefüllt ist. Ist der Servertyp *AIM-Account* (*AOL Instant Messenger*), benötigen Sie den *Benutzernamen* (*Pseudonym*) sowie das *Kennwort.* Haben Sie weder noch, so ist auch der Button *iChat-Account anfordern* von Interesse, werden Sie doch bei bestehender Online-Verbindung automatisch auf die *AOL-* bzw *MobileMe*-Seiten verlinkt und können dort einen solchen einrichten – natürlich nicht ganz uneigennützig. Apple bietet Ihnen hierbei einen 60-tägigen, kostenlosen Zugang zu *MobileMe*, wobei die an Sie vergebene *Apple-ID* sowie Ihr *Kennwort* gleichzeitig dem *Benutzernamen* und *Kennwort* für *iChat* entsprechen. Nach zwei Monaten kostet es dann aber Geld, denn bei Apple ist Geiz alles andere als geil ;-)

Wer weder einen MobileMe noch AIM-Account besitzt, wird über »iChat-Account anfordern« direkt auf die entsprechenden Seiten verlinkt.

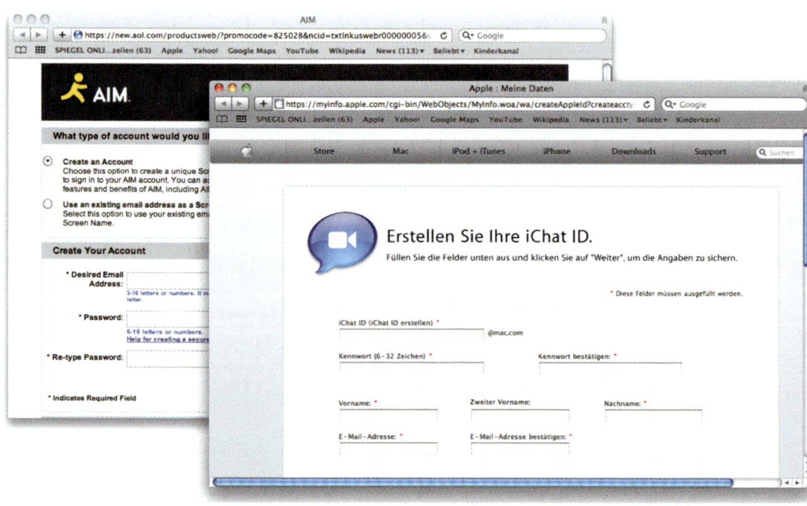

Der *Jabber-Account* ist für Firmen-Netzwerke von Belang. Als offenes Protokoll ermöglicht es den Austausch von Nachrichten untereinander, wobei die Kommunikation immer über einen zwischengeschalteten Server läuft. Am besten fragen Sie hier Ihren Firmen-Chef, ob ein solcher Server besteht – wenn ja, bitten Sie um die entsprechenden Daten. Sind Sie selber Chef (beispielsweise Ihrer Familie) und haben davon noch nie etwas gehört, dann wird's aber höchste Zeit ;-)

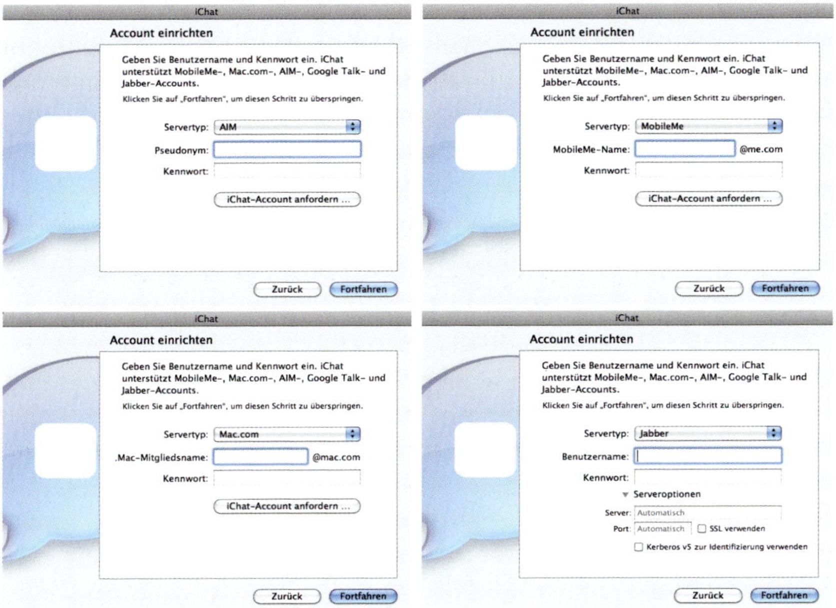

Die erste Stufe vor dem großen Chat: die Konfiguration. Es stehen insgesamt fünf Möglichkeiten zur Verfügung, wobei »MobileMe« und ».Mac« demselben Service entsprechen.

Version Numero Fünf – *Google Talk-Account* – erfordert zuerst einmal einen Besuch der Webseite `www.google.de/talk/intl/de`. Die Software *Google Talk* brauchen Sie dabei nicht herunterzuladen, da Sie nur für Windows-Anwender vorliegt. Interessant ist für Sie vielmehr *Google Talk* über das Internet, wobei Sie zuerst einen *Google-Account* benötigen, für den Sie sich anmelden sollten. Diese Zugangsdaten wiederum sind für Sie wichtig, da Sie sie in *iChat* übernehmen müssen.

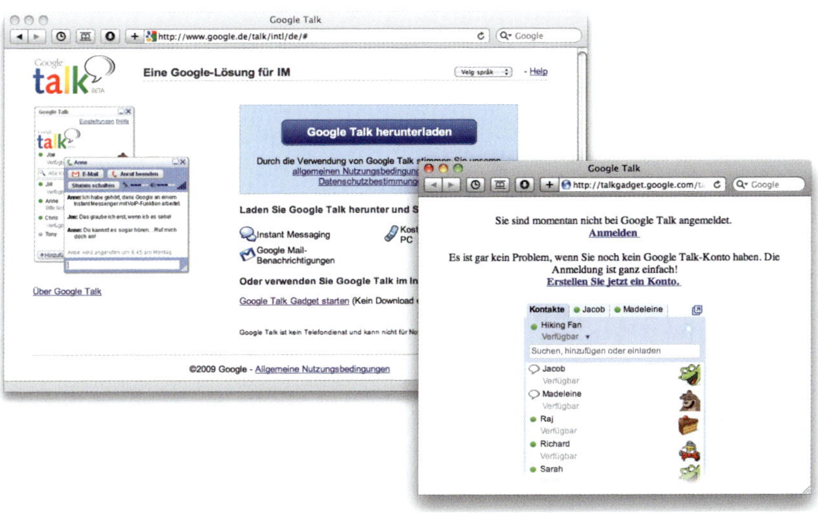

Der erste Schritt besteht in der Anmeldung für einen Google Talk-Account.

Tragen Sie folglich – egal, für was auch immer Sie sich entscheiden – die Daten ein und klicken Sie dann auf *Fortfahren.* Die nächste Station nennt sich *Verschlüsseltes iChat* (im Falle eines *MobileMe-Accounts*) und ermöglicht Ihnen ein sicheres Agieren im Internet, ohne dass sich Dritte unangemeldet in Ihren Chat einschalten können. Wenn Sie dies also bevorzugen, so lassen Sie die Option *iChat Verschlüsselung aktivieren* unangetastet (sie ist standardmäßig aktiv). Hierbei wird ein so genanntes *iChat-Zertifikat* verwendet, anhand dessen das Programm Ihre Identität zuordnen kann.

Wenn Sie sicheres Chatten bevorzugen, so können Sie dies über einen MobileMe-Account erledigen. Im geöffneten iChat-Fenster erkennen Sie die Verschlüsselung anhand eines Schloss-Symbols in der Titelleiste.

Das war's dann aber auch schon. Es folgt die Zusammenfassung und die gute Nachricht, dass Ihr *iChat AV* nun eingesetzt werden kann.

Die Einstellungen von iChat

Vor dem Vergnügen steht wie üblich ein wenig Theorie (eben wie beim Autofahren oder beim ersten Kennenlernen). Werfen wir also vor dem großen Geplauder noch schnell einen Blick in die *iChat-Einstellungen* (*iChat | Einstellungen* bzw. *Befehlstaste-Komma*), die gar nicht mal so umfangreich sind.

In der Rubrik *Allgemein* nehmen Sie ein wenig Einfluss auf das Äußere der Bedien-Oberfläche sowie zum Verhalten *iChats* in verschiedenen Situationen. So können Sie beispielsweise eine Alternative zu *iChat* als *Standard-Chat-Programm* einrichten und sich den *Status in der Menüleiste anzeigen* lassen. Letzteres ist mit Sicherheit empfehlenswert, können Sie doch so schnell Ihren Status verändern.

Die automatischen Optionen beim Anmelden sowie Beenden von *iChat* sollten Sie aktivieren, denn die anderen Teilnehmer können ruhig wissen, dass Sie aus dem Chat ausgestiegen (Status *Getrennt*) bzw. wieder anwesend sind. Ob Sie nun Symbole (Status *Getrennt* ist ein rotes Quadrat, während *Anwesend* rund ist) oder lieber nur die Farb-Variante benutzen möchten, bleibt selbstverständlich Ihnen überlassen, bei einer Rot/Grün-Schwäche sind die Symbole jedoch empfehlenswert. Das automatische auf *Abwesend* stellen sowie die animierten Bilder für Kontakte sind wieder eher persönlicher Natur. Interessant ist noch das Verhalten bei Rückkehr an den Computer (nach dem Aufwachen aus dem Ruhestand, dem Beenden des Bildschirmschoners oder nach dem Wiedereinschalten des Rechners) – suchen Sie sich hier die für Sie beste Einstellung aus.

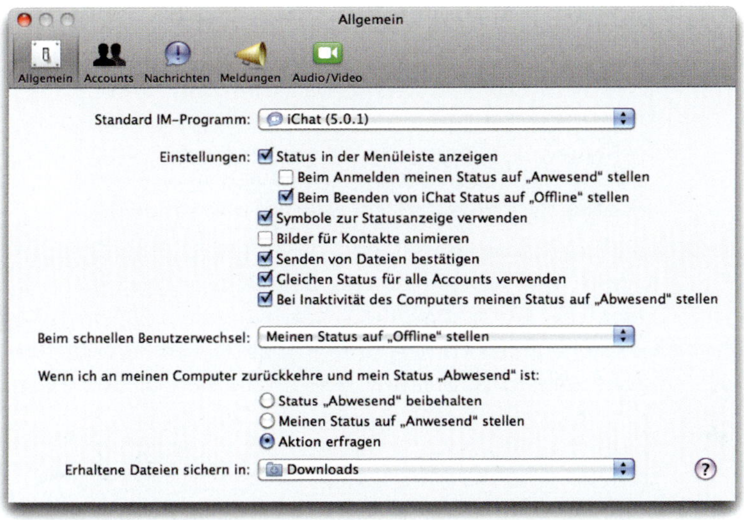

Mal wieder Einstellungen: Diese müssen Sie wahrscheinlich nur am Anfang besuchen, es sei denn, Sie legen einen neuen Account an.

Bei den *Accounts* finden Sie nun die über den Assistenten eingerichteten Zugänge (*MobileMe*, *AIM*, *Jabber* oder *Google Talk*). Hinzugekommen ist noch der Account *Bonjour*, der Ihnen das »Chatten« direkt in einem lokalen Netzwerk ermöglicht. Auf diese Weise werden alle *iChat*-Anwender (die ebenfalls das *Bonjour-Instant-Messaging aktivieren* müssen) automatisch gefunden und können sich austauschen. Je nach *Account* erhalten Sie nun eine Übersicht über die getätigten Einstellungen und können gegebenenfalls Änderungen vornehmen. Wichtig ist die Option, ob Sie beim Öffnen von *iChat* automatisch angemeldet werden wollen oder ob Sie das lieber nach eigenem Gusto vornehmen möchten. Auch bei einem Chat über das Internet (*MobileMe* und *AIM*) sollten Sie unbedingt einmal in den Reiter *Sicherheit* schauen, da Sie dort festlegen, ob Sie für alle oder nur für ausgesuchte Kontakte sichtbar sein wollen (Stichwort *Privatsphären-Stufe*).

Bei vielen Optionen werden – wenn Sie mit der Maus ein wenig darüber verharren – über die so genannte *Quick-Info* zusätzliche Informationen eingeblendet, die den größten Teil der Funktionalität sehr gut beschreibt.

Ehe wir Ihnen nun jede Option einzeln erklären – die Quick-Info macht das auch ganz gut.

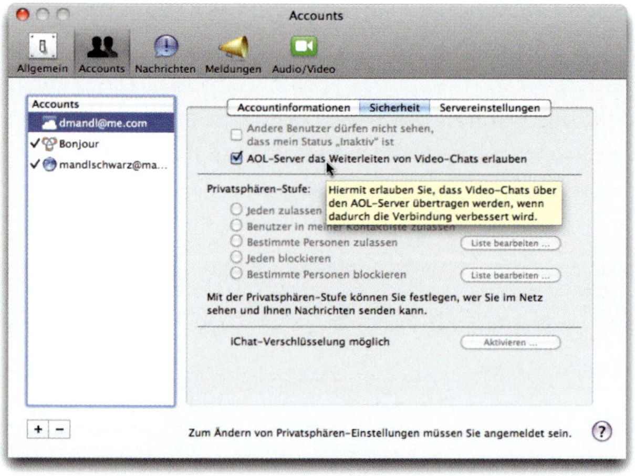

In der Rubrik *Nachrichten* kommt nun die Typografie ins Spiel: Welche Schrift/Schriftgröße und welche Sprechblasenfarbe? Sollen *Chat-Protokolle* gesichert werden (und wenn ja: wohin?) oder wünschen Sie einen Kurzbefehl, der *iChat* sofort in den Vordergrund bringt? Lassen Sie ruhig erst einmal alles in der Standard-Einstellung und regeln Sie erst nach, wenn Sie wirklich mit den vorgegebenen Werten unzufrieden sind.

Auch das Chatten soll was für's Auge sein.

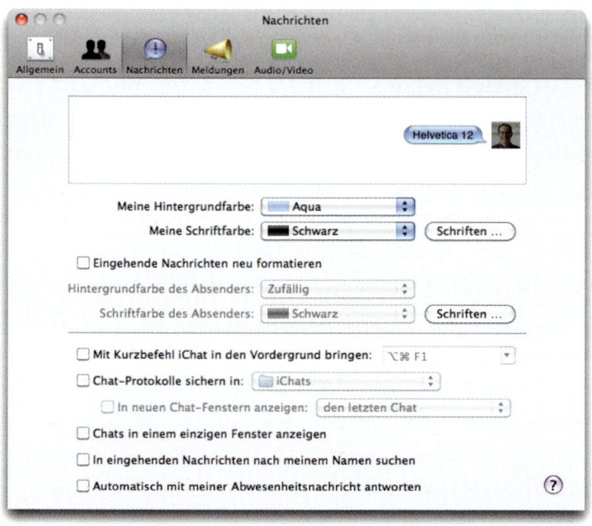

Die *Meldungen* machen Sie per Ton, per Animation im Dock oder über einen Sprecher auf Aktivitäten aufmerksam. Welches Ereignis nun was machen soll, stellen Sie bei *Ereignis* ein und regeln dann die nachfolgenden Optionen. Übrig bleibt die Rubrik *Audio/Video*, mit der Sie das Mikrofon bestimmen, ein eventuell vorliegendes Bluetooth-Headset konfigurieren sowie regeln, dass *iChat* automatisch geöffnet wird, sobald Sie eine externe Kamera einschalten. Auch ein Klingel-Ton ist im Falle einer Einladung zu einer Konferenz möglich.

iChat AV im Netzwerk – Beispiel Text-Chat

Starten Sie *iChat*, so öffnet sich im Falle eines Computer-Netzwerkes das Fenster *Bonjour-Liste* oder *Jabber* – je nach Konfiguration. Dort müssen nun die Anwender ihren Status auf *Anwesend* einstellen, damit alle erkennen, wer gerade zu erreichen ist und wer kontaktiert werden kann. Dies erledigen Sie über das Popup-Menü unterhalb Ihres Benutzernamens.

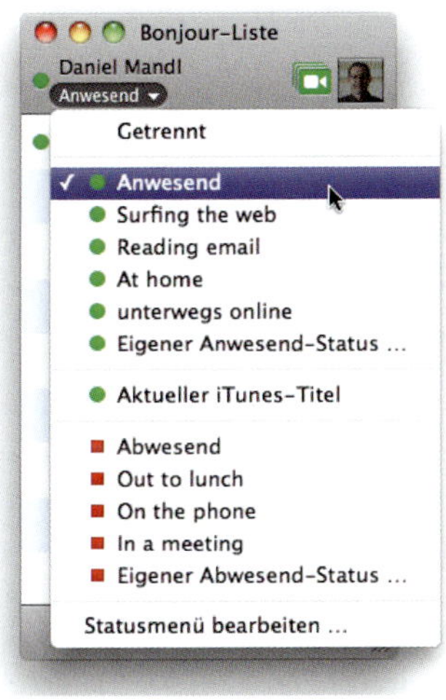

Der Status »Anwesend« ist essentiell, damit die anderen wissen, dass Sie theoretisch erreichbar sind.

Sobald dies erledigt ist, taucht Ihre Kennung auch auf den anderen Rechnern auf. Möchte nun jemand zu Ihnen in Kontakt treten, so braucht er nur Ihren *Benutzernamen* und das daneben liegende Symbol (in unserem Falle für Videokonferenz auch mit mehreren Teilnehmern) anklicken. Bevorzugen Sie davon abweichend eine andere Chat-Kontaktaufnahme, so suchen Sie sich unten im Fenster die gewünschte *Chat-Art* aus:

- A — Text-Chat beginnen
- Audio-Chat beginnen
- Video-Chat beginnen
- Bildschirmfreigabe beginnen

Je nach Hardware-Voraussetzung stehen nicht immer alle Chat-Typen zur Verfügung. Üblicherweise weist das neben dem Benutzernamen stehende, grüne Symbol (z. B.) auf die möglichen Erreichbarkeiten (aufgrund der Bandbreite der aktuellen Verbindung) des Gesprächspartners hin. Eine gute Auflistung über sämtliche Symbole finden Sie in der *iChat-Hilfe*, wenn Sie als Such-Begriff *Status* eingeben und dann das Thema *Statustasten und Symbole* auswählen.

Ein Auszug aus der iChat-Hilfe zum Thema »Statusanzeigen«.

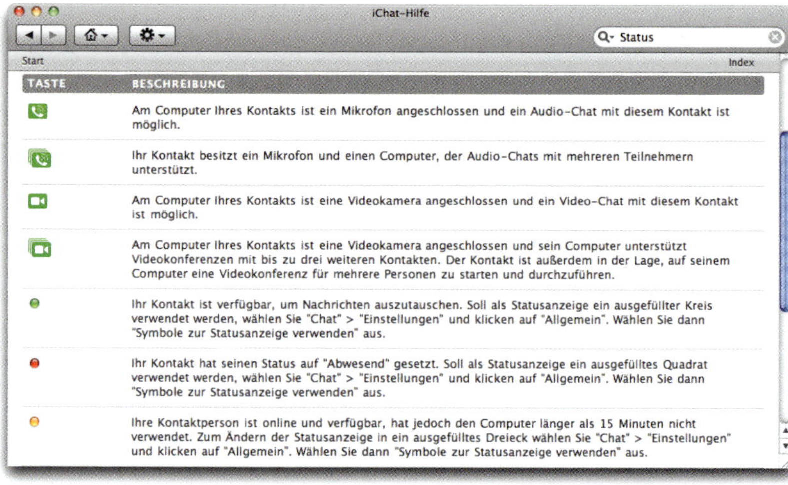

Im Falle des *Text-Chat* schreibt der Kontakt-Suchende eine Art *Telegramm*, mit dem er sich anmeldet. Diese Meldung erscheint nun auf dem Rechner des Kontaktierten. Sobald dieser nun das Fenster in den Vordergrund holt, erscheint der *Akzeptieren*-Button. Wird dieser gedrückt, kann man gleich im Anschluss eine Antwort tippen und mit dem *Zeilenschalter* (↩) bestätigen. Der Text erscheint nun wiederum im *Chat*-Fenster des anderen, so dass die Damen und Herren eine Unterhaltung führen können – der Ball wird sozusagen immer hin und her gespielt. Als kleine Auflockerung lässt sich auch ein kleiner Smiley einbauen, der die aktuelle Stimmung wiederspiegelt – aber übertreiben Sie es nicht.

Zuerst wird angefragt und die Telegramm-Meldung erscheint beim gewünschten Gesprächspartner. Dieser muss wiederum bestätigen, dass er Zeit und Lust dazu hat: Der Chat kann dann beginnen …

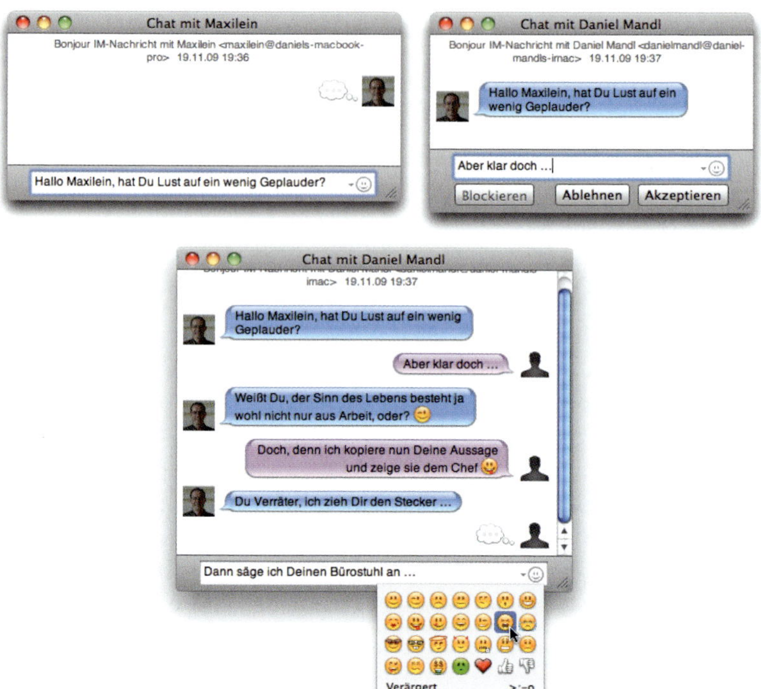

Wenn Sie keine Unterhaltung wünschen, so klicken Sie entweder zu Beginn auf *Ablehnen* oder nach einem Text-Chat in das rote Schließ-Symbol des Fensters – der Kontakt suchende Teilnehmer erhält die Nachricht, dass die Anfrage abgelehnt wurde. Ansonsten verabschiedet man sich nach Klärung der Dinge (sollte man zumindest) und schließt das Fenster – der Chat ist beendet und wird den anderen Teilnehmern auch mitgeteilt.

Und Tschüss – nach dem Schließen des Chat-Fensters weiß der andere sofort Bescheid.

Selbstverständlich können Sie über das Netzwerk-Gespräch auch Dateien versenden. Dazu verwenden Sie über die Menüleiste *Kontakte* den Befehl *Datei senden* und wählen die gewünschte Datei (egal ob Bild oder Text). Über den *Zeilenschalter* (↩) starten Sie die Übertragung. Klickt der andere auf die Verlinkung der Datei, wird diese automatisch auf den Rechner geladen und an jenem Speicher-Ort abgelegt, den er in den *iChat-Einstellungen* unter *Allgemein* (*Erhaltene Dateien sichern in*) bestimmt hat.

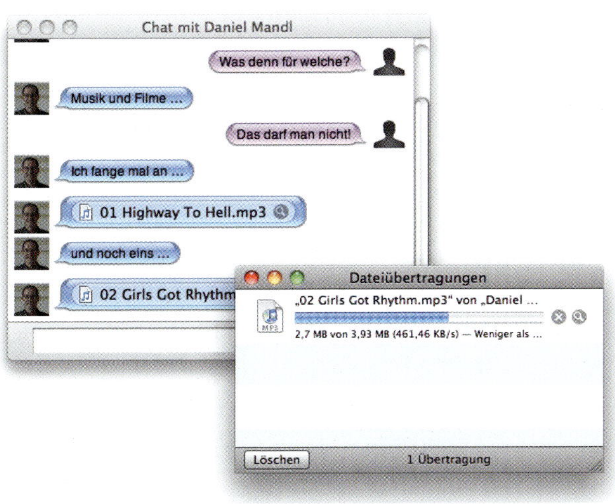

Eine Datei kommt ins Haus und wird im vorgegebenen Download-Ordner abgelegt.

Text-Chats lassen sich auch als Protokolle sichern. Beendet einer der Gesprächspartner den Chat, so wird Ihnen dies unmittelbar mitgeteilt. Bevor Sie nun selbst das Fenster schließen, wählen Sie zuvor aus der Menüleiste *Ablage* den Befehl *Kopie sichern unter*. Vergeben Sie noch einen Namen (oder behalten Sie den vorgegebenen) und bestätigen Sie mit *Sichern*. Das

Dokument (Apple nennt es *iChat-Protokolldokument*) wird nun standardmäßig in jenen Ordner verfrachtet, den Sie in den *Einstellungen* | Rubrik *Nachrichten* | *iChat-Protokolle sichern in* festgelegt haben.

Klicken Sie bei gedrückter *ctrl-Taste* in das *Chat*-Fenster, so lassen sich über das auftauchende Kontext-Menü verschiedene Optimierungen anbringen. So können Sie die *Darstellung* anpassen (*Namen* oder *Bilder einblenden*), die Rechtschreibung starten oder die Schriftart ändern. Markierter Text darf auch kopiert, einzelne Begriffe können im Lexikon nachgeschlagen oder über Spotlight/Google gesucht werden. All diese Befehle finden Sie wie üblich auch in der Menüleiste über die Punkte *Darstellung* und *Bearbeiten*.

Das Kontext-Menü hält wieder alle wichtigen Befehle per Mausklick parat.

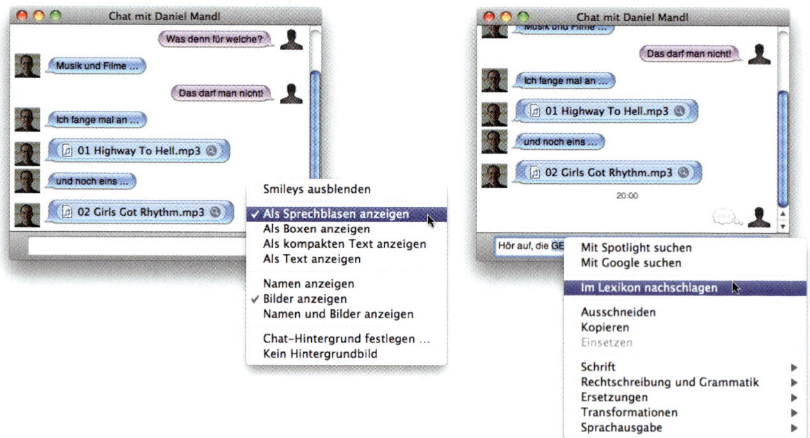

Sitzt Ihr Netzwerk-Chat-Partner direkt im Nebenzimmer oder gar am Schreibtisch nebendran, so lächeln Sie doch ab und zu einmal rüber oder besuchen Sie ihn – denn der direkte Draht ist meist kommunikativer und fördert die soziale Kompetenz.

iChat über das Internet – Beispiel Audio- und Video-Chat

Im Großen und Ganzen läuft die Geschichte im Falle des *Audio-* bzw. *Video-Chats* ähnlich dem *Text-Chat* ab. Dieses Mal benutzen Sie aber nicht das *Bonjour-* oder *Jabber*-Fenster, sondern die *Kontaktliste*. Um sich bei anderen bemerkbar zu machen bzw. mit anderen Konatkt aufzunehmen, müssen Sie online sein und Ihr *Status* muss auf *Anwesend* stehen.

Ist alles justiert, sollten diejenigen Namen in der Kontaktliste, die ebenso anwesend sind, klar erkenntlich sein – und auch das *Anwesend*-Symbol sollte eingeblendet sein. Zum Anfunken markieren Sie nun den Namen und wählen dann den gewünschten Chat-Typ. Beim Gegenüber wird daraufhin eine Einladung zum *Audio-* oder *Video-Chat* gesendet. Sobald dieser die Einladung in den Vordergrund holt, verändert sich das Fenster und er kann entscheiden, ob er den *Audio-Chat* ablehnen oder akzeptieren möchte. Im positiven Fall wird die Verbindung aufgenommen und die beiden Teilnehmer können plaudern, was das Zeug hält. Befinden sich weitere Benutzer in der Kontaktliste, so können auch diese als weitere Gesprächspartner hinzugefügt werden. Hat es sich letztendlich ausgeplaudert und einer der Anwesenden beendet durch Schließen des Fensters den Chat, wird auch dies mitgeteilt. In Bildern gesprochen sieht das Ganze so aus:

Nach der Einladung erfolgt das Akzeptieren, nach dem Plaudern das hoffentlich freundliche Ende.

Der *Video-Chat* (oder vornehm ausgedrückt die *Video-Konferenz*) ist dasselbe in Grün, nur dass dieses Mal die visuelle Komponente hinzukommt. Dazu müssen Sie – wie schon erklärt – eine interne *iSight-Kamera* besitzen oder eine externe Kamera an den *FireWire*-Port angeschlossen und aktiviert haben. Auch in diesem Fall senden Sie eine Einladung per Klick über den unten stehenden -Button und warten auf Antwort (oder bestätigen im Gegenzug eine an Sie gerichtete Anfrage). Wird akzeptiert, wird Ihr Gegenüber (oder Sie selbst beim Kontaktierten) eingeblendet und das Gespräch (oder die Tanzaufführung oder was auch immer) kann beginnen. Ein DSL-Anschluss ist hier zwingend vorgegeben, da doch eine Menge an Daten übertragen werden müssen – und selbst dann ist die Bildqualität nicht unbedingt berauschend, wobei gesagt werden muss, dass man sein Gegenüber gut identifizieren kann (Sie müssen also keine Angst haben, dass Sie sich aus Versehen mit dem Haustier des Angesprochenen unterhalten). Auch bei dieser Form des Chats können – je nach Bandbreite der Verbindung – weitere Kontakte mit integriert werden. In unserer Beispiel-Abbildung plauderten wir sozusagen länderübergreifend aus Deutschland, Dänemark und Japan. Wird der *Video-Chat* von einer Seite beendet, erfährt der andere dies direkt im Anschluss. Nachfolgend wieder die Bildergeschichte:

Zuerst die Einladung, dann folgt das Akzeptieren des Video-Gesuches. Und bitte nicht in der Nase bohren oder ohne vorgehaltene Hand gähnen – denn das Gegenüber sieht und hört alles.

Haben Sie Probleme (natürlich rein technischer Natur) und bekommen Fehlermeldungen, so kann ein Blick über die Menüleiste *Video* | *Verbindung prüfen* rasch Aufklärung bieten. Stellen Sie im Popup-Menü bei *Anzeigen* die Option *Eigenschaften* ein, so kann sich das ein oder andere Problem klären.

Klappt die Verbindungsaufnahme nicht oder steht Ihnen der Video-Chat nicht zur Verfügung, so kann das an einem zu langsamen Netzwerk liegen. Der Dialog »Eigenschaften« ist hier manchmal aufschlussreich.

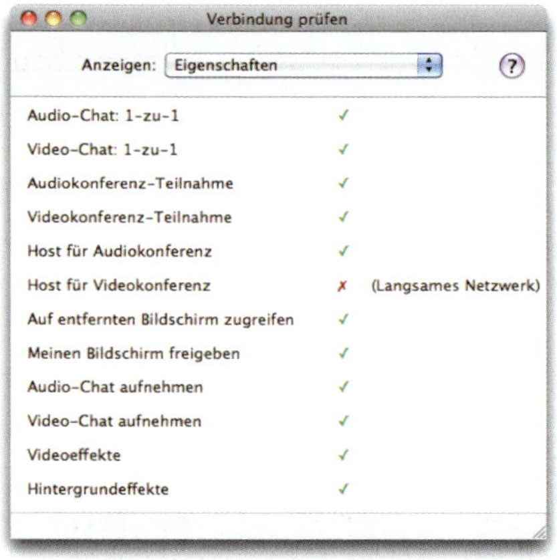

Wenn die Verständigung nicht so recht klappt, weil Sie Ihr Gegenüber schlecht versteht (was die Lautstärke betrifft), so sollten Sie in der Systemeinstellung *Ton* | Reiter *Eingabe* den Regler bei *Eingangslautstärke* ein wenig nach rechts bewegen. In diesem Fall wird der *Eingangspegel* erhöht und die Sprachlautstärke angehoben.

Wenn Sie dem Video-Chat ein wenig »Pfeffer« hinzufügen möchten, so können Sie das über die Videoeffekte, die Sie schon von *Photo Booth* her kennen. Über die Menüleiste *Video* | *Videoeffekte einblenden* (⌘-⇧-E) lässt sich das *Effekte*-Fenster aufrufen, über das Sie Ihr Gegenüber mit teils ziemlich entstellenden Gesichtsdeformierungen vergällen können. Als Alternative können Sie sich natürlich auch als Kreativ-Künstler in Sachen Hintergrundgestaltung austoben.

Ist Ihr Gegenüber hingegen ziemlich attraktiv oder sammeln Sie gern digitale Erinnerungen, so lässt sich ein Chat auch aufnehmen – entweder als Bild (*Video* | *Schnappschuss aufnehmen*) oder als Film (*Video* | *Chat aufzeichnen*). Während der Schnappschuss sozusagen unbemerkt ein Bild anfertigt und auf den Schreibtisch legt, müssen Sie für die Aufzeichnung als Film erst das Einverständnis des Chat-Partners einholen. Wählen Sie also *Video* | *Chat aufzeichnen*, so taucht beim Gegenüber ein Fenster auf, das nach der Erlaubnis zu einer Aufnahme fragt. Wird dem stattgegeben, so beginnt die Aufzeichnung, die über einen rechts oben liegenden, roten Punkt (●) gekennzeichnet wird. Erst über den Befehl *Video* | *Aufnahme stoppen* wird die Aufzeichnung beendet.

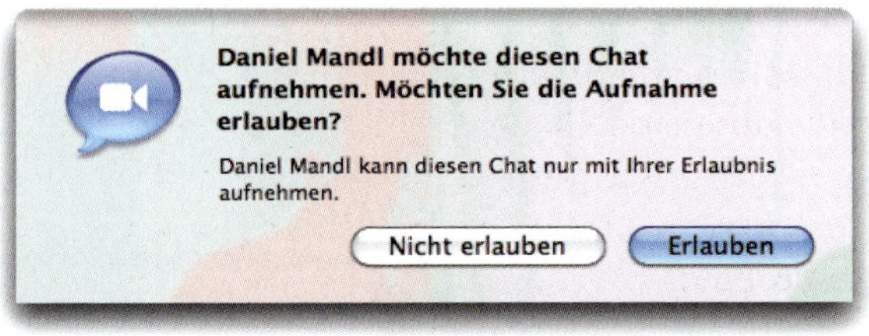

Vorsicht vor versteckter Kamera: Bevor ein Audio- oder Video-Chat aufgezeichnet werden darf, müssen Sie die Erlaubnis einholen.

Ihre aufgenommenen Audio- wie Video-Chats finden Sie in dem Ordner *iChat* innerhalb Ihres *Dokumente*-Ordners. Wünschen Sie einen anderen Speicher-Ort, so lässt sich dies in den *iChat-Einstellungen* in der Rubrik *Nachrichten* erledigen. Aktivieren Sie dazu die Option *Chat-Protokolle sichern in* und bestimmen Sie dann den gewünschten Ordner.

Ob Text-Chat-Protokoll, Audio- oder Video-Chat – Aufzeichnungen landen üblicherweise im Ordner »iChat« innerhalb Ihres »Dokumente«-Ordners.

iChat Theater und Bildschirmfreigabe

Neben den üblichen Chat-Arten, wie Sie wohl jeder kennt oder zumindest schon einmal gehört hat, bietet Apple noch weitere Highights an – unter anderem das *iChat-Theater*, das jedoch nur im Modus *Video-Chat* funktioniert. Über diese Einrichtung lassen sich Dateien (egal ob Text, Musik, Bild oder Video) beim Gegenüber präsentieren. Die Vorgehensweise ist dabei mehr als simpel.

Steht die Verbindung, so wählen Sie entweder über die Menüleiste *Ablage* oder über den im *iChat*-Fenster liegenden *Plus*-Button den Befehl *Datei für iChat Theater freigeben*. Es erscheint das Fenster *Für iChat Theater freigeben*, über das Sie nun ein oder mehrere Dateien (Bilder, Musik-Dateien, Text-Dokumente, PDFs oder iWorks-Materialien) auswählen und dann auf *Freigeben* klicken. Danach dauert es gar nicht lange und die gewählten Objekte zeigen sich auch dem Gegenüber.

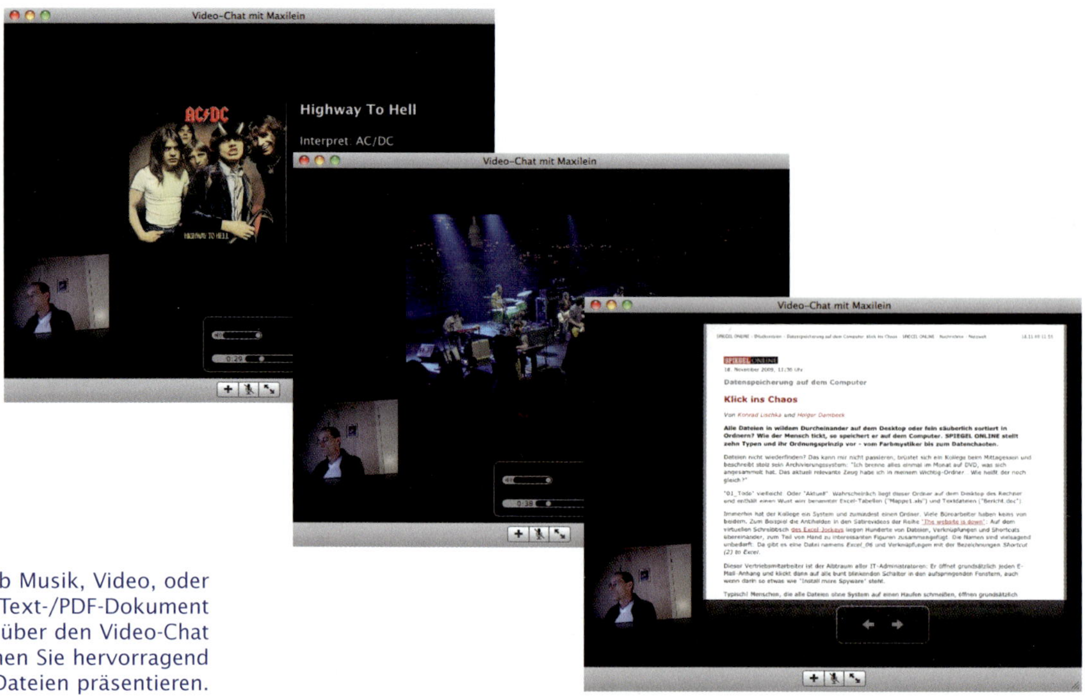

Ob Musik, Video, oder ein Text-/PDF-Dokument – über den Video-Chat können Sie hervorragend Dateien präsentieren.

Neben Dateien können Sie zum Bilder zeigen auch *iPhoto* verwenden. Hierzu gibt es sogar einen eigenen Befehl namens *iPhoto für iChat Theater freigeben*, den Sie ebenso über das *Ablage*-Menü oder den unten stehenden *Plus*-Knopf erreichen. Hierbei zeigt sich Ihr gesamter *iPhoto*-Bestand an Ereignissen, Fotos oder Alben, die Sie nun markieren und dann auf *Freigeben* klicken. Die Präsentation (inklusive Musik) erfolgt augenblicklich. Über die eingeblendete Diashow-Steuerung können Sie die Bilderfolge stoppen und per Mausklick fortführen.

Zuerst bestimmen Sie die gewünschten iPhoto-Objekte …

Die Präsentation erfolgt über die Diashow-Steuerung, die Sie auf Wunsch maximieren können.

Ein weiteres »Schmankerl« im *iChat*-Reigen nennt sich *Bildschirmfreigabe*. Über diese Funktion haben Sie bei erfolgter Erlaubnis des Gesprächspartners die Möglichkeit, auf dessen Bildschirm respektive seinen Rechner zugreifen zu können. Das ist über Text-, Audio- wie auch Video-Chat möglich, und zwar sowohl über Internet als auch innerhalb eines Netzwerkes. Der Vorteil ist dabei nicht zu unterschätzen: Anstatt zeitaufwendiger Besuche können Sie so beispielsweise bei Computer-Problemen auf Rechner Ihrer Familie, Verwandten oder auch Geschäftspartner einen Blick werfen und schon einmal eine Überprüfung vornehmen.

Zuvor heißt es allerdings wieder um Erlaubnis zu fragen … Wählen Sie folglich eine der Chat-Möglichkeiten und starten Sie eine Verbindung. Steht diese, so navigieren Sie schnurstracks in die Menüleiste *Kontakte* und klicken dort auf den Befehl *Um Zugriff auf Bildschirm von »Benutzer-Name«*

Der Bildschirm Ihres Chat-Partners wird eingeblendet und Sie haben ab sofort dieselben Rechte und Möglichkeiten wie der des aktuellen Benutzers.

bitten. Dasselbe funktioniert auch wieder über den Knopf *Bildschirmfreigabe beginnen* ( ) in Ihrer *Bonjour-*, *AIM-*, *Jabber-* oder *Google Talk*-Kontaktliste. Das Gegenüber erhält nun die Anfrage zur *Bildschirmfreigabe*, die er über *Akzeptieren* bestätigen muss. Und schon erscheint bei Ihnen der Bildschirm des anderen Benutzers – Ihren eigenen sehen Sie in einem kleineren Fenster.

Sie können nun frei schalten und walten, Ordner öffnen, Dateien ansehen, Programme starten und so weiter. Auch Ihre Tastatur funktioniert auf diesem freigegebenen Rechner, als säßen Sie direkt davor. Möchten Sie kurzzeitig zurück auf Ihren eigenen Schreibtisch wechseln, so klicken Sie auf die miniaturisierte Schreibtisch-Abbildung.

Denken Sie bitte immer an Ihre Sicherheit und erlauben Sie einen Zugriff nur jenen Benutzern, die in Ihrer Kontaktliste stehen. Apple gibt zusätzlich den Hinweis, dass die größte Sicherheit nur zwischen zwei *MobileMe*-Accounts mit aktivierter Verschlüsselung gegeben ist.

Zum Beenden einer Bildschirmfreigabe drücken Sie entweder die Tastenkombination *ctrl-esc*, wählen *Kontakte | Bildschirmfreigabe beenden* oder klicken auf den Menüpunkt *Status* (zwischen und hin- und herblinkend) und dann auf *Bildschirmfreigabe beenden.*

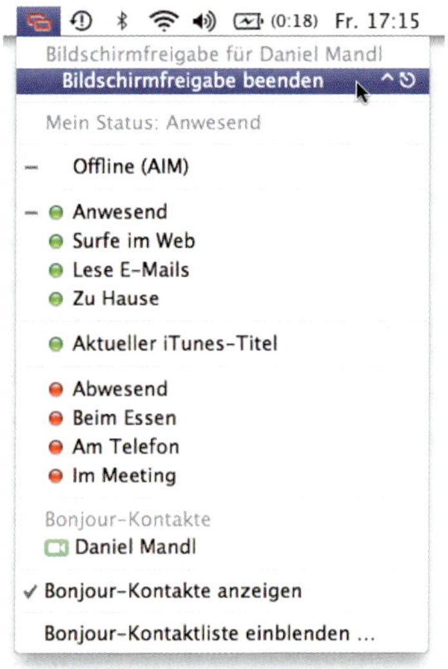

Über den Menüpunkt »Status« haben Sie schnellen Zugriff auf wichtige Funktionen.

Wie Sie sehen, sind Video- und Audio-Konferenzen keine Hexerei und gar nicht so schwer – und es bereitet wirklich Spaß (zumindest im Privat-Bereich). Auch bei geschäftlichen Anlässen ist es durchaus angebracht, seinen Vertragspartner direkt zu Gesicht zu bekommen, spricht doch manche Mimik und Gestik Bände – sowohl zum Vorteil als auch manchmal zum Nachteil.

Zu guter Letzt können Sie Ihren Status wieder auf *Abwesend* stellen, sobald Sie genug gechattet haben. So wissen alle Beteiligten, dass mit Ihnen im Moment nicht zu rechnen ist.

Nach so viel Internet-, E-Mail- und iChat-Konversation werden wir im nächsten Kapitel einen kleinen Ausflug zum Thema »Netzwerk« starten. Dabei möchten wir Macintosh-Rechner vernetzen und auch ein Mac-/Windows-Netz anlegen, um beispielsweise Daten untereinander auszutauschen. Auch wenn Sie nur einen Einzel-Arbeitsplatz besitzen, kann es doch interessant für Sie sein, denn schon manches Mal hat Mac OS X den Anwender so mitgerissen, dass es nicht bei einem Mac geblieben ist. Aber sehen Sie selbst …

Vom Netzwerken: Mac to Mac und Mac to Win

In großen Betrieben und Firmen werden oftmals Hunderte von Rechnern zusammengeschlossen. Ausgehend von einem Zentralrechner stehen dabei allen die gleichen Daten zur Verfügung und jeder kann dem anderen seine Arbeiten rüberschicken. Da wir nun ganz fest annehmen, dass Sie in Ihrer Wohnung höchstens zwei oder drei Computer (Mac oder PC) horten und keine Ambitionen pflegen, Firmen wie Siemens oder Apple Konkurrenz zu machen, möchten wir uns auch eher auf das Heim-Netzwerk beschränken.

Die Voraussetzungen

Was brauchen Sie: Als Erstes natürlich mindestens zwei Rechner. Diese können nun entweder über ein FireWire-Kabel, über ein Ethernet-Kabel oder über AirPort verbunden werden. Bei mehreren Rechnern müssen diese im Falle von *AirPort* alle über eine *AirPort*-Karte verfügen. Bei der Verbindung über *Ethernet* benötigen Sie einen Switch, Hub oder Router, der die Datenströme lenkt und leitet. Bei vielen DSL-Providern erhalten Sie heutzutage bei Abschluss eines Vertrages einen wenn nicht kostenlosen, dann zumindest aber »subventionierten« Router samt Switch zum Schnäppchenpreis.

Ein Mac besitzt mindestens einen integrierten *10/100BASE-T Ethernet-Anschluss*, alle aktuellen Macintosh-Rechner gar einen *1000BASE-T Ethernet-Anschluss* (jeweils für RJ-45-Stecker) und beherrschen sowohl *10 Mbit/s-Ethernet*, *Fast Ethernet* und *Gigabit Ethernet*, die sich in Datenübertragungsraten von 10 Mbit/s, 100 Mbit/s sowie 1 Gbit/s zeigen. Der langsamste Mac in einem Netzwerk bestimmt folglich auch die Übertragungsgeschwindigkeit. Achten Sie darauf, dass im Falle eines Switches/Hubs auch dieser mit unterschiedlichen Geschwindigkeiten zurechtkommt.

Während Sie über einen Hub oder Switch nur *File Sharing*, also das Austauschen von Daten untereinander, oder die Nutzung eines gemeinsamen Druckers bewerkstelligen können, ist eine gleichzeitige Internet-Verbindung nicht möglich. Für Letzteres benötigen Sie einen *Router* (z. B. eine *AirPort Basisstation*) sowie die Erlaubnis des Internet-Providers, mit mehreren Rechnern gleichzeitig online gehen zu dürfen.

Als Kabel benötigen Sie bei Längen bis 10 Meter ein so genanntes Twisted-Pair-Kabel (auch Patch-Kabel genannt) der Güteklasse *CAT5 UTP (unshielded twisted pair)*, ab 10 Meter empfehlen sich hier *CAT5e*-Kabel, die einen stabilen Netzwerk-Betrieb sicherstellen. Fragen Sie hierzu am besten Ihren Händler, dem Sie Ihre genaue Konfiguration schildern.

Achten Sie auch darauf, dass Sie die Kabel in die richtige Buchse an Ihrem Computer stecken. Danach folgt die Konfiguration der Software.

Bitte achten Sie auf die richtige Buchse für Ihre Ethernet-Kabel.

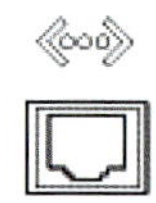

Systemeinstellungen »Netzwerk« und »Freigaben«

Hier spielt sozusagen die Musik, um nicht zu sagen: hier werden die Netze geknüpft. Zuerst heißt es wie immer die *Systemeinstellungen* für den jeweiligen Zweck zu konfigurieren – beginnen wir mit der Verbindung zweier Rechner über *FireWire*.

Netzwerk über FireWire

Rufen Sie die *Systemeinstellungen* auf und dort die Rubrik *Netzwerk*. Wenn Sie nun zwei Macs via FireWire-Kabel verbinden und ein Weilchen warten, so springt in der linken *Dienste*-Liste die Rubrik *FireWire* nach oben und zeigt den Status *Verbunden* an. Bei *IPv4 konfigurieren* sollte *DHCP* (Dynamic Host Configuration Protocol) ausgewählt sein, damit den Rechnern automatisch eine so genannte *IP-Adresse* (Internet-Protocol-Adresse) zugewiesen wird. Diese IP-Adresse muss für jeden Rechner unterschiedlich, aber dennoch eindeutig sein, damit beim Datenversand jede Stelle genau identifiziert werden kann und jeder weiß, für wen was bestimmt ist. Die Vergabe geschieht automatisch, kann aber ein paar Schrecksekunden dauern.

Bei der Verbindung über »FireWire« sollte die Systemeinstellung wie auf dem Bild aussehen.

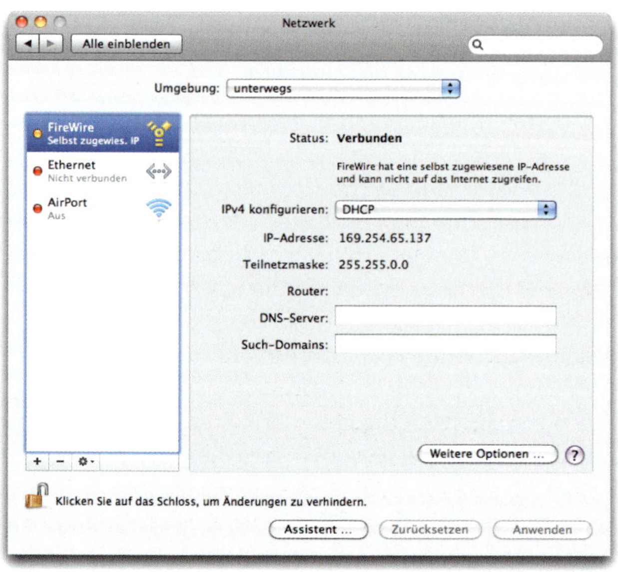

Apple verwendet das so genannte *Zeroconf (Zero Configuration Networking)* bzw. das *Automatic Private IP Addressing (APIPA/Auto-IP)*. Hierbei handelt es sich um eine konfigurationsfreie Verbindung von Computern in lokalen Rechnernetzen. Der Anwender muss also im Grunde nur die Rechner verbinden und alles andere übernimmt die Technik.

Möchten Sie über eine feste *IP-Adresse* arbeiten, so wählen Sie bei *IPv4 konfigurieren* den Eintrag *DHCP mit manueller Adresse*. Bei der manuellen Vergabe von IP-Nummern stehen für private Netzwerke die Adressen 172.16.0.0 bis 172.31.255.255 zur Verfügung. Als Teilnetzmaske belassen Sie die Adresse 255.255.255.0 – die Felder *DNS-Server* und *Such-Domains* bei *Router* (auch *Gateway* genannt) können leer bleiben.

In beiden eben genannten Fällen klicken Sie dann in *Anwenden* und gehen zurück in die Übersicht der *Systemeinstellungen* (Punkt *Alle einblenden*). Von dort aus klicken Sie nun auf *Freigaben*. Oben sehen Sie den Geräte-Namen, unter dem Ihr Computer auch bei anderen Anwendern erscheint. In der Liste der *Dienste* müssen Sie nun *Dateifreigabe* aktivieren. Daraufhin finden Sie nun jene Zugangsdaten, über die andere Teilnehmer im Netzwerk auf Ihren Rechner zugreifen können. Der Name mit dem Kürzel *.local* entspricht hierbei dem *Bonjour*-Namen.

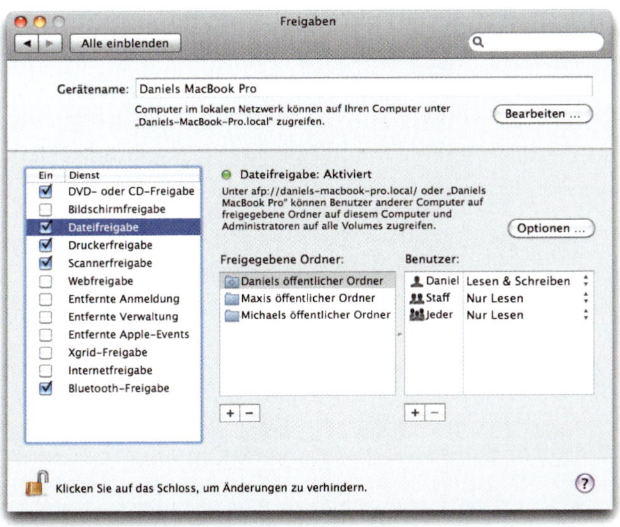

Die »Dateifreigabe« ermöglicht anderen Benutzern das Übertragen und Tauschen von Daten.

Der oder die anderen Rechner müssen nun in der gleichen Art konfiguriert werden, was dieselbe Vorgehensweise bedeutet. Ist alles erledigt, so sollten sich die Rechner bereits erkennen. In einem *Finder*-Fenster taucht dazu der neue Eintrag *Freigaben* auf, der die erkannten Rechner im Netzwerk unter deren Gerätenamen auflistet. Klicken Sie diesen Rechner-Namen an, so erhalten Sie den Zutritt als *Gast* auf den Ordner *Öffentlich* der Gegenseite. Im Falle mehrerer Benutzer des Rechners müssen Sie sich für einen entscheiden. Dieser stellt dann seinen Briefkasten zur Verfügung, in den Sie Ihre Daten kopieren. Ein Öffnen desselben ist nicht möglich, jedoch auch ein Abrufen von Daten, hat die Gegenstelle im öffentlichen Ordner solche hinterlegt.

Sozusagen Zutritt »light«: Der Zugriff auf den öffentlichen Ordner zum Austausch.

Wenn Sie selbst der Administrator Ihrer Netzwerks sind und Zugriff auf sämtliche Inhalte möchten, so klicken Sie wiederum auf den Knopf *Verbinden als* und versuchen sich als registrierter Benutzer. Hierzu geben Sie *Benutzername* sowie *Passwort* der Gegenstelle ein und haben danach den uneingeschränkten Eintritt zu allen Volumes (inklusive externer Festplatten, die am Netzwerk-Rechner hängen und eingeschaltet sind).

Zuerst erfolgt die Registrierung, danach die Freischaltung für alle Volumes.

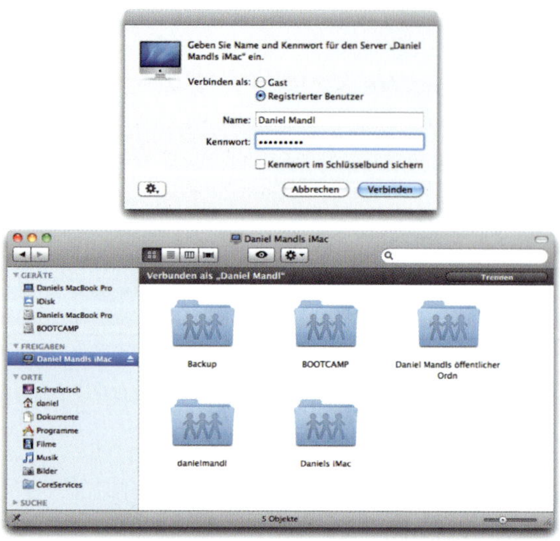

Klappt die eben beschriebene Methode nicht so recht bzw. erkennen sich die Rechner nach der Konfiguration der Systemeinstellungen nicht automatisch, so trennen Sie noch einmal das FireWire-Kabel und versuchen es dann erneut. Als weitere Alternative zur Verbindungsaufnahme können Sie auch folgenden Weg einschlagen: Wählen Sie im *Finder* über die Menüleiste *Gehe zu* den Befehl *Mit Server verbinden* (⌘-K). Tragen Sie dort im oberen Eingabefeld die *Server-Adresse* des zu kontaktierenden Computers ein. Dies kann in einem reinen Mac-Netzwerk die *Bonjour*-Adresse (etwa »name-mac.local«) oder andernfalls die *AFP*-Adresse (z. B. afp://«IP-Adresse») sein. Ist Ihnen bereits bekannt, dass Sie des Öfteren auf diesen Computer zugreifen möchten, so können Sie diesen gleich über den rechts stehenden *Plus*-Button zu den Favoriten (*Bevorzugte Server*) aufnehmen. Bei einer erneuten Kontakt-Aufnahme brauchen Sie dann nur den gewünschten Server markieren und auf *Verbinden* klicken.

Tragen Sie die Server-Adresse ein und klicken Sie auf »Verbinden«. Danach müssen Sie noch das Kennwort für den aufgesuchten Server eingeben und das gewünschte Volume (das können auch alle sein) bestimmen.

Sowohl *Bonjour*-Adresse als auch *AFP*-Adresse lassen sich auch über einen herkömmlichen Internet-Browser wie beispielsweise *Safari* eingeben. Ist Ihnen die Server-Adresse nicht bekannt, so lässt sich über den Button *Durchsuchen* nach solchen fahnden. Hierbei finden Sie in einem *Finder*-Fenster das Icon *Netzwerk*, das auf Klick hin die gefundenen Server auflistet. Der *Verbinden*-Button gestattet Ihnen dann den Zugriff auf den Server.

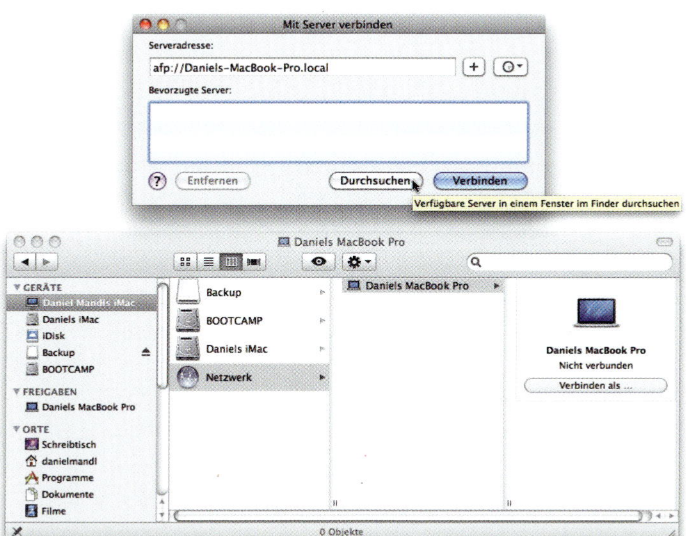

Auch über den Punkt »Netzwerk« ist eine Kontakt-Aufnahme möglich.

Sie müssen sich selbstverständlich nicht mit dem *öffentlichen Ordner* allein zufrieden geben. In der Systemeinstellung *Freigaben* | Dienst *Dateifreigabe* lassen sich über den *Plus*-Knopf (+) unterhalb von *Freigegebene Ordner* weitere Quellen (Ordner, Volumes etc.) für den *Gast*-Zutritt definieren. Im Feld daneben – *Benutzer* – bestimmen Sie, was der einzelne darf (*Nur lesen, Lesen & Schreiben, Nur Schreiben* oder *Keine Rechte*). *Nur Lesen* bedeutet in diesem Sinne, das man auf den Ordner zwar Zugriff hat, aber selbst nichts ablegen kann. *Nur Schreiben* wiederum ermöglicht dem Benutzer, dass er ausschließlich Dateien dort hineinlegen darf, er aber keine Inhalte anzeigen lassen kann. Nur derjenige, der *Lesen & Schreiben* darf, kann ohne Einschränkung arbeiten.

Ebenso lassen sich bestimmte Benutzer auswählen, indem Sie diese entweder aus dem Adressbuch bestimmen und diesen ein Kennwort zuteilen, oder über *Neue Person* einen ganz neuen Account anlegen.

Zum *Abmelden* aus dem Netzwerk klicken Sie einfach auf das kleine *Auswerfen*-Symbol (⏏) bzw. auf *Trennen* – der Server verschwindet.

Möchten Sie nur mal schnell Daten von einem Mac auf den anderen transferieren, bietet es sich auch an, dies im *Target-Modus* zu erledigen. Hierbei benutzen Sie den Zweit-Rechner als externe Festplatte, indem Sie diesen per FireWire-Kabel im ausgeschalteten Zustand an Ihren bereits laufenden Mac anstöpseln. Starten Sie dann den anderen Mac und drücken Sie dann gleich die Taste »T«, bis das *FireWire*-Symbol auf dem Bildschirm erscheint. Danach mountet die Festplatte und zeigt sich auf dem Schreibtisch, so dass Sie nun Ihre Daten austauschen können. Zum Beenden klicken Sie in das *Auswerfen*-Symbol (⏏) bei den Volumes und drücken dann beim Mac die Ausschalttaste. Das war's.

Netzwerk über Ethernet

Das Prozedere ist das Gleiche wie bei der Verbindung über *FireWire*, nur dass Sie dieses Mal die Computer über das *Ethernet-Kabel* verbinden und in der Systemeinstellung *Netzwerk* den Eintrag *Ethernet (integriert)* benutzen. Bei *IPv4 konfigurieren* wählen Sie wieder *DHCP* zum automatischen Vergeben der *IP-Adressen*. Klicken Sie dann wieder auf *Anwenden*. In der Systemeinstellung *Freigabe* sollte ebenfalls wieder *Dateifreigabe* aktiviert sein.

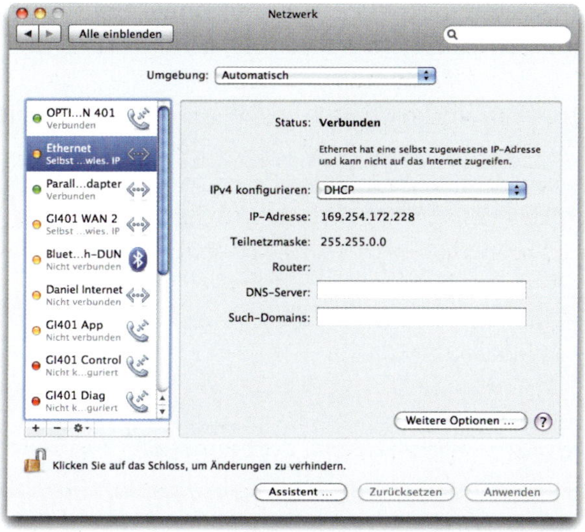

Das Gleiche in »Grün« – nur dieses Mal als Ethernet-Netzwerk. Zwei Mac-Rechner sind dabei als LAN (Local Area Network) über einen Router verbunden.

Das Gleiche muss nun auch auf den anderen Netzwerk-Rechnern eingerichtet werden. Ist alles erledigt, funktioniert die Kontakt-Aufnahme wie unter der *FireWire*-Verbindung. Entweder erfolgt sie automatisch und Sie finden die verbundenen Rechner in der Seitenleiste des Finder-Fensters unter *Freigaben* oder Sie gehen wieder in den *Finder* und wählen *Gehe zu | Mit Server verbinden*. Dort tragen Sie die unter *Dateifreigabe* gezeigte lokale Netzwerk-Adresse oder die *AFP*-Adresse (des zu kontaktierenden Mac-Rechners) ein und klicken auf *Verbinden* (alternativ können Sie die *Server*-Adresse auch wieder über einen Internet-Browser eingeben). Loggen Sie sich folglich als *Gast* oder als *Registrierter Benutzer* ein und alles weitere nimmt seinen Lauf ...

Netzwerkdrucker über Ethernet einrichten

Ihre Vorarbeit besteht wie üblich im Treiber installieren und dem Verbinden von Computer und Drucker mit einem Ethernet-Kabel (läuft auch unter den Bezeichnungen *Patchkabel*, *CAT-5*- oder *RJ45*-Kabel). Rufen Sie dann Ihre *Systemeinstellungen* und dort die Rubrik *Drucken & Faxen* auf. Nun müssen Sie wieder auf den Plus-Knopf (+) zum *Hinzufügen* eines Druckers klicken, so dass dieser in der *Druckerübersicht* erscheint. Besitzen Sie einen Netzwerk-Drucker neueren Datums, der die *Bonjour*-Funktion (die früher einmal *Rendezvouz* hieß), also das automatische Konfigurieren und Erkennen im Netzwerk unterstützt, so sollte er ohne weiteres Zutun in der Liste erscheinen. Wählen Sie diesen nun aus und klicken Sie wieder auf *Hinzufügen* – der Drucker ist nun startklar.

Unsere beiden Drucker (beide netzwerkfähig) hatten hingegen so ihre Macken. Unser Multifunktionsdrucker Canon MP620 zeigte sich zwar in der Liste der gefundenen Geräte, allerdings nur als Bonjour-Scanner. Über den

Knopf *Weitere Drucker* wurde er jedoch geortet und wanderte nach einem Doppelklick auf den Eintrag automatisch in die Druckerliste.

Neuere Netzwerk-Drucker lassen sich optimalerweise problemlos einbinden. Unsere zwei Kandidaten wollten hingegen nicht so recht.

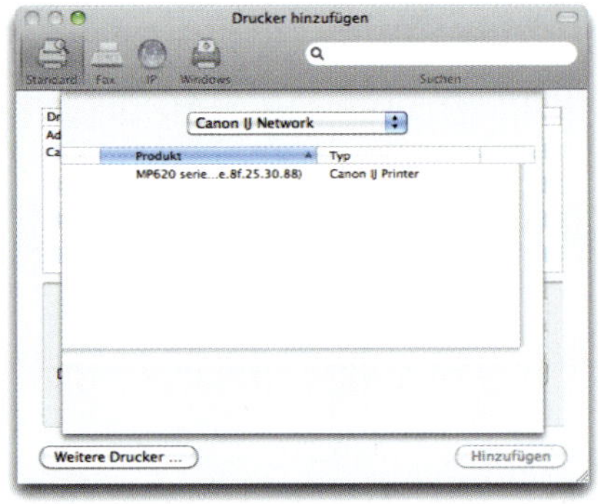

Denken Sie bitte daran, die Option *Diesen Drucker im Netzwerk freigeben* zu aktivieren, so dass auch die anderen Rechner auf das Gerät zugreifen können.

Besitzen Sie einen älteren Netzwerk-Drucker, der sich nicht auf das Protokoll *Bonjour* versteht, so konnten Sie in der Leopard-Version von Mac OS X einfach in der Druckerübersicht in die Abteilung *AppleTalk* wechseln. Auf diese Weise wurde dieser Dienst eingeschaltet und der Drucker konnte angezeigt werden. Unter Snow Leopard ist es hingegen aus mit *AppleTalk* – das Protokoll wurde gestrichen. Auch unser zweiter Drucker (HP LaserJet 3700) hat darunter zu leiden und wurde nicht erkannt. In diesen Fällen müssen Sie einen anderen Weg bestreiten.

Zum einen können Sie versuchen, Ihren Drucker zur Vergabe einer automatischen IP-Adresse zu bewegen. Das erfolgt meist über ein Setup-Menü am Gerät selbst (ein Blick ins Handbuch sollte hier helfen). Wählen Sie dort etwa *System-Setup* oder *Drucker konfigurieren* und suchen Sie nach dem *TCP/IP*-Dialog. Dort sollte wieder *DHCP* zur Vergabe einer automatischen IP-Adressen aktiviert sein. Wenn Sie sich später diese Konfiguration ausdrucken sollten (das klappt auch ohne angeschlossenen Mac), so können Sie diese aus den Unterlagen entnehmen. Noch besser ist es, wenn Sie manuell ein Adresse vergeben, da dadurch die Gefahr einer ständig wechselnden IP-Adresse in einem großen Netzwerk mit wechselnden Rechnern und somit einer ständigen Neueinrichtung des Druckers umgangen wird.

Bei *Drucker hinzufügen* wählen Sie nun statt *Standard* die Abteilung *IP*. Bei uns klappte das über das Protokoll *HP Jetdirect*, indem wir dort die IP-Adresse eingaben. Der Drucker wurde danach erkannt und über *Hinzufügen* in der Druckerliste integriert.

Na wer sagt's denn: Auch ohne »AppleTalk« spricht unser Drucker an.

Sind noch weitere Macs mit älteren OS X-Versionen in Verwendung, so können Sie auch darüber diese Drucker per *AppleTalk*-Protokoll anschließen und per *Druckerfreigabe* diesen zur Verfügung stellen. Das klappt im Übrigen auch bei einem Windows-Rechner, wenn Sie bislang darüber gedruckt haben.

Je nach Modell und Treiber weist Ihr Drucker wieder unterschiedliche Funktionen und Optionen auf. So lassen sich manche universal einstellen und konfigurieren, während andere – mit vielleicht weniger emphatischer Unterstützung des Herstellers – nur dürftige bis keine weiteren Eingriffsmöglichkeiten anbieten. Der Button *Optionen & Zubehör* weist daher Hersteller-abhängige Features auf. Im Falle unseres *HP color LaserJet 3700n* haben wir umfangreiche Möglichkeiten, beispielsweise die Füllstände der Toner-Kartuschen zu überprüfen. Einen Einblick in Ihre Druckaufträge erhalten Sie wieder über die *Drucker-Warteliste.*

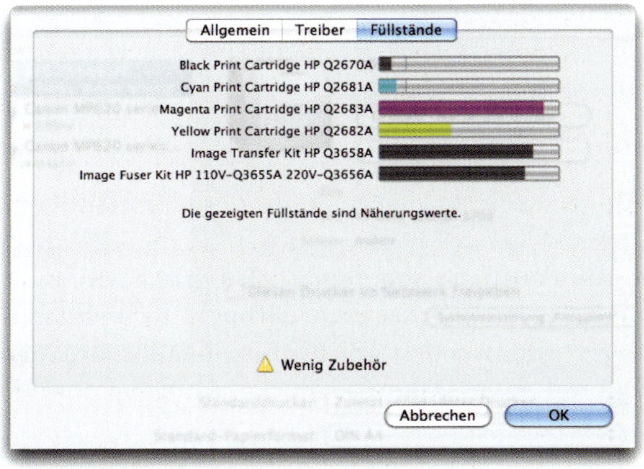

Je nach Gerät und Ausstattung sowie des Funktionsumfangs von Treiber und zusätzlicher Software gewährt der Drucker Einsicht in »ungeahnte Tiefen«.

Für alle, denen es nicht schnell genug gehen kann, sei nochmals der Trick mit dem Drucker-Symbol verraten: Ziehen Sie einfach das Drucker-Icon aus der Liste der aufgeführten Drucker auf den Schreibtisch. Auf diese Weise müssen Sie nurmehr Ihre Text-Dateien oder Bilder auf das Symbol ziehen und loslassen – den Rest erledigt der Drucker.

Netzwerk über AirPort

Sofern Sie *AirPort* verwenden, wiederholt sich unsere Netzwerk-Geschichte, nur dass Sie in diesem Fall anstatt *Ethernet* oder *FireWire* die Einstellung *AirPort* verwenden. Zum einen klappt das, indem Sie zuerst auf allen Mac-Rechnern *AirPort* aktivieren – entweder über die Menüleiste oder über die Systemeinstellung *Netzwerk*, indem Sie aus der Dienste-Liste auf den Eintrag *AirPort* klicken und dieses dann über den Knopf *AirPort aktivieren* starten. Des Weiteren heißt es nun auf einem Rechner ein Netzwerk anzulegen. Auch das klappt sowohl über das *AirPort*-Symbol in der Menüleiste oder über die Systemeinstellung *Netzwerk*.

Nach dem Aktivieren von AirPort heißt es ein Netzwerk anzulegen – entweder über die Menüleiste oder die Systemeinstellung »Netzwerk«.

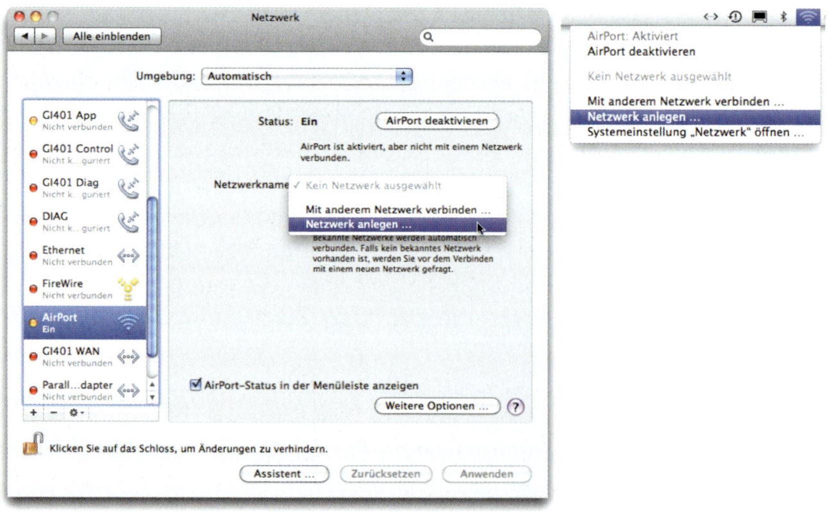

Hierbei vergeben Sie einen Namen und legen fest, ob ein Kennwort dieses Netzwerk schützen soll. Letzteres empfehlen wir sehr, damit sich nicht jemand aus der »Nachbarschaft« so ohne Weiteres in das System einklinken kann. Zur Auswahl stehen zwei Verschlüsselungs-Möglichkeiten: *40-Bit WEP* in Form von 5 ASCII- oder 10 Hex-Zeichen bzw. *128 Bit WEP* mit 13 ASCII- oder 26 Hex-Zeichen.

ASCII steht für *American Standard Code for Information Interchange* und beschreibt einen 128 Zeichen (davon 33 nicht-druckbare sowie 95 druckbare) umfassenden Zeichensatz, der im Groben den üblichen Fundus auf einer Tastatur darstellt (Alphabet plus Ziffern plus einfache Sonderzeichen). *Hex* rührt von *Hexadezimalsystem* her und weist darauf hin, dass Sie eine Abfolge von 10 bzw. 26 Zeichen aus den Buchstaben A bis F sowie den Ziffern 0 bis 9 zusamenstellen können. *WEP* steht für *Wired Equivalent Privacy* und ist der Standard-Algorithmus für die WLAN-Verschlüsselung, wobei hier schon der Nachfolger *WPA2* zur Verfügung steht.

Ein Netzwerk ist schnell angelegt – aber bitte mit Kennwort.

Vom zweiten Mac aus müssen Sie sich nun bei diesem Netzwerk anmelden. Das geht am besten über das *AirPort*-Symbol (ᯤ) in der Menüleiste, da dort bereits das gerade angelegte Netzwerk auftauchen sollte. Im Falle des nachträglichen Aktivierens von *AirPort* öffnet sich automatisch ein Fenster, das die gefundenen Netzwerke auflistet. Klicken Sie das Gewünschte an und geben Sie gegebenenfalls das Kennwort ein. Über *Verbinden* sollte nun der Kontakt der beiden Rechner hergestellt werden.

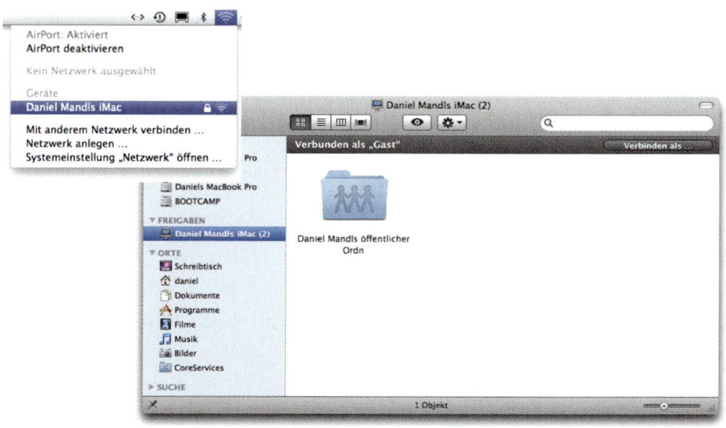

Nach dem Wählen des Netzwerks erfolgt wieder der Zugriff als Gast.

Über die Systemeinstellung *Freigaben* sowie des Dienstes *Dateifreigabe* lassen sich nun wieder weitere Ordner sowie Benutzer für den individuellen Zugriff einrichten.

Eine weitere *AirPort*-Netzwerk-Variante läuft über die Konfiguration einer *AirPort Extreme Basisstation.* Auch hierbei muss bei allen Netzwerk-Teilnehmern *AirPort* aktiviert sein. Wir legen Ihnen auch ans Herz, unbedingt einen ausführlichen Blick in das kleine Handbuch zur Basisstation zu werfen, das alle Schritte – illustriert und verständlich – aufführt. Nichtsdestotrotz zeigen wir Ihnen schnell die wichtigsten Handlungen zum Glücklichsein im *AirPort-Netzwerk.*

Möchten Sie Ihren Internet-Zugang allen im Netzwerk befindlichen Rechnern zur Verfügung stellen, so sollten Sie vor der ersten Konfiguration der *AirPort Extreme Basisstation* Ihr DSL- oder Kabelmodem an den so genannten *WAN*-Anschluss anstöpseln. Im Zuge der Konfiguration des Netzwerks lassen sich so auch gleich die Zugangsdaten Ihres Providers miteingeben. Weitere Informationen hierzu finden Sie auch im vorangegangenen Kapitel.

Das Anschließen geht schnell vonstatten, und wenn Sie *AirPort* auf Ihrem Rechner aktiviert haben, sollten Sie das *AirPort-Dienstprogramm* (zu finden im Ordner *Programme* | Unterordner *Dienstprogramme*) starten. Dieses wiederum stellt nun den Kontakt her und führt die *AirPort Extreme Basisstation* in seinem Dialog-Fenster auf. Nun können Sie Ihre *AirPort Extreme Basisstation* in Ihr *AirPort*-Netzwerk integrieren und dort angeschlossene Drucker oder Festplatten (auch mehrere Geräte mit Hilfe eines USB-Hubs) auf allen Rechnern nutzen.

Die erste Hürde ist geschafft – unsere Basisstation wird erkannt.

Klicken Sie auf *Fortfahren* und vergeben Sie dann einen aussagekräftigen Namen für die Basisstation. Der Name für die Basisstation ist dann besonders wichtig für Sie, wenn Sie mehrere Stationen in Ihrem Haus oder im Büro installieren möchten, um diese damit besser zuordnen zu können. Vergeben Sie weiterhin ein Passwort, damit Ihre *AirPort Extreme Basisstation* auch vor Fremdzugriffen geschützt wird.

Die Basisstation wird getauft – allerdings ohne Weihrauch und bitte ohne Weihwasser.

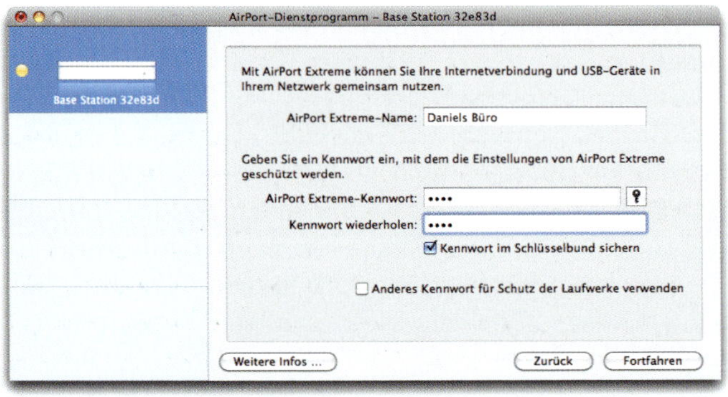

Bei fast allen Dialogen finden Sie unten stehend den Knopf *Weitere Infos*, der hilfreiche Details zu Tage fördert. Sollte also das Konfigurieren eines Drahtlos-Netzwerkes nicht gerade zu Ihren täglichen Übungen gehören, so ist das Lesen dieser Zusatz-Infos Pflichtlektüre.

Für alle Wissbegierigen und Interessierten – zusätzliche Tipps gibt's über »Weitere Infos«.

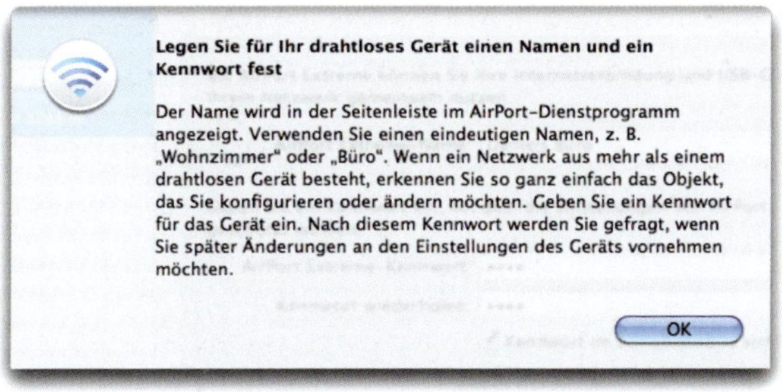

Über *Fortfahren* bestimmen Sie, welche Aufgabe Ihre *AirPort Extreme Basisstation* erfüllen soll – in unserem Beispiel soll sie in unser bestehendes *AirPort*-Netzwerk eingebunden werden, um von dort aus auf einen Drucker/eine Festplatte zugreifen zu können. Im folgenden Dialog heißt es dann die Verbindung zu bestimmen: *Mein AirPort Extreme soll sich drahtlos mit dem Netzwerk verbinden.*

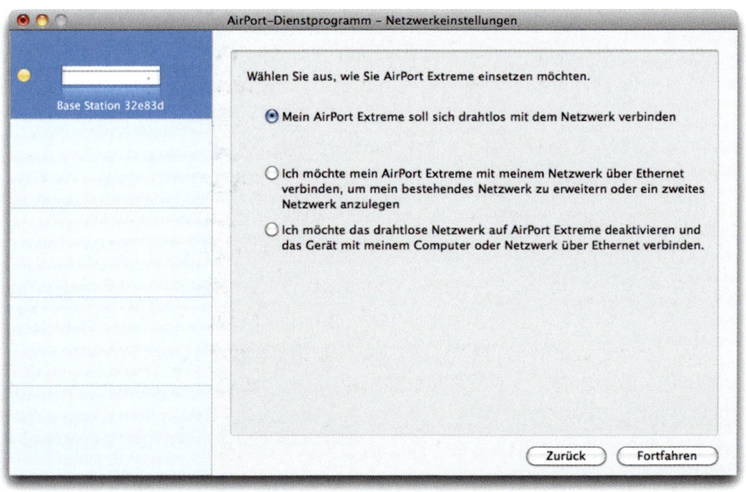

Die Konfiguration der Netzwerkeinstellungen ist verständlich angelegt.

Danach erfolgt die Vergabe des Netzwerk-Namens. Auch dieser sollte seriös behandelt werden, denn Puschl oder Mausi machen sich weniger gut in einem vielleicht geschäftlichen Umfeld. Als Kennwortschutz können Sie aus verschiedenen Möglichkeiten wählen, etwa *Persönlicher WPA/WPA2*, der ein Kennwort zwischen 8 und 63 Zeichen benötigt.

Die Sicherheitsvorkehrungen: Bitte unterschätzen Sie diesen Punkt nicht und wählen Sie die passende Sicherheitsstufe für Ihr Netzwerk aus.

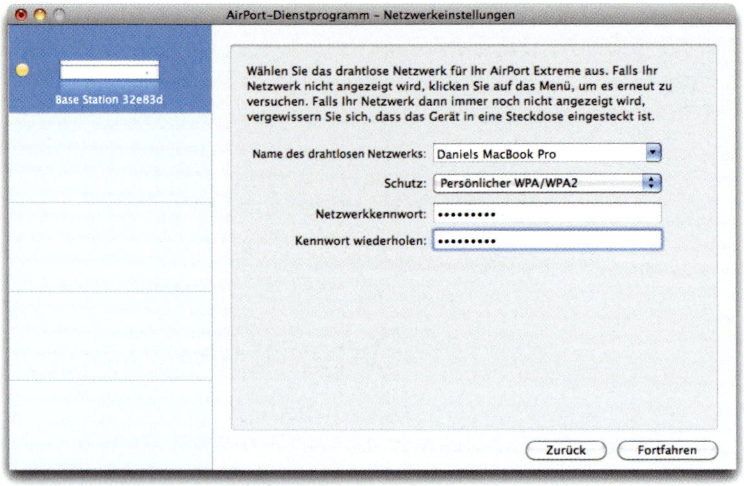

Danach erfolgt die Zusammenfassung. Ist alles zu Ihrer Zufriedenheit, so können Sie bestätigen und die Basisstation wird neu gestartet. Nun sollte alles sitzen und funktionieren – ansonsten lässt Sie der Assistent nicht in Ruhe und listet eventuelle Probleme auf.

Über die Zusammenfassung lassen sich noch einmal alle getätigten – die Arbeit ist erledigt.

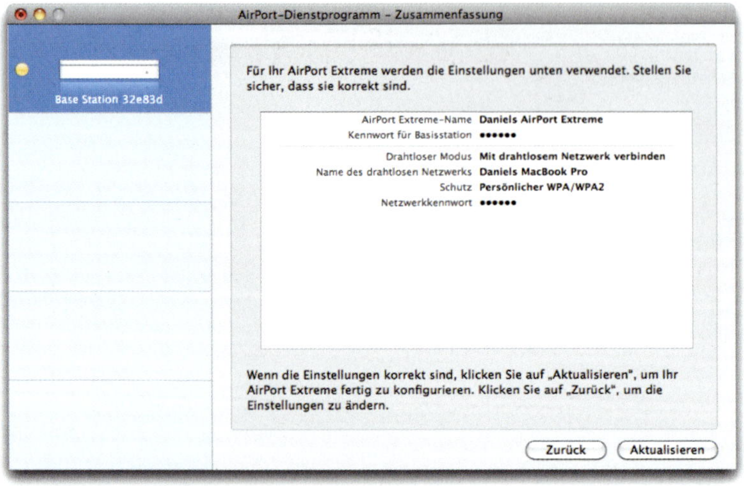

Nun lassen sich also Drucker oder Festplatte über USB sowie weitere Netzwerk-Geräte per *Ethernet* über die *AirPort Extreme Basisstation* betreiben. Möchten Sie tiefer gehendere Einstellungen oder Anpassungen vornehmen, so lässt sich über das *AirPort-Dienstprogramm* auch eine manuelle Konfiguration vornehmen.

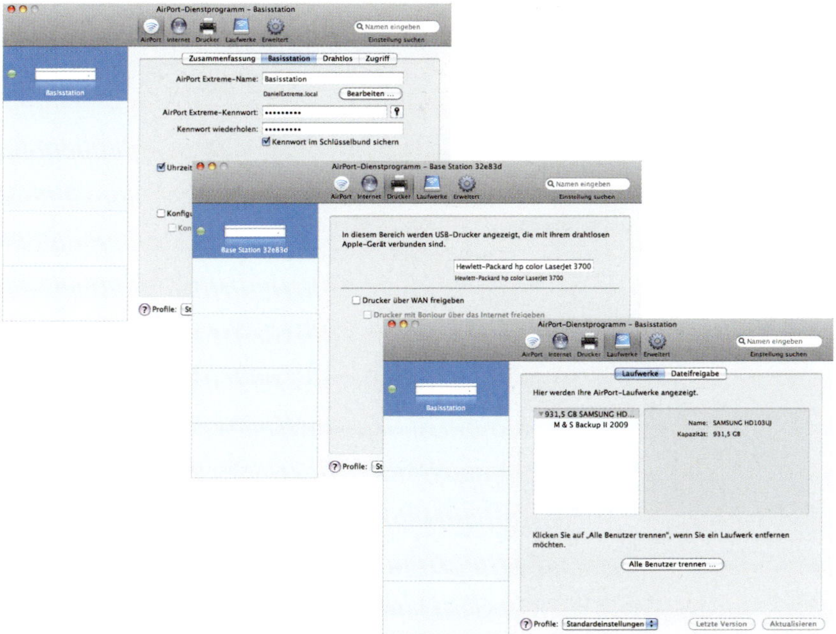

Über die manuelle Konfiguration stehen Ihnen alle Möglichkeiten zur Anpassung der Basisstation zur Verfügung. So können Sie beispielsweise eine über USB angeschlossene Festplatte schützen, indem Sie Gastzugriffe unterbinden oder Benutzern über Lesen & Schreiben einen ungehinderten Zugang ermöglichen.

Unsere Festplatte wurde im lokalen Netzwerk mit den Rechten »Lesen & Schreiben« ausgestattet, damit alle Rechner auf den Inhalt zurückgreifen können.

Der Dienst »Web-Freigabe«

In Ihrem *Benutzer-Ordner* finden Sie den Ordner *WebSites*, in den Sie selbst erstellte Internet-Seiten ablegen können. Ist in der Systemeinstellung *Freigaben* der Dienst *Webfreigabe* aktiviert, so finden Sie neben stehend die Adressen der Computer- sowie der persönlichen Website. Gibt nun jemand der Netzwerk-Teilnehmer eine dieser Adressen in seinem Web-Browser ein, so erscheint die jeweilige Seite auf seinem Bildschirm. Aber auch Benutzer außerhalb des Netzwerks können nun – weltweit, sobald Sie mit dem Internet verbunden sind – darauf zurückgreifen.

In der Systemeinstellung »Freigaben« wird zuerst der Dienst »Webfreigabe« aktiviert …

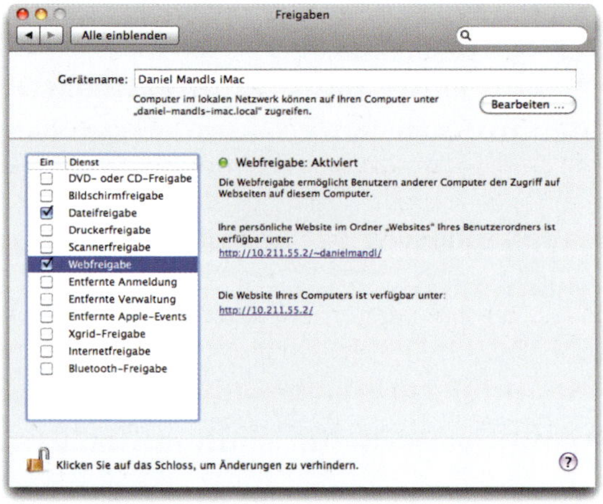

… damit andere im Netzwerk auf die Webseiten im Ordner Web-Sites zugreifen können – für Web-Seiten-Bastler ideal.

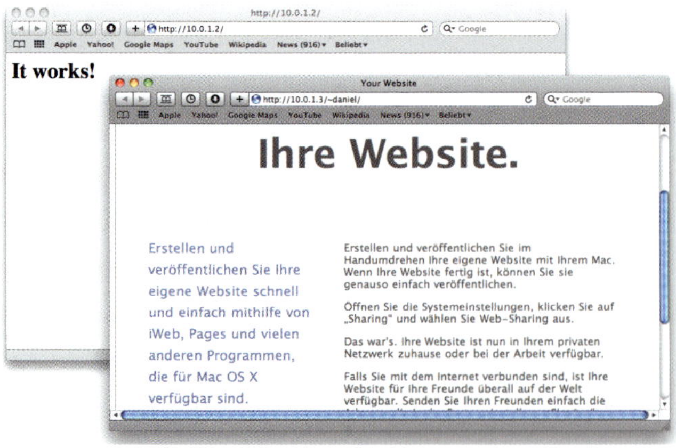

Wenn Sie sich für das Thema Webseiten-Management auf Ihrem Computer interessieren, so sollten Sie unbedingt einmal einen Blick auf die Apache-Webseite der *Webserver-Software* werfen. Sie finden sie unter der URL `http://www.apache.org/httpd`. Weiteren Lesestoff finden Sie, wenn Sie Ihre persönliche Website im Ordner Websites aufrufen und ganz unten auf den Link »Apache-Benutzerhandbuch« klicken. Viel Spaß beim Studium …

Das Apache-Benutzerhandbuch bietet Stoff für manchen spannenden Abend – wenn Sie denn Interesse an feinster Theorie verspüren.

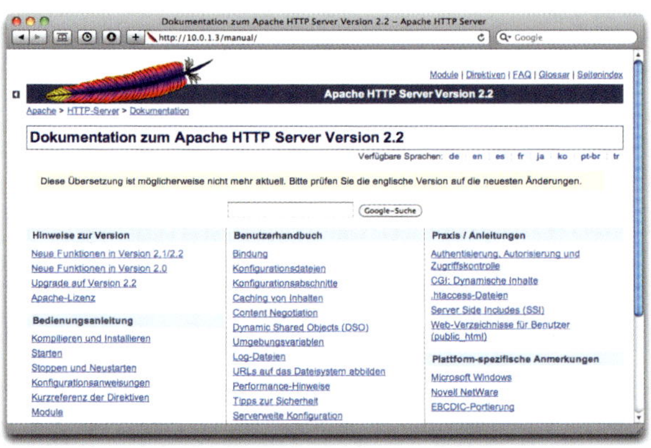

Einen PC ins Mac-Netzwerk einbinden

Da die Macintosh-Welt stets tolerant ist, werden selbstverständlich auch die Windows-User nicht ausgeschlossen. Oder vielleicht kommen Sie ja auch aus dem Windows-Lager und suchen nun nach einer geeigneten Möglichkeit, Ihre Daten vom PC auf den Mac zu bekommen. Natürlich klappt das auch über eine externe Festplatte oder das Brennen von CDs/DVDs – die Netzwerk-Variante ist zumindest die Schnellste.

Beim Mac sind die Einstellungen rasch geregelt: In der Systemeinstellung *Netzwerk* stellen Sie bei *IPv4 konfigurieren* auf *DHCP mit manueller Adresse* um und vergeben eine IP-Adresse, etwa 192.168.0.254. Die Teilnetzmaske belassen Sie bei 255.255.255.0, die anderen Felder lassen Sie leer. Bestätigen Sie dann Ihre Eintragungen über den Button *Anwenden*. Danach wechseln Sie in die Systemeinstellung *Freigaben* und aktivieren den Dienst *Dateifreigabe*. Über den Button *Optionen* rufen Sie nun ein weiteres Dialogfeld auf, in dem Sie die Funktion *Dateien und Ordner über SMB bereitstellen* aktivieren.

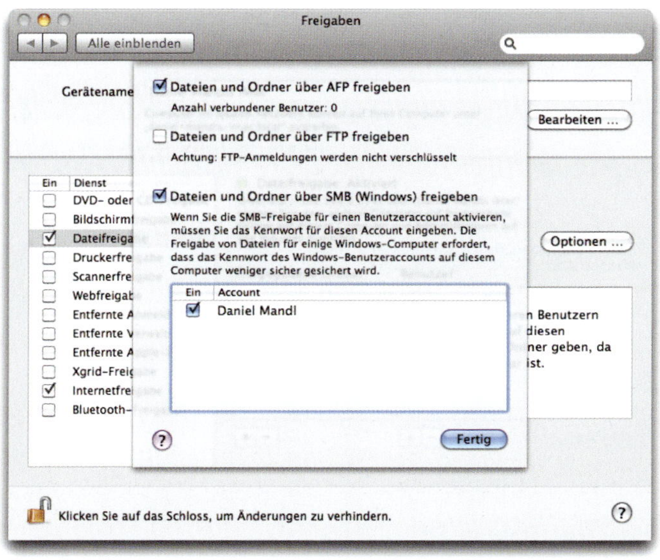

Ein wenig Vorarbeit ist angesagt, damit es später keine Probleme gibt.

Hierbei müssen Sie einen auf dem Mac vorhandenen *Benutzer-Account* freigeben und explizit ausweisen, dass dieser zum Datenaustausch mit einem oder mehreren Windows-PCs verwendet werden darf. Setzen Sie einen Haken in den gewünschten *Account* und identifizieren Sie sich durch Ihr Passwort.

Auf Windows-Seite (*XP* – Hinweise zu *Vista* und *Windows 7* folgen später) müssen Sie ebenfalls Ihren Rechner für den Daten-Austausch klar machen. Wählen Sie dazu über *Start* | *Verbinden mit* und dort den Befehl *Alle Verbindungen anzeigen*. Klicken Sie nun mit der rechten Taste auf den gewünschten Verbindungs-Typ (*LAN-Verbindung* oder *Drahtlose Netzwerkverbindung*) und wählen Sie aus dem Kontext-Menü die Option *Eigenschaften*.

Der erste Gang erfolgt über die Netzwerkverbindungen sowie die Wahl der Verbindungs-Art.

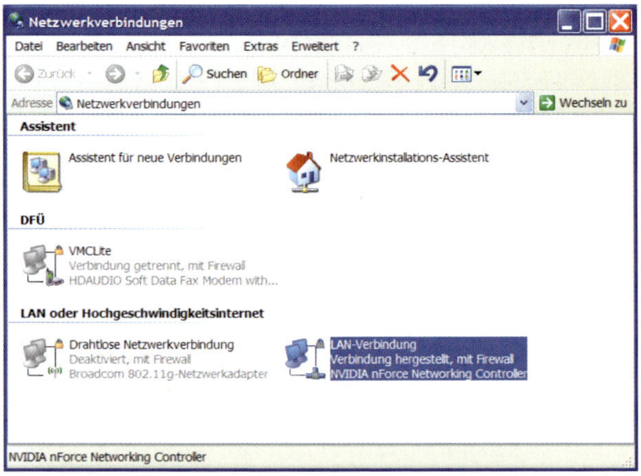

Im sich öffnenden Dialog (im Beispiel *LAN-Verbindung*) *Eigenschaften von LAN-Verbindung* suchen Sie sich nun den Punkt *Internet-Protokoll (TCP/IP)*. Achten Sie darauf, dass der Haken linker Hand gesetzt ist, markieren Sie die Option und klicken Sie dann auf den Button *Eigenschaften*. Im Dialogfeld *Eigenschaften von Internet-Protokoll (TCP/IP)* klicken Sie nun auf *Folgende IP-Adresse verwenden* und tragen bei *IP-Adresse* etwa 192.168.0.252 und bei *Subnetzmaske* 255.255.255.0 ein. Die restlichen Felder können bei reinem *File Sharing* leer bleiben. Bestätigen Sie die beiden Dialogfelder jeweils mit *OK*.

Das Vergeben der einmaligen IP-Adresse ist wichtig zum Identifizieren des angewählten Rechners.

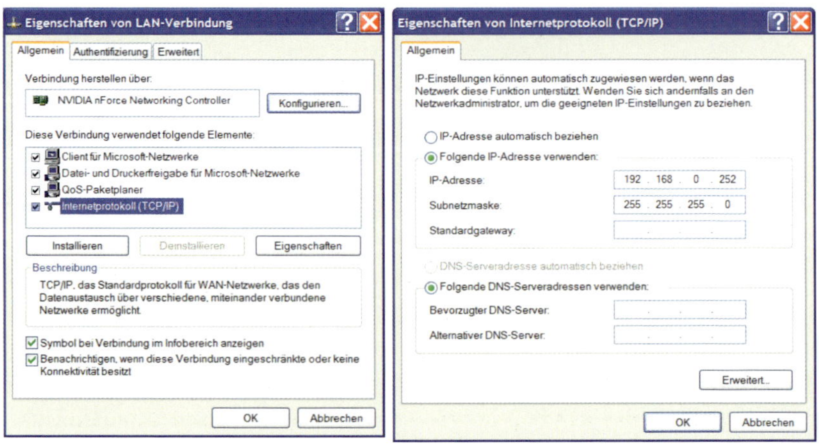

Danach geht's an das Freigeben von Ordnern (oder auch der gesamten Festplatte) im Netzwerk. Hierbei lässt sich einerseits der *Netzwerkinstallations-Assistent* verwenden, der Sie Schritt für Schritt begleitet. Oder Sie wählen Ihren Arbeitsplatz und darin die ausgesuchten Ordner, klicken wieder mit der rechten Maustaste und wählen aus dem Kontext-Menü die Option *Freigabe und Sicherheit*. Darin lässt sich nun die Netzwerkfreigabe erteilen (Option: *Diesen Ordner im Netzwerk freigeben*). Sofern gewünscht, lässt sich auch noch ein *Freigabename* vergeben, um einen besseren Wiedererkennungswert zu erhalten. Standardmäßig ist auf Ihrem Windows-Arbeitsplatz der Ordner *Gemeinsame Dokumente* freigegeben, den Sie jederzeit mit Daten füllen können, auf die andere im Netzwerk zugreifen sollen.

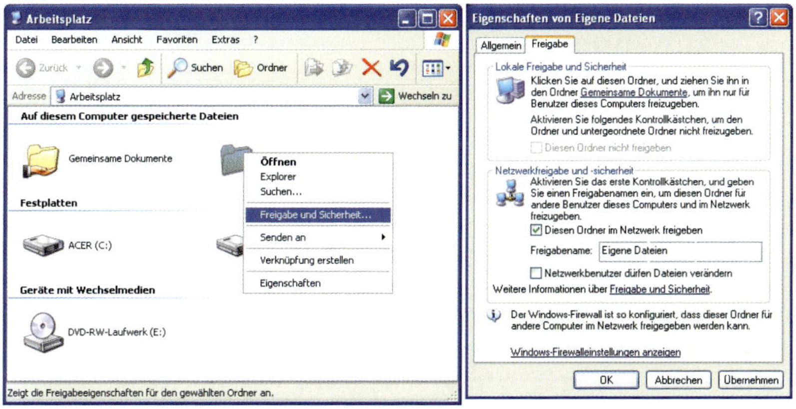

Die Freigabe von Ordnern ist schnell erledigt.

Und dann kann es auch schon losgehen: Sobald Sie beim Mac den Dienst *Datenfreigabe* aktiviert haben, sollte bei *Start | Netzwerkumgebung | Gesamtes Netzwerk | Microsoft Windows-Netzwerk* und dort unter *Workgroup* Ihr Mac eingeblendet werden. Wählen Sie nun diesen aus, erfolgt die Eingabe von Benutzer-Name und Passwort und Sie haben den totalen Zugriff auf die jeweiligen Benutzer-Ordner – Sie können also sowohl vom Windows-PC Daten auf den Mac kopieren als auch umgekehrt.

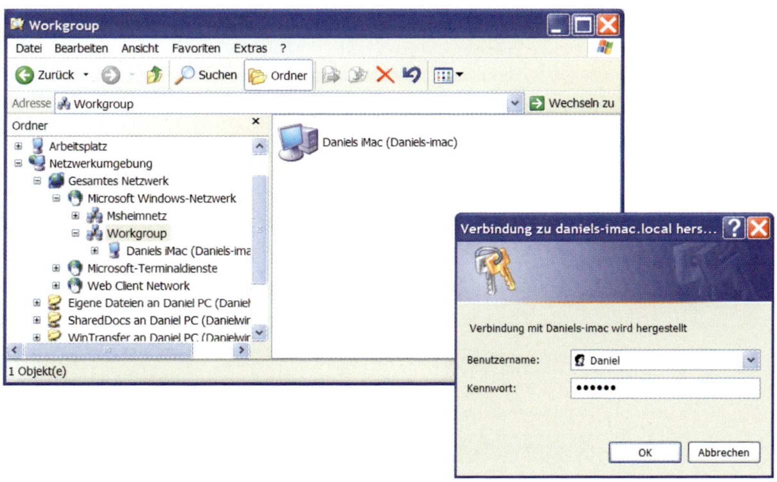

Der Mac taucht auf dem Windows-Rechner auf. Nach der Abfrage von Benutzer-Name und Kennwort lassen sich Ihre Dateien ohne Probleme transferieren.

Auch über die Eingabe der IP-Adresse des Mac-Rechners (beispielsweise «\\192.168.0.254») ist der Zugriff auf den Mac möglich.

Die IP-Adresse wird oberhalb des Explorer-Fensters eingetragen. Falls dieses nicht sichtbar sein sollte, wählen Sie »Ansicht | Symbolleisten | Adressleiste«.

Unter *Windows 7* geht es ebenso recht schnell. Haben Sie auf Ihrem Mac über *AirPort* ein Netzwerk eingerichtet, so begeben Sie sich unter *Windows 7* über die *Systemsteuerung* zum *Netzwerk und Freigabecenter*. Dort wiederum klicken Sie auf *Verbindung mit einem Netzwerk herstellen*. Über das auftauchende Fenster sollte nun – das kann jedoch ein Weilchen dauern … – die Drahtlosverbindung erscheinen. Klicken Sie darauf, so wird der Button *Verbinden* eingeblendet, auf den Sie ebenso klicken. Nun müssen Sie das Kennwort eingeben. Nach der Verbindung können Sie dann über den *Windows-Explorer* und dort bei Netzwerk auf Ihre freigegebenen Ordner zugreifen.

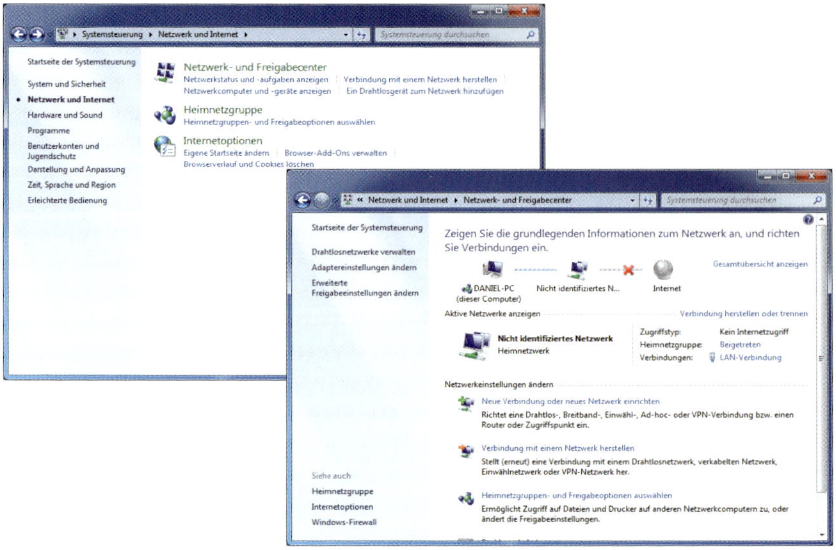

Über die »Systemsteuerung« und dort im »Netzwerk- und Freigabecenter« werden die ersten Schritt in Richtung Netzwerk gestellt.

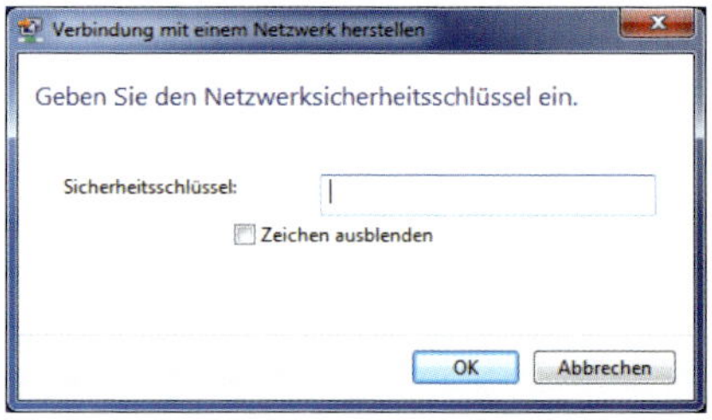

Wird auf »Verbindung mit einem Netzwerk herstellen« geklickt, so taucht das auf dem Mac über AirPort angelegte Netzwerk auf. Wird es ausgewählt, so müssen Sie das vergebene Kennwort eingeben.

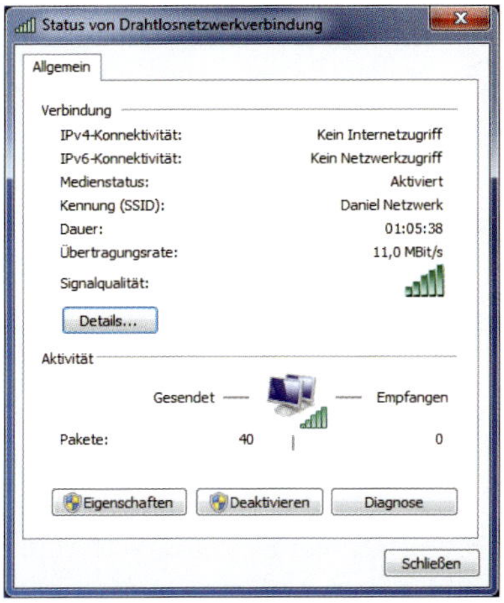

Das Status-Fenster der Drahtlosverbindung (aufzurufen über das Netzwerk- und Freigabecenter) gibt grünes Licht für einen bequemen Datenaustausch.

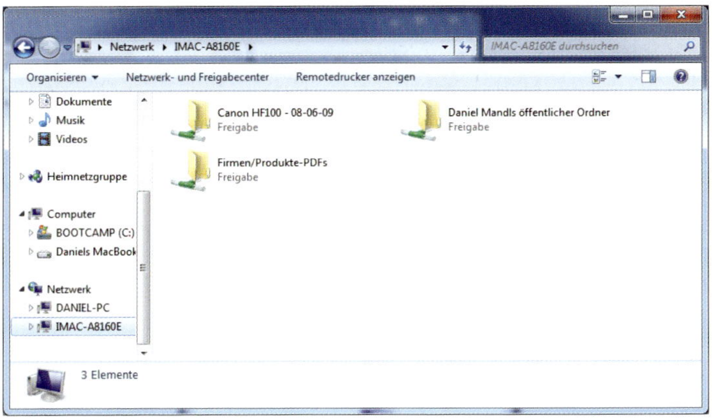

Über den Windows-Explorer lässt sich nun auf die freigegebenen Ordner zugreifen.

Bei einer Mac-/Windows 7-Verbindung über Ethernet lässt sich im Übrigen derselbe Weg wie bei XP verwenden. Sie müssen dort einzig noch die *Netzwerkerkennung* sowie die *Dateifreigabe* aktivieren – und zwar entweder für ein rein privates oder für alle öffentlichen Netzwerke.

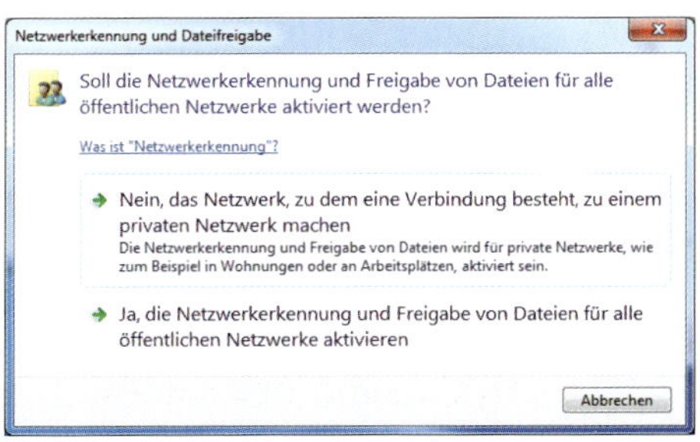

Vor einer Verbindung steht die Netzwerkerkennung sowie Dateifreigabe auf dem Programm.

Übrig bleibt noch *Windows Vista*, das sich einer Verbindung ebenso nicht ziert. Erscheint der Mac in der Seitenleiste des Windows-Explorers, so können Sie auf Klick hin auf die freigegebenen Ornder zugreifen. In Bildern gesprochen schaut das so aus:

Unser MacBook Pro lässt sich orten und auf Doppelklick hin werden Benutzername sowie Kennwort angefordert.

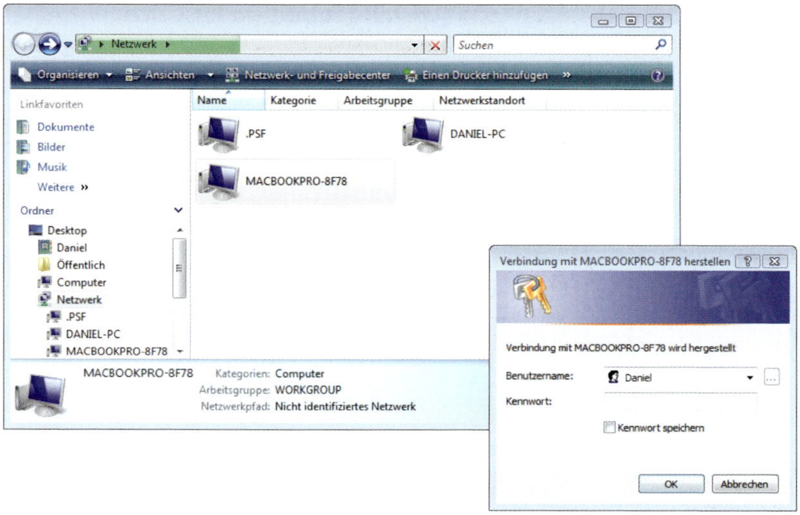

Das ganze Spielchen klappt natürlich auch, wenn Sie vom Mac aus starten und auf den Windows-PC zugreifen möchten. Auch dabei können Sie verschiedene Wege einschlagen. Sind alle IP-Nummern vergeben und auch die *Dateifreigabe* aktiviert, so öffnen Sie ein beliebiges Finder-Fenster und klicken auf *Netzwerk*. Ebenso sollte der verbundene PC nun auch in der Seitenleiste des Fensters unter *Freigaben* erscheinen. Mit Klick darauf sollte der von Ihnen vergebene Netzwerkname Ihres PCs (in unserem Fall *daniel-pc*) samt aller freigegebenen Ordner auftauchen. Dort lassen sich nun Daten entnehmen oder hinzufügen.

Der oder die Server werden aufgelistet.

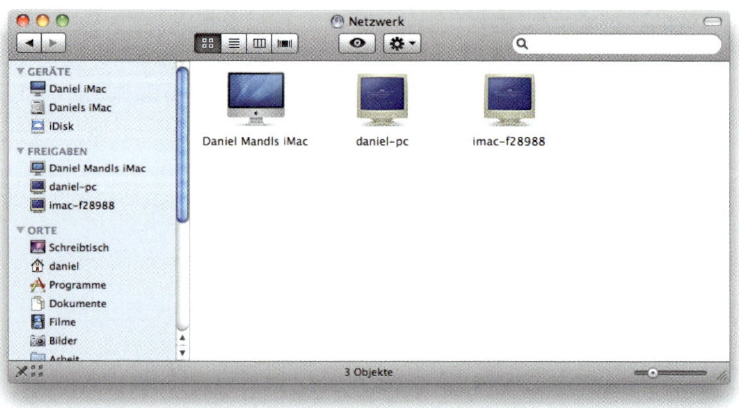

Bis sich beide Computer (Mac und PC) finden und identifizieren, mögen schon einmal ein paar Minuten ins Land gehen. Seien Sie also geduldig. Im Zweifel können Sie auch nach der Konfiguration der Rechner einen Neustart beider Computer durchführen. Geht es dann immer noch nicht, so wählen Sie den nachfolgenden Weg.

Sollte bei Ihnen der Zugriff nicht gleich klappen, so lässt sich ebenso über Eingabe der PC-*IP-Adresse* bzw. des *NetBios-Namen* (zu finden unter *Systemsteuerung | System | Computername*) Kontakt aufnehmen. Hierzu wählen Sie im *Finder* über die Menüleiste *Gehe zu* den Befehl *Mit Server verbinden* (⌘-K) und tragen dort die Adresse ein. Beachten Sie bitte hierbei, dass Sie das Kürzel *smb://* voranstellen. *SMB* steht hierbei für **S**erver **M**essage **B**lock und ist das von Microsoft benutzte Netzwerk-Protokoll.

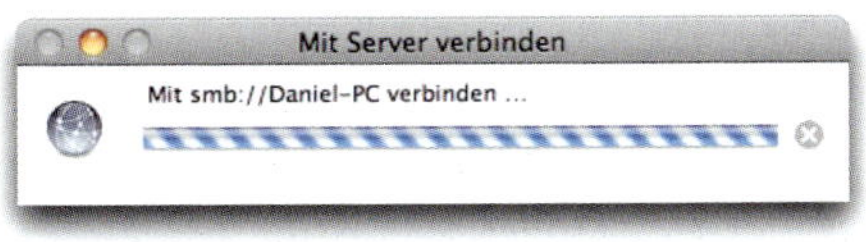

Suche des Servers über die IP-Adresse oder des NetBios-Namen (entspricht dem Computernamen).

Nach dem Klick auf *Verbinden* müssen Benutzername und Kennwort des PCs eingegeben werden – danach erscheinen dann die freigegebenen Ordner/Volumes, die Sie einzeln oder alle bestimmen. Auch nach dieser Vorgehensweise erscheint der PC in der Seitenleiste des Finder-Fensters und Sie können Daten transferieren.

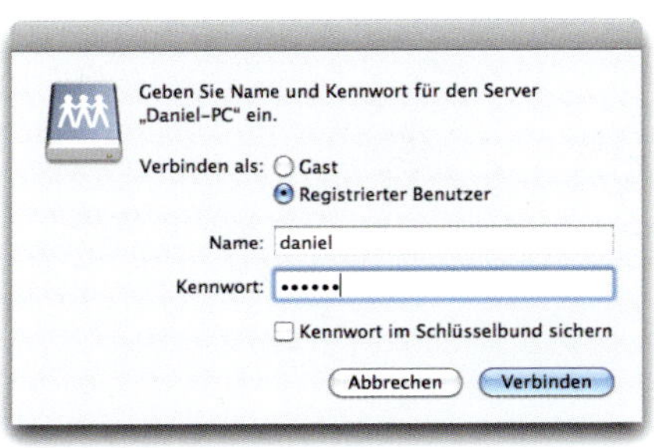

Nach der Identifizierung wählen Sie die zu aktivierenden Volumes. Das war's.

Was tun bei Problemen?

»Nobody is perfect« – das gilt auch für ein neues Betriebssystem wie Mac OS X 10.6 Snow Leopard samt seiner tollen Programme und Features. Manchmal hakt es doch ein wenig, ein Programm lässt sich nicht beenden, das Umschalten zwischen Programmen läuft träge, der Mauszeiger reagiert gar nicht mehr und zeigt anstatt dessen nur sein buntes Rädchen ( ). Das große Trostpflaster dabei: Die meisten Probleme betreffen Software-Konflikte und sind daher ohne weiteres zu beheben, die Hardware ist in den seltensten Fällen der Schuldige. Auch wenn Sie mitten in der Arbeit sind und einen Befehl oder einen Dialog nicht gleich auf Abhieb verstehen, ist Hilfe in Sicht. Was Sie nun alles an Gegenmaßnahmen treffen können, erfahren Sie auf den folgenden Seiten.

Software-seitige Lösungen

Die Apple-Hilfe

Jedes Programm und insbesondere die Apple-eigenen Applikationen besitzen eine umfassende Hilfe, in die Sie auf jeden Fall einmal einen Blick werfen sollten. Zu finden ist diese meist über den Menü-Punkt *Hilfe* in der Menüleiste bzw. über *Befehlstaste-Fragezeichen* (⌘-?). Wählen Sie im *Finder* die Hilfe, so lässt sich über den *Home*-Button ( ) ein Popup-Menü ausfahren (mit der Maus darauf klicken und die Maustaste kurz gedrückt halten), über das Sie nun einzelne Programme gezielt anspringen können. Danach benutzen Sie dann entweder die vorgegebenen Themen-Gebiete, geben einen Such-Begriff ein oder klicken auf das Feld *Index* (im Hilfe-Fenster rechts oben stehend), das mit zig Begriffen zum jeweiligen Programm aufwartet.

Für jedes installierte Programm existiert eine umfassende Hilfe mit informativen Inhalten.

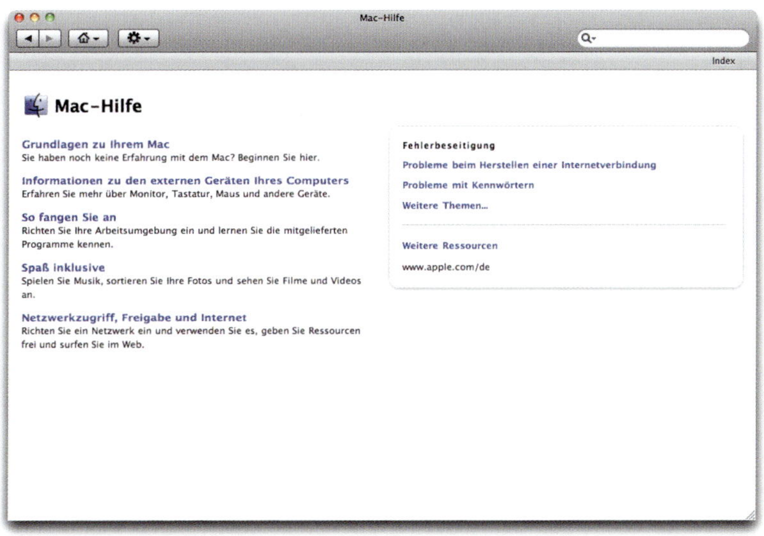

Der ausführliche Index sollte Ihnen ebenso einen Blick wert sein.

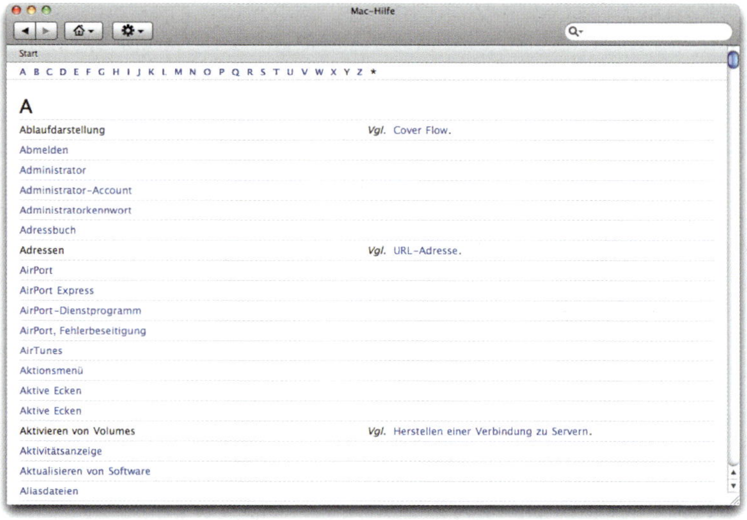

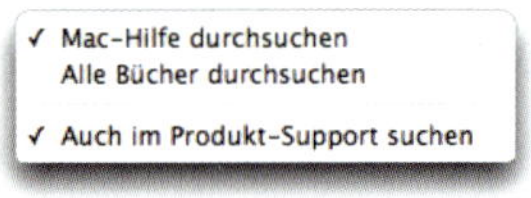

Im Falle einer Stichwort-Suche listet die Hilfe alle relevanten Themen auf, die zum gewünschten Eintrag passen. Sie können dabei die Ergebnisse beeinflussen, indem Sie über das kleine Popup-Menü im Eingabefeld auf das kleine Dreieck ( ) klicken und wählen, wo letztlich gesucht werden soll: entweder ausschließlich in der zum aufgerufenen Programm gehörenden Hilfe oder übergreifend in allen Hilfe-Büchern. Zusätzlich ist auch der Zugriff auf den über das Internet verfügbaren Produkt-Support möglich, dessen Einträge mit dem Symbol gekennzeichnet sind.

Verharren Sie mit dem Mauszeiger ein wenig länger über einem Themenpunkt, so erhalten Sie schon einmal eine kurze Inhaltsangabe. Per Mausklick auf einen Eintrag kommen Sie letztlich an die erklärenden Hilfe-Texte, die weiterführende Informationen anbieten oder eben auf die Support-Webseiten von Apple zurückgreifen.

Per Stichwort-Suche werden die dazu passenden Hilfethemen eingeblendet.

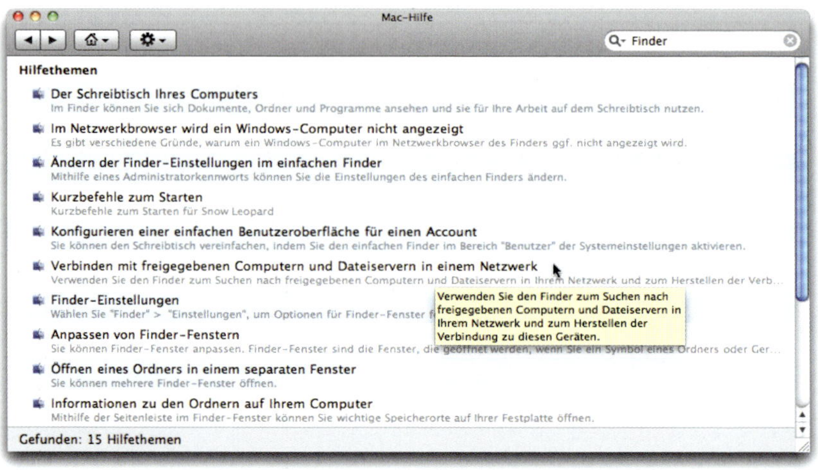

Über die beiden Pfeile (◀ ▶) in der Symbolleiste navigieren Sie nun vorwärts oder wieder zurück, ein kurzer Klick auf den *Home*-Button (⌂) bringt Sie schnell wieder zum Ausgangspunkt der *Mac-Hilfe*.

Interessant ist auch der Index, der zu allen Themen-Gebieten die nötigen Stichwörter liefert und so schnell zum Ziel führt. Auch hierbei werden Ihnen viele relevante Themen vorgestellt, die nützliche Tipps & Tricks sowie Hilfestellungen anbieten.

In fast allen Dialogen finden Sie das Symbol ? mit einem Fragezeichen darin, das Sie direkt zum entsprechenden Thema in der Mac-Hilfe bringt.

Die *Mac-Hilfe* hat sich wirklich zu einer umfassenden Datenbank gemausert, die hervorragend übersetzt ist und in der man Stunden verbringen kann. Nutzen Sie also in einer ruhigen Minute einmal diese Unterstützung und besuchen Sie die Seiten, denn – wie wir schon gelernt haben – Wissen kann man nie genug haben …

Neustart durchführen

Sie sollten sich eine bestimmte Reihenfolge angewöhnen, mit der Sie Problemen begegnen. Dazu gehört vorrangig die Ruhe zu bewahren – insbesondere wegen des eigenen Nerven-Kostüms. Auch wenn es ungeduldige Menschen an den Rand des Wahnsinns bringen kann – die meisten Widrigkeiten lassen sich mit einem Neustart beheben. Beenden Sie folglich alle laufenden Programme, klicken Sie in das *Apple-Menü* (der Apfel ganz links) und wählen Sie aus dem aufklappenden Menü den Befehl *Neustart*. Dabei wird die Hardware einem internen Funktionstest unterzogen und das Betriebssystem wird neu hochgefahren. Meist sind danach kleinere Unregelmäßigkeiten aus dem Weg geräumt.

Denken Sie immer daran, Ihre verrichtete Arbeit vor dem Beenden von Programmen zu speichern. Die laufenden Applikationen weisen im Normalfall darauf hin, dass die geöffneten Dokumente (Texte, Bilder etc.) Veränderungen erfahren haben und diese gesichert werden sollen.

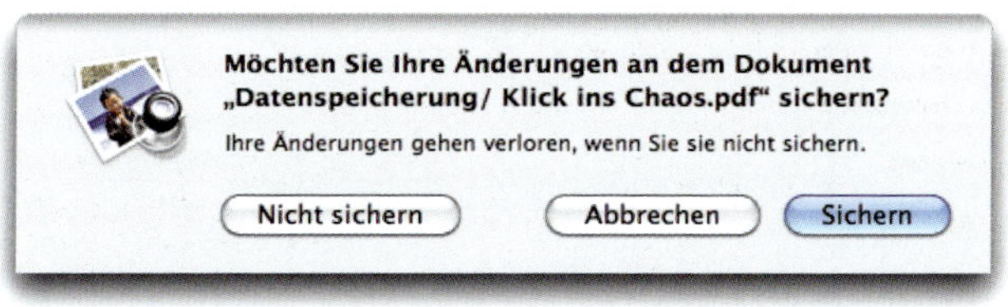

Das Sichern von Dokumenten sollte ins Grundgesetz aufgenommen werden.

Will der Mac nicht auf Sie hören und führt auf dem normalen Weg keinen Neustart durch, so versuchen Sie dennoch, zuerst die Programme zu beenden und Ihre Arbeit zu sichern. Danach wählen Sie als Not-Maßnahme für alle Laptop-Modelle (und alle Computer, an die eine Tastatur mit *Ein-/Ausschalt-Taste* angeschlossen ist) die Tastenkombination *Befehlstaste-ctrl-Ein-/Ausschalt-Taste* für einen erzwungenen Neustart. Hierbei wird der Mac ohne Warnung – und zwar sofort – neu gestartet. Bei iMac & Co. müssen Sie die *Ein-/Ausschalt-Taste* länger gedrückt halten (ein paar Sekunden lang), bis der Mac sich ausschaltet. Danach mounten Sie ihn wieder ganz normal.

Bei manchen Problemen kann auch das Ausschalten des Rechners (Zeitdauer etwa 30 bis 60 Minuten) Wunder bewirken. So ist es uns selbst schon passiert, dass man sich Stunden mit vermeintlichen Missständen herumärgert, bis man genervt den Rechner herunterfährt. Nach dem Abendessen oder einer entspannenden Dusche und dem Wiedereinschalten des Rechners haben sich die Probleme in Luft aufgelöst. Der Ursache (atmosphärische Störungen, negative Energie, geschlossene Chakren …) kommt man so zwar nicht auf die Spur, aber es ist dennoch ein gutes Gefühl, dass wieder alles zur Zufriedenheit läuft.

Programme sofort beenden

Wenn Sie im normalen Arbeitsalltag Divergenzen feststellen und das Fehler verursachende Programm identifizieren können, sollten Sie es beenden und dann nochmals starten. Hilft das nicht bzw. lässt sich das Programm nicht beenden, greifen Sie zur Notbremse: Über *Befehlstaste-Wahltaste* und *esc-Taste* (⌘-⌥-*esc*) rufen Sie den *Sofort beenden*-Dialog auf, markieren das entsprechende Programm und klicken dann auf den Button *Sofort beenden*. Alternativ lässt sich auch über das Dock (mit gedrückter *Wahltaste* und leicht hinausgezögertem Mausklick auf das Programm-Icon) der Befehl *Sofort beenden* starten. Die anderen noch laufenden Programme werden hierbei nicht in Mitleidenschaft gezogen und Sie können mit diesen weiterarbeiten. Starten Sie dann erneut das »zickende« Programm und beobachten Sie, ob es weiterhin »komisch« reagiert. Im Zweifel sollten Sie auch immer einen anschließenden *Neustart* in Erwägung ziehen.

Instabile Programme werden in Nullkommanichts über »Sofort beenden« aus dem Verkehr gezogen.

Preferences und Caches

Jedes Programm besitzt eine kleine *Preferences*-Datei, in der die in den *Programm-Einstellungen* vorgenommenen Eintragungen gespeichert werden. Ab und zu können diese Dateien der Grund für fehlerhaftes Verhalten sein, so dass es sich anbietet, diese bei Problemen mit Programmen zu löschen. Beim erneuten Aufruf des Programms wird diese *Preferences*-Datei neu angelegt – Sie müssen einzig etwaige Anpassungen in den *Einstellungen* überprüfen und eventuell erneut eingeben. Manche Programme speichern in diesen *Preferences*-Dateien auch die Seriennummer, so dass auch diese in manchen Fällen neu einzutragen ist.

Im Verzeichnis *Benutzer/»Ihr Benutzername«/Library/Preferences/* finden Sie diese Dateien, die meist den Namen des Programms im eigenen Titel tragen. So nennt sich beispielsweise die Voreinstellungs-Datei vom Programm *DVD Player* »com.apple.DVDPlayer.plist« oder von *TextEdit* «com.apple.TextEdit.plist«. Markieren Sie die entsprechende Datei und befördern Sie sie in den Papierkorb. Nach dem erneuten Start des Programms wird sie automatisch wieder angelegt.

Wenn die Datei im Papierkorb liegt, sollten Sie diesen nicht gleich entleeren, sondern erst das Verhalten des Programms nach einem erneuten Start testen. Ist das Problem gelöst und die Applikation läuft nun einwandfrei, so können Sie auch den Papierkorb leeren. Ist die *Preferences*-Datei jedoch nicht das Übel, so können Sie diese wieder zurück an ihren angestammten Platz befördern – so sparen Sie sich eventuelle Neu-Eintragungen in den Programm-Einstellungen.

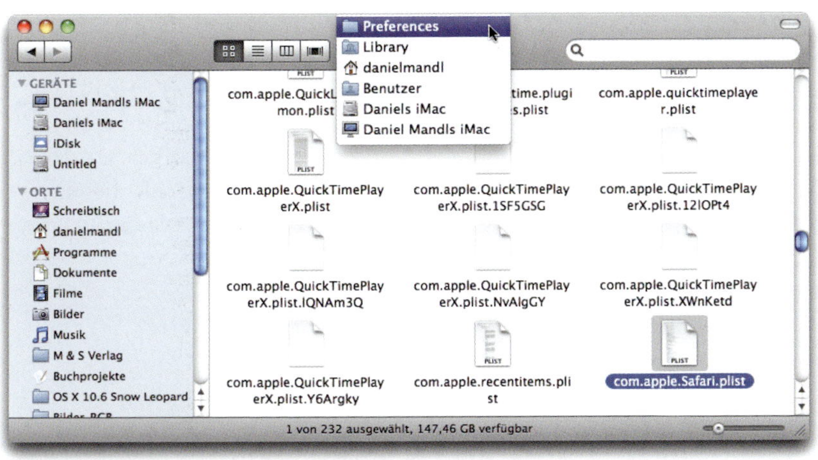

Machmal tragen die »Preferences« die Bürde des Schuldigen.

Denken Sie bitte daran, erst die oben genannten Schritte wie einen Neustart durchzuführen, ehe Sie dem Programm mit dem Löschen der *Preferences*-Datei zu Leibe rücken.

Auch *Caches* können Probleme verursachen bzw. das Löschen derselben eben diese beseitigen. In diesen Dateien werden Informationen zwischengespeichert, auf die wiederholt zurückgegriffen wird – etwa zum Starten von Programmen, welche Schritte Sie bereits in Assistenten vollzogen haben etc. Insgesamt gibt es drei Orte, an denen Ordner samt Cache-Daten liegen:

- *Macintosh HD/Library/Caches*
- *Macintosh HD/System/ Library/Caches*
- *Benutzer/ Library/Caches*

Zum Löschen der ersten beiden Orte müssen Sie sich mit Ihrem Administratoren-Kennwort identifizieren, in Ihrem Benutzer-Ordner klappt das auch so. Der darauf folgende Neustart dauert in der Regel etwas länger als üblich, danach sollte jedoch gerade auch das Starten der Programme schneller vonstatten gehen. Kaputt machen können Sie dabei nichts, denn die Caches-Dateien werden erneut angelegt – nur dieses Mal ohne Fehl und Tadel.

Parameter-RAM löschen

Das kurz *PRAM* genannte *Parameter-RAM* ist ein Speicher-Bereich, der durch eine Batterie mit Energie gespeist wird und daher auch nach dem Ausschalten des Mac seine Daten behält. Nach dem Einschalten des Mac stehen diese Informationen wie Datum und Uhrzeit dann wieder zur Verfügung. Auch hier kann eine Fehlerquelle vorliegen, wenn sich beispielsweise korrupte (fehlerhafte) Daten in diesem Bereich befinden (zum Beispiel nach einem Absturz des Systems). Das zeigt sich etwa im Hochfahren des Rechners von einem nicht gewünschten Startvolume oder eben dem Nichtauffinden des üblichen Startsystems (blinkendes Fragezeichen zu Beginn des Startvorgangs).

Um das *PRAM* nun zu löschen, müssen Sie gleich nach dem Neustart die akrobatische Tastenkombination *Befehlstaste-Wahltaste-P-R* (⌘-⌥-P-R) gedrückt halten. Halten Sie die Tasten so lange gedrückt, bis der Startgong ein zweites Mal ertönt. Danach startet der Mac wie gehabt hoch. Überprüfen Sie danach *Datum* und *Uhrzeit*, die Lautstärke der Lautsprecher, Ihre Monitor-Einstellungen sowie die Auswahl Ihres Startvolumes (in den *Systemeinstellungen*), ob alles seine Richtigkeit hat.

Volume-Zugriffsrechte überprüfen

Auch wenn das Prozedere schon im Kapitel über die *Dienstprogramme* geschildert wurde, möchten wir dennoch daran erinnern. Manche Anwendungen wollen einfach nicht mehr hochstarten oder verabschieden sich verfrüht und ohne ersichtlichen Grund. Ein Fall für das *Festplatten-Dienstprogramm*!

Markieren Sie das Volume mit dem Betriebssystem und lassen Sie die Zugriffsrechte reparieren. Als krönenden Abschluss fügen Sie noch einen Neustart hinzu und ein bestehendes Dilemma sollte hoffentlich beseitigt sein.

Häufige Abstürze

Friert der gesamte Bildschirm ein oder erhalten Sie laufend Systemfehler, so sollten Sie bei fortwährendem Eintreten dieser Symptome die Festplatte mit dem *Festplatten-Dienstprogramm* untersuchen. Hierzu legen Sie die Installations-CD/DVD in das Laufwerk und wählen einen Neustart. Ist Letzterer auf dem normalen Weg über das *Apple*-Menü nicht zu bekommen, so erzwingen Sie ihn über die Tastenkombination *Befehlstaste-ctrl-Ein-/Ausschalt-Taste* bzw. über das Ausschalten (Gedrückthalten des ⏻-Knopfes) und dem erneuten Starten. Nach dem Startgong drücken Sie dann sofort die Taste »C«, damit der Rechner über die CD/DVD bootet. Nach Bestimmung der Sprache wählen Sie über den Punkt *Dienstprogramme* die Anwendung *Festplatten-Dienstprogramm*. Damit lassen sich nun alle *Partitionen/Volumes überprüfen* und *reparieren*.

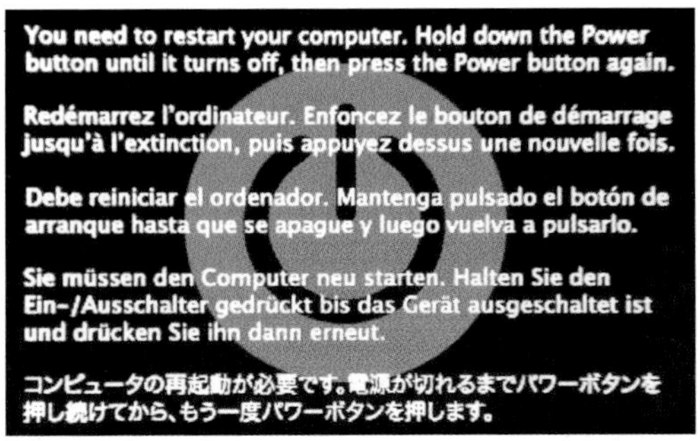

Absturz auf internationaler Ebene: So sieht der Bildschirm nach einem System-Kollaps aus. In diesem Fall lässt sich nur mehr ein erzwungener Neustart ausführen.

Als Alternative bei einem Zweit-Rechner (der ebenso unter Mac OS X läuft) bietet sich auch der *Target-/Festplatten-Modus* an. Starten Sie den funktionierenden Rechner zuerst und verbinden Sie diesen dann per FireWire-Kabel mit dem Sorgenkind. Starten Sie Letzteres und drücken Sie sofort nach dem Startgong die Taste »T«. Dabei wird der Rechner zur externen Festplatte und erscheint als Volume auf dem erst genannten Computer. Nun können Sie ebenso per *Festplatten-Dienstprogramm* die Volumes reparieren.

Bringt auch das keine Besserung, sollten Sie wie üblich eruieren, welche Änderungen Sie zuletzt am System vorgenommen haben. Vielleicht war das zuletzt installierte Programm nicht kompatibel mit Mac OS X 10.6 und auf der jeweiligen Hersteller-Webseite schlummert längst ein Update.

Findet das *Festplatten-Dienstprogramm* keine Fehler und Sie plagen aber dennoch weiterhin Abstürze, sollten Sie Ihren Mac probehalber im so genannten sicheren Modus (*Safe Boot*) starten. Dabei halten Sie beim Neustart die *Umschalt-Taste* (⇧) gedrückt, bis der Anmelde-Bildschirm erscheint – dieser sollte nun den Zusatz *Safe Boot/Sicherer Systemstart* anzeigen. Bei diesem sicheren Systemstart wird nun neben einer Verzeichnisüberprüfung auch das Löschen des *Dynamic Loader-Caches* veranlasst, der jedoch nach einem erneuten Start wieder angelegt wird. In diesem Cache können sich fehlerhafte Dateien befinden, die etwa durch fehlerhafte Verzeichnisse oder beschädigte Software entstanden sind. Beim Hochstarten werden zudem nur original Apple-eigene Komponenten/Extensions berücksichtigt – Erweiterungen seitens Dritttherstellern wie Tastatur-Software oder Ähnliches bleibt außen vor. Versuchen Sie nun, die Konflikte zu reproduzieren. Läuft die System-Software dabei einwandfrei, können Sie davon ausgehen, dass die Konflikte von Apple-fremden Programmen/Erweiterungen hervorgerufen werden. Überlegen Sie folglich, was Sie zuletzt installiert haben! Über das Apple-Menü wählen Sie erneut einen Neustart, um wieder in den normalen Benutzer-Modus zu gelangen.

Erkundigen Sie sich am besten auf den Webseiten der Software-Hersteller, ob die Voraussetzungen seitens Ihres Betriebssystems in Zusammenarbeit mit der angebotenen Software gegeben sind oder ob Konflikte gemeldet wurden. Im Zweifel löschen Sie das Drittthersteller-Programm, indem Sie es aus dem Ordner *Programme* in den *Papierkorb* befördern oder – im Falle eines angebotenen Deinstallers – darüber entfernen.

Die Einstellungen für *Tastaturen, Mäuse* oder sonstige Peripherie von Dritttherstellern finden Sie oftmals in den *Systemeinstellungen* unter *Sonstige*. Die dazugehörigen Software-Pakete liegen wiederum im Ordner *PreferencePanes* in den Verzeichnissen *Festplatte/Library/PreferencePanes* oder *Benutzer/Ihr Benutzername/Library/PreferencePanes*. Am einfachsten geht das Entfernen, wenn Sie mit gedrückter *ctrl-Taste* auf die jeweilige Systemeinstellung klicken und dann aus dem Kontext-Menü den Befehl *Systemeinstellung »SoftwareXY« entfernen* wählen. Achtung: Entfernen Sie grundsätzlich nur *Systemeinstellungen*, die unter der Rubrik *Sonstige* abgelegt sind – alle anderen stammen von Apple und dürfen nicht gelöscht werden.

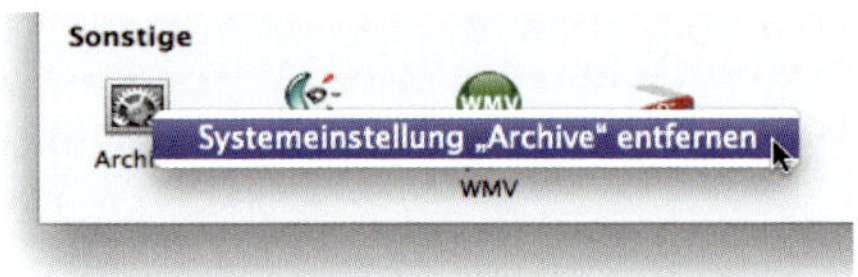

Das Entfernen von Drittthersteller-Erweiterungen in den Systemeinstellungen lässt sich schnell über das Kontext-Menü erledigen.

Als letzten Schritt – wenn gar nichts mehr hilft – sollten Sie das System neu installieren bzw. wiederherstellen. Hierbei können Sie zum einen auf *Time Machine* zurückgreifen, was zwar die einfachere Lösung ist, auf der anderen Seite aber die Gefahr birgt, dass Sie sich den Fehler wieder mit an Bord holen. Die andere Variante ist das Neuinstallieren über die Snow Leopard-

DVD, indem Sie zuvor über das *Festplatten-Dienstprogramm* das Volume neu formatieren und danach das System installieren. Dabei erhalten Sie ein frisches Betriebssystem und etwaige fehlerhafte Komponenten werden ersetzt. Nach der Installation gehen Sie dann am besten in die *Systemeinstellungen* und bringen Ihr System über die *Software-Aktualisierung* auf den neuesten Stand.

Bitte unbedingt beachten: Vor einer Neu-Installation bringen Sie bitte Ihre Arbeits- sowie persönlichen Daten (Bilder, Filme, Brief-Korrespondenz) in Sicherheit. Fremd-Programme lassen sich auch nachträglich über die DVDs/CDs installieren, Ihre eigenen Daten jedoch nicht.

Papierkorb lässt sich nicht löschen

Auch das ist mitunter möglich: Die Apple-eigene Müllabfuhr streikt, und das ganz ohne Gewerkschaft. Bemerken werden Sie diese Angelegenheit, wenn Sie Daten über *Finder | Papierkorb entleeren* löschen, der Papierkorb aber dennoch gefüllt bleibt. Ist ein Dokument beispielsweise geschützt, so verhindert dies schon einmal das Löschen – und zwar zurecht (sonst wäre ja der Schutz sinnlos), wobei die Daten noch nicht einmal in den Papierkorb befördert werden können. Hier müssen Sie die Datei markieren und den Befehl *Ablage | Informationen* (⌘-I) aufrufen. Im auftauchenden Dialog entfernen Sie dann in der Abteilung *Allgemein* den Haken bei *Geschützt* – danach sollte sich die Datei ohne Probleme löschen lassen.

Befinden sich dagegen schon einzelne Daten im Papierkorb und diese machen Anstalten, sich nicht löschen zu lassen, so klicken Sie bei gedrückter Wahltaste (⌥) auf den Papierkorb und halten kurzzeitig die Maustaste gedrückt. Im aufspringenden Popup-Menü wählen Sie dann den Befehl *Papierkorb entleeren* und der Inhalt sollte ohne Nachfrage verschwinden. Klappt auch das nicht, so hilft oft ein Neustart. Hierbei wird das System beim Aufstarten aufgeräumt und Fehlinformationen wieder gerade gerückt.

Shareware und Freeware-Programme als Helfer in der Not

Wie bei vielen anderen Dingen auch gibt es fleißige Programmierer, die ebenfalls den Mac-Usern unter die Arme greifen möchten (jedoch nicht immer aus angeborenem Altruismus). So finden Sie auf den Webseiten `www.versiontracker.com` oder `www.macupdate.com` Tausende von Programmen für alle möglichen Zwecke. Erwähnt haben wir schon das Programm *Carbon Copy Cloner* (`www.bombich.com/software/ccc.html`), mit dem Sie eine genaue Kopie Ihres Start-Volumes auf eine andere Festplatte oder Partition kopieren können, was sich natürlich nur lohnt, wenn das System fehlerfrei läuft.

Auf den entsprechenden Webseiten finden Sie Tausende von Share- und Freeware-Programmen sowie Updates zum Herunterladen.

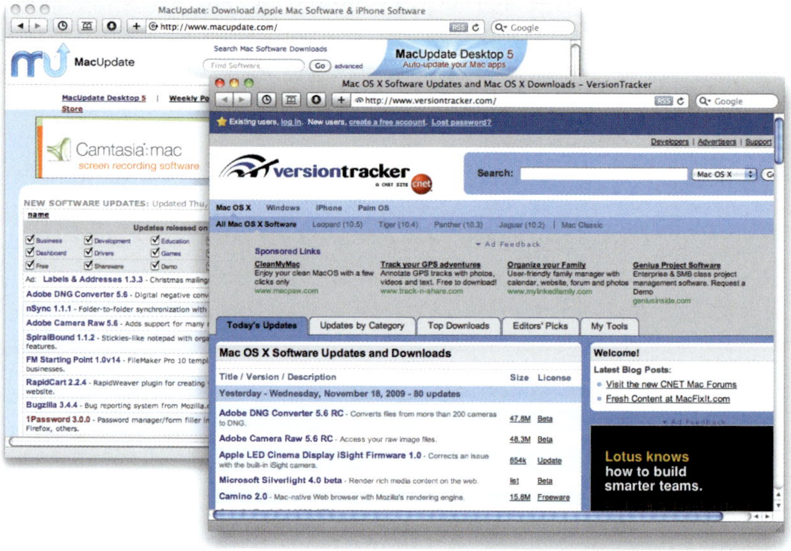

Auch Programme wie *OnyX* (Freeware), *Cocktail* oder *TinkerTool System* (beide Shareware) sind erwähnenswert, erledigen diese Programme doch Aufgaben, die normalerweise in einem UNIX-Betriebssystem automatisiert ablaufen. Unix-Rechner in Netzwerken & Co. werkeln üblicherweise Tag und Nacht durch, was bei MacBooks und den Heim-Computern seltener vorkommt. Die System-Optimierungen beginnen meistens zu nachtschlafener Zeit, wenn der Mac ausgeschaltet ist und der Anwender sich in süßen Träumen wiegt. Diese täglich, wöchentlich oder monatlich (*periodic daily, periodic weekly, periodic monthly*) abzuarbeitenden Skripte können nun kurz und schmerzlos auch tagsüber (oder wann auch immer) gestartet werden. Hierbei werden alte Logfiles weggeräumt, Sicherheitseinstellungen überprüft, Caches geleert usw.

Mit »OnyX«, TinkerTool System und Cocktail lassen sich Caches leeren, die periodischen Skripte ablaufen, das System überprüfen, die Zugriffsrechte reparieren und, und, und.

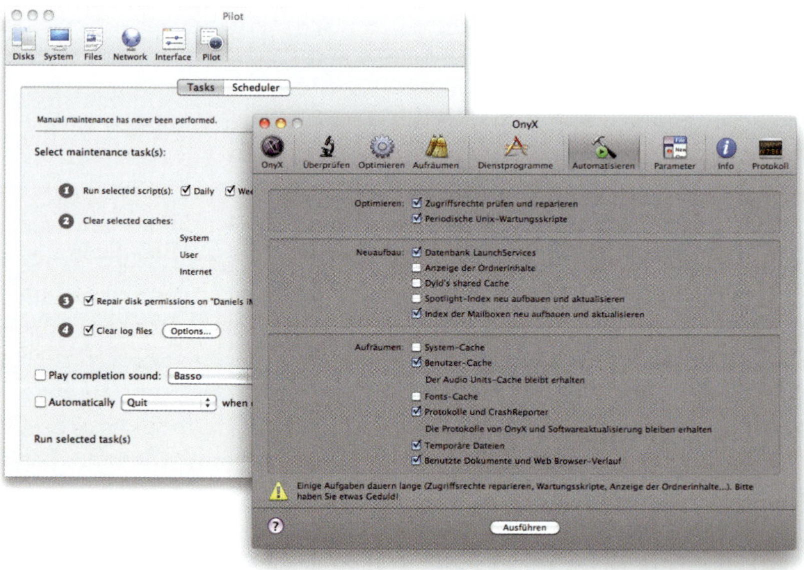

Ein ähnlicher Prozess läuft übrigens auch immer ab, wenn Sie ein Programm installieren und ganz zum Schluss der *System optimieren*-Balken zu sehen ist. So werden die zum Programm gehörenden Ressourcen erneut verbunden (Fachbegriff *Update Prebindings*) und der Start geht ratzfatz über die Bühne.

Im Grunde gibt es Tausende solcher Utilities (als Free-, Share- und Donationware), die alle irgendetwas können. Nichtsdestotrotz: Das Mac OS X kommt schon gut ausgestattet daher und sollte als Erstes einmal verstanden werden. Danach können Sie dann mit Zusatz-Programmen loslegen, die Sie dann vollends wunschlos glücklich machen.

Der Vollständigkeit halber sei erwähnt, dass wir selbst eher sparsam mit Shareware und Freeware-Programmen sowie Plug-ins oder sonstigen Erweiterungen umgehen. Eigentlich (Achtung, jetzt kommt die harte Wahrheit ans Licht!) benutzen wir gar keine Hilfsprogramme, da unser Mac OS X stabil läuft, dass man fast denkt, da schleicht nachts, heimlich, still und leise ein Apple-Mitarbeiter ins Arbeitszimmer und bringt das System auf Vordermann. Deswegen sind die Rechner auch so teuer und die Apple-Supporter oftmals ein wenig gereizt – kein Wunder: bei den Arbeitszeiten…

Überprüfung der Hardware

Natürlich kann es auch die Hardware erwischen. Das ist besonders schmerzhaft, denn zum einen sind Ihnen da meist die Hände gebunden und zum anderen kann das – nach Auslaufen der Garantie – auch teuer werden. Hardware-Defekte lassen sich oft bereits beim Starten des Mac identifizieren, nämlich dann, wenn der Computer akustische Signale von sich gibt. Diese rühren vom so genannten *POS* (*Power On Self-Test*) her, der sich im im ROM des Computers befindet und jedes Mal ausgeführt wird, wenn der Mac eingeschaltet wird (das gilt jedoch nicht für einen einfachen Neustart).

Bei diesem Test werden nun verschiedene Komponenten wie der Arbeitsspeicher (das RAM), das Boot-ROM oder auch der Prozessor auf Funktionsfähigkeit überprüft. Wird nun ein Problem festgestellt, hören Sie nicht den üblichen Startgong, sondern die Abfolge von bis zu fünf Tönen. Der einmalige Ton signalisiert dabei fehlendes RAM, zwei Töne weisen auf inkompatible RAM-Typen hin, drei resultieren aus der nicht bestandenen Prüfung aller RAM-Steckplätze, vier Töne deuten auf Boot-Image-Fehler im Boot-ROM hin und als Krönung fiepen fünf Töne bei einem nicht funktionsfähigen Prozessor. Während Sie nun die Probleme bei fehlendem oder inkompatiblen RAM eventuell noch selbst lösen können, raten wir Ihnen bei allen anderen Fehlern zur Kontaktaufnahme zu einem authorisierten Apple-Händler oder dem Händler, der Ihnen den Mac verkauft hat.

Bei anders gearteten Fällen (ohne das Abspielen eines Tons) sollten Sie sich immer fragen, was Sie seit dem Auftreten dieses oder jenen Konflikts geändert haben? Kam eine neue Tastatur hinzu? Oder haben Sie eine externe Festplatte gekauft? Was haben Sie zuletzt gegessen und getrunken und überhaupt: War's vielleicht doch nur das Bügeleisen, das Sie an den Mac gehängt haben oder gar der Fausthieb auf den Rechner, weil er wieder mal nicht wollte?

Stöpseln Sie am besten alle Peripherie-Geräte ab und prüfen Sie erneut, ob Ihr Mac weiter Zicken macht. Wenn nicht, schließen Sie nach und nach die Zusatz-Geräte einzeln an und führen Sie immer wieder Probeläufe durch. Somit nähern Sie sich Schritt für Schritt dem Konflikt-Herd.

Auch in diesem Fall sollten Sie die Händler oder Hersteller auf Inkompatibilitäten ansprechen und nachfragen, ob andere User über ähnliche Probleme klagen. Manchmal lassen sich auch von den Hersteller-Webseiten so genannte Firmware-Updates herunterladen, die eine Inkompatibilität wieder richten.

Manchen Mac-Rechnern liegt eine Hardware-Test-CD/DVD bei bzw. befindet sich dieses Testprogramm auf der Installations-CD/DVD – erkennbar am aufgedruckten Kürzel »AHT« für *Apple Hardware Test*. Vor einer Überprüfung müssen Sie jedoch alle Kabel von Dritt-Produkten (externe Festplatten, Drucker, Ethernet-Netzwerk-Kabel etc.) abstecken. Nach dem Einlegen der Test-DVD starten Sie dann Ihren Rechner neu und halten dann unmittelbar nach dem Startgong die Taste »D« gedrückt. Nach Wahl der Sprache brauchen Sie dann nur noch den Anweisungen des Programms zu folgen. Lesen Sie aber zuvor unbedingt die Bedienungsanleitung in Form des PDFs *Über Apple Hardware Test*, die Ihnen die genaue Verwendung der Software erklärt. Über den Check werden Hardware-Komponenten wie die Hauptplatine, Arbeitsspeicher, Modem, Video-RAM und so weiter auf Herz und Nieren geprüft. Werden Ihnen auf diese Weise Fehler mitgeteilt, so ist Ihr Mac erst einmal ein Fall für den Fachmann. Rufen Sie dazu die Apple-Hotline an und schildern Sie Ihre Probleme sowie die Fehler-Berichte – alles weitere sagt Ihnen dann der oder die hoffentlich freundliche MitarbeiterIn.

Gerade bei den mobilen Rechnern wie MacBook (Pro), iBook oder PowerBook bietet es sich an, die Installations-CDs/DVDs samt Hardware-Test immer in der Tasche mit sich zu führen. So gehen Sie auch im Urlaub oder auf Geschäftsreisen einigermaßen auf Nummer Sicher, Ihren Rechner bei Problemen wieder auf Vordermann zu bekommen.

Test-Software von Drittherstellern

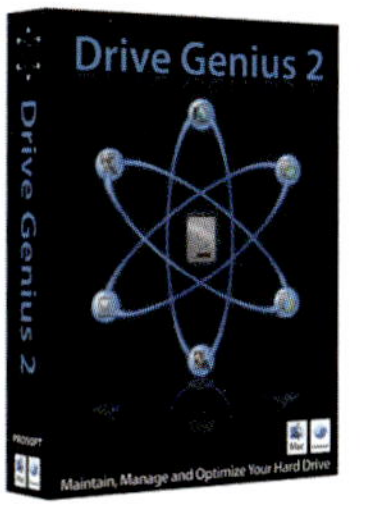

Wie bei allen Belangen rund um den Mac bieten auch andere Software-Hersteller ihre Produkte an – im Zusammenhang mit Problembewältigungen natürlich Prüf- und Reparatur-Anwendungen. Bekannt sind in der Mac-Szene insbesondere *TechTool Pro* (`www.micromat.com`), *Drive Genius* (`www.prosofteng.com`) sowie *DiskWarrior* (`www.alsoft.com/DiskWarrior/index.html`). Mit diesen Programmen lässt sich komfortabel auf Fehlersuche gehen, indem diese Hardware- wie Software-Komponenten checken und gegebenenfalls gleich reparieren (das Reparieren gilt natürlich nur für Letzteres). Auch eine Defragmentierung der Festplatte durch häufiges Löschen und Draufspielen von Daten kann beseitigt werden, was die Zugriffs-Geschwindigkeit enorm erhöhen kann.

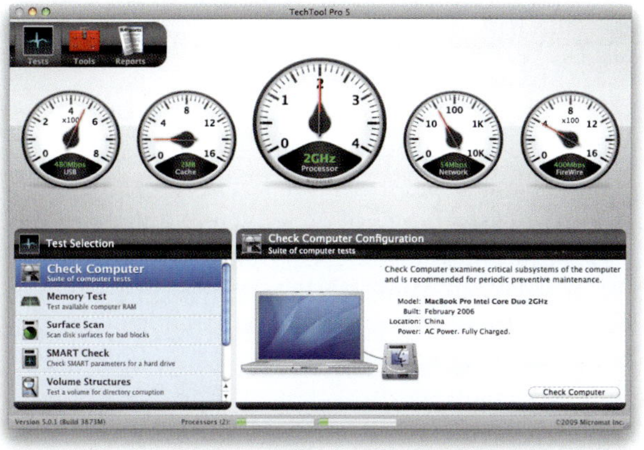

Kein Porsche-Cockpit, sondern die kommerzielle Software »TextTool Pro«, um Fehlern auf die Spur zu kommen.

Vor dem Reparieren sollte allerdings immer die Prävention stehen. Als wichtigsten Ratschlag können wir Ihnen nur mitgeben, Ihre Arbeits-Daten so oft wie möglich zu sichern und auch auf andere Medien wie externe Festplatten oder CD/DVDs auszulagern. Wie schon oben erwähnt – Nobody is perfect – das gilt insbesondere auch für die Technik, egal wie ausgereift sie scheint. Im Fall des Falles ist Ihr Rechner vielleicht für ein oder zwei Wochen in einer Werkstatt, aber nichtsdestotrotz haben Sie aufgrund eines regelmäßig angelegten Backups – denken Sie an *Time Machine* – Ihre wichtigen Daten zur Hand, um auf einem Ersatz-Rechner oder auf dem Computer eines Freundes weiterarbeiten zu können. Ihre Arbeit – wenn Sie mit dem Computer Geld verdienen – ist das wichtigste Gut in dieser Kette, so dass es hier keine Ausreden und Entschuldigungen gibt, warum und weshalb Sie gerade heute nicht »gebackuped« haben.

Selbstverständlich nimmt einem auch bei diesem Thema die entsprechende Software die Arbeit ab – die Rede ist von Programmen wie *Data Backup* (`www.prosofteng.com`) oder *Intego Personal Backup* (`www.intego.com`). Hierbei findet nach festgelegten Zeiten und nach vorgegebenen Verzeichnissen

(Ordnern) ein Abgleich mit einem bestimmten Medium statt – die aktuellen Daten werden also tagtäglich gesichert. Die üblichen Programm-Funktionen im Fall von *Intego Personal Backup* sind in etwa

- die Durchführung kompletter Sicherungen sowie das Wiederherstellen und Synchronisieren von Ordnern und Volumes.
- das Starten des Backups (meist beim Ausschalten des Computers) in regelmäßigen Abständen oder zu einer vom Benutzer vorgegebenen Zeit.
- das Sichern im *Finder*-Format: im Falle eines Datenverlusts können die Dateien unmittelbar von der Sicherungskopie wiederhergestellt werden.
- eine stufenweise Sicherung: Sichert nur neue und geänderte Dateien.
- die Auflistung alle Sicherungsaktivitäten in einer Protokolldatei

und so weiter …

Sie sehen, ein Backup muss nicht kompliziert sein und kostet Sie auch nicht viel Zeit (dafür aber ein wenig Geld) – im Gegensatz zum Ärger und Zeitverlust, Ihre Arbeits-Daten wiederherzustellen bzw. bei Komplett-Verlust neu anfertigen zu müssen.

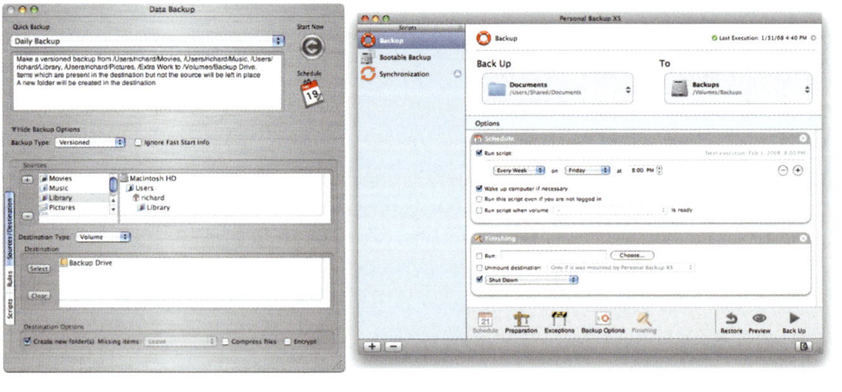

Die Konkurrenz zu Time Machine: Data Backup sowie Personal Backup X5.

Aber auch für das Wiederherstellen versehentlich gelöschter Daten oder im Falle von fehlerhaften Daten gibt es Spezial-Software, die als Retter in der Not wahre Wunder verrichten können. *Data Rescue* (`www.prosofteng.com`) oder *DiskWarrior* (`www.alsoft.com`) versprechen unter anderem die Wiederherstellung verlorener Dateien und Daten, Letzterer soll sogar so genannte *Directory Hard Links*, wie sie von *Time Machine* verwendet werden, reparieren können. Das soll jedoch nicht heißen, dass dies in allen Fällen zutreffen muss – einen Versuch bei wichtigen Daten ist es allemal wert, eine hundertprozentige Garantie gibt es dennoch nicht.

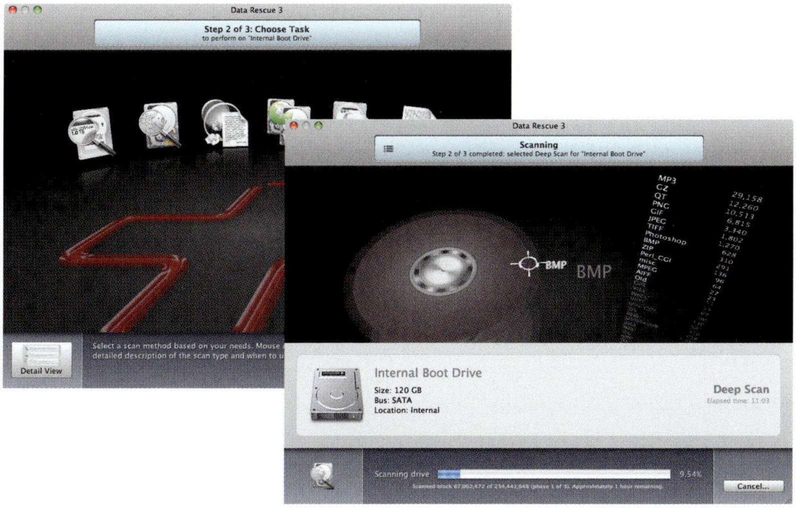

Professionelle Datenretter für den Notfall – Data Rescue von der Firma Prosoft.

Kommen wir noch zum lästigen Thema Virenschutz, worunter Viren (Schadprogramme, die sich selbstständig verbreiten) und Würmer (Programme, die sich über Netzwerke oder infizierte E-Mails verbreiten und unter anderem Ihren Computer als Startbasis nehmen), Spyware (Schnüffelprogramme, die im Hintergrund Benutzer-Daten sammeln) und Adware (Software, die zusätzlich Werbung und ähnliches installiert), Dialer (Einwahlprogramme, die sich ungefragt über Modem oder ISDN verbinden), Trojaner (Software, die einen Nutzen vortäuscht, aber im Grunde eine andere Funktion ausführt) und Hackerprogramme fallen. PC-Anwender können ein Lied davon singen bzw. geraten nahezu in Panik, spricht man eben genannte Seuche der Neuzeit aus, Mac-Anwender können sich dagegen – noch – einigermaßen beruhigt im Sessel zurücklehnen.

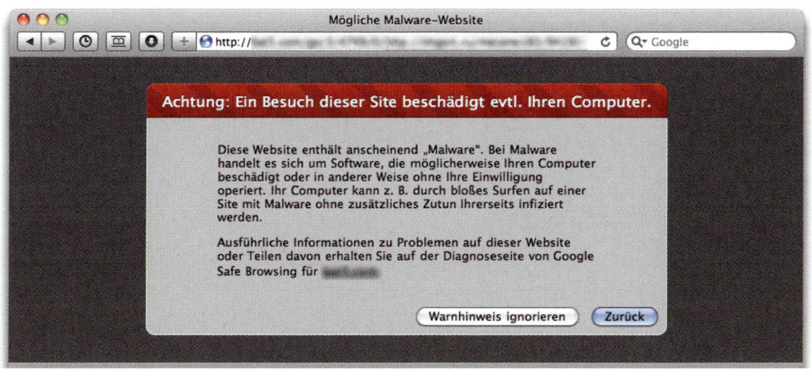

Selbst Apples »Safari« schlägt Alarm, wenn es hinter einer Webseite Gefahr vermutet.

Werden Sie beim Aufrufen einer Webseite mit einer Warnung konfrontiert, so können Sie diese über die so genannte *Safe Browsing Diagnostic Page* von *Google* überprüfen lassen. Geben Sie dazu den folgenden Link `www.google.com/safebrowsing/diagnostic?site=` **ein und platzieren Sie direkt dahinter die Webadresse Ihrer angemahnten Seite.**

Wir wussten es: Unsere Verlags-Webseite ist frei von bösen Geistern …

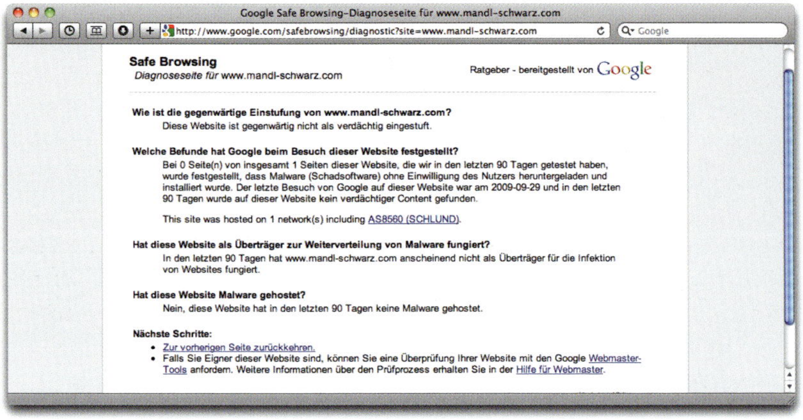

Nichtsdestotrotz heißt es immer ein wachsames Auge auf unbekannte Dateien zu werfen bzw. diese nicht zu öffnen, kennen Sie Herkunft und Ersteller nicht. Dies gilt natürlich besonders für das Internet und seine Dienste wie E-Mail & Co. Auch für diese Fälle gibt es so genannte Viren-Scanner, die automatisch Ihre Viren-Datenbanken und somit auch die herausgegebenen Programme aktualisieren. Diese Auffrischung der Viren-Scanner erfolgt meist über das Herunterladen von Updates, die regelmäßig zum Download bereitstehen. Die Programme heißen etwa *Intego VirusBarrier* (`www.intego.com`) oder *Kaspersky Anti-Virus* (`www.kaspersky.com/de/` bzw. `www.kaspersky.com/de/anti-virus_for_mac`) und durchforsten Ihre Dateien, Downloads aus dem Internet und E-Mail-Anhänge bis in die hintersten Ecken und Kanten auf verdächtige Spuren.

Dem Schädling auf der Spur – hoffentlich wird er nicht fündig …

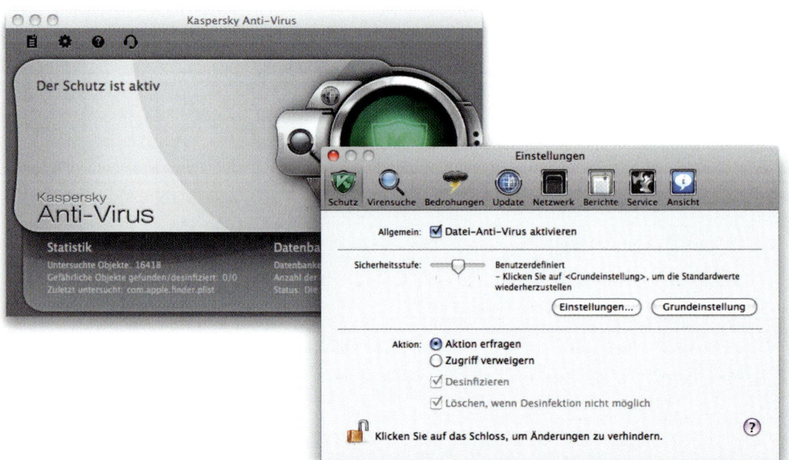

Es gibt auch eine kostenlose Anti-Viren-Software namens *ClamXav* (`www.clamxav.com`). Damit lassen sich ebenso E-Mails, Downloads aus dem Internet und verschiedene andere Dateien auf Windows-Viren und -Trojaner hin überprüfen. Wenn Sie also mit Windows-An-

wendern zusammenarbeiten oder selbst noch einen Win-PC Ihr Eigen nennen und daher des Öfteren Daten auf dem Mac weiterbearbeiten, so ist es nicht verkehrt, auch dieses Material auf Schädlinge hin zu untersuchen – gerade dann, wenn Sie diese Daten auch weitergeben. Für Mac-Dateien als solches gibt es nach dem jetzigen Stand keine Viren oder sonstiges, doch sollten Sie immer auf der Hut sein.

Alle genannten Programme können Sie selbstverständlich über den Fachhandel beziehen bzw. über den Händler ihres Vertrauens, dem Sie ruhig auch Fragen stellen sollten. Vergleichen Sie auch im Internet die Preise, da diese oftmals von Händler zu Händler schwanken und sich dabei der ein oder andere Euro oder Schweizer Fränkli sparen lässt.

Am Ball bleiben ...

Wenn Sie erst einmal auf den Geschmack gekommen sind und Ihren Mac von Woche zu Woche besser kennenlernen, sollten Sie es dennoch nicht veräumen, sich mit entsprechenden Informationen weiter zu versorgen.

Zum einen gibt es da Mac-Zeitschriften, die vier- bzw. achtwöchentlich erscheinen und stets einen Blick auf die Mac-Szenerie werfen. Neben Hard- und Software-Tests finden Sie darin viele weitere Anregungen und Tipps und Tricks, wie das Leben mit und am Mac einfacher und noch interessanter wird.

Zur Auswahl stehen zur Zeit vier Blätter:

- Macwelt `www.macwelt.de`
- Mac Life `www.maclife.de`
- Macup `www.macup.com`
- iCreate `www.icreate-magazin.de`

Alle vier Fachzeitschriften bestreiten einen Web-Auftritt, auf dem Sie sich ruhig einmal ausführlich umschauen sollten. Auch werden von allen Zeitschriften Probe-Abonnements angeboten, über die Sie sich ein genaues Bild über Aufmachung und Inhalt machen können. Alternativ lässt sich natürlich auch am Kiosk darin herumblättern und lesen (wahrscheinlich die sinnvollste Alternative), so dass Sie einem Fehlkauf aus dem Wege gehen.

Neben oben stehenden Fach-Magazinen buhlt auch das WWW um Ihre Gunst, das ebenso auf den Mac ausgerichtete Schwerpunkte setzt. Nachfolgende Webseiten (und viele weitere mehr) befassen sich – fast – ausschließlich mit Mac-relevanten Themen, so dass Ihrem Wissendurst keine Grenzen gesetzt sind:

- www.macgadget.de
- www.macprime.ch
- www.macweb.ch
- www.mactechnews.de
- www.apfeltalk.de
- www.macnotes.de
- www.macnews.de
- www.macintosh-forum.de

Hier finden Sie aktuelle News, Tests, Hintergrundwissen und die berühmt berüchtigte Gerüchte-Küche. Auch Foren sind dort anzutreffen, in denen Hunderte von Anwendern ihre Fragen stellen und kompetente Antworten von engagierten Mac-Nutzern erhalten. Auch Sie sollten sich trauen, hier mitzumischen, denn von seinen Usern leben solche Foren, die sich über jeden Neuzugang freuen. Hinzu kommen wahrscheinlich Hunderte von englischsprachigen Websites, die ebenso ihren Schwerpunkt auf Macintosh-Themen legen und fast jeden neuen Mac bis auf die Innereien auseinander nehmen. Das Thema ist schier unerschöpflich, wie Sie sehen werden, wenn Sie sich damit auseinander setzen und abtauchen in die Materie Computer und Software ...

Dieses Buch soll Ihnen als Einstieg in die Macintosh-Welt dienen – und wir hoffen, dass wir sowohl Ihren Wissensdurst stillen als auch mit diesem Werk Ihren Geschmack getroffen haben. Das noch die ein oder andere Frage offen bleibt, ist auch uns klar, doch müssen leider oftmals Einschränkungen getroffen werden, da Sie ansonsten ein Buch mit 2000 Seiten in den Händen halten (und nun stellen Sie sich mal vor, das fällt Ihnen auf die Füße – nicht auszudenken ...). Dennoch ist es auch unser Anliegen, Sie zur selbstständigen Beschäftigung mit dieser zugegegeben doch recht komplexen Materie zu ermuntern. Nur durch Try & Error (also Ausprobieren und durch Irrtum lernen) werden Sie letztendlich in die Tiefen vordringen und sich mit der Zeit Routine aneignen, Problemen oder Fragen auf die Spur zu kommen.

Wir erleben es selbst tagtäglich, dass auch im Freundeskreis beim kleinsten Problem um Hilfe gebeten wird, obwohl manchmal nur ein kleiner Knopf daneben die Lösung verspricht. Haben Sie den Mut, sich eigenständig zu Lösungen durchzuringen, so werden Sie in einigen Monaten (fast) keinerlei fremde Hilfe mehr benötigen.

In diesem Sinne hoffen wie, dass Sie mit diesem Buch Spaß hatten und viel gelernt haben. Über positives wie kritisches Feedback sowie Kommentare und Anregungen für eine Neuauflage freuen wir uns. Sie erreichen uns am besten per E-Mail unter der Adresse `info@mandl-schwarz.com` oder über die direkte Kontaktaufnahme über den Verlag:

Mandl & Schwarz Verlag
Theodor-Storm-Straße 13
25813 Husum | Nordsee

Ausführliches Stichwortverzeichnis

A

B

C

D

E

S

T